JN411754

헌법강의

임지봉

Constitutional Law

박영사

머리말

지난 30년 가까이 저자는 관악산 기슭에서, 일감호 변에서, 신촌 노고산 기슭에서 헌법을 연구하고 강의하는 헌법학자로서 살아왔다. 그러면서 여러 학술논문이나 학술저서 이외에 헌법교재로 『로스쿨 기본권』 (박영사, 2010), 『헌법판례정선』 (박영사, 2011), 『헌법판례정선』 제2판 (박영사, 2021)을 출간한 바 있다. 오래전에 이 책 『헌법강의』 교과서 집필을 시작하면서 그동안 모아 둔 강의안과 논문 및 저서로 쉽게 해결되리라 생각했건만, 저자의 큰 게으름 탓에 집필 시작 시점부터 벌써 7년 가까운 세월이 흘렀다. 이 책의 출간으로 드디어 오래된 숙제 하나를 해결한 홀가분한 기분이 드는 이유다.

이 책은 헌법 교과서나 헌법 입문서로서 집필한 것이기 때문에 책 제목을 '헌법'이나 '헌법학'보다는 '헌법강의'로 정하였다. 그 목차 구성에 있어, "제1부. 헌법총설"의 "제1편. 헌법의 기초" 다음에 각종 시험에서 출제 빈도가 높고 중요하게 다루어지면서도 헌법이론이나 헌법판례의 이해를 위해 선행적인 공부가 필요한 헌법소송에 관한 부분을 "제2편. 헌법재판제도"로 넣었다. 그 이외에는 책의 구성에 있어서 가급적 종래의 교과서 틀을 유지해서, 파격적인 새로운 구성이 독자들에게 줄 수 있는 혼란을 방지하고자 노력하였다.

또한 이 책은 헌법학의 핵심적 헌법이론과 헌법재판소 판례를 중심으로 헌법의 중요한 기본적 틀을 담으려는 교과서로 기획된 것이기 때문에, 이러한 목적에서 책의 분량을 되도록 최소화하려는 노력을 기울였다. 이런 이유로 인용 각주나 참고문헌 소개는 너무 많은 분량 때문에 과감하게 생략하였다. 교과서 이전의 강의안과 본 교과서의 집필에 있어서 은사님들이나 선·후배 동료 헌법학자님들의 저서나 논문에 크게 의존하였음을 강조해서 밝히며, 그분들의 노고에 감사와 존경을 표한다.

법학전문대학원 학생들의 교재로서 뿐만 아니라, 학부에서 법학과 학생이 '헌법'을 공부하거나 혹은 비(非)법학과 학생이 교양법학 과목으로서 '헌법'을 공부할 때에 헌법에 대한 기본적 이해를 돕기 위해 이 책이 활용되기를 바란다. 또한 이들이 미래에 일반대학원에서 학문으로서의 '헌법학'을 전공하면서 헌법을 더 깊이 있게 연구하게 되는 계기를 이 책이 선사하기를 희망한다. 변호사시험이나 행정고시 등 각종 공무원시험을 준비하는 수험생들, 실무에서 헌법을 적용하려는 공무원들의 손에도 이 책이 닿기를 바란다. 그리고 끝으로 국가의 기본법이자 최고법이면서 권력자들을 통제하는 권력통제규범인 '헌법'에 자발적인 흥미를 갖고 이를 공부하고자 하는 일반 시민들에 의해서도 이 책이 활용되기를 희망한다.

집필과정에서 유념했던 점은 첫째, 독자들의 눈높이에 맞추어 최대한 이해하기 쉽게 쓰려고 노력하였고, 둘째, 수험생인 독자들의 편의를 고려하여 학설보다는 헌법재판소 판례를 중심으로 서술하였으며, 셋째, 오늘날 헌법적 쟁점에 관한 논의는 이미 세계화의 경로를 밟은 지 오래이기 때문에 관련되는 중요한 미국 연방대법원 판례들이나 독일 연방헌법재판소 판례들도 이 책에서 소개하는데 주저하지 않았다는 점이다.

은사이신 미국 UC 버클리 로스쿨의 샤피로(Martin M. Shapiro) 교수님으로부터 학자란 어떻게 연구하고 어떻게 가르치며 어떻게 살아야 하는지에 대해 끊임없는 가르침을 받았다. 이 자리를 빌려 깊이 감사드린다. 서울대학교 대학원 시절 지도교수님이셨던 최대권 교수님께도 감사드린다. 그리고 미처 거명하지 못했지만 그동안 여러 측면에서 많은 도움을 주셨던 선후배 동료 헌법학자님들께 깊은 감사의 마음을 표한다.

이 책을 출간하는 데 여러분들의 고마운 도움을 많이 받았다. 집필과정에서 서강대 정재도 교수를 포함해, 신민섭 석사과정생 등 많은 대학원 석·박사과정 제자들이 자료수집과 정리 등에 큰 도움을 주었다. 고마움을 전하면서 제자들의 학문적 건승을 기원한다. 『헌법판례정선』에 이어 이 책의 출간을 허락해주신 박영사의 안종만 회장님, 기획단계에서부터 큰 도움을 주시고 게으른 저자를 오랜 기간 인내로 기다려주신 조성호 이사님, 꼼꼼한 편집과 교정을 통해 교과서로서의 형식을 갖춘 멋진 책으로 다듬어 주신 편집부 나세현 선생님께도 깊이 감사드린다.

여러 가지 면에서 부족한 점이 많이 눈에 띈다. 독자 여러분들의 애정 어린 비판과 조언을 통해 개정판을 거듭하면서 책의 부족한 점들이 채워지고 바로잡아지기를 희망한다.

2026년 2월
신촌 노고산 자락의 연구실에서
저자 임 지 봉

차 례

제1부_헌법총설

제1편 헌법의 기초

제3편 헌법의 제정과 개정, 헌법의 변천

제4편 헌법의 보장

제5편 국가론

제6편 대한민국 헌법의 기본이념과 기본원리

제7편 대한민국 헌법의 기본제도

제2부_기본권론

제1편 기본권 총론

제2편 기본권 각론

제3부_통치구조론

제1편 통치구조의 구성원리

제3편 입법부

제 1 부

헌법 총설

제1편

헌법의 기초

우리 헌법은 전문과 130개 조문으로 이루어진 본문, 부칙으로 구성되어 있다. 현재 우리나라의 헌법학은 헌법의 최고규범으로서의 실효성 발휘를 위해 '정책적 방안'(어떤 수단·방법)을 수립하는 하는데 치중하는 '헌법정책학'이 아니라 이들 헌법 조문들에 대한 해석을 위주로 하는 '헌법해석학'이 중심이다. 우리나라의 헌법해석학은 크게 헌법 제1장(총강), 제7장(선거관리), 제8장(지방자치), 제9장(경제), 제10장(헌법개정) 등의 조문들에 대한 해석을 통해 헌법의 기본원리와 기본이념에 관해 논하는 '헌법총설', 헌법 제2장(국민의 권리와 의무)의 조문들에 대한 해석을 통해 기본권에 관해 논하는 '기본권론', 헌법 제3장(국회), 제4장(정부), 제5장(법원), 제6장(헌법재판소) 등의 조문들에 대한 해석을 통해 국가 헌법기관들의 구성, 조직 및 권한에 대해 논하는 '통치구조론'의 세 부분으로 구성된다. 이 때 헌법총설, 기본권론, 통치구조론의 세 부분은 서로 단절된 것이 아니라 긴밀히 연결된 것이라는 점에 주목할 필요가 있다.

제1장 헌법의 개념, 특성과 분류

제1절 ▌헌법의 개념

I. 헌법의 의의

헌법이란 역사적으로 변천되고 학자들의 접근방법에 따라 상이하게 정의되는 다의적(多義的) 개념으로서 그 정의를 내리기가 쉽지는 않다. 그러나 일반적으로 헌법은 '국민의 기본권 보장과 통치구조를 규정하는 국가의 기본법이자 최고법'으로 정의된다. '헌법'은 영어로는 'Constitution'이며 독일어로는 'Verfassung'이다. 'Constitution'과 'Verfassung'은 둘 다 '구성' 혹은 '조직'을 의미한다. 따라서 헌법은 원래 국가조직의 '구성'과 '조직'에 관한 법임을 헌법의 외국어 용어들에서 알 수 있다. 그리고 국가조직의 구성이나 조직에 관한 사항은 국민과의 관계에서는 '국민의 권리 보장'에 관한 사항이 된다. 따라서 헌법은 '국가조직의 구성과 국민의 권리보장'을 주된 내용, 즉 '헌법사항'으로 하는 법이 되는 것이다. 헌법에 있어서 '국가조직의 구성'과 '기본권 보장'은 둘 다 중요하지만 둘 중에서는 '기본권 보장'에 주안점이 있다. 국민의 '기본권 보장'을 극대화할 수 있는 통치구조가 어떠한 것인가에 대한 고민 속에 만들어지는 것이 헌법상 '국가조직의 구성'에 관한 헌법조항들이기 때문이다.

II. 헌법개념의 이중성

헌법의 본질에 착안해 봤을 때 헌법개념은 이중성(양면성)을 가진다. 즉, 헌법은 사실적 개념으로도 파악될 수 있고 규범적 개념으로도 파악될 수 있는 것이다. 첫째, 헌법을 **사실적 개념** 혹은 사회학적 개념으로 파악할 때 헌법은 국가의 현실적 권력관계라는 현실 세계에 존재하는 하나의 '사실(事實, sein)'이다. 이런 맥락에서 스멘트(Smend)는 헌법을 '통합과정에 있는 현실'로, 슈미트(Schmitt)는 '정치적 통일체의 종류와 형태에 관해 헌법제정권자가 내린 근본적 결단'으로 파악했다. 둘째, 헌법을 **규범적 개념** 혹은 법학적 개념으로 파악할 때 헌법은 '국가의 현실적 권력관계'라는 사실(事實, sein)을 규율하는 당위(當爲, sollen)로서의 법규범이다.

III. 역사적 발전과정에서 본 헌법개념

헌법의 개념은 다음과 같이 시대에 따라 시기적으로 달리 파악할 수 있다.

1. 고유한 의미의 헌법

근대 이전의 시대에는 '국가의 통치구조를 정하는 기본법'을 헌법으로 파악했다. 즉, 국가의 근본조직과 작용을 규정하는 기본법이 헌법인 것이다. 이러한 헌법은 그것이 부족국가든, 군주국가든, 국가가 존재하는 한 반드시 존재하는 헌법이다. 이 '고유한 의미의 헌법' 개념은 주로 근대국가의 입헌주의적 헌법개념과 대립시켜 후자의 특성을 뚜렷이 이해하기 위해 사용된 개념이다.

2. 근대 입헌주의적 헌법

18세기 후반의 프랑스혁명 등의 시민혁명을 통해 '근대'가 되면서 새로운 헌법이 등장하였다. 근대 이후에 비로소 문서화된 성문헌법들이 본격적으로 등장하면서 이 헌법에 입각한 통치를 요구하는 '**입헌주의**'가 시작된 것이다. '입헌주의'는 '객관적인 법으로서의 성문헌법전을 채택·선언함으로써 권력통제의 목표 내지 이념을 실현하려는 원리'로 정의된다. 그래서 근대의 헌법을 '근대 입헌주의적 헌법'이라고 부른다. '근대 입헌주의적 헌법'은 국민의 기본권을 보장하고 국가권력의 분립을 규정한 헌법에 입각해서 다스릴 것을 요구했다. 따라서 국민의 '**기본권 보장**'과 '**국가권력의 분립**'은 '근대 입헌주의적 헌법'의 핵심이념이다. 예를 들어 근대 입헌주의적 헌법의 효시들 중의 하나인 1789년 프랑스 인권선언 16조는 "권리의 보장이 확보되지 않고 권력이 분립되지 아니한 모든 사회는 헌법을 가지고 있지 않다."고 규정하여 '권력의 분립'을 강조하고 있다. 근대 입헌주의적 헌법의 예로는 1789년 프랑스 인권선언 이외에 귀족 등의 '기본권 보장'을 문서화한 1225년 영국의 마그나 카르타가 있고 1776년 미국독립선언, 1787년에 제정된 미합중국헌법이 있다.

이러한 '근대 입헌주의적 헌법'은 다음과 같은 공통된 구성원리들을 가지고 있다. 첫째, 국가의사를 전반적·최종적으로 결정하는 권한인 주권(主權)이 국민에게 있다는 **'국민주권의 원리'**가 있다. 둘째, 시민의 사유재산권 등의 기본권 보장을 중시하는 **'기본권 보장의 원칙'**이 있다. 셋째, 국민의 기본권은 입법부의 법으로서만 제한할 수 있고 사법권력과 행정권력도 입법부가 정한 법에 따라야 한다는 **'법치주의'**가 있다. '법에 의한 통치'를 의미하는 '법치'(法治)는, 법이 아닌 권력자, 즉 사람에 의한 통치를 의미하는 '인치'(人治)와 반대 개념이다. 넷째, 국가의사를 국민이 직접 결정하지 않고 국민의 대표를 뽑아 그 대표가 대신 국가의사를 의논해서 결정하게 하는 **'대의제원리가'** 있다. 다섯째, 국가권력을 과거처럼 군주에게 집중시킬 것이 아니라 권력을 입법, 사법, 행정으로 나누고 권력 상호 간의 견제장치를 두어 '견제와 균형'을 이루려는 **'권력분립의 원리'**가 있다. 여섯째, 헌법사항을 전통이나 관습으로 존재하게 하는 것이 아니라 성문화된 헌법을 가지는 **'성문(成文)헌법주의'**가 있다. 입헌주의가 제대로 실현되기 위해서는 통치의 기준이 되는 헌법이 고정적으로 성문화될 필요가 있었기 때문이다. 일곱째, 입헌주의에서 통치의 기준이 되는 헌법이 법률처럼 자주 바뀌어서는 안 되기 때문에 헌법의 개정절차를 법률의 개정절차보다 까다롭게 하는 **'경성(硬性)헌법주의'**가 있다.

3. 현대 사회국가적(복리주의적) 헌법

제1차, 제2차 세계대전 이후 현대가 열리게 되었다. 야경(夜警)국가, 시민국가로 표현되는 근대 자본주의 사회는 빈익빈 부익부, 실업자군의 증가, 주기적인 경제공황, 인접국가들의 경제공황이 시기적으로 겹칠 때 전쟁의 발발과 같은 폐해를 안고 있었다. 이러한 자본주의의 폐해를 막고 노동자, 농민 등 소외계층의 이익을 보호하기 위해 세계대전 이후의 현대에는 세계 각국이 앞다투어 적극적인 **'사회국가'**(혹은 복지국가)를[1] 추구하고 헌법에 그러한 이념을 반영하기 시작했다. '사회국가'란 국민 생활의 기본적 수요를 충족시켜 건강하고 문화적인 생활을 보장하는 것이 국가의 의무이자 국민의 권리인 국가를 말한다. 생산수단이 국유화 되어있는

1 '사회국가'는 '사회주의국가'와는 전혀 다른 '복지국가'를 말한다.

'사회주의국가'와는 다르다.

이러한 현대 사회국가적 헌법들의 공통된 구성원리로는 다음과 같은 것들이 있다. 첫째, 근대에 '법'에 따른 통치이기만 하면 되고 '법 내용'의 정당성을 따지지 않았던 형식적 법치주의를 넘어 **'실질적 법치주의'** 원리가 등장했다. 둘째, 헌법상의 기본권편에 사회국가의 새로운 기본권인 **'사회권'**(복리권)이 등장했다. 셋째, 현대 사회국가에서 복지정책의 실시와 집행을 위해 행정, 입법, 사법 중 행정권력의 역할과 비중이 커질 수밖에 없게 되자 근대의 고전적 권력분립원리를 일부 수정하여 **'권력의 분립'**이 아니라 권력의 융화를 통한 행정국가화 경향이 나타났다. 제1차와 제2차 세계대전을 겪고 난 현대의 국가들은 대외적인 기본원칙으로 **'국제평화주의'**를 헌법에 채택했다.

Ⅳ. 존재형식으로 본 헌법개념

1. 실질적 의미의 헌법

'헌법사항'이란 헌법의 본질적 내용을 의미하며, 이것은 **'국민의 기본권 보장과 국가권력의 조직 및 작용에 관한 것'**을 말한다. **'실질적 의미의 헌법'**이란 존재형식 여하에 불구하고 이러한 헌법사항을 규정하는 법규범 전체를 말한다. 따라서 성문화된 헌법전(憲法典)뿐만 아니라 헌법사항을 규정하는 법률, 명령, 조례, 규칙과 헌법적 관습, 즉 관습헌법도 이 '실질적 의미의 헌법'에 포함된다. 헌법재판소도 신행정수도건설특별법 사건(헌재 2004. 10. 21. 2004헌마554)에서 인용(위헌)결정을 내리면서 '수도는 서울이다'라는 관습헌법이 존재한다면서 이 관습헌법 위반을 사실상의 위헌의 근거로 삼았다.

2. 형식적 의미의 헌법

성문화된 **헌법전**(憲法典)을 **'형식적 의미의 헌법'**이라고 한다. '형식적 의미의 헌법'은 근대 이후 일반적으로 경성헌법이지만, 영국의 불문(不文)헌법이나 1947년의 뉴질랜드 헌법처럼 연성헌법도 있다.

3. 양자의 관계

헌법전에 규정된 '형식적 의미의 헌법'은 대부분 '국민의 기본권 보장과 국가권력의 조직 및 작용에 관한 것' 즉, 헌법사항에 관한 것을 내용으로 하므로, '형식적 의미의 헌법'은 대부분 '실질적 의미의 헌법'에 해당한다. 그러나 헌법전에 규정된 '형식적 의미의 헌법'이면서도 헌법사항에 관한 것을 내용으로 하지 않아서 '실질적 의미의 헌법'에 해당하지 않는 것도 있다. '실질적 의미의 헌법'에 해당되지 않더라도 그 개정을 곤란하게 해 둘 필요가 있는 경우 미리 헌법전 속에 넣어두는 것이다. 예를 들어 스위스헌법 26조2항은 식육동물을 도살할 때 마취하지 않고 도살하는 것을 헌법에서 금지하고 있다. '미 마취 식육동물의 도살 금지'는 헌법사항이 아닌데도 헌법전에 규정되어 있는 것이다. 또한 1919년에 개헌을 통해 미국 연방헌법에 들어간 미국 수정헌법 18조는 술의 제조, 운반, 판매를 금지하는 내용의 금주조항이었다.[2] 이 또한 헌법사항이 아닌데도 헌법전에 규정된 예라고 할 것이다.

헌법사항에 관한 것이어서 '실질적 의미의 헌법'에 해당하기는 하지만(중요하나) 헌법전에는 규정되지 않아서 '형식적 의미의 헌법'은 아닌 것도 있다. 이러한 것들은 헌법사항을 내용으로 하고 있어서 중요하기는 하나 개정을 쉽게 하려고 헌법전에 규정하지는 않은 것들이다.

제2절 ▌헌법의 특성(혹은 특질)

I. 규범적 특성

사회를 운영하는 규범으로서 헌법이 가지는 특성을 말한다.

1. 최고규범성

헌법은 모든 규범 중 최고(最高)의 규범이다. 일찍이 독일의 헌법학자 켈젠(Hans Kelsen)은 규범이 피라미드 형태의 상하관계에 있다는 내용의 법단계설을 주

---

2 그 후 개헌을 통해 미국 연방헌법에 들어간 수정헌법 제21조는 금주를 다시 폐지하였다.

장하였다. 법단계설에 의하면 헌법이 유형의 규범 중에서는 최고의 규범이며, 이 헌법을 타당근거 및 효력근거로 하여 법률이 만들어지며 이 때 헌법은 법률의 입법기준이자 해석기준이 된다. 또한 명령은 이러한 헌법과 법률을 타당근거 및 효력근거로 만들어지며, 헌법과 법률은 명령의 입법기준이자 해석기준이 된다. 지방의회가 제정하는 조례도 헌법, 법률, 명령을 타당근거 및 효력근거로 하여 만들어지며, 헌법, 법률, 명령은 조례의 입법기준이자 해석기준이 된다. 지방자치단체가 제정하는 규칙은 헌법, 법률, 명령, 조례를 타당근거 및 효력근거로 하여 만들어지며, 헌법, 법률, 명령, 조례는 규칙의 입법기준이자 해석기준이 된다. 따라서 헌법이 모든 규범 중에서 최고규범이 되는 것이고 이러한 최고규범인 헌법에 위배되는 법률, 명령, 조례, 규칙에 대해서는 모법인 헌법에의 위반 여부를 판단하는 위헌심사를 할 수 있는 것이며, 위헌심사 결과 헌법에 위배된다는 위헌결정이 내려지면 헌법에 위배되는 법률, 명령, 조례, 규칙은 헌법이라는 최고의 효력근거를 상실하게 되므로 효력근거가 없어서 **'위헌'**(違憲)이면 **'무효'**(無效)가 되는 것이다.

2. 조직규범성과 수권규범성

헌법은 특히 통치구조편에서 입법부, 행정부, 사법부 등 국가기관의 구성과 조직에 관한 규정을 두고 있어서, **조직규범성**을 가진다. 또한 헌법은 이러한 국가기관들의 조직뿐만 아니라 그들 국가기관들이 가지는 권한들에 대해서도 규정하고 있어서, **수권(授權)규범성**을 가진다. 입법권은 국회에(40조), 행정권은 정부에(66조1항), 사법권은 법원에(101조1항) 속한다고 규정하고 있는 것이 대표적인 예이다. 그러나 헌법이 모든 국가기관의 조직과 권한을 상세히 규정하는 것은 사실상 불가능하므로 특별법에 위임하는 것이 일반적이다. 참고로 선거관리위원회, 감사원은 헌법기관으로서 그 조직과 권한에 대해 헌법에 규정되어 있으나, 정부와 여당의 협의체인 당정협의회는 실질적으로는 큰 권한을 가지지만 헌법기관이 아니므로 그 조직과 권한에 대해 헌법에 규정되어 있지 않다.

3. 권력제한규범성

헌법은 위에서 본 바와 같이 수권규범이므로 헌법기관의 권한에 대해 규정하는데, 이것은 역으로 국가기관이 헌법에 주어진 권력만 가지며 그 이외의 권력은 행사할 수 없다는 것을 의미하므로, 헌법은 '권력제한규범성'을 가지게 된다. 따라서 국가권력 심지어 최고권력자의 권력행사도 헌법에 의해 제한될 수 있는 것이고, 이러한 점이 헌법과 그 이외의 법이 크게 다른 점이라 할 수 있다. 헌법은 권력제한규범성을 통해 **국가권력**의 **행사요건**을 엄격히 규정하여 국가권력의 자의적 행사와 남용의 방지를 도모한다. 또한 권력제한규범성은 기본권보장규범성과도 통한다. 기본권의 보장과 실현은 국가권력의 제한을 통해서만 가능하므로 헌법은 다양한 국가권력 제한장치들을 채택하고 있는 것이다.

4. 기본권보장규범성

헌법은 특히 기본권편에서 국민의 기본권에 대해 상세한 규정들을 두고 있다. 따라서 헌법은 기본권보장규범성을 가진다.

II. 사실적 특성

1. 정치성

민법은 사인(私人) 간의 거래관계를 규율하는 법이고 형법은 범죄를 규율하는 법이라면, 헌법은 정치관계를 규율하는 최고법이라고 볼 수 있다. 그렇다면 '정치'란 무엇인가? 이스튼(Easton)은 정치를 '희소가치의 권위적 분배'로, 슈미트는 정치를 '적과 동지의 구분'으로 정의 내린 바 있다.

헌법은 강한 정치성을 가진다. 국가형태를 군주제로 할 것인가 공화제로 할 것인가, 정부형태를 대통령제로 할 것인가 의원내각제로 할 것인가와 같이 헌법의 제정과 개정은 **정치적 선택**의 문제이며 실정법(實定法) 초월적인 사실적 정치행위이기 때문이다. 헌법의 영역은 여러 세력이 각축하는 '정치의 장(場)'이고 여기에서 유혈을 수반한 투쟁이 발생한다. 헌법은 이러한 **여러 정치세력 간의 정치투쟁의 산물**이며 헌법은 **그 당시 사실상의 권력관계를 규범화한 문서**에 불과하다. 슈미트(Carl Schmitt)는 헌법의 정치성과 관련해 헌법은 "정치적 세력들이 항쟁한 결과 절대적 승리를 쟁취한 단일세력이 있는 경우에는 그 세력이 원하는 지배체제를, 그렇지 않은 경우에는 여러 세력이 타협에 의해 그들이 원하는 장차의 지배체제를 문서로써 확인한 것"이라고 말했다. 따라서 헌법의 전체 조항들이 수미일관한 논리성을 갖추는 것은 애초에 힘든 일일 수 있다. 제정 당시의 헌법조항들 하나하나가 유혈을 수반한 정치적 투쟁의 결과물이면서, 그 후 개헌을 통해 헌법에 들어간 조항들은 또 다른 정치적 투쟁을 배경으로 한 것이기 때문이다.[3]

2. 이념성

헌법은 특유의 이념(이데올로기)과 가치질서를 내용으로 한다. 예를 들어 근대 입헌주의적 헌법들은 자본주의를 이념으로 했지만, 현대 사회국가의 헌법들은 수정자본주의를 이념으로 삼는다.

3. 역사성

헌법이 가지는 이념과 가치질서는 그때그때의 역사적 조건과 지배상황에 의해 제약받는 역사적 개념으로 볼 수 있다. 헌법은 그 시대의 '역사적 산물'로서 지배상황에 의해 정치적 주도세력의 이념을 담고 있다. 예를 들어 근대 입헌주의적 헌법은 시민 중심의 자본주의로 연결되고 현대 사회국가적 헌법은 사회적·경제적 약자 중심의 수정자본주의로 연결된다.

4. 개방성

헌법은 미래에의 설계와 발전을 전제로 하므로 헌법규정은 그 내용이 광의적이고 불확정적인 경우가 적지 않다. 예를 들어 헌법 34조1항은 "모든 국민은 인간다운 생활을 할 권리를 가진다."고 규정하고 있는데, 무엇이 "인간다운 생활"인지는 광의적이고 불확정적이다. 이런 의미에서 헌법은 중요한 윤곽만 규정하고 있다는 의미에서 '윤곽규범'이라고 불리기도 한다.

헌법이 개방성을 가질 수밖에 없는 이유는 국가영역과 국민영역이라는 광대한

3 이런 의미에서 앞에서 본 독일의 헌법관 논쟁에서의 독일식 헌법관들은 헌법조항 전체들 전체가 하나의 수미일관한 논리적 틀로 파악될 수 있다고 본 점에서 헌법의 정치성과 개별 헌법조항의 정치적 배경의 차별성을 등한시한 것이라 비판받을 수 있다.

영역에 대해 규정하는 기본법이다 보니, 헌법이 모든 헌법사항을 상세히 규정할 수는 없고 중요하고 확정을 필요로 하는 것만 규정하게 되기 때문이다. 이를 헌법의 윤곽규범성이라고 부른다. 헌법이 기본적인 원리, 제도, 가치 등을 문서화해 놓은 후 **구체적 실현은 미래의 정치투쟁을 통해 결정되는 것이다.** 이런 의미에서 헌법조항은 바로 성문헌법조항에 의해 구체적 사항이 이미 결정되어 버리고 그 이상의 적용이나 집행 또는 해석을 필요로 하지 않는 '자기집행적(self-executing) 조항'이 아니다.

제3절 ❙ 헌법의 분류

헌법은 몇 가지 기준에 의해 여러 유형으로 분류될 수 있다. 전통적인 헌법의 분류방식들이 존재했고 현대에는 헌법의 새로운 분류들이 시도되고 있다.

I. 전통적 분류

1. 성문헌법과 불문헌법

헌법이 헌법전으로 문서화되어 있느냐 아니냐의 **'존재 형식'**을 기준으로 헌법전의 형식으로 문서화된 **'성문헌법'**과 헌법전이 아니라 법률의 형태로 문서화되었거나 문서화되지 못하고 전통이나 관습의 형태로 존재하는 **'불문헌법'**이 있다. 불문헌법국가의 대표적인 예가 영국이다. 근대 이후 대부분의 국가들은 성문헌법주의를 채택해 헌법전의 형태로 문서화된 성문헌법을 가지고 있다.

2. 연성헌법과 경성헌법

헌법개정이 법률개정과 비교해 더 까다로운가를 기준으로 헌법개정의 절차가 법률개정의 절차보다 더 까다로운 헌법이 **'경성헌법'**이고 헌법개정의 절차가 법률개정의 절차와 같은 것이 **'연성헌법'**이다. 연성헌법국가의 예로는 영국과 1947년 이후의 뉴질랜드를 들 수 있다. 위에서 본 불문헌법국가는 헌법전의 형태로 존재하는 헌법이 없기 때문에 그 개정절차가 법률개정절차보다 더 까다로울 수 없다.

따라서 **불문헌법국가는 연성헌법국가일 수밖에 없다.**

3. 흠정, 민정, 협약, 국약헌법

헌법의 **제정주체**를 **기준**으로, 군주가 헌법의 제정주체인 '**흠정(欽定)헌법**', 국민이 제정주체인 '**민정(民定)헌법**', 군주와 국민 혹은 군주와 국민대표 간의 합의에 의해 제정되는 '**협약(協約)헌법**', 국가 간의 합의나 연방국가에서 주(州)간의 합의에 의해 제정되는 '**국약(國約)헌법**'으로 나누어진다. 그러나 이러한 헌법의 분류는 그 의의를 상실했다. 근대 입헌군주국가에서는 군주가 헌법 제정에 참여했으나, 현대 국민주권국가에서는 모든 헌법이 민정헌법이기 때문이다.

II. 새로운 분류

1. 뢰벤슈타인의 존재론적 분류

현대에 이르러 여러 학자들이 다양한 기준에 의해 헌법을 분류했으나 **뢰벤슈타인**(Karl Loewenstein)의 존재론적 분류가 유명하다. 그는 헌법규범과 헌법현실의 일치 여부를 **기준**으로 헌법을 다음과 같이 **존재론적**으로 세 가지 유형의 헌법으로 분류했다.

(1) 규범적 헌법

헌법규범과 헌법현실이 일치하는 헌법을 말한다. 헌법이 현실에서 실효성을 발휘하는 헌법이다. '있어야 할 헌법'이며 맞춤양복에 비유된다. 즉 몸이 헌법현실이고 헌법이 양복이라고 했을 때 몸과 양복이 일치하여 맞춤양복 같은 헌법이라는 의미이다. 뢰벤슈타인은 헌법규범을 '양복'에, 헌법현실을 '몸'에 비유했을 때 '맞춤양복'처럼 몸에 딱 맞는 헌법을 규범적 헌법이라고 보았다. '있어야 할' 헌법이다.

(2) 명목적 헌법

헌법이 헌법현실에서 **실효성**을 가지기 위한 **전제조건들이 성숙되지 않아** 현실에서 규범으로서의 기능을 발휘하지 못하지만 언젠가는 그러리라는 기대를 가지게 하는 헌법을 말한다. 뢰벤슈타인은 아시아 및 아프리카 개발도상국의 헌법을 예로 들었다. 뢰벤슈타인은 헌법규범을 '양복'에, 헌법현실을 '몸'에 비유했을 때 '장롱 속의 양복'처럼 지금은 몸에 맞지 않아 장롱 속에 두었지만 장래에는 몸에 맞게 될 헌법을 '명목적 헌법'이라고 설명했다. 현재의 시점에서는 '있으나 마나 한 헌법'이다.

(3) 장식적 헌법

집권세력의 지배를 안정시키고 영구화하는데 악용되는 **도구**로서의 헌법을 말한다. 뢰벤슈타인은 히틀러 치하의 독일헌법이나 무솔리니 치하의 이탈리아 헌법을 예로 들었다. 뢰벤슈타인은 헌법현실을 '얼굴'이나 '몸'에 비유했을 때 '가면이나 외투'처럼 집권세력의 지배체제를 그럴듯하게 치장하는 헌법을 '장식적 헌법이라고 보았다. '있어서 큰 해악이 되는' 헌법이다.

2. 기타의 새로운 분류

(1) 독창적 헌법과 모방적 헌법(뢰벤슈타인)

그 외에도 '**헌법의 독창성** 유무'를 기준으로 '독창적 헌법'과 '모방적 헌법'으로 나누어 볼 수 있다. '독창적 헌법'에는 예를 들어 대통령제를 세계 최초로 규정한 미국헌법, 5권분립제를 세계 최초로 규정한 1931년의 중국헌법이 있다. 세계 대부분 국가의 헌법은 외국의 기존 헌법을 그 나라의 정치적 현실에 적합하도록 구성한 '모방적 헌법'이다.

(2) 일당제 헌법과 다당제 헌법

'정당의 수'를 기준으로, 하나의 정당만을 인정하는 '일당제 헌법'과 복수 정당을 인정하는 '다당제 헌법'으로 나눌 수 있다. 극소수의 공산주의 국가를 제외하고 대부분의 국가들은 '다당제 헌법'에 속한다.

제2장 헌법의 해석

제1절 ❙ 헌법해석의 방법

I. 사비니(V. Savigny)의 전통적 해석 방법

1. 문리적(문법적) 해석

문법적·어학적 헌법 해석방법을 말한다. 헌법조항의 용어나 어구의 사전(事典)적·문법적 의미에 치중해 헌법규정을 좁게 해석하는 방식을 말한다. 헌법해석의 출발은 문리적(문법적) 해석이다. 즉, 헌법해석은 제1차적으로 문리적(문법적) 해석이 이루어져야 한다.

2. 논리적(체계적) 해석

어떤 헌법조항의 의미를 해석할 때 다른 헌법조항이나 헌법질서 전체와의 논리적 연관성 속에서 논리체계적으로 헌법조항을 해석하는 방법을 말한다. 예를 들어, 노무현 대통령 탄핵사건(헌재 2004. 5. 14. 2004헌나1)의 기각결정에서 헌법재판소는 헌법 65조1항에 규정된 탄핵사유인 "직무집행에 있어서 헌법이나 법률을 위배한 때"의 의미를 해석함에 있어서 논리적 해석방법을 취하여, 다른 헌법조항인 헌법 67조1항에 의해 국민의 직접선거로 뽑힌 국민의 대표인 대통령을 헌법 65조2항의 '파면'에 이르게 할 정도라면 "직무집행에 있어서 **중대하게** 헌법이나 법률을 위배한 때"의 의미로 해석해야 한다고 판시했다. 따라서 노무현 대통령의 행위에 위헌·위법은 있었으나 국민의 직접선거로 뽑힌 대통령을 '파면'에 이르게 할 정도의 '중대한 위헌·위법사유'는 아니라고 하면서 탄핵사유에 해당하지 않는다는 탄핵기각결정을 내린 것이다.

3. 목적론적 해석

헌법제정이나 헌법**개정의 목적**이나 헌법제·**개정자의 의도**에 따라 제·개정된 그 헌법조항의 의미를 해석하는 해석방법이다.

4. 역사적 해석

헌법제정이나 헌법**개정 당시의 역사적 상황**에 치중하여 헌법조항을 해석하는 방법이다.

II. 독일의 현대적 해석방법

현대에 와서 독일에서는 현실기준적 해석방법(R. Smend), 헌법이념합치적 해석방법(K. Hesse, M. Kriele 등), 절충적 해석방법(E. W. Boeckenfoerde) 등 새로운 헌법해석의 방법들이 헌법학자들에 의해 제안되었다.

제2절 ▌합헌적 법률해석

I. 개념

'합헌적 법률해석'이란 '일응 위헌으로 볼 수 있는 법률일지라도 헌법의 정신에 합치되도록 해석될 여지가 조금이라도 있으면 이를 위헌으로 판단할 것이 아니라 합헌으로 판단해야 한다는 법률해석의 지침'을 말한다. 엄격한 의미에서는 법률해석의 문제이지 헌법해석의 문제는 아니라고 보는 견해도 있으나, 법률해석과 동시에 합헌적인 법률해석을 위해 헌법해석도 같이 이루어지는 것으로 보아야 할 것이다.

II. 연혁

미국 연방대법원의 1827년 Ogden v. Saunders(25 U.S. 213, 1827년) 판결을 통해 "입법부가 의결한 법률은 그 위헌성이 명백한 것으로 판명될 때까지는 일단 그 유효성을 추정하여야 한다. 그렇게 하는 것이 입법부의 지혜, 성실, 애국심에 대해 존중을 표하는 것이 된다."는 **'법률의 합헌성추정의 원칙'**으로 탄생하였다. 독일 연방헌법재판소가 미국판례법상의 '법률의 합헌성추정의 원칙'을 수용하여 '합헌적 법률해석론'으로 발전시켰다. 우리 헌법재판소도 독일연방헌법재판소의 '합헌적 법률해석론'을 받아들였다. 우리 헌법재판소가 위헌법률심판의 한 결정형식으로 사용하는 변형결정 중 특히 **한정합헌결정**은 **합헌적 법률해석론을 직접적으로 받아들인 대표적인 예**이다. 예를 들어 헌법재판소의 국가보안법상의 찬양·고무죄에 대한 한정합헌결정(헌재 1990. 6. 25. 90헌가11)에서 헌법재판소는 법률규정의 어의의 테두리 안에서 여러 해석이 가능하면 위헌적인 결과가 될 해석을 배제하면서 합헌적인 해석 택해야 전면 위헌 선언 시 생길 수 있는 큰 충격을 완화할 수 있다고 하였다. 즉 "국가보안법은 국가의 안전을 보장하고 자유민주적 기본질서의 파괴에 대처하는 것이 목적이므로 이에 무해한 행위는 처벌에서 배제하고 이에 실질적 해악을 미칠 명백한 위험성이 있는 경우에만 처벌"해야 한다고 판시하면서 "국가보안법 제7조 제1항 및 제5항은 각 소정 행위가 국가의 존립·안전을 위태롭게 하거나 자유민주적 기본질서에 위해를 줄 경우에 적용된다고 할 것이므로 이러한 해석하에 헌법에 위반되지 아니한다."는 주문(主文)의 한정합헌결정을 내렸다.

III. 이론적 근거

독일 연방헌법재판소가 체계화한 '합헌적 법률해석의 원칙'을 우리 헌법재판소가 판례로써 받아들인 합헌적 법률해석의 이론적 근거는 다음의 세 가지이다.

첫째, **법질서의 동일성 유지**이다. 한 나라의 법질서는 헌법을 정점으로 하는 통일적인 법체계를 유지해야 하기 때문에 합헌적 법률해석이 필요하다는 것이다.

둘째, **권력분립원칙 위배**이다. 권력분립원칙에 의해 원칙적으로 입법권은 의회에 부여되어 있는데, 다른 국가기관이 합헌의 여지가 있는 법률에 대한 위헌선언을 남발하며 의회가 제정한 법률을 위헌이라고 배척하는 것은 권력분립원칙에 위배되므로 법률은 가급적 합헌적으로 해석되어야 한다는 것이다.

셋째, **민주주의원리 위배**이다. 선거로 민주적 정당성(民主的 正當性)을 부여받은 의회가 제정한 법률을 선거가 아닌 임명으로 민주적 정당성을 부여받지 못한 법원이 위헌판결을 하는 것은 민주주의원리에 위배된다는 것이다.

넷째, **법적 안정성 유지**이다. 일단 공포되어 시행 중인 법률에 대한 위헌판단은 그동안 유지되어온 법적 생활의 안정을 위협한다. 따라서 일부 위헌요소 때문에 전면 위헌을 의미하는 위헌판결을 내리는 것은 너무 큰 희생이며 법적 안정성

유지를 저해한다.

Ⅳ. 한계

첫째, 어의적(語義的) 한계이다. 법조문의 어의가 법률해석에 의해 전혀 다른 의미로 변질되면 합헌적 법률해석의 한계를 넘는 것이기 때문이다. 주의할 것은 이 때 “어의(語義)”는 헌법의 어의가 아니라 **법률의 어의**라는 점이다.

둘째, 입법목적적 한계이다. 법률이 합헌적 법률해석을 통해 법률의 내용이 제한되거나 보충되는 것이 아니라 전혀 새로운 목적이나 내용을 가지게 되면 합헌적 법률해석의 한계를 넘는 것이기 때문이다.

셋째, 헌법허용적 한계이다. 헌법규범의 내용을 지나치게 확대해석 함으로써 헌법규범이 정상적으로 허용·수용할 수 있는 한계를 넘어서는 것이면 합헌적 법률해석의 한계를 넘는 것이다. 이 점에서 ‘합헌적 법률해석’이 ‘헌법해석’이기도 함을 알 수 있다.

Ⅴ. 문제점

지나치게 합헌적 법률해석을 고집하는 경우에는, 사법소극주의로[4] 흘러 소수자를 보호하고 사회변화에 적용하는 데 장애가 될 수 있다.

---

4 권력분립원리하에서 사법소극주의란 ‘사법부 자제’(judicial self-restraint)의 미명하에 입법부나 행정부의 의사나 결정에 사법부가 간여하고 반대하기보다는 그것에 좇아가는 사법부의 태도나 철학으로 정의되며, 사법적극주의란 권력분립의 원리가 기초하고 있는 ‘견제와 균형’(checks and balances)의 이상을 실현하기 위하여 행정부나 입법부의 의사나 결정에 곧잘 반대를 제기하여 두 부(府)에 의한 권력의 남용을 적극적으로 견제하는 사법부의 태도나 철학으로 정의된다.

제2편

헌법재판제도

제1장 헌법재판의 일반이론

I. 헌법재판의 의의

헌법재판이란 '헌법을 해석하여 구체적인 헌법적·정치적 분쟁에 적용하는 작용'을 말한다. **협의의 헌법재판**이란 위헌법률심사(사법심사, judicial review)만을 말하고, **광의의 헌법재판**에는 이외에도 우리 헌법 111조1항에[5] 우리 헌법재판소의 권한으로 규정된 정당해산심판, 탄핵심판, 권한쟁의심판, 헌법소원심판과 헌법 107조2항의 위헌명령규칙심사, 선거소송심판이 포함된다.

5 제111조 ①헌법재판소는 다음 사항을 관장한다.
1. 법원의 제청에 의한 법률의 위헌여부 심판
2. 탄핵의 심판
3. 정당의 해산 심판
4. 국가기관 상호간, 국가기관과 지방자치단체간 및 지방자치단체 상호간의 권한쟁의에 관한 심판
5. 법률이 정하는 헌법소원에 관한 심판

II. 헌법재판의 기능

첫째, 소수자의 권리보호 기능이다. 즉, 헌법재판은 국회 다수파가 만든 법률에 대한 위헌결정 등을 통해 의회, 대통령 등 다수파기관(majoritarian institution)과 원내다수당의 횡포로부터 그 사회의 소수자의 권리를 보호하는 기능을 한다.

▸ **도표** 헌법재판의 기능

둘째, 민주주의의 촉진 기능이다. 국회의원 등 다수파기관의 구성원이 다수국민의 의사와 괴리된 법률을 만들거나 의사결정을 하는 '민주주의의 실패'(failure of democracy)가 발생할 수 있다. 헌법재판은 다수파기관의 구성원을 뽑는 선거제도나 다수파기관 자체의 오기능으로부터 오는 이 '민주주의의 실패'를 이들이 만든 법률에 대한 위헌결정 등을 통해 교정하고 민주주의를 촉진하는 기능을 한다.

셋째, 헌법재판은 연방제국가에 있어 연방과 주(州)의 권한분쟁의 중재자로서의 역할을 한다.

III. 헌법재판의 법적 성격

'헌법재판'도 '재판'이라는 용어가 붙어있으므로 사법작용의 하나인지, 혹은 다른 재판작용과 다른 특성을 갖는지가 문제된다. 그래서 헌법재판의 법적 성격과 관련해서는 헌법재판이 헌법적 문제에 관한 분쟁을 계기로 한 '헌법규범의 해석과 적용'라는 입장과 법적 분쟁해결을 위한 '법규 적용'이라는 입장, 그리고 다른 절충적 입장들이 존재한다.

1. 사법(司法)작용설

헌법재판은 헌법규범에 대한 법해석 작용을 그 본질로 하는 만큼 다른 법률해석 작용과 마찬가지로 전형적인 사법적 법률인식작용에 지나지 않는다고 본다. 사법작용설은 '사법작용'의 개념적 징표로 첫째, **사법절차**에 따라 행해지고, 둘째, 그 사법판단이 **결정적·최종적**인 것이며 셋째, 그 사법판단이 **중립적 기관**에 의해 행해질 것의 세 가지를 든다. 헌법재판은 이 세 가지 개념적 징표를 모두 충족시키므로 '사법작용'이라고 주장한다.

2. 정치작용설

헌법재판은 헌법문제에 대한 다툼을 전제로 하는데 헌법문제에 대한 다툼은 법률분쟁이 아니라 **정치적 분쟁**이므로 이러한 정치적 분쟁에 대한 해결은 사법작용일 수 없고 정치적 작용이라고 주장한다.

3. 정치적 사법작용설

헌법재판은 순수한 사법작용이 아니라 정치적 성격을 아울러 가지고 있는 **정치적 사법작용**이라고 본다. 다수설의 입장이다. 앞의 '헌법의 특성'에서 본 바와 같이 헌법이 '정치성'을 사실적 특징으로 하는 정치성이 강한 법규범이므로 헌법의 해석에 관한 헌법재판도 '정치형성적'임을 근거로 내세운다. 예를 들어, 헌법재판 중 정당해산심판을 통해 헌법재판소가 정당해산 사유에 해당한다고 판단하여 그 정당을 해산한다면 그러한 결정과 함께 그 정당이 당시의 정치지형에서 사라지는 '정치형성적'인 효과가 발생하는 것이다.

4. 입법작용설

헌법재판은 헌법해석을 통한 헌법의 실현작용인데, 이때 헌법해석은 법률의 해석과는 달리 헌법이나 법률의 흠결을 보충하고 그 내용을 형성하는 기능을 가지므로 헌법재판은 일종의 입법작용이라고 주장한다. 예를 들어, 국가보안법 7조의 찬양·고무죄 규정에 대한 한정합헌결정을 통해 헌법재판소는 단순한 찬양·고무가 아니라 "국가의 존립·안전을 위태롭게 하거나 자유민주적 기본질서에 위해를 줄" 찬양·고무 행위를 처벌하는 것으로 해석하는 한에 있어서 합헌이라는 '한정합헌' 결정을 내림으로써 국가보안법 7조 찬양·고무죄 규정에 대한 축소해석을 통해 그 규정의 내용을 형성하는 결정을 내리고 있다.

5. 제4의 국가작용설

헌법재판은 입법, 집행, 사법 등 모든 국가작용을 통제하는 기능을 가지므로 입법작용일 수도 집행작용일 수도 사법작용일 수도 없는 독특한 성격을 지닌 제4의 국가작용이다. 헌법재판에는 사법작용적인 법인식 기능과 정치작용적인 합목적성의 판단기능이 함께 공존한다. 전자는 합법성, 후자는 합목적성과 관련된다. 법리적인 설득력과 정치적인 타당성이 적절한 균형관계를 유지함으로써 법적인 관점에서나 정치적인 관점에서나 수긍될 수 있는 해결책이 모색되어야 한다고 주장한다.

Ⅳ. 헌법재판제도의 유형

세계 각국이 채택하고 있는 헌법재판제도의 유형은 기준에 따라 여러 가지로 분류될 수 있다. '**재판기관**'을 기준으로 분류할 때 헌법재판제도는 다음의 세 가지로 분류될 수 있다.

1. 헌법재판소형

일반법원과 구별된 독립의 헌법재판소로 하여금 헌법재판권을 담당하게 하는 유형이다. 헌법재판소형에서는 헌법재판소가 위헌법률심판뿐만 아니라 탄핵심판, 권한쟁의심판, 정당해산심판, 헌법소원심판, 위헌명령규칙심사, 선거소송심판까지 관할한다. 구체적 규범통제뿐만 아니라 추상적 규범통제를 하기도 한다. 위헌결정이 내려지면 그 법률이 효력을 상실하고 폐지되는 것과 같은 '일반적 효력'을 가진다. 이에 비해 위헌결정이 내려진 법률이 그 사건에만 적용거부 되는 데 그치는 경우 위헌결정은 '개별적 효력'을 가진다고 한다.

독일의 연방헌법재판소(Bundesverfassungsgericht)가 대표적인 예이다. 독일 연방헌법재판소는 각각 8인의 헌법재판관들로 구성된 제1부회(Senat)와 제2부회로 구성되어 있고, 제1부회는 헌법재판소장이 제2부회는 헌법재판소 부소장이 이끈다. 두 부회의 헌법해석이나 법률해석이 충돌하는 경우 연합부회를 구성하여 이 문제를 해결한다. 독일 연방헌법재판소는 위헌법률심판뿐만 아니라 탄핵심판, 권한쟁의심판, 정당해산심판, 헌법소원심판, 위헌명령규칙심판을 관할한다. 구체적 규범통제권뿐만 아니라 추상적 규범통제권도 가진다. 기본권 상실 선고권, 의원자격 심사권, 선거의 효력을 다투는 헌법소원심판권도 가진다.

헌법재판소형에 속하는 나라들로는 그 외에 켈젠의 헌법 초안으로 세계 최초로 헌법재판소제도를 헌법에 규정한 오스트리아, 이탈리아, 스페인, 러시아, 프랑스의 헌법원(conseil constitutionnel)이 있다.

2. 일반법원형

일반법원으로 하여금 헌법재판을 담당하게 한다. 예를 들어 1803년의 Marbury v. Madison판결에서 위헌법률심사제도를 세계 최초로 창안해 낸 미국 연방대법원, 극단주의적 사법소극주의를 보여주고 있는 일본의 대법원에 해당하는 일본최고재판소가 일반법원형에 속한다.

3. 정치기관형

특수기관형이라고도 한다. 헌법재판소도 아니고 일반법원도 아닌 특수한 정치적 성격(법관자격이 없는 정치인들이 포함된 위원회)을 가진 기관으로 하여금 헌법재판을 담당하게 하는 유형이다. 예를 들어 이란의 헌법수호위원회, 과거 우리나라의 제1공화국, 제4공화국, 제5공화국하의 헌법위원회가 정치기관형이 속한다. 참고로 우리나라는 제2공화국 때에는 헌법재판소(헌법소원만 제외)가, 제3공화국 때에는 대법원이 헌법재판권을 가졌다.

V. 위헌법률심사제의 유형

법률에 대해 위헌 여부를 판단하는 위헌법률심사제도에 있어, 세계 각국은 다양한 위헌법률심사제를 가지고 있다. **'위헌심사의 시기'**를 기준으로 위헌법률심사제의 유형을 나누어 보면 다음과 같다.

1. 사전예방적 위헌심사제

일정한 법률은 그 '법률 공포' 이전에 합헌성 심사를 하고 심사결과 위헌으로 판정되면 그 공포를 유보하는 제도를 말한다. 법률이 일단 공포·시행된 후에 무효가 선언되면 그만큼 사회적 혼란이 크다는 생각에 착안한 제도이다. 프랑스가 대표적인 예이다. 그러나 프랑스는 2008년 개헌으로 우리나라와 비슷한 사후교정적 위헌심사제를 추가하였고 과거 1년에 18건 정도의 위헌심사를 하다가 2014년 현재 1년에 300건까지 늘어날 정도로 위헌법률심사가 활성화되고 있다고 한다.

2. 사후교정적 위헌심사제

'법률공포' 이후에 합헌성 심사를 하여 사후적으로 법률을 교정하는 제도를 '사후교정적 위헌심사제'라고 하며, 사후교정적 위헌심사제는 다시 구체적 규범통제와 추상적 규범통제로 나누어진다.

(1) 구체적 규범통제(Konkrete Normenkontrolle)

구체적 소송사건에서 어떤 법률의 위헌 여부가 그 '재판의 전제'(선결문제)일 경우 그 법률의 합헌성 여부를 심사하는 것을 말한다. 청구인은 그 사건에서 그 법률의 적용을 받는 사람 혹은 법원이며 청구인적격이 좁게 인정된다. 우리나라와 미국, 독일, 일본 등 헌법재판권을 갖고 있는 대부분의 국가들이 구체적 규범통제권을 가지고 있다.

그런데 구체적 규범통제에 의해 어떤 법률에 대해 위헌결정이 내려졌을 때 그 위헌결정의 효력과 관련해 '일반적 효력'을 가지는 나라와 '개별적 효력'을 가지는 나라로 나누어진다. '일반적 효력'을 가지는 나라에서는 위헌으로 판결되면 그 법률은 그 사건뿐만이 아니라 일반적으로 효력을 잃는다. 즉 그 법률이 폐지되는 효과가 생기는 것이다. 예를 들어 우리나라와 독일이 위헌결정의 일반적 효력을 인정하는 나라에 속한다. '개별적 효력'을 가지는 나라에서는 그 사건에서만 위헌결정된 법률의 적용을 거부하는 데 그친다. 예를 들어 미국이 여기에 속한다. 그러나 미국에서도 판례법상의 원칙인 '선례구속의 원칙'(stare decisis)에 의해 위헌결정 후 동종·유사사건에서 그 법률의 적용을 계속 거부하므로 결과적으로는 위헌결정에 '일반적 효력'을 갖게 하는 경우와 같게 된다.

(2) 추상적 규범통제(Abstrakte Normenkontrolle)

구체적 소송사건과는 관계없이 법률의 위헌 여부를 일반적·추상적으로 심사하는 것이다. 구체적 사건을 매개로 하지 않고 일정한 집단에 '위헌심사청구권'을 부여하는 것이다. 그 법률로 인해 자신의 기본권이 침해되었느냐에 관계없이(즉, 그 법률로 피해를 받는 국민이 아니라) 일정 범위의 행정부·입법부 구성원들에게 이 권한을 부여한다.

대표적인 예가 독일 연방헌법재판소이다. 독일 연방헌법재판소의 권한에 관한 독일헌법 93조1항2호는 "연방정부·주정부 또는 연방의회 재적의원 3분의 1의 청구가 있을 때 헌법과 연방법 또는 헌법과 주(州)법과의 형식적·실질적 부합성 여부를 연방헌법재판소가 심사한다."고 규정하고 있다.

제2장 우리나라의 헌법재판소제도

제1절 | 우리나라 헌법재판소제도 일반

I. 헌법재판소의 구성과 조직 및 운영

1. 구성

9인의 헌법재판관 중 국회가 선출한 3인, 대법원장이 지명하는 3인, 대통령이

지명하는 3인(헌법 111조3항)을[6] 대통령이 임명한다. 헌법재판소장은 재판관 중에서 국회의 동의를 얻어 대통령이 임명(헌법 111조4항)한다.[7]

2. 재판관의 법적 지위

(1) 자격

법관의 자격을 가진(헌법 111조2항)[8] 만 40세 이상의 자로서 변호사자격을 가지고 15년 이상 법률이 정하는 일정한 직(판사, 검사, 변호사, 국공영법인이나 공공기관의 법률직, 대학 법률학 조교수 이상)에 종사한 자라야 한다. 따라서 변호사자격 없는 법학교수들의 헌법재판관 진출은 봉쇄되어 있다.

(2) 임기

6년이고 연임이 가능하며, 정년은 70세(헌법재판소법 7조2항)이다.[9] 과거 김문희 재판관이 제1기 때는 대법원장 지명 몫으로 제2기 때는 국회 여당 선출 몫으로 헌법재판관에 연임된 바 있다. 김진우 재판관도 제1기 때는 국회 여당 선출 몫으로 제2기 때는 대통령 지명 몫으로 헌법재판관에 연임되었으나 제2기 재판관으로 6년 임기를 채우기 전에 65세 정년을 맞아 퇴임한 바 있다. 그 이후에는 단 한번도 헌법재판관이 연임된 적이 없다.

(3) 신분보장

헌법재판관은 탄핵 또는 금고 이상의 형의 선고에 의하지 않고는 파면되지 않는다.(헌법 112조3항)[10] 헌법 106조1항 전단의[11] 법관 신분보장 조항과 유사하다.

---

6 헌법 제111조 ③제2항의 재판관중 3인은 국회에서 선출하는 자를, 3인은 대법원장이 지명하는 자를 임명한다.

7 헌법 제111조 ④헌법재판소의 장은 국회의 동의를 얻어 재판관중에서 대통령이 임명한다.

8 헌법 제111조 ②헌법재판소는 법관의 자격을 가진 9인의 재판관으로 구성하며, 재판관은 대통령이 임명한다.

9 헌법재판소법 제7조(재판관의 임기) ②재판관의 정년은 70세로 한다.

10 헌법 제112조 ③헌법재판소 재판관은 탄핵 또는 금고 이상의 형의 선고에 의하지 아니하고는 파면되지 아니한다.

11 헌법 제106조 제1항 전단은 "법관은 탄핵 또는 금고이상의 형의 선고에 의하지 아니하고는 파면되지 아니하며"라고 규정하고 있다.

(4) 정치적 중립성

헌법재판관은 '정치적 중립성'을 부담하므로, 정당에 가입하거나 정치에 관여할 수 없다(헌법 112조2항).[12]

(5) 겸직금지

헌법재판관은 각급 의회의 의원직, 국회·정부·법원의 공무원직, 법인과 단체의 고문 및 임직원의 직을 겸하거나 영리를 목적으로 하는 사업을 할 수 없다.

3. 조직

(1) 재판소장

헌법재판소를 대표하고 사무를 총괄하며 소속 공무원을 지휘·감독한다(헌재법 12조3항).[13] 헌법재판소장의 대우와 보수는 대법원장의 예에 준한다(헌재법 15조).[14]

(2) 재판관

헌법재판소 설립 초기에는 6인의 상임재판관과 3인의 비상임재판관을 두다가 9인 전원의 상임재판관을 두는 것으로 곧 바뀌었다.

(3) 재판관회의

헌법재판관 '7인 이상의 출석과 출석재판관 과반수'의 찬성으로 의결한다. 재판관회의의 의결을 거쳐야 할 사항은 헌법재판소규칙의 제정과 개정과 입법의견의 제출에 관한 사항, 예산 요구, 예비금 지출과 결산에 관한 사항, 사무처장, 사무차장, 헌법재판연구원장, 헌법연구관 및 3급 이상 공무원의 임면에 관한 사항, 특히 중요하다고 인정되는 사항으로서 헌법재판소장이 재판관회의에 부치는 사항이다(헌재법 16조4항).

---

12 헌법 제112조 ②헌법재판소 재판관은 정당에 가입하거나 정치에 관여할 수 없다.

13 헌법재판소법 제12조(헌법재판소장) ③헌법재판소장은 헌법재판소를 대표하고, 헌법재판소의 사무를 총괄하며, 소속 공무원을 지휘·감독한다.

14 헌법재판소법 제15조(헌법재판소장 등의 대우) 헌법재판소장의 대우와 보수는 대법원장의 예에 따르며, 재판관은 정무직(政務職)으로 하고 그 대우와 보수는 대법관의 예에 따른다.

(4) 사무처

사무처장과 사무차장 및 사무처 직원이 있다. 헌법재판소 사무를 관장한다. 장관급인 대법원 법원행정처장은 대법관 중에 임명하지만, 헌법재판소 사무처장은 장관급이기는 하지만, 헌법재판관이 아닌 사람들로 임명된다.

(5) 연구부

재판을 위한 조사와 연구를 위해 헌법연구관(헌재법 19조), 헌법연구관보(헌재법 19조의2), 헌법연구위원(헌재법 19조의3)이 있고 헌법재판소에 헌법재판연구원(헌재법 19조의4)을 둔다.

4. 운영

(1) 재판부

재판관 9인이 참석하는 **'전원재판부'**가 원칙이다. 헌법소원의 경우 사전심사를 위해 재판관 3인으로 구성되는 **'지정재판부'**를 둘 수 있다(헌재법 72조1항).[15] 지정재판부 재판관 3인 중 한 명이라도 각하의견에 대해 반대의견을 내면 그 사건은 전원재판부로 회부된다.

(2) 정족수

재판관 7인 이상의 출석으로 사건을 심리한다.[16] 위헌법률심판의 위헌결정, 헌법소원심판·탄핵심판·정당해산심판의 인용결정, 헌재 판례입장 변경의 경우에는 재판관 **6인 이상**의 찬성을 요한다(헌법 113조1항).[17] 권한쟁의심판만 종국심리(終局審理)에 관여한 재판관 **과반수**의 찬성으로 인용결정을 내릴 수 있다. 왜냐하면 국민과 직접 관련되지 않은, 국가기관 간의 다툼이기 때문이다. 각하결정 등 나머지 결정들도 종국심리에 관여한 출석 재판관 과반수의 찬성으로 결정을 내린다.[18]

---

15 제72조(사전심사) ①헌법재판소장은 헌법재판소에 재판관 3명으로 구성되는 지정재판부를 두어 헌법소원심판의 사전심사를 담당하게 할 수 있다.

16 헌법재판소법 제23조(심판정족수) ①재판부는 재판관 7명 이상의 출석으로 사건을 심리한다

17 헌법 제113조 ①헌법재판소에서 법률의 위헌결정, 탄핵의 결정, 정당해산의 결정 또는 헌법소원에 관한 인용결정을 할 때에는 재판관 6인 이상의 찬성이 있어야 한다.

18 헌법재판소법 제23조(심판정족수) ②재판부는 종국심리(終局審理)에 관여한 재판관 과반수의 찬

(3) 변호사강제주의

각종 심판절차에서 변호사를 대리인으로 선임하지 않으면 심판 **청구**나 심판 **수행**을 할 수 없다(헌재법 25조2항, 3항).[19] 헌법소원을 청구하는 자가 변호사를 대리인으로 선임할 자력이 없는 경우에는 국선대리인의 선임 신청이 가능하다(헌재법 70조).[20] 헌법재판소는 변호사강제주의를 합헌으로 보았다(헌재 1990. 9. 3. 89헌마120 등). 국선대리인제도가 있기 때문에 본인소송을 금한 것이다. 그러나 실제로 변호사강제주의는 모든 심판유형에 적용되는 것이 아니라 **사인(私人)이 당사자**로 되는 탄핵심판, 정당해산심판, 헌법소원심판에만 적용된다. 사적으로 선임한 소송대리인이 필요 없는 위헌법률심판과 권한쟁의심판에는 사실상 적용되지 않는다.

(4) 심리의 방식

접수사건의 수가 적은 탄핵심판, 정당해산심판, 권한쟁의심판을 **구두변론**이 원칙이고 접수사건 수 1위인 헌법소원심판과 접수사건 수 2위인 위헌법률심판은

성으로 사건에 관한 결정을 한다. 다만, 다음 각 호의 어느 하나에 해당하는 경우에는 재판관 6명 이상의 찬성이 있어야 한다.

1. 법률의 위헌결정, 탄핵의 결정, 정당해산의 결정 또는 헌법소원에 관한 인용결정(認容決定)을 하는 경우
2. 종전에 헌법재판소가 판시한 헌법 또는 법률의 해석 적용에 관한 의견을 변경하는 경우

19 제25조(대표자·대리인) ③각종 심판절차에서 당사자인 사인(私人)은 변호사를 대리인으로 선임하지 아니하면 심판청구를 하거나 심판 수행을 하지 못한다. 다만, 그가 변호사의 자격이 있는 경우에는 그러하지 아니하다.

20 제70조(국선대리인) ①헌법소원심판을 청구하려는 자가 변호사를 대리인으로 선임할 자력(資力)이 없는 경우에는 헌법재판소에 국선대리인을 선임하여 줄 것을 신청할 수 있다. 이 경우 제69조에 따른 청구기간은 국선대리인의 선임신청이 있는 날을 기준으로 정한다. ②제1항에도 불구하고 헌법재판소가 공익상 필요하다고 인정할 때에는 국선대리인을 선임할 수 있다. ③헌법재판소는 제1항의 신청이 있는 경우 또는 제2항의 경우에는 헌법재판소규칙으로 정하는 바에 따라 변호사 중에서 국선대리인을 선정한다. 다만, 그 심판청구가 명백히 부적법하거나 이유 없는 경우 또는 권리의 남용이라고 인정되는 경우에는 국선대리인을 선정하지 아니할 수 있다. ④헌법재판소가 국선대리인을 선정하지 아니한다는 결정을 한 때에는 지체 없이 그 사실을 신청인에게 통지하여야 한다. 이 경우 신청인이 선임신청을 한 날부터 그 통지를 받은 날까지의 기간은 제69조의 청구기간에 산입하지 아니한다. ⑤제3항에 따라 선정된 국선대리인은 선정된 날부터 60일 이내에 제71조에 규정된 사항을 적은 심판청구서를 헌법재판소에 제출하여야 한다. ⑥제3항에 따라 선정한 국선대리인에게는 헌법재판소규칙으로 정하는 바에 따라 국고에서 그 보수를 지급한다.

재판부가 필요하다고 인정하는 것 이외에는 **서면심리**가 원칙이지만 재판부가 필요하다고 인정하면 공개변론도 예외적으로 가능하다.

헌법재판은 **직권심리**가 원칙이므로 예를 들어 '당구장사건'에서[21] 보는 바와 같이 피청구인, 심판대상, 침해 유무, 침해된 기본권 등을 직권으로 심리할 수 있다. 변론과 결정의 선고는 공개하지만, 서면심리와 평의는 비공개한다.

(5) 심판비용

원칙적으로 국가가 부담한다. 그러나 예외적으로 당사자의 신청에 의한 증거조사의 비용은 신청인에게 부담시킬 수 있다(헌재법 37조1항 단서).[22]

(6) 공탁금

헌법소원에 대해 공탁금을 부과할 수 있다(헌재법 37조2항, 3항).[23] 입법목적은 헌법소원의 남용을 방지하기 위해서이다. 각하결정을 내리거나 청구권 남용으로 기각하는 경우에는 공탁금의 전부 또는 일부를 국고 귀속한다.

(7) 가처분

가처분이란 '본안사건에 대한 결정의 실효성을 확보하기 위해 본안결정이 내려지기 전에 본안사건에서 다툼이 있는 법률관계의 지위를 잠정적·임시적으로 정하는 가구제제도'를 말한다. '청구인의 신청 또는 헌법재판소의 직권'으로 가처분 절차가 개시된다.

---

21 헌재 1993. 5. 13. 92헌마80. 체육시설 중 유독 당구장에 대해서만 "출입문에 18세 미만자의 출입을 금지하는 내용의 표시를 하여야 한다."는 체육시설의설치·이용에관한법률시행규칙 제5조에 대한 위헌결정에서 헌법재판소는 당구장 운영자인 청구인의 직업선택의 자유와 평등권 침해 이외에, 18세 미만 소년의 행복추구권 중 일반적 행동자유권도 침해되었다고 판시하여 청구인 이외의 자의 침해된 기본권을 직권으로 추가하였다.

22 제37조(심판비용 등) ①헌법재판소의 심판비용은 국가부담으로 한다. 다만, 당사자의 신청에 의한 증거조사의 비용은 헌법재판소규칙으로 정하는 바에 따라 그 신청인에게 부담시킬 수 있다.

23 제37조(심판비용 등) ②헌법재판소는 헌법소원심판의 청구인에 대하여 헌법재판소규칙으로 정하는 공탁금의 납부를 명할 수 있다. ③헌법재판소는 다음 각호의 어느 하나에 해당하는 경우에는 헌법재판소규칙으로 정하는 바에 따라 공탁금의 전부 또는 일부의 국고 귀속을 명할 수 있다. 1. 헌법소원의 심판청구를 각하하는 경우 2. 헌법소원의 심판청구를 기각하는 경우에 그 심판청구가 권리의 남용이라고 인정되는 경우.

가처분을 인용할 것인지에 대한 실체적 판단 요건은 첫째, **중대한 불이익 방지**이다. 즉, 침해행위가 위헌으로 판명될 경우 발생하게 될 **'회복하기 어려운 현저한 손해'**가 있어야 한다. 둘째, **긴급성의 존재**이다. 본안에 대한 결정이 중대한 불이익을 방지하기에 적절한 시간 내에 내려질 것을 기대할 수 없을 때에만 인용된다. 셋째, **비교형량**이다. **가처분신청을 인용**하려면, **가처분을 기각한 뒤 나중에 본안심판이 인용되었을 때 발생하게 될 불이익**이 **가처분을 인용한 뒤 나중에 본안심판이 기각되었을 때 발생하게 될 불이익**보다 더 **커야** 한다. 독일 연방헌법재판소의 이중가설이론(Doppel Hypothese)에서 유래하는 요건이다.

헌법재판소법은 **정당해산심판**과[24] **권한쟁의심판**에[25] 대해서만 **가처분 규정**을 두고 있으나, 헌법재판소는 **판례**를 통해 **헌법소원심판**에 대한 가처분도 인정하고 있다(예를 들어 헌재 2000. 12. 8. 2000헌사471, 사법시험령 제4조 제3항 효력정지 가처분신청 인용).

헌법재판소는 변호사시험 응시횟수 5회 제한(헌재 2016. 9. 29. 2016헌마47)이나 사법시험 폐지(헌재 2016. 9. 29. 2012헌마1002)에 관한 가처분신청을 기각하였으나, 변호사시험 합격자 성명 공개(헌재 2018. 4. 6. 2018헌사242)나 코로나 관련자의 변호사시험 응시 제한 및 금지(헌재 2021. 1. 4. 2020헌사1304) 등과 관련한 가처분신청은 인용하였다. 또한 헌법재판소는 청구인이 본안과 함께 가처분신청을 한 경우, 긴급성이 현저한 상황이 아니면 따로 가처분에 관한 결정을 내리기보다는 서둘러 본안결정을 내리는 경향을 보여주고 있다.

가처분은 헌법재판소 전원재판부에서 하며, 일반 정족수에 따라 재판관 7명 이상의 출석으로 심리하고 종국심리에 관여한 재판관 과반수의 찬성으로 인용결정을 한다.

---

24 제57조(가처분) 헌법재판소는 정당해산심판의 청구를 받은 때에는 직권 또는 청구인의 신청에 의하여 종국결정의 선고 시까지 피청구인의 활동을 정지하는 결정을 할 수 있다.

25 제65조(가처분) 헌법재판소가 권한쟁의심판의 청구를 받았을 때에는 직권 또는 청구인의 신청에 의하여 종국결정의 선고 시까지 심판 대상이 된 피청구인의 처분의 효력을 정지하는 결정을 할 수 있다.

(8) 재심

재심은 '확정된 종국결정에 재심사유에 해당하는 중대한 하자가 있는 경우에 그 결정의 취소와 이미 종결되었던 사건의 재심판을 구하는 비상의 불복신청방법'을 말한다. 법적 안정성과 구체적 정의라는 상반된 요청을 조화시키기 위해 마련된 제도이다.

재심의 허용 여부와 허용 정도 등은 심판절차의 종류에 따라 개별적으로 판단할 수밖에 없다(헌재 1995. 1. 20. 93헌아1). 이때 판단의 기준은 **비교형량** 결과 **재심을 허용함으로써 얻을 수 있는 구체적 타당성의 이익**이 **재심을 허용하지 않음으로써 얻을 수 있는 법적 안정성의 이익**보다 **크다**는 것이다. 이러한 비교형량이 성립하는 경우 재심을 허용한다.

정당해산심판에서도 재심이 허용될 수 있다. 헌재는 "정당해산심판은 원칙적으로 해당 정당에게만 그 효력이 미치며, 정당해산결정은 대체정당이나 유사정당의 설립까지 금지하는 효력을 가지므로 오류가 드러난 결정을 바로잡지 못한다면 장래 세대의 정치적 의사결정에까지 부당한 제약을 초래할 수 있다. 따라서 정당해산심판절차에서는 재심을 허용하지 아니함으로써 얻을 수 있는 법적 안정성의 이익보다 재심을 허용함으로써 얻을 수 있는 구체적 타당성의 이익이 더 크므로 재심을 허용하여야 한다."(헌재 2016. 5. 26. 2016헌아20)고 판시하였다. 그러나 헌재법 68조2항에 의한 위헌법률심사형 헌법소원사건에 관한 헌재결정에 대하여는 재심이 허용되지 않는다.

(9) 준용규정

헌법재판에서의 불충분한 절차진행 규정을 보완하고, 원활한 심판절차 진행을 도모(헌재 2014. 2. 27. 2014헌마7)하기 위해 헌법재판소법은 40조에[26] 준용규정을

26 제40조(준용규정) ①헌법재판소의 심판절차에 관하여는 이 법에 특별한 규정이 있는 경우를 제외하고는 헌법재판의 성질에 반하지 아니하는 한도에서 민사소송에 관한 법령을 준용한다. 이 경우 탄핵심판의 경우에는 형사소송에 관한 법령을 준용하고, 권한쟁의심판 및 헌법소원심판의 경우에는 「행정소송법」을 함께 준용한다.
②제1항 후단의 경우에 형사소송에 관한 법령 또는 「행정소송법」이 민사소송에 관한 법령에 저촉될 때에는 민사소송에 관한 법령은 준용하지 아니한다.

두고 있다.

헌법재판소의 모든 심판유형에서 헌법재판소법이 적용 1순위이고 **"헌법재판의 성질에 반하지 아니하는 한도"**에서 다른 절차법령들이 **준용**된다. 위헌법률심판과 정당해산심판의 경우 민사소송 관련 법령이 적용 2순위가 된다. 헌법소원심판 및 권한쟁의심판의 경우에는 행정소송법이 2순위, 민사소송 관련 법령이 3순위가 된다. 탄핵심판의 경우에는 형사소송법이 2순위, 민사소송 관련 법령이 3순위가 된다.

이 때 "헌법재판의 성질에 반하지 아니하는 한도에서"란 '다른 절차법의 준용이 헌법재판의 고유한 성질을 훼손하지 않는 경우'를 말하며, 이는 헌법재판소가 당해 헌법재판이 갖는 고유의 성질, 헌법재판과 일반재판의 목적 및 성격의 차이, 준용절차와 대상의 성격 등을 종합적으로 고려하여 구체적·개별적으로 판단할 수 있다(헌재 2014. 2. 27. 2014헌마7).

II. 헌법재판소 결정의 효력

헌법재판소 결정의 효력에는 크게 확정력, 기속력, 법규적 효력이 있다.

1. 확정력

헌법재판소는 헌재 결정의 효력 중 '확정력'에 의해 이미 심판을 거친 **동일 소송당사자**의 **동일한 사건**에 대해서는 다시 심판할 수 없다. 일사부재리를 규정한 헌재법 39조가[27] 근거규정이다. 다시 확정력에는 불가변력, 불가쟁력, 기판력이 있다.

첫째, **불가변력**(不可變力)에 의해 헌재는 동일사건에 대해서 자신이 내린 결정을 철회·변경할 수 없다.

둘째, **불가쟁력**(不可爭力)에 의해 당사자는 헌재의 결정에 불복할 수 없다. 더 이상의 상급심이 존재하지 않기 때문이다. 이를 '형식적 확정력'이라고도 부른다. 다만 재심의 경우에는 이 '형식적 확정력'이 배제된다.

27 헌법재판소법 제39조(일사부재리) 헌법재판소는 이미 심판을 거친 동일한 사건에 대하여는 다시 심판할 수 없다.

셋째, **기판력(旣判力)**에 의해 형식적으로 확정된 헌재의 결정에 대해서 **당사자**는 **동일한 사항**에 대하여 다시 심판을 청구하지 못하며 헌재도 자신의 결정 내용에 구속되며 자신이 내린 결정과 모순된 결정을 할 수 없다. '실질적 확정력'이라고도 부른다. 기판력은 원칙적으로 헌법소송절차에 참여한 사람으로서 공격·방어의 기회가 주어진 사람에 한해 미친다. 또한 기판력은 원칙적으로 결정 이유가 아니라 결정 주문(主文)에 포함된 것에 한하여 발생한다.[28]

2. 기속력

기속력이란 '헌재의 결정주문이 **모든 국가기관이나 지방자치단체**를 구속하는 힘'을 말한다. 따라서 헌재 결정에 의해 기속력이 발생하면 모든 국가기관과 지방자치단체는 이 헌재 결정에 따라야 하며, 장래에 어떤 처분을 할 경우 이 헌재 결정을 존중해야 한다는 '결정준수의무', 동일한 사정에서 동일한 이유에 근거해 동일한 내용의 공권력 행사나 불행사는 금지되는 반복금지의무가 발생한다.

기속력은 위헌법률심판에 대해서는 위헌결정에만 인정되고(헌재법 47조1항),[29] 헌법소원심판에 대해서는 인용결정에만 인정되며(헌재법 75조1항),[30] 권한쟁의심판에 대해서는 헌재법 67조1항이[31] "권한쟁의심판의 결정"이라고만 규정하고 있으므로 권한쟁의심판의 인용결정, 기각결정 및 각하결정 모두에 기속력이 인정된다. 헌재 결정의 기속력도 결정 주문에만 미치고 결정 이유에는 미치지 않는다. 헌법재판소도 "헌법재판소법 제47조에 정한 기속력을 명백히 하기 위하여는 어떤 부분이 위헌이지 여부가 그 결정의 주문에 포함되어야 하므로, 이런 내용을 결정 이유에 설시하는 것만으로는 부족하고 결정 주문에까지 등장시켜야 한다."(헌재 1992. 2. 25. 89헌가104)고 판시하였다.

28 준용: 민사소송법 제216조(기판력의 객관적 범위) ①확정판결은 주문에 포함된 것에 한하여 기판력(旣判力)을 가진다.

29 제47조(위헌결정의 효력) ①법률의 위헌결정은 법원과 그 밖의 국가기관 및 지방자치단체를 기속(羈束)한다.

30 제75조(인용결정) ①헌법소원의 인용결정은 모든 국가기관과 지방자치단체를 기속한다.

31 제67조(결정의 효력) ①헌법재판소의 권한쟁의심판의 결정은 모든 국가기관과 지방자치단체를 기속한다.

3. 법규적 효력

헌재 결정이 소송당사자와 모든 국가기관 및 지방자치단체를 넘어 **일반 사인**에게 미치는 효력을 말한다. "위헌으로 결정된 법률 또는 법률의 조항은 그 결정이 있는 날부터 효력을 상실한다"고 규정하고 있는 헌재법 47조2항이 그 근거규정이다.

제2절 ▌헌법재판소의 5가지 권한

제1항 | 위헌법률심판권

I. 의의

위헌법률심판권이란 국회가 의결한 법률이 헌법에 위반되는가의 여부를 헌법재판소가 판단하는 권한을 말한다. 헌법 107조1항은 "법률이 헌법에 위반되는 여부가 재판의 전제가 된 경우에는 법원은 헌법재판소에 제청하여 그 심판에 의하여 재판한다."라고 규정하여 국회가 제정한 법률의 위헌 여부가 법원에서 재판의 전제가 되는 경우에 법원이 헌법재판소에 위헌심판을 제청하고 헌법재판소가 그 위헌 여부를 심사하는 사후교정적·구체적 규범통제제도를 채택하고 있다. 또한 헌법재판소의 위헌결정에 일반적 효력을 인정하여 그 법률이 폐지된 것과 같은 효력을 낳게 하였다(헌재법 47조2항[32]).

II. 위헌법률심판 제기의 적법요건

법원이 헌법재판소에 위헌법률심판을 제청하고 그 심판에 의하여 재판한다. 따라서 위헌법률심판 제기의 적법요건은 대상적격, 재판의 전제성, 법원의 제청의 세 가지로 크게 나누어진다.

---

32 헌재법 제47조(위헌결정의 효력) ②위헌으로 결정된 법률 또는 법률의 조항은 그 결정이 있는 날부터 효력을 상실한다.

1. 대상적격: 법률

공포되고 위헌심판시를 기준으로 하여 현재 효력을 가지고 있는 법률뿐만 아니라 **폐지 혹은 개정된 법률도** 심판대상이 된다. 그 법률 시행 당시에 발생한 사건에 대해서는 폐지 혹은 개정 전의 법률이 적용될 수밖에 없기 때문이다.

법률의 효력을 가진다고 헌법이 규정한 헌법 76조2항의[33] **긴급명령**, 헌법 76조1항의[34] **긴급재정·경제명령**도 포함되고 헌법 60조1항에[35] 따라 국회의 동의를 얻어 체결된 조약도 포함된다. 왜냐하면 통설은 국회의 동의를 얻은 조약은 국회가 만든 법률과 같은 효력을 가진다고 보기 때문이다. 또한 헌법재판소는 실질적 법률인 **관습법**에 대해서도 "이 사건 관습법은 민법 시행 이전에 상속을 규율하는 법률이 없는 상황에서 재산상속에 관하여 적용된 규범으로서 비록 형식적 의미의 법률은 아니지만 실질적으로는 법률과 같은 효력을 갖는 것이므로 위헌법률심판의 대상이 된다."고 판시하여 위헌법률심판의 대상적격을 인정하였다(헌재 2013. 2. 28. 2009헌바129). 헌법재판소는 또한 분묘기지권 상속에 관한 관습법에 대해서도 위헌법률심판의 대상적격을 인정한 바 있다(헌재 2020. 10. 29. 2017헌바208).

2. 재판의 전제성

위헌법률심판을 제기하려면 그 법률의 위헌 여부가 '재판'의 '전제'가 되는 경우이어야 한다.

---

33 제76조 ②대통령은 국가의 안위에 관계되는 중대한 교전상태에 있어서 국가를 보위하기 위하여 긴급한 조치가 필요하고 국회의 집회가 불가능한 때에 한하여 법률의 효력을 가지는 명령을 발할 수 있다.

34 제76조 ①대통령은 내우·외환·천재·지변 또는 중대한 재정·경제상의 위기에 있어서 국가의 안전보장 또는 공공의 안녕질서를 유지하기 위하여 긴급한 조치가 필요하고 국회의 집회를 기다릴 여유가 없을 때에 한하여 최소한으로 필요한 재정·경제상의 처분을 하거나 이에 관하여 법률의 효력을 가지는 명령을 발할 수 있다.

35 제60조 ①국회는 상호원조 또는 안전보장에 관한 조약, 중요한 국제조직에 관한 조약, 우호통상항해조약, 주권의 제약에 관한 조약, 강화조약, 국가나 국민에게 중대한 재정적 부담을 지우는 조약 또는 입법사항에 관한 조약의 체결·비준에 대한 동의권을 가진다.

(1) '재판'

본안에 관한 재판이거나 소송절차에 관한 재판이거나를 불문한다. 예를 들어 형사소송법 201조에[36] 규정된 판사의 영장발부에 관한 재판도 포함된다. 또한 '판결'뿐만 아니라 법원의 증거채부결정과 같은 '결정'과 재판장의 인지첩부를 명하는 보정명령과 같은 '명령'도 포함된다.

(2) '전제성'

헌법재판소는 일관된 판례를 통해 재판의 '전제성'의 인정기준으로 첫째, **구체적 사건이 법원에 계속 중**일 것, 둘째, **당해 법률이 당해 사건에 적용**되는 것일 것, 셋째, **위헌 여부에 따라 '다른 내용'의 재판을 하게 되는 경우**일 것을 들고 있다. 이때 **'다른 내용'**이란 **'당해 사건 재판의 결론이나 주문에 영향을 주거나, 이유를 달리하는데 관련이 있거나, 재판의 내용과 효력에 관한 법률적 의미가 전혀 달라지는 경우'**를 말한다고 판시하였다. 헌법재판소는 재판의 전제성 유무에 관한 판단은 제청법원의 견해가 명백히 부당한 경우를 제외하고는 제청법원의 견해를 존중해야 한다고 판시하였다(헌재 2009. 9. 24. 2007헌가15). 왜냐하면 헌법 107조1항의[37] 주어는 "법원"이고, 따라서 헌법은 법률에 대한 해석·적용과 이를 바탕으로 한 위헌법률심판의 제청권을 법원에 부여하였기 때문이다.

3. 법원의 제청

첫째, 법원의 위헌법률심판 제청에는 직권주의에 당사자주의가 가미되어 있다. 위헌심판의 제청은 '법원의 직권'이나 '당사자의 신청'에 의한 결정으로 하기 때문이다(헌재법 41조1항).[38] 이때 **제청의 주체**는 '법관'이 아닌 **'법원'**임에 유의해야 한

---

36 제201조(구속) ①피의자가 죄를 범하였다고 의심할 만한 상당한 이유가 있고 제70조제1항 각 호의 1에 해당하는 사유가 있을 때에는 검사는 관할지방법원판사에게 청구하여 구속영장을 받아 피의자를 구속할 수 있고 사법경찰관은 검사에게 신청하여 검사의 청구로 관할지방법원판사의 구속영장을 받아 피의자를 구속할 수 있다. 다만, 다액 50만원이하의 벌금, 구류 또는 과료에 해당하는 범죄에 관하여는 피의자가 일정한 주거가 없는 경우에 한한다.

37 제107조 ①법률이 헌법에 위반되는 여부가 재판의 전제가 된 경우에는 법원은 헌법재판소에 제청하여 그 심판에 의하여 재판한다.

38 제41조(위헌 여부 심판의 제청) ①법률이 헌법에 위반되는지 여부가 재판의 전제가 된 경우에는

다. 참고로 헌법재판소법 68조2항형 헌법소원도 당사자주의의 예에 해당한다.

둘째, 제청은 서면으로 이루어져야 한다(헌재법 41조2항).[39] 제청서 기재사항은 헌법재판소법 43조에[40] 규정되어 있다.

셋째, 하급법원(대법원 이외의 법원)이 제청하는 경우에는 **대법원을 경유**하여야 한다(헌재법 41조5항).[41] 과거 헌법위원회 시절에 대법원이 불송부결정권을 가지고 있었으나, 이를 남용하여 불송부결정권이 삭제되었다.

넷째, 제청이 있으면 법원의 당해 소송사건 **재판은** 헌법재판소의 위헌 여부에 관한 결정이 있을 때까지 **정지**된다(헌재법 42조1항).[42]

III. 심판기준

'형식적 의미의 헌법'뿐만이 아니라 '실질적 의미의 헌법'도 심판의 기준이 된다. 따라서 헌법의 핵이나 기본원리로 된 경우 헌법적 관습, 즉 **관습헌법**도 심판기준에 포함된다. 독일 연방헌법재판소는 자연법과 정의(正義)도 심판기준에 포함된다고 보지만, 헌법 37조1항에[43] 의해 이미 헌법은 자연법과 정의의 개념을 포섭하

당해 사건을 담당하는 법원(군사법원을 포함한다. 이하 같다)은 직권 또는 당사자의 신청에 의한 결정으로 헌법재판소에 위헌 여부 심판을 제청한다.

39 제41조(위헌 여부 심판의 제청) ②제1항의 당사자의 신청은 제43조제2호부터 제4호까지의 사항을 적은 서면으로 한다.

40 제43조(제청서의 기재사항) 법원이 법률의 위헌 여부 심판을 헌법재판소에 제청할 때에는 제청서에 다음 각 호의 사항을 적어야 한다.

1. 제청법원의 표시
2. 사건 및 당사자의 표시
3. 위헌이라고 해석되는 법률 또는 법률의 조항
4. 위헌이라고 해석되는 이유
5. 그 밖에 필요한 사항

41 헌법재판소법 제41조(위헌 여부 심판의 제청) ⑤대법원 외의 법원이 제1항의 제청을 할 때에는 대법원을 거쳐야 한다.

42 헌법재판소법 제42조(재판의 정지 등) ①법원이 법률의 위헌 여부 심판을 헌법재판소에 제청한 때에는 당해 소송사건의 재판은 헌법재판소의 위헌 여부의 결정이 있을 때까지 정지된다. 다만, 법원이 긴급하다고 인정하는 경우에는 종국재판 외의 소송절차를 진행할 수 있다.

43 헌법 제37조 ①국민의 자유와 권리는 헌법에 열거되지 아니한 이유로 경시되지 아니한다.

고 있다고 보아야 할 것이다.

Ⅳ. 심판내용

1. 합헌성의 판단

합헌적 법률해석의 원칙에 따라 법률의 내용에 관한 '실질적 합헌성'뿐만 아니라 법률의 성립 절차 등에 있어서의 '형식적 합헌성'도 심사한다.

2. 판단의 범위

합헌성에 의문이 제기된 법률조항에 한정함이 원칙이나 예외적으로 그 법률조항과 '불가분적 관계'(극히 밀접한 관계)에 있는 다른 법률조항도 판단의 범위에 포함시킬 수 있다. 헌법재판소법 45조[44] 단서에 규정된 바와 같이 일부조항의 위헌결정으로 당해 법률 전부를 시행할 수 없다고 인정할 때에는 그 법률 전부에 대해 위헌결정을 내릴 수 있다. 예를 들어 헌법재판소는 청구인이 위헌을 주장한 '택지소유 상한에 관한 법률'의 일부 심판대상 조항 이외에 이 법 전체에 관해 위헌결정을 내렸다(헌재 1999. 4. 29. 94헌마37 등).

3. 판단의 기준

헌법재판소는 제청법원이 제청 이유로 제시한 헌법규정이나 헌법원칙 또는 침해된 기본권에 한정하지 않고 **모든 헌법적 관점**을 동원하여 심리할 수 있다. 예를 들어, 주세법 38조의7 등에 관한 사건에서 헌법재판소는 제청법원이 '소비자의 자기결정권 침해'를 위헌의 근거로 주장하지 않았음에도 불구하고 이를 직권주의에 기해 추가하였다(헌재 1996. 12. 26. 96헌가18).

44 헌법재판소법 제45조(위헌결정) 헌법재판소는 제청된 법률 또는 법률조항의 위헌 여부만을 결정한다. 다만, 법률 조항의 위헌결정으로 인하여 해당 법률 전부를 시행할 수 없다고 인정될 때에는 그 전부에 대하여 위헌결정을 할 수 있다.

V. 위헌법률심판의 결정형식

위헌법률심판의 결정형식은 주문(主文)에 따라 판단된다. 위헌법률심판의 제청이 위의 세 가지 적법요건 중에 어느 하나라도 충족하지 못하면 '각하결정'이 내려진다. 위헌법률심판의 제청이 적법요건을 모두 갖춘 경우 헌법재판소는 본안심사에 들어가고, 다음과 같은 결정형식의 결정들을 내린다.

1. 합헌결정

합헌결정 중 첫째, **'단순합헌결정'**은 주문에 "...는 **헌법에 위반되지 아니한다.**"라고 적는 결정이다. 둘째, '위헌불선언결정'은 주문에 "헌법에 위반된다고 선언할 수 없다."라고 적는다. 위헌 5대 합헌 4인으로서 위헌의견이 과반수이지만 헌법 113조1항에 규정된 위헌 정족수 6명에 1명이 모자라서 위헌결정을 내릴 수 없는 경우를 단순합헌결정과 구별하기 위해 사용되었다. 그러나 1996년 이후에는 헌법재판소가 판례변경을 통해 위헌불선언결정 형식을 폐지하여 지금은 이 경우에도 단순합헌결정을 내리고 있다.

2. 위헌결정

위헌결정 중 첫째, **'단순위헌결정'**은 주문에 "...는 **헌법에 위반된다.**"라고 적는 결정이다. 둘째, **'일부위헌결정'**도 있는데, 이것은 다시 '양적 일부위헌결정'과 '질적 일부위헌결정'으로 나누어진다. **'양적 일부위헌결정'**은 심판대상인 법률조항 중에서 **일부 문구만**을 위헌이라고 선언하는 결정형식이다. 예를 들어 헌법재판소는 음란·저속한 간행물 사건(헌재 1998. 4. 30. 95헌가16)에서 "음란 또는 저속한" 간행물 중 "저속한"이라는 부분을 지적하며 이 부분만 위헌이라는 결정을 내렸다. **'질적 일부위헌결정'**은 '적용위헌'이라고도 불리며, 법조항의 특정한 **적용례**에 대해서만 위헌선언을 하는 것이다. 법적용영역과 그에 상응하는 해석가능성을 적극적으로 배제시킨다. 사실상 한정위헌결정과 유사하다. 예를 들어 사죄광고사건에서 헌법재판소는 주문에서 "명예회복에 적당한 처분에 사죄광고를 포함시키는 것은 헌법에 위반된다."라는 '질적 일부위헌결정'을 내렸지만, 이것은 사실상 "명예회복에 적당한 처분에 사죄광고도 포함된다고 할 것이므로 이러한 해석하에 헌법에 위반된다."라고 주문에 적는 한정위헌결정과 유사한 것이기 때문에 통상적인 '일부위헌결정'은 '양적 일부위헌결정'을 말한다고 할 수 있다.

3. 변형결정

제2차 세계대전 이후 독일 연방헌법재판소는 히틀러의 나치정권에서 만들어진 많은 악법조항들에 대해 위헌법률심사를 하게 되었다. 그런데 이 악법조항들에 대해 위헌성이 있다고 모두 위헌결정을 내릴 경우, 첫째, 위헌결정으로 그 법조항이 효력을 잃게 됨으로써 초래되는 **법적 공백**과 **법적 혼란**을 방지하기 위한 '**법적 안정성**'의 필요성, 둘째, 제2차 세계대전 이후에 아직 확고하게 자리를 잡지 못한 초기 독일 연방헌법재판소가 **입법부나 행정부의 정치적 공격으로부터 존립의 위협**을 당하는 것을 막기 위함이라는 현실적 필요성 때문에 독일 연방헌법재판소 재판관들이 변형결정 형식을 판례를 통해 만들어냈다. 이후 독일 연방의회가 연방헌법재판소법에 변형결정에 대한 근거규정을 마련해주었다. 우리 헌법재판소법에는 변형결정에 대한 근거규정이 없지만 우리 헌법재판소도 위의 두 가지 현실적 도입 필요성에 의해 판례를 통해 독일의 변형결정 형식을 위헌법률심판의 결정형식으로 도입하였다. 따라서 변형결정은 위헌결정과 합헌결정 사이에 개재하는 중간영역에 해당한다고 할 수 있지만, 그 법률조항의 위헌성은 인정하면서 위헌결정의 주문을 결정주문에 사용하지 않는 것이기 때문에, 넓은 의미에서는 위헌결정에 속한다고 할 수 있다. 이러한 변형결정에는 다음의 네 가지 결정형식이 있다. **헌법재판소**도 "위헌결정에는 단순위헌결정 이외에 **부분위헌결정**인 **한정합헌결정**과 **한정위헌결정**이 있고, **위헌성 확인의 효력**을 가지는 **헌법불합치결정**이 있으며, 이들은 모두 기속력을 가진다."고 판시하고 있다(헌재 1997. 12. 24. 96헌라172·173).

(1) 종류

1) 헌법불합치결정

그 법률조항의 위헌성은 지적하면서 입법부에 의한 법 개정 시까지 그 법률조항이 **잠정적인 계속효**를 가지게 하는 결정형식이다. 동성동본금혼규정에 대한 헌법재판소의 헌법불합치결정에서와 같이 헌법불합치결정 시에 그 법조항의 적용 중지를 같이 명하면, 헌법불합치결정도 결과적으로 사실상 위헌결정과 같은 효력을 가지게 된다. 헌법불합치결정만 주문에 명기되는 경우는 드물고 대부분의 경우 헌법불합치결정은 다음의 입법촉구결정과 같이 주문에 등장한다. 입법촉구결정 없이 헌법불합치결정만 내리는 경우는 아무래도 입법촉구결정과 헌법불합치결정이 같이 내려지는 대부분의 경우보다 위헌성이 덜 한 경우라 할 수 있다.

2) 입법촉구결정

아직은 합헌이나 머지않아 위헌의 가능성이 큰 경우에 **시한을 정해** 입법부에게 법 개정을 촉구하는 결정형식이다. 입법 시한까지 국회가 법 개정을 하지 않으면 그 법조항은 **시한 다음 날부터 효력을 상실**한다. 입법촉구결정은 대부분의 경우에 헌법불합치결정과 같이 주문에 등장한다. 독일 연방헌법재판소에서는 헌법불합치 결정 없이 입법촉구결정만 주문에 사용하기도 하지만, 우리 헌법재판소는 아직까지 헌법불합치결정 없이 입법촉구결정만 주문에 사용한 적은 없다.

3) 한정합헌결정

주문에 "...로 해석하는 한 헌법에 위반되지 아니한다."고 적는 결정형식이다. 여러 해석이 가능할 때 그 법률을 헌법의 정신에 합치하도록 한정적으로 **축소해석**하여 위헌판단을 회피하는 결정형식이다. 즉, 축소해석을 함으로써 법률의 효력을 유지시키는 방식인 것이다. 예를 들어 국가보안법상의 찬양·고무죄사건에서 헌법재판소는 주문을 통해 "국가보안법 제7조 제1항 및 제5항은 각 그 소정 행위가 국가의 존립·안전을 위태롭게 하거나 자유민주적 기본질서에 위해를 줄 경우에 적용된다고 할 것이므로 이러한 해석 하에 헌법에 위반되지 아니한다."고 하여 한정합헌결정을 내렸다. 한정합헌결정은 '합헌적 법률해석'(미국에서는 '법률의 합헌성추정의 원칙')의 대표적인 예이다.

4) 한정위헌결정

주문에 "...로 해석하는 한 헌법에 위반된다."라고 적는 결정형식이다. 불확정개념이거나 다의적 해석가능성이 있는 조항에 대해 헌법과 조화를 이룰 수 없는 **확대해석**은 헌법에 위반되어 채택할 수 없다는 뜻의 결정형식이다. 질적 일부위헌결정과 유사하다. 이에 대해 소수설은 '질적 일부위헌결정'은 법률의 문언 자체에 대한 제한은 없는 가운데 적용상의 한정만을 두고, 문언 자체에 대한 제한해석을 하지 않는 점에서 질적 일부위헌결정과 한정위헌결정은 구분된다고 주장한다. 그러나 법률의 해석과 적용은 동시에 일어난다는 점에서 봤을 때, 법조항은 그대로 둔 채 그 법조항의 특정 **해석례**에 대해 위헌선언을 하는 한정위헌결정과, 법조항은 그대로 둔 채 그 법조항의 특정 **적용례**에 대해 위헌선언을 하는 **'질적 일부위헌결정'은 유사**한 것으로 볼 수밖에 없다.

한정합헌결정과 한정위헌결정을 비교해 보면, 첫째, 한정합헌결정은 위헌적인 해석례를 소극적으로 배제하는 것이고, 한정위헌결정은 위헌적인 해석례를 적극적으로 배제하는 것이며, 둘째, 한정합헌결정은 주문에 "…해석 하에 또는 …경우에는 적용되지 않는 것으로 해석하는 한 합헌이다."라고 적는 것이므로 '합헌적 법률해석'의 의미가 보다 강하게 나타나면 반면에, 한정위헌결정은 주문에 "…해석 하에 또는 …해석하는 한 위헌이다."라고 적는다.

헌법재판소는 법원이 제청이유서에서, 혹은 당사자가 위헌제청 신청서나 헌법재판소법 68조2항형 헌법소원심판청구서에서 한정위헌을 구하는 위헌제청이나 헌법소원심판 청구를 할 수 있다고 본다.

(2) 변형결정의 기속력

헌법재판소법 45조 본문은 "헌법재판소는 제청된 법률 또는 법률조항의 위헌 여부만을 결정한다."고 규정하고 있다. 따라서 **헌법재판소법 45조**에 근거했을 때 **"위헌 여부만을"** 결정한다고 했기 때문에 법조항의 문언 그대로 좁게 해석하면 합헌결정이나 위헌결정만 내릴 수 있다. 그런데도 우리 헌법재판소는 앞에서 본 바와 같이 '법적 안정성 유지'와 '입법부나 행정부로부터의 정치적 공격 방지'라는 현실적 이유 때문에 판례를 통해 변형결정 형식을 독일로부터 받아들였다. 그런데 이 변형결정의 기속력에 대해 헌법재판소와 대법원 사이에 다툼이 있다.

동작세무서장은 "양도가액은 그 자산의 양도 당시의 기준시가에 의한다. 다만, 대통령령이 정하는 경우에는 그 자산의 실지거래가액에 의한다."고 규정한 구소득세법 23조4항 단서와 "주거자의 양도차익의 계산에 있어서 양도가액에서 공제할 필요경비는 다음 각호에 게기하는 것으로 한다. 1. 당해 자산의 취득당시의 기준시가에 의한 금액. 다만, 대통령령이 정하는 경우에는 그 자산의 취득에 소요된 실질거래가액"이라고 규정한 구 소득세법 45조1항1호 단서에 따라 취득가액과 양도가액을 모두 실지거래가격에 따라 산정해서 과세하였다. 이에 이러한 과세처분의 취소를 구하는 행정소송이 대법원에 계속 중 헌법재판소에 헌법소원심판이 제기되었다.

헌법재판소는 구 소득세법 23조4항 단서와 45조1항1호 단서에 대해 한정위헌결정을 내렸다(헌재 1995. 11. 30. 94헌바40, 95헌바13). 결정주문은 "구소득세법의 두 조항은 실지거래가액에 의한 세액이 기준시가에 의한 세액보다 큰 경우까지를 포함해 대통령령에 위임한 것으로 해석하는 한 헌법에 위반"된다는 것이었다.

그러자 4개월여 후에 내려진 **대법원 판결**(1996. 4. 9. 大判 95누11405)은 이러한 헌법재판소 결정에 따르지 않았다. 즉 헌법재판소가 한정위헌결정을 내린 구 소득세법 23조4항 단서와 45조1항1호 단서에 근거해 이루어진 동작세무서장의 7억여 원 상당의 양도소득세 부과처분이 정당하다고 하면서 상고기각판결을 내린 것이다. 이 판결에서 대법원은 헌법재판소의 한정위헌결정은 법률은 그대로 둔 채 이루어지는 (법률조항의 의미·내용과 그 적용범위를 정하는) **법률해석**인데, **법령의 해석·적용권한은 법원**에 전속되기 때문에 헌법재판소의 한정위헌결정을 포함한 변형결정은 법률해석에 관한 헌법재판소의 견해 표명에 불과하며 기속력이 없다고 판시하였다. 이에 청구인은 헌법재판소법 68조1항과 1996년의 대법원 판결(1996. 4. 9. 大判 95누11405)이 평등권 등 자신의 기본권을 침해했다는 이유로 헌법소원심판을 제기하였다.

이에 대해 헌법재판소는 헌법재판소법 68조1항 본문은 "법원의 재판"을 헌법소원이 대상에서 제이(번인재판 제이이 윈치)하고 있지만 **예이저으로 헌법재판소에 의해 위헌으로 결정된 법령을 적용하여 국민의 기본권을 침해**한 **법원의 재판**도 이 "법원의 재판"에 포함되는 것으로 해석하여 헌법소원을 인정하지 않는 한 위헌이라는 한정위헌결정을 내렸고, 동시에 1996년의 대법원 재판을 취소하고 양도소득세부과처분(원행정처분)도 취소하였다(헌재 1997. 12. 24. 96헌마172·173). 그러면서 헌법재판소의 위헌결정에는 단순위헌결정 이외에도 부분위헌결정인 한정합헌결정과 한정위헌결정이 있고, 위헌성 확인의 효력을 가지는 헌법불합치결정이 있으며, 이들 변형결정들은 모두 기속력을 가진다고 판시하였다.

VI. 위헌결정의 효력발생 시기

1. 위헌결정의 효력 발생 시기에 관한 입장들

헌법재판소 위헌결정의 효력 발생시기를 언제부터로 하느냐와 관련해서 세 가지 입장의 대립이 있다. 첫째, **소급무효설**은 위헌으로 결정된 법률조항은 그 법률조항이 입법된 시점까지 소급하여 그 법률조항의 효력이 상실된다고 본다. 즉, 위헌결정의 소급효를 인정하는 것이다. 독일 연방헌법재판소법이 원칙적으로 소급무효설의 입장을 취한다. 둘째, **폐지무효설**은 위헌으로 결정된 법률조항은 위헌결정이 있는 날부터 장래에 향해서만 효력이 상실된다고 본다. 즉 위헌결정의 장래효만을 인정하는 것이다. 오스트리아 연방헌법재판소법이 원칙적으로 폐지무효설의 입장을 취한다. 셋째, **선택적 무효설**은 사건별로 판결문에서 그 법률이 소급해서 효력을 상실하는지 혹은 장래를 향해서만 효력을 상실하는지를 정하면 된다고 본다. 미국 연방대법원의 입장이지만 이 입장을 지지하는 나라는 별로 많지 않다. 이 가운데 '소급무효설'은 '법리적 논리'를 중시하는 입장이다. 원래 위헌'무효'의 '무효'는 법리적·논리적으로 입법 시부터 그 법률조항은 효력이 없다는 것을 의미하기 때문이다. 반면에 '폐지무효설'은 '법적 안정성'을 중시하는 입장이다. 위헌결정의 소급효를 인정했을 때 법적 불안정이 초래될 수 있기 때문이다. 앞에서 살펴본 바와 같이 독일 연방헌법재판소법은 원칙적으로 소급무효설의 입장을 취하고 오스트리아 연방헌법재판소법은 폐지무효설의 입장을 취하지만, 독일 연방헌법재판소법은 소급무효설의 원칙에 예외적으로 위헌결정의 장래효만을 인정하는 예외들(예를 들어 세법조항들)을 점차적으로 상당수 규정해 가고, 오스트리아 연방헌법재판소법은 폐지무효설의 원칙에 예외적으로 위헌결정의 소급효를 인정하는 예외들(예를 들어, 형벌법규 중 경한 신법)을 점차적으로 상당수 규정하여 지금은 독일 연방헌법재판소법과 오스트리아 헌법재판소법의 입장이 서로 상당히 접근해 있다.

우리 헌법재판소법 47조[45]2항은 "위헌으로 결정된 법률 또는 법률의 조항은 그

45 제47조(위헌결정의 효력) ①법률의 위헌결정은 법원과 그 밖의 국가기관 및 지방자치단체를 기속(羈束)한다.
②위헌으로 결정된 법률 또는 법률의 조항은 그 결정이 있는 날부터 효력을 상실한다. 〈개정

결정이 있는 날부터 효력을 상실한다."고 규정하여 원칙적으로 오스트리아 연방헌법재판소법과 같은 폐지무효설의 입장을 취하고 있으면서, 3항[46] 본문에서 "제2항에도 불구하고 **형벌에 관한 법률** 또는 법률의 조항은 **소급**하여 그 효력을 상실한다."고 규정하여 예외적으로 형벌에 관한 법률조항의 위헌결정에는 소급효를 인정한다. 형법 1조2항이[47] 1항의 행위시법주의에 대한 예외로서 '경(輕)한 신법(新法)우선주의'를 규정하고 있기 때문이다. 헌법재판소는 **교통사고처리특례법 제4조등에 대한 헌법소원사건**(헌재 1997. 1. 16. 90헌마110등)에서 보험가입된 경우의 특례(면책)를 규정한 법률조항의 위헌결정은 소급효를 부인하였다. 즉 **형벌에 관한 법률조항이라 하더라도 불처벌의 특례를 규정한 법률조항의 위헌결정**은 **소급효를 부인한 것**이다. 왜냐하면 소급효를 인정하는 경우 그 법률조항에 의거해 형사처벌을 받지 않은 자들에게 형사상 불이익이 돌아가게 되기 때문이다. 2014년 5월 20일의 법 개정으로 신설된 3항 단서는 다시 "다만, 해당 법률 또는 법률의 조항에 대하여 종전에 합헌으로 결정한 사건이 있는 경우에는 그 결정이 있는 날의 다음 날로 소급하여 효력을 상실한다."고 규정하여 헌법재판소의 합헌결정이 있었던 형벌에 관한 법률조항의 위헌결정의 소급효는 헌법재판소 합헌결정 다음 날로 소급하는 것으로 규정하여 위헌결정의 소급효를 제한하고 있다. 헌법재판소가 2015년 2월 26일 2009헌바17 결정에서 형법상의 간통죄 규정에 대해 위헌결정을 내리기 전에, 헌법

2014. 5. 20.〉

③제2항에도 불구하고 형벌에 관한 법률 또는 법률의 조항은 소급하여 그 효력을 상실한다. 다만, 해당 법률 또는 법률의 조항에 대하여 종전에 합헌으로 결정한 사건이 있는 경우에는 그 결정이 있는 날의 다음 날로 소급하여 효력을 상실한다. 〈신설 2014. 5. 20.〉

④제3항의 경우에 위헌으로 결정된 법률 또는 법률의 조항에 근거한 유죄의 확정판결에 대하여는 재심을 청구할 수 있다. 〈개정 2014. 5. 20.〉

⑤제4항의 재심에 대하여는 「형사소송법」을 준용한다. 〈개정 2014. 5. 20.〉

46 제47조(위헌결정의 효력) ③제2항에도 불구하고 형벌에 관한 법률 또는 법률의 조항은 소급하여 그 효력을 상실한다. 다만, 해당 법률 또는 법률의 조항에 대하여 종전에 합헌으로 결정한 사건이 있는 경우에는 그 결정이 있는 날의 다음 날로 소급하여 효력을 상실한다.

47 제1조(범죄의 성립과 처벌) ②범죄후 법률의 변경에 의하여 그 행위가 범죄를 구성하지 아니하거나 형이 구법보다 경한 때에는 신법에 의한다.

재판소는 헌법재판소법 10조의2에[48] 따라 위의 3항을 신설하는 헌법재판소법 개정안을 입법의견으로 국회에 제출하였고, 국회가 2014년 5월 20일에 법 개정을 통해 3항을 신설하였다.

2. 위헌결정의 소급효: 위헌결정의 효력 발생 범위

앞에서 본 바와 같이 위헌결정의 효력에 관한 헌법재판소법 47조2항은 비(非)형벌조항에 대한 위헌결정의 장래효만 언급하고 소급효에 관한 언급은 없다. 이에 비형벌조항에 대한 위헌결정의 소급효 문제로 논란이 일자, 헌법재판소는 판례를 통해 예외적으로 다음의 사건들에 대해서는 비형벌조항에 대해서도 위헌결정의 소급효를 인정할 수 있다고 보았다.

첫째, 법원의 제청이나 당사자의 헌법소원 청구로 헌재에 위헌결정의 계기가 부여된 **당해사건**, 둘째, 위헌결정이 있기 전에 동종의 위헌 여부에 관해 헌법재판소에 위헌제청을 하였거나 법원에 위헌 제청신청한 **동종사건**, 셋째, 위헌 제청신청을 하지 않았지만 그 법률이 재판의 전제가 되어 법원에 계속 중인 **병행사건**이 그것이다.

그리고 더 나아가 넷째, 당해사건도 아니고 병행사건도 아닌 일반사건 중에서 '헌재의 **위헌결정 이후에 같은 이유로 제소**된 **일반사건**'에서는, (당사자의 권리구제를 위한) 구체적 타당성의 요청은 현저하고, (소급효를 인정하여도) 법적 안정성 침해 우려가 없고, (구법에 의해 형성된 그 밖의) 기득권자의 이득이 해쳐질 사안이 아니며, 소급효의 부인이 오히려 정의와 형평 등 헌법적 이념에 심히 배치되는 때에는 **위헌결정의 소급효를 인정**한다고 판시하였으며, 어느 사안이 이 경우에 해당하느냐는 **헌법재판소가 주문을 통해** 혹은 **법원이 당해 법률의 연혁, 성질, 보호법익을 검토하고 제반 이익을 형량**하여 합리적·합목적적으로 판단한다고 판시하였다.[49] 예를 들어 대법원은 이러한 헌법재판소의 입장을 받아들여 당연퇴직처분취소

48 제10조의2(입법 의견의 제출) 헌법재판소장은 헌법재판소의 조직, 인사, 운영, 심판절차와 그 밖에 헌법재판소의 업무와 관련된 법률의 제정 또는 개정이 필요하다고 인정하는 경우에는 국회에 서면으로 그 의견을 제출할 수 있다.

49 헌재 1993. 5. 13. 92헌가10 등

등 처분취소를 구하는 상고인의 상고를 기각한 판결(大判(全合) 2005. 11. 10. 2003두14963)에서 위헌결정 소급효의 제한이 법치주의 원칙상 요청된다고 보았다. 즉, 상고인은 구 지방공무원법(2002. 12. 18. 개정 전) 61조[50] 중 31조5호에[51] 의해 당연퇴직 되었는데, 이 규정에 대해 2002년 8월 29일 2001헌마788으로 헌법재판소가 위헌결정을 내렸고, 이에 상고인이 공무원 지위 확인 등을 구하기 위해 제소한 사건에서 대법원은 비형벌조항에 대한 위헌결정의 소급효를 제한하여 당연퇴직처분의 취소는 인정하지 않은 것이다.

제2항 | 헌법소원심판

I. 의의와 법적 성격

헌법소원심판이란 '공권력 작용으로 인해 기본권을 침해받은 국민이 구제를 청구하면 그 공권력작용이 위헌성이 있는지 여부를 헌법재판소가 판단하여, 위헌성이 인정되면 그 공권력작용을 취소하거나 위헌임을 인정함으로써 구제를 받을 수 있게 하는 헌법재판'을 말한다.

헌법소원심판은 기본적으로 개인이 가지는 기본권에 대한 침해로부터 기본권을 보호하기 위한 기본권구제제도이다. 그러나 헌법소원심판은 이러한 개인의 **주관적 권리구제**뿐만 아니라 **객관적인 헌법질서의 보장**도 겸한다. 따라서 객관적 헌법질서보장기능 때문에 헌법소원심판의 청구요건이 완화된다. 즉, 주관적 권리구제를 위한 청구요건이 충족되지 않았다고 하더라도 객관적 헌법질서보장의 의미가 있으면, 헌법재판소가 그 헌법소원심판 청구를 받아들일 수 있는 것이다.

---

50 제61조(당연퇴직) 공무원이 다음 각 호의 어느 하나에 해당할 때에는 당연히 퇴직한다.

51 제31조(결격사유) 다음 각 호의 어느 하나에 해당하는 사람은 공무원이 될 수 없다.
5. 금고 이상의 형의 선고유예를 선고받고 그 선고유예기간 중에 있는 사람

II. 종류

우리 헌법재판소법에 규정된 헌법소원심판은 두 가지로 나누어진다.

첫째, '권리구제형 헌법소원'은 헌법소원의 원래의 기능인 기본권 침해에 대한 구제기능을 하는 본래 의미의 헌법소원으로서, 헌법재판소법 68조1항을 근거조항으로 하며, 사건번호에서 '헌마' 사건으로 분류된다.

둘째, '위헌법률심사형 헌법소원'은 헌법재판소법 68조2항을 근거조항으로 하는 헌법소원으로 본질은 헌법재판소가 반복적으로 밝히고 있는 대로 위헌법률심판이다. 사건번호에서 '헌바' 사건으로 분류된다.

III. 헌법소원심판 청구의 적법요건

〈실질적 요건〉

1. 대상 적격

헌법소원심판의 대상이 될 수 있는 자격, 즉 대상 적격은 헌법재판소법 68조1항의 "공권력의 행사나 불행사"이다. 이때 "공권력"에는 입법작용, 사법행정, 행정작용이 모두 포함된다.

(1) 입법작용

"공권력의 행사"로 법률, 명령·규칙, 조례 자체에 대한 헌법소원이 인정된다. 예를 들어 '규칙'으로 법무사 시험과 관련한 대법원규칙인 법무사법시행규칙에 대한 헌법소원 제기에 대해 헌법재판소는 평등권과 직업선택의 자유 침해를 인정하였다(헌재 1990. 10. 15. 89헌마178).

입법작용에 대한 "공권력의 불행사"가 '입법부작위'이다. '입법부작위'에는 헌법상 입법의무가 없어서 입법을 하지 않은 '단순입법부작위'와 헌법이 입법자에게 명시적으로 입법의무를 부과했음에도 불구하고 입법을 하지 않은 '위헌적 입법부작위'가 있다. 단순입법부작위는 헌법상의 입법의무가 없는 경우이므로 기본권 침해가 없고 따라서 헌법소원의 대상이 되지 않는다. 문제는 '위헌적 입법부작위'인데 이 '위헌적 입법부작위'에는 **입법(법률)**이 없는 경우 즉 입법의 흠결이 있는 진정입법부작위와, 결함이 있는 입법권 행사 즉 입법 불완전이 있는 부진정입법부작위가 있다.

1) 진정입법부작위

진정입법부작위에 대한 헌법소원은 원칙적으로 각하되며, **예외적**으로 "**헌법에서 기본권 보장을 위하여 법령에 명시적인 입법위임**을 하였음에도 입법자가 이를 이행하지 않은 경우이거나, **헌법해석상 특정인에게 구체적인 기본권이 생겨 이를 보장하기 위한 국가의 행위의무 내지 보호의무가 발생하였음이 명백함**에도 불구하고 입법자가 아무런 입법조치를 취하지 않은 경우에만 인정된다. 지방자치법 13조의2 2항에 따라 주민투표의 대상, 발의자, 발의요건, 기타 투표절차 등에 관한 법률을 제정하지 않은 입법부작위에 대해 입법자가 주민투표에 대한 법률을 제정할 헌법상 의무가 없다는 이유로 각하결정을 내린 지방자치법상의 주민투표권 사건(헌재 2001. 6. 28. 2000헌마735) 결정을 예로 들 수 있다.

법률이 아니라 **대통령령**에 대한 입법부작위에 관해서도 헌법재판소는 헌재 2004. 2. 26. 2001헌마718결정에서 "피청구인이 구 군법무관임용법 제5조 제3항 및 「군법무관 임용 등에 관한 법률」 6조의 위임에 따라 군법무관의 봉급과 그 밖의 보수를 법관 및 검사의 예에 준하여 지급하도록 하는 대통령령을 제정하지 아니하는 입법부작위는 위헌임을 확인한다."고 판시하였다. 법률이 군법무관의 보수를 판사, 검사의 예에 의하도록 규정하면서 그 구체적 내용을 시행령에 위임하고 있다면, 이는 군법무관의 보수의 내용을 법률로써 일차적으로 형성한 것이고, 따라서 상당한 수준의 보수청구권이 인정되는 것이라 해석함이 상당하다. 그러므로 이 사건에서 대통령이 법률의 명시적 위임에도 불구하고 지금까지 해당 시행령을 제정하지 않아 그러한 보수청구권이 보장되지 않고 있다면 그러한 입법부작위는 정당한 이유 없이 청구인들의 재산권을 침해하는 것으로써 헌법에 위반된다고 판단하였다.

2) 부진정입법부작위

부진정입법부작위에 대해서는 헌법 위반을 이유로 한 적극적인 헌법소원(위헌확인소원)을 통해 구제받을 수 있다.

(2) 사법작용: 재판

1) 법원재판제외의 원칙

헌법재판소법 68조1항은 "공권력의 행사 또는 불행사로 인하여 헌법상 보장된 기본권을 침해받은 자는 법원의 재판을 제외하고는 헌법재판소에 헌법소원심판을 청구할 수 있다."고 규정하여 "법원의 재판"을 헌법소원심판의 대상에서 제외하고 있다.

그러나 **법원재판제외 원칙에 대한 예외**도 인정하여 '한정위헌결정의 기속력 사건'(헌재 1997년 12월 24일 96헌마172 등 병합)에서 헌법재판소는 "**헌법재판소가 위헌으로 결정한 법령을 적용**함으로써 **국민의 기본권을 침해**한 **재판**에 대해서는 헌법재판소법 68조1항에 의한 헌법소원심판을 청구할 수 있다."고 판시하였다.

2) 법령 자체에 대한 헌법소원의 대상으로서의 대법원규칙

헌법재판소는 '법무사법시행규칙 사건'(헌재 1990. 10. 15. 89헌마178)에서 대법원규칙인 법무사법시행규칙 3조1항의 "법원행정처장은 법무사를 보충할 필요가 있다고 인정되는 경우에는 대법원장의 승인을 얻어 법무사시험을 실시할 수 있다."는 규정에 대해 평등권과 직업선택의 자유 침해를 이유로 인용결정을 내렸다.

이 사건에서 법무사법 시행규칙의 모법인 법무사법 4조1항 법무사의 자격이 있는 자로 법원, 헌법재판소, 검찰에서 주사보 이상 7년, 사무관 이상 5년의 법정기간 이상을 근무하고 퇴직한 자(1호) 외에 "법무사시험에 합격한 자"(2호)를 규정하고 있었는데, 법무사법 시행규칙 3조1항은 "법원행정처장은 법무사를 보충할 필요가 있다고 인정되는 경우에는 대법원장의 승인을 얻어 법무사 시험을 실시할 수 있다."고 규정함으로써 법무사시험 실시 여부를 법원행정처장의 자유재량에 맡겼고, 법원행정처장은 법정기간 이상을 근무하고 퇴직한 법원공무원, 검찰공무원 등으로만 충원해도 법무사 충원에 지장이 없다는 이유로 법무사시험을 수년간 실시하지 않았다. 이에 법무사시험을 준비하던 청구인이 법무사시험 미실시의 원인이 된 법무사법시행규칙 3조1항에 대해 헌법소원심판을 제기하였고 헌법재판소가 위헌결정인 인용결정을 내린 사건이었다.

그런데 이 사건에 대해 대법원은 "명령·규칙에 대한 최종적 위헌심사권은 헌

법 107조2항에 의해 법원에 있기 때문에 대법원 규칙의 하나인 법무사법 시행규칙에 대해 헌법재판소가 헌법소원으로 다루는 것은 법원의 권한 침해라는 주장을 폈고, 이에 대해 헌법재판소는 "명령·규칙에 대한 대법원의 최종적 위헌심사권은 구체적인 소송사건에서 명령·규칙의 위헌 여부가 '재판의 전제가 되었을 경우'에 국한되는 것이고, 명령·규칙 그 자체에 의해 직접 국민의 기본권이 침해되었을 경우에는 헌법소원 청구 가능하다고 보았다. 그 후 헌법재판소의 입장이 헌법재판소 판례로 굳어져, 명령·규칙 자체가 국민의 기본권을 침해할 경우 헌법재판소는 명령·규칙에 대한 헌법소원심판의 대상적격을 인정해 오고 있다.

(3) 행정작용

1) 행정처분

행정처분은 **원칙적으로 헌법소원의 대상에서 제외**된다. 왜냐하면 행정처분의 경우 헌법 107조2항에 따라 행정소송을 제기하게 되는데 **'보충성의 원칙'** 때문에 행정소송을 거치는 경우 그것은 법원의 재판으로 끝날 수밖에 없고, 다시 **'법원재판제외의 원칙'** 때문에 법원의 재판은 헌법소원의 대상에서 제외되므로, 결국 행정처분은 원칙적으로 헌법소원의 대상에서 제외되는 결과를 낳는다.

행정소송에서 재판의 전제가 된 **원(原)행정처분**의 경우, 행정처분과 같은 이유로 **원칙적으로 헌법소원심판의 대상이 되지 않는다**. 다만 원행정처분을 심판의 대상으로 삼았던 '법원의 재판'이 **예외적으로** 헌법소원심판의 대상이 되어 그 재판 자체가 취소되는 경우에 한하여 국민의 기본권을 신속하고 효율적으로 구제하기 위하여 헌법재판소가 원행정처분에 대한 헌법소원을 받아들여 이를 취소하는 것이 가능하다. 즉, **헌법재판소의 위헌결정을 따르지 않아 국민의 기본권을 침해한 재판**에서의 **원행정처분**은 헌법소원의 대상으로 삼을 수 있고 **취소도 가능**하다(헌재 1997. 12. 24. 96헌마172등 병합). 물론 법원의 재판이 취소되지 않는 경우에는 법원 확정판결의 기판력으로 인해 원행정처분은 헌법소원의 대상이 되지 않는다.

2) 행정계획

행정계획은 **행정에 관한 전문적·기술적 판단을 기초로 활동기준**으로 설정된 것이다. 따라서 **국민의 기본권에 직접 영향**을 미치는 내용이고 **앞으로 법령의 뒷**

받침에 의해 그대로 실시될 것이 틀림없을 것으로 예상될 수 있는 것일 때에는 그 행정계획에 대해 헌법소원 청구가 가능하다. 예를 들어 헌법재판소는 서울대입시요강사건(헌재 1992. 10. 1. 92헌마68·76병합)에서 1992년에 2년간의 준비기간을 두고 발표된 '1994학년도 대학입학고사 주요요강'이 헌법소원심판의 대상이 될 수 있다고 판시하였다.

3) 검사의 기소유예처분 가능

검사의 기소유예처분에 대한 헌법소원이 가능하다. 검사의 기소유예처분에 대해 인용결정을 내려 취소하는 경우는 군검찰관의 **기소유예처분** 인용결정(헌재 1989. 10. 27. 89헌마56)에서와 같이 **피의자**의 **평등권과 행복추구권** 침해를 근거로 하였다.

과거에는 검사의 **불기소처분**에 대한 헌법소원도 가능했다. 헌법재판소에 접수된 사건의 80% 이상이 헌법소원사건이었고 그중 50% 이상이 검사의 불기소처분에 대한 헌법소원 사건이었을 때도 있었다. 그러나 **형사소송법의 개정**으로 2008년 1월 1일부터 검사의 불기소처분에 대한 **재정신청이 전면적으로 허용**됨에 따라(재정신청 대상이 일반범죄로 확대되어) **보충성의 원칙**과 **법원재판제외의 원칙** 때문에 검사의 불기소처분에 대해서는 헌법소원이 불가능해졌다. 검사의 불기소처분에 대한 헌법소원은 검찰 항고 후 법원의 재정신청을 안 거쳤어도 보충성의 원칙 위반이 아니라고 보았고, 비율은 낮았지만 **범죄피해자인 고소인**(고발인은 안 됨)의 **평등권**(헌법 11조)과 **재판절차진술권**(헌법 27조5항)을 침해한 검사의 불기소처분에 대해서는 헌재가 인용결정을 내렸다. 그러나 형사소송법 개정으로 검찰의 불기소처분에 대한 형사피해자인 고소인의 불복방법은 검찰청에 항고를 거친 후 고등법원에 재정신청을 할 수 있게 되었고, 헌법재판소는 **재정신청을 거친 불기소처분**에 대해 원행정처분에 대한 원칙적인 헌법소원심판청구 불허용의 법리를 적용하여 **헌법소원을 제기할 수 없다**고 판시하고 있고(헌재 2008. 7. 29. 2008헌마487, 불기소처분취소(각하)), 형사소송법상의 재정신청절차를 거치지 않은 채 불기소처분의 취소를 구하는 헌법소원심판 청구에 대해서도 각하결정(헌재 2008. 8. 12. 2008헌마508, 불기소처분취소(각하))을 내리고 있다.

4) 행정부작위

행정권력에게 작위의무의 존재 시 행정부작위에 대한 헌법소원이 인정된다. 대법원은 행정청 내부의 사실상 부작위에 대해 일관하여 그 행정처분성을 부인함으로써 행정부작위에 대해 행정소송의 대상에서 제외하고 있다. 따라서 헌법재판소는 **행정부작위**에 대해 헌법소원을 인정하는데, 다만 행정권력의 작위의무의 존재를 요구한다. 즉, 행정권력의 부작위에 대한 헌법소원은 공권력의 주체에게 **헌법에서 유래하는 작위의무가 특별히 구체적으로 규정**되어 **이에 의거하여 기본권의 주체가 행정행위를 청구할 수 있음에도 공권력의 주체가 그 의무를 해태**하는 경우에 허용된다.

예를 들어 **한일청구권협정 제3조 행정부작위 위헌확인사건**(헌재 2011. 8. 30. 2006헌마788)에서 헌법재판소는 주문을 통해 "청구인들이 일본국에 대하여 가지는 일본군위안부로서의 배상청구권이 '대한민국과 일본국 간의 재산 및 청구권에 관한 문제의 해결과 경제협력에 관한 협정' 제2조 제1항에[52] 의하여 소멸되었는지 여부에 관한 한·일 양국 간 해석상 분쟁을 위 협정 제3조가 정한 절차에[53] 따라 해결하지 아니하고 있는 피청구인의 부작위는 위헌임을 확인한다."고 판시하였다.

일본국에 의하여 광범위하게 자행된 반(反)인도적 범죄행위에 대하여 일본군위안부 피해자들이 일본에 대하여 가지는 배상청구권은 헌법상 보장되는 재산권일 뿐만 아니라 무자비하고 지속적으로 침해된 인간으로서의 존엄과 가치 및 신체의 자유를 사후적으로 회복한다는 의미를 가지는데, 청구인들이 일본국에 대해 가지는 일본군 위안부로서의 배상청구권이 한일 간 청구권협정 2조1항에 의해 소멸되었는지 여부에 관한 한일 양국 간 해석상 분쟁을 위 협정 3조가 정한 절차에 따라 해결해야 할 피청구인의 **작위의무는 헌법에서 유래하는 작위의무**로서 부작위로 인해 중대한 기본권 침해를 초래하였고, 따라서 피청구인인 대한민국 정부의 부작위

52 제2조 (1) 양 체약국은 양 체약국 및 그 국민(법인을 포함함)의 재산, 권리 및 이익과 양 체약국 및 그 국민간의 청구권에 관한 문제가 1951년 9월 8일에 샌프란시스코시에서 서명된 일본국과의 평화조약 제4조 (a)에 규정된 것을 포함하여 완전히 그리고 최종적으로 해결된 것이 된다는 것을 확인한다.

53 외교상의 경로를 통하여 해결. 안 되면 중재위원회 구성 후 그 결정으로 해결.

는 위헌이라는 점을 근거로 들었다.

행정부작위 중 **행정입법부작위**도 헌법소원심판의 대상이 될 수 있다. 행정명령의 제정 또는 개정의 지체가 위법적인 행정입법부작위로 되어 그에 대한 법적 통제가 가능하기 위해서는 첫째, **행정청에게 시행명령을 제·개정할 법적 의무**가 있어야 하고 둘째, **상당한 기간**이 지났음에도 불구하고 셋째, **명령제·개정권이 행사되지 않아야** 한다. 다만 행정부가 위임 입법에 따른 시행명령을 제정하지 않거나 개정하지 않은 것에 '**정당한 이유**'가 있었다면 그런 경우에는 헌법재판소가 위헌확인을 할 수 없다. 그러한 '정당한 이유'가 인정되기 위해서는 **그 위임입법 자체가 헌법에 위반된다는 것이 명백하**거나, **행정입법 의무의 이행이 오히려 헌법질서를 파괴하는 결과를 가져옴이 명백**할 정도는 되어야 한다. 예를 들어 '군법무관 급여규정 입법부작위 사건'(헌재 2004. 2. 26. 2001헌마718에서 헌법재판소는 주문을 통해 "피청구인이 구 군법무관임용법 제5조 제3항 및 군법무관임용등에관한법률 제6조의 위임에 따라 군법무관의 봉급과 그 밖의 보수를 법관 및 검사의 예에 준하여 지급하도록 하는 대통령령을 제정하지 아니하는 입법부작위는 위헌임을 확인한다."고 판시하였다. 그러면서 다음을 인용결정의 이유로 들었다.

법률이 군법무관의 보수를 판사, 검사의 예에 의하도록 규정하면서 그 구체적 내용을 시행령에 위임하고 있다면, 이는 군법무관의 보수의 내용을 법률로써 일차적으로 형성한 것이고, 따라서 상당한 수준의 보수청구권이 인정되는 것이라 해석함이 상당하다. 그러므로 이 사건에서 대통령이 **법률의 명시적 위임**에도 불구하고 지금까지 **해당 시행령을 제정하지 않아** 그러한 **보수청구권이 보장되지 않고 있다면** 그러한 **입법부작위는 정당한 이유 없이 청구인들의 재산권을 침해**하는 것으로써 헌법에 위반된다.

2. 기본권 침해가능성

헌법소원심판 청구를 위해서는 **침해가능성이 있는 기본권이 특정**될 수 있어야 한다. 즉 헌법재판소법 68조1항의 "헌법상 보장된 기본권을 침해받은 자"는 "헌법상 보장된 기본권을 침해받았다고 주장되는 자"로 해석되어야 하며, 실제로 그 기본권을 침해받았는가는 헌법재판소가 본안에서 판단할 문제이다.

3. 청구인 적격

청구인은 원칙적으로 자신의 기본권이, 현재, 그리고 직접 침해당한 경우라야 헌법소원심판을 청구할 수 있다. 즉 헌법소원심판의 청구인이 될 수 있는 자격, 즉 '청구인 적격'으로 자기관련성, 직접성, 현재성을 모두 충족해야 적법한 헌법소원 심판 청구가 될 수 있다.

(1) 자기관련성

헌법소원심판은 민중소송이 아니므로, 헌법재판소법 68조1항에 따라 공권력의 행사 또는 불행사로 인하여 헌법상 보장된 '기본권을 침해받은 자'만이 헌법소원심판의 청구인이 될 수 있다. 즉 **청구인 자신의 기본권이 법적으로 침해받아야 한다**는 것이 '자기관련성'의 요건이다. 단체가 아니라 단체의 구성원이 기본권을 침해당했을 때, 단체의 구성원을 대신해 단체가 헌법소원 청구를 하는 것도 자기관련성이 없어 불가능하다.

문제된 법률이 국민의 기본권을 제한하고 부담을 부과하는 **'침해적 법률'**일 때에는 법률의 직접 적용을 받는 상대방인 **법령의 수범자만**이 당사자로서 자기관련성을 가지지만, 문제된 법률이 일정 범위의 국민에게 혜택을 주는 **'수혜적 법률'**일 때에는 **법률의 직접 적용을 받는 상대방**뿐만 아니라 **수혜 범위에서 제외된 자도** 그 법률에 의해 평등권이 침해되었다고 주장하는 당사자에 해당되고 그 법률에 대한 위헌결정에 따라 수혜집단과의 관계에서 평등권 침해 상태가 회복될 가능성이 있다면 자기관련성이 인정된다(재외동포법 사건, 헌재 2001. 11. 29. 99헌마494).

(2) 직접성

청구인의 기본권은 **다른 공권력 작용의 매개 없이** 심판의 대상이 된 공권력작용으로 인해 직접 침해되어야 한다는 것이 **'직접성'**의 요건이다. 문제된 공권력의 행사나 불행사가 단지 청구인의 **간접적·사실적 또는 경제적 이해관계를 가지고 청구인의 기본권에 영향을 미치는 정도로는 직접성이 인정되지 않아** 헌법소원심판을 제기할 수 없다.

법령 자체에 의한 기본권 침해에서 **"집행행위에 의한 매개 없이"** 직접 법령 그 자체에 의해 **자유제한, 의무부과, 권리나 법적 지위의 박탈**이 있는 경우에만 직접성이 인정된다. 예를 들어 법무사법시행규칙 사건(헌재 1990. 10. 15. 89헌마178)에서 사법부에서 제정한 법무사법시행규칙이 별도의 집행행위를 기다리지 않고 직접 기본권을 침해하는 것이어서 직접성이 인정되어 헌법소원심판의 대상이 될 수 있다고 판시하였다. 그러나 헌법재판소는 판례를 통해 **직접성의 세 가지 예외**를 제시하였는데, 첫째, **집행행위에 대한 구제절차가 없거나** 둘째, **법령이 일의적이고 명백하여 재량의 여지가 없거나** 셋째, **집행행위 이전에 이미 국민의 권리관계가 확정된 경우**가 그것이다.

(3) 현재성

청구인은 문제된 공권력작용과 현재 시점에서 관련이 있어야 하며, 미래 어느 때인가 관련될 수 있을 것이라는 것만으로는 헌법소원심판을 제기할 수 없다. 즉 청구인의 **기본권이 '현재에' 침해**당한 경우여야 한다는 것이 '현재성'의 요건이다. 헌법재판소는 현재성에 대해서도 판례를 통해 현재성의 예외를 제시하였다. 즉, 다만, **예외**적으로 **기본권 침해가 가까운 장래에 있을 것이 확실히 예측**되고, **현실적인 침해를 기다려서 구제를 청구하게 되면 그 구제가 곤란**할 뿐만 아니라 **법익 침해가 중대**한 것일 경우에는 현재성의 예외를 인정하여 헌법소원심판 청구를 가능하게 하고 있다. 예를 들어 김영란법 공포 후 시행 이전에 대한변협이 헌법소원심판을 청구한 것은, 대한변협이 주장하는 기본권 침해가 가까운 장래에 있을 것이 확실히 예측되고, 현실적인 침해를 기다려서 구제를 청구하게 되면 그 구제가 곤란할 뿐만 아니라 법익 침해가 중대한 것일 경우라고 판단되면, 헌법소원심판 청구인 적격의 '현재성'에 대한 예외에 해당할 수 있는 것이다.

4. 보충성의 원칙

헌법재판소법 68조1항 단서는 "다른 법률에 구제절차가 있는 경우에는 그 절차를 모두 거친 후에" 헌법소원심판을 청구할 수 있다고 하여 헌법소원심판 청구에 있어서 '보충성의 원칙'을 규정하고 있다. 이 때 "다른 법률에 구제절차"란 공권력의 행사 또는 불행사를 직접 대상으로 하여 그 효력을 다툴 수 있는 권리구제절차를 의미하는 것이며, 사후적·보충적 구제수단인 손해배상청구나 손실보상청구를 의미하는 것은 아니다(헌재 1989. 4. 17. 88헌마3).

헌법재판소는 헌법이나 법률상의 명문규정이 아니라 헌법재판소 판례에 의해 **'보충성 원칙의 예외'**를 인정하고 있다. 첫째, **법령 자체에 의한 직접적인 기본권 침해**가 문제되는 경우와 같이 다른 법적 구체절차가 없는 경우이다. 예를 들어, 법무사법 시행규칙 사건(헌재 1990. 10. 15. 89헌마178)에서 본 바와 같이, 법령 자체에 의한 직접적인 기본권 침해에서 법령 자체의 효력을 직접 다투는 것을 소송물로 제소하는 길은 없다. 둘째, 청구인의 불이익으로 돌릴 수 없는 **정당한 이유가 있는 착오**로 그 구체절차를 밟지 않은 경우, 셋째, 그 구제절차로 권리가 구제될 가능성이 거의 없거나 그것이 허용되는지 여부가 객관적으로 불명확하여 그 **이행의 기대가능성이 없을 때**, 넷째, 판례상 행정소송의 대상이 되는지 여부가 불분명한 **권력적 사실행위**인 경우처럼 그 권리구제 절차를 밟으리라 기대하기 어려운 경우가 그것이다. 이 때 '권력적 사실행위'란 '일정한 법률효과의 발생을 목적으로 하는 것이 아니라, 직접적으로 사실상의 효과만을 가져오는 공권력의 행사'를 말한다. 유치장 수용자에 대한 신체수색이 그 예이다. 헌법재판소는 이 권력적 사실행위에 대해 헌법소원을 인정한 것도 있고(예를 들어 미결수용자의 서신의 지연발송 및 지연교부행위,[54] 유치장 수용자에 대한 신체수색[55]), 헌법소원을 인정하지 않은 것(예를 들어 국토교통부장관이 발표한 한국토지주택공사 이전방안[56])도 있다.

5. 권리보호이익(심판청구이익)

'권리보호이익' 혹은 '심판청구이익'이란 **'청구인이 헌법소원심판에서 인용결정을 받았을 때 얻을 수 있는 법적 이익'**을 말한다. 민사소송법, 형사소송법 등 일반 소송법에서는 '소(訴)의 이익'이라고 불린다. 헌법소원심판은 기본적으로 국민의 기본권 침해를 구제해 주기 위한 주관적 소송이므로, 그 목적상 권리보호이익은 헌법소원심판의 **'청구' 시에** 존재해야 하며, 권리보호이익이 없는 헌법소원심판 청구는 따라서 부적법하여 각하된다.

헌법소원심판 청구 시에 권리보호이익이 존재해 헌법소원심판이 비록 적법하

54 헌재 1995. 7. 21. 92헌마144

55 헌재 2002. 7. 18. 2000헌마327

56 헌재 2014. 3. 27. 2011헌마291, 한국토지주택공사 이전방안 취소(각하)

게 청구되었다고 하더라도, 이 권리보호이익은 **헌법재판소의 결정 당시에도** 존재해야 한다. 심판계속 중 생긴 **사실관계의 변동**(예를 들어 공소시효의 완성)이나 **법령의 변동**(형법 1조2항) 등 사정변경으로 인해 권리보호이익이 없어지면 헌법재판소는 헌법소원심판을 종료해야 한다.

예를 들어 검사의 기소유예처분에 대한 헌법소원의 경우, 대상이 되는 범죄에 대한 공소시효가 완성되면 권리보호이익이 부존재하게 되어 종국결정으로까지 가지 않고 헌법재판소는 중간에 심판을 종료해야 하는 것이다. 그러나 **예외**로서 **"그러한 기본권 침해행위가 반복될 위험이 있거나 그러한 분쟁의 해결이 헌법질서의 수호유지를 위해 긴요한 사항이어서 헌법적으로 그 해명이 중대한 의미를 지니는 경우"**에는 심판 계속 중 권리보호이익이 부존재하게 되어도 계속 헌법소원심판을 진행하여 종국결정을 내릴 수 있다. 예를 들어 헌법재판소는 '국가보안법 제19조 구속기간의 연장 사건'(헌재 1992. 4. 14. 90헌마82) 결정에서 **국가보안법 제19조 구속기간의 연장**(7조 찬양·고무죄와 10조 불고지죄 위반 피의자 구속기간을 30일에서 50일 더 연장)에 대해 **구속기간 만료로 권리보호이익이 없어졌으나 심판을 종료하지 않고 종국결정으로 가서 위헌결정인 인용결정**을 내렸다.

또한 '신(新)군부의 군사반란 불기소처분 사건'(헌재 1995. 12. 15. 95헌마221등 사건) 결정에서 신군부에 의한 12.12 군사쿠데타와 5.18 민주화운동 유혈 진압에 대해 내란 및 군사반란사건으로 검찰이 불기소처분 내렸고, 이 불기소처분에 대해 헌법소원 제기되었으며, 헌법재판소의 결정 선고일 직전에 청구인 측이 심판청구 취하하였다. 이 사건에서 헌법재판소의 법정의견은 민법 239조를 준용해 헌법소원 심판 절차를 종료해야 한다고 했으나, 반대의견은 권리보호이익의 예외에 해당한다고 보고 본안심사로 들어간 바 있다.

〈형식적 요건〉

6. 변호사강제주의

각종 심판절차에서 당사자인 사인은 **변호사를 대리인으로 선임**해야 **심판청구**

나 **심판수행**을 할 수 있다(헌법재판소법 25조3항[57]). 이를 '변호사강제주의'라고 한다. 헌법재판소는 변호사강제주의를 규정한 헌법재판소법 25조3항 등에 대해 자력이 없는 국민의 경우 헌법재판소법 70조1항에 의해 국선대리인 선임 신청이 가능하다는 등의 이유로 합헌결정을 내렸다(헌재 2004. 4. 29. 2003헌마783).

7. 청구기간(제소기간)

(1) 헌법재판소법 69조[58]1항

권리구제형 헌법소원은 사유 발생 **"안 날"로부터 90일** 이내, 사유가 **"있은 날"**(사유발생일)**부터 1년 이내**에 제기하여야 한다. 이 때 **"안 날"**이란 **기본권 침해의 사실관계를 특정할 수 있도록 현실적으로 인식한 날**을 말한다.

"있은 날"이란 **공권력 행사의 존재일**을 의미한다. 국선대리인 선임 신청을 한 경우에는 국선대리인 선임신청이 있은 날을 말하고, 법령 자체에 대한 헌법소원의 경우 기산점인 '법령에 해당하는 사유가 발생한 날'이란 법령의 규율을 구체적이고 현실적으로 적용받게 된 최초의 날을 말한다. 법령의 시행에 일정한 유예기간을 둔 경우는 일정한 유예기간이 경과한 후가 아니라 그 법령의 시행일에 기본권 침해가 발생한 것으로 본다.

보충성의 원칙에 의해 **다른 법률에 의한 구제절차를 거친 헌법소원심판은 그 최종결정을 통지받은 날로부터 30일 이내**에 청구하여야 한다(헌재법 69조1항 단서).

(2) 헌법재판소법 69조2항

다른 구제절차의 최종결정을 통지받고 30일 이내에만 헌법소원심판 청구가 가능하고, 위헌법률심사형 헌법소원은 **위헌제청 신청 기각결정을 송달받고 30일 이**

---

57 제25조(대표자·대리인) ③각종 심판절차에서 당사자인 사인(私人)은 변호사를 대리인으로 선임하지 아니하면 심판청구를 하거나 심판 수행을 하지 못한다. 다만, 그가 변호사의 자격이 있는 경우에는 그러하지 아니하다.

58 제69조(청구기간) ①제68조제1항에 따른 헌법소원의 심판은 그 사유가 있음을 안 날부터 90일 이내에, 그 사유가 있는 날부터 1년 이내에 청구하여야 한다. 다만, 다른 법률에 따른 구제절차를 거친 헌법소원의 심판은 그 최종결정을 통지받은 날부터 30일 이내에 청구하여야 한다.
②제68조제2항에 따른 헌법소원심판은 위헌 여부 심판의 제청신청을 기각하는 결정을 통지받은 날부터 30일 이내에 청구하여야 한다.

내에만 가능하다.

그러나 헌법재판소는 헌재 1993. 7. 29. 89헌마31 결정에서 헌법소원심판의 청구기간에 관한 헌법재판소법 69조를 무의미한 **훈시규정**으로 판시하였다. 즉 **정당한 사유(사회통념상 상당한 경우)가 있는 때에는 이 청구기간이 지나도 괜찮다**고 본 것이다.

Ⅳ. 헌법소원심판의 결정형식

재판부가 심리를 마친 때에는 종국결정을 내리는데, 헌법소원심판의 결정형식에는 위헌법률심판의 결정형식과 달리 각하결정, 기각결정, 인용결정의 세 가지가 있다. 이 세 가지 결정형식은 위헌법률심판을 제외한 나머지 네 가지 심판유형에서 같다.

1. 각하결정

헌법소원심판의 실질적·형식적 **청구요건들 중 어느 하나라도 충족되지 못하여** 헌법소원심판청구가 부적법한 경우에 내리는 결정이다. 헌법소원심판에서만 각하결정이 지정재판부의 사전심사로 내려질 수도 있다.

2. 기각결정

헌법소원심판의 실질적·형식적 청구요건들을 모두 충족하여 본안심사에 들어간 후, 헌법재판소가 청구인의 심판청구가 이유 없는 경우에 내리는 결정이다. 심판청구를 통한 **청구인의 위헌 주장을 재판부가 기각(배척)**하는 결정이므로 내용에 있어서는 **합헌결정**이다.

3. 인용결정

헌법소원심판의 실질적·형식적 청구요건들을 모두 충족하여 본안심사에 들어간 후, 헌법재판소가 **재판관 6인 이상의 찬성**으로 청구인의 심판청구가 이유 있다고 받아들이는 결정이다. 심판청구를 통한 **청구인의 위헌 주장을 재판부가 인용(수용)하는 결정**이므로 내용에 있어서는 **위헌결정**이다.

인용결정을 내릴 때에는 결정 주문(主文)에 **침해된 기본권**, 침해의 원인이 된

공권력의 행사·불행사를 특정(헌법재판소법 75조2항[59])해야 하며, 이 때 헌법재판소는 기본권 침해의 원인이 된 **공권력의 행사를 취소**하거나 그 **불행사가 위헌**임을 확인할 수 있다(헌법재판소법 75조3항[60]). **공권력의 불행사**에 대한 헌법소원에 대해 인용결정을 내릴 때에 피청구인은 **결정 취지에 따라 새로운 처분**을 하여야 하며(헌법재판소법 75조4항[61]), **위헌법률심사형 헌법소원에 대해 인용결정**을 내리는 경우에 해당 헌법소원과 관련된 **소송사건이 이미 확정**된 때에는 당사자는 **법원에 재심을 청구**할 수 있다(헌법재판소법 75조7항[62]).

제3항 | 탄핵심판권

탄핵절차는 크게 탄핵소추와 탄핵심판의 두 절차로 구성된다. 양원제인 미국헌법은 탄핵소추권은 연방하원이, 탄핵심판권은 연방상원이 행사하도록 규정하고 있다. 우리 헌법은 국회에 탄핵소추권을 헌법재판소에 탄핵심판권을 부여하고 있다.

I. 탄핵소추

1. 대상자

일반적으로 **일반 사법(司法)절차에 따라 소추하거나 징계절차로써 징계하기가 곤란**한 대통령을 비롯한 고위공직자나 법관, 검사 등 신분이 보장된 공무원들이 탄핵대상자들인데, 우리 헌법 65조1항은[63] "대통령·국무총리·국무위원·행정각

---

59 제75조(인용결정) ②제68조제1항에 따른 헌법소원을 인용할 때에는 인용결정서의 주문에 침해된 기본권과 침해의 원인이 된 공권력의 행사 또는 불행사를 특정하여야 한다.

60 제75조(인용결정) ③제2항의 경우에 헌법재판소는 기본권 침해의 원인이 된 공권력의 행사를 취소하거나 그 불행사가 위헌임을 확인할 수 있다.

61 제75조(인용결정) ④헌법재판소가 공권력의 불행사에 대한 헌법소원을 인용하는 결정을 한 때에는 피청구인은 결정 취지에 따라 새로운 처분을 하여야 한다.

62 제75조(인용결정) ⑦제68조제2항에 따른 헌법소원이 인용된 경우에 해당 헌법소원과 관련된 소송사건이 이미 확정된 때에는 당사자는 재심을 청구할 수 있다.

63 제65조 ①대통령·국무총리·국무위원·행정각부의 장·헌법재판소 재판관·법관·중앙선거관리위원회 위원·감사원장·감사위원 기타 법률이 정한 공무원이 그 직무집행에 있어서 헌법이나 법률을

부의 장·헌법재판소 재판관·법관·중앙선거관리위원회 위원·감사원장·감사위원"과 "기타 법률이 정한 공무원"을 탄핵대상자로 규정하고 있다. 이 때 "기타 법률이 정하는 공무원"에 검찰총장, 검사가 포함된다. 검찰청법 37조가 "검사는 탄핵 또는 금고 이상의 형을 받거나 징계처분에 의하지 아니하면 파면·정직·감봉의 처분을 받지 아니한다."고 하여 검사의 신분보장 규정을 두면서, 검찰청법이라는 법률에서 검사에 대한 "탄핵"을 언급하고 있기 때문이다.

2. 탄핵사유

헌법 65조1항에 **"직무집행에 있어서 헌법이나 법률을 위배한 때"**를 탄핵사유로 비교적 간명하게 규정하고 있다. 탄핵제도를 정치적 책임이 아니라 법적 책임을 묻는 제도로 규정하고 있는 것이다. 여기서 "헌법"에는 실질적 의미의 헌법도 포함되며, "법률"에는 법률과 같은 효력을 가지는 국회 동의를 얻은 조약이나 긴급명령, 긴급재정경제명령도 포함된다.

헌법재판소는 노무현 대통령 탄핵기각결정(헌재 2004. 5. 14. 2004헌나1)과 박근혜 대통령 탄핵인용결정(헌재 2017. 3. 10. 2016헌나1)에서 직무집행에 있어서 헌법이나 법률을 **"중대하게"** 위배한 때를 탄핵사유로 판시함으로써 국민 직선으로 뽑힌 대통령을 탄핵으로 파면하기 위해서는 위헌·위법행위의 '중대성'이 있어야 한다고 판시하였다. 그리고 그 '중대성'이 인정되는 경우로, 첫째, 대통령직을 유지하는 것이 더 이상 **헌법수호의 관점에서 용납될 수 없거나**, 둘째, **대통령이 국민의 신임을 배신**하여 국정을 담당할 자격을 상실한 경우를 들었다.

II. 탄핵심판

1. 개시

헌법재판소법 49조에[64] 따라 소추위원인 **국회 법제사법위원회 위원장**이 (증거

위배한 때에는 국회는 탄핵의 소추를 의결할 수 있다.

64 제49조(소추위원) ①탄핵심판에서는 국회 법제사법위원회의 위원장이 소추위원이 된다. ②소추위원은 헌법재판소에 소추의결서의 정본을 제출하여 탄핵심판을 청구하며, 심판의 변론에서 피청구인을 신문할 수 있다.

기타 심판에 필요한 자료를 첨부한) 소추의결서 정본을 헌법재판소에 제출함으로써 효력이 발생한다. 그러면 탄핵소추의 효과로서 헌법 65조3항과[65] 헌법재판소법 50조에[66] 규정된 대로 소추의결서가 본인에게 송달된 때로부터 헌법재판소 결정이 있을 때까지 **권한행사가 정지**된다. 따라서 이 기간 중의 직무행위는 위헌무효이다.

2. 절차

구두변론주의와 심리공개주의가 원칙이다.

3. 탄핵결정의 효과

(1) 일반적 효과

헌법 65조4항(헌법재판소법 54조1항도[67])에 의해 **공직으로부터 파면**되지만, **민사상·형사상 책임이 면제되지는 않는다.** 즉 탄핵결정에는 재판상 일사부재리의 원칙이 적용되지 않는다. 탄핵결정을 일반법원의 판결로 보지 않기 때문이며, 따라서 탄핵절차는 형사재판절차와는 달리 중징계인 파면의 결정을 내리는 **일종의 징계절차**에 가깝다.

(2) 일정기간 공직취임 금지

탄핵결정으로 파면되면 헌법재판소법 54조2항[68]에 따라 **결정선고일로부터 5년간 공직취임이 금지**된다. 이 조항에 대해 공무담임권을 박탈하기 때문에 위헌이라는 위헌설이 있지만 소수설이고, **다수설**은 **합헌설**이다. 헌법이 파면 이외의 일체의 불리한 조치를 금지하고 있는 것은 아니므로 탄핵결정으로 파면된 고위공직자를 대통령이 다시 재임용하면 탄핵결정의 실효성 확보가 어렵다는 점을 근거로 든다.

---

65 헌법 제65조 ③탄핵소추의 의결을 받은 자는 탄핵심판이 있을 때까지 그 권한행사가 정지된다.

66 헌재법 제50조(권한 행사의 정지) 탄핵소추의 의결을 받은 사람은 헌법재판소의 심판이 있을 때까지 그 권한 행사가 정지된다.

67 제54조(결정의 효력) ①탄핵결정은 피청구인의 민사상 또는 형사상의 책임을 면제하지 아니한다.

68 제54조(결정의 효력) ②탄핵결정에 의하여 파면된 사람은 결정 선고가 있은 날부터 5년이 지나지 아니하면 공무원이 될 수 없다.

(3) 탄핵결정에 대한 사면 금지

미국 연방헌법은 명문규정으로 탄핵결정에 대한 사면을 금지하고 있다. 그러한 **헌법상의 명문규정이 없는 우리나라**에서는 학설이 대립하지만, **통설**은 탄핵결정으로 파면된 고위공직자를 대통령이 사면하고 다시 재임용하면 탄핵결정의 실효성 확보가 어렵다는 점을 근거로 탄핵결정의 실효성 확보를 위해 **탄핵결정에 대한 사면은 금지**된다고 본다.

4. 대통령 탄핵에 대한 두 개의 결정례

(1) 노무현 대통령 탄핵기각결정(헌재 2004.05.14. 2004헌나1)

첫째, 대통령이 직무집행에 있어서 헌법을 위배하였다. 중앙선거관리위원회의 선거법 위반 결정에 대한 반응으로 대통령이 선거법을 폄하하는 발언을 한 것과 대통령이 위헌적인 재신임 국민투표를 제안한 것은 대통령의 헌법수호의무 위반으로 위헌이기 때문이다.

둘째, 대통령이 직무집행에 있어서 법률도 위배하였다. 기자회견에서 특정정당을 지지한 대통령의 발언이 공직선거법 9조의 공무원의 정치적 중립의무를 위배하였기 때문이다.

셋째, 국민 직선으로 뽑힌 대통령을 파면할 정도로 중대한 위헌·위법행위는 아니므로 노무현 대통령을 파면하지는 않는다. 대통령의 파면결정을 정당화하는 사유도 이에 상응하는 **중대성**을 가져야 하기 때문이다. 대통령의 직을 유지하는 것이 더 이상 **헌법수호의 관점**에서 용납될 수 없거나, 대통령이 **국민의 신임을 배신**하여 국정을 담당할 자격을 상실한 경우에 한하여, 대통령에 대한 파면결정은 정당화된다.

(2) 박근혜 대통령 탄핵인용결정(헌재 2017. 3. 10. 2016헌나1)

첫째, 대통령이 직무집행에 있어서 헌법을 위배하였다. 헌법 7조1항은[69] 국민주권주의와 대의민주주의를 바탕으로 공무원을 '국민 전체에 대한 봉사자'로 규정

69 제7조 ①공무원은 국민전체에 대한 봉사자이며, 국민에 대하여 책임을 진다.

하고 **공무원의 공익실현의무**를 천명하고 있고, 헌법 69조는[70] 대통령의 공익실현 의무를 다시 한번 강조하고 있는데, 최서원의 국정개입을 허용하고 권한을 남용한 행위는 헌법상의 공익실현의무를 위배하며, 대기업으로부터의 제3자 뇌물 등을 통해 **기업의 자유와 재산권 침해**하였기 때문이다.

둘째, 대통령이 직무집행에 있어서 법률도 위배하였다. 최서원의 국정개입을 허용하고 권한을 남용한 행위가 국가공무원법 60조의[71] 비밀엄수의무를 위반하였기 때문이다.

셋째, 직무집행에 있어 이러한 위헌·위법행위는 국민 직선으로 뽑힌 대통령을 파면할 정도로 중대한 위헌·위법행위이므로 박근혜 대통령을 파면한다. 박근혜 대통령의 직무상 위헌·위법행위는 **국민의 신임을 배반**한 행위로서 **헌법수호의 관점**에서 용납될 수 없는 중대한 위헌·위법행위라고 보아야 하기 때문이다.

제4항 ▌정당해산심판권

I. 헌법 8조4항 정당강제해산조항의 (취지 내지는) 의미

첫째, 일반결사에 대한 **정당의 특권**을 의미한다. 일반결사는 헌법 37조2항의 국가안전보장, 질서유지, 공공복리의 요건에 의해 해산될 수 있지만, 정당은 헌법 8조4항에 따라 그 목적이나 활동이 민주적 기본질서에 위배될 때에만 해산될 수 있으므로 **정당은 일반결사에 비해 그 해산이 더 어렵다.**

둘째, 민주적 기본질서를 긍정해야 하는 정당의 의무를 의미한다. 따라서 헌법 8조4항은 정당활동의 자유에 한계를 설정한 조항이다.

셋째, 헌법의 수호라는 헌법보장을 의미한다.

---

70 제69조 대통령은 취임에 즈음하여 다음의 선서를 한다. "나는 헌법을 준수하고 국가를 보위하며 조국의 평화적 통일과 국민의 자유와 복리의 증진 및 민족문화의 창달에 노력하여 대통령으로서의 직책을 성실히 수행할 것을 국민 앞에 엄숙히 선서합니다."

71 제60조(비밀 엄수의 의무) 공무원은 재직 중은 물론 퇴직 후에도 직무상 알게 된 비밀을 엄수(嚴守)하여야 한다.

넷째, 반(反)민주적 정당에 대해 그 정당 자체를 처벌하는 조항이라는 의미를 가진다. 즉 방어적 민주주의를 시사한다. 이에 비해 정당원에 대한 처벌과 관련해서는 따로 하위법률인 형법·국가보안법을 둔다.

II. 정당해산의 제소(헌법 8조4항[72])

1. 제소권자

정당해산심판의 제소권자는 헌법 8조4항에 "정부"로 규정되어 있다. 이것은 넓은 의미의 정부가 아니라 '행정부'를 의미한다. 따라서 실질적으로는 행정부 수반인 대통령이 행정부를 대표하여 제소권을 가진다.

정당의 제소는 반드시 국무회의의 사전심의를 거쳐야 한다(헌법 89조14호[73]). 그러나 정당해산을 의결한 국무회의를 꼭 대통령이 주재할 필요는 없다. 헌법재판소도 통합진보당 해산결정(헌재 2014. 12. 19. 2013헌다1)에서 당시 박근혜 대통령 해외 순방 중 국무총리가 주재한 국무회의에서 이루어진 정당해산 심판청구서 제출안에 대한 의결은 위법하지 않다고 판시하였다.

정부에 의해 어떤 정당의 위헌성이 인정될 경우 정부는 반드시 그 정당을 제소해야 하나, 아니면 정당의 제소 여부가 정부의 재량사항인가와 관련해 크게 보아 재량설과 의무설의 학설 대립이 있다.

첫째, 재량설은 헌법 8조4항이 "제소할 수 있고"라고 규정하고 있는 점을 근거로 들면서 정당에 대한 해산결정보다 위헌적 정당을 상대로 한 민주적 공개경쟁을 통해 그 정당의 사회적 기반을 붕괴시키는 것이 민주주의 보호에 더 효과적이라고 판단되는 경우라면 정당의 해산을 보류할 수 있어야 한다고 주장한다. 재량설은 다시 정당의 제소 여부를 자유재량행위로 보는 견해와 기속재량행위로 보는 견해로 나누이진다.[74]

---

72 제8조 ④정당의 목적이나 활동이 민주적 기본질서에 위배될 때에는 정부는 헌법재판소에 그 해산을 제소할 수 있고, 정당은 헌법재판소의 심판에 의하여 해산된다.

73 제89조 다음 사항은 국무회의의 심의를 거쳐야 한다. 14. 정당해산의 제소

74 행정법 이론에 의하면 행정행위는 '기속행위'와 '재량행위'로 나누어지고, '재량행위'는 다시 '기속

둘째, 의무설은 어떤 정당이 정당해산의 실질적 요건을 갖춘 경우에 정부가 반드시 그 정당을 제소해야 한다. 왜냐하면 정부는 국가의 존립과 헌법질서의 유지에 일차적 책임이 있고 그 정당의 해산 여부는 해산심판에서 헌법재판소가 나중에 또 심사를 하기 때문이다.

2. 해산사유: "정당의 목적·활동이 민주적 기본질서에 위배"(헌법 8조4항)

정당의 '목적'이나 '활동'이 민주적 기본질서에 위배되어야 한다. 정당의 '조직'이 민주적 기본질서에 위배된다고 정당을 해산할 수는 없다.

(1) 정당

정당으로서의 등록을 마친 기성정당을 말한다. 정당의 방계조직, 위장조직 등은 이에 해당하지 않는다. 정당 성립의 시기는 중앙당이 중앙선거관리위원회에 등록을 필한 때이다. 다수설은 등록을 하지 않고 결성단계에 있는 정당도 정당에 준(準)하는 것으로 보아 기성정당과 동일하게 취급한다. 왜냐하면 그래야만 방어적 민주주의의 '사전예방적 헌법보장'의 취지를 살릴 수 있기 때문이다.

(2) 목적

정당의 "목적"은 당의 강령, 당헌, 기관지에 드러난다. 명시적으로 드러나야 하고 단순한 잠재적 경향만으로는 정당의 "목적"이라 할 수 없다. 그런데 헌법재판소는 통합진보당 해산결정에서 통합진보당의 숨은 목적이 '북한식 사회주의 건설'이라고 하며, 이 숨은 목적을 통합진보당의 "목적"이라고 보았다.

(3) 활동

정당의 "활동"이란 정당 명의의 당수, 당 간부, 평당원의 활동이나 연설 등을 말한다. 정당의 "활동"은 명시적으로 나타나야 하고 단순한 잠재적 경향만으로는 정당의 "활동"이라 할 수 없다. 그러나 헌법재판소는 통합진보당 해산결정에서 이석기 등 당원 50여 명의 주도세력의 활동을 통합진보당이라는 정당의 "활동"으로

재량행위'와 '목적재량행위'로 나누어지는데, '기속재량행위'는 무엇이 법인가의 문제에 관한 행정청의 재량, 즉 법규재량을 의미하므로 사실상 기속행위로 볼 수도 있는 반면에 '목적재량'은 편의재량 혹은 자유재량을 의미하고 조리법에 의해 규율된다.

보았다.

(4) 민주적 기본질서

헌법 8조4항의 "민주적 기본질서"의 의미와 관련해 학설의 대립이 있다.

1) 자유민주적 기본질서뿐만 아니라 사회민주적 기본질서도 포괄하는 넓은 의미로 이해하는 견해

제1설은 소수설로서 정당 해산사유로서 헌법 8조4항이 규정한 "민주적 기본질서"에 자유민주적 기본질서는 물론이고 현대 사회국가적(복지국가적) 헌법의 의의에 기반한 사회민주적 기본질서도 포함된다고 넓게 보는 견해이다. 정당해산사유가 현대 복리주의의 이념을 포괄하는 것으로 보기 때문에, 이 견해에 따를 경우 사회국가원리에 어긋나는 극단적인 정당의 존립까지 보장할 수 없다게 된다. 예를 들어 빈익빈·부익부 정책을 추구하거나 경제민주화를 위한 국가의 규제와 조정에 반대하는 정당도 '민주적 기본질서'에 위배되는 위헌정당으로서 해산된다.

그 근거로는 첫째, 정당 해산사유로서의 "민주적 기본질서"가 공산주의와 전체주의의 국가질서에 대한 반대개념이지 사회적 법치국가를 배척하는 것은 아니므로 자유·평등 이외에 복지와 사회정의의 이념도 고려해야 한다는 점, 둘째, "그 목적이나 추종자의 행태에 있어 "자유민주적 기본질서"를 침해·폐제하려고 하거나 또는 독일연방공화국의 존립을 위태롭게 하려고 하는 정당은 위헌이라고 규정한 독일헌법 21조2항과 목적이나 활동이 "민주적 기본질서"에 위배되는 정당을 위헌이라고 규정한 우리 헌법 8조4항은 규정내용이 상이하다는 점, 우리 헌법은 경제적 규제와 조정, 권력분립원리의 구성 등을 통해 전반적으로 자유민주주의에 대한 수정을 가하고 있는 수정자본주의 헌법이라는 점, 우리 정당의 정강정책을 보더라도 고전적 자유민주주의를 채택하고 있는 정당은 없으며 모두가 복지국가적·사회적 법치주의를 지향하고 있다는 점을 든다.

2) 자유민주적 기본질서로 좁게 이해하는 견해(다수설, 헌재)

제2설은 정당 해산사유로서 헌법 8조4항이 규정한 "민주적 기본질서"를 근대 자유주의적·입헌주의적 헌법관에 기초한 자유민주적 기본질서로 좁게 보는 견해

이다. 자유민주적 기본질서의 내용이 되는 기본원칙으로, 기본권의 존중, 권력분립, 의회제도, 복수정당제, 선거제도, 사유재산과 시장경제를 골간으로 하는 경제질서(자유시장경제질서), 사법권의 독립 등을 든다. 결국 정당이 **사회주의·공산주의만 표방하지 않으면** 민주적 기본질서에 위배되지 않게 된다.

그 근거로는 첫째, 사회민주주의의 중요한 내용은 헌법 119조2항 등 다른 헌법조항에서 규정하고 있으므로 굳이 여기에 포함시킬 필요가 없고, 둘째, 이렇게 정당 해산사유를 좁게 봐야 '**정당해산의 구실을 극소화**'할 수 있다는 점을 든다.

학설의 다수설과 헌법재판소 판례의 입장이다. 헌법재판소는 통합진보당 해산결정에서 "민주적 기본질서"를 다음과 같이 설명하였다.

개인의 자율적 이성을 신뢰하고 모든 정치적 견해들이 각각 상대적 진리성과 합리성을 지닌다고 전제하는 다원적 세계관에 입각한 것으로서, 모든 폭력적·자의적 지배를 배제하고, 다수를 존중하면서도 소수를 배려하는 민주적 의사결정과 자유·평등을 기본원리로 하여 구성되고 운영되는 정치적 질서를 말한다. 구체적으로는 국민주권의 원리, 기본적 인권의 존중, 권력분립제도, 복수정당제도 등이 현행 헌법상 주요한 요소이다(헌재 2014. 12. 19. 2013헌다1).

3) 사견의 정리

정당 해산사유로서 헌법 8조4항이 규정한 "민주적 기본질서"를 자유민주적 기본질서로 좁게 해석해야 한다. 헌법 8조1항에서 정당설립의 자유와 복수정당제가 규정되어 있는 것과 관련해, 8조4항의 "민주적 기본질서"를 자유민주적 기본질서를 의미하는 것으로 좁게 해석하지 않으면 정당의 목적을 적은 정강 등에 사회민주적 기본질서의 내용도 꼭 넣고 사회민주주의를 실현하기 위한 정당활동도 꼭 해야 하게 되므로 정당들이 너무 많이 해산되어 자유민주적 정당, 보수주의적 정당도 해산되는 결과를 초래하기 때문이다. 즉, 헌법 8조1항과의 관계에서 논리해석을 했을 때 헌법 8조4항은 자유민주적 기본질서만을 의미하는 것으로 좁게 해석될 수 있는 것이다.

(5) 위배될 때

헌법재판소는 통합진보당 해산결정에서 헌법 8조4항 "위배될 때"의 의미를 "민주적 기본질서에 대한 단순한 위반이나 저촉을 의미하는 것이 아니라, 민주사회의 불가결한 요소인 정당의 존립을 제약해야 할 만큼 그 정당의 목적이나 활동이 우리 사회의 민주적 기본질서에 대하여 **실질적인 해악을 끼칠 수 있는 구체적 위험성을 초래**하는 경우"로 보았다.

(6) 정당해산의 헌법적 정당화 사유로서 '비례원칙'

정당해산의 헌법적 정당화 사유로서 '**비례원칙**'의 준수는 민주적 기본질서에 가해지는 위험성을 제거하기 위한 부득이한 해법이다. 헌법재판소는 통합진보당 해산결정에서 비례원칙과 관련해 다음과 같이 판시하였다.

강제적 정당해산은 헌법상 핵심적인 정치적 기본권인 정당활동의 자유에 대한 근본적 제한이므로, 헌법재판소는 이에 관한 결정을 할 때 헌법 37조2항이 규정하고 있는 비례원칙을 준수해야만 한다. 따라서 헌법 8조4항의 명문규정상 요건이 구비된 경우에도 해당 정당의 위헌적 문제성을 해결할 수 있는 **다른 대안적 수단이 없고**, 정당해산결정을 통하여 얻을 수 있는 사회적 이익이 정당해산결정으로 인해 초래되는 정당활동 자유 제한으로 인한 불이익과 민주주의 사회에 대한 중대한 제약이라는 **사회적 불이익을 초과할 수 있을 정도로 큰 경우에 한하여** 정당해산결정이 헌법적으로 정당화될 수 있다(헌재 2014. 12. 19. 2013헌다1).

3. 일사부재리의 원칙

동일정당에 대해 동일사유로 다시 제소할 수 없다.(헌법재판소법 39조[75]) 헌법재판소 결정의 확정력 때문이다.

III. 정당해산의 심판

정당해산심판의 방식은 구두변론에 의한다. 헌법재판소는 정당해산심판의 청구를 받은 때에는 직권 또는 청구인의 신청에 의하여 종국결정의 선고 시까지 피

75 제39조(일사부재리) 헌법재판소는 이미 심판을 거친 동일한 사건에 대하여는 다시 심판할 수 없다.

청구인의 활동을 정지하는 결정을 가처분결정을 내릴 수 있다(헌재법 57조[76]). 통합진보당 사건에서는 정부의 가처분신청이 있었지만 헌법재판소는 따로 가처분결정을 따로 내리지 않고 본안결정으로 끝냈다.

Ⅳ. 집행과 효과

헌법재판관 9인 중 6인 이상의 찬성으로 인용결정이 내려지면 그 정당은 위헌정당으로 해산된다.

1. 집행

헌법재판소의 인용결정이 있으면 헌법재판소는 해산결정서의 등본을 피청구인(정당대표자), 국회, 정부 및 중앙선거관리위원회에 송달하고, 해산결정서를 송달받은 중앙선거관리위원회는 정당의 등록을 말소하고 그 뜻을 지체 없이 공고해야 한다. 헌법재판소의 해산결정 '선고'와 동시에 그 정당은 불법(不法)결사가 되므로 정당의 모든 특권은 상실되고 행정청이 그 존립과 활동을 금지할 수 있다(창설적 효력). 이렇듯 헌법재판소의 정당 해산결정은 창설적 효력을 가지므로 중앙선거관리위원회의 등록말소절차는 확인적·선언적 효력을 가지는 행정상 후속조치에 불과하다.

2. 효과

특정 정당에 대해 헌법재판소의 해산결정이 내려지면 그 정당과 정당대표·정당간부·강령·기본정책이 동일하거나 유사한 '대체정당'의 설립이 금지된다(정당법 40조[77]). 또한 헌법재판소의 결정에 의하여 해산된 정당의 명칭과 같은 명칭은 영구히 정당의 명칭으로 다시 사용하지 못한다(정당법 41조2항[78]). 중앙선거관리위원

---

76 제57조(가처분) 헌법재판소는 정당해산심판의 청구를 받은 때에는 직권 또는 청구인의 신청에 의하여 종국결정의 선고 시까지 피청구인의 활동을 정지하는 결정을 할 수 있다.

77 제40조(대체정당의 금지) 정당이 헌법재판소의 결정으로 해산된 때에는 해산된 정당의 강령(또는 기본정책)과 동일하거나 유사한 것으로 정당을 창당하지 못한다.

78 41조(유사명칭 등의 사용금지) ②헌법재판소의 결정에 의하여 해산된 정당의 명칭과 같은 명칭은 정당의 명칭으로 다시 사용하지 못한다.

회에 의해 등록취소된 정당의 경우에는 그 정당과 동일한 명칭 사용이 가능한 점과 다르다. 해산된 정당의 잔여재산은 국고에 귀속(몰수)된다(정당법 48조2항).[79] 중앙선거관리위원회에 의해 등록취소된 정당의 재산은 당헌의 규정에 따라 처리하고 잔여재산이 있으면 국고에 귀속되는 점과도 다르다.

해산된 정당 소속 국회의원의 지위와 관련해서는 헌법이나 정당법 등에 명문 규정이 없어서 학설의 대립이 있다.

첫째, 소수설인 **의원자격비상실설**은 정당 해산결정이 나도 소속의원들은 무소속 국회의원으로 의원자격을 유지한다고 본다. 그 근거로 헌법재판소의 정당 해산결정에 따라 그 정당 소속의원의 의원직까지 상실시키는 것은 대의제도 정신(대표자로 뽑은 이상 정당에 상관없이 무기속위임)에 어긋난다는 점을 든다. 특히 지역구 의원은 국민의 손으로 직선된 국민의 대표이므로 소속정당이 헌법재판소 결정으로 해산되더라도 국회의원의 지위를 유지해야 한다고 주장한다.

둘째, 다수설이면서 우리 헌법재판소와 독일 연방헌법재판소와 독일 연방헌법재판소법의 입장인 **의원자격상실설**은, 정당 해산결정이 나면 그 소속의원들은 의원자격을 상실한다고 본다. 근거로는 첫째, 정당제 민주주의의 발달로 **국회의원 선거**가 **인물선택**보다는 **정당선택적 국민투표**로 투표의 성격이 변했다는 점, 둘째, 우리 헌법이 받아들이고 있는 '방어적 민주주의'의 관점에서 봤을 때 해산결정이 나도 국회의원 자격이 유지될 수 있다면 해산결정 그 자체를 무의미하게 만들 수 있다는 점을 든다.

헌법재판소는 통합진보당 해산결정문 주문에 "1. 피청구인 통합진보당을 해산한다. 2. 피청구인 소속 국회의원 김○희, 김○연, 오○윤, 이○규, 이○기는 의원직을 상실한다."(헌재 2014. 12. 19. 2013헌다1)고 명기함으로써 통합진보당 소속 국회의원 5명 전원에 대해 당선 방식을 불문하고 소속 국회의원직을 박탈하였다.

---

79 제48조(해산된 경우 등의 잔여재산 처분) ②제1항의 규정에 의하여 처분되지 아니한 정당의 잔여재산 및 헌법재판소의 해산결정에 의하여 해산된 정당의 잔여재산은 국고에 귀속한다.

제5항 | 권한쟁의심판권

I. 권한쟁의의 의의

국가기관 또는 지방자치단체 등 간에 권한의 유무나 범위에 관해 규정한 헌법의 해석과 관련하여 '관할상의 분쟁'이 발생한 경우에 기관이 청구하는 분쟁해결절차이다. 이 때 '관할상의 분쟁'에는 특정사항이 자기 관할에 속한다는 것을 주장하는 '적극적 분쟁'과 특정사항이 자기 관할에 속하지 않음을 주장하는 '소극적 분쟁'이 있다.

II. 권한쟁의심판의 청구(제기) 요건

1. 당사자적격

(1) 헌법 111조1항[80]4호와 헌법재판소법 62조[81]

헌법 111조1항4호는 권한쟁의심판의 당사자로 국가기관과 지방자치단체를 규정하고 있고, 헌법재판소법 62조는 국가기관으로 국회, 정부, 법원, 중앙선거관리

80 헌법 제111조 ①헌법재판소는 다음 사항을 관장한다.
1. 법원의 제청에 의한 법률의 위헌여부 심판
2. 탄핵의 심판
3. 정당의 해산 심판
4. 국가기관 상호간, 국가기관과 지방자치단체간 및 지방자치단체 상호간의 권한쟁의에 관한 심판
5. 법률이 정하는 헌법소원에 관한 심판

81 제62조(권한쟁의심판의 종류) ①권한쟁의심판의 종류는 다음 각 호와 같다.
1. 국가기관 상호간의 권한쟁의심판
국회, 정부, 법원 및 중앙선거관리위원회 상호간의 권한쟁의심판
2. 국가기관과 지방자치단체 간의 권한쟁의심판
가. 정부와 특별시·광역시·특별자치시·도 또는 특별자치도 간의 권한쟁의심판
나. 정부와 시·군 또는 지방자치단체인 구(이하 "자치구"라 한다) 간의 권한쟁의심판
3. 지방자치단체 상호간의 권한쟁의심판
가. 특별시·광역시·특별자치시·도 또는 특별자치도 상호간의 권한쟁의심판
나. 시·군 또는 자치구 상호간의 권한쟁의심판
다. 특별시·광역시·특별자치시·도 또는 특별자치도와 시·군 또는 자치구 간의 권한쟁의심판
②권한쟁의가 「지방교육자치에 관한 법률」 제2조에 따른 교육·학예에 관한 지방자치단체의 사무에 관한 것인 경우에는 교육감이 제1항제2호 및 제3호의 당사자가 된다.

위원회를, 지방자치단체로 각급지방자치단체, 교육자치단체를 규정하고 있다. 특히 "국가기관"과 관련해 헌법재판소법 62조1항1호는 "제62조(권한쟁의심판의 종류) ①권한쟁의심판의 종류는 다음 각 호와 같다. 1. 국가기관 상호 간의 권한쟁의심판: 국회, 정부, 법원 및 중앙선거관리위원회 상호 간의 권한쟁의심판"이라고 규정하고 있다.

(2) 판례 입장의 변경

여당의 법률안 날치기 통과 사건들에서 야당 국회의원들이나 야당이 법률안 날치기 통과에 대해 본회의 사회권자인 국회의장을 상대로 헌법소원심판과 권한쟁의심판을 제기하자 헌법재판소는 기존의 결정들(예를 들어, 헌재 1995. 2. 23. 90헌라1)에서 입법권 침해를 이유로 헌법소원을 청구할 수 있는 자는 기본권 주체로서의 국민에 한정되며 국민의 기본권을 보호 내지 실현할 책임과 의무를 지는 국가기관이나 그 일부는 헌법소원심판을 청구할 수 없다면서 헌법소원 청구를 각하하고, **헌법재판소법 62조1항1호**는 **제한적 열거규정**이므로 이 규정에 열거되지 않은 국가기관이나 그 일부는 권한쟁의심판을 청구할 수 없다면서 권한쟁의심판 청구도 각하하였다.

그 후 헌법재판소는 여당의 법률안 날치기 통과 사건 결정(**헌재 1997. 7. 16. 96헌라2**)에서 판례 입장을 변경하였다. 헌법소원 청구는 여전히 같은 이유로 각하하였으나, 권한쟁의심판 청구는 이를 받아들인 것이다. 즉, **헌법재판소법 62조1항1호**를 제한적 열거규정이 아니라 **예시규정**으로 보고 권한쟁의심판의 당사자로서의 "국가기관"에 해당하는지 여부는 **첫째, 그 국가기관이 헌법에 의해 설치되고 헌법·법률에 의해 독자적인 권한을 부여받고 있는지의 여부, 둘째, 그 국가기관 상호 간의 권한쟁의를 해결할 수 있는 다른 적당한 기관이나 방법이 있는지의 여부**를 종합적으로 고려하여 판단해야 하는데, 이 사건에 이 기준을 적용하면 첫 번째 기준에서는 **야당 국회의원**들과 **국회의장**은 각기 독자적 권한을 가진 별개의 헌법상 국가기관이며(국가기관 내부의 분쟁이 아니라), 둘째 기준에서 그러한 기관이나 방법이 없다고 보아야 하므로 야당 국회의원들이 청구한 권한쟁의 심판을 받아 들인다고 판시하였다.

2. 상황적 요건

권한쟁의심판을 청구할 수 있는 상황적 요건은 “피청구인의 처분 또는 부작위가 헌법 또는 법률에 의하여 부여받은 청구인의 권한을 침해하였거나 침해할 현저한 위험이 있는 경우”(헌법재판소법 61조2항)이다. 이 때 “권한을 침해하였거나”는 피청구인의 처분 또는 부작위로 인한 청구인의 권한침해가 과거에 발생하였거나 현재까지 지속되는 경우를 말하고, “침해할 현저한 위험”이란 아직 침해라고 할 수는 없으나 권한침해에 이르게 될 개연성이 상당히 높은 상황을 말한다.

3. 형식적 요건: 청구기간

권한쟁의심판은 그 사유가 있음을 안 날로부터 60일 이내, 사유가 있은 날로부터 180일 이내에 청구하여야 한다. 이 기간은 불변기간으로 한다(헌법재판소법 63조).

4. 가처분 신청 가능(헌법재판소법 65조)

헌법재판소법상 명문규정으로 가처분이 권한쟁의심판(65조)과 정당해산심판(57조)에 인정되고 헌법소원심판은 명문규정은 없지만 헌법재판소 판례로서 가처분이 인정된다. 그 외에 탄핵심판은 탄핵소추되면 헌법에 의해 피소추인의 권한행사가 정지되므로, 위헌법률심판도 법원의 제청 시 당해 사건의 재판이 정지되므로, 그 제도의 성질상 가처분이 필요 없다.

III. 권한쟁의심판의 결정

1. 결정의 내용: “권한의 유무 또는 범위”(헌법재판소법 66조[82]1항)

처분 또는 부작위가 청구인의 권한을 침해해 헌법재판소가 인용결정을 내릴 때에는, 첫째, 지금도 효력을 가지고 있는 ‘처분’ 즉 작위에 대해서는 이를 취소하고, 둘째, 지금은 효력을 상실한 처분에 대해서는 무효를 확인하며, 셋째, 부작위

82 제66조(결정의 내용) ①헌법재판소는 심판의 대상이 된 국가기관 또는 지방자치단체의 권한의 유무 또는 범위에 관하여 판단한다.
②제1항의 경우에 헌법재판소는 권한침해의 원인이 된 피청구인의 처분을 취소하거나 그 무효를 확인할 수 있고, 헌법재판소가 부작위에 대한 심판청구를 인용하는 결정을 한 때에는 피청구인은 결정 취지에 따른 처분을 하여야 한다.

에 대해서는 피청구인이 헌법재판소 인용결정의 취지에 따른 처분을 하여야 한다.

권한쟁의심판의 심리정족수는 물론 재판관 7인 이상의 출석이고, 인용결정을 위한 정족수는 출석 과반수의 찬성이다. 따라서 최소 4인 재판관으로 인용결정이 가능하다. 주지하는 바와 같이 헌법재판소의 나머지 결정유형에서는 인용결정을 위한 정족수가 9인 중 6인 이상이다.

2. 결정의 효력

권한쟁의심판의 인용결정이나 기각결정은 모든 국가기관과 지방자치단체를 기속한다. 그러나 인용결정으로 인한 처분의 취소는 이미 발생한 효력에 영향을 미치지 않는다(헌법재판소법 67조2항). 왜냐하면, 이러한 상황을 방지하기 위해 당사자가 가처분 신청을 할 수 있었는데 하지 않았기 때문이다.

제3편

헌법의 제정과 개정, 헌법의 변천

제1장 헌법의 제정과 개정 및 대한민국 헌법제정 및 개정의 역사

제1항 | 헌법의 제정과 개정

I. 헌법의 제정

1. 의의

헌법의 제정이란 '헌법을 전면적으로 새로 만들어 정하는 것'으로 정의된다. 이것은 칼 슈미트(C. Schmitt)의 헌법제정권력이론에 의하면 실질적으로는 '헌법제정권력이 정치적 공동체의 종류와 형태에 관해 법규범으로 정립하는 것'을 의미하고 형식적으로는 '헌법사항을 헌법전의 형태로 성문화하는 것'을 의미한다.

2. 헌법제정권력

(1) 의의

헌법제정권력이란 '헌법을 시원적(始原的)으로 창조하는 힘으로 정의된다. 칼 슈미트는 이를 '정치적 공동체의 종류와 형태에 관해 구체적인 '결단'을 내릴 수 있는 권위를 가진 힘'으로 정의하였다.

(2) 헌법제정권력이론의 탄생과 발전

프랑스 혁명 전야에 프랑스의 시에예스(Sieyes) 신부는 '제3신분이란 무엇인가' 팜플렛에서 헌법의 제정 주체는 제3신분인 시민(국민)이며, 이 헌법제정권력은 보통의 대표자(입법기관)와 다른 특별한 대표자라고 보았다. 이후 그의 헌법제정권력이론은 프랑스 혁명 당시의 국민의회를 지배한 이념이 되었다. 그러나 이후 법실증주의자들에 의해 그의 헌법제정권력이론은 부인되었다. 법실증주의자들은 국가법인설이나 국가주권설에 근거해, 국가만이 모든 법의 연원이고 헌법을 초월한 권력인 헌법제정권력은 사회적 존재이지 법적인 것은 아니라고 보았다.

그 후 시에예스의 헌법제정권력이론은 독일의 헌법학자인 칼 슈미트에 의해 부활되었다. 칼 슈미트는 헌법(절대적 헌법, 기본사항에 관한 결단)과 헌법률(이를 전제로 하는 개개 헌법규정, 상대적 헌법)을 구분하였다. 그는 주권(主權)과 유사개념인 헌법제정권력 〉 헌법〉 헌법개정권력 〉 헌법률 〉 입법권 혹은 통치권(입법권·사법권·행정권)의 위계질서를 주장하였다. 이러한 헌법제정권력이론은 헌법개정권력이론과 함께 독일헌법학에서는 '헌법제정권력 v. 헌법개정권력'으로 프랑스헌법학에서는 '조직하는 권력 v. 조직된 권력'으로 발전해 나갔다.

우리 헌법재판소는 향토예비군대원의 이중배상 금지 사건(헌재 1996. 6. 13. 94헌바20 헌법 29조 2항 등)에서 칼 슈미트식의 헌법과 헌법률의 구분을 다음과 같이 부정하였다.

"헌법규범 상호 간의 우열은 추상적 가치규범의 구체화에 따른 것으로서 헌법의 통일적 해석을 위하여 유용한 정도를 넘어 헌법의 어느 특정규정이 다른 규정의 효력을 전면 부인할 수 있는 정도의 효력상의 차등을 의미하는 것이라고는 볼 수 없다. 더욱이 헌법개정의 한계에 관한 규정을 두지 않고 헌법의 개정을 법률의 개정과는 달리 국민투표에 의하여 이를 확정하도록 규정하고 있는(헌법 130조2항) 현행의 우리 헌법상으로는 과연 어떤 규정이 헌법핵 내지는 헌법제정규범으로서 상위규범이고 어떤 규정이 단순한 헌법개정규범으로서 하위규범인지를 구별하는 것이 가능하지 않으며, 달리 헌법의 각 개별규정 사이에 그 효력상의 차이를 인정하여야 할 아무런 근거도 찾을 수 없다."

(3) 헌법제정권력의 성격

헌법제정권력은 첫째, 국가질서를 처음으로 창조하는 권력이므로 헌법제정권력에 의해 만들어진 국가권력에 의해 근거 지워지지 않는 '**시원성**'을 가지고, 둘째, 어떤 절차나 형식에도 구애받지 않고 스스로 의도하는 바에 따라 행사되는 '**자율성**'을 가지며, 셋째, 모든 제 권력이나 권력분립제도의 포괄적 기초이기 때문에 쪼개지지 않는 '**불가분성**'을 가지고, 넷째, 민주국가에서는 헌법제정권력이 오로지 국민에게 있고 이를 양도할 수 없으므로 '**불가양성**'을 가지며, 다섯째, 헌법제정권력은 한번 행사되고 사라지는 것이 아니라 위기 시마다 나타나므로 '**항구성**'을 가진다.

(4) 주체

민주국가에서 헌법제정권력의 주체는 '국민'이다.

(5) 행사방법

헌법제정권력은 첫째, 이제껏 헌법이 없던 국가에서 새로이 헌법을 제정하는 경우, 둘째, 새로운 국가를 건국할 때 헌법을 만드는 경우, 셋째, 혁명 후 헌법을 만드는 경우에 행사된다. 헌법제정권력 행사의 유형은 첫째, 루소의 직접민주주의의 영향을 받아 직접 국민투표로 이루어지는 유형, 둘째, 국민에 의해 선출된 대표들로 구성된 제헌의회에서 행사하는 유형, 셋째, 제헌의회와 국민투표 방식을 혼합한 유형, 넷째, 건국 당시의 미국과 같이 연방국가에서 주의회의 의결로 행사되는 경우로 나누어 볼 수 있다. 우리 제헌헌법의 제정은 제헌의회 방식으로 이루어졌다. 대한민국 최초의 국회의원 선거인 1948년의 5.10 선거로 구성된 초대 국회는 제헌권자인 국민이 국회에 헌법제정권력을 위임하고 제헌권을 행사하여 헌법을 제정한 '제헌의회'로서의 성격과 함께 통상적인 의회로서의 기능을 하는 '통상국회'로서의 이중적 성격을 띠었다.

헌법제정권력의 행사방법은 미국, 독일, 일본헌법의 경우처럼 헌법 전문(前文)에 많이 나타나지만, 우리 헌법 전문에는 헌법제정권력의 행사방법에 관한 명문규정이 없다.

(6) 한계

아무리 헌법제정권력이라고 하더라도 헌법에 넣을 수 없는 사항이 있느냐와 관련하여 헌법에 넣을 수 없는 사항이 없다는 한계부정설과, 헌법에 넣을 수 없는 사항이 있다는 한계긍정설의 대립이 있다.

한계부정설은 시에예스, 칼 슈미트 등 초기의 헌법제정권력 이론가들의 입장으로서, 헌법제정권력은 초월적인 무제한의 권력으로서 그 자체 설명을 요하지 않는 실존적 개념이기 때문에 헌법제정권력에는 어떠한 실체적·절차적 제약도 없다고 주장한다.

통설인 **한계긍정설**은 헌법제정권력의 행사를 통해 헌법을 제정함에 있어서도 실정헌법을 초월하는 일정한 한계를 인정한다. 한계긍정설이 제시하는 그 한계들로는, 첫째, 헌법제정 당시의 국민적 합의의 내용을 존중해야 하므로 제헌 당시의 정치상황을 지배하는 가치(자본주의나 사회주의 이데올로기)에 의한 제약이 따른다는 **이데올로기적 한계**, 둘째, 실정헌법의 전제가 되고 이에 정당성을 부여하는 법원리(정의, 법적 안정성)가 한계가 된다는 **법원리적 한계**, 셋째, 마운즈(Maunz)가 말한 인격불가침의 기본가치와 같은 자연법상의 초(超)국가적인 인권과 같은 **자연법적 한계**, 넷째, 제2차 세계대전 후의 일본과 미국의 관계처럼 패전국의 헌법제정권력의 행사가 승전국의 의사에 영향을 받는 **국제법적 한계**가 있다.

(7) 현행헌법

헌법제정권력에 대한 직접적인 명문규정은 없고, 헌법제정권력이 주권과 유사개념이라고 봤을 때 현행헌법 본문 1조2항 전단이 "대한민국의 주권은 국민에게 있고"라고 규정하여 헌법제정권력의 주체가 국민임을 선언한 간접적 규정을 두고 있다.

II. 헌법의 개정

1. 의의

헌법개정은 '헌법에 규정된 개정절차에 따라(**형식적 요건**), 기존헌법과 기본적 동일성을 유지하면서(**실질적 요건**) 헌법의 특정조항을 수정, 삭제, 추가하는 행위'

로 정의된다. 헌법개정의 정의 속에 헌법개정의 형식적 요건과 실질적 요건이 포함되어 있다.

프랑스의 헌법개정권력이론에 의하면 헌법개정권력도 헌법(핵)에 구속되므로 헌법개정권력은 헌법(개정절차조항)에 의해 제도화된(조직화된 혹은 창설된) 제헌권이며, 이에 따라 입법, 행정, 사법이 활동할 수 있으므로 통치권(입법권+행정권+사법권)보다는 우월한 권력이다.

2. 헌법개정의 불가피성

빈번한 헌법개정도 국가의 법적 안정성을 해치므로 막아야 하지만 헌법을 둘러싼 사회정세는 항상 발전·변동하므로 헌법개정을 전혀 금지하는 것도 문제이며, 헌법개정을 전혀 금지할 경우에 폭력적 방법으로 헌법을 파괴하는 혁명이 올 수도 있다. 즉 헌법개정조항은 '헌법의 계속성'을 유지하면서 사회의 변화를 수용하기 위한 것이다. 따라서 헌법개정은 불가피한 경우에 이루어져야 한다는 '헌법개정의 불가피성'을 가진다.

3. 방식

헌법개정의 방식에는 첫째, 한국, 독일, 일본 등에서와 같이 기존 헌법조항의 수정, 삭제, 삽입 등의 개정형식(revision)이 있고, 둘째, 미국 등에서와 같이 기존의 헌법조항을 그대로 둔 채 개정된 헌법조항을 새로 추가하는 증보형식(amendment)이 있다.

성문헌법국가에서 보충적인 불문헌법인 관습헌법에 대한 개정도 헌법개정이므로 헌법의 하위규범인 법률의 개정에 의해 관습헌법을 개정할 수는 없고 관습헌법에 반하는 내용의 새로운 헌법조항을 헌법에 넣는 것으로 관습헌법에 대한 헌법개정이 이루어진다(헌재 2004. 10. 21. 2004헌마554).

4. 절차

세계 각국은 헌법에 다양한 헌법개정절차들을 규정하고 있다. 첫째, 독일이나 우리나라의 제헌헌법처럼 **'의회의 의결'**만으로 헌법개정을 하는 나라들도 있는데 이 경우 헌법의 개정절차는 일반적으로 법률의 개정절차보다 곤란하게 하는 경성헌법주의를 취한다. 둘째, 우리나라의 1962년 개정헌법부터 현행헌법에 이르기 까지와 같이 헌법개정을 '**국민투표**'로 확정하는 나라들도 있다. 이 때 헌법개정안에 대한 국민투표는 헌법개정의 정당성 문제에 대한 한 가지 대응형태이다. 셋째, 스위스처럼 '**헌법회의**'에서 헌법개정을 하는 나라들도 있다. 넷째, 연방국가들에서는 일정 수에 달하는 '**주(州)의 동의**'를 얻어 헌법개정을 한다. 예를 들어 연방국가인 미국은 4분의 3 이상의 주의회에서 비준되어야 헌법개정이 이루어진다.

5. 헌법개정의 한계: 모든 헌법규정을 개정할 수 있는가?

(1) 학설의 대립

1) 한계부정설

법실증주의자들은 헌법제정권력과 헌법개정권력의 구분을 부인하면서, 기존 헌법과의 '기본적 동일성'을 기준으로 무슨 조항은 개정할 수 있고 무슨 조항은 개정할 수 없다는 것은 주관적이라고 하면서 헌법에 의해 규정된 개정절차를 밟기만 하면(헌법개정의 형식적 합법성에만 착안) 어떠한 조항이나 내용도 개정할 수 있고 심지어 개정금지조항도 그 조항을 개정하면 개정할 수 있다고 본다.

2) 한계긍정설

통설은 헌법제정권력과 헌법개정권력을 구분하면서, **헌법제정권력의 소재**를 변경하거나 제정 시 국민적 합의인 **기본적 가치질서**를 개정할 수는 없다면서 헌법개정에도 한계가 있다고 주장한다. 즉, 헌법규범의 위계질서상 칼 슈미트가 말한 헌법률을 개정할 수는 있지만 헌법(헌법의 기본적 가치질서에 관한 규정)을 개정할 수는 없다. 기존 헌법의 '**기본적 동일성**'을 파괴하면 헌법의 개정이 아니라 새로운 **헌법의 제정**이다.

(2) 한계긍정설이 말하는 헌법개정의 구체적 한계

한계긍정설이 말하는 헌법개정의 구체적 한계는 학자에 따라 조금씩 다르지만 공통적으로 다음을 헌법개정의 구체적 한계로 많이 이야기한다.

첫째, 헌법제정권력까지도 구속하는 초헌법적 사유로서 자연법의 원리, 국제법상의 일반원칙, 이데올로기적 한계, 법원리적 한계이다.

둘째, **국가형태**(공화제, 연방제), **국가의 기본질서**에 관한 헌법조항과 같이 헌법존립의 기초가 되는 기본적 규정이 헌법개정의 한계에 해당한다.

셋째, **시기상 공정한 개정을 기대할 수 없는 시기**의 헌법개정도 헌법개정의 한계에 해당한다. 예를 들어 헌법 77조3항에 따라 "비상계엄이 선포된 때에는 법률이 정하는 바에 의하여 영장제도, 언론·출판·집회·결사의 자유, 정부나 법원의 권한에 관하여 특별한 조치를 할 수 있"으므로 계엄하(우리 1952년 제1차, 1962년 제5차, 1972년 제7차, 1980년 제8차 헌법개정)에서의 헌법개정이 이에 해당한다. 또한 외국 군대의 점령 하에서의 헌법개정이나 헌법규정에서 개정의 빈도를 제한하는 것도 이에 해당한다.

넷째, 헌법상 개정금지조항의 개정도 헌법제정권자의 의사를 존중한다는 측면에서 금지된다. 예를 들어 "연방을 각 주(州)로 분할하여 편성하는 것, 입법에 있어서 연방주들의 원칙적인 협력 또는 제1조(인간존엄의 보호 등)와 제21조(민주적·사회적 연방국가성)에 규정된 원칙들에 저촉되는 기본법 개정은 허용되지 않는다."고 규정한 과거 **서독기본법 79조3항**이나 1954년 우리나라 제2차 개정헌법에서 신설되었다가 1962년의 제5차 개정헌법에서 폐지된 **1954년 제2차 개정헌법 98조6항**의 "제1조(민주공화국), 제2조(국민주권주의)와 제7조의1(주권의 제약 또는 영토의 변경을 가져올 국가안위에 관한 중대사항)의 규정은 개폐할 수 없다."가 개정금지조항에 해당한다. 그런데 현행헌법 70조의 대통령 임기조항은 "대통령의 임기는 5년으로 하며, 중임할 수 없다"고 하면서 128조2항은 "대통령의 임기연장 또는 중임변경을 위한 헌법개정은 그 헌법개정 제안 당시의 대통령에 대하여는 효력이 없다"고 규정하고 있는데, 이 헌법 128조2항은 개정금지조항이 아니라 **헌법개정효력의 적용대상 제한조항**에 해당한다.

다섯째, 헌법개정절차조항의 개정도 **헌법의 보장을 위태롭게 하므로** 금지된다. 다만 통설에 의할 경우 연성헌법을 경성헌법으로 개정하는 것은 가능하다.

(3) 헌법개정의 한계를 무시한 헌법개정의 효력

헌법개정의 한계를 무시한 헌법개정은 **법적으로 무효**이며, 정치적으로는 혁명에 해당한다. 헌법개정의 한계를 무시해서 무효인 헌법규범이 사실상 적용되는 사태가 발생하는 경우에는 국민들에 의한 저항권 행사의 문제가 발생한다.

6. 우리 헌법의 개정절차

현행헌법 10장은 '헌법개정'이라는 제목하에 128조부터 130조의 세 개 조항으로 이루어져 있는데, 이 조항들이 현행헌법상의 헌법개정절차조항들이다.

(1) 제안

국회의원 재적 과반수 또는 대통령의 발의로 헌법개정안이 제안된다(헌법 128조1항). 대통령이 발의할 경우에는 반드시 사전에 국무회의의 심의를 거쳐야 한다(헌법 89조3호)

(2) 공고

제안된 헌법개정안은 대통령이 20일 이상 이를 공고하여야 한다(헌법 129조). 국민에게 헌법개정안의 내용에 대해 주지(周知)하는 기간이다.

(3) 국회 의결

국회는 헌법개정안이 공고된 날로부터 60일 이내에 이를 의결하여야 하며, 이때 국회 의결정족수는 국회 재적의원 3분의 2 이상의 찬성이다(헌법 130조1항). 헌법개정안에 대한 국회 의결은 **기명투표**로 이루어진다. 국회 의결단계에서 제안된 헌법개정안의 내용을 수정하여 의결하는 **수정의결은 불가**하다. 수정의결은 공고되지 않은 헌법개정안을 의결하는 하는 것이 되기 때문이다.

(4) 국민투표에 의한 확정

국회 의결 후 30일 이내에 국민투표에 부쳐 국회의원 선거권자 과반수 투표와 투표자 과반수 찬성을 얻으면 그 헌법개정은 **'확정'**되며, 대통령은 이를 즉시 공포하여야 한다(헌법 130조 2항 및 3항). 국민투표의 효력에 관해 이의가 있는 경우 **투표인 10만 명 이상**의 찬성으로 **중앙선관위원장을 피고**로 **투표일 20일 이내**에 **대법원에 제소**할 수 있다(국민투표법 92조[83]). 헌법개정안의 발효시점에 대해서는 보통

83 국민투표법 제92조(국민투표무효의 소송) 국민투표의 효력에 관하여 이의가 있는 투표인은 투표인 10만인 이상의 찬성을 얻어 중앙선거관리위원회위원장을 피고로 하여 투표일로부터 20일 이내에 대법원에 제소할 수 있다.

부칙에서 정하지만, 발효시점에 대한 **부칙규정이 없으면 공포 시**가 발효시점이 된다.

7. 헌법개정과 구별되는 인접개념들

칼 슈미트는 헌법개정과 구별되는 인접개념으로 헌법의 파괴, 폐제, 침해, 정지를 들고 이를 '헌법의 변동'이라 칭하였다.

(1) 헌법의 파괴(폐기, Verfassungsvernichtung)

기존 헌법전을 소멸시키고 헌법제정권력도 바뀌는 혁명(수직적 정치권력의 교체)을 말한다. 예를 들어, 프랑스 혁명으로 새로운 헌법이 제정되고 헌법제정권력도 왕에서 국민으로 바뀐 것은 '헌법의 파괴'에 해당한다.

(2) 헌법의 폐제(폐지, Verfassungsbeseitigung)

기존 헌법전을 소멸시키고 헌법제정권력이 바뀌지 않고 정권담당자만 교체되는 쿠데타(권력층 자체 내에서의 수평적 정치권력의 교체)를 말한다. 예를 들어, 1979년 12.12 군사쿠데타로 헌법이 개정되면서 정권담당자는 신군부로 바뀌었으나 헌법제정권력은 여전히 국민에게 남아 있었던 것은 '헌법의 폐제'에 해당한다.

(3) 헌법의 침해(침훼, Verfassungsdurchbrechung)

위헌임을 알면서 의도적으로 헌법의 어떤 조항과 다른 명령의 발포나 공권력의 행사가 있는 경우를 말한다. 헌법의 침해가 있어도 당해 헌법조항의 효력은 계속 유지된다.

(4) 헌법의 정지(Verfassungssuspension)

특정 헌법조항의 효력을 일시적으로 정지시키는 것을 말한다. 이에는 유신헌법 제53조에 따라 특정 헌법조항의 효력을 잠정적으로 정지시킨 경우와 같은 '합헌적 헌법정지'와 1980년 국가보위비상대책위원회의 5.17조치에 의한 헌법정지와 같은 '위헌적 헌법정지'가 있다.

III. 대한민국 헌법의 제정 및 개정의 역사

1. 제헌헌법

(1) 제헌헌법의 제정과정

1910년 한일합병조약으로 일제에 주권을 침탈당한 후 1919년 거족적인 3.1기미독립운동 직후 상하이에 대한민국임시정부가 구성되고, 같은 해 4월 11일에 대한민국임시헌장이 제정되어 우리 민족 반만년 역사상 최초의 민주공화국 헌법이 채택되었다. 대한민국 임시정부 헌법은 그 후 1944년 4월 22일의 대한민국임시헌장까지 5차례 개정되었다.

일본과 미국과의 제2차 세계대전에서 1945년 8월 1일에 일본 천황의 무조건적 항복선언으로 일본이 패망하게 되었고, 우리는 드디어 일제로부터 해방을 맞이하게 되었다. 이후 3년 만인 1948년에 미군정 하에서 헌정사상 최초의 국회의원 선거인 5.10총선거가 38선 남쪽의 남한지역에 한해 실시되었다. 비록 이 5.10선거는 '단독선거·단독정부 반대'라는 명분으로 남북협상에 참가한 상해 임시정부계의 김구·김규식 등 민족진영 일부에 의해 거부되고 박헌영이 이끄는 좌익계열에 의한 방해공작이 있었지만 비교적 순조롭게 진행되어 초대 국회를 구성하였다.

초대 국회는 제헌권자인 국민이 국회에 헌법제정권력을 위임하고 제헌권을 행사하여 헌법을 제정하는 '제헌의회'와 통상의 의회 기능을 수행하는 '통상국회'로서의 이중적 성격을 가졌다. 제헌의회로서의 초대 국회는 헌법기초위원회를 통해 헌법제정 작업에 착수하였다. 헌법기초위원회는 유진오의 헌법초안을 원안으로 하고 권승열의 초안을 참고안으로 토론을 진행하였는데, 둘 다 정부형태로서 의원내각제, 국회의 양원제, 위헌법률심사권은 대법원에 부여하는 내용이었다. 그리고 이것은 당시 제1 야당이었던 한국민주당이 원하는 바이기도 했다. 그러나 대통령이 될 야욕에 사로잡혀 있던 이승만 당시 국회의장은 정부형태로서 대통령제, 국회의 단원제, 위헌법률심사권은 헌법위원회에 부여하는 것을 원했고, 국회 본회의 단계에서 미군정을 등에 업은 이승만과 한국민주당의 타협이 이루어져 대통령제, 단원제 국회, 헌법위원회의 위헌법률심사제가 제헌헌법에 규정되었고, 한국민주당은 의원내각제의 요소인 국무원제와 국무총리제를 최대한 반영하는 데 만족해야

했다.

이 초대헌법인 제헌헌법이 1948년 7월 17일에 공포되었고, 이 제헌헌법에 의거하여 대통령과 부통령이 국회에서 간선되었으며, 1948년 8월 15일에 역사적인 대한민국 정부수립 선포식이 거행되었다.

(2) 제헌헌법의 내용(전문, 10장, 103조)

이 제헌헌법은 헌법 전문(前文)·10장·103조로 구성되었다. 전문에서는 "기미삼일운동으로 대한민국을 건립하여 세계에 선포한 위대한 독립정신을 계승하여 이제 **민주독립국가를 재건**함에 있어서"라고 규정하여 광복 후에 수립된 대한민국정부가 대한민국임시정부의 독립정신을 계승한 **후속국가**임을 분명히 하였다.

'제1장.총강'에서는 국가형태로서의 민주공화국, 국민주권원리나 국제평화주의 등 우리 헌법의 기본원리, 대한민국의 영토 등이 규정되었다. '제2장.국민의 권리·의무'에서는 여러 기본권들이 규정되었는데, 노동삼권, 생활무능력자의 보호, 가족의 건강보호 등 사회적 기본권도 규정되었고 특히 '사(私)기업에 있어서 근로자의 이익분배균점권'이라는 강한 사회국가적 경향을 띠는 사회적 기본권들도 제헌헌법에 등장하였다.

'제3장.국회'에서는 단원제 국회가 규정되었고, 국회의 탄핵소추권을 보장하면서 국회가 소추한 탄핵사건을 심판하기 위해 법률로 탄핵재판소를 설치하게 하였는데 탄핵재판소는 부통령이 재판장이고 대법관 5인과 국회의원 5인이 심판관이 되게 했으며 탄핵결정은 심판관 2/3 이상의 찬성을 요했다. '제4장.정부'에서는 대통령·부통령의 국회에서의 간선이 규정되었으며 대통령·부통령의 임기는 4년에 1차에 한해 중임이 가능하였다. 대통령은 법률안거부권뿐만이 아니라 의원내각제 국가에서나 가능한 법률안제출권도 가졌으며 비상시 국가긴급권으로서 계엄선포권과 긴급명령권도 가졌다. 대통령의 권한에 속하는 국가 중요정책을 의결하는 기구로 대통령, 국무총리, 국무위원들로 구성되는 국무원(지금의 국무회의의 전신)을 두었는데, 국무총리는 대통령이 임명하되 국회의 승인을 얻도록 했다. '제5장.법원'에서 법원은 10년 임기로 연임 가능한 법관들로 구성되게 하였고 대법원장은 대통령이 임명하되 국회의 승인을 얻도록 했다. 법원이 제청한 위헌법률심판을 위해 헌법위원회를 두었는데 부통령을 위원장으로 하여 대법관 5인과 국회의원 5인으로 헌법위원회를 구성하였으며 헌법위원회의 위헌결정을 위해서는 위원 3분의 2 이상의 찬성을 요했다.

'제6장.경제'는 사회화의 경향이 농후한 경제질서를 규정했는데, '자연자원의 원칙적인 국유화'와 '경자유전(耕者有田)의 원칙에 입각한 농지개혁' 규정에서[84] 보듯 통제경제 내지 계획경제를 주축으로 하였다. '제7장.재정'에서는 조세법률주의와 일년예산주의 등이 규정되었고, '제8장.지방자치'에서는 지방자치단체의 조직과 운영 및 사무 범위에 대해 법률로 규정할 수 있게 하였다. 끝으로 '제9장.헌법개정'에서는 헌법개정안에 대해 국회에서 재적의원 3분의 2 이상의 찬성으로 의결하면 대통령이 이를 즉시 공포하게 하였다. 즉, 제헌헌법의 개헌절차에는 국회 의결만 있었을 뿐, 국민투표가 없었다. 헌법개정이 국회의 의결(재적의원 2/3 이상의 찬성)만으로 가능했던 것이다.

2. 1차 개정헌법(1952. 7. 7. 발췌개헌)

(1) 개정과정

이승만 대통령의 권력 전횡이 심하다고 판단한 제1 야당인 한국민주당은 1950년 1월 28일에 의원내각제 개헌안을 국회에 제출하였으나 재적의원 3분의 2 이상의 찬성을 얻지 못해 부결되었다. 1950년 5월 30일에 실시된 제2대 국회의원 선거의 결과 제2대 국회에서 자신에 대한 지지세가 미약함을 인지한 이승만 대통령은 1951년 11월 30일에 정·부통령 국민직선제 및 국회 양원제의 개헌안을 국회에 제출하였으나 이 또한 국회에서 부결되었다.

84 제헌헌법의 농지개혁규정에 근거해 농지개혁을 이끈 초대 농림부 장관 조봉암은 6.25전쟁 후 1956년 5월에 치러진 제3대 대통령 선거에 진보당 후보로 나서서 216만여 표를 얻어 500만여 표를 얻은 이승만에 이어 2위를 차지하였는데, 관권·금권이 총동원된 부정선거에서 조봉암이 얻은 이러한 성과는 이승만을 긴장시켰고, 결국 이승만 정권은 조봉암에게 간첩죄 등의 누명을 씌워 그를 법정에 세웠다. 1958년 7월의 1심 판결은 조봉암에게 간첩죄를 인정하지 않았고, 단지 불법 무기 소지 등을 근거로 5년형을 선고했다. 그러자 이 1심 판결에 놀란 이승만 정권은 적극적으로 재판에 개입하기 시작했고, 2심과 3심이 이승만 정권에 가까웠던 법관들에게 배정되어 권력의 시녀가 된 사법부가 사형선고를 통해 1959년 7월 31일에 사형이 집행되는 '사법(司法)살인'을 저질렀다.

그 후 1952년 4월 17일에 한국민주당이 의원내각제 개헌안을 다시 제출하였고, 약 한 달 후인 5월 14일에 이승만 정부도 이미 부결된 바 있는 정·부통령 국민직선제 및 국회 양원제 개헌안을 국회에 다시 제출하여 당시 헌법이 규정한 개헌절차에 따라 두 개헌안이 비슷한 시기에 각각 공고되었다. 국회는 1952년 7월 4일에 이승만 정부 측의 대통령직선제 개헌안과 한국민주당 측의 국무원불신임개헌안이 절충된 발췌개헌안을 국회 본회의에 상정하였다. 당시는 6.25전쟁으로 정부가 부산으로 옮긴 부산 피난정부 시절이었고, 이승만 정부는 '부산정치파동'을[85] 일으키며 비상계엄이 선포되고 국회가 친정권 청년단체들로 완전히 포위된 상태에서 개헌안에 대한 국회의원들의 자유로운 토론도 없이 기립투표로 이 개헌안을 통과시켰다.

이 제1차 개헌은 두 가지 문제점을 가진다. 첫째, 이승만 정부의 개헌안과 야당 개헌안이 각각 공고된 가운데 국회 심의·의결단계에서 두 개헌안을 발췌·절충해 만들어진 개헌안을 다시 공고절차를 거치지 않고 의결한 것이므로 헌법개정절차의 하나인 공고절차를 위반한 위헌적 헌법개정이다. 둘째, 헌법개정안에 대한 국회 심의·의결단계에서 개헌안에 대한 국회의원들의 토론의 자유 보장이 안 되고 의결이 강제되었다는 점에서 적법절차원칙에 위배되는 위헌적인 헌법개정이다.

(2) 내용

1952년의 제1차 개정헌법의 주요내용은 첫째, 정·부통령의 직선제이다. 당시 이승만 대통령이 국회에서 인기를 잃고 한국민주당의 의석수가 많아지고 있었던 정치적 상황을 타개하기 위한 것이었다. 둘째, 국회 양원제를 도입하였다. 그러나 헌법에서 규정한 참의원(상원의원) 선거는 실시되지 않았다. 셋째, 국회의 국무원 불신임제가 신설되었다. 국무총리와 국무위원은 국회에 대하여 국무원의 권한에 속하는 일반국무에 대해서는 연대책임을 지고 각자의 행위에 대해서는 개별책임을 지도록 헌법에 규정하였다.

85 야당 국회의원 50명을 태운 국회 통근버스를 헌병대로 연행하면서 국회의원 10명이 국제공산당에 연루되었다는 혐의를 씌워 체포한 사건이다.

3. 2차 개정헌법(1954. 11. 27. 사사오입 개헌)

(1) 개정과정

1954년 5월의 민의원 선거에서 자유당이 압승을 거두었고, 이에 고무된 자유당은 초대 대통령에 한한 중임제한 철폐를 내용으로 하는 제5차 개헌안을 1954년 9월 8일에 국회에 제출하였다. 당시 헌법에 의하면 개헌안이 국회 의결을 통과하려면 국회 재적의원 3분의 2 이상의 찬성이 있어야 해서 136표가 나와야 하는데 135표가 나와 한 표 차로 부결이 선언되었다. 그러나 자유당은 그 다음 날 자유당 의원들만 참석한 가운데 사사오입(반올림)이라는 수학상의 원리를 적용해 총 203명 재적의원의 3분의 2는 135.33이어서 사사오입을 적용할 경우 필요한 정족수가 135라 주장하며 전 날의 부결선언을 취소하고 가결을 선포하였다. 이것은 명백히 절차상의 하자를 띤다. 왜냐하면 소수자 보호와 현상존중의 원칙 때문에 국회에서의 표결이 가부동수일 경우 부결로 간주되기 때문이다.

따라서 1954년의 제2차 개헌은 첫째, 국회 의결정족수에 미달했고, 둘째, 초대 대통령에 한해 중임 제한을 철폐하는 것은 평등원칙에 위배된다는 문제점을 가진다.

(2) 내용

부칙을 통해 초대 대통령에 한하여 중임 제한을 철폐하였고, 대통령 궐위 시 부통령의 대통령직 승계를 규정하였다. '국무총리제의 폐지'와 '국무위원에 대한 개별적 불신임제의 실시'로 의원내각제적 요소가 후퇴하였다.

중요 공공기업의 국공유화 규정을 삭제하고 천연자원의 국유화에서 법률에 의한 특허로 바꾸는 등 경제질서가 자유시장 경제체제로의 전환되었다. 헌법개정안에 대한 국민발안을 신설하여 민의원선거권자 50만인 이상이면 헌법개정 제안이 가능하도록 하였다.

4. 3차 개정헌법(1960. 6. 15. 제2공화국의 성립)

(1) 개정과정

1956년 대선에서는 민주당 후보였던 신익희 후보가, 1960년 대선에서는 민주당 후보였던 조병옥 후보가 선거기간 중 급사하여 이승만은 큰 어려움 없이 대통령에 당선될 수 있었으나, 부통령 선거에서 자유당 후보인 이기붕보다 민주당 후보인 장면이 앞서자, 1960년 3월 15일의 정·부통령 선거에서 3.15 부정선거가 자행되었다. 전국적인 부정선거 규탄이 이어지는 가운데 학생들의 총궐기에 정부가 무차별 발포와 비상계엄 선포로 맞선 4.19 의거가 일어났고, 4월 26일에 이승만 대통령이 하야하고 허정 과도정부 하에 6월 15일에 제6차 개헌안이 국회를 통과하게 되었다. 그리고 이 제3차 개헌은 우리 헌정사상 최초로 합헌적 개정절차에 의해 진행되었다.

(2) 내용

정부형태로 순수의원내각제가 채택되었고, 법률의 위헌여부심사, 헌법에 관한 최종적 해석, 국가기관간의 권한쟁의, 정당의 해산, 탄핵재판, 대통령, 대법원장과 대법관의 선거에 관한 소송을 관장하는 헌법재판소제도가 도입되었다. 대법원장과 대법관의 선거제, 지방자치단체장의 직선제, 중앙선거관리위원회의 헌법기관화, 정당조항의 신설이 있었다.

기본권 조항도 강화되어 기본권의 본질적 내용 침해금지 조항이 신설되고, 언론·출판의 자유에 있어 검열제나 허가제 금지가 헌법에 명문화되었다.

5. 4차 개정헌법(1960. 11. 29. 부칙 개정)

(1) 과정

개정헌법에 의해 1960년 7월 29일에 민의원과 참의원 선거가 실시되었고, 8월 2일에 양원합동회의에서 윤보선이 대통령으로 선출되고 8월 19일에는 장면이 국무총리로 인준되어 제2공화국 정부가 출범하였다. 4월혁명 정신의 계승을 주장하는 학생들을 중심으로 반민주행위자 처벌을 위한 특별법 제정의 목소리가 높았고, 학생들이 국회의사당을 점거하는 사태까지 발생하였다. 이에 3.15 부정선거의 원흉과 이에 항거한 자들을 살상한 자들에 대한 처벌의 헌법적 근거 마련 위한 헌법 개정안이 11월 29일에 국회를 통과하였다.

(2) 내용

위의 자들을 처벌할 특별법 제정 근거로, 헌법 부칙에 부정선거관련자, 반민주행위자, 부정축재자들을 처벌할 특별법 제정의 근거가 마련되어 이와 관련하여 소급입법 제정이 가능하게 되었다. 그리고 이들의 처벌을 위한 특별재판소와 특별검찰부 설립도 부칙에 규정되었다.

(3) 문제점

소급입법에 의해 참정권과 재산권을 제한을 가능하게 했다는 점은 헌법상의 기본원리에 위배되는 것으로서 문제이다.

6. 5차 개정헌법(1962. 12. 26. 제3공화국의 성립)

(1) 과정

1961년 5월 16일에 박정희 장군 등 무장군인들이 군사쿠데타를 일으키고, 국가재건비상조치법을 제정하여, 제2공화국 헌법은 이 비상조치법에 위배되지 않는 범위 내에서만 효력을 가지게 했다. 국회를 해산하고 국가재건최고회의를 구성하여 이 기관이 입법부와 집행부의 역할을 하게 하였다. 민정 이양에 따라 비상조치법을 개정하는 방식의 개헌을 추진하면서 1962년 12월 6일에 국가재건최고회의의 의결을 거친 헌법개정안을 12월 17일 국민투표로 확정하였다. 개헌절차에 국민투표가 추가된 것이다. 이것이 제3공화국 헌법이다.

(2) 내용

정부형태는 대통령제로 복귀하였고, 단원제 국회를 채택하였다. 위헌법률심사권을 대법원에 주었고, 탄핵은 탄핵심판위원회가 관장하였는데, 탄핵심판위원회는 대법원장을 위원장으로 하고 대법원판사 3인과 국회의원 5인의 위원으로 구성했으며, 대법원장을 심판할 경우에는 국회의장이 위원장이 되게 했고, 탄핵결정에는 구성원 6인 이상의 찬성을 요했다. 극단적인 정당국가화 경향을 추구하여, 정당추천이 없으면 대통령이나 국회의원으로 출마할 수 없었고 당적을 변경하면 의원직을 상실하게 하였다.

기본권조항에서는 인간의 존엄권조항이 신설되었다.

7. 6차 개정헌법(1969. 10. 21. 三選개헌)

(1) 과정

박정희 정권도 서서히 독재화하기 시작하였다. 1969년 8월 7일에 당시 여당이었던 민주공화당 소속 국회의원 122명이 대통령의 계속 재임을 3기로 연장하는 개헌안을 제출하여 국민투표를 거쳐 확정되고 10월 21일에 공포되었다.

(2) 내용

1회만 중임 가능하던 대통령 임기를 3기 계속 재임 가능으로 연장하였고, 대통령에 대한 탄핵소추의 정족수를 국무총리 등 다른 고위공직자보다 가중하였다.

(3) 문제점

박정희 대통령이 3기 계속 재임을 할 수 있게 되어 박정권의 장기집권의 계기를 만들어 준 개헌이었다.

8. 7차 개정헌법(1972. 12. 27. 제4공화국의 성립)

(1) 개정과정

1971년 대통령선거에서 3선에 성공한 박정희 대통령은 국가보위에 관한 특별조치법 제정하고, 1972년에 이에 의거해 10.17 비상조치를 발하여 국회를 해산하고 정당의 정치활동을 중단시키는 '10월유신'을 단행하였다. 이는 헌법 일부조항의 효력을 정지시킨 '헌법의 정지'에 해당하는 것이었다. 국회의 권한을 대신하는 비상국무회의에서 소위 '유신헌법'개헌안이 통과되어 1972년 11월 21일에 국민투표에 부쳐져 국민 유권자 91.9% 투표에 투표자 중 91.5% 찬성으로 유신헌법이 확정되었다. 이것이 제4공화국 헌법이다.

(2) 내용(전문, 126조, 부칙)

통일주체국민회의가 대통령을 선출하였고, 대통령의 일괄 추천을 받아 국회의원 3분의 1을 선출하였다. 대통령의 임기는 6년이었고, 연임이나 중임 제한 규정이 없어 장기집권의 길이 열렸다. 대통령은 긴급조치권, 국회해산권, 국회의원 정수 3분의 1의 통일주체국민회의에의 일괄 추천권을 가졌다. 대통령이 일반 법관의 임명권까지 가졌는데, 이것은 입헌주의 국가 헌법의 기본원리인 삼권분립원리를 부인하는 것이었다. 헌법개정이 이원화 되었는데, 국회가 제안한 개헌안은 통일주체국민회의의 의결로 확정하고, 대통령이 제안한 개헌안은 국민투표로 확정하게 하였다.

국회 국정감사권이 삭제되는 등 국회 권한이 대폭 축소되었다. 헌법위원회를 부활시켜 헌법재판권을 부여하였다. 지방의회의 구성을 통일 이후로 연기하여 지방자치를 유명무실하게 하였다.

각종 기본권도 제한 내지 축소되었다. 신체의 자유와 관련하여 구속적부심사제도를 폐지하였고, 임의성 없는 자백의 증거능력 부인조항도 삭제하였다. 군인·군무원 등의 이중배상청구를 금지하여 대법원에 의해 평등권 침해로 최초의 위헌판결을 받아 무효화되었던 국가배상법 2조1항 단서를 위헌심사의 대상이 되지 못하도록 헌법에 규정하였다.

9. 8차 개정헌법(1980. 10. 27. 제5공화국의 성립)

(1) 개정과정

1979년 10.26으로 중앙정보부장이 대통령을 시해함으로써 유신정권은 비극적인 종말을 맞았다. 전두환 보안사령관 등 신군부 세력들이 정승화 당시 계엄사령관을 불법 체포하는 12.12 군사쿠데타가 발발하였고 이들은 1980년 5.18민주화운동을 무자비하게 무장진압하였다. 신군부는 1980년 5월 17일에 비상계엄을 전국적으로 확대하고 이를 계기로 국회를 해산하고 정당활동을 금지하였으며 국회의 기능을 대신하는 국가보위입법회의를 설치하였다. 1980년 8월 16일에 최규화 대통령이 대통령직에서 사임한 후 8월 27일에 전두환이 통일주체국민회의에서 대통령으로 선출되었고, 이러한 혼란 속에 1980년 10월 22일에 제8차 헌법개정을 확정지었다. 이것이 제5공화국 헌법이다.

(2) 내용(전문, 131조, 부칙 10조)

대통령 선출방식으로는 통일주체국민회의를 대신해 대통령선거인단에 의한 간선제를 규정하였고, 7년 단임의 임기를 규정하였다. 대통령의 긴급조치권이 비상조치권으로 바뀌고 남용 방지책을 두는 등 대통령의 권한은 다소 축소되었다. 국회의 권한으로 국정조사권이 신설되었고, 일반법관의 임명권을 다시 대법원장이 갖게 되었다.

헌법 "제9장. 경제"를 통해 소비자 보호, 국가표준제도를 신설하여 경제질서에 대한 공법적 규제를 확대하였다. 헌법개정절차는 다시 원래대로 일원화되었다. '제1장. 총강'에서 전통문화의 창달조항, 정당에 대한 국고보조금 지급조항이 신설되었다.

기본권조항은 강화되었다. 유신헌법에서 삭제되었던 구속적부심사제가 부활되었고, 행복추구권, 형사피고인의 무죄추정권, 연좌제 금지, 사생활의 비밀과 자유, 근로자의 적정임금보장, 환경권 조항이 신설되었다.

10. 9차 개정헌법(1987. 10. 29. 제6공화국의 성립)

(1) 개정과정

전두환 정부는 군사정권의 틀을 벗어나지 못하고 대통령 직선제 개헌을 요구하는 국민들에 대해 '호헌'을 주장하여 1987년 6.10 민주화 항쟁을 초래하였다. 그러자 당시 여당인 민주정의당의 대통령 후보였던 노태우 후보는 6.29선언을 통해 대통령직선제 개헌이라는 국민의 뜻을 받아들였다. 이후에 여야 8인 정치회담을 통해 헌정사상 최초로 여야 간 합의에 의해 개헌안 초안이 마련되었고, 국회 의결을 거쳐 1987년 10월 27일에 국민투표에서 확정되었다. 이것이 제6공화국 헌법이며 현행헌법이다.

(2) 내용(전문, 본문 10장, 130조, 부칙 6조)

대통령의 임기는 5년 단임제이고 대통령의 국회해산권이 삭제되고 비상조치권을 긴급명령권 등으로 변경하는 등 대통령의 권한이 전반적으로 축소되었다. 1972년의 유신헌법에서 삭제되었던 국회의 국정감사권 부활이 부활하는 등 국회의 권한은 상대적으로 강화되었으나, 대통령에 대해 법적 구속력이 있는 국무총리·국무위원에 대한 '해임요구제'가 법적 구속력이 결여된 '해임건의제'로 바뀐 점은 국회의 부분적 권한 축소에 해당한다. 헌법재판소를 설치하여 헌법재판을 통한 국민기본권 보장 강화를 이끌어 내었다.

기본권에서는 신체의 자유에서 적법절차조항과 미란다조항이 신설되었고, 재판청구권에서는 형사피해자의 재판절차진술권이 신설되었으며, 사회권에서는 최저임금보장과 쾌적한 주거생활권이 신설되었다.

11. 대한민국 헌법개정사의 특징

프랑스에서는 공화정이 중단되었다가 부활할 때마다 '제 몇 공화국'이라는 명칭을 붙인다. 프랑스식 공화국 기준을 적용하면 우리는 1948년 제헌헌법 이래로 공화정이 왕정 등에 의해 중단된 적이 없기 때문에 1948년 이후의 우리 헌정사 전체가 '제1공화국'에 해당할 수 있을 것이다. 그러나 우리는 헌법에 대한 전면적인 큰 폭의 개정이 있고 정권이 바뀐 경우를 기준으로 공화국 구분을 하여 현재까지 이승만 정권의 제1공화국부터 1987년 개정헌법 이래로 제6공화국까지 6개의 공화국이 존재하는 것으로 본다.

우리 헌정사에 나타나는 특징으로는 첫째, 1948년 제헌헌법부터 1987년 현행 제9차 개정헌법까지 39년 동안 10개의 헌법이 존재해 현행헌법 이전까지는 하나의 헌법이 평균 3.9년으로 단명하는 등 헌법개정의 빈도가 잦았다는 점, 둘째, 헌법개정의 주된 내용이 정부형태를 대통령제로 할 것이냐 의원내각제로 할 것이냐에 대한 정부형태 논의에 집중된다든가, 대통령제로 했을 경우 대통령의 임기나 선출방식을 어떻게 할 것이냐에 집중되는 등 국민보다는 주로 권력자나 정치인들의 관심사에 집중되어 왔다는 점, 셋째, 1972년 유신헌법으로의 개헌이나 1980년 제5공화국 헌법으로의 개헌과정에서 볼 수 있는 바와 같이 개헌 전후에 계엄선포나 긴급조치 발포와 같은 비상사태를 선포한 상태에서 개헌을 함으로써 헌법개정의 한계를 벗어난 개헌이 적지 않았다는 점, 넷째, 1960년 11월의 제4차 개정헌법에서와 같이 헌법 부칙에 기성정치인의 정치활동을 제한하거나 부정축재 환수를 위한 소급입법의 근거를 규정하여 '소급입법금지'라는 입헌주의 헌법질서의 일반원리를 저해하는 헌법개정이 이루어지기도 했다는 점을 들 수 있다.

제2장 헌법의 변천

I. 의의

헌법의 변천이란 '헌법개정에 의하지 않고 당해 헌법조항은 그대로 있으면서 입법·행정 또는 사법작용의 반복이나 헌법적 관습에 의해 헌법조항의 의미·내용이 암묵적으로 변화하는 것'이라고 정의 내릴 수 있다. 특히 경성헌법을 채택한 나라에서 헌법에 대한 탄력성을 부여하기 위해 필요했다. 헌법의 개정절차가 법률의 개정절차와 같은 연성헌법국가에서는 헌법개정으로 쉽사리 사회적 여건 변화에 부응할 수 있기 때문이다.

II. 법적 평가: 헌법변천을 헌법규범의 변경으로 승인할 것인가?

1. 부정설

헌법에 배치되는 국가행위는 아무리 반복되어 관행으로 자리 잡았다고 하더라도 헌법개정절차에 의하지 않고는 헌법의 법원(法源)이 될 수 없다고 주장한다.

2. 긍정설

헌법의 법원에는 불문헌법도 포함되므로 기존의 헌법조항에 배치되는 헌법적 관행이 계속되어 국민들의 법적 확신을 얻게 되면 이를 헌법규범으로 인정하여야 한다고 본다.

3. 제한적 긍정설(다수설)

기존의 성문헌법 조항에 공백이 있어서 이를 메우거나, 사회변화에 헌법이 적응하기 위해 헌법의 의미를 보완하는 수준의 헌법변천만 인정될 수 있다고 주장한다. 학설의 다수설이다. 헌법재판소도 이 '제한적 긍정설'의 입장에 가깝다. 헌법재판소는 신행정수도건설특별법 위헌 결정(2004헌마554)에서 "형식적 헌법전에는 기재되지 않은 사항이라도 이를 불문헌법 내지 관습헌법으로 인정할 소지가 있다."

고 판시함으로써 성문헌법 조항에 공백이 있는 경우 이 공백을 관습헌법을 통해 메우는 헌법변천을 인정한 바 있기 때문이다.

4. 정리

법률 개정절차보다 더 까다로운 헌법개정의 절차를 미리 성문헌법에서 규정하고 있는 경성헌법국가에서 헌법변천을 함부로 인정하게 되면 위헌행위를 합리화할 구실을 마련해 줄 위험이 있다. 따라서, 헌법변천을 인정하는 데에는 신중해야 한다. 다만, '제한적 긍정설'에서 주장하는 바와 같이 기존의 성문헌법 조항에 공백이 있어서 이를 메우거나, 사회변화에 헌법이 적응하게 하기 위해 헌법의 의미를 보완하는 수준의 '헌법보충적 헌법변천'을 인정하는 것은 성문헌법주의의 경직성을 완화하기 위해 필요하다고 본다.

III. 요건

헌법변천이 인정되기 위해서는 두 가지 요건이 충족되어야 한다. 첫째, '**물적 요건**'으로서 기존의 헌법조항에 배치되는 상당기간 동안 반복되는 일정한 헌법적 관례가 존재해야 하고, 둘째, '**심리적 요건**'으로서 이에 대한 국민적 승인이 있어야 한다.

IV. 유형

헌법변천의 유형에는 첫째, 헌법조항의 내용부연, 흠결보완을 위한 사법부, 행정부, 입법부 등 '국가기관들의 유권해석'에 의한 헌법변천, 둘째, 국가기관이 사회변화에 순응하기 위해 행하는 '헌법적 관행'에 의한 헌법변천, 셋째, 헌법조항의 흠결 보완을 위해 행해지는 '헌법의 결함을 보충'하기 위한 헌법변천, 넷째, 국가기관이 권한행사를 하지 않는 데 따르는 '국권의 불행사'에 따른 헌법변천이 있다.

헌법변천을 그 행태를 기준으로 봤을 때, 첫째, 헌법해석에 의한 헌법변천이다. 각 국가기관이 헌법을 적용하기 위해서는 각 국가기관의 헌법해석이 선행되어야 하는데, 이러한 헌법해석은 의회의 경우에는 입법, 정부의 경우에는 명령·처분, 법원의 경우에는 판결로 나타나며 이들 각 국가기관의 헌법해석이 변경되면 헌법변천이 일어난다. 예를 들어 미국의 민권법(Civil Rights Act)은 헌법의 기본권 조항들에 대한 미국 연방의회의 새로운 헌법해석이라 할 수 있고 이를 통해 헌법변천이 일어났다.

둘째, 헌법관행에 의한 헌법변천이다. 의회나 행정부가 사회변화에 적응하거나 헌법의 흠결을 보완하기 위해 일정한 헌법관행을 만들어냄으로써 헌법변천이 이루어진다.

셋째, 헌법판례에 의한 헌법변천이다. 헌법재판소나 대법원은 최종적인 헌법해석권자이다. 따라서 헌법판례에 의한 헌법변천은 가장 중요하고 최종적인 헌법변천의 유형이다. 판례의 법원성을 인정하는 영미법계국가에서 특히 이 유형의 헌법변천이 중요하다.

V. 헌법변천의 예

일본헌법의 9조(평화조항)는 "육·해·공군 등 전력을 보유하지 않는다."고 규정하고 있으나 일본은 군대에 해당하는 자위대를 보유하고 있다. 미국도 헌법조항에서는 연방대법원의 위헌법률심사권을 규정하고 있지 않으나, 미국 연방대법원은 1803년 Marbury v. Madison) 판결에서 세계 최초로 위헌법률심사를 실시하였다.

우리 헌법의 경우, 제1공화국 헌법하에서 양원제를 규정하고 참의원(상원) 선거를 실시하지 않아 단원제로 운영한 것이라든지, 제3공화국 헌법하에서 지방자치제를 규정해 놓고 법률을 제정하지 않아 1991년에가서야 지방자치제가 실시된 것을 헌법변천의 예로 드는 견해가 있으나 이것은 헌법변천이 아니라 헌법위반상태인 '헌법의 침해'에 해당한다고 보아야 할 것이다.

제4편

헌법의 보장

I. 의의

법규범으로서의 헌법 위반에 대하여 형법의 형벌이나 민법의 손해배상과 같은 좁은 의미의 법적 제재가 없다. 헌법학에서는 헌법의 제재 대신 헌법을 지키게 만드는 헌법의 보장(혹은 수호)을 논하고 있다.

'헌법의 보장(수호)'이란 "**헌법의 규범력**이 헌법에 대한 **'위협이나 침해'**(일부 국민이 할 수도 있으나 집권의 영구화 등을 위해 집권층이 할 수도 있음)로 훼손되지 않도록 이러한 행위를 **사전에 예방**하거나 **사후에 배제**하는 것'을 말한다. 그리고 이러한 비상사태 하의 정부를 "위기정부"(crisis government)라고 부른다.

1930년대에 헌법의 보장을 위한 헌법수호자가 누구인가에 관해 헌법수호자 논쟁이 있었다. 슈미트(C. Schmitt)는 입법부와 사법부는 헌법수호자의 역할을 다할 수 없기 때문에 국민에 의하여 선출된 대통령이 헌법수호자라고 주장한 반면에, 켈젠(H. Kelsen)은 정치적 권력인 의회나 대통령에게 헌법보장기능을 부여하는 것은 부당하므로 중립적 권력인 헌법재판소가 헌법수호자임을 강조하였다.

II. 기능

개인에게 형법상[86] 정당방위권이 인정되는 것처럼 국가에게 인정된 위기사태 극복을 위한 비상적 권한이 헌법보장 제도 중 '국가긴급권'이다. 오늘날에는 '국가보호'보다 '헌법보호'가 중요해졌다. 왜냐하면 오늘날 국가긴급권이 단순히 국가의 존립 그 자체가 아니라 국가의 특정한 존립형식인 '헌법질서'를 보호하기 위해 존재하기 때문이다.

III. 현행헌법과 헌법보장제도

현행헌법상의 헌법보장제도는 크게 '평상시 헌법보장제도'와 '비상시 헌법보장제도'로 나뉜다.

'평상시 헌법보장제도'에는 다시 '사전예방적 헌법보장제도'로서 헌법의 최고규범성선언(헌법 107조, 111조1항), 헌법준수의무 선서(69조), 견제와 균형을 통해 위헌적인 권력행사를 예방하는 권력분립주의(40조, 66조4항, 101조1항), 경성헌법주의(128조~130조), 방어적 민주주의[87](8조4항), 공무원의 정치적 중립성 보장(7조2항), 군의 정치적 중립성 준수(5조2항)가 있고, '사후교정적 헌법보장제도'로서 위헌법령처분심사제(107조), 고위공직자들이 헌법에 위반되는 행위를 한 경우의 탄핵제도(65조), 방어적 민주주의(8조4항), 헌법소원제도(111조1항5호), 국무총리·국무위원해임건의제도(63조), 긴급명령의 국회 승인(76조3항), 국회의 계엄해제 요구(77조5항), 국회의 국정조사·감사제도(61조), 공무원의 책임제도(29조1항), 공무원의 직무상 위법행위에 대한 국가의 손해배상의무와 구상권

'비상시 헌법보장제도'에는 국민의 저항권이 있고, 대통령의 국가긴급권으로서 계엄선포권, 긴급명령권, 긴급재정경제처분·명령권이 있다.

86 형법 제21조 "자기 또는 타인의 법익에 대한 현재의 부당한 침해를 방위하기 위해 상당한 이유(방위의 필요성)가 있는 행위는 벌하지 아니한다."

87 정당의 목적·활동이 민주적 기본질서에 위배되어 민주주의의 이름으로 민주주의가 폐지되는 것을 방지하기 위해 2차대전 후 독일 연방헌법재판소의 판례를 중심으로 성립된 이론이며, 독일 헌법에 반(反)민주적 정당의 강제해산, 반(反)민주적 개인의 기본권 상실제도로 규정되었다.

Ⅳ. 국가긴급권

1. 연혁

해방 이후 정치적 혼란과 남북의 분단, 6.25 전쟁과 냉전 체제, 산업화로 이어지는 우리의 특수한 역사는 위기정부의 항구화를 초래하였다. 이에 대통령에 의해 헌법상의 국가긴급권이 자주 발동되었고 심지어 남용되는 경향까지 보였다. 1962년 제5차 헌법은 국가긴급권으로 대통령의 계엄선포권, 긴급명령권, 긴급재정경제처분·명령권을 규정했는데, 현행헌법상의 국가긴급권 제도와 가장 유사했다.

1972년 제7차 개정헌법인 유신헌법에서는 계엄선포권 이외에 막강한 긴급조치권을 규정하였는데, 이 긴급조치권에 대해서는 국회 승인이 필요 없이 국회에 통고만 하면 되고, 긴급조치는 사법심사의 대상이 되지 않음을 헌법에 명시하였으며, 국회는 긴급조치의 해제를 건의할 수 있을 뿐, 요구할 수는 없었다.

2. 현행헌법상의 국가긴급권

현행헌법상의 국가긴급권에는 계엄선포권, 긴급명령권, 긴급재정경제처분·명령권의 세 가지가 있으며, 세 가지 국가긴급권의 발동요건이 중요하다.

(1) 계엄선포권(헌법 77조)

계엄에는 비상계엄과 경비계엄이 있으며, 전시 등에 병력으로써 군사상의 필요에 응할 때(헌법 77조1항) 발동된다. 법률(계엄법)이 정하는 바에 의하여 영장제도, 언론·출판과 집회·결사의 자유, 정부나 법원의 권한에 관해 특별한 조치를 취할 수 있다(헌법 77조3항).

국회의 견제를 위해 국회의 계엄 해제요구(재적 과반수)가 있으면 대통령은 계엄을 해제해야 한다(헌법 77조5항).

(2) 긴급명령권(헌법 76조2항)

대통령은 교전상태 등의 상황에서 국회의 집회가 불가능한 때 긴급명령을 발할 수 있다. 김영삼 대통령 때 긴급명령으로 금융실명제를 전격적으로 실시하였으나, 그 당시 국회가 열리고 있었으므로 국회의 집회가 불가능했다고 보기는 어렵다.

헌법 76조2항이 긴급명령에 대해 "법률의 효력을 가지는 명령"이라고 규정하고 있으므로 긴급명령은 '신법우선의 원칙'에 의해 구법인 의회제정법을 대체할 수 있다.

국회의 견제를 위해 국회는 긴급명령에 대해 사후승인권(헌법 76조 3, 4, 5항)을 가지는데, 긴급명령은 국회의 승인을 얻지 못한 때로부터 효력을 상실하고 긴급명령으로 인해 개정·폐지되었던 법률은 이 때부터 효력을 회복한다.

(3) 긴급재정경제처분·명령권(헌법 76조1항)

대통령은 내우·외환·천재·지변 또는 중대한 재정·경제상의 위기에 있어서 국회의 집회를 기다릴 여유가 없을 때 법률의 효력을 가지는 명령 또는 처분을 발할 수 있다. 효력이나 이에 대한 국회의 견제는 긴급명령권과 같다.

4. 국가긴급권의 한계

국가긴급권 행사에는 네 가지 한계가 존재한다. 첫째, 국가의 비상사태를 극복하여 국가의 존립과 안전을 확보하기 위한 것(소극성의 원칙)에 그쳐야 한다는 '목적적 한계', 둘째, 일시적·잠정적(잠정성의 원칙)으로 행사되어야 한다는 '기한적 한계', 객관성·보충성의 원칙이 적용되는 '상황적 한계', 최소성의 원칙이 적용되는 '내용적 한계'가 그것이다.

V. 저항권(Right of Resistance, Widerstandrecht)

1. 의의

저항권이란 '민주적·법치국가적 기본질서 또는 기본권보장체계 자체를 침해하거나 배제하려고 하는(시기), 공권력에 대하여(객체), 다른 법적 구제수단이 더 이상 없을 경우에(보충성의 원칙) 주권자로서의 국민이(주체) 민주적·법치국가적 기본질서와 기본권보장체계를 유지·회복하기 위한(목적) 최후의 비상수단으로서(보충성의 원칙) 그 공권력에 저항할 수 있는 권리인 동시에 헌법보장제도'를 말한다. 저항권의 의의 속에서 저항권의 행사요건도 드러난다.

공권력이 위헌 또는 위법하게 행사되거나 그로 말미암아 국민의 기본권이 침해된 경우에 국민은 실정법이 규정하고 있는 방법(청원, 구속적부심사, 행정쟁송, 국가배상청구, 국가보상청구, 위헌법령심사, 헌법소원 등)을 활용하거나 언론·선거를 통해 정치적 통제를 가해야지 저항권 행사로 나아가서는 안된다. 왜냐하면 이 경우는 **민주적·법치국가적 기본질서 또는 기본권보장체계** 자체가 침해되는 비상시가 아니기 때문이다. 이 경우에 저항권 행사로 나아가는 것은 최후의 비상수단으로서의 **보충성의 원칙**에도 위배된다.

2. 저항권과 구분해야 할 개념

(1) 시민불복종권(Right to Civil Disobedience)

저항권 이론이 대륙법계 국가에서 이론화되었다면 시민불복종권은 영미법계 국가에서 이론화되었다. 시민불복종권은 단순히 정의에 반하는 개별법령에 대해 행사될 수 있고(행사요건), 양심상 정의에 반한다고 확신하는 개별법령 등의 변혁을 목적으로 하며(목적), 비폭력적일 것이 요구되고(행사방법), 보충성의 제약을 받지 않는다(보충성원칙 비적용). 1950년대에서 1960년대에 걸쳐 미국 King 목사에 의해 주도된 민권운동(civil rights movement)이 대표적인 예이다.

(2) 혁명권 목적의 상이

혁명권과 저항권은 목적이 상이하다. 혁명권은 기존의 헌법적 질서를 폭력수단으로 파괴하고 새로운 헌법적 질서를 수립하려는 것이 목적인 반면에, 저항권은 기존의 헌법적 질서를 유지·회복함이 목적(보수적)이다.

(3) 국가긴급권: 주체의 상이

국가긴급권과 저항권은 주체가 상이하다. 국가긴급권은 국가의 자구행위로서 대통령이 행사 주체인 데 비해 저항권은 국민의 권리이다.

3. 연혁과 입법례·판례

(1) 연혁

저항권은 서양의 폭군정벌론과 동양의 역성(易姓)혁명론이 기원이고, 근대 초에 군주의 권력은 신이 부여한 것이라는 '왕권신수설'에 의해 저항권이 부인되다가, 로크의 사회계약설에 의해 체계화되면서 자연권이론과 위임계약론에 근거하게 되었다. 저항권 이론은 자연법사상이 융성할 때에는 발전한 반면에 법실증주의가 지배했던 시대에는 쇠퇴하였다.

(2) 입법례와 판례

1) 미국

미국 버지니아주의 정치인인 메이슨(George Mason)이 작성한 1776년 6월의 '버지니아 권리장전'(Virginia Declaration of Rights)과 제퍼슨(Thomas Jefferson)이 한 달 후인 7월에 작성한 '미국독립선언'(Declaration of Independence)이 저항권에 관한 규정을 두고 있다. 특히 미국독립선언은 "어떠한 정부형태이든 천부적 인권을 확보하려는 목적을 훼손할 경우에는 **정부를 변경하거나 폐지**(to alter or to abolish the Government)하고, 안전과 행복을 확실하게 보장해 줄 원리에 따라 신(新)정부를 수립하는 것이 국민의 권리임을 확신한다."고 규정하고 있다.

2) 프랑스

1789년 프랑스 인권선언 2조는 "모든 정치적 결합의 목적은 자연적 권리와 절대적 인권을 확보하려는 데 있다. 이러한 권리는 자유·재산·안전권과 압제에 저항하는 권리를 말한다."고 규정하고 있다.

3) 독일

제2차 세계대전 직후인 1949년에 제정된 독일헌법에는 저항권에 관한 규정이 없었지만 1968년의 개헌에서 20조4항에 "모든 독일국민은.......저항할 권리를 가진다"고 저항권을 헌법에 규정하였다. 독일헌법에 저항권에 관한 명문규정이 없을 때인 1956년에 독일연방헌법재판소는 독일공산당(Kommunistische Partei Deutschlands, KPD)에 대한 위헌판결에서 저항권의 의의와 성립요건("不法은 명백""모든 법적 수단")을 상세히 논급하면서, 저항권 이론을 빌어 항변한 독일공산당의 주장에 대해 저항권 행사가 아니라고 판시하였다.

4. 본질

저항권은 기본권(국가권력으로부터의 자유를 누리기 위한 자유권) 보장을 위한 기본권, 즉 기본권의 일종이면서 헌법보장을 위한 수단이다.

5. 법적 성격

저항권의 법적 성격과 관련해 헌법이 명문으로 규정하거나 간접적으로 도출할 수 있는 경우에만 국민은 저항권을 가진다는 실정권설과, 저항권의 명문규정이 헌법에 있든 없든 전(前)국가적·초(超)국가적인 자연권으로 인정된다는 자연권설이 대립이 있다. 로크의 자연권 사상을 고려했을 때 자연권설이 옳다.

6. 행사요건

저항권의 행사요건은 엄격히 해석해야 한다. 왜냐하면 저항권은 남용되기 쉬우며 저항권을 빙자해 혁명권을 행사할 가능성도 있기 때문이다.

(1) 주체와 객체

저항권의 주체는 주권자인 국민이고 객체는 공권력 담당자이다.

(2) 상황

첫째, 개별헌법조항에 대한 단순한 위반(이것은 헌법재판이나 국민의 정치적 통제로 해결)이 아니라 **민주적·법치국가적 기본질서나 기본권 보장체계를 전면적으로 부인**할 것, 둘째, 공권력행사의 불법성(위법성)이 **"객관적으로"**(주관적이 아니라) 명백할 것, 셋째, **최후의 수단**일 것이다. 헌법이나 법률에 규정된 일체의 법적 구제수단이 이미 유효한 수단이 될 수 없는 경우 최후수단성(보충성)을 가진다.

(3) 목적

저항권의 목적은 민주적·법치국가적 기본질서와 기본권 보장체계를 유지·수호하기 위해서(보수적)이다.

(4) 방법

저항권은 가능한 한 평화적인 방법으로 행사되어야 하지만 **실력 행사도 가능**하다. 그러나 실력 행사는 목적 달성에 필요한 정도에 머물러야 하고 필요 이상의 실력행사는 자제되어야(과잉금지원칙) 한다.

7. 한국헌법과 저항권

(1) 저항권 조항

우리 헌법에 저항권에 관한 명문규정은 없다. 헌법 전문(前文)의 "불의에 항거한 4.19 민주이념을 계승하고"가 87년 개헌협상 후 삽입되어 저항권에 관한 명문규정에 대신하기로 양해되었다. 따라서 이 부분이 저항권에 대한 간접적 규정이라는 주장들이 있다. 그러나 저항권은 통설의 입장에서 봤을 때 자연법상의 권리이므로 직접적·간접적 규정 유무에 관계없이 당연히 인정된다고 보아야 할 것이다.

(2) 판례

저항권은 이승만 독재정권에 저항한 4.19 이후에 많이 논의되었고, 1974년 긴급조치 발동 이후 법원에서 수차례 다투어졌다.

대법원은 첫째, 민청학련사건(유신 당시 긴급조치 위반 사건, 1975. 4. 8. 大判 74도3323)에서 실정권설의 입장에 서서, 저항권을 재판규범으로 받아들이지 않았으며, "실존하는 헌법적 질서를 무시하고 초법규적인 권리개념으로써 현행 실정법에 위배된 행위의 정당화를 주장하는 것은 받아들일 수 없다."고 판시하였다. 둘째, 김재규사건(10.26 사태 후, 1980. 5. 20. 大判80도306)에서도 대법원은 저항권을 재판규범으로 받아들이지 않았고, "저항권이 실정법에 근거를 두지 못하고 오직 자연법에만 근거하고 있는 한, 법관은 이를 재판규범으로 원용할 수 없다."고 판시하였다. 김재규 사건에서 소수의견을 낸 임항준 대법관은 "자연법상의 권리로서의 저항권에 재판규범으로서의 기능을 배제할 근거가 없다."고 주장했다가 대법관직에서 보복성 퇴출을 당하게 된다.

헌법재판소는 1996년 12월 26일에 날치기 통과된 노동관계조정법 등이 위헌이라는 이유로 노동자들이 저항권의 수단으로서 불법적인 쟁의행위를 한 사건(헌재 1997. 9. 25. 97헌가4)에서 **저항권의 개념 자체는 인정**했지만, **입법과정의 하자는 저항권의 대상이 되지 않는다**고 보았다.

우리 역사에서 저항권은 국가권력(공권력), 특히 국가긴급권의 남용에 맞서 국민의 기본권을 보장하고 헌법을 수호하기 위해 많이 논의되었다.

제5편

국가론

헌법학은 국가학(Staatslehre)에서 나왔다고 볼 수 있을 만큼 헌법학에서 '국가론'은 중요한 비중을 차지한다.

I. 국가론

1. 국가의 의의

국가관에 따라 달라질 것이지만, 옐리네크(Jellinek)는 그의 책 「일반국가학」에서 사회학적 국가개념과 법학적 국가개념을 구분하여, 사회학적 개념으로서의 국가는 '시원적 지배력을 가진 정주하는 인간의 단체적 통일체'로 보고, 법학적 개념으로서의 국가는 '시원적 지배력을 가진 영역사단'이라 하여 법인(法人)의 일종으로 규정하였다. 또한 '국가삼요소설'은 국가를 '일정한 지역을 기초로 하고 그 위에 거주하는 주민을 배타적으로 지배하는 통치조직'으로 정의 내리면서 국가를 정치적 공동체 조직으로 이해한다.

2. 국가의 기원

국가의 성립에 관한 국가 기원과 관련해서는 여러 가지 학설들이 있다.

보슈에(Bossuet), 폰 슈탈(V. Stahl)의 신의설(神意說)은 국가를 신의 뜻에 따라 성립된 것으로 본다. 오펜하이머(F. Oppenheimer)의 정복설은 우승의 인간군인 유목·해양민족이 열패의 인간군인 토착원시농민을 실력을 가지고 정복함으로써 지배·복종관계와 국가가 성립한다고 주장한다. 근대중농주의자들의 재산설에 따르면 세습토지에 대한 지배권인 토지영유권이 토지와 관련 있는 사람들에 대한 지배권인 대인고권(對人高權)으로 발전함으로써 국가가 성립되었다고 주장한다. 필머(Filmer)의 가족설에 따르면 가족이 씨족으로, 씨족이 부족으로, 부족이 국가로 확대되면서 국가가 성립되었다고 한다. 엥겔스(Engels)의 계급국가설은 국가가 지배계급이 피지배계급을 착취하고 억압하기 위한 수단으로서 형성된 것이라고 한다.

근대 이후 오늘날에 이르기까지 국가의 기원과 관련하여 통설적 지위를 유지하고 있는 **사회계약설은** 국가의 기원을 인민의 동의에 근거한 사회계약에, 국가의 목적을 개인의 생명, 자유, 재산의 수호에 둔다. 절대왕정기의 왕권신수설에 대항한 시민계급의 국가이론이다. 대표적인 사회계약론자인 홉스(Thomas Hobbes), 로크(John Locke), 루소(Jean-Jacques Rousseau)의 사회계약설을 표로 일목요연하게 정리하면 다음과 같다.

	홉스	로크	루소
국가성립 이전의 자연상태	'만인의 만인에 대한 투쟁상태'(정의와 부정의 구분 존재않는 혼란). 성악설(性惡說)적 인간관	무규범적이지만 질서와 평화의 상태(인간이 자연법의 테두리 안에서 자신의 행동을 규율하고 신체와 재산을 처리할 수 있는 상태	재산도 전쟁도 없는 평화로운 무조직의 상태
(사회)계약	모든 인간은 천부의 권리를 가지나 계약에 의해 이를 국가에 양도(사회계약) →절대복종을 조건으로 하는 복종계약	무규범적이므로 갈등이 야기될 경우 이를 규율할 강제력(심판관, 처벌)이 없음 → 이 한계 극복을 위해 자연상태에서의 권리를 대표에게 위임하는 사회계약(위임계약)	인간은 자연의 아름다움과 자유의 고귀함을 유지하기 위해 계약(인민 상호간에 체결된 단일계약)에 의해 국가 건설. 국가의 일반의사(국가를 지도하는 최고의 불변의사)에 복종

저항권 인정 여부	복종계약은 취소할 수 없으므로 국가에 대한 저항권은 인정될 수 없다. (사회계약의 실현을 군주권력의 확립을 통해서만 이룰 수 있다고 믿었으므로 절대군주에 대한 저항권을 부인함.)	위임계약은 취소 가능. 왜냐하면 위임계약의 목적은 개인의 생명, 자유 및 재산의 보전. 위임자인 국민이 저항권을 행사하여 위임의 뜻에 위배되는 국가권력을 배제·변경 가능	'특수의사'는 개인이 자기이익만을 추구하는 것이고 '전체의사'는 특수의사의 합계인 반면에, '일반의사'는 공통의 이익을 추구하는 것으로서 무오류성을 가진다. 일반의사의 무오류성 때문에 이에 대한 투쟁인 저항권 행사는 금지된다.

3. 국가의 본질

국가의 본질과 관련해서도 여러 가지 학설들이 있다. 기이르케(O.V. Gierke) 등의 유기체설에 따르면, 국가는 개개의 국민을 구성요소로 하지만(세포), 개개 국민의 총화와는 상이한 독립된 의사를 가진 단체(유기체)로 이해된다. 엥겔스와 오펜하이머의 착취설에 의하면 국가는 유산계급이 무산계급을 착취하기 위한 강제장치로 이해되었다. 플라톤, 아리스토텔레스, 헤겔(G. W. Friedrich Hegel)의 윤리설은 국가를 윤리적 이념의 발현이며 객관적 정신의 최고 발전단계로 이해하였다. 켈젠의 법질서설은 국가를 법질서로 이해하였고, 라스키(H.J. Laski)와 콜(G.D.H. Cole) 등은 부분사회설에서 다원적 국가론의 입장에서 국가를 치안유지를 기본목적으로 하는 부분사회라고 보았다. 스멘트는 통합과정설에서 국가를 국민의 다양한 이해관계가 공감대적 가치를 바탕으로 통합·동화되어 가는 과정으로 파악하였다.

국가의 본질에 관한 현대 국내외의 통설인 옐리네크의 법인설은 국가를 개개의 국민을 구성요소로 하지만 개개의 국민과는 독립된 법인격을 가진 권리주체로서의 공법인으로 파악하였다.

4. 국가의 법적 성격

국가란 법적 성격에 있어서, 연대의식에 바탕한 공동체구성원의 공동이익의 실현을 고유목적으로 하는 정치공동체적 조직이다. 통설인 국가법인설의 입장에서 봤을 때, 국가는 그 구성원인 국민이 합의를 통해 제정한 헌법에 의거해 스스로 의사를 결정하고 스스로 행동할 수 있는 의사능력과 행위능력을 가진다. 따라서 국가는 권리·의무의 주체로서, 국내적으로 헌법상 갖가지 권리(헌법 119조2항)를 행사하고 의무(헌법 2조2항, 헌법 10조2문, 헌법 28조)를 부담하며 대외적으로도 국제법상 권리를 행사하고 의무를 부담한다.

II. 대한민국의 국가형태

1. 국가형태의 의의

'국가형태'란 '국가의 조직형태나 기본적 가치질서를 표준으로 한 국가의 유형'을 말한다. 한편 '정부형태'란 '국가형태'보다 더 좁은 개념으로서 의원내각제냐 대통령제이냐 처럼 입법부, 집행부, 사법부 중 '입법부와 집행부 사이의 관계를 중심으로 한 정부의 유형'을 의미한다.

2. 국가형태의 분류

(1) 전통적 분류방법

국가형태의 전통적·고전적 분류방법을 표로 정리하면 다음과 같다.

주장자	기준	분류
플라톤(고대)	지배자의 수와 지배의 윤리적 특성	군주국과 민주국
아리스토텔레스 (Aristotles, 고대)	지배자의 수와 지배의 윤리적 특성	正當國家인 군주국(1인 지배, 불법국가가 되면 폭군정), 귀족국(소수가 지배, 과두정), 민주국(전체국민이 지배, 衆愚政)
마키아벨리 (중세, 오래 통용)	권력보유자의 수	군주국과 공화제
몽테스키외(근대)	권력보유자의 수와 법에 의한 통치 여부	공화정(인민), 군주정(1인이 법에 의해 지배), 전제정(1인이 법 무시하고 자의적으로 통치)
옐리네크(Jellinek)	국가의사의 구성방법	가장 단순화된 국가형태의 기본유형으로 군주국(일개인의 자연적 의사에 따라 통치)와 공화국(다수인에 의해 기술적 방법으로 통치)

렘(현대, H. Rehm)의 복수기준설	국가권력의 최고담당자가 누구냐, 국가권력의 최고행사자가 누구냐	'국가권력의 최고담당자가 누구냐'에 따라 군주국·귀족국·계급국·민주국, '국가권력의 최고행사자가 누구냐'에 따라 민주정과 공화정, 간접민주정과 직접민주정, 연방제와 단일제, 입헌정과 비입헌정

해방 이후 렘의 복수기준설에 따라 우리나라와 일본에서 국체(주권의 소재)에 따라 군주국과 공화국으로, 정체(국가권력의 행사방법)에 따라 전제정체와 제한정체, 직접민주정체와 간접민주정체, 민주정체와 독재정체로 분류하는 것이 학계의 넓은 지지를 받은 적이 있었다. 이 국체·정체 분류론은 주권의 소재는 국가에게 있다는 국가주권설을 전제로 하고 있어서 현대 국민주권론을 수용할 수 없는 한계를 가지고 있었다. 그러나 오늘날 국체·정체분류론은 그 의의를 상실하였다. 왜냐하면 군주국인 경우에도 제한정체나 민주정체까지도 가능하다고 본 어용이론이었기 때문이다. 국체에 있어 주권이 국민에게 있으나 군주제도를 두고 있는 영국, 일본, 벨기에 등은 공화국이라 해야 할 것이지만, 사실은 군주국이라고 불린다. 또 정체에 있어서도 오늘날 전제정체를 자처하는 정부는 없다.

(2) 현대적 분류방법

오늘날 국가형태는 첫째, 군주제도의 존재 여부에 따라 군주국과 공화국으로, 둘째, 통치권의 분산 여부에 따라 단일국가·연방국가·국가연합으로 구분된다.

1) 군주제도의 존재 여부에 따른 국가형태의 분류

가. 군주국

세습·종신의 **군주**에 의해 지배되는 군주주권국가이다. 군주의 권력 행사에 제한이 없는 **'전제군주국'**과 군주의 권력 행사에 제한이 있는 **'제한군주국'**으로 나뉜다. 현재 지구상의 군주국들은 군주가 명목상의 국가원수에 불과하고 실체는 국민주권·의회주권이 작동하는 상징군주국으로서 제한군주국에 속한다.

나. 공화국

공화국이란 군주제도가 없는 **비군주국**을 말한다. 그런데 공화국은 다시 '민주공화국'과 '전제공화국'으로 나누어진다. **'민주공화국'**은 **국민주권원리, 자유민주주**

의(정치적 이데올로기), **권력분립, 법치주의, 세계관의 상대주의**가 적용되는 공화국을 말한다. 반면에 **'전제공화국'**은 **전제주의, 군국주의, 권위주의, 전체주의**를 이념으로 하며, 국민주권원리가 아니라 **단일세력이 권력을 독점**하고, 권력분립이 아니라 **권력집중적**이며, 법치주의가 아니라 **경찰기구나 테러에 의한 통치**가 이루어지고, 세계관의 상대주의가 아니라 **세계관의 절대주의**가 적용되는 공화국을 말한다. 결국 단일의 권력담당자(개인, 집단, 계급)에 국가권력이 전속되어 다른 기관에 의한 통제가 없다. 현대 아시아·아프리카의 군사정권을 예로 들 수 있다.

2) 통치권의 분산 여부에 따른 국가형태의 분류

가. 단일국가(Unitary State)

단일국가란 '통치권이 분산되지 않고 중앙에 집중된 국가'를 말한다.

나. 연방국가(Federal States)

연방국가란 '통치권이 각 주(州)에 분산되고 그 각 주가 구성한 국가'를 말한다. 연방국가에서 **각 주**에게 **주권(主權)은 없으나** 연방의 의사결정에 동참하고 광범위한 자주조직권, 즉 **자치권**을 가진다. 주로 치안유지를 위한 경찰권, 재정수입을 위한 징세권이 대표적인 자치권이다. 연방국가에서 보통 중앙정부는 주(州) 대표인 **상원**과 인구 대표인 **하원**의 양원제 의회를 구성한다.

다. 국가연합(Confederal State)

국가연합은 '조약에 의해 성립하는 주권국가들의 잠정적인 정치적 결합체'를 말한다. 따라서 국가연합은 **진정한 의미의 국가가 아니다**(국가성이 없음). 헌법이 아니라 조약에 기초한 잠정적 결합체에 불과하며, 조약에 규정된 특정사항 이외에는 국가연합은 국제법상 주체가 아니고 구성국가가 국제법상 주체이다. 따라서 국가연합은 **국제법상 권리와 책임을 부담하지 않는다.**

국가연합 자체에는 통치권이 없으므로 각 구성국가의 통치권을 국가연합이 분산받지 않는다. 국가연합에 연합의회는 가능하지만 대법원은 없다. 국가연합의 이름으로 병력을 보유하지도 못한다. 예를 들어 과거의 영연방공동체, 소련 해체 이후의 독립국가연합(CIS)이 예이다. 구소련은 연방국가였다.

연방국가와 국가연합을 표로 비교하면 다음과 같다.

	헌법 혹은 조약	의회	대법원
연방국가	통일헌법	양원제 의회	연방대법원
국가연합	연합조약	연합의회	대법원이 없음

3. 대한민국의 국가형태

(1) 헌법 1조1항: 국가형태조항

우리 헌법 1조1항은 "대한민국은 민주공화국이다"라고 규정하고 있다. 이 조항은 우리나라의 국호가 "대한민국"이라는 점과 우리나라의 국가형태가 "민주공화국"임을 밝히고 있다.

"민주공화국"의 의미와 관련해서 과거에 학설의 대립이 있었다. 제1설은 렘(Rehm)의 국가형태론에 입각해서 "민주"는 정체, "공화국"은 국체를 의미한다고 주장하였다. 제2설은 정체만 규정한 것으로 보고 "민주"는 민주정체, "공화국"은 공화정체를 의미하고 헌법 1조2항이 민주국체로서의 국체규정이라고 주장하였다. 그러나 현재는 제3설인 다수설로 대부분 학자들의 의견이 모아졌다. **헌법 1조1항은 국가형태**에 관한 규정이며, **"민주"**는 **"공화국"의 내용**이라고 본다. 즉 공화국의 정치적 내용이 민주주의적으로 형성(국민주권원리, 정치적 이데올로기로서 자유민주주의, 권력분립, 법치주의, 세계관의 상대주의가 적용)된다는 것을 밝힌 것으로 본다.

(2) 민주공화국의 법적 성격

헌법 1조1항의 "공화국"이란 비군주국가를 의미할 뿐만 아니라 덧붙여 자유국가, 국민국가, 반(反)독재국가라는 의미도 가진다. 우리 헌법의 공화국조항은 소극적 의미로는 반(反)독재적, 반(反)전체주의적 국가형태를 말하고, 적극적 의미로는 대한민국의 국가적 질서가 자유국가적·국민국가적 국가형태를 말한다.

또한 헌법 1조1항의 **"민주"**는 포괄적인 **넓은 의미의 민주주의**를 의미하고 여기에는 **자유민주주의, 민족적 민주주의, 사회민주주의, 정당제민주주의, 방어적 민주주의**가 모두 포함된다.

(3) 민주공화국의 규범성

헌법 1조1항의 "민주공화국"은 대한민국의 국가형태를 선언하고 있는 근본적 결단으로서, 헌법개정의 한계에 해당한다.

(4) 대한민국의 국가형태로서 "민주공화국"의 특색

대한민국의 국가형태로서 "민주공화국"은 첫째, 간접민주정치(대의제민주정치)를 근간으로 하면서 부분적으로 직접민주주의를 가미하고 있다. 현행헌법상의 직접민주제적 요소로는 국가안위에 관한 중요정책에 관한 국민투표(헌법 72조)와 헌법개정의 확정을 위한 국민투표(130조3항)가 있다.

둘째, 민주주의의 적에 대해 방어의 태도를 취하는 방어적 민주주의를 채택하고 있다. 헌법 8조4항의 위헌정당해산제도가 그 예이다.

셋째, 정당제민주주의를 도입하고 있다. 정당조항인 현행헌법 8조는 정당을 헌법에 편입하고 복수정당제를 보장함으로써 정당제 민주주의를 지향하고 있는 것이다.

넷째, 사회국가를 지향하면서 사회적 민주주의를 채택하고 있다. 헌법전문의 "국민생활의 균등한 향상을 기하고"나 헌법 34조의 인간다운 생활권 등이 그 예이다.

III. 대한민국의 구성요소

1. 주권

(1) 의의와 연혁

주권(主權)이란 "국가의사를 전반적·최종적으로 결정할 수 있는 대내적으로는 최고, 대외적으로는 독립의 최고권력"으로 정의된다. 헌법제정권력과 유사한 개념이다. 주권 개념은 15, 16세기 영국과 프랑스에서 근대 전제군주국가의 성립과 함께 확립되었는데, 국왕은 대외적으로 로마황제·교황에 대해 독립성을, 대내적으로 봉건영주·자치도시에 대해 최고성을 주장하게 되었고, 이 국왕의 왕권이 '주권'으로 발전하게 된 것이다. 이에 비해 '통치권'은 가장 하위의 권력 개념으로서 '현실적으로 국가적 조직을 유지하고 국가적 목적을 실현하기 위한 구체적 권력'을 말한다. 통치권은 입법권, 행정권, 사법권으로 분할 가능하다. 이미 앞에서 본 바와 같이, 칼 슈미트는 **주권(헌법제정권력) 〉 헌법 〉 헌법개정권력 〉 헌법률 〉 통치권**의 위계질서를 주장하였다.

(2) 헌법 1조2항

전단은 대한민국의 주권이 국민에게 있음을 선언하고 있는데, 여기서 후단의 "모든 권력"은 입법권, 행정권, 사법권을 합친 통치권을 의미한다.

(3) 주권의 주체

주권의 주체가 누구냐 하는 문제는 주권이론의 핵심이다. 근대로 넘어가기 직전에 보댕과 홉스 등은 왕의 권력은 신이 부여한 것이라는 왕권신수설에 근거해 주권은 신의(神意)의 대행자인 군주에게 귀속되어야 한다는 '군주주권론'을 주장하였다. 이후 시민혁명 이후의 근대 초기에는 알투지우스, 로크가 국민에게 주권이 있다는 '국민주권론'을 주장하였다. 주권의 주체는 군주도 국민도 아닌 독립된 단체인격을 가진 국가 그 자체라고 보는 '국가주권론'은 19세기 독일에서 탄생한 이론으로서 군주주권론과 국민주권론의 타협이론이었다. 그로티우스, 라반트 등은 국가법인설을 전제로 국가주권론을 주장하였다. 국가주권론에 의하더라도 국가권력의 법적 주체(보유자)는 국가이지만, 실질적 주체(행사자)는 군주였다.

(4) 주권의 본질

주권은 대내적으로 최고의 권력이므로 '최고성', 한 국가 안에는 이 주권의 최고성 때문에 한 주권만 존재하므로 주권은 분할할 수 없어서 '단일·불가분성', 혁명에 의하지 않고서는 이양될 수 없으므로 '불가양성', 불가양성의 당연한 결과로서 '항구성'을 가진다.

(5) 주권의 한계

주권의 한계에 관해서는 주권한계설과 주권무한계설의 대립이 있으나, 헌법제정권력의 한계론에서와 같은 논리로 주권에도 일정한 한계가 있다고 보는 주권한계설이 타당하다.

2. 국민

(1) 국민과 국적

'국민'이란 '국가에 소속하는 개개의 자연인'을 말하고 '국적'이란 이러한 '국민이 되는 자격'을 말한다. 국적을 미국처럼 헌법 자체에 규정하는 경우(국적헌법주의)도 있고, 헌법이 국적을 법률로 정하도록 위임하는 경우(국적법률주의)도 있다. 우리 헌법 2조1항은 "대한민국의 국민이 되는 요건은 법률로 정한다."라고 하여 국적법률주의를 채택하고 있으며, 이때의 "법률"은 '국적법'이다.

1) 국적의 취득

국적 취득에는 출생으로 국적이 취득되는 '선천적 국적취득'과 출생 이후의 사유로 국적이 취득되는 '후천적 국적취득'이 있다.

'선천적 국적취득'에는 다시 우리나라를 포함한 대부분의 나라에서처럼 부모의 국적으로 자녀의 국적이 결정되는 속인주의(혈통주의)와 미국 등 후발 다민족 국가들처럼 자녀의 출생지(出生地)에 따라 국적이 결정되는 속지주의(출생지주의)가 있다. '후천적 국적취득'에는 귀화, 인지(認知), 수반, 국적회복에 의한 취득 등이 있다.

2) 속인주의 원칙과 단일국적주의의 원칙

우리나라 국적법의 2대 핵심내용은 '속인주의'와 '단일국적주의'를 원칙으로 삼고 있다는 점이다.

첫째, **속인주의의 원칙**이다. 우리나라 국적법은 속인주의가 원칙이고, 부모가 모두 분명하지 않거나 국적이 없는 경우만 예외적으로 속지주의를 취한다(국적법 2조1항3호). 기아(棄兒)는 대한민국에서 출생한 것으로 추정된다(국적법 2조2항). 과거에 우리 국적법은 부계혈통주의를 취했으나 1997년 12월 13일의 국적법 개정으로 **부모양계혈통주의**를 취하게 되었다.

둘째, **단일국적주의의 원칙**이다. 즉 복수국적은 원칙적으로 금지된다. 따라서 국적법 12조는 20세 이전 복수국적자는 22세까지, 20세 이후의 복수국적자는 2년 이내에 하나의 국적을 선택하게 하고 있다. 2005년에는 복수국적을 병역 면탈의 수단으로 악용하는 것을 막기 위해 "직계존속(直系尊屬)이 외국에서 영주(永住)할 목적 없이 체류한 상태에서 출생한 자는 병역의무의 이행과 관련하여 다음 각 호의 어느 하나에 해당하는 경우에만 14조에 따른 국적이탈신고를 할 수 있다. 1. 현역·상근예비역 또는 보충역으로 복무를 마치거나 마친 것으로 보게 되는 경우 2. 전시근로역에 편입된 경우 3. 병역면제처분을 받은 경우"라는 국적법 12조3항을 신설하였다. 그리고 2010년 국적법 개정으로 국적법 13조1항에서 "복수국적자로서 제12조제1항 본문에 규정된 기간 내에 대한민국 국적을 선택하려는 자는 외국 국적을 포기하거나 법무부장관이 정하는 바에 따라 대한민국에서 외국 국적을 행사하지 아니하겠다는 뜻을 서약하고 법무부장관에게 대한민국 국적을 선택한다는 뜻을 신고할 수 있다."고 규정하여 단일국적주의의 예외를 인정하고 있다.

(2) 국민의 헌법상 지위

1) 주권자로서의 국민

대한민국의 국민은 헌법 1조2항에 의해 주권자로서의 지위를 가진다. 그런데 통설인 '국민개념이분설'은 주권자로서의 국민의 개념을 관념적인 의미에서의 전체국민을 뜻하는 '주권의 주체로서의 국민'(이념적 주권자)과 구체적인 의미에서의 유권적 시민의 총체를 뜻하는 '주권의 행사자로서의 국민'(현실적 주권자)으로 이분한다.

이때 첫째, '주권의 주체로서의 국민'은 헌법 1조, 2조, 7조1항, 8조2항이 규정하는 국민으로서 성별·연령(미성년자도) 등과 관계가 없는 전체적 통일체로서의 국민을 뜻하며 모든 국가권력의 원천이 된다. 그런데 이 '주권의 주체로서의 국민'은 실정법상 통일적 집단행동이 불가능한 관념적·추상적 구성물에 불과하며, 주권의 행사자가 아니라 '귀속 주체'이고, 국가권력이 국민 전체의 이익을 위하여 행사되어야 한다는 국가권력의 정당성의 근거를 의미하는 정치적·이데올로기적 개념이다.

둘째, '주권의 행사자로서의 국민'은 전체 국민 중에서 일정연령에 달하고 특별한 결격사유가 없는 유권적 시민을 뜻한다. 헌법개정안·국가안위에 관계되는 중요사항 투표, 국회의원과 대통령 선거에서의 국민처럼 대표기관 통한 대의제민주주의 하에서의 국민이 이에 해당한다.

2) 기본권의 주체로서의 국민

헌법 10조에서 37조의 국민은 기본권의 주체로서의 국민이다. 이 때 국민은 국가권력에 의한 보호대상이다. 한국 국적을 가진 자연인과 법인이 이에 해당한다.

3) 피치자로서의 국민

피치자로서의 국민이란 국가적 지배의 대상이자 공의무의 주체로서의 국민을 말한다. 헌법상 공의무에는 국방의 의무, 납세의 의무, 교육을 받게 할 의무, 근로의 의무, 환경보전의 의무 등 5대 의무가 있다. 자연인뿐만이 아니라, 납세의 의무를 부담하는 법인, 외교특권을 누리지 않아 납세의 의무, 경찰법상의 의무의 주체가 되는 외국인도 이에 포함된다.

3. 영토

(1) 영토조항

현행헌법 3조는 "대한민국의 영토는 한반도와 그 부속도서로 한다."라고 규정하고 있다. 이러한 영토조항은 제헌헌법부터 존재했다. **"한반도와 그 부속도서"**가 우리 대한민국의 영토이므로 대한민국의 헌법·법률은 휴전선 이북지역에도 적용되고 대한민국의 주권과 통치권은 이곳에도 미친다. 그러나 사실상 휴전선 이북지역은 북한 '괴뢰집단이 점령한 미수복지역'이고, 북한정권은 휴전선 이북지역에 미쳐야 할 대한민국의 통치권 행사를 방해하는 괴뢰집단 내지는 반(反)국가단체가 된다. 이들을 지지·찬양하는 자 등을 처벌하는 규정 등을 두고 있는 것이 「국가보안법」이다. 따라서 헌법 3조의 영토조항은 37조2항의 "국가 안전보장"을 위해 필요한 경우와 함께 국가보안법의 헌법적 근거가 된다.

(2) 평화통일조항

1972년의 제7차 개헌 이후 헌법에 일련의 평화통일 관련 조항들이 신설·추가된다. 1972년의 제7차 개헌에서 헌법전문의 "조국의 평화적 통일의 사명," 대통령의 헌법적 의무에 관한 조항(현행헌법 66조)에서 "대통령은 조국의 평화적 통일을 위한 성실한 의무를 진다"라고 규정한 3항이 신설되었고, 대통령 취임선서에 관한 조항(현행헌법 69조)에 "조국의 평화적 통일에 노력"이 신설되었다. 그 후 1987년의 제9차 개헌에서 현행헌법으로 개정되면서 "대한민국은 통일을 지향하며, 자유민주적 기본질서에 입각한 평화적 통일정책을 수립하고 이를 추진한다"고 규정한 현행헌법 4조가 신설되었다. 이 가운데 특히 현행헌법 4조를 '평화통일조항'이라고 부른다.

이들 평화통일 관련 조항들을 근거로 1972년 유신헌법으로의 개헌이 있은 지 18년 만인 1990년 노태우 대통령시절에 「남북교류협력에 관한 법률」이 제정되고 이듬해인 1991년에 남북 간에 북한정부를 '사실상의 정부'로 인정하는 남북합의서, 즉 「남북 사이의 화해와 불가침 및 교류·협력에 관한 합의서」가 교환된다. 그리고 남북한의 유엔(UN) 동시 가입도 있었는데, 유엔헌장은 유엔의 회원을 "회원국"으로 표현하고 있으므로 남북한의 유엔(UN) 동시 가입은 국제법적으로 국제사회가 대한민국과 함께 북한 '정부'를 '국가'로 인정했음을 의미하는 것이었다. 국내외의 정세가 이렇게 급변하자, 일부 헌법학자들 사이에 북한을 사실상의 정부로 인정하는 현실에서 헌법 3조 영토조항이 통일정책에 걸림돌이 되는 독소조항이라는 견해가 대두되면서 폐지 주장이 나왔고, 이러한 주장은 헌법 3조 영토조항과 4조 평화통일조항의 관계에 대한 여러 해석론을 낳았다.

(3) 3조와 4조 즉 영토조항과 평화통일조항의 관계에 관한 해석론들

헌법 3조 영토조항과 4조 평화통일조항의 관계와 관련해 두 조항이 상충관계에 있다고 보는 해석론과 조화적 관계에 있다고 보는 해석론이 있다.

1) 상충관계에 있다고 보는 석

3조와 4조가 상충관계에 있다고 보는 해석론으로 첫째, 헌법 제3조가 우위를 가진다고 보고 한반도 전역에 대한민국 헌법의 효력이 미치고 북한지역은 괴뢰집단 내지 반국가단체가 점령하고 있다고 보는 영토조항우위론이 있다. 대한민국이 정부수립 직후에 유엔총회에서 승인받은 한반도의 유일한 합법정부라는 유일합법정부론, 남한에 의한 흡수통일론 등이 그 근거이다.

둘째, 오늘날 남북 간 교류와 UN동시가입 등의 현실에 부합되기 위해서는 헌법 제4조가 우위를 가진다고 보는 평화통일조항우위론이 있다. 북한을 '사실상의 정부'나 '국가'로 인정하는 국내외 정세의 변화로 3조가 현실에 맞지 않게 되어 개헌을 통해 폐지해야 한다는 영토조항폐지론, 영토조항에 대해 사실상의 헌법변천이 일어나 영토조항이 사문화되었다고 보는 헌법변천론, 북한을 '사실상의 정부'나

'국가'로 인정하는 국내외 정세의 변화를 수용해야 한다는 국제정치적 현실론 등을 근거로 한다.[88]

셋째, '북한정권의 이중적 성격론'으로 헌법재판소의 입장이다. 영토조항을 근거로 북한을 반국가단체로 규정하면서도 평화통일조항을 근거로 북한을 '통일을 위한 대화와 협력의 동반자'로 본다(헌재 1997. 1. 16. 92헌바6·26, 93헌바34·35·36(병합) '국가보안법위헌소원사건').

2) 조화적 관계에 있다고 보는 설(사견)

헌법조항간에는 규범조화적 헌법해석이 중요하며, 헌법개정은 규범조화적 헌법해석도 불가능한 필요부득이한 경우에만 이루어져야 한다.

1948년의 헌법 제정과정에서도 대한민국을 38선 이북지역까지 포함하는 "한반도와 그 부속도서"로 한다는 초안에 대해 국회 본회의에서 논란이 있었지만, 결국은 38선 이북지역을 하루 빨리 통일해야 한다는 의미를 살리면서 대한민국이 한반도의 유일한 합법정부라는 점을 선언한다는 중요한 의미를 담고 이 영토조항이 제헌헌법에 규정되게 되었다. 이러한 영토조항의 연혁적 의미를 고려해 봤을 때, 영토조항은 북한지역에 대하여 주권적 권력을 실현할 책무, 즉 '통일의 책무'를 부과하는 것으로 해석되며, 여기서의 '통일'은 무력에 의한 통일을 의미하는 것이 아니므로 영토조항은 평화적 통일방안과 상충되는 것이 아니라 평화적 통일조항과 오히려 조화되는 것이라고 볼 수 있다. 따라서 헌법 3조의 영토조항은 '통일'의 책무를 부과한 조항이고 헌법 4조의 평화통일조항은 그 통일의 내용이 '평화통일'임

88 일부에서는 평화통일조항 우위론의 근거로 신법우선론을 들면서, 영토조항은 제헌헌법부터 있었고 평화통일조항은 현행헌법부터 헌법에 신설되었다는 점을 근거로 현행헌법부터 헌법에 들어온 평화통일조항이 신법에 해당하므로 구법인 영토조항은 사문화되고 신법인 평화통일조항만이 효력을 가진다고 본다. 그러나, 신법우선의 원칙은 법률조항 간에 같은 사항을 다르게 규정하는 충돌이 발생할 경우, 신법이 우선한다는 원칙이지, 같은 헌법조항 간에 충돌이 발생한다고 신법우선의 원칙을 적용할 수는 없다. 더욱이 우리 헌법이 헌법개정에서 미국 헌법처럼 기존의 헌법조항은 그대로 둔 채 새로운 헌법조항을 추가하는 '증보형(Amendment)' 개헌이 아니라 기존의 헌법조항을 수정, 삭제, 추가하는 '수정형(Revision)' 개헌의 방식을 채택하고 있다는 점을 고려했을 때, '증보형' 개헌의 방식을 취하지도 않는 우리 헌법조항 간에 신법우선의 원칙을 적용해서 기존의 헌법조항이 새로운 헌법조항과의 충돌로 사문화되었다는 해석론을 펼 수는 없다.

을 선언한 조항이라고 해석된다.

Ⅳ. 헌법 전문(前文)

헌법 전문에는 보통 그 나라 헌법의 기본원리(헌법의 이념적 기초인 동시에 헌법을 총체적으로 지배하는 지도원리)가 잘 집약되어 있다.

1. 의의

헌법전문은 헌법의 본문 앞에 위치하면서 헌법전(憲法典)의 일부를 구성하는 헌법의 서문(序文)이다. 일반적으로 각국 헌법에는 헌법전문이 존재하며, 헌법의 제·개정역사, 헌법제정권력, 헌법의 제정목적, 헌법본문을 관통하는 헌법의 기본원리가 헌법전문에 포함된다.

2. 입법례

1936년의 소련헌법, 1914년의 노르웨이헌법처럼 제2차 세계대전 이전에는 헌법전문이 없는 헌법도 존재했으나, 제2차 세계대전 후 대부분의 헌법은 헌법전문을 두고 있다. 이 헌법전문에는 이태리헌법의 헌법전문처럼 헌법전문의 내용이 헌법제정의 역사에 국한된 헌법(헌법전문의 법적 효력을 인정하기 어려움)도 있고, 독일이나 우리나라 헌법전문처럼 헌법전문의 내용이 헌법제정의 역사에 국한되지 않고 헌법의 기본원리 등 기타사항을 규정한 헌법도 있다.

3. 법적 성격: 헌법전문이 재판규범으로서의 효력을 가지는가?

(1) 효력부정설

효력부정설에 의하면, 헌법전문은 헌법제정의 역사적 설명에 불과하거나 헌법의 유래나 목적 등을 선언한 것에 불과해서 법적 규범력이 없다고 본다. 이것은 독일의 안슈츠(Anshütz), 마이어(G. Meyer) 등 독일학자와 미국 연방대법원(Jacobson v. Com. of Mass(1905))의 입장이기도 하다. 특히 안슈츠는 헌법전문이 "선언적일 뿐 명령적이지 않다."고 표현했다.

(2) 효력긍정설

효력긍정설은 헌법전문이 헌법제정권력의 소재 등을 밝힌 것으로 **전체적 결단**으로서의 **헌법의 본질적 부분**이므로 규범적 효력이 있다고 본다. 우리나라, 독일, 프랑스, 일본 등의 다수설과 판례의 입장이다.

(3) 사견

헌법전문은 단순히 헌법의 공포문에 불과한 것이 아니고 헌법의 각 조항을 지배하는 근본원리로서 입법·사법·행정의 모든 국가기관의 작용 및 국민의 헌법생활에 관한 궁극적 기준이 되고 이 원리에 입각해 헌법의 각 조항이 구체화 되어 있다. 따라서 헌법전문은 '헌법의 헌법'으로서 헌법규범의 단계적 구조 중에 최상위의 근본규범이다.(통설)

4. 내용

(1) 헌법 제정의 날짜, 헌법 개정의 경과와 헌법개정권력

헌법전문은 마지막 부분에서 "우리 대한국민은...1948년 7월 12일에 제정되고 8차에 걸쳐 개정된 헌법을 이제 국회의 의결을 거쳐 국민투표에 의해 개정한다."고 규정하여 헌법제정의 날짜, 헌법개정권력이 국민임과 헌법개정의 경과(9차 개정)를 규정하고 있다.

(2) 임정의 법통 계승

"3.1운동으로 건립된 대한민국임시정부의 법통......을 계승하고"라고 하여 임정의 법통 계승을 헌법전문에 명시하였다. 이때 "법통 계승"의 의미는 광복 후 수립된 대한민국정부가 임정의 입헌주의적·자주독립적·민족자결주의적 성격과 이념을 즉 정통성을 계승한 후속국가임을 말한다. 1948년 제헌헌법 전문은 해당부분에서 "......대한국민은 기미 삼일운동으로 대한민국을 건립하여 세계에 선포한 위대한 독립정신을 계승하여 이제 민주독립국가를 재건함에 있어서"라고 규정했었다.

(3) 자유민주적 기본질서의 확립

"자유민주적 기본질서를 더욱 확고히 하여"라고 규정한다. 대한민국이 정치질서로서 '자유민주주의'에 기반하고 이를 더욱 확고히 할 것을 요구하고 있다.

(4) 4.19 민주이념의 계승과 조국의 민주개혁

"불의에 항거한 4.19 민주이념을 계승하고 조국의 민주개혁......의 사명에 입각하여"라고 규정하고 있다. 이 때 "불의에 항거한 4.19 민주이념"은 저항권 행사를 간접적으로 인정한 것이고, "조국의 민주개혁"은 이것이 지상과제임을 천명한 것이다.

(5) 근대화 추진과 기회균등

"모든 사회적 폐습과 불의를 타파하며"는 근대화 추진을 의미하고, "안으로는 국민생활의 균등한 향상을 기하고"는 기회균등의 보장을 의미하며, 자유와 책임의 조화를 통한 정의로운 사회국가의 실현을 선언한 부분이다.

(6) 문화국가주의와 민족주의

"유구한 역사와 전통"은 문화국가주의를 의미하며, "정의·인도와 동포애로써 민족의 단결을 공고히"는 민족주의를 선언한 것이다.

(7) 평화통일과 국제평화주의

"조국의... 평화적 통일의 사명에 입각하여"는 조국의 평화적 통일이 민족적 과제임을 선언한 것이고 "밖으로는 항구적인 세계평화와 인류공영에 이바지함으로써"는 대한민국이 항구적 국제평화주의를 지향하는 평화애호국가임은 천명한 것이다.

(8) 우리 국민의 국민적 과제

"우리들과 우리들의 자손의 안전과 자유와 행복을 영원히 확보할 것을 다짐하면서"는 안전·자유·행복이 한국민의 국민적 과제임을 강조한 것이다.

(9) 책임과 의무의 강조

"자유와 권리에 따르는 책임과 의무를 완수하게 하여"는 권리의 반면인 책임과 의무를 강조한 것이다.

5. 법적 효력

(1) 헌법의 일부

헌법전문은 헌법전의 일부를 구성한다.

(2) 최고규범성

헌법전문은 국내법 질서에 있어 최고의 규범으로서 헌법본문을 비롯한 모든 하위법령에 우월하며, 하위법령의 내용을 한정하고 타당성의 근거가 된다.

(3) 해석기준

헌법본문과 하위법령의 각 조항들이 서로 저촉될 때에 헌법전문은 그 해석기준이 된다.

(4) 재판규범성

헌법전문은 재판규범성을 가지기 때문에 헌법본문과 동일하게 구체적 헌법소송(공권력 행사의 위헌 여부를 소송의 방식으로 다투는 경우)에서 원용할 수 있다(통설).

(5) 헌법개정의 한계

헌법전문에 대한 자구(字句) 수정은 인정되나 헌법전문의 근본이념에 반하는 내용 개정은 헌법개정의 한계를 넘는 것으로서 금지된다. 왜냐하면 헌법전문은 헌법제정권력자의 근본결단이며 헌법의 지도이념인 '헌법의 헌법'이기 때문이다.

6. 한국헌법재판소 판례

(1) 국가에 대한 가집행 금지 사건(헌재 1989. 1. 25. 88헌가7)

심판대상인 '구 소송촉진 등에 관한 특례법' 6조는 "재판권의 청구에 관한 판결을 상당한 이유가 없는 한 당사자의 신청 유무를 불문하고 가집행할 수 있음을 선고하여야 한다. 다만, 국가를 상대로 하는 재판권의 청구에 관하여는 가집행의 선고를 할 수 없다."고 규정하고 있었다. 이에 대해 헌법재판소는 "다만 ~ 없다"라는 단서 부분은 헌법에 위반된다는 위헌결정을 내렸다. 그 근거로 헌법재판소는 이 단서부분은 국가가 국민과 대등한 사(私)경제적 주체로서 활동하는 경우에까지 국가를 우대하는 것으로 이를 정당화할 합리적 이유가 존재하지 않으며, 재산권 보장과 재판받을 권리를 실현함에 있어서 기회균등을 보장하고 있는 헌법전문인 "정치, 경제, 사회, 문화의 모든 영역에 있어서 각인의 기회를 균등히 하고"와 헌법 11조의 평등권 조항에 위배된다는 점을 들었다.

(2) 반(反)국가단체에 대한 찬양·고무 사건(헌재 1990. 4. 2. 89헌가113)

이 사건 제청신청인들은 반국가단체를 이롭게 할 목적으로 도서 및 표현물을 소지하고 이를 반포하였다는 이유로 재판을 받던 중 국가보안법 7조1항[89] 및 5항의[90] 위헌 여부에 대해 위헌법률심판의 제청을 법원에 신청하였고 법원이 이 신청을 받아들여 헌법재판소에 위헌법률심판을 제청하였다. 헌법재판소는 주문을 통해 "국가보안법 제7조 제1항 및 제5항은 각 소정행위가 국가의 존립·안전을 위태롭게 하거나 자유민주적 기본질서에 위해를 줄 경우에 적용되므로 이런 해석 하에서는 헌법에 위반되지 아니한다."는 한정합헌결정을 내렸다. 그러면서 그 결정이유에서 헌법전문과 관련하여 "국가보안법 제7조 제1항 소정의 행위들 가운데서 국가의 존립·안전이나 자유민주적 기본질서에 무해한 행위를 처벌에서 배제하고 이에 실질적 해악을 미칠 명백한 위험성이 있는 경우로 처벌을 축소·제한하는 것이 헌법전문("자유민주적 기본질서를 더욱 확고히 하여")에 합치되는 해석이다."라고 판시하였다.

---

89 국가보안법 제7조 제1항은 "반국가단체나 그 구성원 또는 그 지령을 받은 자의 활동을 찬양·고무 또는 이에 동조하거나 기타의 방법으로 반국가단체를 이롭게 한 자는 7년 이하의 징역에 처한다."고 규정하였다.

90 국가보안법 제7조 제5항은 "제1항 내지 제4항의 행위를 할 목적으로 문서·도화 기타의 표현물을 제작·수입·복사·소지·운반·반포·판매 또는 취득한 자는 그 각항에 정한 형에 처한다."고 규정하였다.

제6편

대한민국 헌법의 기본이념과 기본원리

우리 헌법의 기본이념은 크게 민주주의 이념, 사회적 법치국가 이념, 국제평화주의 이념의 세 가지로 나눌 수 있다. 그리고 다시 '민주주의 이념'에는 국민주권원리, 민주적 기본질서, 자유민주주의, 방어적 민주주의가 포함되고, '사회적 법치국가이념'에는 사회국가원리, 사회적 시장경제질서, 법치주의가 포함되며 '국제평화주의이념'에는 평화국가원리, 평화주의적 국제질서가 포함된다.[91]

91 이에 대해 우리 헌법의 기본이념이나 기본원리를 학자에 따라 국민주권주의, 권력분립주의, 평화통일주의, 문화국가주의, 국제평화주의, 군의 정치적 중립성 보장, 기본권 존중주의, 복지국가주의, 사회적 시장경제주의로 나누기(김철수)도 하고, 민주주의 이념(기본권에 기속되는 통치권, 자유민주주의의 원리, 법치주의원리), 정의사회의 이념(사회국가원리, 수정자본주의원리), 문화민족의 이념(문화국가원리, 혼인·가족제도), 평화추구의 이념(평화통일의 원칙, 국제법존중의 원칙)으로 나누기(허영)도 한다.

제1장 민주주의 이념

I. 국민주권의 원리

1. 의의

'주권'(主權, sovereign power)이란 '국가의사를 **전반적·최종적으로 결정할 수 있는 대내적 최고성과 대외적 독립성을 가지는 권력**'을 말한다. 중세 말에 유럽에서 군주의 '왕권'의 개념으로 '주권' 개념이 탄생했다는 점을 고려해 보면 주권 개념이 쉽게 이해된다. 주권의 '대내적 최고성'이란 중세 말 왕권이 다른 봉건제후들보다 우위에 있음을 의미하고, '대외적 독립성'이란 왕권이 교황의 권력으로부터 독립되어 있음을 의미하기 때문이다. 이러한 주권은 헌법제정권력과 유사 개념이므로 앞에서 설명한 헌법제정권력과 마찬가지로 시원성, 항구성, 단일불가분성, 불가양성, 자율성을 가진다. 이러한 주권 개념이 근거해 볼 때, '국민주권의 원리'란 **'국가의사를 전반적·최종적으로 결정할 수 있는 대내적 최고성과 대외적 독립성을 가지는 권력**이 **국민**에게 있다는 원리'로 정의된다.

2. 두 개의 국민주권이론

프랑스 시민혁명 당시에 왕권에 근거해 주권이 군주에게 있다고 보는 군주주권론에 대항해 두 개의 국민주권이론이 있었다. 첫째, 자본가 입장에서의 국민(nation)주권론이다. 이 국민주권론은 기존의 특수계급의 배척은 물론 민중의 정치참여를 배제하고 부르조와(일정한 재산과 교양을 가진 자본가)의 이익을 위해 대의제, 제한·차등선거, 무기속위임의 국민대표를 주장하였다. 둘째, 수탈당하는 민중의 입장에서의 인민(peuple)주권론이다. 1793년과 1795년의 프랑스헌법이 채택했었다.

	국민(nation)주권론	인민(peuple)주권론
사상적 기초	Sieyes의 代議思想	루소의 인민주권사상
주권의 주체	관념적이고 추상적인 전체 국민	현실적이고 구체적인 개인적 집단인 有權的 市民의 총체
구현방법	대의제(간접민주제) 왜냐하면 전체국민의 추상성	직접민주제
대표관계의 본질	(국민의 지시·명령에 구속되지 않는) 무기속위임	(국민의 지시·명령에 구속되는) 기속위임
필수적 전제	권력분립원리	권력집중의 원리
선거	제한선거(일정한 재산과 교양을 가진 부르조와만 선거권을 가짐)	제한선거 안 됨. 왜냐하면 제한선거는 주권적 인민의 주권의 제한
주권의 주체(국민)와 주권의 행사자(유권적 시민의 총체)	분리	일치

프랑스 혁명 이후, 국민(nation)주권론은 자본주의국가의 주권론으로, 인민(peuple)주권론은 사회주의·공산주의국가의 주권론으로 발전해 나갔으며, 오늘날 세계 각국의 헌법들은 국민주권론과 인민주권론의 조화를 기본 틀로 삼고 있다.

3. 국민주권원리에서 '국민'의 법적 성격

(1) 정치적·이데올로기적 개념설(주권개념이념설)

국민주권원리에서의 국민은 '전체국민'을 말하고, 이 '전체국민'은 그 추상성으로 인해 합의체의 구성이나 통일적 집단행동이 불가능하다고 본다. 따라서 이 학설은 국민주권론을 국가권력이 국민 전체의 이익을 위해서 행사되어야 한다는 국가권력의 정당성 근거를 의미하는 정치적·이데올로기적 개념으로 이해한다.

(2) 법적 개념설(국민개념이분설, 주권개념규범설)(통설)

국민을 전체국민과 유권적 시민의 총체로 이분하여 전자는 주권의 보유자(이념적 주권자), 후자는 주권의 행사자(현실적 주권자)로 이해한다. 왜냐하면 국민주권의 원리가 헌법상 명시될 때에는 그 규정자체가 특수한 규범력을 갖게 되어 실정법상의 개념 정립이 가능하다고 보기 때문이다.

4. 국민주권원리의 일반적인 제도적 구현방법

국민주권원리의 일반적인 제도적 구현방법을 국민이 국가의 정책결정과정에 참여하는 방법을 기준으로 나누어보면 간접민주제와 직접민주제로 나누어 볼 수 있다.

첫째, '간접민주제'란 국민이 대표기관을 선출하여 국민을 대신해 국가의사나 국가정책을 결정하게 하는 제도를 말한다. 대의제원리가 적용된다. 간접민주제를 위해 필요한 제도는 대의기관인 '의회제도'와 대의기관을 뽑는 '선거제도'이다.

둘째, '직접민주제'란 국민이 직접 국가의사나 국가정책을 결정하는 제도를 말한다. 그 제도적 장치로는 국가의 주요의사를 직접 국민들이 투표로 결정하는 '국민투표제', 국민들이 헌법개정안이나 법률개정안을 내는 '국민발안제', 국민이 임기가 보장된 선출직 공무원을 임기 만료 전에 파면시키는 '국민소환제'가 있다.

5. 현행헌법과 국민주권주의의 구현

(1) 국민주권의 선언

헌법전문은 국민을 헌법 개정의 주체로 보고 있고, 헌법 1조2항에서 국민주권원리를 직접 명문화하고 있다.

(2) 국민주권의 구현

현행헌법은 간접민주제를 원칙으로 하면서 직접민주제를 예외적으로 가미하고 있다. 간접민주제의 원칙은 헌법 제3장(국회) 40조부터 규정되어 있는 '의회주의'와 대통령 선거에 관한 헌법 67조와 국회의원 선거에 관한 헌법 41조에 규정된 '대의제'로 구현된다. 직접민주제가 예외적으로 가미된 예로는 두 가지 국민투표가 현행헌법에 규정되어 있다. 헌법개정안에 대한 국민투표(헌법 130조2항)와 국가안위에 관한 중요정책에 관한 국민투표(헌법 72조)가 그것이다. 현행헌법에는 국민발안제나 국민소환제는 규정되어 있지 않다.

(3) 기본권 보장

선거권(24조), 공무담임권(25조) 등 정치적 기본권을 보장하여 국민주권주의를 구현하고 있다.

(4) 정당제도

투표가 없을 때나 선거일 사이에도 정당제도(8조)가 발달한 경우 국민은 언제나 국정수립에 참여하거나 영향력을 행사할 수 있다.

(5) 지방자치제에 의한 구현

지방자치제(117조, 118조)도 지역주민의 자율을 본질로 하는 국민주권 실현의 한 방법이다. 지방자치제는 민주주의와 지방분권의 사상에 기반한 '풀뿌리민주주의'이다. 헌법재판소도 지방자치제의 하나인 지방선거와 관련하여 "지방의회의원선거법상의 후보자 기탁금규정은 국민주권주의·자유민주주의의 원리에 합치되지 않는다."(헌재 1991. 3. 11. 91헌마21)고 판시한 바 있다.

(6) 직업공무원제

헌법 7조도 공무원이 국민 전체에 대한 봉사자성과 국민에 대한 책임성을 가진다고 규정하여 직업공무원제의 헌법상 근거조항이 되고 있는데, 이것도 국민주권의 원리를 전제로 한 것이다.

6. 헌법개정의 한계

국민주권원리는 헌법의 기본적 동일성에 관련된 근본적 결단이므로 헌법개정의 한계에 해당한다.

II. 민주적 기본질서

1. 민주적 기본질서의 헌법상 의의

(1) '민주적 기본질서'의 '민주주의'

1) 다의적 개념

민주주의는 여러 가지 의미를 가지는 다의적 개념이다. 민주주의는 첫째, 역사적 개념이면서 생활의 실천원리이다. 왜냐하면 민주주의는 추상적 개념이 아니라 구체적인 국가생활·사회생활의 실천과정에서 형성된 개념이기 때문이다. 또한 민주주의는 보편적 개념이다. 시대와 장소를 초월하여 모든 인간생활에 타당하는 원리이기 때문이다. 둘째, 민주주의는 정치원리이다. 정치원리로서의 민주주의에 관해서는 1930년 아들러(Max Adler)와 켈젠(Hans Kelsen)간의 민주주의 논쟁에 잘 나타나 있다.

제1설로, 켈젠은 민주주의를 '국민에 **의한** 통치'(government **by** the people)로 이해하면서 민주주의를 하나의 **정치형태**로 보는 견해(경험적·기능적 접근론)를 취했다. 그러면서 민주주의의 본질적 요소로 첫째, 국민에 의한 국민의 지배, 둘째, 정치과정의 자유와 (이성적 토론을 위한) 공개성, 셋째, 다수결의 원칙을 들었다.

제2설로, 아들러는 민주주의를 '국민을 **위한** 통치'(government **for** the people)로 이해하면서 민주주의를 실현되어야 할 하나의 **정치이념**으로 보는 견해(고전적·규범적 접근론)를 취했다. 제2설에 의하면 민주주의 이념·목적을 위해서는 어떠한 수단·방법의 사용도 가능해진다. 제2설은 다시 민주주의의 이념·목적이 자유라고 보는 견해, 평등이라고 보는 견해, 박애, 정의, 국민주권이라고 보는 견해로 나누어진다.

정리하자면, 민주주의의 이상형은 정치형태로서의 민주주의와 정치이념으로서의 민주주의를 동시조화적으로 구현하는 형태이어야 하며, 굳이 양자택일을 해야 한다면 정치형태로 보는 것이 타당하다. 왜냐하면 위험을 내포하는 최선보다는 위험이 없는 차선이 안전하기 때문이다. 절차적 민주주의의 중요성이 강조되는 것도 이러한 맥락이다.

(2) '민주적 기본질서'의 '기본질서'

'기본질서'란 국가적 생활영역을 지배하고 규율하는 국가적 질서에 관한 기본원칙을 말한다.

(3) 현행헌법상의 용례

현행헌법에서 전문은 "조국의 민주개혁"이나 "자유민주적 기본질서를 더욱 확고히 하여"라는 규정을 두고 있고, 본문에서도 "민주공화국"(1조1항), "자유민주적 기본질서에 입각한 평화통일정책의 수립"(4조), 정당의 "목적·조직·활동이 민주적"(8조2항), 정당의 목적이나 활동이 "민주적 기본질서"에 위배될 때에는 정당 해산(8조4항) 등을 통해 민주적 기본질서를 규정하고 있다. 따라서 '민주적 기본질서'

란 민주주의를 내용으로 하는 헌법상의 기본질서를 의미한다.

2. 민주적 기본질서의 법적 성격

(1) 정당해산의 기준

헌법 8조4항에 의해 민주적 기본질서는 정당해산의 기준이 된다. 즉 정당의 목적이나 활동이 '민주적 기본질서'에 위배될 때 그 정당은 해산된다.

(2) 헌법의 근본규범:

민주적 기본질서는 헌법의 근본규범으로서 기본적 결단에 해당한다. 즉 헌법 전체를 규율하는 지도원리인 동시에 헌법상의 기본적 가치 기준을 설정하는 것이 되고, 헌법해석의 기준이 되며, 다른 헌법 조항의 타당성의 근거가 되고, 모든 공권력(입법권, 사법권, 행정권) 발동의 타당성 근거가 된다.

(3) 헌법개정의 한계

민주적 기본질서는 통설인 한계긍정설의 입장에서 헌법개정의 한계에 해당하여 개정금지사항이 된다.

3. 헌법 8조4항의 "민주적 기본질서"의 내용

헌법 8조4항의 정당해산 사유로서의 "민주적 기본질서"에 대해서는 이를 자유민주적 기본질서로 좁게 이해하는 견해(다수설, 헌재)와 자유민주적 기본질서뿐만 아니라 사회민주적 기본질서도 포괄하는 넓은 의미로 이해하는 견해(소수설)로 나뉜다.

(1) 자유민주적 기본질서로 좁게 이해하는 견해

다수설과 헌법재판소 판례의 입장으로서, 정당해산 사유로서의 "민주적 기본질서"를 자유민주적 기본질서로 좁게 이해한다. 이 때의 자유민주주의는 근대 자유주의적·입헌주의적 헌법관에 기초한 자유민주주의를 의미한다. 자유민주적 기본질서의 내용이 되는 기본원칙으로는 기본권의 존중, 권력분립, 의회제도, 복수정당제, 선거제도, 사유재산과 시장경제를 골간으로 하는 경제질서인 자유시장경제질서, 사법권의 독립을 들 수 있다. 따라서 정당의 목적이나 활동이 자유민주적 기본질서에 위배되지 않기 위해서는, 결국 그 정당의 목적이나 활동이 **사회주의·공산주의만 표방하지 않으면 된다**는 입장이다.

그 논거로 첫째, 사회민주주의의 중요한 내용은 다른 헌법조항들에서 규정하고 있기 때문에 굳이 헌법 8조4항의 정당해산 사유로서의 "민주적 기본질서"에 포함시킬 필요가 없다. 둘째, **정당해산의 구실을 극소화**하기 위해서는 정당해산 사유로서의 "민주적 기본질서"를 제한적으로 좁게 해석해야 한다. 정당설립의 자유와 복수정당제 보장을 규정하고 있는 헌법 8조1항과의 관계를 고려해도 그러하다. 정당해산 사유로서의 "민주적 기본질서"를 제한적으로 좁게 해석하지 않으면, 각 정당들이 목적·활동이나 정강 등에 사회민주적 기본질서에 관한 내용을 꼭 넣어야 하므로 자유민주주의적 정당이나 보수주의적 정당도 해산되는 결과를 초래하여 너무 많은 정당들이 해산되게 된다.

우리 헌법재판소도 통합진보당 해산결정(헌재 2014. 12. 19. 2013헌다1)에서 "헌법 8조4항이 의미하는 '민주적 기본질서'는, 개인의 자율적 이성을 신뢰하고 모든 정치적 견해들이 각각 상대적 진리성과 합리성을 지닌다고 전제하는 다원적 세계관에 입각한 것으로서, 모든 **폭력적·자의적 지배를 배제**하고, 다수를 존중하면서도 소수를 배려하는 **민주적 의사결정**과 **자유·평등을 기본원리**로 하여 구성되고 운영되는 정치적 질서를 말하며, 구체적으로는 국민주권의 원리, 기본적 인권의 존중, 권력분립제도, 복수정당제도 등이 현행 헌법상 주요한 요소라고 볼 수 있다."고 판시하였다.

(2) 자유민주적 기본질서뿐만 아니라 사회민주적 기본질서도 포괄하는 넓은 의미로 이해하는 견해

헌법 8조4항의 정당해산 사유로서의 "민주적 기본질서"는 현대 복지국가의 사회국가적(복리국가적) 헌법의 의의에 기반하여 현대 복리주의의 이념을 포괄한다. 따라서 사회국가원리에 어긋나는 극단적인 정당의 존립까지 보장할 수는 없다. 예를 들어 빈익빈·부익부 정책을 추구하거나 경제민주화를 위한 국가의 규제와 조정을 반대하는 정당은 헌법 8조4항의 정당해산 사유로서의 "민주적 기본질서"에 위배되는 위헌정당이다.

그 논거로 첫째, 헌법 8조4항의 정당해산 사유로서의 "민주적 기본질서"는 공산주의와 전체주의의 국가질서에 대한 반대개념이지 사회적 법치국가를 배척하는 것은 아니다. 따라서 자유·평등 이외에 복지와 사회정의의 이념도 고려되어야 한다. 둘째, 위헌정당 강제해산제도에 관한 독일헌법 21조2항은 "그 목적이나 추종자의 행태에 있어 **자유민주적 기본질서**를 침해·폐제하려고 하거나 또는 독일연방공화국의 존립을 위태롭게 하려고 하는 정당은 위헌이다. 위헌성의 문제에 관하여는 연방헌법재판소가 결정한다"고 하여 "**자유민주적 기본질서**"를 규정하고 있지만 우리 헌법 8조4항은 "민주적 기본질서"라고 상이하게 규정하고 있다. 셋째, 우리 헌법은 경제적 규제와 조정, 권력분립원리의 구성 등을 통해 전반적으로 자유민주주의에 대한 수정을 가하고 있다. 넷째, 우리의 현 정당들의 정강정책을 보더라도 고전적 자유민주주의를 채택하고 있는 정당은 없으며 모두가 복지국가적·사회적 법치주의를 지향하고 있다.

4. 전체로서의 '민주적 기본질서'의 내용

우리 헌법의 기본질서로서, 전체로서의 '민주적 기본질서'는 자유민주적 또는 사회민주적 기본질서를 포괄하는 상위개념이다. 헌법 전문과 4조는 "자유민주적 기본질서"라고 명시하고 있고, 헌법 1조1항의 "민주공화국"의 "민주"는 자유민주적 기본질서와 사회민주적 기본질서를 포괄하는 넓은 개념이며, 헌법 8조4항의 정당해산 사유로서의 "민주적 기본질서"는 위에서 본 바와 같이 '자유민주적 기본질서'를 의미한다. 헌법 119조2항의 "경제민주화"의 민주는 사회민주적 기본질서를 의미한다.

5. '민주적 기본질서'의 구현형태

(1) '국민의 지배'원리

민주적 기본질서에서 '국민의 지배'는 선거를 통한 간접민주주의로도 구현되고 헌법 72조의 국가안위에 관한 중요정책에 대한 국민투표와 헌법 130조2항의 헌법개정안에 대한 국민투표와 같은 직접민주주의로도 구현된다.

(2) 다수의 지배와 소수의 보호

'민주적 기본질서'는 '다수의 지배'와 함께 '소수의 보호'를 통해서도 구현된다.

(3) 기본권의 보장: 제한은 37조2항

'민주적 기본질서'는 국민 기본권의 보장을 통해 구현되며, 기본권의 제한은 헌법 37조2항에 의한 제한의 한계를 가진다.

(4) 정권의 평화적 교체와 다원적 복수정당제

헌법상 다수자의 지위는 상대적인 것으로서, 소수자가 언제나 다수자로 될 수 있는 '교체의 원리(교체가능성)'를 인정한다. 대통령과 국회의원의 임기제(헌법 42조와 70조), 소수당의 보호·육성이 그 예이다.

(5) 권력분립과 법치주의

'민주적 기본질서'는 입법권은 국회에(40조), 행정권은 정부에(66조4항), 사법권은 법원에(101조1항), 헌법재판권은 헌법재판소에(111조1항) 속하게 하는 권력분립 원리에 의해 구현되며 모든 국가권력의 행사를 헌법과 법률에 기속시키는 법치주의에 의해서도 구현된다.

(6) 실질적 평등(사회민주적 기본질서)과 평화주의적 국제질서

'민주적 기본질서'는 헌법 전문의 "국민생활의 균등한 향상"과 헌법 2장 31조(교육받을 권리)부터 36조3항(보건권)에 걸쳐 규정된 사회적 기본권과 헌법 9장의 경제조항에서 규정하는 '사회적 시장경제질서'에 의해 구현된다. 또한 헌법 전문의 "밖으로는 항구적인 세계평화와 인류공영에 이바지함으로써"와 헌법 5조1항의 침략적 전쟁부인조항이 규정하는 '평화주의적 국제질서'에 의해서도 구현된다.

6. 민주적 기본질서의 보장방법: 방어적 민주주의

(1) 의의와 성격

'방어적 민주주의'란 '민주주의의 이름으로 민주주의 자체를 파괴하거나 자유의 체계를 말살하려는 적으로부터 민주주의가 자신을 방어·투쟁하기 위한 자기방어적·자기수호적 민주주의'를 말한다. 독일의 역사를 통해 민주주의의 '상대주의적 가치중립성'을 지양하고 민주주의가 스스로의 존립을 유지하기 위해 자신의 방어책을 강구하지 않으면 안 된다는 요청에 따라 '가치지향성'(반대는 가치절대성)을 지니는 방어적 민주주의론이 주창되었다. 그 최초의 시도는 1930년대 말 칼 뢰벤슈타인(K. Loewenstein)이나 칼 만하임(Karl Manheim)의 '전투적 민주주의론'(militant democracy)이다. 그래서 '방어적 민주주의'를 '전투적 민주주의'(Streitbare Democratie)라고도 부른다.

(2) 입법례와 판례

제1차 세계대전 이후에 독일연방공화국은 방어적 민주주의를 위한 제도로서 독일헌법에 기본권상실제도와 위헌정당강제해산제도를 도입하였다.

1) 기본권상실제도(독일헌법 18조)

기본권상실제도란 특정인이나 특정조직이 헌법적 질서를 파괴하기 위한 오도된 목적으로 기본권을 악용하는 경우에, 헌법상 보장된 일정한 기본권들을 그들에 한해 상실시키는 제도를 말한다. 독일헌법 18조는[92] 실효될 수 있는 기본권으로 표현의 자유(언론·출판·집회·결사의 자유), 교수의 자유, 서신 및 통신의 비밀, 재산권, 망명권을 한정적으로 열거하고 있다. 독일 연방헌법재판소는 지금까지 연방정부의 불성실한 대응(연방정부가 연방헌법재판소의 추가 자료제출 요구에 불응)을 이유로 기본권실효를 위한 사건의 청구들을 모두 각하해 오고 있다.

2) 위헌정당강제해산제도(독일헌법 21조2항)

위헌정당강제해산제도란 민주주의 그 자체를 폐제할 목적으로 활동하는 반(反)민주적이고 위헌적인 정당을 헌법소송을 통해 강제해산 시키는 제도를 말한다. 독일헌법 21조2항 "그 목적이나 추종자의 행태에 있어 자유민주적 기본질서를 침해 또는 폐제하려고 하거나 또는 독일연방공화국의 존립을 위태롭게 하려고 하는 정당은 위헌이다. 위헌성의 문제에 관해서는 연방헌법재판소가 결정한다"고 규정

92 독일헌법 18조[기본권의 실효]는 "의사표현의 자유, 특히 신문의 자유(5조1항), 교수의 자유(5조3항), 집회의 자유(8조), 결사의 자유(9조), 서신·우편 및 전신의 비밀(10조), 재산권(14조), 또는 망명권(16조2항)을 자유민주적 기본질서에 대한 공격을 위해 남용하는 자는 이 기본권들의 효력을 상실한다. 실효와 그 범위는 연방헌법재판소에 의하여 선고된다"고 규정한다.

한다. 독일 연방헌법재판소는 1952년에 독일사회주의국가당(SRD)을 위헌정당으로 해산하였으며, 1956년 공무원이 독일공산당(KPD)에 가입해 활동한 사건에서 독일공산당을 위헌정당으로 해산하고 그 재산을 몰수하는 판결을 내렸다.

(3) 한계

방어적 민주주의를 긍정한다고 하더라도, 방어적 민주주의가 민주주의의 본질을 침해해서는 안되고, 방어적 민주주의의 명분하에 여러 헌법원리(국민주권, 법치국가, 사회국가, 평화국가의 원리)의 본질을 침해해서도 안되며, 과잉금지원칙에 따라 필요·최소한의 제한만 허용되는 한계를 가진다.

III. (정치영역에 있어서의) 자유민주주의 원리

1. 의의

자유민주주의는 자유주의와 민주주의가 결합된 정치원리이다. 이 때 자유주의는 국가권력의 간섭을 배제하고 개인의 자유와 자율을 존중할 것을 요구하는 사상적 입장으로서 18세기 부르주아들이 주창한 이데올로기이고, 민주주의는 국가권력이 국민에게 귀속되는 것을 특징으로 하는 정치원리이다.

2. 내용

독일연방헌법재판소는 자유민주주의를 "**모든 폭력적 지배와 자의적 지배를 배제**하고 그때그때의 **다수의 의사**와 **자유 및 평등에 의거한 국민의 자기결정**을 토대로 하는 **법치국가적 통치질서**"라고 정의내렸다.

3. 현행헌법과 자유민주주의

(1) 헌법적 근거

현행헌법 전문(前文)에는 "자유민주적 기본질서를 더욱 확고히 하여"라는 부분이 있고, 현행헌법 4조는 국가에게 "자유민주적 기본질서에 입각한 평화통일정책"을 수립하고 추진할 의무를 부여하고 있다.

(2) 자유민주주의의 구현

1) 기본적 인권의 존중

인간의 존엄성 존중을 바탕으로 하는 기본적 인권의 보장은 자유민주주의의 핵심적 요소이다. 자유민주주의에서는 특히 정치적 기본권이 중요하다.

2) 권력분립원리

권력분립원리는 권력과 통치기능을 분리하고 분장시키면서 권력상호간의 견제와 균형을 이루어 국민의 자유와 권리를 보장하려는 원리이다.

3) 의회제도

의회제도란 의회를 중심으로 국정이 운영되는 정치제도를 말한다. 현행헌법도 국회를 국민의 대표기관, 입법기관, 국정통제기관이라고 규정하여 의회제도를 국정운영의 기본제도로 규정하고 있다.

4) 복수정당제도

복수정당제도란 '둘 이상의 정당이 존립하고 활동할 수 있는 정당제도'를 말하는데, 현행헌법 8조1항은 복수정당제를 보장하고 있다.

5) 민주적 선거제도

현행헌법 41조1항과 67조1항은 민주적인 선거제도의 기본원칙이라고 할 수 있는 보통·평등·직접·비밀선거제를 규정하고 있다.

6) 자유시장경제질서

사유재산과 시장경제를 골간으로 하는 경제질서란 사유재산제를 기반으로 하고 자유경쟁을 존중하는 자유시장경제질서를 말하는 것으로 자유민주주의의 경제적 기반이 되는 질서를 의미한다. 현행헌법도 23조1항에서 재산권을 보장하고, 119조1항에서는 자유경쟁에 입각한 시장경제질서를 규정한다.

7) 사법권의 독립

사법권의 독립이란 사법권이 누구의 명령이나 지시에도 구속되지 않음을 의미한다. 현행헌법 101조1항, 103조, 106조1항에 규정되어 있다. 사법권의 독립이 확보되지 않고는 자유민주주의가 존속될 수 없다.

Ⅳ. (경제영역에 있어서의) 사회민주주의

사회민주주의는 사회국가의 원리, 사회적 시장경제질서의 다른 표현이다. 이에 대해서는 사회적 법치국가이념에서 후술한다.

제2장 사회적 법치국가의 이념 (사회국가원리, 사회적 시장경제질서, 법치국가의 원리)

Ⅰ. 사회국가의 원리

대륙법계에서는 사회국가(Sozial Staat), 영미법계에서는 복지국가(Welfare State)의 개념으로 발전하였다. 사회국가원리와 복지국가원리는 역사적 전개과정이나 구현방법 등은 다르나 이념, 목표, 내용이 유사하다. 따라서 학설의 다수설은 양자를 동일하게 본다. 소수설(허영)은 사회국가와 복지국가를 구분하는데, 복지국가원리는 국민의 모든 일상생활이 국가의 사회보장제도에 의해 운영되는 국가 원리를 말하고, 사회국가원리는 국민 각자의 자율적 생활설계를 기본으로 하는 원리를 말한다고 본다.

1. 의의

사회국가란 '모든 국민에게 최소한의 생활의 기본적 수요를 충족시킴으로써 건강하고 문화적인 생활을 누릴 수 있도록 하는 것이 국가의 책임이자 국민의 권리로 인정되는 국가'로 정의된다. '사회정의'(社會正義)를 구현하기 위해 법치국가적 방법으로 국민의 복지를 실현하려는 국가적 원리인 '**사회적 법치국가**'의 원리와 표리의 관계에 있다. '정의사회 구현'을 강조하던 전두환 대통령 당시의 1980년 제5공화국 헌법에서 가장 많이 언급됐던 개념이다.

2. 배경

20세기에 들어와 자본주의의 폐해(사회적 모순, 경제적 불평등)가 심화되어 노사갈등, 경제공황, 실업자 증가, 빈익빈 부익부 심화현상이 나타났다. 그러자 경제적 자유방임주의에서 벗어나 국가의 개입(부의 재분배정책, 국가에 의한 투자계획의 필요성)을 주장하는 이론이 등장하였다. 경제학 분야에서 케인즈 경제학이 그 예이다. 이에 자본주의적 생산양식을 기본으로 하면서 사회보장과 완전고용 실현 등을 국가적 책임이자 국민의 권리로 하는 사회국가·복지국가 원리가 등장하였다.

3. 내용

첫째, 사회국가원리의 실현방법은 산업사회에서 발생하는 계급적 갈등을 **단계적·점진적 사회개량정책**으로 해결하는 것이다. 둘째, 이념은 공평분배의 원리에 의한 '**사회정의**'의 이념이다. 셋째, 성격은 **적극국가**이다. 새로운 질서 형성을 위해 국가가 적극적으로 정책을 개발하며 개인적 생활영역에 개입하는 것을 인정한다. 초기 자본주의 국가의 소극국가나 야경(夜警)국가와 구분되는 개념이다. 넷째, 인간상은 사회와 관련성을 가지고 사회적 구속을 받는 인간인 '**사회적 인간**'이다. 왜냐하면 사회국가는 국가의 개인들에 대한 책임은 물론 개인의 사회에 대한 책임까지도 강조하기 때문이다. 이에 비해 자본주의의 인간관은 이기적·개인주의적 인간이다.

이에 따라 사회국가 원리의 핵심내용은 첫째, 기본권에 있어서 사회적 기본권의 보장, 둘째, 재산권의 사회적 기능과 제한이 강조, 셋째, 경제민주화(기회균등의 보장과 소득의 적정분배) 실현, 넷째, 사회복지정책의 추진, 다섯째, 경제질서에 대한 규제와 조정이 된다.

4. 한계

사회국가원리는 몇 가지 한계를 가진다. 첫째, 정책의 재원확보는 국가의 재정능력과 경제력에 의존하기 마련이므로 **국가의 경제적 급부능력상의 한계**를 가진다. 둘째, 사회국가는 필연적으로 행정부의 비대화를 초래하게 되므로 권력분립에 중대한 위협이 되므로 **권력분립원리상의 한계**를 가진다. 아무리 사회국가원리의 실현을 위한 것이라고 하더라도 권력분립원리상의 한계를 정면으로 침해해서는 안 된다. 셋째, 구체적 상황에 맞는 실체적 정의 실현을 전면에 내세우게 되므로 법의 일반원칙의 손상이나 자유권과 같은 기본권의 위축을 초래하기 쉬우나 기본권의 본질적 내용을 침해하는 제한은 허용되지 않으므로 **기본권제한상의 한계**를 가진다. 넷째, 혁명에 의한 사회주의국가와는 다른 개념이므로 단계적·점진적 사회개량적 방법을 벗어날 수 없다는 **개념본질상의 한계**를 가진다. 다섯째, 법치국가적 절차를 무시한 사회국가화는 안 되므로 **법치국가원리에 의한 한계**를 가진다. 여섯째, 인간다운 삶의 실현은 원칙적으로 개인의 책임이며 국가작용이 전면에 나서는 경우는 자기책임으로 해결할 수 없는 영역에 한하므로 **국가책임의 보충성에 의한 한계**를 가진다.

5. 현행헌법과 사회국가원리

(1) 이념조항

사회국가원리의 이념조항으로 헌법전문에서는 "각인의 기회를 균등히 하고"와 "국민생활의 균등한 향상을 기하고"를 들 수 있다. 그리고 헌법본문에서는 10조의 인간의 존엄과 가치 및 행복추구권과 119조2항의 경제민주화를 위한 경제에 관한 규제와 조정 조항을 들 수 있다.

(2) 구체적 구현을 위한 조항

사회국가원리의 구체적 구현을 위한 헌법조항으로는 헌법 31조에서 36조에 걸쳐 규정된 사회적 기본권 조항들을 들 수 있다. 그 중에서 34조1항의 인간다운 생활권(생존권) 조항이 가장 이념적·총칙적 조항이다.

재산권의 사회적 구속성을 강조한 헌법 23조(재산권행사의 공공복리적합성과 공용부담), 121조(경자유전의 원칙에 따른 농지소작제 금지, 그러나 실질적 구현은 아직 미흡), 126조(사영기업의 국공유화 가능성)도 있다. 경제에 대한 규제와 조정을 강조한 119조1항과 2항(부의 공정배분, 공정거래와 독과점의 배제를 위한 '사회적 시장경제질서')도 있으며, 기타 123조(경제집단의 자조조직 육성)와 119조(시장지배와 경제력 남용의 방지), 124조(소비자보호), 125조(대외무역의 육성과 규제·조정)도 있다.

II. (경제·사회질서로서) 사회적 시장경제질서

사회국가원리의 질서로서의 구체화가 '사회적 시장경제질서'이다.

1. 의의

우리 헌법은 '제9장. 경제'에서 경제적 공동체로서의 기본질서로서 '사회적 시장경제질서'를 규정하고 있다. 경제에 관한 일련의 헌법조항들을 '경제헌법'이라고 부른다. 근대헌법은 정치 중심의 헌법으로 정치적 문제가 주된 관심사였으나 현대에는 경제문제가 중대한 헌법사항으로 간주되고 있다. 따라서 '사회적 시장경제질서'는 "자본주의 자유시장경제를 근간으로 하되 경제의 민주화(사회복지, 사회정의)를 실현하기 위한 범위 내에서 국가의 경제에의 규제나 조정이 허락된 경제질서"로 정의된다.

국가와 정치이념, 경제질서를 기준으로 표로 정리하면 다음과 같다.

국가	시민민주국가	사회국가	사회주의국가, 공산주의국가
정치이념	자본주의	수정자본주의	사회주의, 공산주의
경제질서	자유시장경제질서	사회적 시장경제질서 (혼합경제질서)	계획경제질서 (통제경제질서)

2. 연혁(구별개념)

(1) (자본주의적) 자유시장경제질서

자본주의적 자유시장경제질서란 "개인의 자유를 최대한으로 보장하려는 시민민주국가의 경제질서로 재화의 생산, 유통, 소비를 전적으로 개인의 자유에 맡기고 국가는 최소한의 질서유지를 위한 관여만 할 수 있는 경제질서"를 말한다. 사유재산제, 직업선택의 자유, 이윤추구의 원리, 시장경제와 자율적 가격기구, 노동의 상품화를 특징으로 한다. 자본주의의 모순으로 자유시장경제질서 하에서 실질적 불평등이 초래되자 급격한 사회혁명의 방법으로 이를 해결하려는 입장과 점진적·단계적 사회개량의 방법으로 이를 해결하려는 입장이 나타났는데, 급격한 사회혁명의 방법으로 이를 해결하려는 입장은 '전면적 사회화'를 통해 계획·통제경제질서로 나아갔고, 점진적·단계적 사회개량의 방법으로 이를 해결하려는 입장은 '부분적 사회화'를 통해 사회적 시장경제질서로 나아갔다.

(2) 사회주의적 계획경제질서

자본주의의 모순으로 자유시장경제질서 하에서 나타난 실질적 불평등을 사회혁명의 방법으로 해결하려는 입장은 '완전·전면적·혁명적 사회화'로 나아갔고 경제질서에 있어서 '사회주의적 계획경제질서'로 나타났다. 생산수단의 사회화, 사유재산제 부인, 직업선택의 부자유, 이윤추구의 불인정, 전면적인 중앙집권적 계획경제(경제에 대한 국가적 통제), **공동생산·공동분배**를 특징으로 한다.

그러나 '사회주의적 계획경제질서'하에서는 이윤추구 동기의 결여로 열심히 일하지 않는 풍조가 고질화하는 문제가 발생하였다. 이에 자본주의의 부분적 수용으로 이 단점을 해결하고자 '수정사회주의적 경제질서'가 나타났고 중국과 구소련에서는 이것이 '사회주의적 시장경제'로 자리 잡았다.

(3) 사회적 시장경제질서

자본주의의 모순으로 자유시장경제질서 하에서 나타난 실질적 불평등을 점진적·단계적 사회개량의 방법으로 해결하려는 입장은 '부분적 사회화'로 나아갔고 경제질서에 있어서 '사회적 시장경제질서'로 나타났다.

사유재산제(직업선택의 자유와), 시장경제(가격, 생산, 소비), 사회정의(공정한 거래, 독과점의 배제, 경제적 불평등 요인의 제거) 가운데 사유재산제와 시장경제를 근간으로 하면서 사회정의로 수정(부분적 개입, 규제와 조정)을 가하는 것을 특징으로 한다.

3. 한국헌법과 사회적 시장경제질서

(1) 과거 헌법과 사회적 시장경제질서

1948년의 제헌헌법에서는 사기업에 있어서의 근로자의 이익분배균점권을 비롯한 여러 사회적 기본권들이 등장했고, 광범위한 국유화와 사회화 규정들이 나타나 계획경제(통제경제)가 근간인 듯한 인상마저 주었다. 1954년의 제2차 개정헌법

(사사오입 개헌)에서 헌법상의 경제질서를 자유시장경제질서로 전환하는 대폭 개헌이 있었다. 그 후 우리 헌법은 경제에 대한 국가의 개입·규제·조정을 확대시켜 오고 있다.

(2) 현행헌법과 사회적 시장경제질서

1) 규정

헌법재판소는 헌법 '제9장. 경제'의 존재의의를 "경제영역에서의 국가목표를 명시적으로 규정함으로써 국가가 경제정책을 통해 달성해야 할 공익을 구체화하고 동시에 헌법 37조2항의 기본권 제한을 위한 일반적 법률유보에서의 공공복리를 구체화"한 것으로 본 바 있다.

현행헌법에서 직접적으로 경제질서와 관련된 조항들로는 제9장 119조(기본조항)에서 127조까지와 23조1항(재산권 일반의 보장), 22조2항(지적 재산권(무체재산권)의 보장), 15조(직업선택의 자유)를 들 수 있다.

현행헌법에서 간접적으로 경제질서와 관련된 조항들로는 10조(인간의 존엄과 가치 및 행복추구권), 34조(인간다운 생활권), '기회균등'과 '국민생활의 균등한 향상'을 강조한 헌법전문, 32조1항(근로의 권리), 33조(노동3권), 76조1항(대통령의 긴급재정경제처분·명령권)을 들 수 있다.

2) 내용

a. 사유재산제의 제한

첫째, 재산권에 관해 규정하고 있는 헌법 23조에서[93] "그 내용과 한계는 법률로 정한다"고 규정한 1항 후단과 "재산권의 행사는 공공복리에 적합하도록 하여야 한다"고 규정한 2항은 '재산권의 사회적 유보'를 규정하였다.

둘째, "국가는 국민 모두의 생산 및 생활의 기반이 되는 국토의 효율적이고 균형있는 이용·개발과 보전을 위하여 법률이 정하는 바에 의하여 그에 관한 필요한

---

93 헌법 제23조 ①모든 국민의 재산권은 보장된다. 그 내용과 한계는 법률로 정한다.
②재산권의 행사는 공공복리에 적합하도록 하여야 한다.
③공공필요에 의한 재산권의 수용·사용 또는 제한 및 그에 대한 보상은 법률로써 하되, 정당한 보상을 지급하여야 한다.

제한과 의무를 과할 수 있다"고 규정한 헌법 122조와 "국토와 자원은 국가의 보호를 받으며, 국가는 그 균형있는 개발과 이용을 위하여 필요한 계획을 수립한다"고 규정한 120조2항은 국토의 이용·개발과 토지소유권의 제한을 규정하였다. 토지는 수요가 증가하더라도 공급을 늘릴 수 없기에 시장경제원리를 그대로 적용할 수 없기 때문이다. 이 조항들로부터 '토지공개념(土地公槪念)의 원칙'이 도출되는데, 헌법재판소는 '토지공개념의 원칙'을 "토지는 그 소유자가 누구이든 그 토지가 가지는 기능·적성·위치에 따라 공공복리를 위해 가장 효율적으로 이용되어야 하며, 이를 위해 국가의 적절한 규제가 가해져야 한다는 원칙"이라고 정의 내렸다. 토지공개념을 구체화한 법률로는 개발이익환수에 관한 법률, 재건축초과이익 환수에 관한 법률 등이 있다.

셋째, 헌법 121조는 1항에서 "국가는 농지에 관하여 경자유전의 원칙이 달성될 수 있도록 노력하여야 하며, 농지의 소작제도는 금지된다." 2항에서 "농업생산성의 제고와 농지의 합리적인 이용을 위하거나 불가피한 사정으로 발생하는 농지의 임대차와 위탁경영은 법률이 정하는 바에 의하여 인정된다."고 규정하여 농지의 소작제를 금지하면서도 법률이 정하는 바에 따라 농지의 임대차와 위탁경영은 인정하고 있다.

넷째, 헌법 120조1항은 "광물 기타 중요한 지하자원·수산자원·수력과 경제상 이용할 수 있는 자연력은 법률이 정하는 바에 의하여 일정한 기간 그 채취·개발 또는 이용을 특허할 수 있다"고 하여 '천연자원의 부분적 사회화'를 규정하고 있다. 즉 자연자원의 사회화를 전제로 한 특허를 규정하고 있는 것이다. 이 때 "경제상 이용할 수 있는 자연력"은 풍력과 조수간만을 의미한다. 또한 '특허'(特許)란 '특정인에게 일정한 권리를 부여하는 행정처분'을 말한다.[94] 이에 관한 법률로는 광업법, 수산업법 등이 있다.

---

94 또한 '허가'(許可)란 '일반적인 금지를 일정한 경우에 해제하여 적법하게 행위할 수 있도록 하는 행정처분'을 말하며, '인가'(認可)란 '당사자의 법률행위(ex.당사자의 신청)를 보충하여 그 법률상의 효력을 완성시키는 감독관청의 행정행위'를 말한다.

b. 자유시장경제(119조1항, 15조의 직업선택의 자유)의 제한

자유시장경제를 제한하는 헌법조항들로는 우선 32조 근로권, 33조 노동삼권, 35조1항 환경권 등 사회적 기본권 조항들을 들 수 있다.

또한 국가의 자유시장경제에 대한 규제와 조정에 관한 헌법조항들로는 독과점기업의 경제력 남용방지에 관한 119조2항(사회정의와 경제민주화의 지향)을 들 수 있다. 이에 관한 법률이 '독점규제 및 공정거래에 관한 법률'이다. 또한 소비자 보호에 관한 124조가 있고 그에 관한 법률이 소비자보호법이다. 대외무역에 관해서는 125조가 규정하고 있고 그에 관한 법률로 대외무역법이 있다. 그 외에 중소기업의 보호에 관한 123조3항이 있다.

c. 기타

그 외에 농어촌 종합개발계획 수립과 지역경제균형발전에 관해 123조 1항, 2항, 4항이 있다. 경제적 약자의 자조조직의 육성에 관해 123조5항이 있고 이에 관한 법률로는 농업협동조합법, 수산업협동조합법, 중소기업협동조합법이 있다. 축산업협동조합법은 1999년 9월 7일에 폐지되었다.

과학기술의 혁신과 정보·인력 개발에 관해 127조1항, 127조3항(자문기구)이 있다. 국가표준제도의 확립에 관해 127조2항(도량형·시간 등에)이 있다.

4. 경제질서에 대한 국가적 개입의 한계

경제질서에 대한 국가적 개입은 인정되지만, 자유시장경제질서의 근간을 이루는 사적 자치의 기본은 유지되어야 하는 한계를 가진다. 헌법 119조1항은 기업의 자유 보장, 헌법 126조는 사영기업의 경영권에 대한 불간섭원칙을 규정하고 있으므로 개인의 재산권의 본질적 내용의 침해는 허용되지 않으며 개인의 재산권 제한은 보상을 전제로 한다.

또한 경제질서에 대한 국가적 개입은 **법치국가적 절차**에 따라 이루어져야 하며, 사회주의적 계획경제 내지 **전면적 사회화**는 **국가적 개입의 한계를 넘는 것**이 된다.

III. 법치주의

1. 의의

'법치주의'는 실제상황에 따라 구체화를 필요로 하는 다의적(多義的) 개념이다. '법치'를 간단하게 정의 내리면, '법의 지배'이므로 법치주의는 **'모든 국가적 활동**과 **국민적 생활**은 **국민의 대표기관**인 **의회**가 **제정**한 **법률에 근거를 두고 법률에 따라** 이루어져야 한다는 헌법원리'로 정의된다.

오늘날 법치주의는 국민의 권리의무에 관한 사항을 법률로 정해야 한다는 '형식적 법치주의'에 그치는 것이 아니라 그 **법률의 목적과 내용** 또한 기본권 보장의 **헌법이념에 부합**되어야 한다는 **'실질적 법치주의'**를 의미한다.

2. 역사적 전개

법치주의는 영국과 미국에서는 '법의 지배'의 원리로, 독일에서는 '법치국가원리'로 탄생하고 발전해 나갔다.

(1) 영미에서의 '법의 지배'(Rule of Law)의 원리

1) 영국에서의 '법의 지배'의 원리

'법의 지배'의 원리는 영국의 코크(Edward Coke)판사에 의해 최초로 주장되었다. 즉 그는 "왕도 법 위에 있지 못하다"라며 '군주적 대권'(Royal Prerogative)의 절대성에 반대하며 보통법(common law)의 우위성을 주장하였다.

그 후 '법의 지배'의 원리는 다이시(A.V.Dicey)에 의해 이론화·체계화되었는데, 그는 '법의 지배'의 원리를 구성하는 세 가지 원칙을 제시하였다. 첫째, 왕권에 대한 법(보통법)의 절대적 우위이다. 둘째, 보통법(common law) 강조로 인한 '보통법원의 우위'이다. 이러한 원칙은 국가에 대한 행정소송도 특별법원이 아닌 보통법원(일반법원)의 심판을 받게 하였고 영국에서 행정법의 성립·발달이 늦어지는 원인이 되었다. 셋째, 영국에서 명예혁명 이후 의회제정법이 법원의 보통법보다 우위에 서게 되면서 의회(주권)주의가 강조되었다. 의회주권주의에 의해 국민의 대표로 구성된 의회에 주권이 있고, 의회는 남자를 여자로, 여자를 남자로 만드는 것 이외의 모든 것을 할 수 있을 정도였다.

2) 미국에서의 '법의 지배'의 원리

미국에서의 '법의 지배'의 원리는 영국과는 달리 성문경성헌법에 규정된 국민의 기본권 보장이 중심이었다. 의회입법권에 대한 '사법권(司法權)의 우위'가 미국 연방대법원의 판례로 탄생한 위헌법률심사제로 나타났다. 미국에서의 '법의 지배'의 원리는 개인의 자유과 권리를 확보하기 위한 '절차적 측면'에 중점을 두었다.

3) 소결

영국의 '법의 지배'의 원리와 미국의 '법의 지배'의 원리는 **'인권보장'**을 본질로 한다는 공통적 출발점을 가진다. 이에 비해 **'법률에 의한 행정'**(행정의 합법률성)을 본질로 한 것이 다음에서 설명하는 독일의 '법치국가원리'이다.

(2) 독일에서의 법치국가(Rechtsstaat)의 원리

1) 형식적 법치주의

오토 마이어(Otto Mayer) 등 독일의 공법학자들은 법치주의를 시민적 자유를 보장하기 위한 방법과 법기술로 이해하였다. 따라서 행정과 사법이 의회가 제정한 법률에 적합하도록 행해질 것만 요구할 뿐, 법률 자체의 '내용'(내지는 '목적')은 문제 삼지 않았다.

그러나 독재체제하에서는 법률이 개인의 권익보호를 위한 장치가 아니라 개인을 억압하기 위한 수단(법률주의)으로 악용될 수 있다. 제2차 세계대전 당시 독일 히틀러의 나치제국이나 이탈리아 무솔리니 등의 파시즘제국이 그 예가 될 수 있다. '형식적 법치주의'는 법실증주의와 결합하여 나치(Nazi)와 같은 불법국가(不法國家)에 이르게 되었다.

2) 실질적 법치주의

제2차 세계대전 이후에 이에 대한 반성과 함께 '실질적 법치주의'가 등장하여 법률의 '내용'(내지 '목적')도 정의(正義)나 기본권 보장의 헌법이념(인간 존중)에 합치될 것을 요구하게 되었다. 따라서 행정·사법뿐만 아니라 입법까지도 헌법상의 기본권 등의 기속을 받게 되었다.

3) 소결

통설에 따르면 영미의 '법의 지배'의 원리와 독일 등의 '실질적 법치국가원리'는 동일한 원칙으로 이해된다.

3. 법적 성격

법치주의는 위의 연혁을 살펴보았을 때 국가권력의 '제한원리'로 이해된다. 즉 선재(先在)하는 국가권력으로부터 국민의 자유와 권리를 보호하기 위한 방어적·투쟁적 원리이자, 비정치적·법기술적 원리이고, 국가권력의 통제를 목적으로 하는 소극적 원리인 것이다.

4. 내용

(1) 목적

법치주의의 목적은 '국민의 자유와 권리의 보장'에 있다.

(2) 제도적 기초

국가권력의 남용을 방지하기 위해서는 국가조직이 견제와 균형의 원리에 따라 구성되어야 한다는 '권력분립'이 법치주의 실현을 위한 제도적 기초이다.

(3) 내용과 구성요소

1) 내용

법치주의의 내용은 **'법률의 우위, 법률에 의한 행정, 법률에 의한 재판'**이다.

2) 구성요소

법치주의의 구성요소로는 다음의 7가지를 들 수 있다.

a. 성문헌법주의

'실질적 법치주의'에 의해 법률의 목적과 내용 또한 기본권 보장의 헌법이념에 부합되어야 한다는 점이 강조되므로, 헌법도 불문헌법보다는 성문화된 성문헌법이 필요하다. 따라서 성문헌법주의는 법치주의의 구성요소가 된다.

b. 기본권과 적법절차의 보장

헌법이 추구하는 목표는 국민의 기본권 보장에 있다. 또한 국민의 기본권 제한도 적법절차에 따라서만 이루어질 수 있다. 미국 연방헌법은 일찍이 수정헌법 5조와[95] 14조에[96] 적법절차조항을 두어 이를 분명히 하였다.

c. 권력분립주의의 확립

권력분립원리하에서 국가권력은 입법, 행정, 사법으로 나뉘어 서로 견제와 균형을 유지한다. 이러한 권력분립주의의 확립은 '법률의 우위, 법률에 의한 행정, 법률에 의한 재판'을 내용으로 하는 법치주의의 전제가 되는 구성요소이다.

d. 입법작용의 헌법 및 법에의 기속

'실질적 법치주의'에서는 행정작용이나 사법작용뿐만 아니라 입법작용도 헌법 및 다른 법률에 기속되도록 위헌법률심사제를 채택하여, 법률도 그 내용과 목적이 기본권 보장의 헌법이념(인간 존중)에 합치되는 정당한 것이 될 것을 요구하게 되었다.

e. 포괄적 위임입법의 금지

현대 사회(복지)국가에서는 국가기능의 복잡화와 전문적 영역의 확대, 그리고 급격한 현실의 변화에 대한 즉각적인 대응의 곤란함 등으로 인하여 입법영역의 상당한 부분을 행정부에 위임하게 되었다. 그러나 헌법 75조는 대통령이 **"법률에서 구체적으로 범위를 정하여 위임받은"** 사항 등에 관하여 대통령령을 발할 수 있다고 규정함으로써, 백지위임(白紙委任) 입법 즉 '포괄적 위임입법'은 포괄위임금지원칙에 의해 이를 금지하고 있다.

포괄위임금지원칙 위반 여부에 대한 판단기준으로는 '국가공동체와 그 구성원에게 기본적이고 중요한 의미를 갖는 영역, 특히 국민의 기본권 실현에 관련된 영역에 있어서는 행정부에 맡길 것이 아니라 국민의 대표자인 입법자 스스로 그 본

95 미국 수정헌법 제5조는 "No person shall......be deprived of life, liberty, or property, without due process of law"(어떤 사람도 적법절차에 의하지 않고는 생명, 자유, 재산을 박탈당하지 않는다)고 규정하고 있다.

96 미국 수정헌법 제14조는 제1항에서 "...nor shall any state deprive any person of life, liberty, or property, without due process of law..."(어떤 주정부도 적법절차에 의하지 않고 주민의 생명, 자유, 재산을 박탈할 수 없고)라고 규정하고 있다.

질적 사항에 대해 결정해야 한다'는 **본질성설(중요사항유보설)**이 헌법재판소 판례와 다수설의 입장이다. 포괄위임이 아니라고 하더라도 반드시 법률로 규정하여야 할 사항을 하위 명령 등에 위임한다면 이는 본질성이론(의회유보원칙)에 반한다.

포괄위임금지원칙과 동전의 양면으로서의 성격을 띠는 것이 '명확성원칙'이다. '명확성원칙'이란 국민의 기본권을 제한하는 법률은 법률의 수준에서 명확하게 규정되어야 하며 불명확하고 막연하게 규정되면 '문언상 무효'(Void on its face)가 된다는 이론이다. 명확성원칙 위반 여부에 대한 판단기준으로는 '법률조항으로부터 하위규범으로 정해질 내용의 대강을 예측할 수 있어야 한다'는 '예측가능성설'이 헌법재판소 판례 및 다수설의 입장이다. 즉 법률에 이미 하위규범으로 규정될 내용 및 범위의 기본사항이 구체적으로 규정되어 있어서 누구라도 당해 법률로부터 하위규범에 규정될 내용의 대강을 예측할 수 있어야 '명확성원칙'에 위배되지 않는다는 것이다. '명확성원칙'은 모든 기본권 제한 법률이 충족하여야 할 원칙이지만, 특히 신체의 자유 제한법률들에서 죄형법정주의의 한 세부원칙으로 강조되고 표현의 자유 제한법률들에서 강조된다.

따라서, 명확성원칙은 기본권 제한법률이 '법률'의 수준에서 충족하여야 할 원칙이고, 포괄위임금지원칙은 법률의 행정명령으로의 '위임'의 수준에서 충족하여야 할 원칙일 뿐, 동전의 양면과 같이 유사한 내용을 다른 수준에서 요구하는 원칙들이라 할 수 있다.

f. 행정의 합법률성(合法律性)과 사법적(司法的) 통제

법치주의의 한 내용인 '법률에 의한 행정'에서 '행정의 합법률성'이 나오며, 헌법 107조2항에[97] 따라 행정부의 명령, 규칙 및 처분의 헌법이나 법률 위반 여부에 대한 사법적 통제는 법원의 권한이며, 최종적으로는 대법원이 이를 심사할 권한을 가진다. 이러한 행정의 합법률성에 대한 사법적 통제를 통해 행정부의 광범위한 자유재량은 배제된다.

---

97 헌법 제107조 항은 "명령·규칙 또는 처분이 헌법이나 법률에 위반되는 여부가 재판의 전제가 된 경우에는 대법원은 이를 최종적으로 심사할 권한을 가진다."고 규정하고 있다.

g. 공권력 행사의 '예측가능성 보장'과 '신뢰보호의 원칙'

공권력 행사(방법과 범위)의 '예측가능성 보장'과 '신뢰보호의 원칙'은 '법적 안정성'을 추구하는 법치국가원칙의 기본원칙들이다. 공권력 행사의 예측가능성 보장에는 신뢰보호의 원칙 이외에 '소급입법금지의 원칙'과 '체계정당성의 원칙'도 포함된다.

a) **신뢰보호의 원칙**

가. 의의

'신뢰보호의 원칙'이란 '법적 규율이나 제도가 장래에도 지속되리라는 합리적 신뢰를 바탕으로 이에 적응하여 개인의 법적 지위를 형성하여 왔을 때에는 국가가 그와 같은 국민의 신뢰를 되도록 보호하여야 한다는 원칙'을 말한다.

나. 심사기준

사회환경이나 경제여건의 변화에 따른 정책적 필요에 의해 공권력 행사의 내용은 신축적으로 바뀔 수밖에 없고, 그 바뀐 공권력행사에 의해 발생된 새로운 법질서와 구법질서와의 사이에는 어느 정도 이해관계의 상충이 불가피하므로, 국민이 가지는 구법질서에 대한 모든 신뢰가 헌법상 보호되는 것은 아니고 구법질서에 대한 국민의 신뢰가 **합리적이어서 보호할 필요성**이 인정되어야 한다. 따라서 **신뢰보호원칙 위반 여부**는 침해받는 신뢰이익의 보호가치, 침해의 중한 정도, 신뢰 침해의 방법 등과 새 입법을 통해 실현코자 하는 공익 목적과를 **종합적으로 비교형량하여 판단**한다.

다. 헌재 판례

신뢰보호원칙 위반을 인정한 판례로는 주택법에서 하자담보청구권의 소급 박탈(헌재 2008. 7. 21. 2005헌가16, 주택법 46조1항 등 위헌결정), 일률적인 택지소유상한법 적용으로 법률 전체 무효(헌재 1999. 4. 29. 94헌바37 등), 변리사자격 자동취득 폐지를 일부에게만 인정(헌재 2001. 9. 27. 2000헌마208등), 세무사자격 자동취득 폐지를 일부에게만 인정(헌재 2001. 9. 27. 2000헌마208등) 등이 있다.

신뢰보호원칙 위반을 부인한 판례로는 무기징역 집행 중에 있는 자의 가석방 요건을 10년 이상 복역에서 20년 이상 복역으로 조정(헌재 2013. 8. 29. 2011헌마

408), 병역법에서 병역면제 상한연령을 36세로 상향 조정(헌재 2002. 11. 28. 2002헌바45), 고교평준화 지역의 신규 지정(헌재 2012. 11. 29. 2011헌마827), 사법시험 1차에서 영어시험 대체제도(헌재 2007. 4. 26. 2003헌마947등) 등이 있다.

b) 소급입법금지원칙

가. 헌법적 근거

헌법 13조1항은 "모든 국민은 행위시의 법률에 의하여 범죄를 구성하지 아니하는 행위로 소추되지 아니하며…"라고 하여 신체의 자유와 관련해 '형벌법규불소급의 원칙'을 규정하고 있고, 헌법 13조2항은 "모든 국민은 소급입법에 의하여 참정권의 제한을 받거나 재산권을 박탈당하지 아니한다"라고 하여 참정권과 재산권에 있어 소급입법금지원칙을 규정하고 있다. 이들은 예시된 것이며, 소급입법금지원칙은 소급입법으로 인한 모든 기본권 제한에 적용된다.

나. 진정소급입법과 부진정소급입법

가) 부진정소급입법

부진정소급입법이란 "이미 **과거에 시작**하였으나 **아직 완성되지 않고 진행과정**에 있는 **사실 또는 법률관계**를 **규율대상**으로 하는 소급입법"을 말한다. 예를 들어 입법자가 사회현상의 변화로 인해 약사의 직업행사의 요건을 강화하는 방향으로 법률을 개정하고자 하는 경우에 입법자가 강화된 직업행사 요건을 장래에 약국을 개설하는 경우에 대해서만 적용하지 않고 기존의 약국에 대해서도 적용하는 경우가 부진정소급입법에 해당한다. 이 때 약사로서 약국 개설을 한다는 사실관계는 이미 과거에 시작하였으나 아직 완성되지 않고 진행과정에 있는 사실관계이기 때문이다.

헌법재판소는 "입법자가 공익상의 필요에 의하여 직업행사의 요건을 달리 정하거나 강화하는 등 직업제도를 개혁함에 있어서는 기존 종사자들의 신뢰를 보호하는 것이 헌법상 법치국가의 원리로부터 요청되고 신뢰보호가 충분히 이루어졌는지 여부가 과잉금지원칙의 위반 여부를 판단하는 기준이 된다"(헌재 2002. 7. 18. 99헌마574)고 보았다.

부진정소급입법의 위헌 여부는 '소급효를 요구하는 공익상의 사유'와 '국민의 신뢰보호의 요청' 사이의 비교형량으로 정해지는데, 부진정소급입법은 원칙적으로는 허용된다. 오늘날 신뢰보호원칙의 문제는 대부분의 경우 부진정소급효의 문제이며, 바로 법률의 '경과규정'의 문제이기도 하다. 어떤 조건하에서 법적 상태의 존속에 관한 개인의 신뢰가 보호되어야 하는가의 문제가 부진정소급입법의 핵심문제이다.

나) 진정소급입법

진정소급입법이란 **"과거에 완성된 사실 또는 법률관계**를 **규율대상**으로 하는 소급입법"을 말한다. **원칙적으로 불허**된다. 구법에 의해 형성되어 이미 굳어진 개인의 법적 지위를 사후입법으로 박탈하는 것이므로, 신뢰보호원칙과 법적 안정성을 내용으로 하는 헌법상 법치국가원리에 따라 원칙적으로 불허되는 것이다. 예로서 국가보위입법회의법에 의한 국회사무처 공무원의 신분보장 박탈(헌재 1989. 12. 18. 89헌마32등)에 대한 불허를 들 수 있다. 다만, 예외적으로 진정소급입법이 허용되는 경우도 있다. 구법에 의해 보장된 국민의 법적 지위에 대한 신뢰가 보호할 만한 가치가 없거나 지극히 적은 경우나, 소급입법을 통해 달성하려는 공익이 매우 중대하여 예외적으로 구법에 의한 법적 상태의 존속을 요구하는 국민의 신뢰보호이익에 비해 현저히 우선하는 경우에는 진정소급입법이 허용된다.

더 구체적으로 헌법재판소는 5.18민주화운동특별법 2조1항 등 사건(헌재 1996. 2. 16 96헌가2 등)에서 합헌결정을 내리면서 "국민이 소급입법을 예상할 수 있었거나, 법적 상태가 불확실하고 혼란스럽거나 하여 보호할 만한 신뢰의 이익이 적은 경우, 소급입법에 의한 당사자의 손실이 없거나 아주 경미한 경우, 신뢰보호의 요청에 우선하는 심히 중대한 공익상의 사유가 소급입법을 정당화하는 경우"에는 진정소급입법도 허용될 수 있다고 판시하였다. 또한 헌법재판소가 "친일재산은 취득증여 등 원인행위 시에 국가의 소유로 한다고 규정하는 친일반민족행위자 재산의 국가귀속에 관한 특별법 3조1항 본문은 진정소급입법이지만 헌법 13조2항에 위배되지 않는다"(헌재 2011. 11. 24. 2009헌바292)고 판시한 것도 또 다른 예가 될 수 있다.

사회적 법치국가의 구현을 위해 **시혜적 소급입법**은 **폭넓게 인정**된다. 시혜적 소급입법을 할 지 여부는 입법자의 의무가 아니라 입법재량의 문제로서 그 판단은 일차적으로 입법자에게 맡겨져 있으므로, 입법자에게 광범위한 입법형성의 자유가 인정된다(헌재 1998. 11. 26. 97헌바67 등, 구 관세법 부칙 제4조 사건, 합헌).

c) 체계정당성의 원리

체계정당성의 원리란 '규범 상호 간의 구조와 내용 등이 모순됨이 없이 체계와 균형을 유지하도록 입법자를 기속하는 헌법적 원리'(헌재 2005. 6. 30. 2004헌마40 등)를 말한다. 입법자의 자의(恣意)를 금지하여 규범의 예측가능성 및 규범에 대한 신뢰와 법적 안정성을 확보하려는 것이 취지이며, 법치주의원리로부터 도출된다.

체계정당성 위반 자체가 바로 위헌이 되지는 않는다. 이것은 과잉금지원칙이나 평등원칙 위반 등의 위헌성을 시사하는 하나의 징후일 뿐이다. 따라서 위헌이 되기 위해서는 결과적으로 과잉금지원칙이나 평등원칙 등 일정한 헌법의 규정이나 원칙을 위반해야 한다. 따라서 체계정당성의 위반을 정당화할 합리적인 사유의 존재에 대하여는 입법의 재량이 인정되어야 한다.

5. 현행헌법과 법치주의

(1) 구현방법

현행헌법에는 법치주의의 모든 구성요소들이 구비되어 있다. 첫째, 형식적 헌법전이 존재한다. 둘째, '제2장 국민의 권리와 의무'에서 국민의 기본권들이 보장되어 있고, 헌법 12조1항과[98] 3항에서[99] 국민의 기본권 제한이 적법절차에 따라 이루어질 것을 규정하고 있다. 셋째, 40조, 66조4항, 101조1항에서 권력분립원리가 규정되어 있다. 넷째, 107조1항에서 입법작용의 헌법·법 기속이 규정되어 있다. 다섯째, 75조에서 포괄적 위임입법의 금지가 규정되어 있다. 여섯째, 107조2항에

98 헌법 제12조 제1항은 "모든 국민은 신체의 자유를 가진다. 누구든지 법률에 의하지 아니하고는 체포·구속·압수·수색 또는 심문을 받지 아니하며, 법률과 적법한 절차에 의하지 아니하고는 처벌·보안처분 또는 강제노역을 받지 아니한다."고 규정하고 있다.

99 헌법 제12조 제3항은 "체포·구속·압수 또는 수색을 할 때에는 적법한 절차에 따라 검사의 신청에 의하여 법관이 발부한 영장을 제시하여야 한다. 다만, 현행범인인 경우와 장기 3년 이상의 형에 해당하는 죄를 범하고 도피 또는 증거인멸의 염려가 있을 때에는 사후에 영장을 청구할 수 있다."고 규정하고 있다.

서 행정의 합법률성과 사법적 통제가 규정되어 있다. 일곱째, 96조에서[100] 공권력 행사의 예측가능성이, 13조1항과 2항에 소급입법금지원칙이 규정되어 있다.

(2) 법치국가원리의 제한

국가적 위기나 비상사태 하에서 국가긴급권이 발동되면 일정 범위 내에서 법치국가원리가 제한될 수 있지만, 제한의 한계, 헌법 37조2항에 따라 법이 규정한 경우에만 제한될 수 있고 제한하는 경우에도 헌법적 질서를 회복하고 유지하기 위한 최소한에 그쳐야 한다는 제한의 한계를 가진다.

제3장 국제평화주의이념 (평화국가원리, 평화주의적 국제질서)

I. 평화국가의 원리

1. 의의

평화국가의 원리란 '국제적 차원에서의 평화공존, 국제분쟁의 평화적 해결, 각 민족국가의 자결권 존중, 내정불간섭 등을 내용으로 하는 국제평화주의를 국가 목적으로 지향하는 국가적 원리'를 말한다.

2. 현행헌법

평화국가의 원리에 관한 현행헌법상의 근거는 헌법 전문의 "밖으로는 항구적인 세계평화와 인류공영에 이바지함으로써," 대외적 평화주의를 규정한 5조1항을 들 수 있다. 통일의 영역에 평화국가의 원리가 적용된 '평화통일의 원칙'에 대해서는 헌법 전문에서 "조국의 평화적 통일의 사명에 입각하여"라고 규정한 부분, 69조의 대통령 취임선서에서 "나는…평화적 통일…에 노력하여"하고 규정한 부분을

100 헌법 제96조는 "행정각부의 설치·조직과 직무범위는 법률로 정한다."고 규정한다.

들 수 있다. 즉 한반도 문제의 해결방안으로도 평화국가의 원리가 채택되어 있는 것이다.

II. 평화주의적 국제질서

'평화국가원리'가 한국헌법의 기본질서로 구체화된 것이 '평화주의적 국제질서'이다.

1. 헌법과 국제질서

세계 각국은 제2차 세계대전 이후 평화주의적 국제질서와 관련해 '국제평화주의' '국제법질서 존중' '외국인의 법적 지위 보장'을 헌법에 규정하고 있고 우리 헌법은 여기에 '평화통일의 원칙'까지 추가하고 있다.

2. 국제평화주의

(1) 연혁

제1차, 제2차 세계대전 후 세계 각국은 대내적으로는 자국헌법에서 평화정신의 선포를, 대외적으로는 국제간 '침략적 전쟁'의 방지조약을 체결하였다. 예를 들어 제1차 세계대전 후 유럽의 몇몇 국가들 사이에서 1928년에 '전쟁포기에 관한 조약'(일명 부전조약)이 체결되었고, 이들 국가의 헌법에도 반영되었다. 또한 제2차 세계대전 종전 직후인 1945년에 국제연합(UN)헌장이 만들어져서 전쟁 포기와 함께 집단안전보장체제를 규정하게 되었다.

(2) 국제평화주의의 헌법적 보장의 유형

세계 최초로 국제평화주의를 선언한 헌법은 1791년 프랑스헌법이었다. 그 후 1946년 일본헌법 9조(일명 '평화헌법조항')는[101] 전쟁의 포기와 함께 군비 자체의 금지를 규정하여 오늘에 이른다.

101 일본헌법 제9조는 "①일본국민은 정의와 질서를 기조로 하는 국제평화를 성실히 희구하고 국권의 발동인 전쟁과 무력에 의한 위협 또는 무력행사를 국제분쟁을 해결하는 수단으로서는 이것을 영구히 포기한다. ②제1항의 목적을 달성하기 위하여 육해공군 기타 전력을 보유하지 않는다. ③ 국가의 교전권은 인정하지 않는다."라고 규정하고 있다.

독일기본법 4조3항도 "누구든지 양심에 반하여 집총병역을 강제받지 않는다." 고 규정하여 양심적 집총(병역) 거부를 인정하고 있다. 자신의 종교적·양심적 신조에 반할 때는 군복무의 일부나 전부를 거부할 수 있는 권리를 기본권으로 보장하고 있는 것이다. 또한 독일기본법 24조1항은 "연방은 법률에 의하여 국제기구에 통치권을 이양할 수 있다."고 규정하여 통치권의[102] 국제기구로의 이양을 규정하고 있다. 프랑스헌법은 조약의 효력을 헌법보다는 하위에 그러나 법률보다는 우위에 두고 조약에 대한 위헌심사를 금지하고 있다.

(3) 우리 현행헌법과 국제평화주의

1) 침략적 전쟁의 부인

"대한민국은 국제평화의 유지에 노력하고 침략적 전쟁을 부인한다."고 규정한 헌법 5조1항은 교전권까지 부인하지는 않지만 침략적 전쟁은 부인한다.(방위전쟁·자위전쟁은 허용) 이 때 "**침략적 전쟁**"이란 '영토 확장, 국가정책의 관철, 국제분쟁해결의 수단으로 행하는 무력의 행사나 무력에 의한 위협'을 말한다. 단순한 경찰력 행사는 침략적 전쟁에 포함되지 않는다.

국제평화주의는 국제문제뿐만 아니라 한반도에 관한 문제에도 적용되며 그 결과가 '평화통일의 원칙'이다. 이에 관해 헌법 전문은 "조국의 평화적 통일의 사명에 입각하여"라고 규정하고, 4조는 "평화적" 통일정책, 66조3항은 대통령의 의무로서 평화통일의무, 69조는 대통령의 취임선서에서 평화통일의무를 규정하고 있다.

3. 국제법질서 존중

(1) 국제법과 국내법

국제법과 국내법의 관계에 관해서는 학설의 대립이 있다. 첫째, '이원론'(二元論)은 국제법과 국내법이 서로 차원이 다른 법질서에 속하므로 양자가 저촉되는 경우에도 양자는 병행하여 따로 그 효력을 지속한다고 본다. 둘째, '일원론'(一元論)은 양자가 통일된 법질서를 구성한다고 본다. 일원론이 통설의 입장이다.

102 입법권·사법권·행정권을 말하는 통치권은 이양할 수 있지만, 주권(主權)은 주권의 불가양성으로 인해 이양할 수 없다.

일원론에 의할 경우 국제법과 국내법의 '효력관계'에 대해 학설의 대립이 있다. 첫째, 주로 국제법학자들이 지지하는 '국제법우위론'은 국내법이 국제법에 의해 위임된 부분법질서이므로 양자가 저촉 시 '국제법이 국내법을 깨뜨린다'고 본다. 주로 헌법학자들이 지지하는 국내법우위론은 국제법의 타당근거가 국가의 자기제한 내지 승인이며 헌법이 국제법을 구속적이라고 인정하는 경우에만 국제법은 효력을 가지므로 '국내법이 국제법을 깨뜨린다'고 본다. 국내법우위론이 헌법학계의 통설이다. 헌법 6조1항을 근거로 헌법에 의해 국제법의 국내법적 효력이 인정되기 때문이다.

(2) 국제법의 국내법적 효력

1) 조약

a. 의의

조약·협약·협정·규약·선언·의정서 등 그 명칭 여하를 불문하고, 헌법재판소에 의해 "국가·국제기구 등 국제법 주체 사이에 권리의무관계를 창출하기 위하여 서면형식으로 체결되고 국제법에 의해 규율되는 합의"(헌재 2008. 3. 27. 2006헌라4)로 정의된다. 헌법재판소는 "대한민국 외교부 장관과 일본국 외무대신이 2015. 12. 28. 공동발표한 위안부 피해자 문제 관련 합의'의 절차와 형식에 있어서나 실질에 있어서 구체적 권리의무의 창설이 인정되지 않으므로 국내법적 효력을 가지는 조약이라 볼 수 없다."고 판시한 바 있다.[103]

b. 조약과 행정부, 입법부, 사법부

조약의 형성과 유지에는 행정부, 입법부, 사법부가 모두 관여한다.

a) 조약의 체결·비준(조약과 집행부와의 관계)

헌법 73조에 의해 조약에 대한 체결·비준권은 대통령에게 있다. 이 때 조약의

103 한일 양국 정부는 당시에 일본군 위안부 문제가 최종적이고 불가역적으로 종결되었음을 선포하였다. 일본 총리가 공식으로 사과한 것은 처음 있는 일이었다. 일본 정부 예산으로 위안부 재단 출연금이 나온 것도 최초였다. 일본의 국가 예산에서 10억 엔을 받은 것은 일본의 간접적 국가책임 인정을 받아들인다는 의미로 해석될 수 있다. 국가책임이 전혀 없다면 위안부 피해자 지원을 위해 일본이 국가 예산을 사용할 이유가 없기 때문이다. 일본은 그 이전까지 국가책임 인정을 끝까지 거부했었다.

"체결"이란 일반적으로 대통령에 의한 전권대사의 지명·파견과 조약 내용에 대한 기본방침 지시를 말하고, "비준"이란 국가 간에 체결된 조약안을 국가원수가 최종적으로 확인하여 조약으로 완성시키는 행위를 말한다. 조약의 체결·비준권이 대통령의 권한이므로 조약의 종료권도 (국회 동의 없이) 대통령에게 있다. 헌법은 대통령에게 대외관계와 외교문제에 관한 일반적 권한을 부여했기 때문이다.

b) 국회의 동의(조약과 입법부와의 관계)

헌법 60조1항은 "국회는 상호원조 또는 안전보장에 관한 조약, 중요한 국제조직에 관한 조약, 우호통상항해조약, 주권의 제약에 관한 조약, 강화조약, 국가나 국민에게 중대한 재정적 부담을 지우는 조약 또는 입법사항에 관한 조약의 체결·비준에 대한 동의권을 가진다."고 규정하고 있다. 이 7가지 조약에 대해서는, 이것이 국회의 동의를 요하는 조약으로 예시된 것에 불과하며 국회 동의가 필요한 다른 조약들도 있을 수 있다는 예시설이 있지만 소수설이고, **통설**은 **열거설**이다. "상호원조 또는 안전보장에 관한 조약, 중요한 국제조직에 관한 조약, 우호통상항해조약, 주권의 제약에 관한 조약, 강화조약, 국가나 국민에게 중대한 재정적 부담을 지우는 조약, 입법사항에 관한 조약"의 7가지 조약이 열거되었고, 어업조약과 무역조약은 헌법개정을 통해 빠졌다. 열거설에 의하면 헌법 60조1항에 열거된 7가지 조약의 체결·비준에만 국회의 '사전'(事前) 동의가 필요하다. 이 때 '사전'이란 조약이 서명과 동시에 효력을 발생하는 경우에는 '서명전'을, 서명 후 비준이 이루어지는 조약은 '비준전'을 의미한다. 1992년 2월에 발효한 남북합의서는 남북 교류협력을 위해 많은 예산이 드는 조약이었으므로 "국민에게 중대한 재정적 부담을 지우는 조약"이어서 국회 동의가 필요했다.

이 7가지 조약들에 국회의 사전 동의를 요하는 것에는 조약의 체결·비준에 국민의 대표기관인 국회를 관여시켜서 조약을 국민의 의사(법률)로 보려는 국민주권적 사고가 깔려 있다. 그리고 이것은 첫째, 조약의 체결·비준에 대통령의 전단을 방지하고 민주적 통제를 가하는 의미를 가지며, 둘째, 대통령의 조약에 대한 체결·비준을 정당화시키고 조약의 국내법적 효력을 발생시켜 주는 요건이 된다.

이에 비해 국회의 동의를 요하지 않고 전권대사에 의해 체결되고 대통령에 의해 공포된 조약은 당연히 법률보다 낮다. 특히 조약 당사국 외무부장관 등 장관들 간에 체결되며 대통령에 의한 공포가 아니라 관보에 고시(告示)하는 것으로 효력이 발생하는 조약도 있는데, 이를 '고시류조약'(告示類條約)이라고 한다. 기본조약의 실시세목을 정하는 기술적·절차적·사무적 내용의 조약이나 국가 간의 단순한 행정협조적이고 기술적인 사항(행정협정, Visa협정, 문화교류협정)에 관한 조약들이 주로 이 고시류조약에 해당한다. 고시류조약도 국회의 동의를 거치지 않고 체결된 조약이므로 당연히 국내법적 효력이 법률보다 낮다.

조약에 대한 수정 동의가 가능한지 여부와 관련해 가능하다고 보는 수정긍정설도 있지만 소수설에 불과하고, 통설은 수정부정설이다. 왜냐하면 수정은 조약의 불승인이면서 국회에 의한 새로운 조약의 제의이기 때문이다.

국회의 동의 없이 체결된 조약의 효력에 대해 통설은 국내법적으로는 국회의 동의가 없었으므로 위헌무효이고 국제법적 효력은 대통령의 비준으로 발생하므로 국제법적으로는 유효하다고 본다.[104]

c) 위헌조약의 효력과 사법적 심사(조약과 사법권의 관계)

헌법우위설에 따라 위헌조약은 사법적 심사의 대상이 된다는 긍정설이 통설이다.[105]

위헌조약에 대한 사법적 심사담당기관과 그 위헌결정의 효력을 표로 정리하면 다음과 같다.

	심사담당기관	위헌결정의 효력
법률과 동일한 효력을 가지는 조약	헌법재판소	국내적 효력 상실(일반적 효력 부인)
명령과 동일한 효력을 가지는 조약 ex. 외무부장관 간에 체결되는 고시류 조약	법원	당해사건에만 적용 거부(개별적 효력 부인)

104 국내법적으로 뿐만 아니라 국제법적으로도 무효라고 보아야 한다. 왜냐하면 조약에 관한 비엔나 협약에서 국내법의 일반원칙에 반하면 국제법적으로도 무효 주장이 가능하다고 규정하고 있기 때문이다.

105 위헌조약은 사법적 심사의 대상이 되지 않는다는 부정설(허영)은 조약의 고도의 정치성, 국제정치성, 조약 내용의 단일성과 통일성을 근거로 든다. 이 입장은 이원론적 입장과 유사해 보인다.

헌법 107조에 의해 위헌법률심사권은 헌법재판소에 있고 위헌명령규칙심사권은 법원에 있으며 최종적으로는 대법원에 있기 때문이다.[106]

c. 조약의 효력

헌법 6조1항은 "헌법에 의해 유효하게 성립하고 공포된 조약은 국내법과 동일한 효력을 가진다."고 규정하고 있다. 이 때 국회의 동의를 얻어 체결·비준된 조약은 국내 법률과 같은 효력을 가지므로, 이 조약과 헌법이 충돌할 때에는 헌법이 우위에 있고, 이 조약과 다른 국내 법률이 충돌할 때에는 신법우선의 원칙과 특별법우선의 원칙이 적용된다.

1994년 '관세 및 무역에 관한 일반협정'(GATT)은 '세계무역기구(WTO) 설립을 위한 마라케시협정'의 부속협정으로서 국회의 동의를 얻어 대통령의 비준을 거쳐 공포되었고, '정부조달에 관한 협정'(AGP)도 국회의 동의를 얻어 공포·시행된 조약으로서 법률의 효력이 인정된다. 따라서 지방자치단체가 제정한 조례가 GATT나 AGP에 위반되는 경우에는 효력이 없다(大判 2005. 9. 9. 2004추10).[107]

2) 일반적으로 승인된 국제법규

a. 개념

"일반적으로 승인된 국제법규"란 우리나라가 체결·비준한 것은 아니지만 세계 각국에 의해 보편적 규범으로서 일반적으로 인정된 것을 말한다. 국회의 동의 등 특별한 수용절차 없이 직접 국내법으로 편입된다. 여기에는 '국제관습법'과 '일반적으로 승인된 조약'이 있다.

b. 종류

a) 국제관습법

(포로의 살해금지와 그 인도적 처우에 관한)전쟁법의 일반원칙, 외교관(대사, 공사)의 대우에 관한 국제법상의 원칙, 조약준수의 원칙(Pacta Sunt Servanda), 민족자결의 원칙(국내문제불간섭의 원칙) 등이 여기에 속한다.

---

106 이에 비해 둘 다 헌법재판소가 위헌심사를 하고 둘 다 위헌결정의 효력에 있어 개별적 효력이 부인된다는 소수설이 있다.

107 이에 비해 프랑스는 헌법 〉 조약 〉 법률의 위계질서를 인정한다.

b) 일반적으로 승인된 조약

부전조약(1928년), UN헌장(1945년)의 일부, 집단학살(Genocide)금지협정(1948년), 포로에 관한 제네바협정(1949년), 세계우편연맹규정 등이 여기에 속한다. 이에 비해 국제연합인권선언(1948년), 포츠담선언은 여기에 속하지 않는다.

c. 일반적으로 승인된 국제법규인가의 확정

무엇이 일반적으로 승인된 국제법규인가의 확정은 법원·헌법재판소가 한다. 헌법재판소도 전교조사건에서 전교조 조합원들에 대한 면직처분의 근거였던 사립학교법 55조(사립교원 복무 국·공립 준용)와 사립학교법 58조1항4호(사립학교의 교원이 정치운동 또는 노동운동을 하거나 집단적으로 수업을 거부하거나 또는 어느 정당을 지지, 또는 반대하기 위하여 학생을 지도·선동한 때를 면직사유로 규정)에 대해 합헌결정을 내리면서, "국제연합의 '인권에 관한 세계선언'은 선언적 의미만 있고 법적 구속력은 없으며 우리나라가 회원국인 국제연합교육과학문화기구와 국제노동기구가 채택한 '교원의 지위에 관한 권고'는 지침으로 삼을 수는 있어도 국내법적 효력을 인정하여 우리의 현실에 적합한 교육제도의 실시를 제약하면서까지 교원에게 근로권이 제한 없이 보장되어야 한다든가, 교원단체를 전문직으로서의 특수성을 살리는 교직단체로서 구성하는 것을 배제하고 반드시 일반노동조합으로서만 구성하여야 한다는 근거로 삼을 수는 없다."(헌재 1991. 7. 22. 89헌가106)고 판시하였다.

d. 효력

'일반적으로 승인된 국제법규'의 효력도 헌법보다는 하위이면서 법률과 같은 효력을 가지는 것으로 보아야 한다. 따라서 '일반적으로 승인된 국제법규'와 국내법률이 상충될 때에는 신법·특별법 우선의 원칙이 적용된다.[108]

e. 사법적 심사

일반적으로 승인된 국제법규인가는 헌법재판소나 법원이 판단하고, 위헌인가의 여부는 법률의 효력을 가지므로 헌법재판소가 판단한다.

108 이에 대해 국제법규에도 단계구조가 있으므로 효력을 헌법률·법률·명령 등으로 개별화시키자는 견해(김철수, 허영)도 있다.

4. 외국인의 법적 지위 보장

외국인의 법적 지위와 관련해 각국 헌법은 평등주의와 상호주의를 채택한다. 첫째, '평등주의'란 '외국인에 대해 자국민과 동일한 지위를 인정하는 주의'를 말한다. 둘째, **'상호주의'**란 '재외국민에게 그 외국이 인정하는 것과 동일한 정도로 자국 내에 있는 당해 외국인에게 권리의무를 인정하는 주의'를 말한다. **우리 헌법도 6조2항**에서 외국인은 국제법과 "조약이 정한 바에 따라" 법적 지위가 보장된다고 규정하여 '상호주의'를 취하고 있고, 다른 대부분의 국가들도 마찬가지이다.

대한민국에 거주할 목적으로 가지고 합법적으로 체류하고 있는 재한외국인의 처우 등에 관한 기본적인 사항을 정한 법률로서 '재한외국인의 처우 기본법'이 제정되어 있다.

제7편

대한민국 헌법의 기본제도

I. 제도적 보장(Institutionelle Garantie)이론

1. 의의

'제도적 보장 이론'이란 '국가존립의 기반이 되는 일정한 역사적·전통적 제도를 헌법적 수준에서 보장함으로써 그 제도의 본질을 유지하려는 이론'을 말한다. 따라서 입법부는 이러한 일정한 역사적·전통적 제도를 유지할 입법의 의무가 있으며, 법률로 폐지하거나 그 본질을 훼손할 수 없다. 즉 제도보장은 "객관적 제도를 헌법에 규정하여 해당 제도의 본질을 유지하여 헌법제정권자가 특히 중요하고도 가치가 있다고 인정되고 헌법적으로 보장할 필요가 있다고 생각하는 국가제도를 헌법에 규정함으로써 장래의 법발전, 법형성의 방침과 범주를 미리 규율하려는 데"(헌재 1997. 4. 24. 95헌마48)에 그 취지가 있다.

2. 연혁과 기능

제도보장이론은 독일 바이마르헌법에서 기본권과 무관한 지방자치제도와 공무원제도의 보장에 대해 규정하면서 논의되어 재산권보장으로 연결되었는데, 제도보장이론은 바이마르공화국 당시, 직접적으로는 사회주의적 정치경제질서의 채택과 같은 혁명적 개혁으로부터 **전통적**인 개인주의적·자유주의적 질서와 **제도의 최소한을 수호**하려는 것이었고, 간접적으로는 입법부의 자의적 입법으로 인한 전통적 제도의 폐지 등 법실증주의(법률만능주의)로부터 기본적 인권을 수호하려는 것이었다.

3. 법적 성격

집행권·사법권·입법권을 구속하는 직접적 효력을 가지는 재판규범이다.

4. 내용

제도보장의 "제도"는 국가적 공동체에서 역사적으로 형성되어온 기존의 전통적 제도를 말하고, 제도의 본질적 내용에서 "본질적 내용"에 대해서는 최소한 보장의 원칙이 적용되며, 따라서 '기존 제도의 현상유지'와는 구분된다.

5. 제도적 보장과 기본권 보장의 관계

제도보장에는 기본권 보장과 무관한 것들도 있다. 예를 들어 직업공무원제, 지방자치제가 그것이다. 제도보장에는 기본권 보장과 관련성이 있는 것들도 있다. 첫째, 특정한 기본권 보장을 위해 제도보장이 필요한 '제도보장의 기본권수반형'이 있다. 예를 들어 정치적 기본권을 확보하기 위한 수단으로 민주적 선거제도를 보장한다. 둘째, 기본권 보장과 제도보장이 동시에 존재하는 '양자의 보장병존형'이다. 예를 들어 재산권 보장과 사유재산제의 보장이 여기에 속한다. 셋째, 제도보장을 통해 부수적으로 기본권 보장이 이루어지는 '기본권의 제도종속형'이 있다. 예를 들어 복수정당제가 보장됨으로써 정당설립·가입·탈퇴의 자유가 보장된다.

6. 현행헌법과 제도적 보장(구체적 내용에서는 견해가 갈리나)

제도보장에는 사유재산제, 복수정당제, 민주적 선거제도, 직업공무원제, 지방자치제, 민주적 교육제도와 대학자치제, 민주적 군사제도, 민주적 혼인제도와 가족제도, 자율적인 언론·출판제도가 있다. 헌법재판소는 이러한 것들이 제헌헌법 당시 헌법제정권자의 의지·결단이라고 보았다.[109]

109 그러나, 과연 우리 헌법 제정시에 헌법제정권자인 당시 국민들의 의지·결단에 복수정당제, 직업공무원제, 지방자치제, 민주적 교육제도와 대학자치제, 민주적 군사제도, 민주적 혼인제도와 가족제도, 자율적인 언론·출판제도가 있었는지는 의문이며, 따라서 독일 이론의 하나인 제도적 보장이론을 우리 헌법의 해석이론으로 직접 받아들이기에는 곤란한 점이 있다.

II. 정당제도

1. 정당의 의의

(1) 개념

정당법 2조는 정당을 "국민의 이익을 위하여 책임있는 정치적 주장이나 정책을 추진하고 공직선거의 후보자를 추천 또는 지지함으로써 국민의 정치적 의사형성에 참여함을 목적으로 하는 국민의 자발적 조직"이라고 정의한다.

정당의 특징으로는 정치적 의사형성에 영향, 국민의 이익을 위해야 함, 공직선거의 후보자 추천, 강령과 당헌, 일정한 조직, 헌법상의 제 질서(특히 민주적 기본질서) 준수 등이다. 정권 획득이 목적이 아닌 '이익단체'와는 구분되고, 당해 지방자치단체에만 정치적 영향을 행사할 것을 목적으로 하고 '국가적 차원의' 정권획득이 목적이 아닌 '지역정당'과도 구분된다.

(2) 공적(公的) 기능

일반결사에 비해 정당을 특별히 보호하는 이유는 정당이 '공적 기능'을 가지기 때문이다. 이러한 정당의 공적 기능에는 여론과 국가의사를 형성, 각계·각층의 이익을 대변, 당원 연수·교육을 통해 국민을 정치적으로 교육, 정치지도자를 선택·육성, 정부를 비판하고 대안을 제시 등이 있다. 헌법재판소는 이것을 '정부와 여론을 연결시키는 매개체의 기능'이라고 보았다.

(3) 의회제민주주의와 정당제민주주의

18세기 nation주권론에 의해 제한선거를 인정하는 명망가적 민주정치에서 19세기에는 의회를 중심으로 국정수행이 이루어지는 '의회제민주주의'로 발전하였고 다시 20세기에는 '정당제민주주의'로 변모하였다. 정당제민주주의하에서 제한선거는 철폐되고 '정치적 평등'이 실현되면서 대중적 민주정치로 바뀌었는데, 대중적 민주정치는 정당에 그 근거를 두므로 이를 '정당제민주주의'라고 부른다. 정당제민주주의 하에서는 정당이 국정의 실체적 담당자가 된다. 독일학자 헤세(K. Hesse)는 정당제민주주의를 "국민에 의한 지배가 아니라 정당에 의한 지배"로 보았다. 의회제민주주의와 정당제민주주의의 비교를 표로 만들어보면 다음과 같다.

	의회제민주주의	정당제민주주의
주권적 국민	주권적 국민도 이념적 통일체. 유권적 시민도 간헐적으로 투표에 참가할 뿐.	주권적 국민이 정당의 중개를 통해 (평소에도) 실질적 행동통일체
국가권력 분할·통합	국가권력의 분할	국가권력의 통합 (집권당이 입법부와 집행부 장악)
대표관계	의원은 전(全)국민의 대표이므로 무기속위임의 원칙	의원의 정당에의 기속으로 무기속위임의 원칙이 변질됨
선거의 성격	국민의 대표를 선출하고 국가기관을 구성 (인물본위의 선거)	(어느 정당에게 국가권력을 담당하게 할 것이냐의) 정부선택을 위한 국민투표적 성격

(4) 헌법이 정당을 보는 태도

트리펠(H. Triepel)은 헌법이 정당을 보는 태도를 네 단계로 구분했는데, 첫째, 적대시단계(루소,[110] 미국헌법의 제정자들), 둘째, 무관심의 단계, 셋째, 승인 및 합법화 단계, 넷째, 헌법적 수용 및 편입의 단계로 나누었다. 특히 제2차 세계대전 이후 정당이 수행하는 공적 기능을 제도적으로 보장하고 반(反)자유민주주의적 정당의 폐해를 방지하기 위해 세계 각국은 방어적 민주주의와 함께 정당을 헌법에 수용하고 편입하는 단계로 나아갔다. 그러나 미국과 일본헌법에는 여전히 정당조항이 없다. 첫 번째 적대시단계 쪽으로 갈수록 일원적 사회이고 네 번째 헌법적 수용 및 편입의 단계 쪽으로 갈수록 다원적 사회이다.

2. 정당의 헌법상 지위

정당의 헌법상 지위와 관련해서는 학설상 견해의 대립이 있다.

(1) 헌법기관설

많은 나라들에서 정당이 헌법에 편입되었고 헌법상 중요한 기능인 국민의 정

110 루소(Rousseau)는 민주주의를 치자와 피치자의 동일성으로 이해하면서 직접민주주의를 강조하고 대의제의 장치인 정당을 적대시하였다.

치적 의사형성을 담당하고 있으므로 정당을 헌법기관이라고 보는 견해이다. 여기서 '헌법기관'이란 직접 헌법규정에 의거해 구성되는 기관으로서 그 기관의 의사가 국가의사로서의 효력을 발생시키는 기관을 말한다.

(2) 국가기관설

정당을 헌법기관은 아니나 법률에 의해 설립되는 '국가기관'으로 본다. 여기서 '국가기관'이란 설립·해산과 조직·기능 등이 정부조직법과 같은 공법에 의해 규율되고 그 구성원도 공무원 또는 그에 준하는 신분을 가지는 기관을 말한다.

(3) 사(私)법적 결사설

정당은 단순한 사법적 결사에 불과하다고 보는 견해이다.

(4) 중개적 권력설(제도적 보장설, 통설과 헌재)

정당을 국민의 의사와 국가의사를 연결시키는 권력(기관)으로 보는 견해이다. 제도적 보장설이라고도 불린다. 학설의 통설과 헌법재판소 판례의 입장이다. 그 근거는 다음과 같다.

첫째, 정당은 헌법기관이 아니다. 직접 헌법규정에 따라 결성된 것이 아니고 시민의 자발적 조직체일 뿐이고 정당의 의사가 곧 국가의사가 되는 것도 아니기 때문이다.

둘째, 정당은 국가기관도 아니다. 정당법이 공법이 아니고 정당원은 국가공무원처럼 공법상의 규제에 따르는 것이 아니기 때문이다.

셋째, 정당은 단순한 사법적 결사도 아니다. 국민의 정치적 의사 형성, 국정운영을 감시·비판하는 등 공적 기능을 수행하기 때문이다.

3. 정당의 법적 성격

정당의 헌법상 지위를 중개적 권력이라고 볼 경우에 정당의 법적 성격은 여전히 문제로 남는다. 정당이 공법인(公法人)이냐 민사결사(民事結社)냐의 문제는 각 국가의 실정법에 따라 상이할 것이지만, 우리 실정법상으로는 명백한 규정이 없으므로 판단하기가 곤란하다.

(1) 사적(私的) 정치적 결사설

우리나라 정당법은 정당에 법인격을 부여하고 있지 않으므로 법인은 아니며, 정당은 사적·정치적 결사라고 본다.

(2) 법인격 없는 사단(社團)설

정당은 그 공적 기능으로 헌법과 정당법 등에 의해 특수한 지위와 기능이 부여되어 있을 뿐, 그 법적 성격은 당원들에 의해 자발적으로 구성된 단체로서 민법상의 법인격 없는 사단의 일종이다. 다수설과 헌법재판소 판례(헌재 1992. 7. 29. 헌마262)의 입장이다.

(3) 헌법제도와 사적(私的) 결사의 혼성태설

정당은 결사로서의 본질을 가지나 사적 결사와는 달리 그 존립이 헌법에 의해 보장되고 국가의 특별한 보호를 받고 있기 때문에 정당은 '헌법제도와 사적 결사의 혼성태'이다.

4. 정당의 특권과 의무

(1) 정당의 특권(권리)

1) 설립·활동·존속상 특권

헌법 8조1항은[111] 정당설립의 자유만을 명시적으로 규정하고 있지만, 정당설립의 자유만이 보장될 뿐 설립된 정당이 언제든지 다시 금지될 수 있거나 정당의 활동이 임의로 제한될 수 있다면 정당설립의 자유는 사실상 아무런 의미가 없기 때문에, 정당설립의 자유는 당연히 정당의 존속과 정당활동의 자유도 보장한다. 따라서 정당의 설립은 허가제가 아니고 등록제이며, 정당의 활동에서도 정당원의 자유 탈당, 자유 입당, 자유로운 당내 비판이 가능하다.

2) 국민의 정치적 의사형성에 참여할 특권

헌법 8조2항에[112] 의하여 정당은 국민의 정치적 의사형성에(공직선거 참여, 여론

---

111 헌법 제8조 ①정당의 설립은 자유이며, 복수정당제는 보장된다.

112 헌법 제8조 ②정당은 그 목적·조직과 활동이 민주적이어야 하며, 국민의 정치적 의사형성에 참여하는데 필요한 조직을 가져야 한다

형성 주도로) 참여할 특권을 가진다. 이 특권에 의해 정당은 선거운동에 있어서 선거공영제에 의해 선거에 관한 경비를 원칙적으로 부담하지 않을 권리(헌법 116조2항[113]), 균등한 경쟁기회를 보장받을 권리를 가진다.(헌법 116조1항[114]), 선거관리위원회위원 추천권(헌법 114조2항[115]), 선거참관인 지명권을 가진다.

3) 정당이 수령하는 기부나 참조 기타 재산상의 출연에 대한 면세의 특혜

정당은 정당이 수령하는 기부나 참조 기타 재산상의 출연에 대한 면세의 특혜를 누린다(정치자금법 17조8항[116]).

4) 국고보조금을 지급받을 권리(...정당운영에 필요한 자금을...)

정당은 헌법 8조3항에[117] 의해 정당운영에 필요한 국고보조금을 지급받을 권리를 가진다. 현행헌법 8조3항은 1980년 헌법에서 신설되었다. 국고보조금에서 "보조금"의 정의는 "정당의 보호·육성을 위하여 국가가 정당에 지급하는 금전이나 유가증권"(정치자금법 3조6호)이다. 국고보조금의 성격과 관련해서 대법원은 "정당보조금지급채권은 그 양도가 금지된 것으로서 강제집행의 대상이 될 수 없다. 왜냐하면 정당보조금의 목적, 용도 외 사용의 금지 및 위반 시의 제재조치 등 그 근거 법령의 취지와 규정 등에 비추어 볼 때 정당보조금은 국가와 정당 사이에서만 수수·결제되어야 하는 것으로 봄이 상당"(大判 2009. 1. 28. 2008헌마1440)하다고 판시하였다.

국고보조금의 종류로는 경상보조금, 선거보조금, 여성추천보조금, 장애인추천

113 헌법 제116조 ②선거에 관한 경비는 법률이 정하는 경우를 제외하고는 정당 또는 후보자에게 부담시킬 수 없다.

114 헌법 제116조 ①선거운동은 각급 선거관리위원회의 관리하에 법률이 정하는 범위 안에서 하되, 균등한 기회가 보장되어야 한다.

115 제114조 ②중앙선거관리위원회는 대통령이 임명하는 3인, 국회에서 선출하는 3인과 대법원장이 지명하는 3인의 위원으로 구성한다. 위원장은 위원 중에서 호선한다.

116 정치자금법 제17조(정치자금영수증) ⑧정치자금영수증에는 후원금의 금액, 그 금액에 대하여 세금혜택이 된다는 문언과 일련번호를 표시하되, 규격과 양식 그 밖에 필요한 사항은 중앙선거관리위원회규칙으로 정한다.

117 헌법 제8조 ③정당은 법률이 정하는 바에 의하여 국가의 보호를 받으며, 국가는 법률이 정하는 바에 의하여 정당운영에 필요한 자금을 보조할 수 있다.

보조금이 있다.

첫째, '경상보조금'은 최근 실시한 '국회의원총선거의 선거권자 총수'에 '보조금 계상단가'를[118] 곱해서 산출된다(정치자금법 25조1항[119]). 경상보조금은 중앙선거관리위원회가 매년 분기별로 균등분할하여 정당에 지급한다(정치자금법 25조4항[120]). 경상보조금 총액의 100분의 30 이상은 정책연구소에, 100분의 10 이상은 시·도당에 배분·지급되어야 하고 100분의 10 이상은 여성정치발전을 위해, 100분의 5 이상은 청년정치발전을 위해 사용해야 한다(정치자금법 28조2항[121]).

둘째, 선거보조금은 대통령선거, 임기만료에 의한 국회의원선거 또는 공직선거법 203조1항에 의한 동시지방선거가 있는 연도에는 각 선거마다(동시지방선거는 하나의 선거로 본다) 보조금 계상단가를 추가한 금액을 1항의 기준에 의해 예산에 계상한다(정치자금법 25조2항[122]). 선거보조금은 당해 선거의 후보자등록마감일 후 2일 이내에 정당에 지급한다(정치자금법 25조4항).

셋째, 국가는 여성추천보조금으로 최근 실시한 임기만료에 의한 국회의원선거의 선거권자 총수에 100원을 곱한 금액을 임기만료에 의한 국회의원선거, 시·도의

---

118 그런데 이 국고보조금 계상단가는 계속해서 큰 폭으로 인상되어 왔으며 국고보조금 계상단가의 증액에는 여야가 따로 없었다.

119 정치자금법 제25조(보조금의 계상) ①국가는 정당에 대한 보조금으로 최근 실시한 임기만료에 의한 국회의원선거의 선거권자 총수에 보조금 계상단가를 곱한 금액을 매년 예산에 계상하여야 한다. 이 경우 임기만료에 의한 국회의원선거의 실시로 선거권자 총수에 변경이 있는 때에는 당해 선거가 종료된 이후에 지급되는 보조금은 변경된 선거권자 총수를 기준으로 계상하여야 한다.

120 정치자금법 제25조(보조금의 계상) ④중앙선거관리위원회는 제1항의 규정에 의한 보조금(이하 "경상보조금"이라 한다)은 매년 분기별로 균등분할하여 정당에 지급하고, 제2항의 규정에 의한 보조금(이하 "선거보조금"이라 한다)은 당해 선거의 후보자등록마감일 후 2일 이내에 정당에 지급한다.

121 정치자금법 제28조(보조금의 용도제한 등) ②경상보조금을 지급받은 정당은 그 경상보조금 총액의 100분의 30 이상은 정책연구소 [「정당법」 제38조(정책연구소의 설치·운영)에 의한 정책연구소를 말한다. 이하 같다]에, 100분의 10 이상은 시·도당에 배분·지급하여야 하며, 100분의 10 이상은 여성정치발전을 위하여 사용하여야 한다.

122 정치자금법 제25조(보조금의 계상) ②대통령선거, 임기만료에 의한 국회의원선거 또는 「공직선거법」 제203조(동시선거의 범위와 선거일)제1항의 규정에 의한 동시지방선거가 있는 연도에는 각 선거(동시지방선거는 하나의 선거로 본다)마다 보조금 계상단가를 추가한 금액을 제1항의 기준에 의하여 예산에 계상하여야 한다.

회의원선거 또는 자치구·시·군의회의원선거가 있는 연도 예산에 계상한다(정치자금법 26조1항[123]). 사회적 약자인 여성의 정치적 진출 지원이 그 취지이다.

넷째, 국가는 장애인추천보조금으로 임기만료에 의한 지역구국회의원선거, 지역구시·도의회의원선거 및 지역구자치구시군의회의원선거에서 장애인후보자를 추천한 정당에 보조금을 지급한다(정치자금법 26조의2[124]). 사회적 약자인 장애인의 정치적 진출 지원이 그 취지다.

5) 국고보조금 수령

교섭단체를 구성한 정당에 대해 그 **100분의 50**을 정당별로 균분하고, 이 균분대상이 아닌 정당으로서 5석 이상의 의석을 가진 정당에 대해서는 100분의 5씩을, 5석 미만이거나 의석이 없는 정당 중 최근 실시된 임기만료에 의한 국회의원선거에서 득표율 100분의 2 이상인 정당, 아니면 의석가진 정당으로 최근에 전국적으로 실시된 지방선거에서 득표율 100분의 0.5 이상인 정당, 의석없는 정당으로 최근에 전국적으로 실시된 지방선거에서 득표율이 100분의 2 이상인 정당에 100분의 2씩을 지급한다. 나머지 잔여분 중 100분의 50은 지급 당시 국회의석을 가진 정당에 의석수 비율에 따라 지급하고, 100분의 50은 국회의원선거의 득표율에 따라 지급한다. 다만 당해 선거의 후보자등록 마감일 현재 후보자를 추천하지 않은 정당에 대해서는 선거보조금을 지급하지 않는다.

헌법재판소는 정당의 국고보조금 배분에서 교섭단체의 구성 여부에 따라 차등

123 정치자금법 제26조(공직후보자 여성추천보조금) ①국가는 임기만료에 의한 지역구국회의원선거, 지역구시·도의회의원선거 및 지역구자치구·시·군의회의원선거에서 여성후보자를 추천하는 정당에 지급하기 위한 보조금(이하 "여성추천보조금"이라 한다)으로 최근 실시한 임기만료에 의한 국회의원선거의 선거권자 총수에 100원을 곱한 금액을 임기만료에 의한 국회의원선거, 시·도의회의원선거 또는 자치구·시·군의회의원선거가 있는 연도의 예산에 계상하여야 한다.

124 정치자금법 제26조의2(공직후보자 장애인추천보조금) ①국가는 임기만료에 의한 지역구국회의원선거, 지역구시·도의회의원선거 및 지역구자치구·시·군의회의원선거에서 장애인후보자(후보자 중 「장애인복지법」 제32조에 따라 등록된 자를 말한다. 이하 같다)를 추천한 정당에 지급하기 위한 보조금(이하 "장애인추천보조금"이라 한다)으로 최근 실시한 임기만료에 의한 국회의원선거의 선거권자 총수에 20원을 곱한 금액을 임기만료에 의한 국회의원선거, 시·도의회의원선거 또는 자치구·시·군의회의원선거가 있는 연도의 예산에 계상하여야 한다.

을 두는 '정치자금에 관한 법률' 18조1항 내지 3항에 대해 합헌결정을 내렸다(헌재 2006. 7. 27. 2004헌마655).

반대급부를 바라는 검은돈의 정치권 유입으로 인한 부패의 방지와 정치자금의 양성화를 위해 정치자금을 규제하기 위해 마련된 법이 '정치자금법'이다. 정치자금법이 규정하고 있는 정치자금원으로는 국고보조금 이외에 당비, 후원금, 기탁금이 있다.

첫째, 당비는 "당원이 부담하는 금전·유가증권이나 기타 물건"(정치자금법 3조3호)을 말한다. 정당은 당비를 받을 수 있다(정치자금법 4조). 당비 납부는 당원의 의무이며 당비를 타인이 부담해서는 안 된다.

둘째, 후원금은 "후원회에 기부하는 금전이나 유가증권 그 밖의 물건"(3조4호)을 말한다. 여기서 "후원회"는 정치자금법 규정에 의해 정치자금의 기부를 목적으로 설립·운영되는 단체로서 관할 선거관리위원회에 등록된 단체를 말한다. 그리고 정치자금법 6조1항은 후원회를 지정할 수 있는 후원회지정권자로 "1.중앙당(중앙당창당준비위원회를 포함한다), 2.국회의원(국회의원선거의 당선인을 포함한다), 2의2.대통령선거의 후보자 및 예비후보자, 3.정당의 대통령선거후보자 선출을 위한 당내경선후보자, 4.지역선거구 국회의원선거의 후보자 및 예비후보자. 다만, 후원회를 둔 국회의원의 경우에는 그러하지 아니하다. 5. 중앙당 대표자 및 중앙당 최고 집행기관(그 조직형태와 관계없이 당헌으로 정하는 중앙당 최고 집행기관을 말한다)의 구성원을 선출하기 위한 당내경선후보자, 6.지역구지방의회의원선거의 후보자 및 예비후보자, 7.지방자치단체의 장선거의 후보자 및 예비후보자"를 규정하고 있다.

헌법재판소는 광역자치단체장 선거의 예비후보자를 후원회지정권자에서 제외한 것에 대해서는 헌법불합치결정을 내렸지만, 자치구의 지역구의회의원 선거의 예비후보자를 후원회지정권자에서 제외한 것에 대해서는 합헌결정을 내린 바 있다(헌재 2019. 12. 27. 2018헌마301). 그런데 대체적으로 후원금은 여당이나 여당의원 후원회에만 몰리는 경향이 있다.

	당내경선후보자	예비후보자	후보자	당선 후
대통령	o	o	o	x
지역구국회의원		o	o	o
비례대표국회의원			x	o
중앙당대표	o			
지방자치단체장			o	x
지방의회의원		x	x	x

셋째, "기탁금"은 "정치자금을 정당에 기부하고자 하는 개인이 이 법의 규정에 의하여 선거관리위원회에 기탁하는 금전이나 유가증권 그 밖의 물건"(정치자금법 3조5호)을 말한다. 선거관리위원회에 기명으로 기탁해야 하며, 성명 등 인적 사항을 공개하지 않는 기탁도 가능하다(정치자금법 22조3항[125]). 기탁금은 국고보조금배분율에 따라 배분한다. 기탁자가 정당이나 배분율을 정하는 지정기탁금제는 1997년 정치자금법 개정 시 폐지되었는데, 과거에 지정기탁금제도가 있을 때 지정기탁금은 여당에 편중되었다.

(2) 의무

1) 국가와 민주적 기본질서의 존중

정당은 헌법이념에 따라 국가를 긍정해야 할 의무를 지며, 헌법 8조4항에 따라 민주적 기본질서를 존중할 의무를 진다.

2) 일정한 조직을 갖추어야 할 조직의무

가. 시·도당

정당은 수도에 소재하는 중앙당과 특별시·광역시·도에 각각 소재하는 시·도당으로 구성한다(정당법 3조). 지구당 제도는 폐지되었다. 정당은 5 이상의 시·도당을 가져야 하며(정당법 17조), 각 시·도당은 1천인 이상의 당원을 가져야 한다(정당법 18조1항).

125 第22조(기탁금의 기탁) ③누구든지 타인의 명의나 가명 또는 그 성명 등 인적 사항을 밝히지 아니하고 기탁금을 기탁할 수 없다. 이 경우 기탁자의 성명 등 인적 사항을 공개하지 아니할 것을 조건으로 기탁할 수 있다.

나. 창당준비위원회

정당의 창당활동은 발기인으로 구성하는 창당준비위원회가 이를 한다.(정당법 5조) 창당준비위원회는 중앙당의 경우에는 200명 이상의, 시·도당의 경우에는 100명 이상의 발기인으로 구성한다(정당법 6조).

다. 정당원이 될 수 없는 자(정당법 22조[126])

공무원(대통령, 국무총리, 국무위원, 국회의원, 지방의회의원, 지방자치단체장, 국립대학 총장과 교수는 제외), 사립학교 교원(총장과 교수는 제외), 외국인은 정당원이 될 수 없다. 헌법재판소는 "초중등학교 교원에 대해서는 정당 가입과 선거운동의 자유를 금지하면서 대학 교원에게는 이를 허용한다 하더라도, 이는 양자가 직무의 본질이나 내용 그리고 근무 태양이 다른 점을 고려할 때 합리적인 차별이다"(헌재 2004. 3. 25. 2001헌마710)라고 판시한 바 있다.

3) 당내민주주의

헌법 8조2항 전단은 "정당의 목적·조직·활동은 민주적이어야"한다고 하여 정당의 의무의 하나로서 '당내민주주의'를 규정하고 있다. 이 때 정당의 "조직"이 민주적이어야 한다는 것은 공직선거의 후보자 추천(공직선거법 47조[127])을 포함한 당

---

126 제22조(발기인 및 당원의 자격) ①국회의원 선거권이 있는 자는 공무원 그 밖에 그 신분을 이유로 정당가입이나 정치활동을 금지하는 다른 법령의 규정에 불구하고 누구든지 정당의 발기인 및 당원이 될 수 있다. 다만, 다음 각 호의 어느 하나에 해당하는 자는 그러하지 아니하다.

1. 「국가공무원법」 제2조(공무원의 구분) 또는 「지방공무원법」 제2조(공무원의 구분)에 규정된 공무원. 다만, 대통령, 국무총리, 국무위원, 국회의원, 지방의회의원, 선거에 의하여 취임하는 지방자치단체의 장, 국회 부의장의 수석비서관비서관·비서·행정보조요원, 국회 상임위원회·예산결산특별위원회·윤리특별위원회 위원장의 행정보조요원, 국회의원의 보좌관·비서관·비서, 국회 교섭단체대표의원의 행정비서관, 국회 교섭단체의 정책연구위원·행정보조요원과 「고등교육법」 제14조(교직원의 구분) 제1항·제2항에 따른 교원은 제외한다.
2. 「고등교육法」 제14조제1항·제2항에 따른 교원을 제외한 사립학교의 교원
3. 법령의 규정에 의하여 공무원의 신분을 가진 자

②대한민국 국민이 아닌 자는 당원이 될 수 없다.

127 제47조(정당의 후보자추천) ①정당은 선거에 있어 선거구별로 선거할 정수 범위안에서 그 소속당원을 후보자(이하 "政黨推薦候補者"라 한다)로 추천할 수 있다. 다만, 비례대표자치구·시·군의원의 경우에는 그 정수 범위를 초과하여 추천할 수 있다.

②정당이 제1항에 따라 후보자를 추천하는 때에는 당헌 또는 당규로 정한 민주적인 절차에 따라

의사의 결정(정당법 29조[128])이 상향식 의사형성 절차에 따라 이루어져야 함을 의미한다. 또한 정당의 "활동"이 민주적이어야 한다는 것은 강령 등의 공개(정당법 28조[129]) 등, 당 간부나 당원의 활동이 민주주의원칙 하에 이루어져야 함을 의미한다.

야 하며, 비례대표국회의원선거의 후보자를 추천하는 경우에는 다음 각 호의 절차를 따라야 한다.

1. 정당은 민주적 심사절차를 거쳐 대의원·당원 등으로 구성된 선거인단의 민주적 투표절차에 따라 추천할 후보자를 결정한다.
2. 정당은 제1호에 따른 비례대표국회의원선거의 후보자 추천절차의 구체적인 사항을 당헌·당규 및 그 밖의 내부규약 등으로 정한다. 이 경우 정당은 선거일 전 1년(선거일 전 1년 후에 창당·합당한 정당의 경우에는 「정당법」 제4조제1항·제19조제2항에 따라 창당·합당이 성립한 날부터 1개월)까지 비례대표국회의원선거의 후보자 추천절차의 구체적인 사항을 중앙선거관리위원회에 서면으로 제출하고, 중앙선거관리위원회는 정당별로 후보자 추천절차의 제출여부와 내용을 홈페이지에 게시하여야 한다.
3. 정당은 제49조에 따라 후보자등록을 하는 때에 비례대표국회의원선거의 후보자 추천과정을 기록한 회의록 등 제1호 및 제2호 전단에 따라 후보자가 추천되었음을 증명할 수 있는 자료를 후보자명부에 첨부하여야 한다.

③정당이 비례대표국회의원선거 및 비례대표지방의회의원선거에 후보자를 추천하는 때에는 그 후보자 중 100분의 50 이상을 여성으로 추천하되, 그 후보자명부의 순위의 매 홀수에는 여성을 추천하여야 한다.

④정당이 임기만료에 따른 지역구국회의원선거 및 지역구지방의회의원선거에 후보자를 추천하는 때에는 각각 전국지역구총수의 100분의 30 이상을 여성으로 추천하도록 노력하여야 한다.

⑤정당이 임기만료에 따른 지역구지방의회의원선거에 후보자를 추천하는 때에는 지역구시·도의원선거 또는 지역구자치구·시·군의원선거 중 어느 하나의 선거에 국회의원지역구(군지역을 제외하며, 자치구의 일부지역이 다른 자치구 또는 군지역과 합하여 하나의 국회의원지역구로 된 경우에는 그 자치구의 일부지역도 제외한다)마다 1명 이상을 여성으로 추천하여야 한다.

128 제29조(정당의 기구) ①정당은 민주적인 내부질서를 유지하기 위하여 당원의 총의를 반영할 수 있는 대의기관 및 집행기관과 소속 국회의원이 있는 경우에는 의원총회를 가져야 한다.

②중앙당은 정당의 예산과 결산 및 그 내역에 관한 회계검사 등 정당의 재정에 관한 사항을 확인·검사하기 위하여 예산결산위원회를 두어야 한다.

③제1항 및 제2항의 기관의 조직·권한 그 밖의 사항에 관하여는 당헌으로 이를 정하여야 한다.

129 제28조(강령 등의 공개 및 당헌의 기재사항) ①정당은 그 강령(또는 기본정책)과 당헌을 공개하여야 한다.

②제1항의 당헌에는 다음 각 호의 사항을 규정하여야 한다.

1. 정당의 명칭
2. 정당의 일반적인 조직·구성 및 권한에 관한 사항
3. 대표자·간부의 선임방법·임기·권리 및 의무에 관한 사항
4. 당원의 입당·탈당·제명과 권리 및 의무에 관한 사항
5. 대의기관의 설치 및 소집절차

4) 재원의 공개의무

정당법은 당의 재정에 관해 당헌에 규정하게 함(정당법 28조2항7호)으로써 정당의 재원 공개의무를 정당의 의무 중 하나로 보고 있다. 정치자금법도 40조에서 정당의 회계책임자가 일정 기한까지 관할 선거관리위원회에 정치자금의 수입과 지출에 관한 회계보고를 하여야 한다고 하여 정당 재산의 연례보고의무를 규정하고 있다. 즉 정당이나 정당후원회 등의 회계책임자가 정당의 재산 및 수입·지출의 명세서를 중앙선거관리위원회에 보고하여야 하며 당원에게 공개하여야 하는 것이다. 비교법적으로 독일은 헌법에서 정당 재산의 연례보고의무를 규정하고 있다.

5. 정당의 해산

(1) 자진해산

정당은 대의기관의 자발적 결의로써 자진해산할 수 있으며, 이 경우 대표자는 이를 당해 선거관리위원회에 신고하여야 한다(정당법 45조).

(2) 등록취소

선거관리위원회는 정당법 38조의 사유가 있을 때 정당의 등록을 취소할 수 있다. 그 사유는 첫째, 정당의 조직기준에 미달한 경우(법정지구당수, 지구당의 분산, 지구당의 법정당원수가 기준에 미달, 시·도당은 1천인 이상의 당원 수에 미달), 둘째, 정당이 국회의원 총선거에서 의석을 얻지 못하고 유효투표 총수의 100분의 2 이상을 득표하지 못한 경우(단, 국회의원 총선거에 후보자를 추천하지 않거나 참여치 않은 경

---

6. 간부회의의 구성·권한 및 소집절차
7. 당의 재정에 관한 사항
8. 공직선거후보자 선출에 관한 사항
9. 당헌·당규의 제정 및 개정에 관한 사항
10. 정당의 해산 및 합당에 관한 사항
11. 등록취소 또는 자진해산시의 잔여재산 처분에 관한 사항

③중앙선거관리위원회는 제12조(중앙당의 등록신청사항)제1항 및 제14조(변경등록)에 따라 등록신청받은 강령(또는 기본정책)과 당헌을 보존하고, 이를 인터넷 홈페이지에 공개하여야 한다. 이 경우 해당 정당이 합당 또는 소멸된 때에도 계속하여 공개하여야 한다.

④제3항에 따른 강령당헌의 보존 및 공개 방법, 그 밖에 필요한 사항은 중앙선거관리위원회규칙으로 정한다.

우는 제외)이다. 헌법재판소는 두 번째 사유로 정당등록을 취소당하고 더 나아가서 등록취소된 정당의 명칭과 같은 명칭을 등록취소된 날부터 최초로 실시하는 임기만료에 의한 국회의원선거의 선거일까지 사용할 수 없도록 한 정당법 조항에 대하여 과잉금지원칙에 위반해 정당설립의 자유를 침해한다는 이유로 위헌결정을 내렸다(헌재 2014. 1. 28. 2012헌마431등).

(3) (헌법재판소의 심판에 의한) 강제해산

(헌법재판소의 심판에 의한) 강제해산에 대해서는 헌법재판소 정당해산심판 부분에서 이미 상세히 설명한 바와 같다.

III. 선거제도

1. 선거의 의의

선거란 '주권자인 국민이 그들을 대표할 국가기관(대의기관)을 선임하는 행위'로 정의된다. 대의제도하에서 주권자인 국민이 대표자를 선임하는 선거는 대의민주주의 성패의 관건이 된다. 현대 정당민주주의하에서 선거의 의미는 인물보다는 정당을 보는 선거(정부선택적 국민표결의 성격)로 변질되었다.

2. 법적 성격

첫째, 법률행위에 단독행위, 계약, 합동행위의 세 가지가 있다고 봤을 때, 선거는 개별적 투표행위가 아니라, 사단법인 설립행위처럼 평행적·구심적으로 방향을 같이 하는 두 개 이상의 의사표시가 합치하여 성립하는 법률행위인 '합동행위'이다.

둘째, 단순한 지명행위 특정의 공무수행을 위임하는 위임행위가 아니라 단순한 지명행위이다. 이 때 선거인과 대표기관의 관계에 관해서는 정치적·사회적 대표설이 다수설인데 그 근거는 공무원은 국민 전체에 대한 봉사자(헌법 7조1항)라는 점과 국회의원은 국가이익을 우선하여 양심에 따라 직무를 행한다(헌법 46조2항)는 점이다.

3. 정치적 기능

선거를 통해 평화적인 민주질서의 형성과 민의에 바탕한 정부구성을 기대할 수 있다.

4. 선거권과 피선거권

(1) 선거권

1) 의의

선거권이란 '선거에 참여할 수 있는 권리'를 말한다. 헌법 24조는 "모든 국민은 법률이 정하는 바에 의하여 선거권을 가진다."고 규정하고 있다.

2) 법적 성격

선거권의 법적 성격과 관련해서는, 개인을 위한 주관적 공권이라는 '개인적 공권설', 국가목적을 위해 국가가 부과한 공무수행이라는 '공의무설', 공무수행인 동시에 정치적 기본권의 행사라는 '이원설', 선거인으로서의 권한 또는 자격을 인정받은 것이라는 '권한·자격설'의 대립이 있지만, 다수설은 이원설이다.

3) 요건

공직선거법이 규정하고 있는 선거권의 요건에는 적극적 요건과 소극적 요건이 있다. 적극적 요건으로 18세 이상의 대한민국 국민이어야 한다(공직선거법 15조[130]).

---

130 5조(선거권) ①18세 이상의 국민은 대통령 및 국회의원의 선거권이 있다. 다만, 지역구국회의원의 선거권은 18세 이상의 국민으로서 제37조제1항에 따른 선거인명부작성기준일 현재 다음 각 호의 어느 하나에 해당하는 사람에 한하여 인정된다.

1. 「주민등록법」 제6조제1항제1호 또는 제2호에 해당하는 사람으로서 해당 국회의원지역선거구 안에 주민등록이 되어 있는 사람
2. 「주민등록법」 제6조제1항제3호에 해당하는 사람으로서 주민등록표에 3개월 이상 계속하여 올라 있고 해당 국회의원지역선거구 안에 주민등록이 되어 있는 사람

②18세 이상으로서 제37조제1항에 따른 선거인명부작성기준일 현재 다음 각 호의 어느 하나에 해당하는 사람은 그 구역에서 선거하는 지방자치단체의 의회의원 및 장의 선거권이 있다.

1. 「주민등록법」 제6조제1항제1호 또는 제2호에 해당하는 사람으로서 해당 지방자치단체의 관할구역에 주민등록이 되어 있는 사람
2. 「주민등록법」 제6조제1항제3호에 해당하는 사람으로서 주민등록표에 3개월 이상 계속하여 올라 있고 해당 지방자치단체의 관할구역에 주민등록이 되어 있는 사람

소극적 요건은 선거권을 가질 수 없는 각종 결격사유를 말하는데, 금치산자와 수형자, 선거범 전과자로서 일정기간이 경과하지 않은 자이다(공직선거법 18조[131]).

(2) 피선거권

1) 의의

피선거권이란 '선거에 출마하여 국가기관 또는 지방자치단체기관의 구성원으로 선출될 수 있는 권리'를 말한다.

2) 요건

피선거권의 요건은 공무수행능력을 감안해야 하므로 선거권의 요건보다 더 엄

---

3. 「출입국관리법」 제10조에 따른 영주의 체류자격 취득일 후 3년이 경과한 외국인으로서 같은 법 제34조에 따라 해당 지방자치단체의 외국인등록대장에 올라 있는 사람

131 제18조(선거권이 없는 자) ①선거일 현재 다음 각 호의 어느 하나에 해당하는 사람은 선거권이 없다.
1. 금치산선고를 받은 자
2. 1년 이상의 징역 또는 금고의 형의 선고를 받고 그 집행이 종료되지 아니하거나 그 집행을 받지 아니하기로 확정되지 아니한 사람. 다만, 그 형의 집행유예를 선고받고 유예기간 중에 있는 사람은 제외한다.
3. 선거범, 「정치자금법」 제45조(정치자금부정수수죄) 및 제49조(선거비용관련 위반행위에 관한 벌칙)에 규정된 죄를 범한 자 또는 대통령·국회의원·지방의회의원·지방자치단체의 장으로서 그 재임중의 직무와 관련하여 「형법」(「특정범죄가중처벌 등에 관한 법률」 제2조에 의하여 가중처벌되는 경우를 포함한다) 제129조(수뢰, 사전수뢰) 내지 제132조(알선수뢰)·「특정범죄가중처벌 등에 관한 법률」 제3조(알선수재)에 규정된 죄를 범한 자로서, 100만원이상의 벌금형의 선고를 받고 그 형이 확정된 후 5년 또는 형의 집행유예의 선고를 받고 그 형이 확정된 후 10년을 경과하지 아니하거나 징역형의 선고를 받고 그 집행을 받지 아니하기로 확정된 후 또는 그 형의 집행이 종료되거나 면제된 후 10년을 경과하지 아니한 자(刑이 失效된 者도 포함한다)
4. 법원의 판결 또는 다른 법률에 의하여 선거권이 정지 또는 상실된 자

②제1항제3호에서 "선거범"이라 함은 제16장 벌칙에 규정된 죄와 「국민투표법」 위반의 죄를 범한 자를 말한다.

③「형법」 제38조에도 불구하고 제1항제3호에 규정된 죄와 다른 죄의 경합범에 대하여는 이를 분리 선고하고, 선거사무장·선거사무소의 회계책임자(선거사무소의 회계책임자로 선임·신고되지 아니한 사람으로서 후보자와 통모(通謀)하여 해당 후보자의 선거비용으로 지출한 금액이 선거비용제한액의 3분의 1 이상에 해당하는 사람을 포함한다) 또는 후보자(후보자가 되려는 사람을 포함한다)의 직계존비속 및 배우자에게 제263조 및 제265조에 규정된 죄와 이 조 제1항제3호에 규정된 죄의 경합범으로 징역형 또는 300만원 이상의 벌금형을 선고하는 때(선거사무장, 선거사무소의 회계책임자에 대하여는 선임·신고되기 전의 행위로 인한 경우를 포함한다)에는 이를 분리 선고하여야 한다.

격하다. 적극적 요건으로 피선거권에는 연령 제한이 있는데, 대통령은 만 40세 이상, 국회의원이나 지방의회의원 및 지방자치단체장은 만 25세 이상(공직선거법 16조[132])이어야 피선거권을 가진다.

피선거권의 소극적 요건인 결격사유는 선거권의 결격사유보다 더 확대(공직선거법 19조[133])되어 있다. 겸직 금지도 규정되어 있다.

5. 선거의 기본원칙

헌법 41조1항은 "국회는 국민의 보통·평등·직접·비밀선거에 의하여 선출된 국회의원으로 구성한다."고 규정하고 있고, 헌법 67조1항도 "대통령은 국민의 보통·평등·직접·비밀선거에 의하여 선출한다."고 규정하여 보통, 평등, 직접, 비밀

---

132 16조(피선거권) ①선거일 현재 5년 이상 국내에 거주하고 있는 40세 이상의 국민은 대통령의 피선거권이 있다. 이 경우 공무로 외국에 파견된 기간과 국내에 주소를 두고 일정기간 외국에 체류한 기간은 국내거주기간으로 본다.
②25세 이상의 국민은 국회의원의 피선거권이 있다.
③선거일 현재 계속하여 60일 이상(公務로 外國에 派遣되어 選擧日전 60日후에 귀국한 者는 選擧人名簿作成基準日부터 계속하여 選擧日까지) 해당 지방자치단체의 관할구역에 주민등록이 되어 있는 주민으로서 25세 이상의 국민은 그 지방의회의원 및 지방자치단체의 장의 피선거권이 있다. 이 경우 60일의 기간은 그 지방자치단체의 설치·폐지·분할·합병 또는 구역변경(제28조 각 호의 어느 하나에 따른 구역변경을 포함한다)에 의하여 중단되지 아니한다.
④제3항 전단의 경우에 지방자치단체의 사무소 소재지가 다른 지방자치단체의 관할 구역에 있어 해당 지방자치단체의 장의 주민등록이 다른 지방자치단체의 관할 구역에 있게 된 때에는 해당 지방자치단체의 관할 구역에 주민등록이 되어 있는 것으로 본다.

133 19조(피선거권이 없는 자) 선거일 현재 다음 각 호의 어느 하나에 해당하는 자는 피선거권이 없다.
1. 제18조(選擧權이 없는 者)제1항제1호·제3호 또는 제4호에 해당하는 자
2. 금고 이상의 형의 선고를 받고 그 형이 실효되지 아니한 자
3. 법원의 판결 또는 다른 법률에 의하여 피선거권이 정지되거나 상실된 자
4. 「국회법」 제166조(국회 회의 방해죄)의 죄를 범한 자로서 다음 각 목의 어느 하나에 해당하는 자(형이 실효된 자를 포함한다)
가. 500만원 이상의 벌금형의 선고를 받고 그 형이 확정된 후 5년이 경과되지 아니한 자
나. 형의 집행유예의 선고를 받고 그 형이 확정된 후 10년이 경과되지 아니한 자
다. 징역형의 선고를 받고 그 집행을 받지 아니하기로 확정된 후 또는 그 형의 집행이 종료되거나 면제된 후 10년이 경과되지 아니한 자
5. 제230조제6항의 죄를 범한 자로서 벌금형의 선고를 받고 그 형이 확정된 후 10년을 경과하지 아니한 자(형이 실효된 자도 포함한다)

선거를 선거의 기본원칙으로 규정하고 있다. 또한 명문규정은 없으나 자유선거의 원칙도 선거제도의 기본원칙으로 함께 인정되어 선거의 5대 원칙을 구성한다.

(1) 보통선거(↔제한선거)

보통선거란 '성년연령 이하의 일정한 연령에 달한 모든 국민에게 선거권을 인정하는 선거원칙'을 말한다. 사회적 신분, 성별, 신앙, 교육, 인종 등을 선거권의 요건으로 하는 '제한선거'에 반대되는 개념이다.

선거에 출마하기 위해 후보자가 내야 하는 기탁금 중 고액의 일부 기탁금에 대해 헌법재판소는 보통선거원칙 위반 등을 이유로 헌법불합치결정을 내린다. 있다. 즉 헌법재판소는 국회의원 1,000만 원, 광역의회의원 700만 원, 무소속후보자의 기탁금이 정당후보자의 2배에 이르는 것은 선거가 재력을 요건으로 하게 되는 결과가 되어 보통선거 및 평등선거의 원칙과 헌법 11조의 평등조항에 위배되므로 헌법에 합치하지 않는다고 판시하였으며, 기초의회의원 기탁금 200만 원과 대통령 기탁금 3억 원은 합헌이라고 판시하였다(헌재 1989. 9. 8. 88헌가6). 그 후 이러한 헌법재판소 결정의 취지에 따라 공직선거법 56조1항이[134] 개정되었다.

또한 헌법재판소는 집행유예자와 수형자에 대한 선거권 제한은 보통선거원칙에 위반된다면서 위헌결정(헌재 2014. 1. 28. 2012헌마409)을 내렸다.

(2) 평등선거(↔차등선거)

평등선거란 '1인 1표제'(one man, one vote)에 따라 모든 선거인이 한 표를 행

---

134 제56조(기탁금) ①후보자등록을 신청하는 자는 등록신청 시에 후보자 1명마다 다음 각 호의 기탁금을 중앙선거관리위원회규칙으로 정하는 바에 따라 관할선거구선거관리위원회에 납부하여야 한다. 이 경우 예비후보자가 해당 선거의 같은 선거구에 후보자등록을 신청하는 때에는 제60조의2 제2항에 따라 납부한 기탁금을 제외한 나머지 금액을 납부하여야 한다.

1. 대통령선거는 3억원
2. 지역구국회의원선거는 1천500만원

2의2. 비례대표국회의원선거는 500만원

3. 시·도의회의원선거는 300만원
4. 시·도지사선거는 5천만원
5. 자치구·시·군의 장 선거는 1천만원
6. 자치구·시·군의원선거는 200만원

사하고[투표의 수적 평등], '1표 1가제'(one vote, one value)에 따라 그 한 표의 결과가치도 같으며[투표의 성과가치의 평등], 선거과정에서 모든 선거참여자들에게 균등한 기회가 보장되는 선거를 말한다. '차등선거'에 반대되는 개념이다.

1) 투표의 수적 평등(선거자격의 평등)

모든 선거인이 평등하게 한 표를 행사하는 '1인 1표제'(one man, one vote)를 말한다. 사회적 신분·교육·재산 등을 이유로 특정의 선거인들에게 복수의 투표권을 부여하는 '복수투표제'와 반대되는 개념이다.

2) 투표의 성과(결과)가치의 평등(투표가치의 평등)

모든 선거인의 한 표의 성과(결과)가치도 같아야 한다는 '1표 1가제'(one vote, one value)를 말한다. 각 선거구 인구가 크게 불균형해지는 선거구 분할로 한 표의 성과(결과)가치가 달라지면 이 '투표의 성과(결과)가치의 평등에 위배된다.

우리 헌법재판소는 국회의원 선거구 획정과 관련해 인구편차가 상하 33⅓%의 편차(이 경우 선거구의 상한 인구수와 하한 인구수의 비율은 2:1)를 평등선거의 기준으로 제시하고 있다. 과거에는 인구편차 상하 60%(이 경우 상한 인구수와 하한 인구수의 비율은 4:1, 헌재 1995. 12. 17. 95헌마224), 그 후에는 인구편차 상하 50%(이 경우 상한 인구수와 하한 인구수의 비율은 3:1, 헌재 2001. 10. 25. 2000헌마92등)을 기준으로 제시한 적도 있었다.

헌법재판소는 선거구들 중 단 하나의 선거구도 이 범위를 벗어나면 선거구 전제가 모두 위헌이라고 본다. 즉 선거구구역표의 불가분성을 인정하는 것이다(예를 들어, 헌재 2014. 10. 30. 2012헌마192등).

3) 선거참여자의 평등

'선거참여자의 평등'이란 모든 선거참여자에게 균등한 기회를 보장하는 것을 말한다. 헌법재판소는 무소속입후보자에게 일정 수 이상 선거구민의 추천을 요구하는 것을 합헌으로 보았다.

(3) 직접선거(↔간접선거)

직접선거란 '일반선거인이 중간선거인의 매개 없이 대표자를 직접 선출하는 선거원칙'을 말한다. '간접선거'에 반대되는 개념이다. 중간선거인을 선출하여 대표자를 선출하는 '간접선거'는 선거인의 의사를 왜곡할 수 있기 때문에 직접선거가 선거의 기본원칙이 된다.

(4) 비밀선거(↔ 공개선거)

비밀선거란 '선거인이 누구에게 투표하였는지를 모르게 하는 선거제도'를 말한다. 무기명투표, 투표의 비밀보장, 투표용지관급제, 투표내용에 관한 진술거부를 내용으로 한다. 매수, 유혹, 위협에 의해 자유롭고 공정한 선거가 침해될 위험이 있는 '공개선거'가 반대되는 개념이다.

(5) 자유선거(↔ 강제선거)

자유선거에서의 '자유'는 '기권의 자유'를 의미한다. 정당한 이유 없이 기권하는 자에 대해 제재를 가함으로써 선거권의 행사가 법적 공의무가 되게 하는 제도인 '강제선거'가 반대되는 개념이다. 강제선거의 예로 벨기에를 들 수 있는데, 벨기에에서는 기권초범자에게는 도의적 제재, 누범자에게는 그 의무 위반을 공개하도록 하고 있다.

6. 대표제와 선거구제

대표제와 선거구제는 선거제도의 내용을 이루는 것으로서, 단순한 기술적 문제에 그치는 것이 아니라 그 나라의 헌정운용에 중대한 영향을 끼친다.

(1) 대표제

한 선거구에서 대표의 결정방식을 말한다. 다수대표제, 소수대표제, 비례대표제, 직능대표제, 혼합대표제가 있으며 오늘날 많은 나라들은 다수대표제와 비례대표제의 혼합형을 많이 취한다.

1) 다수대표제

대표자의 선출을 선거구의 다수자 의사에 따르게 하는 방법이다. 선거구제의 소선거구제와 연결된다. 다수대표제는 유효투표의 과반수 득표자를 대표로 선출하는 '절대다수대표제'와 유효투표 중 상대적으로 다수의 득표를 한 사람을 대표로 선출하는 '상대다수대표제'로 나뉜다. '절대다수대표제'는 첫 번째 선거에서 유효투표의 과반수 득표자가 없으면 법정 득표 이상을 한 후보자 중에서 두 번째 결선투표를 실시하여 유효투표의 과반수 득표자를 당선자로 결정하는 결선투표제와 연결된다. 프랑스 대통령선거와 하원의원 선거 등에서 채택되고 있다. '상대다수대표제'는 영국, 미국 등에서 널리 채택되고 있다.

2) 소수대표제

소수자도 대표를 낼 수 있는 대표제로서, 한 선거구에서 2인 이상의 대표를 선출하는 제도이다. 선거구제의 중선거구제나 대선거구제와 연결된다.

3) 비례대표제

각 정당의 득표수에 따라 의석을 배분하는 대표제를 말한다. 다수대표제의 문제점을 시정·보완하기 위해 제안되었으며, 소수보호의 정신을 실현시키기 위한 제도이다. 헌법재판소는 종전에 선거인 1명이 지역구 국회의원과 비례대표제 국회의원을 합쳐서 1표로 선출하는 '1인 1표제'에 대해 위헌결정을 내렸다. 1인 1표제가 민주주의원리, 직접선거의 원칙에 위반되며 무소속 후보자에 대한 1인 1표제는 더불어 평등원칙에도 위반된다는 것을 근거로 들었다(헌재 2001. 7. 19. 2000헌마91등 병합).

비례대표제는 '선거구의 규모'를 기준으로 '전국선거구제'와 '권역별 선거구제'로 나뉜다. 세계의 다수 국가들은 비례대표 국회의원 선거에서 일반적으로 '권역별 선거구제'를 채택하고 있다. 비례대표제의 전형적인 방식은 선거인이 정당의 합동명부에 대해 투표하고 득표수의 비율에 따라 당선자를 결정하는 '명부식 비례대표제'인데, '명부식 비례대표제'도 비례대표후보의 순위가 정해져 있는 '고정명부식'과 비례대표후보의 순위가 정해져 있지 않은 '가변명부식'이 있다.

연혁적으로 봤을 때 비례대표제는 독일 바이마르 헌법에서 세계 최초로 도입되었고, 우리 헌법에는 1962년 개정헌법인 제3공화국 헌법에서 처음 도입되었다. 비례대표제의 장점으로는 정당에 대한 득표율로 대표 뽑으므로 선거인의 의사를 정확하게 반영한 대표 선출이 가능하다는 점, 민주정치의 요체인 정당정치에 적합하다는 점, 소수당에게도 의석을 배분하여 소수의 보호에 유리하다는 점을 들 수 있다. 비례대표제의 단점으로는 선거인과 의원 사이가 소원해진다는 점, 군소정당의 난립으로 정국불안의 우려가 있어 불안정한 정치상황을 초래할 수 있다는 점을 들 수 있다. 이러한 군소정당 난립으로 인한 정국불안을 방지하기 위해 세계 각국은 비례대표제를 채택하면서도 군소정당에 대한 일정한 저지조항을 두고 있다. 우리 헌법재판소는 국회의원선거에 참여하여 의석을 얻지 못하고 유효투표 총수의 100분의 2 이상을 득표하지 못한 정당에 대해 그 등록을 취소하도록 한 과거 정당법상의 저지조항에 대해 정당설립의 자유를 침해한다는 이유로 위헌결정(헌재 2014. 1. 28. 2012헌마431등)을 내린 바 있다. 비례대표제에는 득표율에 비례한 의석이 아니라 할애 또는 증감을 하여 의석을 배분하는 '할증제'도 존재한다. 예를 들어 제5공화국에서는 할증제에 의해 지역구 국회의원선거에서 가장 많은 의석을 차지한 제1당에게 비례대표 의석의 50%를 무조건 배분하였다.

4) 직능대표제

직능을 단위로 선거인단을 분할하고 대표를 선출하는 '직능대표제'도 있다.

5) 혼합대표제

위의 여러 대표제를 병용하는 것이 혼합대표제이다. 우리나라는 현재 다수대표제와 비례대표제를 병용하는 혼합대표제를 취하고 있다.

(2) 선거구제

1) 소선거구제(다수대표제)

선거구에서 소선거구제란 다수대표제와 연결되는 것으로서, '한 선거구에서 한 명의 대표자를 선출하는 선거구제'를 말한다. 한 선거인이 한 명한테만 투표하는 '단기'(單記)가 원칙이다. 다수결주의에는 절대다수결주의와 상대다수결주의가 있다.

소선거구제의 장점으로는 첫째, 양대정당제 확립이 용이하여 안정된 정치상황을 확보할 수 있고, 둘째, 선거인과 의원 간의 거리감을 줄일 수 있으며, 셋째, 선거인의 대표 선택이 용이하다는 점을 들 수 있다.

소선거구제의 단점으로는 선거구 획정에 있어서 다수당에 의한 '게리맨더링'(Gerrymandering)의 위험이 존재하며, 둘째, 당선인 이외의 자가 획득한 표가 사표(死票)가 되어 정당별 득표율과 의석수 사이에 불균형이 생기고, 셋째, 지방적 소인물이 당선될 가능성이 있으며, 넷째, 정책 입안에 지방적 편견을 가지기 쉽고, 다섯째, 매수 등 선거 부패의 가능성이 크다는 점을 들 수 있다.

2) 중선거구제

선거구제에서 중선거구제란 '한 선거구에서 2~4인의 대표자를 선출하는 선거구제'를 말한다. 중선거구제의 장점으로는 지역구의 과대와 과소에 따른 결함을 완화할 수 있다는 점을 들 수 있고, 단점으로는 첫째, 선거인들이 후보자를 결정하는데 어려움이 있고, 둘째, 선거비용이 과다하게 소요된다는 점을 들 수 있다. 우리나라에서는 현재 기초지방의회의원선거에서 중선거구제를 도입하고 있다.

3) 대선거구제

선거구제에서 대선거구제란 '한 선거구에서 5인 이상의 대표자를 선출하는 선거구제'를 말한다. 대선거구제의 장점으로는 첫째, 소수대표가 가능해서 사표가 적고, 둘째, 국민대표(전국적 인물)에 적합한 후보자를 선택할 수 있으며, 셋째, 부정선거의 효과가 감소하여 선거부패의 가능성이 적고, 넷째, 선거 시의 쟁점이 정당의 강령이나 정책이 되어 후보자와 유권자의 수준이 향상될 수 있다는 점을 들 수 있다.

대선거구제의 단점으로는, 첫째, 군소정당의 난립으로 정국불안이 초래될 수 있고, 둘째, 선거비용의 지출이 과도할 수 있으며, 셋째, 유권자가 후보자를 자세히 알기 어렵고, 넷째, 보궐선거나 재선거가 곤란하다는 점을 들 수 있다.

7. 선거에 관한 쟁송

선거에 관한 쟁송에는 선거소청, 당선소청, 선거소송, 당선소송이 있는데, 선거소청에는 행정심판법이 준용되고, 선거에 관한 소송에는 행정소송법이 준용된다.

(1) 선거소청(공직선거법 219조)

지방의회의원 및 지방자치단체장의 선거에 있어서 **선거의 효력**에 이의가 있는 경우, 선거일로부터 14일 이내에 선거인, 후보자, 후보자를 추천한 정당(소청인)은 당해 선거관리위원장(피소청인)을 상대로 소청심사기관인 시도선거관리위원회

(시·도지사급의 경우 중앙선거관리위원회)에 소청할 수 있다.

(2) 당선소청(공직선거법 219조)

지방의회의원 및 지방자치단체장의 선거에 있어서 **당선의 효력**에 이의가 있는 경우, 당선인결정일로부터 14일 이내에 선거소청과 같은 절차로 당선소청을 할 수 있다.

(3) 선거소송(공직선거법 222조)

대통령선거 및 국회의원선거나 지방선거에 있어서 선거의 효력에 이의가 있는 경우(선거 자체의 전부나 일부 무효를 다투는 경우), 선거인, 후보자, 후보자를 추천한 정당(원고, 일종의 민중소송)은 소청 후 관할선거관리위원회 위원장(대통령선거는 중앙선거관리위원장)을 피고로 하여 선거일로부터 30일 이내에 대통령, 국회의원, 시·도지사의 경우에는 대법원에, 지방의회의원, 자치구·시·군의 장의 경우에는 고등법원에 선거소송을 제기할 수 있다.

(4) 당선소송(공직선거법 223조)

선거 자체는 유효하나 당선인의 결정(개표의 부정·착오, 무자격, 등록일 이후의 입후보 등록)에 문제가 있거나 위법한 경우에, 당선인이 결정된 날로부터 30일 이내에 후보자 또는 정당(선거인은 아님)은 당선인을 피고로 하여 대법원 또는 관할 고등법원에 당선소송을 제기할 수 있다.

(5) 재정신청(공직선거법 273조)

선거범죄(유권자매수죄, 이해유도죄, 공무원의 선거범죄)를 고발한 후보자나 후보자 소속 정당의 중앙당 및 해당 선거관리위원회는 검사가 그 범죄에 대하여 기소를 하지 않으면 검사소속 고등검찰청에 대응하는 고등법원에 불기소처분의 **당부**에 관한 재정(裁定)을 신청할 수 있다.

(6) 선거인명부에 대한 불복신청

선거인이 선거인 명부의 내용에 이의가 있을 경우 당해 구·시·읍·면의 장(행정관서의 장)에게 이의신청을 할 수 있고 이의신청이 받아들여지지 않으면 관할선거관리위원회에 불복신청을 할 수 있다.

8. 선거범죄의 처벌과 당선무효(공직선거법 264조)

공직선거법에 규정된 죄나 정치자금법 49조(선거비용 관련 위반행위에 관한 벌칙)의 죄를 범하고 징역 또는 **100만 원 이상의 벌금형**을 선고 받으면 그 당선은 무효로 한다.

IV. 지방자치제도

1. 지방자치의 의의와 기능

(1) 의의

헌법재판소는 지방자치제도를 '일정한 지역을 단위로 그 지역 주민이 그 지방에 관한 여러 가지 사무를 그들 자신의 책임하에서 자신이 선출한 기관을 통해 직접 처리하게 함으로써 지방자치행정의 민주성과 능률성을 제고하고 지방의 균형있는 발전과 아울러 국가의 민주적 발전을 도모하는 제도'(헌재 2004. 12. 16. 2004헌마376)로 정의하였다.

(2) 기능

지방자치제의 기능은 제임스 브라이스(James Bryce)가 "지방자치는 민주주의의 원천인 동시에 그 교실"이라고 말한 데에서 알 수 있듯이 첫째, 민주주의 이념의 구현에 이바지하는 것이다. 지방자치제는 지방행정에 직접적인 관심과 이해관계가 있는 지방주민으로 하여금 스스로 다스리게 한다면 자연히 민주주의가 육성·발전될 수 있다는 '풀뿌리민주주의'에 뿌리를 두고 있다. 둘째, 지방자치제는 '지방분권'을 통해 권력분립원리를 지방 차원에서의 실현하는 기능을 하고, 셋째, 정치적 다원주의의 실현에도 기여하며, 넷째, 지방의 균형있는 발전에도 기여하고, 다섯째, 참정권 등의 기본권 신장에도 기여하는 기능을 한다.

2. 지방자치 기관의 종류

(1) 지방의회: 의결기관

지방의회는 지방자치단체의 의결기관이며 그 조직은 법률로 정하며, 지방의회의원의 선거도 법률로 정하는데(헌법 118조2항), 지방의회의원의 선거와 관련해 지방자치법 31조는 지방의회의원을 주민의 보통, 평등, 직접, 비밀선거로 선출한다고 규정한다. 지방의회의원의 임기는 4년이며 명예직에서 유급직으로 전환되었다.

(2) 단체의 장: 집행기관

지방자치단체의 장의 선거는 법률로 정하며(헌법 118조2항), 지방자치법은 이를 주민의 보통, 평등, 직접, 비밀선거로 선출하도록 하고 있다(지방자치법 94조). 지방자치단체장의 임기는 4년이다. 지방자치법 95조는 지방자치단체장의 계속 재임을 3기까지로 제한하고 있는데, 헌법재판소는 이 3기 재임 제한조항에 대해 합헌결정을 내렸다. 이 조항은 장기집권으로 인한 지역발전 저해 방지와 유능한 인사의 자치단체장 진출 확대를 입법취지로 하는 것으로 과잉금지원칙에 위배되지 않는 피선거권에 대한 합헌적 제한이라는 점을 근거로 들었다(헌재 2006. 2. 23. 2005헌마403).

(3) 교육감

지방교육자치에 관해서는 '지방교육자치에 관한 법률'이 제정되어 있다. 지방교육자치에 관한 법률 18조는 광역자치단체에서 교육자치의 집행기관으로서 교육감을 둔다고 규정하고 있고, 교육감은 같은 법 43조에 의해 주민의 보통, 평등, 직접, 비밀선거로 선출한다. 지방교육자치에 관한 의결기관은 광역자치단체의 시·도의회이다.

3. 지방자치단체의 권한

(1) 자치입법권

헌법 117조1항은 지방자치단체는 주민의 복리에 관한 사무를 처리하고 재산을 관리하며 "법령의 범위 안에서" 자치에 관한 규정을 제정할 수 있다고 규정한다.

1) 조례제정권

지방의회는 조례제정권을 가진다. 지방자치단체는 원칙적으로 지방자치법 15조에 열거된 국가사무를 처리할 수 없다.

a. '필요적 조례규정사항'과 '임의적 조례규정사항'

법령이 조례로서 정할 것을 규정하고 있는 경우를 '필요적 조례규정사항'이라

하고, 법령에 규정이 없을지라도 국가의 전속적인 권한에 속하지 않는 사항에 관해서는 조례로 정할 수 있는데 이를 '임의적 조례규정사항이라고 한다.

b. 조례의 효력

조례는 전체적인 국법질서(헌법, 법률, 명령)와 모순될 수 없다. 따라서 조례에 대해서도 헌법소원이 가능하다. 헌법 117조1항은 지방자치단체는 주민의 복리에 관한 사무를 처리하고 재산을 관리하며 "법령의 범위 안에서" 자치에 관한 규정을 제정할 수 있다고 할 때, "법령의 범위 내에서"의 의미 내용은 다음과 같다.

첫째, 국회는 지방자치에 관한 그 입법 권능을 전부 지방자치단체에 위임할 수는 없고 지방자치에 관하여 공통적이고 본질적인 사항에 관한 결정은 국회 자신이 해야 한다.

둘째, 법률의 위임이 있는 경우에만 권리제한·의무부과(주민의 자유와 재산을 침해하거나 제한), 벌칙 제정이 가능하다(지방자치법 28조1항 단서). 그 외에는 법률의 위임이 없더라도 조례 제정이 가능하다.

셋째, 조례에 의한 규제는 지역에 따라 다를 수밖에 없다. 이것은 헌법이 지방자치제를 보장하는 데에서 오는 불가피한 결과이며 그 자체가 위헌은 아니다.

c. 조례제정권의 한계

a) 자치사무와 단체위임사무의 경우

지방자치단체의 사무에는 지방자치단체의 고유사무인 '자치사무'와, 국가사무인 '위임사무'가 있으며 '위임사무'는 다시 개별법령에 의해 자치단체에 위임된 '단체위임사무'와 국가사무로서 지방자치단체의 장에게 위임된 '기관위임사무'가 있다.

지방자치법 28조1항 본문에서 지방자치단체는 법령의 범위에서 "그 **사무**에 관하여" 조례를 제정할 수 있다고 했을 때의 "사무"는 원칙적으로 **자치사무**와 **단체위임사무**에 한정되며, **기관위임사무**에 관해서는 **조례로 제정할 수 없다**.

b) "법령의 범위 내"

조례의 규정사항이 법령에 위반할 수 없다. 법령에 위반되는 조례로는 첫째, 법률이 일정한 기준과 유형을 제시하고 있는 경우에 가중된 기준을 추가하거나(상승조례), 법률이 위임한 한계를 초과하는 내용의 조례는 법률 위반으로 무효이다.

둘째, 법률이 국가사무로 유보하고 있지 않은 경우에도(자치사무에 속하는 경우이더라도) 전국에 걸쳐 획일적으로 규율해야 할 사항과 그 영향이 미치는 범위가 전국 또는 국민 전체인 경우는 지방자치단체가 이를 조례로 규제할 수 없다.

셋째, 위법한 조례가 의결되면 지방자치단체의 장은 20일 이내에 지방의회로 환부하여 재의를 요구할 수 있고 지방의회에서 재의결된 경우에는 대법원에 소를 제기할 수 있다. 청주시장이 청주시의회를 상대로 제시한 행정정보공개조례안 재의결취소청구소송에서 대법원은 이 행정정보공개조례안이 자치사무에 대한 정보만을 공개대상으로 하므로 조례제정권의 범위 내에 있다고 판시하였다(1992. 6. 23. 대판92추117).

2) 규칙제정권

지방자치단체의 장은 법령 또는 조례의 범위에서 그 권한에 속하는 사무에 관하여 규칙을 제정할 수 있다(지방자치법 29조). 즉 지방자치단체의 장이 제정하는 지방자치에 관한 규칙은 법령과 조례에 위배되어서는 안 된다. 위임사무는 국가 또는 상급 지방자치단체인 광역자치단체가 그 기관인 기초자치단체의 장에게 위임한 사무이므로, 이에 대해서는 지방의회가 조례를 제정할 수 없고, 지방자치단체의 장이 규칙을 제정하여야 한다(대판 1995. 7. 11. 94누4615).

(2) 자치행정권(헌법 117조1항)

지방자치단체는 "주민의 복리에 관한 사무를 처리하고, 재산을 관리"(헌법 117조1항)하는 자치행정권을 행사할 수 있다.

1) 고유사무처리권: 주민복리에 관한 사무처리권

지방자치단체는 주민의 복리를 위하여 자치행정권을 가지며, 이 때 "주민의 복리에 관한 사무"를 '고유사무'라고 한다. 이것은 지방자치단체가 지방의 이익을 증진하기 위하여 자기목적으로 행하는 사무이다. 지방자치단체는 사무를 처리할 때 주민의 편의와 복리증진을 위하여 노력하여야 하고, 조직과 운영을 합리적으로 하고 규모를 적절하게 유지하여야 하며, 법령을 위반하여 사무를 처리할 수 없고 시·군 및 자치구는 해당 구역을 관할하는 시·도의 조례를 위반하여 사무를 처리할 수 없다(지방자치법 제12조의 '사무처리의 기본원칙').

2) 재산관리권

지방자치단체는 기본재산을 유지하고 적립금의 설치·관리 및 처분을 할 수 있으며, 공공기관의 설치·관리 및 처분을 할 수 있다.

3) 자치재정권

지방자치단체는 조세를 부과하고 사용료, 분담금, 수수료를 징수할 수 있다. 지방재정을 보조하고 재정기반을 확충하기 위한 법률로 지방교부세법이 있다.

4. 지방자치에의 주민참여(지방자치 수준의 직접민주주의 구현)

(1) 주민투표(전국 단위의 국민표결)

주민투표권은 '법률상 보장되는 참정권'이다. 이에 비해 선거권, 공무담임권, 국민투표권은 헌법상 보장되는 참정권이다.

주민투표에 관해 규정하고 있는 지방자치법 18조는 "①지방자치단체의 장은 주민에게 과도한 부담을 주거나 중대한 영향을 미치는 지방자치단체의 주요 결정사항 등에 대하여 주민투표에 부칠 수 있다."고 규정하고, "②주민투표의 대상·발의자·발의요건, 그 밖에 투표절차 등에 관한 사항은 따로 법률로 정한다."고 규정하고 그 법률로 '주민투표법'을 제정하였다.

주민투표의 실시권자는 지방자치단체의 장이다. 지방자치단체의 장은 직권(지방의회 재적 과반수 출석에 출석 과반수의 동의를 얻어)에 의하거나 주민(주민투표청구권자 총수의 20분의 1(즉 5%) 이상 5분의 1(즉 20%) 이하의 범위 안에서 지방자치단체의 조례로 정하는 수 이상의 서명으로) 또는 지방의회(재적 과반수 출석에 출석 3분의 2 이상의 찬성)의 청구에 의하여 주민투표를 실시한다(주민투표법 9조[135]).

---

135 주민투표법 제9조(주민투표의 실시요건) ①지방자치단체의 장은 주민 또는 지방의회의 청구에 의하거나 직권에 의하여 주민투표를 실시할 수 있다.
②19세 이상 주민 중 제5조제1항 각 호의 어느 하나에 해당하는 사람(같은 항 각 호 외의 부분 단서에 따라 주민투표권이 없는 자는 제외한다. 이하 "주민투표청구권자"라 한다)는 주민투표청구권자 총수의 20분의 1 이상 5분의 1 이하의 범위안에서 지방자치단체의 조례로 정하는 수 이상의 서명으로 그 지방자치단체의 장에게 주민투표의 실시를 청구할 수 있다.

주민투표권자는 18세 이상의 주민 중 그 지방자치단체의 관할 구역에 주민등록이 되어 있는 주민이거나 혹은 계속 거주자격을 갖춘 외국인으로서 지자체의 조례로 정한 사람이다(주민투표법 5조).

주민투표결과의 확정은 주민투표권자 총수의 4분의 1 이상의 투표(미달하면 개표 안 함)와 유효투표 과반수의 찬성으로 확정된다(주민투표법 24조).

(2) 조례의 제정 및 개폐 청구

전국 단위의 '국민발안'과 유사한 것으로서, 지방자치 단계에서는 주민에 의한 '조례의 체정 및 개폐 청구'가 있다. 주민은 "지방자치단체의 장에게 조례를 제정하거나 개정하거나 폐지할 것을 청구할 수 있"고 "조례의 제정·개정 또는 폐지 청구의 청구권자·청구대상·청구요건 및 절차 등에 관한 사항은 따로 법률로 정한다."(지방자치법 19조) 이 법률이 '주민조례발안에 관한 법률'(약칭: 주민조례발안법)이다.

주민조례청구권자는 18세 이상의 주민(영주자격 취득 후 3년 경과하고 외국인등록대장에 올라있는 사람 포함)이다(주민조례발안법 2조). 주민조례발안법 5조1항1호에서 6호에[136] 정한 주민 수 이상의 연서로 지방자치단체의 장에게 조례의 제정 및 개폐를 청구할 수 있다. 지방의회의 의장은 법이 정한 요건에 적합한 경우에는 주민조례청구를 수리하고, 요건에 적합하지 않은 경우에는 이를 각하하여야 하고 수

③주민투표청구권자 총수는 전년도 12월 31일 현재의 주민등록표 및 외국인등록표에 따라 산정한다.

④지방자치단체의 장은 매년 1월 10일까지 제3항의 규정에 의하여 산정한 주민투표청구권자 총수를 공표하여야 한다.

⑤지방의회는 재적의원 과반수의 출석과 출석의원 3분의 2 이상의 찬성으로 그 지방자치단체의 장에게 주민투표의 실시를 청구할 수 있다.

⑥지방자치단체의 장은 직권에 의하여 주민투표를 실시하고자 하는 때에는 그 지방의회 재적의원 과반수의 출석과 출석의원 과반수의 동의를 얻어야 한다.

136 1. 특별시 및 인구 800만 이상의 광역시·도: 청구권자 총수의 200분의 1, 2. 인구 800만 미만의 광역시·도, 특별자치시, 특별자치도 및 인구 100만 이상의 시: 청구권자 총수의 150분의 1, 3. 인구 50만 이상 100만 미만의 시·군 및 자치구: 청구권자 총수의 100분의 1, 4. 인구 10만 이상 50만 미만의 시·군 및 자치구: 청구권자 총수의 70분의 1, 5. 인구 5만 이상 10만 미만의 시·군 및 자치구: 청구권자 총수의 50분의 1, 6. 인구 5만 미만의 시·군 및 자치구: 청구권자 총수의 20분의 1

리 또는 각하 사실을 대표자에게 알려야 한다(주민조례발안법 12조1항). 주민청구조례안을 수리한 경우에는 수리된 날부터 1년 이내에 주민청구조례안을 의결하여야 하며, 다만 필요한 경우에는 본회의 의결로 1년 이내의 범위에서 한 차례만 그 기간을 연장할 수 있다(주민조례발안법 13조1항). 지방의회는 심사 안건으로 부쳐진 주민청구조례안을 의결하기 전에 대표자를 회의에 참석시켜 그 청구의 취지를 들을 수 있다(주민조례발안법 13조2항).

(3) 주민소환

전국 단위의 '국민소환'과 유사한 것으로서, 지방자치 단계에서는 주민소환이 있다. 주민은 "그 지방자치단체의 장 및 지방의회의원(비례대표 지방의회의원은 제외한다)을 소환할 권리를 가"지며, "주민소환의 투표 청구권자·청구요건·절차 및 효력 등에 관한 사항은 따로 법률로 정한다."(지방자치법 25조) 이 법률이 '주민소환에 관한 법률'(약칭: 주민소환법)이다.

주민소환제는 역사적 기원을 따져볼 때 기본적으로 정치적인 행위이며 주민소환제를 두고 있는 대부분의 국가에서도 이런 취지에서 주민소환의 청구사유에 제한을 두지 않는다. 우리나라도 주민소환 청구사유에 제한을 두지 않는다. 헌법재판소도 "대의민주주의 아래에서 대표자에 대한 선출과 신임은 선거의 형태로 이루어지는 것이 바람직하고, 주민소환은 대표자에 대한 신임을 묻는 것으로서 그 속성은 재선거와 다를 바 없으므로, 선거와 마찬가지로 그 사유를 묻지 아니하는 것이 제도의 취지에도 부합한다"고 판시하였다(헌재 2011. 3. 31. 2008헌마355). 즉 주민소환은 법적 책임이 아니라 정치적 책임을 묻는 제도이다.

주민소환투표대상자는 관할선거관리위원회가 주민소환투표안을 공고한 때부터 주민소환투표결과를 공표할 때까지 그 권한행사가 정지된다(주민소환법 21조). 주민소환투표권자 총수의 3분의 1 이상의 투표와 유효투표 총수 과반수의 찬성으로 확정되며 전체 주민소환투표자의 수가 주민소환투표권자 총수의 3분의 1에 미달하는 때에는 개표를 하지 않는다(주민소환법 22조). 주민소환이 확정된 때에는 주민소환투표대상자는 그 결과가 공표된 시점부터 그 직을 상실한다(주민소환법 23조).

(4) 주민감사청구제도

18세 이상인 이방주민은 주민감사청구를 할 수 있다(지방자치법 21조). 이 경우 시·도는 중앙행정기관에, 시·군·구는 시·도에 주민감사청구를 하고, 이에 불복하면 주민감사청구를 한 주민은 주민소송을 제기할 수 있다(감사청구 전치주의).

V. 공무원제도

1. 공무원의 의의와 헌법적 책임

(1) "공무원"의 의의

공무원이란 '국민에 의해 선출되거나 임용권자에 의해 임용되어 국가나 공공단체의 공무를 담당하고 있는 자'를 말한다. 공무원은 국가공무원과 지방공무원으로 나누어지며 따라서 공무원관계에 관한 일반법으로 국가공무원법과 지방공무원법이 있고, 특별법으로는 경찰공무원법, 교육공무원법 등이 있다. 외국인과 복수국적자도 국가안보 및 보안·기밀 등에 관계되는 분야를 제외하고는 공무원으로 임용될 수 있다(국가공무원법 26조의3).

(2) "공무원"의 구분

국가공무원법은 공무원을 '경력직 공무원'과 '특수경력직 공무원'으로 구분한다. '경력직 공무원'은 "실적과 자격에 따라 임용되고 그 신분이 보장되며 평생동안 공무원으로 근무할 것이 예정되는 공무원"을 말하며 일반직과 특정직으로 구분된다(국가공무원법 2조2항). '특수경력직 공무원'은 경력직 공무원 외의 공무원으로서 정무직과 별정직으로 구분된다(국가공무원법 2조3항).[137]

---

137 국가공무원법 제2조의 제2항과 3항은 "②'경력직공무원'이란 실적과 자격에 따라 임용되고 그 신분이 보장되며 평생 동안(근무기간을 정하여 임용하는 공무원의 경우에는 그 기간 동안을 말한다) 공무원으로 근무할 것이 예정되는 공무원을 말하며, 그 종류는 다음 각 호와 같다. 1. 일반직공무원: 기술·연구 또는 행정 일반에 대한 업무를 담당하는 공무원 2. 특정직공무원: 법관, 검사, 외무공무원, 경찰공무원, 소방공무원, 교육공무원, 군인, 군무원, 헌법재판소 헌법연구관, 국가정보원의 직원, 경호공무원과 특수 분야의 업무를 담당하는 공무원으로서 다른 법률에서 특정직공무원으로 지정하는 공무원 ③"특수경력직공무원"이란 경력직공무원 외의 공무원을 말하며, 그 종류는 다음 각 호와 같다. 1. 정무직공무원 가. 선거로 취임하거나 임명할 때 국회의 동의가 필요한 공무원 나. 고도의 정책결정 업무를 담당하거나 이러한 업무를 보조하는 공무원으로서 법률이나 대통

(3) 헌법적 책임

1) "국민전체에 대한 봉사자"(헌법 7조1항)

공무원은 집권자에의 충성이 아니라, 국민주권주의 원리에 따라 주권자인 국민 전체의 이익을 위하여 봉사하여야 한다.

2) "국민에 대한 책임"(헌법 7조1항)

공무원은 공무원 지위의 특수성과 직무의 공공성에서 비롯된 '법적 책임'과 '정치적 책임'을 진다. '법적 책임'으로는 대통령·국무총리·국무위원 등 고위공무원에 대한 탄핵(헌법 65조), 국가배상에 따른 구상, 징계책임이나 형사책임의 추궁 등이 있고, '정치적 책임'으로는 국무총리·국무위원에 대한 해임 건의(헌법 63조) 등이 있다.

2. 직업공무원제도

(1) 헌법적 근거

헌법 7조2항은 "공무원의 신분과 정치적 중립성은 법률이 정하는 바에 의하여 보장된다"고 하여 직업공무원제를 규정한다. 즉 공무원의 '정치적 중립성 보장'과 '신분보장'이 직업공무원제의 핵심요소이다. 직업공무원제는 정권교체에 따라 선거에서 승리한 정당이 승리에 공로가 많은 소속당원에게 관직을 전리품 형식으로 나누어주는 소위 '엽관제'를 방지하고, 정권교체에도 불구하고 행정의 연속성과 안정성을 제공하기 위한 것이다. 직업공무원제의 '직업공무원'은 경력직 공무원, 즉 일반직·특정직 공무원에 한한다.

(2) 공무원의 정치적 중립성 보장

공무원의 정치적 중립성 보장의 내용에는 '공무원의 정치활동의 제한'과 '공무원에 대한 정당의 간섭 배제'가 있다.

령령(대통령비서실 및 국가안보실의 조직에 관한 대통령령만 해당한다)에서 정무직으로 지정하는 공무원 2. 별정직공무원: 비서관·비서 등 보좌업무 등을 수행하거나 특정한 업무 수행을 위하여 법령에서 별정직으로 지정하는 공무원.

1) 공무원의 정치활동의 제한

공무원의 정치적 중립성 보장을 위해 공무원의 정당 가입이나 정당활동이 금지된다. 첫째, 정무직 아닌 공무원은 정당 발기인이나 당원이 될 수 없고(정당법 22조1항1호[138]), 기타 공무원의 정치운동도 금지된다(국가공무원법 65조와 지방공무원법 57조[139]). 그러나 **공무원의 정치적 중립성 보장을 이유로 공무원의 국민으로서의 정치적 표현의 자유를 침해해서는 안 된다.**

헌법재판소는 공무원의 투표권유운동 금지 및 기부금 모집 금지를 규정한 국가공무원법 조항에 대해, 선거운동의 자유 및 정치적 의사표현의 자유에 대한 과잉금지원칙에 위배되지 않는 합헌적 제한이라고 판단하고 합헌결정을 내렸다(헌재 2012. 7. 26. 2009헌바298). 또한 공무원에 대하여 국가 또는 지방자치단체의 정책에 대한 반대·방해 행위를 금지한 구 '국가공무원 복무규정' 및 구 '지방공무원 복무규정'에 대해 공무원의 정치적 표현의 자유에 대한 과잉금지원칙에 위배되지 않는 합헌적 제한이라는 이유로 합헌결정을 내렸다(헌재 2012. 5. 31. 2009헌마705).

2) 공무원에 대한 정당의 간섭 배제

공무원에 대한 정당의 간섭은 배제되므로, 공무원은 선거중립의무를 진다(공직

---

138 제22조(발기인 및 당원의 자격) ①16세 이상의 국민은 공무원 그 밖에 그 신분을 이유로 정당가입이나 정치활동을 금지하는 다른 법령의 규정에 불구하고 누구든지 정당의 발기인 및 당원이 될 수 있다. 다만, 다음 각 호의 어느 하나에 해당하는 자는 그러하지 아니하다.

1. 「국가공무원법」 제2조(공무원의 구분) 또는 「지방공무원법」 제2조(공무원의 구분)에 규정된 공무원. 다만, 대통령, 국무총리, 국무위원, 국회의원, 지방의회의원, 선거에 의하여 취임하는 지방자치단체의 장, 국회 부의장의 수석비서관·비서관·비서·행정보조요원, 국회 상임위원회·예산결산특별위원회·윤리특별위원회 위원장의 행정보조요원, 국회의원의 보좌관·비서관·비서, 국회 교섭단체대표의원의 행정비서관, 국회 교섭단체의 정책연구위원·행정보조요원과 「고등교육법」 제14조(교직원의 구분)제1항·제2항에 따른 교원은 제외한다.

139 국가공무원법 제65조(정치 운동의 금지)와 지방공무원법 제57조는 제1항과 제2항에서 똑같이 "① 공무원은 정당이나 그 밖의 정치단체의 결성에 관여하거나 이에 가입할 수 없다. ②공무원은 선거에서 특정 정당 또는 특정인을 지지 또는 반대하기 위한 다음의 행위를 하여서는 아니 된다. 1. 투표를 하거나 하지 아니하도록 권유 운동을 하는 것 2. 서명 운동을 기도(企圖)·주재(主宰)하거나 권유하는 것 3. 문서나 도서를 공공시설 등에 게시하거나 게시하게 하는 것 4. 기부금을 모집 또는 모집하게 하거나, 공공자금을 이용 또는 이용하게 하는 것 5. 타인에게 정당이나 그 밖의 정치단체에 가입하게 하거나 가입하지 아니하도록 권유 운동을 하는 것"이라고 규정한다.

선거법 9조1항[140]). 이것은 헌법 7조1항의 "국민전체에 대한 봉사자"와 선거에 있어서 정당의 기회균등을 보장하는 헌법 116조1항의 "선거운동의 기회균등"으로부터 나오는 헌법적 요청이다.

헌법재판소는 대통령이 공직선거에 관한 총괄책임자이므로 선거중립의무를 지는 공무원에 대통령을 포함시키면서, "선거활동에 관한 대통령의 정치활동의 자유와 대통령의 선거중립의무가 충돌하는 경우에는 후자가 강조되고 우선되어야 한다"고 판시하였다(헌재 2008. 1. 17. 2007헌마700). 또한 헌법재판소는 "공무원이 선거운동의 기획에 참여하거나 그 기획의 실시에 관여하는 행위"를 하지 못하게 한 공직선거법 86조1항2호에 대해 "공무원의 지위를 이용하지 아니한 행위에까지 적용하는 한 헌법에 위반된다"는 한정위헌결정을 내렸다(헌재 2008. 5. 29. 2006헌마1096).

3) 국군의 정치적 중립성 준수(헌법 5조2항)

공무원인 국군의 정치개입을 금지하기 위해 헌법 5조2항은 국군의 정치적 중립성 준수를 규정한다. 쿠데타를 통한 군부 집권 등 우리 역사의 특수성을 반영해 1987년의 현행헌법에 신설된 조항이다.

(3) 공무원의 신분보장

공무원은 국민전체에 대한 봉사자이기 때문에, 정권교체의 영향을 받지 않을 뿐만 아니라 동일한 정권하에서도 정당한 이유 없이 해임당하지 않는 등 그 신분이 보장되어야 한다. 국가공무원법 79조는 공무원 징계의 종류로서 파면, 해임, 강등, 정직, 감봉, 견책을 규정하고 있다.

헌법재판소는 범죄행위가 공무원의 직무와 직접적 관련이 없거나 과실에 의한 것이라 하더라도 공무원이 금고 이상 형의 집행유예판결을 받으면 당연퇴직사유로 규정하고 있던 국가공무원법 69조에 대해서는 합헌결정(헌재 1997. 11. 27. 95헌바14등)을 내린 반면에, 금고 이상 형의 선고유예판결을 당연퇴직사유로 규정하고 있던 국가공무원법 33조5호에 대해서는 금고 이상의 선고유예의 판결을 받은 모든

140 공직선거법 제9조(공무원의 중립의무 등)는 제1항에서 "①공무원 기타 정치적 중립을 지켜야 하는 자(기관·단체를 포함한다)는 선거에 대한 부당한 영향력의 행사 기타 선거결과에 영향을 미치는 행위를 하여서는 아니된다."고 규정한다.

범죄를 포괄하여 규정하고 있을 뿐 아니라 심지어 오늘날 누구에게나 위험이 상존하는 교통사고 관련 범죄 등 과실범의 경우마저 당연퇴직의 사유에서 제외하지 않고 있으므로 과잉금지원칙에 위배된다는 이유로 위헌결정(헌재 2003. 10. 30. 2002헌마684)을 내렸다.

제 2 부

기본권론

제1편

기본권 총론

제1장 기본권의 의의

기본권은 독일어인 'Grundrecht'를 번역한 말로서 '헌법이 보장하는 국민의 기본적 권리'를 의미한다. 기본권과 유사개념인 인권은 '인간이기 때문에 당연히 갖는 생래적·천부적 권리'를 의미하며 이러한 의미의 인권을 세계 최초로 선언한 헌법은 버지니아 권리장전과 프랑스 인권선언이다.

기본권 중에는 생래적·천부적 권리도 있으나 국가내적인 권리도 포함되어 있으므로 기본권과 인권은 내용상 완전히 일치하지는 않는다. 그러나 기본권은 자유권적 기본권을 중심으로 하고 있고 기본권은 인권사항을 바탕으로 하여 인권을 실현시키려고 하는 것이므로 기본권과 인권을 동일시 하더라도 무방하다. 특히 인권개념이 사회권 등 국가내적인 권리까지 포함하는 것으로 확장되면서 이제 인권과 기본권은 더더욱 동일한 개념이 되었다.

제2장 기본권의 법적 성격

I. 법적 성격

1. 주관적 공권성

기본권은 '주관적 공권' 즉 '**개인**이 **국가를 상대**로 자신의 이익을 위해 **국가의 일정한 작위나 부작위**를 요구할 수 있는 **현실적 권리**'이다. 이에 비해 과거에는 다음 세 가지의 기본권의 주관적 공권성 부정론들이 존재했었다. 기본권은 주관적 공권이 아니라 국가권력의 자제로 인한 반사적 이익에 불과하다는 켈젠(Hans Kelsen)의 '반사적 이익설', 기본권 보장은 단순한 입법의 방침규정에 불과하다는 '프로그램규정설', 기본권 중 사회적 기본권은 그에 관한 구체적 입법이 있는 경우에만 비로소 현실적 권리가 될 수 있는 추상적 권리이지만 그 밖의 기본권은 개개인이 자신을 위하여 국가의 일정한 작위나 부작위를 요구할 수 있는 현실적 권리로서 모든 국가권력을 직접 구속하는 주관적 공권이라는 '기본권 이분설'이 그것이다.

2. 자연권성

기본권은 자연권인가 혹은 실정권인가와 관련하여 학설의 대립이 있다.

(1) 실정권설(헌법선재설)

실정권설 혹은 헌법이 기본권 이전에 존재한다는 헌법선재(先在)설은, 기본권은 실정법상의 권리인 실정권(實定權)으로서 헌법에 규정되어야만 비로소 권리로서 보장되는 것이라고 본다. 그 근거로는 첫째, 기본권도 실정헌법에 규정된 이상 실정법상의 권리이며, 둘째, 절대군주제하에서는 자연권설이 항의적 의미를 가졌지만 현대민주국가에서는 그러한 의미를 상실했고, 셋째, 권리는 실정법을 떠나 성립할 수 없으며, 넷째, 자유는 전(前)국가적이라고 하더라도 자유권은 후(後)국가적인 것이라는 점을 든다.

(2) 자연권설(기본권선재설)

자연권설 혹은 기본권이 헌법 이전에 존재한다는 기본권선재설은, 기본권은 헌법에 의하여 비로소 보장되는 권리가 아니라 인간의 생래적 권리를 의미하므로 헌법이 이를 규정하고 있는 경우에도 그것은 인간이 인간으로서 당연히 가지는 권리를 헌법이 문서로써 확인한 것에 불과하다고 본다. 그 근거로는 첫째, 기본권은 본질적으로 인간의 본성에 근거하는 것이고, 둘째, 기본권의 항의적 성격은 오늘날에도 이를 부정할 수 없으며, 셋째, 모든 국가권력은 기본권 존중이라는 시대정신에 구속되어야 한다는 점을 든다.

(3) 현행 한국헌법의 태도는 자연권설(기본권선재설)

다음의 우리 헌법조항들은 우리 헌법이 자연권설의 입장에 서 있다는 증거이다.

첫째, **헌법 10조2문**은 "국가는 개인이 가지는 불가침의 기본적 인권을 확인하고 이를 보장할 의무를 진다."고 규정한다. 여기서 "개인이 가지는... 인권"이라는 표현에서 기본권은 개개인에게 부여된 자연권으로서의 인권임을 지적하고, "불가침의... 인권"은 기본권의 자연권성 강조하고 있으며, "확인한다"는 표현은 기본권은 국가에 의해 창설되는 것이 아니고 국가 이전의 인권을 국가가 그저 확인할 뿐임을 규정하고 있다.

둘째, **헌법 37조1항**은 "... 헌법에 열거되지 아니한 이유로 경시되지 아니한다"고 규정한다. 헌법에 규정되지 않은 기본권도 있다고 선언함으로써 기본권의 자연권성을 확인해주는 주의적 규정이다.

셋째, **헌법 37조2항 후단**은 "자유와 권리의 본질적인 내용을 침해할 수 없다"고 규정한다. 이 규정은 자연권설에 의할 때에만 설명 가능하다. 왜냐하면 실정권설에 따르면 자유나 권리의 본질적 부분이란 헌법이나 법률이 본질적 부분의 내용을 규정할 때에 비로소 확정되는 것이지 본질적 부분의 내용이 헌법이나 법률보다 선재할 수 없기 때문이다.

따라서 **통설**은 우리 헌법상의 기본권의 법적 성격을 국가 이전에 존재한다는 의미에서 **'전(前)국가적'**이고, 국경을 초월해 존재한다는 의미에서 **'초(超)국가적'**인 **'자연권'**으로 이해한다.

II. 기본권의 이중적 성격

1. 독일이론으로서의 '기본권의 이중적 성격론'의 의의

기본권의 이중적 성격론이란, 기본권이 주관적으로는 개인을 위한 '주관적 공권'을 의미하지만 객관적으로는 국가의 기본적 법질서 즉, 객관적 가치질서를 구성하는 요소로서 이중의 성격을 가진다는 독일의 이론이다. 기본권은 개인의 자율적인 생활영역이 아니라 전체적인 헌법질서의 테두리에 기속되는 비개인적이고 제도적인 것이라는 헤벌레(Peter Häberle)의 '제도적 기본권론'이 이론적 배경이 되었다. 우리 헌법 11조의 평등권 조항을 예로 들어서 기본권의 이중적 성격론을 설명하면, 헌법 11조의 평등권이라는 기본권의 보장은 개개인이 국가권력에 대해 평등한 대우를 요구할 수 있는 개인을 위한 주관적 공권으로서의 평등권을 보장한 것이면서, 동시에 국가권력에 의한 자의적인 차별의 금지와 같은 민주국가적 법질서의 내용이 되는 평등원칙을 객관적으로 확인한 것이라는 것이다.

2. 우리나라에서의 기본권의 이중적 성격론의 수용 여부

이러한 독일이론으로서의 '기본권의 이중적 성격론'을 우리 헌법의 해석이론으로 수용할 수 있느냐와 관련해서는 긍정설과 부정설이 대립한다. 기본권의 주관적 공권성에 관해서는 학설이 일치하지만 객관적 가치질서성을 두고 견해의 대립을 보이는 것이다.

(1) 긍정설

학설의 다수설과 헌법재판소의 입장을 긍정설을 취한다. 즉 기본권은 주관적으로는 개인을 위한 주관적 공권을 의미하지만 객관적으로는 국가의 가치질서로서의 성격을 띠고 있다고 본다. 헌법재판소는 헌법 10조 후문의 "국가는 개인이 가지는 불가침의 기본적 인권을 확인하고 이를 보장할 의무를 진다"라는 규정에 근거해 긍정설의 입장을 취하면서, "국가는 적극적으로 국민의 기본권을 보호할 의무를 부담하고 있다는 의미에서 기본권은 국가권력에 대한 객관적 규범 내지 가치질서로서의 성격을 함께 가지며, 객관적 가치질서로서의 기본권은 입법·사법·행정의 모든 국가기능의 방향을 제시하는 지침으로서 작용하므로 국가기관에게 기본권의 객관적 내용을 실현할 의무를 부여한다."(헌재 1995. 6. 29. 93헌바45)고 판시하였다.

(2) 부정설

학설의 소수설은 기본권이 천부인권으로서 자연권이므로 주관적 공권일 뿐이고 객관적 가치질서성은 없다고 본다. 그 근거로 기본권의 이중적 성격론이 탄생한 독일에서는 **독일헌법 1조2항**이 "독일국민은 불가침·불가양의 **인권**을 세계의 **모든 인간공동체, 평화, 그리고 정의의 기초**로서 인정한다."라고 규정하고 있으므로 기본권의 객관적 가치질서성을 인정할 수 있지만, 이와 같은 규정이 없는 우리 헌법하에서는 천부인권으로서의 자연권인 기본권은 주관적 공권일 뿐이고 그것이 객관적 가치질서의 일부라고 볼 수 없으며 기본권이 헌법에 규정됨으로써 헌법규범으로서 국가권력을 구속하기 때문에 결과적으로 객관적 질서를 구성하게 되는 것이지 기본권 그 자체는 주관적 공권일 뿐이므로 이중적 성격은 인정할 수 없다고 본다.

3. 정리: 이중적 성격 인정의 실익

긍정설이 옳다. 우리 헌법에는 독일헌법 1조2항과 같이 기본권의 객관적 가치질서성을 인정할 수 있는 명문의 규정은 없지만, 헌법재판소가 판시한 바와 같이 우리 헌법 10조 후문의 국가의 기본권보장의무로부터 기본권의 객관적 가치질서성을 도출할 수 있기 때문이다.

더욱이 기본권의 객관적 가치질서성을 인정하면 여러 가지 실익이 있다. 첫째, 국가 이외의 사인으로부터의 기본권 보호에 관한 기본권의 대사인적 효력을 쉽게 인정할 수 있고, 둘째, 국가의 기본권보장의무도 보다 쉽게 인정할 수 있으며, 셋째, 헌법소원심판에서 객관적 권리보호이익을 인정할 수 있게 됨으로써 헌법소원심판의 청구요건 중 하나인 권리보호이익(심판청구이익)을 확대할 수 있으며, 넷째, 기본권은 포기될 수 없다는 점을 명확히 인식할 수 있고, 다섯째, 자유권보장시대에서 사회복지국가로 이행됨에 따라 기본권의 적극적 기능을 허용할 필요성이 증대한 상황에서 기본권이 공동체의 질서 형성을 위한 기본원칙으로서 기능하게 한다.

제3장 기본권의 분류

기본권은 기준이 무엇이냐에 따라 다양하게 분류될 수 있지만, '내용'을 기준으로 분류했을 때, 다음과 같이 분류될 수 있다.

I. 포괄적 기본권

포괄적 기본권으로서 인간으로서의 존엄과 가치 및 행복추구권(헌법 10조), 불합리한 차별적 처우를 받지 않는 것을 내용으로 하는 평등권(11조)이 있다.

II. '간섭 배제'를 내용으로 하는 자유권

1. 인신의 자유권

생명권, 신체를 훼손당하지 않을 권리, 신체의 자유(12조)가 있다.

2. 사생활 자유권

사생활의 비밀과 자유(17조), 주거의 자유(16조), 거주·이전의 자유(14조), 통신의 자유(18조)가 있다.

3. 정신적 자유권

양심의 자유(19조), 종교의 자유(20조), 학문·예술의 자유(22조), 언론·출판·집회·결사의 자유(표현의 자유, 21조)가 있다.

4. 경제적 자유권

경제적 이익의 확보를 내용으로 하는 재산권(23조), 직업선택의 자유(15조)가 있다.

III. 참정권

참정권은 정치질서 형성에의 참여나 정치적 활동을 내용으로 하는 정치적 기본권으로서, 선거권, 공무담임권(피선거권 포함) 및 정당활동의 자유 등 그 밖의 정치적 기본권들이 있다.

Ⅳ. 청구권

청구권은 기본권 보장을 위해 일정한 국가적 행위의 청구를 내용으로 하는 기본권으로서 청원권(26조), 재판청구권(27조), 국가배상청구권(29조), 형사보상청구권(28조), 범죄피해자구조청구권(30조)이 있다.

Ⅴ. '급부 요구'를 내용으로 하는 사회권

사회권은 사회국가(복지국가)의 인간다운 생활의 보장을 내용으로 하는 기본권으로서, 인간다운 생활권(34조), 근로의 권리(32조), 노동삼권(33조), 교육을 받을 권리(31조), 환경권(35조), 쾌적한 주거생활권(35조3항), 모성보호권(36조2항), 건강권(36조3항)이 있다.

제4장 기본권의 주체

기본권의 주체 문제는 누가 그 기본권을 가지고 기본권을 행사할 수 있는가의 문제이다.

Ⅰ. 기본권보유능력 v. 기본권행사능력

1. 기본권보유능력

기본권보유능력이란 기본권 주체가 될 수 있는 **추상적** 지위나 자격을 말하며, '기본권귀속능력'이라고도 한다. 공동체 구성원 누구에게나 기본권보유능력은 인정된다. 예를 들어, 태아도 기본권보유능력을 가진다.

2. 기본권행사능력

모든 국민은 기본권보유능력을 가지지만 그렇다고 하여 모든 국민이 언제나 기본권을 실제로 행사할 수 있는 것은 아니다. 기본권행사능력이란 구체적으로 그 기본권을 유효하게 행사할 수 있는 **현실적** 능력을 말한다. 예를 들어, 태아는 생명권의 기본권행사능력은 가지지만, 선거권의 기본권행사능력은 가지지 못한다.

II. 헌법은 "국민"

헌법 제2장 '국민의 권리와 의무'의 기본권규정들에서 기본권의 주체는 "모든 국민"이다. 따라서 헌법 제2장에는 외국인과 법인의 기본권 주체성 인정 여부에 관한 명문규정이 없다. 외국인과 법인의 기본권 주체성 인정 여부는 국회에 의한 입법형성권의 문제이며, 국회의 입법형성권 행사에 따라 기본권 보장은 확대 추세에 있다. 현대사회의 '세계화' 경향은 외국인의 기본권 주체성을, '단체화' 경향은 법인의 기본권 주체성을 확대해 가고 있다.

III. 외국인의 기본권 주체성

첫째, 외국인의 기본권 주체성과 관련한 통설과 헌법재판소 판례의 입장은 **'기본권성질설'**을 취한다. 즉, 헌법에 명문규정이 있든 없든 기본권의 성질상 '인간의 권리'로 볼 수 있는 기본권은 외국인에게도 보장된다는 것이다. 따라서 외국인이 그 기본권의 주체가 될 수 있는가는 그 기본권의 성질에 의해 결정되고, 그러므로 각 기본권에 따라 다르다. 예를 들어 외국인은 선거권, 피선거권, 공무담임권 등 정치적 기본권의 주체가 될 수는 없다. 왜냐하면 정치적 기본권은 국민주권원리에 따른 국민의 권리이기 때문이다. 외국인은 원칙적으로 사회적 기본권의 주체도 될 수 없다. 왜냐하면 사회적 기본권은 자국민의 인간다운 생활을 보장하기 위한 기본권이기 때문이다. 다만 사회적 기본권 가운데 환경권, 보건권과 같이 인간의 권리로서의 성격도 가지는 사회적 기본권은 제한된 범위 내에서 외국인의 기본권주체성이 인정된다.

둘째, 인간의 권리인지 여부가 불분명한 그 밖의 기본권들은 헌법 6조2항의

[1] 상호주의원칙에 따라야 한다. 상호주의원칙은 재외국민에게 그 외국이 인정하는 것과 동일한 정도로 자국 내에 있는 당해 외국인에게 권리·의무를 인정하는 주의를 말한다.

Ⅳ. 법인의 기본권 주체성

1. 법인의 개념

헌법상의 법인 개념을 사법(민법)상의 개념으로 이해하는 입장도 있으나, 다수설과 헌법재판소 판례의 입장은 헌법 차원의 독자적인 법인 개념을 정립하고 있다. 예를 들어, 권리능력없는 사단은 사법상으로는 법인이 아니지만, 헌법상으로는 기본권주체로서의 법인이 될 수 있다. 헌법재판소는 "(사법상의) 법인 아닌 사단·재단이라고 하더라도 대표자의 정함이 있고 독립된 사회적 조직체로서 활동하는 때에는 성질상 법인이 누릴 수 있는 기본권의 주체가 될 수 있다."(헌재 1991. 6. 3. 90헌마56, 영화인협회 사건)고 판시하였다.

2. 학설 대립

헌법상 법인이 기본권의 주체가 될 수 있는가와 관련하여 법인기준설과 기본권기준설의 대립이 있다.

첫째, 법인기준설은 법인의 특성에 따라, 법인이 수행하는 다양한 공적·사적 기능, 설립목적, 활동유형에 따라 그 법인의 기본권 주체성 여부가 결정된다고 본다. 예를 들어 법인기준설에 따르면, 영리목적 기업은 경제적 기본권의 주체는 되지만 정치적 기본권의 주체는 될 수 없고, 정당은 정치적 기본권의 주체가 된다.

둘째, **기본권기준설**은 기본권의 성질을 기준으로 봤을 때 법인은 자연인의 고유한 속성인 육체성(예를 들어, 인간의 존엄과 가치 및 행복추구권, 생명권, 신체의 자유)과 정신적·심리적 속성(예를 들어, 종교의 자유, 양심의 자유)을 불가결의 전제로 하는 기본권의 주체가 될 수는 없고, 그 이외에 평등권, 경제적 기본권(재산권, 직업선택의 자유), 거주이전의 자유, 재판청구권, 명예권 등 인격권의 일부(헌재 1991.

---

1 헌법 6조2항은 "외국인은 국제법과 조약이 정하는 바에 의하여 그 지위가 보장된다."고 규정한다.

4. 1. 89헌마160)의 주체는 될 수 있다고 본다. 학설의 다수설과 헌법재판소 판례의 입장이다. 헌법재판소는 기본권기준설에 따라 한국영화인협회의 표현의 자유의 기본권 주체성을 인정하고(헌재 1991. 6. 3. 90헌마56, 영화인협회 사건), 정당의 선거에서의 기회균등권의 기본권 주체성을 인정(헌재 1991. 3. 11. 91헌마21)하였다.

3. 공법인(국가나 지방자치단체 포함)의 기본권 주체성

헌법재판소는 국가가 기본권의 '수범자'이지 기본권의 주체로서의 '소지자'가 아니며 오히려 국민의 기본권을 보호·실현해야 할 책임과 의무의 주체라고 하면서 국가나 지방자치단체 등 공법인의 기본권 주체성을 **원칙적으로 부정**한다. 예를 들어 국회의 일부조직인 국회노동위원회는 기본권 주체성이 없으므로 헌법소원심판의 청구적격이 없다고 판시하였다(헌재 1994. 12. 29. 93헌마120).

그러나 헌법재판소는 **예외적**으로, 국가가 국민의 일정한 기본권 실현에 이바지하도록 하기 위해 공법인을 설립한 경우에는 **그 설립 목적의 범위 안에서** 공법인의 기본권 주체성을 **제한적으로 인정**한다. 이에 따라 공법인인 국영언론기관을 언론의 자유의 주체로 인정해 오고 있으며, 국공립대학을 학문의 자유의 주체로 인정하였다. 예를 들어 학교법인 서울대학교 대학입학고사 요강 사건에서 서울대학교를 영조물에 불과하다고 보지 않고 학문의 자유와 대학자율권의 주체로 보았다(헌재 1992. 10. 1. 92헌마68 등).

제5장 기본권의 제3자적 효력

I. 의의와 인정 배경

1. 기본권의 제3자적 효력의 의의

사인(私人) 간의 관계에서도 기본권이 주장될 수 있고 기본권이 효력을 가질 때 그 효력을 기본권의 '대(對)사인적 효력' 또는 기본권의 '제3자적(Drittwirkung)

효력'이라고 한다. 기본권의 제3자적 효력이란 기본권이 국가지향적일 뿐만 아니라 제3자 지향적이기도 함을 의미한다. 원래 기본권은 주관적 '공권'으로서 대(對)국가적 효력만 가지는 대국가적 방어권(헌법 10조2문)으로만 인식되었다. 이 때에도 기본권이 비권력적 행정작용(관리행위, 국고행위)에도 적용되는가와 관련해 긍정설(통설)과 부정설의 견해 대립이 있었다.

2. 인정 배경

과거에는 주로 국가기관에 의한 침해의 위협하에 있었던 국민 개인의 기본권이, 현대사회에 와서는 국가기관만이 아니라 거대한 사회적·경제적 힘(권력)을 가진 개인이나 사적 단체에 의해 위협당하는 사례가 빈발하고 있다. 사적 단체인 사기업에 의한 공해 문제, 사기업에서의 각종 성별 혹은 인종별 차별을 예로 들 수 있다. 따라서 이러한 현대사회의 새로운 사회적 상황에서 기본권의 적용범위를 사인 간의 법률관계에까지 확장하려는 기본권의 제3자적 효력의 문제가 대두되었다. 기본권의 제3자적 효력과 관련해서는 스위스헌법과 "권리와 자유 및 그 보장에 관한 헌법규정은 공사조직체에 직접 적용되어 구속력을 가진다."고 규정한 포루투갈 헌법 18조1항을 제외하고 각국 헌법에 명문규정이 거의 없다. 따라서 대부분의 국가들에서는 기본권의 제3자적 효력이론이라는 '이론'으로서 기본권의 제3자적 효력을 인정하고 있다.

논리적으로 봤을 때, 기본권의 양면성(주관적 공권이자 객관적 가치질서)이 인정되어야 기본권의 제3자적 효력이 설명 가능하기도 하다.

II. 이론

기본권의 제3자적 효력이론이 일찍이 독일과 미국에서 발달하였다. 크게 보면 독일이론은 사인의 행위에 헌법의 기본권규정이 적용되는 '과정'을, 미국이론은 사인의 행위에 헌법의 기본권규정이 적용될 수 있는 '근거'를 보여준다고 할 수 있다.

1. 독일

(1) 독일 연방헌법재판소와 기본권의 제3자적 효력이론

독일에서는 독일 기본법(헌법) 시행 이후 3조의[2] 남녀동등권 조항이 사인 간에도 직접 적용되어 '동일노동에 대한 남녀의 동일임금'의 요구가 이 조항으로부터 도출될 수 있는가'하는 것이 쟁점이 되어 독일 연방헌법재판소가 이를 심리하게 되었다. 1958년 Lüth판결에서 독일 연방헌법재판소는 판결을 통해 기본권의 제3자적 효력을 이론화하였다. 학계에서는 다음과 같은 학설들이 대립하고 있었다.

(2) 학설들

1) 적용부인설

독일에서는 초기에 적용부인설이 지배적이었다. 적용부인설은 사인(私人) 간의 법률관계에서는 공법인 헌법상의 기본권 규정이 적용되지 않는다고 본다. 기본권은 대(對)국가적 방어권이어서 국가기관만 구속하므로, 사인 간의 계약에 따라 기본권이 사인의 자유를 제한할 수 있기 때문이다.

2) 적용긍정설

독일에서도 오늘날에는 헌법이 국가의 최고법이므로 사적 법률관계에도 적용가능하다고 보는 적용긍정설이 지배적이다. 적용긍정설은 다시 직접적용설과 간접적용설로 나누어진다.

a. 직접적용설

직접적용설도 다시 '전면적 직접적용설'과 '한정적 직접적용설'로 나누어진다. '전면적 직접적용설'은 헌법상의 모든 기본권 규정이 사적 법률관계에 직접 적용가능하다고 본다. 이에 비해 '한정적 직접적용설은 독일 학계의 소수설로서 사인(私人)적 효력에 관한 헌법상의 명문규정이 있거나 성질상 사인 상호 간에 적용될 수 있는 기본권에 한하여 기본권규정이 사인간의 법률관계에 직접 적용가능하다고 본

2 당시 독일 기본법 제3조는 '법앞의 평등'이라는 제하에 "①모든 국민은 법 앞에 평등하다. ②남자와 여자는 동등한 권리를 가진다. ③누구도 성별, 가문, 종족, 언어, 고향과 출신, 신앙, 정치적 견해 때문에 불이익을 받거나 특혜를 받지 않는다."고 규정하고 있었다.

다. 독일 연방노동재판소 재판관 니퍼다이(Nipperdey)의 견해이기도 하다. 직접적용설에 대해서는 공·사법의 이원적 구별체계 고려하지 않고 사인 간의 법률관계에 있어서 사적 자치의 원리를 무시한다는 비판이 제기된다.

b. 간접적용설(독일의 통설)

직접적용설의 문제점을 비판적으로 인식하면서 **공·사법의 이원적 구별체계**와 헌법 체계에 대한 **사법(私法)의 기본적 독자성 및 고유법칙성**을 인정하려고 나타난 이론이 현재 독일의 통설인 '간접적용설'이다. '간접적용설'은 기본권규정이 사법(私法)질서에 적용되는 것은 **사법상의 일반조항**을 통해 **간접적**으로 적용된다고 보면서, 사적 자치와 기본권을 조화시키는 기능은 사법상의 일반조항만이 수행 가능하다고 본다. 이때 사법상의(우리 민법 103조·독일민법 138조인 공서양속조항, 우리 민법 2조1항·독일민법 2조인 신의성실조항)은 공법인 헌법상 기본권의 파급효과가 사적인 법률관계에 뚫고 들어가는 창구, 즉 헌법규범이 사법에 '진입하는 관문'(Einbruchstelle)이라고 본다. 그러나 간접적용설에 대해서도 최고법인 헌법이론을 하위규범인 민법 등 사법(私法)에서 도출하는 것이므로 바람직한 이론이라고 볼 수는 없다는 견해도 있다.

2. 미국

미국 연방대법원은 원래 수정헌법 14조의 평등조항("...어떠한 주(州)도 그 관할권 내에 있는 어떤 사람에 대해 법의 평등보호를 거부하지 못한다")에서 평등권의 침해 주체가 주(州)로 규정되어 있기 때문에 평등권 침해는 주정부에 의해서는 가능하지만 사인에 의해서는 가능하지 않다고 보아왔다. 그러나 흑인에 대한 인종차별이 사회적 문제가 되고 대기업 등 거대화된 사적 집단에 의한 개인의 권리 침해가 빈발하게 되자 미국 연방대법원은 사인 사이에도 기본권의 효력을 인정해야 할 필요성을 인식하게 되었다.

그리하여 1940년대 이후 미국 연방대법원의 판례이론으로 '주행위이론'(州行爲理論, State Action Theory)이 등장했는데, 이 주행위이론은 사인의 행위일지라도 주정부와 관련되었거나 앞으로 관련될 것이라는 흔적만 있으면 그 사인의 행위는 주(州)의 행위로 전환되어 헌법상 평등권의 적용대상이 된다고 보았다. 그러면 **사인**

의 행위 중 어떠한 것이 주행위로 의제되는가와 관련하여 주행위이론의 여러 세부 이론들이 다음과 같이 등장하였다.

(1) 사법(司法)적 집행의 이론(Judicial Enforcement Theory)

미국 연방대법원이 1948년 Shelly v. Kraemer판결에서[3] 판시한 것처럼, 사인에 의한 국민의 인권침해행위가 쟁송의 대상이 되어 법원이 개입하고 그것이 사법적으로 집행될 경우, 그 집행행위를 위헌인 주정부의 행위로 간주하는 이론이다.

(2) 주(州)재산의 이론(State Property Theory)

미국 연방대법원이 1962년 Turner v. City of Memphis, Tenn.판결에서[4] 판시

---

3 Shelly v. Kraemer 334 U.S. 1(1948)
(사실관계) 1911년 미주리주 세인트루이스시의 일부 지역에서 30인의 토지소유자가 땅값 하락을 초래하는 흑인의 토지 보유를 방지할 목적으로 흑인에게는 50년간 토지를 매각·임대하지 않겠다는 취지의 제한약관(Restrictive Covenant)에 서명하였다. 그 후 1945년 이 약관의 당사자 중 한 사람이 흑인 Shelly에게 토지를 매각하자, 나머지 토지 소유자들은 약관규정의 위반을 이유로 Shelly의 토지점유를 금지하고 그 토지 문서(title)를 반환하라는 판결을 구하였다. 미주리주 대법원(Supreme Court of Missouri)은 제한약관이 유효하며 그 약관규정의 집행에 의해 Shelly의 헌법상 권리가 전혀 침해되지 않는다고 판시하면서 Shelly의 토지소유를 금지하는 금지명령을 내렸다. 그 후 Shelly는 이 사건을 대법원에 상고하였다.
(판시사항) 제한약관 자체가 아니라 제한약관의 사법적 집행은 미국 수정헌법 제14조를 위반하여 평등권을 침해하는 것이다. 그 이유로는 첫째, 수정헌법 제14조와 1866년 민권법(Civil Rights Act)에서 유래한 수정법률(Revised Statutes) 제1978조는 "미국의 모든 시민은 백인과 동등하게 그 영역 내에서 부동산과 동산을 상속, 구입, 임대, 매각, 점유, 양도할 수 있다"고 규정하였다. 따라서 시민의 재산권에 대해 '법률'이나 '조례'로 차별적인 제한을 가할 수 없다. 그러나 본 사안은 '사인의 계약'에 의한 제한이다. 그러므로 제한약관의 취지가 당사자의 자유의사에 의한 준수에 의해 달성되는 것이라면 제한약관 그 자체만으로 수정헌법 제14조에 위배되어 평등권을 침해하지는 않는다. 둘째, 제한약관의 취지가 주법원에 의한 사법적 집행에 의해 달성된다. 주(州)행정부나 주(州)의회의 행위와 마찬가지로 주(州)법원이나 주법원 공무원의 행위도 주의 행위에 포함된다. 주(州)의 권력을 바탕으로 한 주법원의 적극적 개입이 없었다면 제한약관의 취지는 달성될 수 없는 것이고 이러한 주(州)법원의 사법적 집행이 수정헌법 제14조가 금지하는 '주(州)의 행위'에 포함된다. 그러므로 사인간의 계약은 차별적이고 불평등한 것일지라도 유효하지만 그 계약을 법원이 사법적으로 집행하는 경우에는 수정헌법 제14조의 평등보호조항을 위반한 것이다.

4 1962년 Turner v. City of Memphis, Tenn. 369 U.S. 350(1962)
테네시주 주정부 소유의 재산인 건물(시설)의 일부를 백인 남성이 임차하여 주차장을 운영하면서 Turner를 비롯한 흑인의 주차를 인종차별적으로 금지한 것은, 백인인 사인이 주의 재산을 임차하여 당해 시설을 이용해 흑인 Turner의 평등권을 침해한 경우이고, 그 침해행위를 주행위와 동일시

한 것처럼, 주(州)의 재산인 주정부 소유의 건물(시설) 일부를 사인이 임차하여 그 사인이 당해 시설을 이용하여 다른 개인의 평등권을 침해한 경우에 그 침해행위를 주행위와 동일시하여 미국 연방헌법의 평등권 규정을 적용할 수 있다는 이론이다.

더 자세히 보면, 주정부 소유 시설의 운영에 주(州)가 공공기금을 투입하거나, 주정부 시설에 주의 실질적 통제가 미치거나, 주정부가 간접적으로 위헌적 행위를 하려는 의도를 가지고 시설을 임대했고 시설이 개방되어 공중의 이용을 목적으로 할 경우에 주재산의 이론이 적용된다.

(3) 주(州)원조의 이론(State Assistance Theory)

미국 연방대법원이 1944년 Steele v. Louisville and Nashville R.R.Co.판결에서[5] 판시한 것처럼, 재정 지원 등 주정부의 특별한 원조를 받은 사인의 행위는 그 원조로 인하여 일정한 요건 하에 주행위로 간주될 수 있다는 이론이다.

(4) 특권부여이론(Privilege Theory)

미국 연방대법원이 1952년 Public Utilities Commission of District of Columbia v. Pollak 판결에서[6] 판시한 것처럼, 어떤 사적(私的) 단체가 국가로부터 일종의 특권 내지 권한을 부여받고 있기 때문에 국가의 통제를 받는 경우 그 사적 단체의 행위를 주(州)행위로 간주할 수 있다는 이론이다. 특권부여이론은 앞의 주원조의 이론과 비슷하다.

하여 수정헌법 제14조의 평등권 규정을 적용할 수 있다고 판시하였다.

5 Steele v. Louisville and Nashville R.R.Co. 323 U.S. 192(1944)
주정부로부터 조세감면, 토지수용권 등의 공적 원조나 재정적 원조를 받고 있던 사인인 내슈빌 철도회사(Louisville and Nashville R.R.Co.)의 행위를 주행위와 동일시하여, 내슈빌 철도회사의 흑인 Steele에 대한 탑승 거부가 그의 평등권을 침해한다고 판시하였다.

6 Public Utilities Commission of District of Columbia v. Pollak 343 U.S. 451(1952)
연방의회로부터 특허를 받아 워싱턴D.C.에서 운행권을 갖고 있던 버스운송회사(Public Utilities Commission)가 인종차별행위인 흑백분리 탑승을 통해 흑인인 Pollak의 평등권을 침해했다고 판시하였다.

(5) 통치기능이론(Governmental Function Theory 혹은 Public Function Theory)

미국 연방대법원은 1944년 Smith v. Allwright판결에서[7] 판시한 것처럼, 정당이나 사립대학 등 실질적으로 정치적 기능이나 행정적 기능을 수행하는 사적 집단에 의한 인권 침해행위를 주정부의 행위로 간주하여 평등권 침해를 주장할 수 있다는 이론이다.

3. 우리나라의 이론

우리 헌법에는 포루투갈헌법 같은 기본권의 제3자적 효력에 관한 명문규정이 없다. 어떤 기본권이 사인관계에 적용될 수 있는가는 기본권의 성질과 범위의 문제라고 볼 수 있고, 이에 관해서는 우리나라의 통설은 **'기본권3분설'**이다. 즉 우리나라의 '기본권3분설'은 사인관계에 직접적용되는 기본권, 사인관계에 적용이 부인되는 기본권, 사인관계에 간접적용되는 기본권으로 기본권을 3분한다. 대체적으로 독일의 기본권의 제3자적 효력이론과 유사한데, 독일의 한정적 직접적용설과 간접적용설을 병용한 이론이라고 할 수 있다.

첫째, 공법인 헌법의 기본권규정이 **사인관계에 직접적용되는 기본권**은, 헌법에서 사인관계에 적용된다는 명시적인 규정이 있거나, 명시적인 규정이 없더라도 그 기본권의 성질상 사인 사이에도 직접 적용되는 기본권이 있다. 헌법상의 **명시적 규정**에 의해 사인관계에 적용되는 기본권으로는 언론·출판의 자유가 있다. 헌법 21조4항2문이 "언론·출판이 타인의 명예나 권리를 침해한 때에는 피해자는 이에 대한 피해의 배상을 청구할 수 있다"고 명시적으로 규정하고 있기 때문이다. 기본권의 성질상 사인관계에 적용되는 기본권으로는 헌법 33조의 노동3권(단결권, 단체교섭권, 단체행동권)을 들 수 있다. 노동3권은 기본권의 제3자적 효력을 인정하는 헌법상의 명시적 규정은 없지만 그 **기본권의 성질상** '노동자 대 사용자'의 관계라

---

7 Smith v. Allwright 321US649 (1944)
정당의 대통령후보 예비선거도 공직선거의 일부이고 주(州)헌법이 인정하고 있는 제도이므로, 민주당의 텍사스주 주대의원대회가 백인만 텍사스 민주당 대통령후보 예비선거에서 투표할 수 있게 하고 있는 것은 사적 집단인 정당의 행위이지만 주행위로 간주되어 미국 수정헌법 제15조의 흑인투표권조항을 위반해서 위헌이라고 판시하였다.

는 사인 간의 관계를 전제로 하기 때문이다.

둘째, **사인관계에 적용이 부인되는 기본권**으로는 청원권, 재판청구권 등의 청구권들이 있다. 청구권은 국가에 대해서만 요구할 수 있는 기본권이어서 그 성격상 사인관계에 애초에 적용될 수 없다.

셋째, 사인관계에 직접적용되는 기본권과 사인관계에 적용이 부인되는 기본권을 제외한 **나머지 대부분의 기본권들**은 공법인 헌법의 기본권규정이 **사인관계에 간접 적용되는 기본권**들이다. 즉 대부분의 헌법상 기본권 규정들은 사인관계에 직접 적용되지 않고 사법상의 일반조항인 우리 민법 103조(공서양속조항), 2조(신의성실조항), 750조(불법행위조항), 751조(불법행위조항) 등의 내용을 형성하고 그 해석기준이 되어 간접적으로 적용된다고 본다.

이러한 기본권3분설은 공·사법질서의 이원적 구별체계에 혼란을 야기하지 않으면서 헌법의 기본권 보장을 구현할 수 있는 해석론이라고 할 수 있다.

4. 보론

기본권의 제3자적 효력이론은 앞으로 사인에 의한 다른 사인의 기본권 침해사례가 더 빈발해질 것이기 때문에 중요성이 더 커질 부분이다. 다음의 사례들은 기본권의 제3자적 효력을 쟁점으로 한다.

(사례형) 사립학교 교수의 교수권과 종교교육
A종교단체가 설립한 B대학에 있어 학칙에 의해 교수는 연 5회의 A종교단체에 대한 교의에 관한 수업을 행하도록 정해져 있으나 C교수는 교의에 관한 수업을 일체하지 않아 B대학은 C교수를 해고함.(B대학이 사립학교육성법에 의해 국가에서 보조금을 받는 경우) 어떠한 헌법상 문제가 제기될 수 있는가?
(사례형) 여성의 사기업회사으로부터의 결혼퇴직제, 조기정년제

제6장 기본권의 한계와 제한

헌법에 규정된 기본권이라 하여 아무런 제한 없이 절대적으로 보장될 수는 없다. 즉 기본권들은 일정한 한계를 가지며 헌법이나 법률에 의해 제한될 수 있다. 기본권의 '제한'은 '유보'라는 용어로 표현되며, 기본권의 제한에는 '헌법유보'와 '법률유보'가 있다.

제1절 기본권 제한의 유형

I. 헌법유보

'헌법유보'란 **'헌법이 직접 기본권 제한을 명시적으로 규정**함으로써 기본권을 제한할 수 있는 경우(그 기본권을 제한하기 위한 새로운 법률의 입법이 불필요한 경우)를 말한다. 헌법유보에는 다시 '일반적 헌법유보'와 '개별적 헌법유보'가 있다.

'일반적 헌법유보'란 헌법이 **기본권 '전반(全般)'**에 대한 제한을 직접 규정하는 경우를 말한다. 우리 헌법에는 '일반적 헌법유보' 조항이 없다. 독일과 일본헌법에는 '일반적 헌법유보'조항이 있는데 독일헌법 2조1항과[8] 일본헌법 12조가[9] 그것이다.

'개별적 헌법유보'란 헌법이 **'특정(特定)'의 개별적 기본권**에 한하여 그 제한을 규정하는 것이다. 우리 헌법 21조4항 언론·출판의 자유에 대한 제한과 헌법 23조2항 재산권 행사의 공공복리적합성에 의한 제한이 그 예이다.

---

8 독일헌법 2조1항은 "권리의 행사가 타인의 권리를 침해하는 것이어서는 안되고, 헌법질서에 위배되는 것이어서도 안되며, 도덕률에 반하는 것이어서도 안된다"고 하여 일반적 헌법유보를 규정하고 있다.

9 일본헌법 12조는 "이 헌법에 의해 보장된 자유와 권리는 국민의 부단한 노력에 의해 유지되는데, 국민은 이 자유와 권리의 남용을 억제하고 공공의 이익을 위해 자유와 권리를 제한받을 수 있다"고 하여 일반적 헌법유보를 규정하고 있다.

II. 법률유보

'법률유보'란 **기본권 제한**을 **헌법이** 직접 규정하지 않고 **법률에 위임**하고 있는 경우(법률로써 그 기본권의 제한이 가능한 경우)를 말한다. 헌법유보에도 다시 '일반적 헌법유보'와 '개별적 헌법유보'가 있다.

'일반적 법률유보'란 헌법이 **기본권 전반**이 법률로써 제한될 수 있다고 규정하는 경우를 말한다. 우리 헌법 37조2항이 일반적 법률유보조항이다. 그러나 독일헌법에는 '일반적 법률유보'조항이 없다.

'개별적 법률유보'란 헌법이 **특정의 기본권**에 한하여 법률로써 제한할 수 있다고 규정하는 경우를 말한다. 우리 현행헌법상 개별적 법률유보조항은 헌법 12조1항 신체의 자유, 헌법 23조3항 재산권, 헌법33조3항의 노동3권의 세 가지 뿐이다.

이러한 개별적 법률유보는 다시 법률유보의 내용을 기준으로 하여 '기본권제한적 법률유보'와 '기본권 구체화적(형성적) 법률유보'로 나눌 수 있다.

'기본권제한적 법률유보'란 헌법에서 "...자유 또는 권리는 법률에 의하지 아니하고는 제한되지 아니한다"고 규정하여 법률에 규정된 법률유보의 내용이 **기본권의 보호영역을 줄여나가는 경우**를 말한다. 주로 자유권에 대한 법률유보가 기본권제한적 법률유보이다.

'기본권 구체화적(형성적) 법률유보'란 헌법에서 "...권리는 법률의 정하는 바에 의하여 ..."라고 규정하여 법률에 규정된 법률유보의 내용이 기본권의 내용을 구체화하고 형성하여 **기본권의 보호영역을 확장**해 나가는 경우를 말한다. 정치적 기본권, 청구권, 사회권에 관한 법률유보가 기본권 구체화적(형성적) 법률유보이다. 예를 들어 정치적 기본권 중 선거권에 관한 헌법 24조는 "모든 국민은 법률이 정하는 바에 의하여 선거권을 가진다"고 규정하고, 사회권 중 근로권에 관한 헌법 32조1항은 "법률이 정하는 바에 의하여 최저임금제를 시행하여야 한다"고 규정한다

제2절 ▌기본권의 한계: 기본권의 내재적 한계 이론

I. 의의

독일에서 탄생한 '기본권의 내재적 한계이론'은 헌법이론적으로 기본권 속에서 일종의 불문(不文)의 한계를 찾아냄으로써 기본권에 대한 불가피한 제한을 정당화시키려는 이론(헌법해석적인 기본권 제한의 문제와는 구별됨)이다.

II. 우리나라에의 도입 여부

우리 헌법재판소가 인정한 대로 기본권에 내재적 한계가 있음은 물론이나, 우리 헌법의 해석에서 기본권의 내재적 한계를 기본권 제한의 유형으로 강조할 필요가 있는가, 특히 모든 기본권에 적용할 필요가 있는가와 관련해서 학설은 적극설과 소극설로 갈리며 두 학설의 주장 내용은 다음과 같다.

1. 적극설

독일의 기본권의 내재적 한계이론을 우리 헌법의 해석에도 적극적으로 도입해야 한다. 독일헌법 2조1항에 규정된 타인의 권리, 도덕률, 헌법질서는 기본권의 내재적 한계이자 헌법유보사유에 해당한다. 자유와 권리는 '전(前)국가적'일 수는 있어도 사회적 구속을 받지 않는다는 의미의 전(前)사회적일 수는 없다. 따라서 헌법의 명문규정 유무를 불문하고 기본권의 내재적 한계를 인정할 필요가 있다.

독일헌법에는 헌법유보조항인 2조1항이 있는 반면에, 법률유보와 관련해서는 일반적 법률유보조항이 없고 개별적 법률유보조항으로 기본권을 제한하지만, 양심·종교·학문의 자유, 청원권, 망명권 등의 절대적 기본권에 대해서는 개별적 법률유보 조항이 없다. 개별적 법률유보조항이 없어서 법률로 제한할 수 없는 이런 절대적 기본권을 제한할 필요성이 현실적으로 발생한 경우에 '기본권의 내재적 한계이론'으로 이를 해결한다. 따라서 독일에서는 기본권의 내재적 한계를 기본권 제한의 한 유형으로 인정하는 것이 통설이며 우리 헌법의 해석에도 이 기본권의 내재적 한계이론을 적극적으로 도입해야 한다.

2. 소극설

독일의 기본권의 내재적 한계이론을 우리 헌법의 해석에는 적극적으로 도입할 필요가 없다. 우리 헌법은 독일헌법과 달리 일반적 법률유보조항인 헌법 37조2항이 있다. 따라서 내재적 한계를 확대시켜 모든 기본권에 적용하고자 해서는 안 된다. 만약 기본권의 내재적 한계를 적극적으로 인정하면 헌법 37조2항 후단의 '기본권의 본질적 내용 침해 금지'도 공허하게 만들 수 있다. 오히려 우리 헌법의 기본권 조항의 해석에서는 기본권의 내재적 한계론보다 기본권 제한의 한계문제를 중시해야 한다.

3. 정리

독일헌법에는 기본권의 내재적 한계의 근거가 되는 일반적 헌법유보조항은 있지만 일반적 법률유보조항은 없는 반면에, 우리 헌법에는 반대로 일반적 헌법유보조항은 없지만 일반적 법률유보조항은 있다는 측면에서 봤을 때, 우리 헌법의 기본권 조항 해석이론으로는 소극설이 더 타당해 보인다. 다만, 우리 헌법하에서도 해석상 인정되는 절대적 기본권과 헌법상의 중요한 가치가 충돌할 경우 문제 해결을 위해 '기본권의 내재적 한계론'이 제한적으로 원용될 수는 있다.

제3절 ▌일반적 법률유보조항(헌법 37조2항)에 의한 기본권 제한

일반적 법률유보조항인 헌법 37조2항과 개별적 법률유보조항과의 관계는 일반법과 특별법의 관계라고 볼 수 있다.

I. 헌법 37조2항의 의의

헌법 37조2항의 의의와 관련하여, 과거에는 37조2항을 법률에 의하기만 하면 기본권 제한이 가능하다는 의미로 해석하고, 37조2항을 기본권 제한의 '징검다리' 역할을 하는 것으로 이해하는 입장이 있었다. 즉, 헌법 37조2항을 '기본권 제한의 정당화 근거조항'으로 이해한 것이다. 그러나 현재에는 헌법 37조2항을 법률 이외의 방법으로는 기본권 제한이 안 된다는 의미로 해석하고 기본권 보장 강화의 관점에서 37조2항을 기본권 제한의 '방패'역할을 하는 것으로 이해하는데 헌법학자들의 견해가 일치한다. 즉 헌법 37조2항은 **'기본권 제한의 한계조항'**이다. 37조2항은 기본권 제한의 한계로서 목적상의 한계, 형식상의 한계, 정도상의 한계의 세 가지 한계를 규정하고 있다.

II. 헌법 37조2항상의 기본권 제한의 세 가지 한계

1. 목적상의 한계

헌법 27조2항은 국민의 기본권을 "국가안정보장·질서유지 또는 공공복리"의 목적으로만 제한할 수 있다고 함으로써 목적상의 한계를 규정하고 있다.

(1) 국가안전보장

국가안정보장은 국가의 존립과 안전, 헌법의 기본질서의 유지를 포함하는 개념이다. 원래는 헌법 37조2항에 "국가안정보장"이 없었으나 1972년의 제7차 개정헌법(유신헌법)부터 기본권 제한의 목적으로 규정되었다. 국가안전보장을 위해 기본권을 제한하는 법률로는 형법, 국가보안법, 군사기밀보호법 등이 있다.

(2) 질서유지

"질서유지"의 질서는 시위진압, 보행자 단속 등의 경찰질서·치안질서를 포함하는 '사회질서'를 의미한다. 질서유지를 위해 기본권을 제한하는 법률로는 형법, 경찰법, 집회 및 시위에 관한 법률, 도로교통법, 경범죄처벌법, 윤락행위등 방지법 등이 있다.

(3) 공공복리

국가안정보장과 질서유지도 추상적이고 다의적인 개념이지만 "공공복리"야말로 **가장 다의적이고 불확정적인 개념**이다. 일반적으로 "공공복리"란 우리나라와 같은 사회국가(복지국가)에 있어서는 국민공동의 이익(개개인의 사적(私的) 이익에 우월하면서 개개인에게 공통된 이익)을 의미한다. 예를 들어, 공중도덕·사회윤리의 보호, 소비자보호, 금융통제, 강제예방주사 등이 공공복리에 해당한다. 공공복리를 위해 기본권을 제한하는 법률로는 국토이용관리법, 도로법, 도시계획법, 하천법, 토지수용법, 산림법 등이 있다.

2. 형식상의 한계: 기본권 제한의 형식은 "법률"

(1) 법률유보원칙

헌법 37조2항에서 "모든 국민의 자유와 권리는... 법률로써 제한할 수 있고"라고 규정하고 있기 때문에 기본권의 제한은 원칙적으로 법률로써만 할 수 있다. 이를 '법률유보원칙'이라 부른다. 국민의 기본권 실현과 관련된 영역에 있어서는 국민의 대표자인 입법자가 그 본질적 사항에 대해서 스스로 결정하여야 한다는 '의회유보원칙'과 유사하다. **법률유보원칙**이 기본권 제한의 **'형식'**이 **'법률'**이어야 함을 강조한 것이라면, **의회유보원칙**은 국민의 기본권을 제한하는 권한을 가진 **'기관'**이 법률을 만드는 **'의회'**라는 점을 강조한 것이다.

법률유보원칙의 '법률'은 국민의 대표기관인 의회에서 제정한 형식적 의미의 법률(관습법은 제외)을 의미한다. 이 대목에서 법률유보원칙은 모든 공권력의 행사가 법률에 근거해야 한다는 **'법치주의'**와 연결된다. 또한 국민의 기본권 제한은 국민의 대표기관인 의회가 만든, 즉 국민 스스로가 만든 법률에 의해서만 가능하다는 의미에서 '치자(治者)와 피치자(被治者)의 동일성(同一性)의 원리'를 핵심원리로 하는 **'민주주의'**와 연결된다.

법률유보원칙 하에서도 **법률의 위임이 있는 구체적인 위임명령**에 의해서 예외적으로 기본권 제한이 가능하다. 이 때 구체적인 위임명령에 의한 기본권 제한은 사실상 '명령'이 아니라 위임을 한 '법률'에 의한 기본권 제한이라고 볼 수 있기 때문이다. 그 외에 헌법이 법률과 같은 효력을 가진다고 규정한 긴급명령·긴급재정경제명령이나 국회의 동의을 언어 체결·비준된 조약과 일반적으로 승인된 국제법규도 국내법체계상 법률과 동일한 효력을 가지므로 이들에 의한 기본권 제한도 가능하다.

(2) 기본권 제한 법률이 갖추어야 할 특성

1) 일반성원칙

기본권 제한 법률의 '일반성'이란 그 규율대상이 국민 **일반**이어야 함을 의미한다. 처분적 법률과 사권박탈법은 기본권 제한 법률의 '일반성'을 충족하지 못해 원칙적으로 금지된다.

a. 처분적 법률

'처분'을 할 권한은 법을 집행하는 행정부에 속하는 권한이므로 입법부가 법률로써 구체적 처분을 직접 하게 되면 기본권 제한 법률의 '일반성'을 충족하지 못하게 된다. 처분적 법률은 그 명칭에서 알 수 있듯이 **실질적 행정처분**에 해당할 정도로 구체성을 띤 법률로서, 기본권 제한 법률이 갖추어야 할 '법률의 일반성'을 갖추지 못했으므로 위헌이지만, 현대 사회(복지)국가에서 빈곤층 등 일정 집단의 국민들을 적용대상으로 하는 처분적 법률의 필요성이 증대됨에 따라 처분적 법률이라고 해서 자동으로 위헌이 되는 것은 아니고 위헌 판단에 융통성을 두게 되었다.

처분적 법률은 특정인에게만 적용될 것을 의도한 **'개별인적 법률'**과 이미 발생한 특정의 구체적 사건에만 적용될 것을 의도한 **'개별사건적 법률'**로 나누어지는데, '개별인적 법률'은 4.19 이후의 '부정선거관련자처벌법'이 그 예이고, 개별사건적 법률은 '5.18민주화운동에 관한 특별법'이 그 예이다. 헌법재판소는 5.18민주화운동을 무력으로 탄압한 '헌정질서파괴범'들에 대한 공소시효의 기산점을 노태우 대통령의 대통령 임기만료일 다음 날로 규정한 '5.18민주화운동에 관한 특별법' 조항에 대해 처분적 법률을 평등권의 문제로 치환하면서 헌정질서파괴범들과 그 이외의 국민들을 차별하고 있는 이 처분적 법률이 그 차별에 '합리적 차별의 이유'가 있으므로 합헌이라고 판시하였다(헌재 1996. 2. 16. 96헌바7).

b. 사권박탈법(私權剝奪法, Bill of Attainder)

입법부가 만든 법률이 특정인에게 **'실질적 재판'**이 되는 법률을 '사권박탈법'이라고 한다. 오래전 의회주권주의가 팽배하던 시절에 영국에서는 "John Edward경을 사형에 처한다"는 식의 사권박탈법을 제정하려 하기도 했지만, 현대 민주국가에서는 사권박탈법을 거의 찾아볼 수 없다. 사권박탈법도 기본권 제한 법률의 '일반성'에 어긋난다.

2) 명확성원칙

기본권 제한 법률이 갖추어야 할 명확성원칙이란 '기본권을 제한하는 법률규정의 내용이 그 제한을 받는 국민이 이해할 수 있도록 가능한 한 구체적이고 명료할 것을 요구하는 원칙'을 말한다. 즉 기본권 제한 법률의 문언은 이의 규율을 받는 국민이 분명히 이해할 수 있게 명백하게 규정되어야 하고, 의미가 분명하지 않으면 그 모호성 때문에 무효라는 영미법상의 **'막연하므로 무효의 이론'**(Void for Vagueness)과 같은 개념이다.

명확성원칙 위반 여부에 대한 통설과 헌법재판소의 판단기준은 **'예측가능성설'**이다. 즉 기본권 제한 법률의 규정이나 관련 규정들을 살펴봤을 때, 기본권 제한 법률이 처벌하고자 하는 행위가 무엇인지를 누구나 예측할 수 있고 그에 따라 자신의 행위를 결정할 수 있게 명확하게 규정할 것을 요구한다.

특히 언론·출판·집회·결사의 자유와 같은 **표현의 자유**와 관련된 형벌규정은 **죄형법정주의**와 결부되어 명확성원칙이 **한층 더 엄격하게 적용**된다. 헌법재판소도 "법률은 되도록 명확한 용어로 규정하여야 한다는 명확성의 원칙은 민주주의·법치주의 원리의 표현으로서 모든 기본권제한입법에 요구되는 것이나, 표현의 자유를 규제하는 입법에 있어서는 더욱 중요한 의미를 지닌다"(헌재 2010. 12. 28. 2008헌바157등 병합, 일명 미네르바사건)고 판시하였다. 그러나 명확성원칙이 표현의 자유영역에서 발전된 원칙이기는 하지만, 모든 기본권 제한법률이 갖추어야 할 기본권 제한입법의 일반원칙이다. 헌법재판소는 저속한 간행물이나 아동에 유해한 만화 등을 출판하여 공중도덕이나 사회윤리를 침해하였다고 인정되는 경우 출판사 또는 인쇄소의 등록을 최소화할 수 있게 규정한 구 '출판사 및 인쇄소의 등록에 관한 법률' 5조의2의 "저속한 간행물" 부분(95헌가16), "제한상영가" 등급의 영화를 "상영 및 광고·선전에 있어서 일정한 제한이 필요한 영화"라고 정의한 구 영화진흥법 규정 등(2007헌가4), "공익을 해할 목적으로 전지통신설비에 의하여 공연히 허위의 통신을 한 자"를 형사처벌하는 구 전기통신기본법 47조1항에 대해 명확성원칙에 위배되어 위헌이라고 판시하였다.

명확성원칙은 법률이 지엽적·가변적 사항을 명령에 위임할 때에는 '**포괄위임금지원칙**'과 연결된다. 즉 **중요사항**이나 **본질적 부분**은 **법률에** 명확하게 규정되어 있어야 하고 중요사항이나 본질적 부분까지 하위규범인 명령에 위임하면 이것은 포괄위임으로서, 법치주의의 한 구성요소인 포괄위임금지원칙에 위배되어 위헌이 된다. 즉, 포괄위임금지원칙 위반 여부에 대한 통설과 헌법재판소의 판단기준은 '**중요사항 유보설**' 혹은 '**본질성이론**'이 된다.

3. 정도상의 한계

헌법 37조2항의 기본권 제한의 한계 중에는 목적상의 한계와 형식상의 한계 이외에, 어느 정도로 기본권을 제한할 수 있는가와 관련한 '정도상의 한계'로는 '과잉금지원칙'과 '기본권의 본질적 내용침해금지원칙'이 있다.

(1) 과잉금지원칙(비례성원칙)

헌법 37조2항의 **"필요한 경우에 한하여"**로부터 '과잉금지원칙'이 도출된다. 헌법재판소는 과잉금지원칙을 '비례성원칙'이라고 부르기도 한다. 과잉금지원칙은 국가가 국민의 기본권을 제한하는 내용의 입법활동을 함에 있어서 준수하여야 할 기본원칙 내지 입법활동의 한계를 의미하는 것으로서, **'목적의 정당성, 수단의 적합성, 침해의 최소성, 법익의 균형성'의 네 가지 세부원칙 중 어느 하나에라도 저촉**되면 그 기본권 제한법률은 기본권 제한의 정도상의 한계를 넘어서므로 그 기본권에 대한 '**과잉한 제한**', 즉 '**침해**'에 이르러 **위헌**이 된다는 **헌법상의 원칙**을 말한다. 실제로 우리 헌법재판소는 기본권 제한의 한계를 벗어났는지를 심사하는 단계에서 과잉금지원칙을 상당히 빈번하게 적용한다.

1) 네 가지 세부원칙

a. 목적의 정당성

과잉금지원칙의 세부원칙 중 하나인 '목적의 정당성'이란 국민의 기본권을 제한하려는 **입법의 목적**이 **"국가안전보장·질서유지·공공복리" 중 어느 하나에 해당하면서, 헌법 및 법률의 체제상 그 정당성이 인정**되어야 함'을 의미한다. 따라서 그 기본권을 제한하지 않더라도 충분히 공공복리 등 기본권 제한의 목적을 달성할 수 있으면 그 기본권을 제한할 수 없다는 '제한불가피성의 원칙'과 연결된다. 대부분의 기본권 제한법률은 목적의 정당성을 충족하며 헌법재판소는 아주 드물게 '목적의 정당성'을 충족하지 못해 위헌이라고 판시하고 있다. 예를 들어, 동성동본금혼을 규정한 민법 809조1항이 배우자결정권을 제한하면서 "그 입법목적이 '질서유지'나 '공공복리'에 해당할 수 없으므로" 목적의 정당성을 충족하지 못하여 헌법 37조2항의 기본권제한규정에 위배된다고 판시한 바 있다.

b. 수단의 적합성

'수단의 적합성'이란 법률에 규정된 '그 기본권 **제한의 방법**이 입법목적을 달성하기 위해 **효과적**이고 **적절**하여야 함'을 의미한다. 그 기본권 제한의 방법이 입법목적을 실현할 수 있는 가능성을 가지면 '수단의 적합성'이 인정되며, 그 방법이 기본권 제한을 가장 적게 가져오는지의 여부는 판단하지 않는다(기본권 제한을 가장 적게 가져오는지는 '침해의 최소성'에서 판단한다). 따라서 대부분의 기본권 제한법률들이 이 '수단의 적합성'을 충족한다.

c. 침해의 최소성

'침해의 최소성'이란 '입법권자가 선택한 기본권 제한의 조치가 입법목적 달성을 위하여 설사 적절하다 할지라도 보다 완화된 형태나 방법을 모색함으로써 기본권의 제한은 필요한 최소한도에 그치도록 하여야 함'을 의미한다. 즉 '기본권 제한법률의 **입법목적을 달성**하면서도 그 기본권을 덜 제한하는 **다른 경미한 방법이 없을 것**'을 의미하는 것이다. 보다 가벼운 기본권 제한으로도 충분히 입법목적을 달성할 수 있는 경우에는 그 방법을 따라야 하기 때문이다.

미국 연방대법원의 위헌 판단기준의 하나인 LRA(Less Restrictive Alternative)원칙을 독일연방헌법재판소가 받아들여 과잉금지원칙의 다른 세부기준과 함께 이론화·체계화한 것이 '침해의 최소성'이다. 과잉금지원칙에 위배되는 법률은 대부분 '침해의 최소성'과 '법익의 균형성'에 어긋나서 위헌이 된다.

d. 법익의 균형성(법익의 비례성)

'법익의 균형성'이란 '그 입법에 의하여 **보호하려는 공익**과 **침해되는 사익**을 **비교형량**할 때 보호되는 공익이 더 크거나 적어도 균형을 이루어야 함'을 의미한다.

미국 연방대법원의 위헌 판단기준의 하나인 이익형량원칙(Balancing Test)을 독일 연방헌법재판소가 받아들여 과잉금지원칙의 다른 세부기준과 함께 이론화·체계화 한 것이다. **'침해의 최소성'에 어긋나는 법률**은 **논리필연적**으로 **'법익의 균형성'에도 어긋날 수밖에 없다**. 그 기본권 제한법률의 입법목적(공익)을 달성하기 위한 최소한의 기본권 제한이 아니라면, 그래서 침해의 최소성에 어긋난다면, 논리적으로 이로 인해 얻어지는 공익이 이로 인해 제한되는 일부 국민의 사익보다 작을 수밖에 없어서 법익의 균형성에도 어긋날 수밖에 없기 때문이다.

2) 과잉금지의 원칙 적용에 유의할 점

첫째, **과잉금지원칙을 적용하기 이전**에 **'제한되는 기본권'이 미리 특정**되어야 한다. 즉 헌법 37조2항으로부터 도출되는 과잉금지원칙은 다른 기본권조항과 병렬적으로 적용된다.

둘째, 독일에서(독일 연방헌법재판소와 독일학자들이) 미국 연방대법원의 판례이론인 LRA원칙이나 Balancing Test의 세부기준에 목적의 정당성과 방법의 적정성을 추가해 과잉금지원칙으로 이론화·체계화 하였고 우리 헌법재판소가 이를 판례를 통해 받아들였다. 그러나 독일 연방헌법재판소나 우리 헌법재판소는 과잉금지원칙을 적용할 때 항상 네 가지 세부기준을 하나하나 모두 적용하는 것은 아니며, 주로 '방법의 적절성'과 '피해의 최소성'을 적용한다.

셋째, 과잉금지원칙의 네 가지 세부기준은 객관적·과학적 기준인 것 같지만 주관적 기준이다. 예를 들어 '법익의 균형성'에서 비교형량의 저울은 수치로 계량화될 수 있는 저울이 아니고 헌법재판관 등의 마음속 '주관의 저울'이다. 그럼에도 불구하고 우리 헌법재판소는 이 주관적 기준인 과잉금지원칙을 남용하는 경향이 있어 우려스럽다.

넷째, 과잉금지원칙이 주관적 기준이므로 똑같은 법률조항에 대해서도 과잉금지원칙의 적용 결과는 얼마든지 다를 수 있다. 예를 들어, 헌법재판소도 구 형법 241조의 간통죄 규정을 성적 자기결정권에 대한 제한의 문제로 보면서 과잉금지원칙을 적용하여 과잉금지원칙의 네 가지 세부원칙을 모두 충족시킨다고 하면서 네 차례나 합헌결정(89헌마82, 90헌가70, 2000헌바60, 2007헌가17등)을 선고하다가,

2015년에는 과잉금지원칙 중 방법의 적절성, 피해의 최소성, 법익의 균형성을 갖추지 못하였다고 하면서 위헌결정(헌재 2015. 2. 26. 2009헌바17)을 내린 바 있다.

(2) 본질적 내용 침해금지의 원칙

1) 헌법적 근거

헌법 37조2항 후단의 "제한하는 경우에도 자유와 권리의 본질적인 내용을 침해할 수 없다"가 '본질적 내용 침해금지원칙'의 헌법적 근거이다.

2) 연혁

제헌헌법에는 규정되지 않았으며, 1960년 제2공화국의 제3차 개정헌법에서부터 규정되었다가 1972년의 유신헌법에서 사라졌으며 1980년의 제5공화국 헌법에서 부활하였다.

3) 헌법 37조2항의 "본질적인 내용"의 의미

기본권의 본질적인 내용이 있다면 그것이 가변적인지 고정적인지에 대해 상대설과 절대설의 대립이 있다.

a. 상대설

기본권의 본질적 내용은 같은 기본권이라도 **'사안별'**로 **가변적**이라고 보며, 본질적 내용 침해인지의 여부는 개별 사안에서 법익형량을 통해 판단하고 해결하여야 한다는 입장이다. 즉 기본권의 본질적 내용의 **'상대화'**를 인정하는 입장이다. 이 상대설에 따르면 특정 기본권을 완전히 배제하는 제한일지라도, 보다 큰 법익을 위해 최소한으로 제한되었다면 '본질적 내용 침해금지원칙'에 어긋나지 않아서 합헌이 된다. 이러한 상대설에 대해서는, 개인의 기본권을 완전히 형해화시키는 제한도 가능하게 하며 기본권의 본질적 내용까지도 다른 법익과 형량대상으로 삼고 결과적으로 기본권을 제거하는 것을 정당화함으로써 헌법 37조2항 후단의 공동화를 초래한다는 비판이 따른다.

b. 절대설

기본권의 본질적 내용은 구체적 사안과는 무관하게 **절대적으로 고정**된 것이라고 보는 입장이다. 즉 기본권의 본질적 내용은 입법자가 좌우할 수 없는 **절대적**으로 고정된 내용이라는 것이다. 절대설에는 다시 인간존엄성설과 핵심영역보장설이 있다.

a) 인간존엄성설

인간존엄성설은 기본권의 본질적 내용이란 모든 기본권의 가치적인 핵심인 우리 헌법 10조의 '인간의 존엄과 가치'라고 보는 입장이다. 따라서 헌법 37조2항의 본질적 내용 침해금지조항은 단지 선언적 의미만 가진다고 본다. 이 인간존엄성설에 대해서는 헌법 10조1문을 지나치게 강조함으로써 헌법 37조2항 후단을 무의미하게 만든다는 비판이 따른다.

b) 핵심영역보장설(통설, 헌재 입장)

학설의 통설과 헌법재판소 판례의 입장인 핵심영역보장설은 기본권의 본질적 내용이란 고정적인 것으로서, 그 **'기본권의 핵'**이 되는 **'실질적 요소 내지 근본적 요소'**를 말한다고 본다. 즉 기본권은 절대적으로 침해할 수 없는 핵심영역이 있고, 그것이 그 기본권의 "본질적 내용"이라는 입장이다. 이 때 그 기본권의 핵이 되는 실체(Grundsubstanz)는 기본권마다 다르다고 한다. 예를 들어 양심의 자유와 같이 내심의 작용을 권리의 내용으로 하는 기본권인 경우 내심의 작용을 침해하는 것을 본질적 내용의 침해로 본다. 또한 헌법 37조2항의 "본질적인 내용을 침해"의 의미는 '그 침해로 말미암아 당해 기본권이 유명무실한 것이 되어버리는 정도의 침해'를 의미한다고 본다. 그리고 기본권의 '본질적 내용' 내지 '핵심영역'은 구체적으로는 헌법재판소와 법원의 판례가 판례의 집적을 통해 결정한다.

헌법재판소는 대체로 핵심영역보장설의 입장을 보인다. 예를 들어, 국토이용관리법 21조의3 1항의 토지거래허가제 합헌결정에서 "토지재산권의 본질적인 내용이라는 것은 토지재산권의 핵이 되는 실질적 요소 내지 근본요소를 뜻하며, 따라서 재산권의 본질적인 내용을 침해하는 경우라고 하는 것은 그 침해로 사유재산권이 유명무실해지고 사유재산제도가 형해화되어 헌법이 재산권을 보장하는 궁극적인 목적을 달성할 수 없게 되는 지경에 이른 경우"(헌재 1989. 12. 22. 88헌가13)라고 판시하였다.

그러나 헌법재판소는 사형제 합헌결정에 있어서는 예외적으로 상대설을 취한다. 예를 들어 1996년 사형제 합헌결정에서는 "사형이 비례의 원칙에 따라서 최소한 동등한 가치가 있는 다른 생명 또는 그에 못지아니한 공공의 이익을 보호하기 위한 불가치성이 충족되는 예외적인 경우에만 적용되는 한, 그것이 비록 생명을 빼앗는 형벌이라 하더라도 헌법 제37조 제2항 단서에 위반되는 것으로 볼 수는 없다"(헌재 1996. 11. 28. 95헌바1)고 판시하였고, 이러한 입장은 2010년의 사형제 합헌결정(헌재 2010. 2. 25. 2008헌가23)에서도 이어졌다.

4. 기본권 제한의 한계 요건들을 충족하지 못한 법률

위의 기본권 제한의 세 가지(목적상의 한계, 형식상의 한계, 정도상의 한계) 한계 요건들 중 어느 하나라도 충족하지 못한 법률은 **헌법 37조2항에 위배되어 위헌**이다. 이 위헌적 법률로 인한 기본권 침해가 있을 때, 그 구제절차로는 입법부인 국회에 법개정을 청원하는 헌법 26조의 청원권의 행사, 헌법 107조1항의 위헌법률심판 청구, 헌법 111조1항5호의 헌법소원심판 청구 등이 헌법에 규정되어 있다.

제4절 ▌기본권의 예외적 제한으로서의 특별권력관계이론

I. 의의

특별권력관계란 일반권력관계에 대응하는 개념이다. 특별권력관계란 '**법규정이나 당사자의 동의** 등 특별한 **법적 원인**에 의거하여 행정주체와 일부 국민 간에 성립하는 관계로서, 공법상의 특별한 목적 달성에 필요한 한도 내에서 **행정주체가 일부 국민을 포괄적으로 지배**하고 **일부 국민이 이에 복종**하는 것을 내용으로 하는 **공법상의 특수한 법률관계**'를 말한다. 19세기 독일에서 구성된 고전적 공법이론으로서 부분적으로 공법상의 특수한 법률관계에 법치주의의 적용을 부인하는 내용이어서, 오늘날에는 많은 비판을 받게 되어 이를 특수신분관계로 이해한다. 즉 오늘날 특별권력관계이론 자체가 많은 비판을 받고 있으므로 특별권력관계이론에 기초한 기본권 제한보다는 특수한 신분관계에서 오는 기본권 제한으로 설명하여야 한다. 따라서 특별권력관계에도 법치주의원리가 전면적으로 적용되어야 하는 것이다.

II. 특별권력관계의 종류

특별권력관계에는 복무관계: 국가와 공무원간 **'복무관계'**, 국·공립학교와 재학생의 **'재학관계'**, 교도소와 수형자간 **'수감관계'**, 국·공립병원과 전염병환자간 **'입원관계'**, 국·공립공원과 이용자 간의 **'이용관계'**가 있다.

제7장 기본권의 경합과 충돌

독일이론으로 기본권의 경합(Grundrechtkonkurrenz)과 충돌(Kollision)이론이 있다. 우리나라에서는 기본권의 경합이나 기본권의 충돌이론 중 기본권의 충돌만 인정하는 견해도 있고, 기본권의 경합이나 기본권의 충돌개념은 기본권 제한의 문제로 해결할 수 있으므로 불필요하다는 견해도 있으나, '기본권의 경합'과 '기본권의 충돌'은 우리나라에서 대체적으로 이론과 헌법재판소 판례를 통해 두루 수용되었다.

I. 기본권의 경합

1. 의의

기본권의 경합이란 '**단일의 기본권 주체**가 **하나의 행위**에 대해 동시에 **여러 기본권의 적용을 주장**할 수 있는 경우'를 말한다. 예를 들어 집회에 참여하려는 사람을 경찰관이 집회 장소 앞에서 영장 없이 불법적으로 체포·구속한 경우에 그 사람은 집회의 자유(헌법 21조)와 신체의 자유(헌법 12조)를 동시에 주장할 수 있으며 이 경우에 집회의 자유와 신체의 자유는 경합한다.

2. '유사경합'과의 구분

기본권경합의 경우인 것 같지만 기본권경합이 아닌 '유사경합'과 구분해야 한다. '유사경합'이란 '주장된 한 기본권의 보호가 그 기본권의 규범영역에 속하지 않을 때'를 말한다. 예를 들어 유명 화가인 고야가 그린 명화 '(옷을 벗은) 마야'를 성냥제조회사 대표가 성냥갑에 넣어서 판매함으로써 예술적 수단을 이용한 광고행위를 한 것을 당국이 금지했을 때, 성냥제조회사 대표가 (직업선택의 자유 중 하나인) 영업의 자유(헌법 15조) 침해와 예술의 자유(헌법 22조) 침해를 동시에 주장할 경우, 상업적 목적의 광고행위는 예술적 관념을 전파하는 전형적 수단이 아니므로 예술의 자유(헌법 22조)는 이 사안에서 주장될 수 없다. 따라서 이 경우는 영업의 자유만 주장될 수 있어서 기본권경합이 아니고 '유사경합'에 해당한다.

3. 해결이론

'기본권의 경합'은 결국 어느 기본권을 더 우월적으로 보호하느냐의 문제이다. 통설에 의하면, 제1차적으로는 우선 사안과의 관련성을 따져서 그 사안과 가장 직접적인 관련성을 가지는 기본권만 적용하는 **'직접관련기본권적용의 원칙'**을 적용하고, 제2차적으로 사안과의 관련성이 동일하면 최강력기본권 즉 제한의 가능성이 보다 더 적은 기본권만 사안에 적용하는 **'최강력기본권적용의 원칙'**을 적용하며, 끝으로 관련있는 모든 기본권의 효력이 동일하면 경합하는 기본권들을 모두 적용하는 **'관련기본권전부적용의 원칙'**을 적용한다. 이러한 기본권경합의 해결이 기본권은 최대한으로 존중되어야 한다는 헌법이념에 부합하기 때문이며, 이것이 기본권의 효력을 가능한 한 강화하는 방안이기 때문이다. 즉 기본권을 주장하는 기본권 주체의 의도와 기본권을 제한하는 공권력의 동기를 감안하여 개별적으로 판단하되 기본권경합은 경합하는 기본권의 효력이 강화되는 방향으로 해결하여야 한다.

4. 헌법재판소의 입장과 관련 판례

'기본권의 경합'과 관련한 헌법재판소 판례는 무수히 많다. 동성동본금혼사건에서 헌법재판소는 동성동본 혈족간의 결혼을 금지한 민법 809조1항이 청구인의 배우자결정권과 평등권을 동시에 침해(헌재 1997. 7. 16. 95헌가6)한다고 판시하였고, 변호사개업지 제한 사건에서는 변호사법 10조가 청구인의 직업선택의 자유와 평등권을 동시에 침해(헌재 1989. 11. 20. 89헌가102)한다고 판시하였다.

II. 기본권의 충돌

1. 의의

기본권의 충돌(혹은 상충)이란 '**복수의 기본권주체**가 서로 **대립되는 기본권의 적용**을 국가에 대하여 주장하는 경우'를 말한다. 예를 들어 문학작품에서 작가가 개인의 사생활을 구체적으로 언급함으로써 작가의 예술의 자유(헌법 22조)와 개인의 사생활의 비밀과 자유(헌법 17조)가 충돌하는 경우가 기본권충돌이다. 헌법재판소는 기본권충돌이 "한 기본권주체의 기본권행사가 다른 기본권주체의 기본권행사를 제한 또는 희생시킨다는 데 그 특징이 있다"(헌재 2005. 11. 24. 2002헌바95)고 판시하였다.

기본권의 충돌이론은 기본권의 제3자적 효력이론과 차이가 있다. 기본권의 제3자적 효력이론은 거대화된 일방의 사인(私人)이 사실적인 힘에 의해 다른 사인의 기본권을 침해하는 2각구도라면, 기본권의 충돌이론은 사인과 사인의 기본권이 국가공권력을 매개로 대립하는 **3각구도**이다. 국가공권력이 복수의 기본권주체 사이의 기본권충돌로 인한 대립 해소를 위해 개입하는 것이다.

2. '유사충돌'과의 구분

기본권충돌의 경우인 것 같지만 기본권충돌이 아닌 '유사충돌'과 구분해야 한다. '유사충돌'이란 '기본권을 주장하는 자의 행위가 당해 기본권규정의 보호범위를 일탈하는 경우'를 말한다. 예를 들어 한 연극배우가 연기의 현실감을 살린다면서 무대 위에서 실제 살인을 하고서 피살자의 생명권에 대해 예술의 자유를 주장하는 경우에, 예술의 자유(헌법 22조)가 보장된다고 하여 무대에서의 살인까지 예술의 자유가 보호하지는 않으므로 예술의 자유는 이 사안에서 주장될 수 없다. 따라서 이 경우는 피살자의 생명권만 주장될 수 있어서 기본권충돌이 아니고 '유사충돌'에 해당한다.

3. 해결이론

기본권충돌의 해결이론으로 독일에서는 입법의 자유영역이론, 기본권의 서열이론, 실제적 조화의 이론, 규범영역의 분석이론 등이 주장된다. 우리나라에서는 이들 독일 이론들을 부분적으로 받아들여, 다음과 같이 **법익형량의 원칙**과 **규범조화적 해석의 원칙**에 입각해 기본권충돌을 해결하고 있다.

(1) 법익형량의 원칙

기본권충돌의 경우 그 적용의 우선순위(효력의 우열)를 정하려면 충돌하는 기본권들의 법익을 형량해야 한다. 이 때 굳이 기본권 상호 간에 효력의 우열을 가리기 위한 추상적 기준을 제시한다면 다음과 같다.

1) 상위기본권 우선의 원칙

기본권 상호 간에는 일정한 위계질서가 있는데, 충돌하는 기본권 중 상위기본권이 있으면 그 상위기본권에 우선하는 효력을 인정한다. 헌법재판소도 흡연권사건(헌재 2004. 8. 26. 2003헌마457)에서"흡연권은 사생활의 자유를 실질적 핵으로 하는 것이고 혐연권은 사생활의 자유뿐만 아니라 생명권에 까지 연결되는 것이므로 혐연권이 흡연권보다 상위의 기본권이라 할 수 있다. 이처럼 상하의 위계질서가 있는 기본권끼리 충돌하는 경우에는 상위기본권 우선의 원칙에 따라 하위기본권이 제한될 수 있으므로, 결국 흡연권은 혐연권을 침해하지 않는 한에서 인정되어야 한다."고 판시하였다.

2) 생명권·인격권 우선의 원칙

생명과 인격적 가치를 보장하기 위한 기본권은 경제적·정치적·사회적 기본권 등 비생명권적·비인격권적 가치를 보장하기 위한 기본권보다 우선하는 효력을 가진다.

3) 자유권우선의 원칙

자유를 실현하기 위한 기본권은 그 밖의 법익을 실현하기 위한 기본권보다 우선하는 효력을 가진다.

(2) 규범조화적 해석의 원칙

'규범조화적 해석의 원칙'이란 '충돌하는 기본권이 그 효력에 있어 우열을 가리기 어려운 경우에 법익형량의 원칙에 의해 어느 하나의 기본권만을 절대적으로 우선시키고 그 밖의 기본권을 후퇴시킬 것이 아니라, **충돌하는 기본권 모두가 최대**

한 그 효력을 유지할 수 있게 **조화의 방법을 추구**하는 원칙'을 말한다. 헌법재판소는 정정보도청구제도 사건(헌재 1991. 9. 16. 89헌마165)에서 보도기관의 보도의 자유와 개인의 반론권이 충돌할 경우에 두 기본권 모두가 최대한으로 그 기능과 효력을 나타낼 수 있도록 하는 조화로운 방법이 모색되어야 한다고 하면서 그 해결방법으로 과잉금지원칙을 적용하였다. 규범조화적 해석의 구체적인 방법으로는 '공평한 제한의 원칙'과 '대안발견의 원칙'을 들 수 있다.

1) 공평한 제한의 원칙

충돌하는 모든 기본권에 조금씩 비례적으로 공평하게 제약을 가함으로써 각 기본권의 핵심영역을 유지함은 물론 기본권 모두의 효력을 양립시키려는 원칙이다. 헌법재판소는 위의 정정보도청구제도 사건(헌재 1991. 9. 16. 89헌마165)에서 '정기간행물의등록등에관한법률' 16조3항과 19조3항에서 규정된 정정보도청구권제도로 인해 보도기관의 보도의 자유와 개인의 반론권이 서로 충돌되는 면이 없지 않지만, 법에 규정된 정정보도청구권제도는 두 기본권들에 조금씩 공평하게 제약을 가함으로써 "전체적으로 상충되는 기본권 사이에 합리적 조화를 이루고 있으므로 정기간행물의등록등에관한법률 제16조 제3항, 제19조 제3항은" 합헌이라고 판시하였다.

2) 대안(代案)발견의 원칙

충돌하는 기본권들의 효력이 우열을 가릴 수 없을 뿐만 아니라 공평한 제한까지도 수용하기 어려울 경우에는 **충돌하는 기본권을 다치지 않는 일종의 대안을 찾아내는 방법**을 말한다.

4. 헌법재판소의 입장과 관련 판례

헌법재판소는 위에서 본 바와 같이 흡연권 사건에서 학설의 '법익형량의 원칙' 중 '상위기본권 우선의 원칙'을 적용한 바 있고, 정정보도청구제도 사건에서는 '규범조화적 해석의 원칙'을 적용한 바 있으나, 결국 기본권충돌을 충돌하는 기본권 중 **한 기본권에 대한 기본권제한의 문제**로 보고 **그 해결은 과잉금지원칙을 적용**함으로써 해결하고 있다. 즉 흡연권 사건에서는 흡연권과 혐연권의 충돌 사안에서 이를 흡연권에 대한 제한의 문제로 보고 과잉금지원칙을 적용한 결과 흡연권에 대한 합헌적 제한이라고 판시하였고, 정정보도청구제도 사건에서도 보도기관의 보도의 자유(언론의 자유)와 개인의 반론권이 충돌하는 사안에서 이를 보도기관의 언론의 자유의 제한의 문제로 보고 과잉금지원칙을 적용한 결과 언론의 자유에 대한 합헌적 제한이라고 판시하였다.

그 외에도 헌법재판소는 시각장애인안마사제도 사건(헌재 2008. 10. 30. 2006헌마1098)에서 시각장애인에게만 안마사 자격을 부여한 의료법 조항에 대해 이를 시각장애인의 절박한 생존권(헌법 34조5항)과 비시각장애인의 직업선택의 자유가 충돌하는 사안에서 이를 직업선택의 자유의 제한의 문제로 보고 과잉금지원칙을 적용한 결과 비시각장애인의 직업선택의 자유에 대한 합헌적 제한이라고 판시하였다. 또한 유니온숍(Union Shop) 사건(헌재 2005. 11. 24. 2002헌바95)에서 "이 경우 근로자의 단결하지 아니할 자유와 노동조합의 적극적 단결권(조직강제권)이 충돌하게 되나, 근로자에게 보장되는 적극적 단결권이 단결하지 아니할 자유보다 특별한 의미를 갖고 있고, 노동조합의 조직강제권도 이른바 자유권을 수정하는 의미의 생존권(사회권)적 성격을 함께 가지는 만큼 근로자 개인의 자유권에 비하여 보다 특별한 가치로 보장되는 점 등을 고려하면, 노동조합의 적극적 단결권은 근로자 개인의 단결하지 않을 자유보다 중시된다고 할 것"이라고 하면서 "이 사건 법률조항은 단체협약을 매개로 하여 특정 노동조합에의 가입을 강제함으로써 **근로자의 단결선택권**과 **노동조합의 집단적 단결권(조직강제권)**이 충돌하는 측면이 있으나, 이러한 조직강제를 적법·유효하게 할 수 있는 노동조합의 범위를 엄격하게 제한하고 지배적 노동조합의 권한남용으로부터 개별근로자를 보호하기 위한 규정을 두고 있는 등 전체적으로 상충되는 두 기본권 사이에 합리적인 조화를 이루고 있고 **그 제한에 있어서도 적정한 비례관계를 유지하고 있으므로** 근로자의 단결권을 보장한 헌법 33조1항에 위반되지 않는다"고 판시하였다. 즉 당해 사업장에 종사하는 근로자의 2/3 이상을 대표하는 노동조합의 경우 단체협약을 매개로 한 조직강제(이른바 유니언숍 협정의 체결)를 용인하고 있는 노동조합및노동관계조정법 81조2호 단서를 근로자의 단결선택권과 노조의 조직강제권이 충돌하는 사안에서 이를 근로자 단결선택권의 제한의 문제로 보고 과잉금지원칙을 적용한 결과 근로자의 단결선택권에 대한 합헌적 제한이라고 판시하였다.

5. 정리

그렇다면 결국 기본권충돌의 해결은 기본권 제한의 문제로 귀결되며, 헌법재판소는 기본권충돌의 해결에 기본권제한의 한 원칙인 과잉금지원칙을 적용하고 있다.

제8장 국가의 기본권보장의무

I. 의의와 헌법적 근거

1. 의의

국가의 기본권보장의무란 '**기본권에 의해 보호받을 법익**을 국민이 국가나 사인에 의해 침해받지 않도록 **보호해야 할 국가의 의무**'를 말한다. 이로써 국가는 국민의 기본권에 대한 침해자로서의 지위에만 서는 것이 아니라 국민과 동반자로서의 지위에 서게 된다(헌재 1997. 1. 16. 90헌마110등).

2. 헌법적 근거

국가의 기본권보장의무의 헌법적 근거는 헌법 10조2문인 "국가는 개인이 가지는 불가침의 기본적 인권을 확인하고 이를 보장할 의무를 진다"이다. 이 때 기본권을 "보장"할 의무의 "보장"은 소극적 의미로는 국가가 개인의 기본적 인권을 침해해서는 안 된다는 말로 주로 자유권의 보장을 의미하고, 적극적 의미로는 기본권을 적극적으로 보호하고 실현해야 한다는 말로 주로 사회권의 보장을 의미한다.

II. 기본권보장의무의 법적 성격

기본권보장의무의 법적 성격과 관련해서는 도의적 의무설과 법적 의무설의 대립이 있다.

첫째, 도의적 의무설은 헌법 10조2문의 국가의 기본권보장의무규정을 단순한 도덕적·윤리적 의무를 선언한 선언적 규정으로 이해한다. 둘째, 통설과 헌법재판소 판례의 입장인 **'법적 의무설'**은 국가의 기본권보장의무가 헌법상 명시적으로 규정되어 있으므로 단순한 도덕적·윤리적 의무가 아니라 규범적·법적 의무이며 규범적 구속력을 가진다고 주장한다. 따라서 국가가 기본권보장의무를 이행하지 않을 경우 그 위반에 대한 법적 책임의 추궁이나 이행을 확보하는 법적 수단을 강구할 수 있다고 본다. 헌법에 명시적 규정이 있는 이상 국가의 기본권보장의무는 이를 법적 의무로 보는 설이 타당하다.

III. 내용

기본권보장의무의 수범자는 입법·행정·사법 등 모든 국가기관이며, 특히 입법자는 입법행위를 통해 기본권보장의무를 적극적으로 구현할 수 있다. 기본권보장의무의 내용은 국가의 기본권 침해금지의무, 국가의 적극적인 기본권 실현의무, 국가의 사인 간 기본권침해방지의무로 나누어진다.

1. 국가의 기본권 침해금지의무

국가는 공권력을 통해 국민의 기본권을 스스로 침해해서는 안된다. 국가가 위헌적인 공권력 행사를 하는 경우에 그것은 소극적 방어권으로서의 기본권 침해이기도 하지만 국가의 기본권보장의무에도 위배된다.

2. 국가의 적극적인 기본권 실현이무

국가는 기본권의 실현을 위한 법령과 제도의 정비 통해 **'기본권최대보장의 요청'을 실현**하도록 노력하여야 한다. 특히 입법부에 의한 기본권의 구체화가 중요한데, 입법부는 '기본권최대보장의 요청'을 외면해서는 안 된다. 이로 인해 기본권 보장 입법이 흠결되거나 충분치 않은 경우, 입법자에게 입법의무가 부과되거나 입법개선의무가 존재하게 된다. 따라서 기본권보장의무의 제1차 수범자는 입법부이다.

3. 국가의 사인 간 기본권침해방지의무

국가의 기본권보장의무는 국가기관에 의한 기본권침해의 경우뿐만 아니라 사인 간의 침해에 있어서도 인정되므로, 국가는 사인에 의한 기본권침해를 방지하고 나아가 실효성 있는 피해구제수단을 마련해야 한다. 이러한 기본권보장의무는 기본권의 대사인적 효력과 관련이 있다. 독일에서는 사인 상호 간에 기본권 침해가 발생할 경우에 국가의 적극적 개입을 정당화하는 기본권보호의무이론이 전개된다.

Ⅳ. 헌법재판소의 심사기준: 과소보호금지의 원칙

국가의 기본권보장의무 위반 여부를 판단함에 있어서, 헌법재판소는 국가권력에 의해 국민의 기본권이 침해당한 경우와는 달리, 단지 제한적으로만 입법자에 의한 기본권보장의무의 위반 여부를 심사할 수 있을 뿐이다. 즉 기본권보장의무 위반 여부를 헌법재판소가 판단할 때에는 입법권은 기본적으로 국회에 있다는 '권력분립원칙'과 기본적으로 국민의 대표기관인 국회가 만든 법률로써 국민의 기본권을 보장한다는 '민주주의원칙'까지 고려하면서 과소보호금지원칙을 그 심사기준으로 삼아야 한다.

1. 과소보호금지의 원칙

(1) 의의

'과소보호금지의 원칙'이란 헌법재판소는 입법자에 의한 기본권보장의무 위반 여부를 판단함에 있어, '국가(입법자)가 국민의 기본권 보장을 위하여 적어도 **적절하고 효율적인 최소한의 보호조치를 취했는가**를 기준으로 심사하여야 한다는 원칙'을 말한다. 국가의 기본권보장의무의 이행과 관련해 국가는 최적의 보호를 제공할 의무를 지지만, **권력분립원칙**과 **민주주의원칙**까지 충분히 고려하여 **그 이행 여부의 사법적 통제**에 있어서는 통제기관인 헌법재판소가 필요한 **보호의 최소한**을 통제함에 그쳐야 한다는 것이다.

(2) '최소한의 보호수준'의 의미

입법의 흠결이 있는 '진정입법부작위'나 입법이 있기는 하지만 불완전·불충분한 '부진정입법부작위'에 의한 국가(입법부)에 의한 기본권침해가 있을 때 과소보호금지의 원칙에서 말하는 '최소한의 보호수준'의 의미와 관련해 학설의 대립이 있다.

'타당성 통제설'은 국가(입법부)가 제공한 보호조치가 효과적이고 충분한지를 심사하여야 한다고 주장한다. 그러나 헌법재판소 판례의 입장인 **'명백성 통제설'은** 국가의 보호조치가 **전혀 없거나** 국가가 행한 보호조치가 보호목적을 이루는데 완전히 **부적합**하거나 전적으로 **불충분**함이 **명백할 때에만** 국가(입법부)의 기본권보장의무를 위반한 것으로 본다.

2. 대표적인 헌법재판소 판례

(1) 교통사고처리특례법 사건(헌재 1997. 1. 16. 90헌마110등)

헌법재판소는 업무상 과실 또는 중대한 과실로 인한 교통사고로 말미암아 피해자로 하여금 중상해에 이르게 한 경우에 공소를 제기할 수 없도록 규정한 교통사고처리특례법 제4조에 대한 위헌결정에서 "국가의 기본권보호의무의 이행은 입법자의 입법을 통하여 비로소 구체화되는 것이고, 국가가 그 보호의무를 어떻게 어느 정도로 이행할 것인지는 원칙적으로 한 나라의 정치·경제·사회·문화적인 제반여건과 재정사정 등을 감안하여 입법정책적으로 판단하여야 하는 **입법재량의 범위**에 속하는 것이다. 국가의 보호의무를 입법자가 어떻게 실현하여야 할 것인가 하는 문제는 입법자의 책임범위에 속하므로, 헌법재판소는 **권력분립의 관점**에서 소위 **과소보호금지원칙**을, 즉 국가가 국민의 법익보호를 위하여 적어도 **적절하고 효율적인 최소한의 보호조치**를 취했는가를 기준으로 심사하게 되어, 결국 헌법재판소로서는 국가가 특정조치를 취해야만 당해 법익을 효율적으로 보호할 수 있는 **유일한 수단인 특정조치를 취하지 않은 때**에 보호의무의 위반을 확인하게 된다...(중략)...형벌은 **이 경우 국가가 취할 수 있는 유효적절한 수많은 수단 중의 하나**일 뿐이지, 결코 형벌까지 동원해야만 **보호법익을 유효적절하게 보호할 수 있다는 의미의 최종적인 유일한 수단이 될 수 없다**. 따라서 국가가 취한 제반의 보호조치와 교통과실범에 대한 형사처벌조항을 고려한다면, 단지 일정 과실범에 대하여 형벌권을 행사할 수 없는 법망의 틈새가 존재한다고 하여, 그것이 곧 국가보호의무의 위반을 의미하지는 않는다."고 판시하였다.

(2) 미국산 쇠고기 수입위생조건 사건(헌재 2008. 12. 26. 2008헌마419)

헌법재판소는 농림수산식품부 고시인 '미국산 쇠고기 수입위생조건'에 대한 합헌결정에서 "이 사건 고시가 개정 전 고시에 비하여 완화된 수입위생조건을 정한 측면이 있다 하더라도, 미국산 쇠고기의 수입과 관련한 위험상황 등과 관련하여 개정 전 고시 이후에 달라진 여러 요인들을 고려하고 지금까지의 관련 과학기술 지식과 OIE 국제기준 등에 근거하여 보호조치를 취한 것이라면, 이 사건 고시상의 보호조치가 체감적으로 완벽한 것은 아니라 할지라도, 위 기준과 그 내용에 비추어 쇠고기 소비자인 국민의 생명·신체의 안전을 **보호하기에 전적으로 부적합하거나 매우 부족**하여 **그 보호의무를 명백히 위반**한 것이라고 단정하기는 어렵다."고 판시하였다.

(3) 민법 3조 등 사건(헌재 2008. 7. 31. 2004헌바81)

헌법재판소는 살아서 출생하지 못한 태아의 손해배상청구권이 부정되는 근거가 된 민법 3조와 762조에 대한 합헌결정에서 "물론 입법자가 기본권 보호의무를 최대한 실현하는 것이 이상적이지만, 그러한 이상적 기준이 헌법재판소가 위헌 여부를 판단하는 심사기준이 될 수는 없으며, 헌법재판소는 권력분립의 관점에서 소위 "**과소보호금지원칙**"을, 즉 국가가 국민의 기본권 보호를 위하여 적어도 **적절하고 효율적인 최소한의 보호조치**를 취했는가를 기준으로 심사하게 된다. 따라서 입법부작위나 불완전한 입법에 의한 기본권의 침해는 입법자의 보호의무에 대한 명백한 위반이 있는 경우에만 인정될 수 있다. 다시 말하면 국가가 국민의 법익을 보호하기 위하여 **아무런 보호조치를 취하지 않았든지** 아니면 취한 조치가 법익을 보호하기에 **명백하게 부적합하거나 불충분한 경우**에 한하여 헌법재판소는 국가의 보호의무의 위반을 확인할 수 있을 뿐이다...(중략)...입법자는 형법과 모자보건법 등 관련규정들을 통하여 태아의 생명에 대한 직접적 침해위험을 규범적으로 충분히 방지하고 있으므로, 이 사건 법률조항들이 태아가 사산한 경우에 한해서 태아 자신에게 불법적인 생명침해로 인한 손해배상청구권을 인정하지 않고 있다고 하여 단지 그 이유만으로 입법자가 태아의 생명보호를 위해 국가에게 요구되는 최소한의 보호조치마저 취하지 않은 것이라 비난할 수 없다."고 판시하였다.

(4) 원자력이용시설 방사선환경영향평가서 사건(헌재 2016. 10. 27. 2012헌마121)

헌법재판소는 발전용원자로 및 관계시설의 건설허가 신청 시 필요한 방사선환경영향평가서 및 그 초안을 작성하는 데 있어서 '중대사고'에 대한 평가를 제외하고 있는 '원자력이용시설 방사선환경영향평가서 작성 등에 관한 규정'에 대한 합헌결정에서 "국가는 원자력안전규제 체계를 갖추고 원자력발전소의 건설·운영 전반에 걸쳐 원전의 안전관리를 위한 규제 장치들을 두면서, 예상 가능한 '자연재해'와 '인위적 사건'을 고려하여 이를 초과하는 여분의 설계를 하도록 함으로써 원전사고의 위험에 대비하는 한편, 이러한 설계기준을 벗어나 노심의 손상을 가져오는 '중대사고'에 대하여는 원자력안전위원회의 정책 등 행정적 조치를 통하여 관리해 오다가, 2015. 6. 22. 원자력안전법을 개정하면서 법령 차원에서 이를 관리하고 있다. '중대사고'를 비롯한 원전 사고가 본격적으로 문제되는 것은 원전이 운영허가를 받고 실질적으로 운영되기 시작한 이후라는 점과 그 밖에 원전의 안전 관련 조치 등을 종합적으로 고려하면, 이 사건 각 고시조항에서 평가서 초안 및 평가서 작성 시 '중대사고'에 대한 평가를 제외하도록 하였다고 하여, **국가가 국민의 생명·신체의 안전을 보호하는 데 적절하고 효율적인 최소한의 조치**조차 취하지 아니한 것이라고 보기는 어렵다."고 판시하였다.

제2편

기본권 각론

기본권 각론에서는 앞에서의 분류대로 기본권을 크게 포괄적 기본권, 자유권, 참정권, 청구권, 사회권으로 나누어 살펴본다. 그리고 개별적 기본권 하나하나에 대해 "I. 의의와 연혁(외국의 입법례, 우리 헌법에의 도입 시기), II. 헌법적 근거와 법적 성격, III. 주체(외국인과 법인의 기본권 주체성) **IV. 내용(가장 중요)**, V. 효력, VI. 제한과 한계(경합과 충돌도)"의 공통된 목차로 살펴본다.

제1장 포괄적 기본권

포괄적 기본권에는 헌법 10조의 인간의 존엄과 가치 및 행복추구권과 헌법 11조의 평등권이 있다.

제1항 | 인간의 존엄과 가치 및 행복추구권(헌법 10조)

헌법 10조1문은 "모든 국민은 인간으로서의 존엄과 가치를 가지며 행복을 추구할 권리를 가진다."고 규정하고 있다. 즉 헌법 10조1문 전단은 '인간의 존엄과 가치'를, 10조1문 후단은 '행복추구'를 규정하고 있는 것이다.

I. 의의와 연혁

"인간의 존엄과 가치"와 "행복추구"는 각각 의의와 연혁이 다르기 때문에 이를 분리해서 살펴본다.

1. 인간의 존엄과 가치

(1) 의의

헌법 10조1문의 "인간의 존엄과 가치"에서 "인간"의 의미는 개인과 사회의 관계라는 측면에서 봤을 때 고립적·이기적·독립적 인간인 개인주의시회에서의 개인도 아니고, 자기의 독자적 지위를 갖지 못하고 단순한 국가권력의 객체로 격하된 인간인 전체주의사회에서의 개인도 아니며, 고립된 인간도 아니고 독자적 지위를 갖지 못한 인간도 아니며 인간의 고유한 가치를 유지하면서 사회에 구속되며 사회와 일정한 관계를 가진 자주적 인간인 **인격주의사회에서의 개인**을 의미한다. 이것이 우리 헌법이 예상하고 있는 인간상이다. 헌법재판소도 비슷한 의미로 "헌법상의 인간상은 자기결정권을 지닌 창의적이고 성숙한 개체로서의 국민이다. 우리 국민은 자신이 스스로 선택한 인생관·사회관을 바탕으로 사회공동체 안에서 각자의 생활을 자신의 책임하에 스스로 결정하고 형성하는 민주적 시민이다."라고 판시하였다.

헌법 10조1문의 "존엄과 가치"는 인간을 인간으로 만드는 '인간의 인격과 그 평가'를 의미한다.

(2) 연혁

제2차 세계대전 중 전체주의나 군국주의하에서 이루어진 대량학살(Genocide), 고문, 테러, 강제노동, 인간실험, 국외추방 등의 비인간적 만행에 대한 반성으로 국제연합헌장, 세계인권선언, 유럽인권협약, Genocide협정(집단학살 방지 및 처벌 협정) 등 여러 국제협약과 세계 각국의 헌법들에서 인간의 존엄성 존중을 강조하였고, 특히 독일헌법 1조1항은 "인간의 존엄은 불가침이다. 이를 존중하고 보호하는 것은 모든 국가권력의 의무이다."라고 하여 인간의 존엄성 존중을 헌법본문 맨 앞에서 규정하고 있다. 우리나라 헌법에는 1962년 제5차 헌법개정(제3공화국 헌법) 때 처음으로 도입되었다.

2. 행복추구

(1) 의의

행복추구권에서 '행복'은 매우 다의적이면서 주관적인 관념이며, 과거에 법학보다는 철학과 윤리학에서 중요하게 다루어지던 개념이다. 여기서 행복은 물질적인 행복뿐만 아니라 정신적인 행복까지 포함하는 개념이므로, 행복추구권은 "물질적·정신적으로 안락하고 만족스러운 삶을 추구할 수 있는 권리"로 정의할 수 있다. 헌법재판소는 행복추구권을 "소극적으로는 고통과 불쾌감이 없는 상태를 추구할 권리, 적극적으로는 만족감을 느끼는 상태를 추구할 수 있는 권리"(동성동본금혼사건, 헌재 1997. 7. 16. 95헌가6등)라고 정의 내렸다.

(2) 연혁

미국 버지니아주의 정치인인 메이슨과 제퍼슨은 영국의 자연법 사상가인 로크(John Locke)의 영향을 받았고, 1776년 6월 12일 메이슨이 초안을 집필한 버지니아권리장전(Virginia Declaration of Rights) 제1조와 같은 해 7월 제퍼슨이 초안을 집필한 미국 독립선언(Declaration of Independence) 제2절에 세계 최초로 행복추구조항이 등장하였다. 그 후 행복추구조항은 1946년의 일본헌법을 거쳐 우리 헌법에는 1980년 제8차 개정헌법에 최초로 도입되었다. 당시 쿠데타로 권력을 잡은 군사정권은 자기정권을 미화·정당화하고자 외견상 민주적 조항으로 보이는 많은 새로운 조항들을 그 내용이나 다른 기본권조항들과의 관계를 깊이 고려함이 없이 우리 헌법에 첨가하였고, 이것은 그 후 기본권조항들의 체계상·해석상 많은 문제들을 야기하였다.

II. 헌법적 근거와 법적 성격

1. 헌법적 근거

인간의 존엄과 가치 및 행복추구조항은 "모든 국민은 인간으로서의 존엄과 가치를 가지며, 행복을 추구할 권리를 가진다"고 규정한 헌법 10조1문을 헌법적 근거로 한다.

2. 법적 성격

(1) 학설 대립

기본권 규정들의 맨 앞에 위치한 헌법 10조 인간의 존엄과 가치 및 행복추구조항의 법적 성격은 나머지 기본권 규정들의 체계와 관련해서 매우 중요하다. 대표적인 학설들을 표로 정리하면 다음과 같다. 각 학설들은 각각의 견해가 기본권 규정들을 어떻게 입체화시켜 이해하는가를 잘 보여준다.

▸ **표-1** 행복추구조항의 법적 성격에 관한 학설들

	구체적 권리성 인정 여부	'인간의 존엄과 가치'와의 분리 여부	행복추구권의 내용	헌법 37조1항의 이해
제1설	구체적 권리성 인정	묶어서 이해 → 헌법 10조1문으로부터 권리가 도출	(광의)주(主)기본권 ※11조-36조는 파생적 기본권 (협의)존엄권과 행복추구권 (최협의)인격권(명예권, 성명권, 초상권, 알권리, 읽을 권리, 들을 권리, 생명권)과 행복추구권(신체불훼손권, 자기운명결정권, 평화롭게 살 권리)	(당연한 사실을 확인해 놓은) 주의적 규정
제2설	권리성 인정. 왜냐하면 헌법 10조1문이 명문규정으로 "...행복을 추구할 권리를 가진다."고 규정.	분리해서 이해 (인간의 존엄과 가치에는 권리성 인정 않음)	포괄적 권리(다른 기본권들보다는 상위의 위치를 가지면서 행복을 추구하는데 필요한 것이면 헌법에 열거되지 않은 자유와 권리까지도 그 내용으로 하는)	(당연한 사실을 확인해 놓은) 주의적 규정(상호보완관계)

제3설	권리성 부정	묶어서 10조를 전체적으로 이해	10조는 11조에서 36조에 규정된 모든 개별적 기본권이 추구해야 할 '최고의 원리나 가치'(당위의 지표)를 선언해 좋은 조항	창설적 규정 (여기서 구체적 기본권들이 도출되는)

(2) 헌법재판소 판례의 입장

헌법재판소의 판례의 입장은 학설의 제1설에 가깝다. 헌법 10조를 전체적으로 이해하면서, 헌법 10조가 우리 헌법의 기본적 원리를 선언해 놓은 데 불과한 것은 아니며, "인간으로서의 존엄과 가치" 및 "행복을 추구할 권리"로부터 인격권과 행복추구권이라는 실제적 재판규범으로서의 효력을 가진 '구체적 권리'가 나온다고 본다.

(3) 사견의 정리

헌법 10조는 11조에서 36조에 규정된 모든 개별적 기본권이 추구해야 할 '최고의 원리나 가치'(당위의 지표)를 선언해 놓은 조항이지, 헌법 10조로부터 실제적 재판규범으로 사용될 수 있는 포괄적 혹은 구체적 기본권이 도출된다고 볼 수는 없다는 제3설이 타당하다.

그 이유는 첫째, 행복추구조항의 입법사적 연원에서 찾을 수 있다. 행복추구조항을 독립선언서 등 헌법적 문서에 최초로 규정한 미국헌법의 아버지들과 미국 주법원 판결의 주류적 입장, 그리고 미국 연방법원 판결은 '행복추구'(pursuit of happiness)를 규범적 효력이 직접 도출되는 권리성을 가진 용어라기보다는 미국헌법이 추구하는 정치적·철학적 원리나 이념을 밝힌 선언적 수사로 이해하였다. 다만, 미국의 극소수 주법원 판결은 그 권리성은 인정하나 우리 헌법재판소가 인정하는 것 같은 포괄적 권리로서가 아니라 '재산권'이라는 제한적 의미로 파악한다.

둘째, 헌법 10조가 명문으로 "행복을 추구할 권리"라고 하고 있지만 "추구할"을 "추구하기 위하여"의 의미로 해석하고, 인간의 존엄과 가치행복추구의 이념을 실현하기 위해 헌법 11조에서 36조에 규정된 '개별적 권리들'을 가진다고 해석하면 된다.

생각건대, 헌법상의 모든 규정들이 재판규범으로 원용될 수 있는 구체적 권리성을 가지는 것은 아니다. 어떤 헌법규정들은 그 헌법 전체를 관통하는 기본원칙과 정신, 그리고 그 헌법이 추구하는 이념을 규정하는 이념규정이다. 이런 이념적 규정들로부터 조급히 구체적 권리성을 끌어내려 해서는 안 된다. 우리 헌법 10조 행복추구조항도 이러한 이념적 규정들 중의 하나이다. 우리 헌법재판소가 구체적 권리성 인정에 문제가 많고 그 개념도 모호한 헌법 10조의 행복추구조항으로부터 구체적 권리를 끌어내고 이를 위헌성의 근거로 삼는 것은 문제가 많다.

또한 이러한 판례의 입장은 결국 '일반조항으로의 안일한 도피'로 비판받을 수 있다. 이념적 규정에 구체적 권리성이 있는 양 자꾸 의존하고 그러한 판결들이 쌓이게 되면 헌법재판소는 국민들로부터 설득력을 잃으며 그 권위가 침해될 수 있다. 왜냐하면 헌법재판은 그 사안에 가장 적절한 헌법규정을 끌어내고 이에 근거해 자연스럽고 설득력 있게 논리를 풀어나가는 정치(精緻)한 법논리에 의해서만 발전될 수 있고, 또 그럴 때에만 헌법재판소에 의한 파격적이고 적극적인 판결이 국민들로부터 신뢰와 지지를 받고 입법부나 행정부로부터 예견되는 저항을 잠재울 수 있기 때문이다.

III. 주체

인간의 존엄과 가치 및 행복추구권의 향유 주체는 자연인으로서의 인간이므로 법인은 원칙적으로 그 주체가 될 수 없지만, 외국인 및 무국적자는 그 주체가 될 수 있다.

헌법은 수정란이 자궁 벽에 착상한 **수태(受胎)시**부터 인간으로 보기 때문에 태아도 인간의 존엄과 가치 및 행복추구권의 주체가 될 수 있다. 사자(死者)의 기본권 주체성도 제한적으로 인정할 수밖에 없다. 죽은 사람에게도 시신의 처리, 유족과의 관계, 사후 평가 등과 관련해 인격성이 인정될 수 있으므로, 그 범위에서 기본권주체성을 인정할 수 있기 때문이다.

Ⅳ. 인간의 존엄과 가치 및 행복추구권의 내용

헌법재판소 판례에 따라 '인간의 존업과 가치 및 행복추구권'의 내용을 살펴보면, 헌법재판소는 '법적 성격'에서 자세히 살펴본 바와 같이 헌법 10조를 전체적으로 이해하면서, 헌법 10조가 우리 헌법의 기본적 원리를 선언해 놓은 데 불과한 것은 아니며 "인간으로서의 존엄과 가치" 및 "행복을 추구할 권리"로부터 인격권과 행복추구권이라는 실제적 재판규범으로서의 효력을 가진 '구체적 권리'가 나온다고 본다.

이 중에서 인격권은 자아와 분리될 수 없는 인격적 이익을 향유할 수 있는 권리로서, 성명권, 초상권, 명예권 등을 포함한다고 본다. 또한 수인하기 어려울 정도로 수치심, 당혹감, 굴욕감을 느끼게 하는 비인도적·굴욕적인 대우로부터 인간으로서의 기본적 품위를 유지할 수 있도록 하는 권리를 인격권으로 보기도 한다(유치장내 개방화장실 사건, 헌재 2001. 7. 19. 2000헌마546).

또한 행복추구권은 일반적으로 "소극적으로는 고통과 불쾌감이 없는 상태를 추구할 권리, 적극적으로는 만족감을 느끼는 상태를 추구할 수 있는 권리"를[10] 의미한다고 본다. '행복추구권'에는 다시 '일반적 행동자유권' '개성의 자유로운 발현권' 그리고 휴식권이 포함되어 있다고 이해한다. 그러면서 '일반적 행동자유권'이란 일반적으로 "하고 싶은 일은 하고 하기 싫은 일은 안 하며, 먹고 싶을 때 먹고, 놀고 싶을 때 놀고, 자기 멋에 살며 자기 멋대로 옷을 입고 몸을 단장하는 자유를 포함하며, 자기의 설계에 따라 인생을 살아가고 자기가 추구하는 행복관념에 따라 생활하는 자유"를[11] 의미하는 것으로 보면서 이 일반적 행동자유권에 적극적으로 자유롭게 행동하는 것은 물론 소극적으로 행동을 하지 않을 부작위(不作爲)의 자유도 포함시켰다.[12] 그러면서 이 '일반적 행동자유권'에서 '계약의 자유'를 도출할 수

10 헌재 1997. 7. 16. 95헌가6등, 민법 제809조 제1항 위헌제청 사건, 29면 등 참조

11 헌재 1997. 3. 27. 96헌가11, 도로교통법 제41조 제2항 등에 대한 위헌제청 사건, 264-65면 등 참조

12 헌재 2002. 1. 31. 2001헌바42, 독점규제및공정거래에관한법률 제27조에 대한 헌법소원사건

있다고 판시했다.[13]

나아가서 "행복추구"가 헌법 10조에서 "인간의 존엄과 가치"와 병렬적으로 규정되어 있어 양자가 불가분의 관계에 있다는 점에 주목하면서, 헌법 10조의 인격권과 행복추구권 양자를 묶어서 이 인격권과 행복추구권이 '자기(운명)결정권'을 전제로 하고 있다고 설명한 후, 이 양자로부터 '자기(운명)결정권'이 도출된다고 보았다. 자기운명결정권 혹은 자기결정권은 "인간의 존엄성을 실현하기 위한 수단으로서 인간이 자신의 생활영역에서 인격의 발현과 삶의 방식에 관한 근본적인 결정을 자율적으로 내릴 수 있는 권리"라고[14] 보았다. 그러면서 자기결정권이 성적 상대방 결정권[15] 나아가 배우자결정권을[16] 포함하고, 소비자의 자유로운 상품 선택권도 포함한다고[17] 판시하였다. 또한 자기결정권에는 "여성이 그의 존엄한 인격권을 바탕으로 하여 자율적으로 자신의 생활영역을 형성해 나갈 수 있는 권리가 포함되고, 여기에는 임신한 여성이 자신의 신체를 임신상태로 유지하여 출산할 것인지 여부에 대하여 결정할 수 있는 권리"가 포함된다고[18] 판시하였다.

▸ **도표**

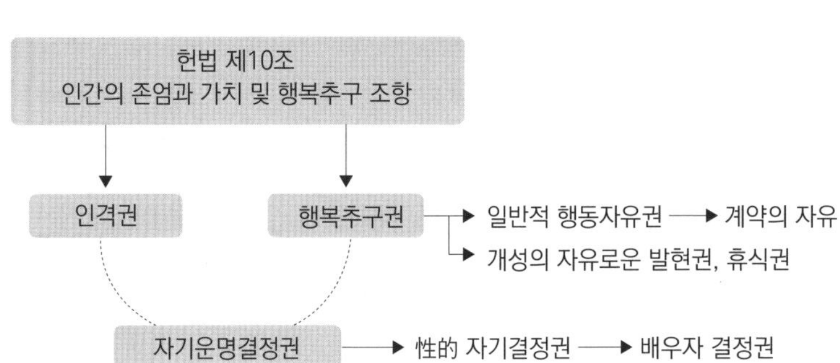

13 헌재 1991. 6. 3. 89헌마204, 화재로인한재해보상과보험가입에관한법률 제5조 제1항에 대한 헌법소원사건

14 헌재 2019. 4. 11. 2017헌바127, 낙태죄 사건

15 헌재 2015. 2. 26. 2009헌바17, 간통죄 사건

16 헌재 1997. 7. 16. 95헌가6내지13, 동성동본금혼 사건

17 헌재 1996. 12. 26. 96헌가18, 자도소주 구입명령제 사건; 헌재 1998. 12. 24. 98헌가1, 먹는샘물에 대한 수질개선부담금제 사건

18 헌재 2019. 4. 11. 2017헌바127, 낙태죄 사건

헌법재판소는 예를 들어 첫째, 동성동본금혼규정 사건(헌재 1995. 7. 16. 95헌가6-13) 결정에서 헌법 10조의 인격권과 행복추구권으로부터 자기운명결정권이 나오고 자기운명결정권에서 성적 자기결정권, 특히 배우자결정권이 나온다고 판시하였다. 둘째, 형법 241조의 간통죄규정의 위헌결정(헌재 2015. 2. 26. 2009헌바17)에서는 간통죄규정이 선량한 성도덕과 일부일처주의 혼인제도의 유지 및 가족생활의 보장을 위한 '성적 자기결정권'(성행위 여부 및 그 상대방결정권)에 대한 제한으로서 과잉금지원칙에 위배되어 위헌이라고 판시하였다. 셋째, 군검찰관의 기소유예처분사건(헌재 1989. 10. 27. 89헌마56) 결정에서는, 상관에 의한 부당한 얼차려에 대한 반항을 항명죄로 의율한 군검찰관의 기소유예처분이 '피의자'의 행복추구권, 평등권을 침해한다고 판시하였다.(참고로 헌법재판소는 과거에 검사의 불기소처분에 대해 인용(위헌)결정을 내릴 때에는 '피해자'인 고소인의 평등권과 재판절차진술권을 침해한다고 판시하였다.) 넷째, 자도소주구입명령제도 사건(헌재 1996. 12. 26. 96헌가18) 결정에서 국세청장이 주류판매업자에게 매월 희석식소주의 총구입액의 100분의 50 이상을 당해 주류판매업자의 판매장이 소재하는 도(道)지역과 같은 지역에 소재하는 제조장으로부터 구입하도록 명하도록 한 주세법 38조의7 등에 대해 위헌결정을 내렸는데, 그 근거로 헌법재판소는 소주판매업자의 직업수행의 자유 침해와 함께 소비자의 '자기결정권' 침해를 들었다. 다섯째, 당구장 사건(헌재 1993. 5. 13. 92헌마80) 결정에서 체육시설의설치·이용에관한법률 시행규칙 5조가 체육시설 중 당구장에 한해 "출입문에 18세 미만자의 출입을 금지하는 내용의 표시를 하여야 한다"는 규정을 두고 있었는데 이에 대해 영업자의 직업선택의 자유 및 평등권 침해와 더불어, 당구를 통해 자신의 소질과 취미를 살리고자하는 18세 미만 청소년의 행복추구권의 하나인 일반적 행동자유권를 침해한다고 판시하였다. 여섯째, 먹는샘물에 대한 수질개선부담금제 사건(헌재 1998. 12. 24. 98헌가1) 결정에서는 환경부장관이 먹는 샘물의 제조업자·수입판매업자에게 먹는샘물판매가액의 100분의 20의 범위 안에서 대통령령이 정하는 비율에 따라 수질개선부담금을 부과·징수할 수 있게 한 구 먹는물관리법 28조1항에 대해 합헌결정을 내렸는데, 그 근거로 수돗물 대신 생수(먹는 샘물)를 음용수로 이용할 소비자의 자유, 즉 소비자의 행복추구권을 침해하지 않는다고 판시하였다.

일반적 행동자유권이 '행동'이나 '신체의 이동과 출입'의 측면을 강조(이에 비해 거주이전의 자유는 상당기간이 주소나 거소의 이전)하는 반면에, 자기운명결정권은 '결정'의 측면을 강조한다.

V. 제한과 한계

행복추구권과 다른 기본권의 경합할 경우에 어느 기본권을 적용할 것이냐와 관련해 세 가지 학설이 대립한다. 첫째, 우선적 보장설은 행복추구권이 우선적으로 보장되어야 한다고 주장한다. 둘째, 경합적 보장설은 행복추구권과 다른 기본권을 동시에 모두 적용하여야 한다고 주장한다. 셋째, **보충적 보장설**은 직접 적용해야 할 다른 기본권이 없는 경우에 한하여 행복추구권을 보충적으로 적용해야 한다고 주장한다. 행복추구권 침해 여부에 대한 판단은 다른 기본권이 경합하지 않고 행복추구권이 침해될 수 있는 유일한 기본권일 때에만 이루어져야 한다는 것이다. 보충적 보장설이 현재 헌법재판소 판례의[19] 입장이다. 행복추구조항으로의 안일한 도피를 방지하고 다른 개별적 기본권조항의 공동화(空同化)를 방지하기 위해서 '보충적 보장설'이 타당하다.

VI. 효력

헌법 10조의 인간의 존엄과 가치 및 행복추구권은 '주관적 공권'으로서 대국가적 효력을 가진다. 대사인적 효력과 관련해서는 대부분의 기본권이 그렇듯이, 공법인 헌법 10조의 인간의 존엄과 가치 및 행복추구권 조항이 사적 법률관계에 직접 적용되지는 않고, 사법상의 일반조항을 통해 간접적용된다.

19 헌재 2000. 12. 14. 99헌마112등(병합); 헌재 2006. 3. 30. 2005헌마598

제2항 | 평등권

평등권은 헌법재판소가 위헌이나 합헌 판단의 근거로 가장 많이 인용한 기본권이고 따라서 헌법재판소의 관련 판례가 가장 많은 기본권이다.

I. 의의와 연혁

1. 의의

평등권은 '부당한(불합리한) 차별을 받지 않을 권리'로 정의된다. 국가로부터 부당하게 차별대우를 받지 아니함은 물론 국가에 대해 평등한 처우를 요구할 수 있는 주관적 공권이다.

2. 연혁

평등권은 중세시대에는 '신(神) 앞의 평등'을 의미했고, 시민혁명 이후인 근대에는 국가권력 앞의 평등 자유의 평등, 정치적 평등, 형식적 평등을 의미했으며, 제2차 세계 대전 이후인 **현대**에는 생존의 평등, 경제적·사회적 평등, **실질적 평등**을 의미했다.

3. 현대의 '실질적 평등'과 '적극적 우대조치'(Affirmative Action)[20] 및 '역차별이론'(Reverse Discrimination Theory)

미국 연방대법원은 **취업·입학** 등에 있어 특히 국가적 도움을 필요로 하는 미국 사회의 사회적·경제적 약자, 즉 **소수자**(minority, 예를 들어 미국사회의 흑인, 여성, 장애인 등 오랫동안 대대로 불평등한 대우를 받던)에 대해 **'우선적 처우'**(preferential treatment)나 **'적극적 우대조치'**(affirmative action)를 부여함으로써 **실질적 평등**을 기하려 하였다. 즉 과거에 차별을 받아온 소수자(사회적 취약계층)에 대한 평등은 단순히 현재의 법적인 평등만으로는 실질적 평등을 실현할 수 없으므로, 과거의 불

---

20 양성평등기본법 등 우리나라의 법령에서는 '적극적 우대조치' 대신에 '적극적 조치'라는 표현을 사용하고 있으며, 헌법재판소는 '적극적 우대조치'가 소수자 집단에 대한 일시적·잠정적 우대조치라는 면을 강조하여 '잠정적 우대조치'라는 표현을 사용한다.

이익한 지위에 대한 보상을 통하여 사실상 평등한 지위를 보장하고자 하는 것이다. 판례를 통해 발전된 후 연방의회나 각 주(州)의 주의회에 의해 연방법률이나 주법률로 입법화되었다. 그러나 이러한 적극적 우대조치는 **상대적으로 백인이나 남성**에게는 **'역차별'**의 문제를 발생시켰다. 차별받은 소수의 희생에 따른 반사적 이익을 받았을 뿐인 다수에 대한 차별이야말로 다수인 백인이나 남성의 평등권을 침해하는 '역차별'이라고 본 것이다.

적극적 우대조치에 대한 미국 연방대법원의 본격적 판단이 내려진 것이 1978년에 선고된 Regents of the University of California v. Bakke(438 U.S. 265) 판결이었다. 백인남 Bakke는 1973년과 1974년 2회에 걸쳐 U.C. Davis 의대에 지원했으나 불합격하였다. 이 의대는 입학생 중 16%를 소수자 중에서만 뽑는 할당제(quota system)를 두고 있었다. Bakke는 합격한 소수인종 입학생들보다 높은 학부성적(GPA) 등을 취득하고도 불합격하였다. 이에 미국 수정헌법 14조 평등조항 위반을 이유로 소송을 제기하였다. 캘리포니아 주(州)대법원은 인종할당제를 위헌판결하였고 이 사건은 미국 연방대법원에 상고되었다. 그러던 중 Bakke는 다시 U.C. Davis 의대에 지원, 합격하였다. '소의 이익'이 없어졌지만 미국 연방대법원은 심리를 종료하지 않고 계속 이어나갔다. 미국 연방대법원은 1978년 6월 28일에 Powell 대법관이 작성한 판결문을 통해 적극적 우대조치제도 자체가 위헌은 아니지만 5대 4로 인종만에 근거한 할당제는 위헌이라는 판결을 내렸다. 그 후 캘리포니아에서는 주민발의법안으로 '적극적 우대조치' 주법(州法)이 폐지되었고 이러한 경향은 미국 전역으로 확산되었다.

우리나라에도 이 적극적 우대조치가 도입되고 법제화되어 시행되고 있다. 첫째, 정당별 국회의원 비례대표후보자에 대해 50% 이상 여성공천할당제를 규정한 공직선거법 47조를[21] 들 수 있다. 둘째, 정치자금법상 공직후보자 여성추천보조금

21 공직선거법 제47조(정당의 후보자추천) ③정당이 비례대표국회의원선거 및 비례대표지방의회의원선거에 후보자를 추천하는 때에는 그 후보자 중 100분의 50 이상을 여성으로 추천하되, 그 후보자명부의 순위의 매 홀수에는 여성을 추천하여야 한다.

제도를 규정한 26조와[22] 장애인추천보조금제도를 규정한 26조의2를[23] 들 수 있다. 셋째, 여성·장애인 등 공직내 소수자 집단에 대해 대통령령 등이 정하는 바에 따라 채용·전보·승진 등에 있어서 적극적인 우대와 실질적 양성평등의 구현을 위한 정책을 실시할 수 있도록 규정한 국가공무원법 26조[24] 단서와 지방공무원법 25조[25] 단서를 들 수 있다. 헌법재판소도 제대군인가산점제 위헌결정에서 이 '여성공무원채용목표제'가 '잠정적(적극적) 우대조치'의 일환으로 시행되는 제도라고 판시하였다(헌재 1999. 12. 23. 98헌마363). 넷째, 교육공무원법 11조의5는[26] 국·공립대학 교수채용 시 특정 성별이 4분의 3을 초과하지 않도록 노력해야 한다고 규정하여 여성 교수 채용을 강화한다. 다섯째, 양성평등기본법 20조는 1항과 2항에서 "①국가와 지방자치단체는 차별로 인하여 특정 성별의 참여가 현저히 부진한 분야에 대하여 합리적인 범위에서 해당 성별의 참여를 촉진하기 위하여 관계 법령에서 정하는

22 정치자금법 제26조(공직후보자 여성추천보조금) ①국가는 임기만료에 의한 지역구국회의원선거, 지역구시·도의회의원선거 및 지역구자치구·시·군의회의원선거에서 여성후보자를 추천하는 정당에 지급하기 위한 보조금으로 최근 실시한 임기만료에 의한 국회의원선거의 선거권자 총수에 100원을 곱한 금액을 임기만료에 의한 국회의원선거, 시·도의회의원선거 또는 자치구·시·군의회의원선거가 있는 연도의 예산에 계상하여야 한다.

23 정치자금법 제26조의2(공직후보자 장애인추천보조금) ①국가는 임기만료에 의한 지역구국회의원선거, 지역구시·도의회의원선거 및 지역구자치구·시·군의회의원선거에서 장애인후보자를 추천한 정당에 지급하기 위한 보조금으로 최근 실시한 임기만료에 의한 국회의원선거의 선거권자 총수에 20원을 곱한 금액을 임기만료에 의한 국회의원선거, 시·도의회의원선거 또는 자치구·시·군의회의원선거가 있는 연도의 예산에 계상하여야 한다.

24 국가공무원법 제26조(임용의 원칙) 공무원의 임용은 시험성적·근무성적, 그 밖의 능력의 실증에 따라 행한다. 다만, 국가기관의 장은 대통령령등으로 정하는 바에 따라 장애인·이공계전공자·저소득층 등에 대한 채용·승진·전보 등 인사관리상의 우대와 실질적인 양성 평등을 구현하기 위한 적극적인 정책을 실시할 수 있다.

25 지방공무원법 제25조(임용의 기준) 공무원의 임용은 시험성적, 근무성적, 경력평정, 그 밖의 능력의 실증(實證)에 따라 한다. 다만, 지방자치단체의 장과 지방의회의 의장은 대통령령으로 정하는 바에 따라 장애인, 이공계 전공자, 저소득층 등에 대한 임용·승진·전보 등 인사관리상의 우대와 실질적 양성평등을 실현하기 위한 적극적인 정책을 실시할 수 있다.

26 교육공무원법 제11조의5(양성평등을 위한 임용계획의 수립 등) ①국가와 지방자치단체는 대학의 교원 임용에서 양성평등을 위하여 필요한 정책을 수립·시행하여야 한다.(중략) ③국가는 국가가 설립경영하는 전체 대학 교원 중 특정 성별이 4분의 3을 초과하지 아니하도록 노력하여야 한다. 이 경우 교원의 성별 구성에 관한 연도별 목표 비율은 대통령령으로 정한다.(후략)

바에 따라 적극적 조치를 취하도록 노력하여야 한다. ②여성가족부장관은 국가기관 및 지방자치단체의 장에게 제1항에 따른 적극적 조치를 취하도록 권고하고, 그 이행 결과를 점검하여야 한다."고 규정하여 양성 간의 실질적 평등을 촉진하기 위해 적극적 우대조치를 도입하고 있다. 여섯째, '남녀고용평등과 일·가정 양립 지원에 관한 법률' 2조3호도 "'적극적 고용개선조치'란 현존하는 남녀 간의 고용차별을 없애거나 고용평등을 촉진하기 위하여 잠정적으로 특정 성을 우대하는 조치를 말한다"고 규정한다.

적극적 우대조치 관련 판례로는, 헌법재판소가 제대군인가산점제도 사건에서 '여성공무원채용목표제'를 적극적 우대조치의 일환으로 보고, '우리 사회에서 종래부터 차별을 받아왔고 그 결과 현재 불리한 처지에 있는 여성을, 유리한 처지에 있는 남성과 동등한 처지에까지 끌어올리는 것을 목적으로 하는 제도'라고 하였고, 이어서 "잠정적 우대조치라 함은, 종래 사회로부터 차별을 받아 온 일정집단에 대해 그동안의 불이익을 보상하여 주기 위하여 그 집단의 구성원이라는 이유로 취업이나 입학 등의 영역에서 직·간접적으로 이익을 부여하는 조치를 말한다. 잠정적 우대조치의 특징으로는 이러한 정책이 개인의 자격이나 실적보다는 집단의 일원이라는 것을 근거로 하여 혜택을 준다는 점, 기회의 평등보다는 결과의 평등을 추구한다는 점, 항구적 정책이 아니라 구제목적이 실현되면 종료하는 임시적 조치라는 점 등을 들 수 있다."고 판시하였다(헌재 1999. 12. 23. 98헌마36).

II. 헌법적 근거와 법적 성격

1. 헌법적 근거

1948년 제헌헌법 때부터 존재한 포괄적 평등조항인 헌법 11조와 함께, 영역별로 1987년 제9차 헌법개정에서 대거 보완·수정·신설된 개별적 평등조항이 있다. 개별적 평등조항에는 헌법 31조1항(교육영역), 32조4항(근로영역), 36조1항(혼인 및 가족생활영역), 41조1항과 67조1항(선거영역), 123조2항(지역경제영역)이 있다.

2. 법적 성격

(1) 자연권

헌법상의 평등조항에서 도출되는 평등권은 전(前)국가적 자연권이며, 실정권(實定權)이 아니다.

(2) 평등원칙

평등조항에서 자연권인 평등권 이외에 우리 헌법의 최고원리이자 근본규범인 '평등원칙'도 나온다. 평등원칙은 우리 헌법의 최고원리인 근본규범으로서 입법·사법·행정의 기준이 되며 헌법개정의 한계가 된다.

(3) 주관적 공권성 여부

학설의 대립이 있으며 이 때 학설들은 헌법 11조의 포괄적 평등조항과 개별적 평등조항을 구분한다.

1) 객관적 법원리설

포괄적 평등조항인 헌법 11조는 국민이 생활관계에서 불평등하게 취급당하는 일이 없어야 한다는 기본원리인 '평등원칙'을 선언한 것이어서 권리성이 없고, 개별적 평등조항인 31조1항(교육영역), 32조4항(근로영역), 36조1항(혼인 및 가족생활영역), 41조1항과 67조1항(선거영역), 123조2항(지역경제영역)은 개별적 평등권을 규정한 것이어서 권리성이 있다고 본다.

2) 주관적 공권설

포괄적 평등조항인 헌법 11조에서 주(主)평등권이 도출되고, 개별적 평등조항에서는 파생적 평등권이 도출되는데, 양자 모두 '주관적 공권'이다.

3) 절충설(헌재)

포괄적 평등조항인 헌법 11조에서 도출되는 것은 국민의 기본권 보장에 관한 최고원리임과 동시에 모든 국민의 권리이다. 개별적 평등조항에서는 개별적 평등권들이 도출된다.

III. 주체

평등권은 외국인도 원칙적으로 주체가 될 수 있으나 국제법상 상호주의원칙에 따른 제한을 받는다. 권리능력 없는 사단이나 재단을 포함한 법인도 평등권의 주체가 된다.

IV. 내용

포괄적 평등조항인 헌법 11조1항의 요건들을 중심으로 평등권의 내용을 살펴본다.

1. "법 앞에"의 의미

이때 "법"은 국회에서 제정한 법뿐만이 아니라 모든 법을 의미한다. "법 앞에"의 의미와 관련해서는 첫째, 법 앞에 평등을 집행과 적용에 대한 규제원리로 이해하는 '법적용평등설'(입법비구속설)과 법 앞에 평등을 집행과 적용뿐만 아니라 제정에 대한 규제원리로 이해하는 '법내용평등설'(입법구속설)의 대립이 있는데 통설과 헌재의 입장은 법내용평등설이다.

2. "평등"의 의미

"평등"의 의미와 관련해서는 크게 절대적 평등설과 상대적 평등설이 대립한다.

(1) 절대적 평등설(평균적 정의)

아리스토텔레스의 '평균적 정의'를 의미하는 절대적 평등설은 차별이 절대적으로 금지된다고 본다. 절대적 평등설은 다시 어떠한 차별도 절대적으로 금지된다고 보는 '무제한적 절대적 평등설'과 '신분'을 이유로 한 차별만 절대적으로 금지된다고 보는 '제한적 절대적 평등설'로 나누어진다.

(2) 상대적 평등설(배분적 정의): 통설·헌재 판례

아리스토텔레스의 '배분적 정의'를 의미하는 상대적 평등설은 **통설**과 **헌재 판례**의 입장으로서, 헌법재판소는 상대적 평등을 **'같은 것은 같게, 다른 것은 다르게'** 대우하는 것, 즉 '평등한 것은 평등하게, 불평등한 것은 불평등하게' 대우하는 것으로 본다.

독일의 상대적 평등의 이념은 **'자의금지원칙'**으로 발전하였는데, 차별의 기준을 '자의의 금지'로 보고 '자의의 금지'가 '사회정의'를 의미한다고 본다. 미국에서는 상대적 평등의 이념이 '합리성심사'로 발전하였는데, 차별의 기준을 차별에 합리성이 있는지 여부가 된다. 차별의 기준으로서 독일의 '자의의 금지'와 '합리성'은 사실 표현만 달랐지 결과적으로 같은 의미이다. 이때 '자의의 금지'와 '합리성'은 그 자체가 또 다른 가치판단을 필요로 하므로 결국 그 시대의 평균적인 정의감정에 비추어 파악하여야 한다. 따라서 형법 241조의 간통죄 규정에 대해 우리 헌법재판소가 합헌결정을 내리다가 위헌결정을 내린 것과 같이 같은 법률조항에 대해서도 시대와 사회에 따라 '자의의 금지'와 '합리성' 여부에 대한 판단이 달라질 수 있고, 따라서 합헌과 위헌의 결론이 달라질 수도 있는 것이다.

(3) 우리 헌법재판소의 평등심사기준

우리 헌법재판소는 "헌법상 평등원칙은 일반적으로 입법자에게 본질적으로 같은 것을 자의적으로 다르게, 본질적으로 다른 것을 자의적으로 같게 취급하는 것을 금지하고"(헌재 2003. 12. 18. 2002헌마593) 있으므로 자의금지원칙을 원칙적인 심사기준으로 보고 있다. 그러면서 일반적으로 자의금지원칙에 관한 심사요건은 ① 본질적으로 동일한 것을 다르게 취급하고 있는지에 관련된 차별취급의 존재 여부와, ② 이러한 차별취급이 존재한다면 이를 자의적인 것으로 볼 수 있는지 여부라고 본다. 한편, ①의 요건에 관련하여 두 개의 비교집단이 본질적으로 동일한가의 판단은 일반적으로 당해 법규정의 의미와 목적에 달려 있고, ②의 요건에 관련하여 차별취급의 자의성은 합리적인 이유가 결여된 것을 의미하므로, 차별대우를 정당화하는 객관적이고 합리적인 이유가 존재한다면 차별대우는 자의적인 것이 아니게 된다고 본다.

그러나 헌법재판소는 "**헌법이 스스로 차별의 근거로 삼아서는 안 되는 기준을 제시**하거나 **차별을 특히 금지하고 있는 영역을 제시**하고 있는 경우나, 둘째, 차별적 취급으로 인하여 **관련 기본권에 대한 중대한 제한을 초래**하게 되는 경우에는 입법형성권이 축소되어 보다 엄격한 심사척도가 적용되는"(헌재 1999. 12. 23. 98헌마363) ‘엄격심사’가 행해지며, 엄격심사란 과잉금지원칙(비례원칙)을 엄격하게 적용하는 것이라고 판시한다. 그러면서 ‘여성 병역의무사건’(헌재 2010. 11. 25. 2006헌마328)에서 “헌법이 스스로 차별의 근거로 삼아서는 안 되는 기준을 제시한 경우”와 관련해 헌법 11조1항이 “예시한 사유가 있는 경우에 절대적으로 차별을 금지하거나 언제나 엄격한 심사를 요구하는 것은 아니다.”라고 판시하였다.

3. 차별금지사유: 누구든지 “성별·종교 또는 사회적 신분에 의하여”

헌법이 차별금지사유를 성별, 종교, 사회적 신분의 세 가지로 제한적으로 열거해 놓았다는 ‘열거설’도 있지만 소수설이고 통설과 헌재 판례는 ‘예시설’(例示說)을 취한다. 세 가지 차별금지사유는 예로 든 것에 불과하며 이외에도 학력, 건강, 정치성향, 연령, 출신지역, 인종(특히 미국에서 특히 문제됨), 언어 등에 의한 차별도 금지된다는 것이다.

헌법재판소의 소수의견은 성별, 종교 또는 사회적 신분의 사유로 인한 차별은 통상 허용할 수 없는 것으로 인정되어 합리적인 근거가 없는 차별로 추정되기 때문에 합헌이라고 주장하는 측(보통 법을 만든 국가)이 합리적 차별 취급임을 입증해야 하고, 그 밖의 사유에 의한 차별 취급은 위헌이라고 주장하는 청구인이 위헌임을 입증해야 한다는 의견을 개진하였다.

(1) 성별

성별에 따른 차별이 평등권을 침해한다고 본 예로는 첫째, 7급과 9급 공무원 채용시험에서 제대군인에게 각 과목별 만점의 5% 범위 안에서 대통령령이 정하는 바에 따라 가산점을 부여한 제대군인 가산점제도에 대한 위헌결정(헌재 1999. 12. 23. 98헌마363), 둘째, 출생에 의한 국적취득에 있어 모계출생자의 국적취득을 인정하는 경과규정인 국적법 부칙조항에서 법 시행 “10년”동안의 출생자로 이를 한정하고 있는 데 대한 헌법불합치결정(헌재 2000, 8. 31. 97헌가12), 셋째, 동성동본인 혈족의 구분을 남계만을 기준으로 한 민법상의 동성동본금혼규정에 대한 헌법불합치결정(헌재 1997. 7. 16. 95헌가6내지13), 넷째, 남녀동권에 위배되는 민법상의 호주제 관련 규정들에 대한 헌법불합치결정(헌재 2005. 2. 3. 2001헌가9 등), 다섯째, 구 민법 781조1항 본문 중 “자(子)는 부(父)의 성(姓)과 본(本)을 따르고”의 부성(父姓)주의 부분에 대한 헌법불합치결정(헌재 2005. 12. 22. 2003헌가5 등), 여섯째, 회사가 정리해고대상자를 선정하면서 사내부부 중 여직원만을 의원면직한 구조조정이 부당해고로서 당연무효라고 판결한 대법원판결(대판 2002. 7. 26. 2002다19292) 등을 들 수 있다.

그러나 남녀 간의 사실적(생리적) 차이에 의거한 차별이나 합리적 이유가 있는 차별은 허용된다. 예를 들어 대한민국 국민 중 남자에 한하여 병역의무를 부과하는 병역법 조항에 대해 헌법재판소는 합헌결정(헌재 2010. 11. 25. 2006헌마328)을 내렸다.

(2) 종교

사기업에서의 근무관계나 추첨제로 입학하는 사립 중·고등학교의 입학관계 등에서 종교에 의한 차별이 문제될 수 있다. 헌법재판소는 우리 사회에서 일요일은 특정 종교의 종교의식일이 아니라 일반적인 공휴일을 의미하므로 사법시험 제1차 시험의 시행일을 일요일로 정한 것은 합리성 있는 차별이라고 보았다(헌재 2001. 9. 27. 1000헌마 159).

(3) 사회적 신분

"사회적 신분"의 의미에 관하여는, 소수설로 출생에 의해 고정되는 사회적 지위, 즉 선천적 신분만을 사회적 신분으로 보는 '선천적 신분설'이 있다. 귀족, 존·비속의 지위(존속살인을 일반 살인죄에 비해 법정형을 가중하고 있는 우리 형법 250조2항에 대해 헌법재판소는 합헌결정을 내렸으나, 일본 최고재판소는 같은 내용의 일본 형법조항에 대해 위헌결정을 내림), 전과자의 자손 등 선천적 신분만 "사회적 신분"이라고 본다.

그러나 통설·헌재 판례의 입장인 **'후천적 신분설'**은 선천적 신분은 물론 후천적으로 사회에서 장기간 점하고 있는 지위인 후천적 신분도 사회적 신분에 포함된다고 본다. 후천적 신분의 예로는 공무원, 부자, 학생, 농민, 전과자 등을 들 수 있다. 헌법재판소는 사회적 신분이란 사회에서 장기간 점하는 지위로서 일정한 사회적 평가를 수반한다 할 것이므로 전과자도 사회적 신분에 해당된다고 판시하면서, 전과자, 즉 누범에 대한 가중처벌은 합리적 근거있는 차별이어서 평등권을 침해하지 않는다고 판시하였다(헌재 1995. 2. 23. 93헌마43). 이 후천적 신분설에 따를 경우 사회적 신분의 범위가 너무 넓어져서 사회적 신분이 아닌 것이 거의 없게 된다는 비판이 있지만 후천적 신분설은 평등권의 적용을 확대시킬 수 있어 바람직하다.

4. 차별금지영역

(1) 정치적 생활영역

정치적 생활영역에서의 평등권은 국민이 선거에 참여하며 공직선거에 입후보하거나 정당활동을 하는 것과 같은 정치참여활동과 정치적 표현활동을 함에 있어서의 불합리한 차별을 받지 않을 권리를 말한다.

1) 선거구 인구의 불균형

선거의 기본원칙의 하나인 평등선거의 원칙은 1인1표제(1人1票制, 투표의 수적 평등)와 함께 1표1가제(1票1價제, 투표의 결과가치의 평등)를 내용으로 하는데 선거구 인구의 불균형은 1표1가제를 침해한다. 선거구 인구의 불균형 문제는 미국 연방대법원의 Baker v. Carr 판결(369 U.S. 186, 1962)에서 세계 최초로 사법적 심사의 대상이 되었다.

우리 헌법재판소는 첫째, 1995년에는 전체 인구수를 선거구수로 나누었을 때 나오는 평균인구수를 기준으로 선거구 인구수의 상하 편차가 60%(상한 인구수와 하한 인구수의 비율로는 4:1) 이상이면 1표1가제에 반하여 위헌이라고 판시하였다. 그 이유로는 외국은 양원제(상원을 지역대표성을 가진 의원으로 구성)이지만 우리나라는 단원제(국회의원이 법리상 국민전체의 대표이기는 하나 현실적으로 지역대표성도 겸함)이기 때문에 국회의원의 인구대표성과 함께 지역대표성도 살피면서 선거구 인구수의 상하 편차를 넓게 인정할 필요가 있다는 점, 단순히 인구비례만 고려하여 선거구를 획정하는 경우 각 분야에 있어서의 도·농 간의 격차가 더 심화될 우려가 있고 국회의원의 도시 편중현상이 발생할 수 있다는 점을 들어 선거구 간 인구비례의 원칙을 완화해야 할 정책적 필요가 있다고 보았다(헌재 1995. 12. 17. 95헌마224).

둘째, 2001년에는 판례를 변경하여 선거구 인구수의 상하 편차 50%(상한 인구수와 하한 인구수의 비율은 3:1) 이상이면 1표1가제에 반하여 위헌이라고 판시하였다(헌재 2001. 10. 25. 2000헌마92등).

셋째, 끝으로 2014년에는 다시 판례를 변경하여 선거구 인구수의 상하 편차 33⅓%(상한 인구수와 하한 인구수의 비율은 2:1) 이상이면 1표1가제에 반하여 위헌이라고 판시하여 현재까지 이 기준이 적용되고 있다(헌재 2014. 10. 30. 2012헌마190등).

2) 정당에 대한 우대

헌법 8조에서 정당에 대한 적극적 보호조항을 두고 있으므로, 정치자금 모금이나 후원회를 통한 우대(헌재 1997. 5. 29. 96헌마85), 정당공천후보와 무소속후보 사이의 선거운동에 있어서의 차별(헌재 1992. 3. 13. 92헌마37) 등 정당에 대한 우대가 합헌이라는 헌법재판소 판례가 있다. 그러나 국회의원 선거에서 정당공천후보자와 무소속후보자의 기탁금의 차이는 위헌이라고 판시하여 국회의원입후보자의 기탁금은 천만원으로 통일되었다가 공직선거및선거부정방지법의 개정에 의해 현재는 지역구국회의원은 1천 500만 원, 비례대표국회의원은 500만 원으로 개정되었다.

(2) 경제적 생활영역

경제적 생활영역에서의 평등권은 고용(동일자격의 동일취업), 임금(동일노동의 동일임금), 담세율(동일소득의 동일납세) 등에서 불합리한 차별을 받지 않을 권리를 말한다.

예를 들어 헌법재판소는 국가에 대한 가집행금지 사건(헌재 1989. 1. 25. 88헌가7)에서 "재산권의 청구에 관한 판결은 상당한 이유가 없는 한 당사자의 신청유무를 불문하고 가집행할 수 있음을 선고하여야 한다. 다만 국가를 상대로 하는 재산권의 청구에 관하여는 가집행의 선고를 할 수 없다."고 규정한 '소송촉진 등에 관한 특례법' 6조 중 단서에 대해 위헌결정을 내렸다. 이유는 국가가 국민과 대등한 사경제적 주체로서 활동하는 경우에까지 국가를 우대하는 것으로서 이를 정당화할 합리적 사유가 존재하지 않으므로 평등권을 침해했다는 것이다.

또한 헌법재판소는 잡종재산의 시효취득 사건(헌재 1991. 5. 13. 89헌가97)에서 "국유재산은 민법 제245조의 규정에 불구하고 시효취득의 대상이 되지 아니한다." 고 규정한 국유재산법 5조2항에 대해 잡종재산에 대해 적용하는 것은 헌법에 위배된다며 위헌결정을 내렸다. 헌법재판소는 국유재산 중 '행정재산'은 국가가 직접 사무용·업무용 또는 공무원 주거용으로 사용하거나 하기 위한 공용재산·공공용재산 또는 정부기업이 직접 사무용·업무용 또는 공무원 주거용으로 사용하거나 하기 위한 기업용 재산이고 '보존재산'은 공적 목적을 위하여 물건 그 자체의 보존에 중점을 둔 재산으로서 법령의 규정에 의하거나 기타 필요에 의하여 국가가 보존하는 재산이며, '잡종재산'은 이외의 모든 국가재산으로서 그 경제적 가치에 따라 매매하거나 임대하는 재산으로 구분하였다. 그러면서 국유재산 중 잡종재산처럼 사권을 규율하는 법률관계에 있어서는 그가 누구냐에 따라 차별대우가 있어서는 아니되며 비록 국가라 할지라도 국고작용으로 인한 민사관계에 있어서는 사경제적 주체로서 사인과 대등하게 다루어져야 하므로 평등권을 침해해 위헌이라고 판시하였다.

(3) 사회적 생활영역

사회적 생활영역에서의 평등권은 주거, 여행, 공공시설의 이용에 있어서나, 적자·서자간, 혼인·가족생활에서 남녀간 불합리한 차별을 받지 않을 권리를 말한다.

예를 들어 헌법재판소는 변호사 개업지 제한 사건(헌재 1989. 11. 20. 89헌가102)에서 "판사, 검사, 군법무관 또는 변호사의 자격이 있는 경찰공무원으로서 판사, 검사, 군법무관 또는 경찰공무원의 재직기간이 통산하여 15년에 달하지 아니하는 자나 변호사의 개업신고 전 2년 이내의 근무지가 속하는 지방법원의 관할구역안에서는 퇴직한 날로부터 3년간 개업할 수 없다. 다만 정년으로 퇴직하거나 대법원장 또는 대법관이 퇴직하는 경우에는 그러하지 아니하다."고 규정한 변호사법 10조2항에 대해 평등권 침해를 이유로 위헌결정을 내렸다. 왜냐하면 개업지 제한의 입법목적이 정실개입방지에 있다면 재직기간이 길수록 정실개입의 소지가 줄어든다는 사정이 있을 때에만 합리적인데 그렇게 볼 합리적 근거가 없다고 봤기 때문이다.

(4) 문화적 생활영역

문화적 생활영역에서의 평등권은 교육의 기회균등, 문화적 자료 이용, 정보에의 접근 등에 있어 불합리한 차별을 받지 않을 권리를 말한다.

예를 들어 헌법재판소는 국공립사범대학출신자 우선 임용 사건(헌재 1990. 10.

8. 89헌마89)에서 "교사의 신규채용에 있어서는 국립 또는 공립의 교육대학, 사범대학 기타 교원양성기관의 졸업자 또는 수료자를 우선하여 채용하여야 한다."고 규정한 교육공무원법 11조1항에 대해 위헌결정을 내렸다. 그 이유로 국·공립 사범대학을 졸업한 교사자격자와 사립 사범대학을 졸업한 교사자격자 사이에는 개인차를 제외하고는 교원자격의 본질적 요소에 아무런 차이가 없다는 점, 1953년 이후 위 법 시행 초기에는 국공립대학 졸업자만으로는 중등교원의 수요를 충족시키지 못하는 실정이었으므로 위 제도가 우수교사 확보라는 입법목적에 긍정적으로 기능했지만 1980년대 들어 사범대학 출신자들이 과잉 공급되면서 국·공립과 사립 사이의 단순한 차별이 아니라 사립 사범대학 출신자를 교육공무원으로의 신규채용에서 사실상 배제하는 결과를 초래했다는 점을 들어 이것은 합리적 기준 없는 차별이면서, 사립사범대 졸업자를 교육공무원 채용에서 원천 배제한 것은 수단으로서 심히 균형을 잃고 있어 비례의 원칙에 어긋난다고 판시하였다.

또한 헌법재판소는 서울대학교 입시요강 사건(헌재 1992. 10. 1. 92헌마68·76)에서 서울대학교가 1992년 4월 2일에 2년간의 준비기간을 두고 1994년도 대학입학고사 주요요강을 발표하면서 제2외국어로 한문, 프랑스어, 독일어, 중국어, 에스파냐어만 선택과목으로 하고 일본어를 제외시킨 것에 대해 교육의 기회균등(헌법 31조1항), 즉 교육상의 평등권을 침해하지 않는다며 기각결정을 내렸다. 일본어를 선택과목에서 뺀 대신 고등학교 교육과정의 필수과목으로서 모든 고등학교에서 가르치고 있는 한문을 다른 외국어와 함께 선택과목으로 채택했고, 2년간의 준비기간을 두고 발표했다는 점을 차별의 합리적 근거로 들었다.

V. 현행헌법과 평등권의 구현

1. 사회적 특수계급제도의 부인(헌법 11조2항)

헌법 11조2항은 "사회적 특수계급의 제도는 인정되지 아니하며, 어떠한 형태로도 이를 창설할 수 없다"고 규정하고 있다. 여기서 "사회적 특수계급의 제도"란 귀족제도, 노예제도, 양반제도 등 봉건적 계급제도를 말한다.

2. 영전일대(榮典一代)의 원칙(11조3항)

헌법 11조3항은 "훈장 등의 영전은 이를 받은 자에게만 효력이 있고, 어떠한 특권도 이에 따르지 아니한다"고 규정하고 있다. 영전의 효력의 세습을 막아 특권 계층의 발생을 예방하려는 취지의 헌법조항이다. 그러나 영전일대의 원칙으로 훈장에 수반되는 연금이나 유족에 대한 보훈까지 금지되는 것은 아니다.

3. 개별적 평등조항

현행헌법에는 포괄적 평등조항인 헌법 11조와 함께, 영역별로 개별적 평등조항이 존재한다. 우선 **교육영역**에는 교육의 기회균등을 규정한 **헌법 31조1항**, **노동영역**에는 노사관계에 있어 여성노동자의 차별대우 금지를 규정한 **32조4항**, **혼인 및 가족생활의 영역에**는 혼인과 가족생활에서의 양성의 평등을 규정한 **36조1항**, **선거영역**에는 평등선거의 원칙을 규정한 **41조1항**과 **67조1항**, **지역경제 영역**에는 경제질서에 있어서 균형성을 규정한 **123조2항**이 있다.

VI. 평등권의 제한

1. 헌법상 제한

헌법 자체에서 평등권을 제한하는 조항들을 두고 있다. 이 때 이러한 평등권 제한조항들은 평등권을 규정한 헌법 11조에 위배되는 것이 아니라 헌법 11조와 충돌한다.

(1) 정당의 특권

정당은 목적이나 활동이 민주적 기본질서에 위배되어 헌법재판소 결정에 의해 해산되는 경우를 제외하고는 해산당하지 않으며(8조4항), 정당 운영에 필요한 자금을 국고로부터 보조받는다(8조3항). 이렇듯 정당과 일반결사를 차별하는 합리적 이유는 '정당의 공적 기능 보장'이다.

(2) 군인·군무원 등에 대한 군사재판

군인·군무원 등에 대해서는 일반법원의 재판이 아니라 군사재판을 받는다(27조2항, 110조4항). 이렇듯 군인·군무원을 차별하는 합리적 이유는 '효율적인 국방

목적'이다.

(3) 대통령과 국회의원의 특권과 의무

대통령은 겸직금지의무를 부담하지만(83조), 재직 중 형사상 불소추특권을 누리며(84조), 퇴직 후에도 법률이 정하는 바에 따라 신분보장과 예우를 받는다(85조). 국회의원은 겸직금지의무(43조), 청렴의무·국가이익우선의무·이권불개입의무(46조)를 부담하지만, 불체포특권(44조), 면책특권(45조)을 누린다. 이렇듯 대통령·국회의원과 일반국민을 차별하는 합리적 이유는 '대통령과 국회의원의 원활한 직무수행'이다.

(4) 공무원과 방위산업체근로자의 노동삼권 제한

공무원은 "법률이 정하는 자에 한하여"(33조2항) 단결권·단체교섭권·단체행동권을 인정한다. 공무원과 일반 노동자를 차별하는 합리적 이유는 헌법 7조1항의 "국민전체에 대한 봉사자"라는 '공무원의 특수한 지위'이다. 주요방위산업체에 종사하는 노동자는 법률이 정하는 바에 의하여 노동삼권 중 단체행동권을 제한받을 수 있다(33조3항). 주요방위산업체에 종사하는 노동자와 일반노동자를 차별하는 합리적인 이유는 '국방상의 이유'이다.

(5) 현역군인의 문관임용 제한

현역군인은 국무총리(86조3항)나 국무위원(87조4항)에 임용될 수 없다. 현역군인과 민간인을 차별하는 합리적 이유는 '군의 정치적 중립성(5조2항) 보장과 문민정치의 확립'이다.

(6) 국가유공자의 취업우선기회의 보장

국가유공자·상이군경·전몰군경의 유가족은 법률이 정하는 바에 의해 우선적 근로기회를 부여받는다. 국가유공자·상이군경·전몰군경의 유가족과 일반국민을 차별하는 합리적 이유는 '애국애족의 정신 함양'이다.

(7) 군·경 등의 국가배상청구권의 제한

군인·군무원·경찰공무원 기타 법률로 정한 자가 전투·훈련 등 직무집행과 관련하여 입은 손해에 대하여는 법률이 정한 보장 외에 국가 또는 공공단체에 공무원의 직무상 불법행위로 인한 배상은 청구할 수 없다(29조2항). 군인·군무원·경찰공무원 등과 일반국민을 차별한 합리적 이유가 불분명하다. 그러나 모든 헌법규정들은 각 개별규정 사이에 효력상의 차이를 인정할 수 없으므로(헌재 1996. 6. 13. 94헌바20) 위헌무효는 아니며, **헌법 29조2항과 11조가 충돌**을 일으키고 있다는 정도로 표현할 수 있다.

2. 법률상 제한

평등권에 대한 법률상 제한의 예는 무수히 많다. 예를 들어, 행형법은 미결수에 대한 교도소장의 서신검열을 인정하고 있어 미결수의 평등권을 제한하고 있지만, 이것은 미결수와 일반국민을 서신검열에서 차별하는 합리적 이유는 서신 왕래를 통한 '탈옥이나 재판 중인 사건의 증거 인멸 방지'이다.

VII. 평등권의 효력

평등권은 행정·사법뿐만 아니라 입법 등 모든 국가권력을 직접 구속하는 대(對)국가적 효력을 가진다. 또한 평등권은 사법상의 일반조항을 통해 사인간에도 적용되는 대사인적 효력을 가지는 기본권이다. 따라서 평등권은 국가기관뿐만 아니라 불합리한 차별을 가하는 사기업에 대해서도 주장될 수 있다.

제2장 자유권

제1절 ▌자유권 총론

I. 의의와 연혁

자유권은 인간으로부터 태어날 때부터 개인이 누리게 되는 개인의 자유로운 영역에 국가나 사적 집단이 간섭해 들어올 때 이러한 간섭의 배제를 요구할 수 있는 소극적·방어적 공권을 말한다.

자유권은 영국의 마그나카르타나 권리청원 등에서부터 나타나는 기본권으로서, 참정권, 청구권, 사회권 등 다른 기본권들과 비교했을 때 가장 역사가 오래된 기본권이다. 특히 근대 시민혁명 이후에 강조되었으며, 20세기 전체주의(나치즘, 파시즘, 공산주의 등)가 대두하며 전면적으로 유린되었고, 2차 세계대전 이후 개인주의와 자연권사상의 부활로 다시 강조되었다.

II. 법적 성격

자유권은 초국가적 자연권이므로 '국가 안에서의 자유'(Freiheit im Staat)가 아니라 '국가로부터의 자유'(Freiheit vom Staat)이다.

1. 천부적·초국가적 권리

자유권은 인간으로 태어나면서부터 당연히 누리게 되는 '천부적 권리'이며 인간으로 태어난 이상 내외국인 구분없이 누리는 국경을 초월한 초(超)국가적 권리이다. 헌법은 이러한 자유권을 헌법에 규정함으로써 단지 이를 권리로서 재확인한 것일 뿐이다.

2. 포괄적 권리

헌법 37조1항은 "국민의 자유와 권리는 헌법에 열거되지 아니한 이유로 경시되지 아니한다"고 규정하고 있다. 이 37조1항으로부터 명문규정을 통해 규정되지 않은 새로운 자유권들이 도출되므로 헌법 37조1항은 창설적 규정이며, 이 때 명문의 자유권조항들은 예시적인 규정들이 된다.

3. 소극적·방어적 권리

자유권은 국가나 사인이 개인의 자유영역에 간섭해 들어올 때 비로소 주장될 수 있는 권리이므로 '소극적 권리'이며 간섭을 막기 위한 '방어적 권리'이다.

4. 법률유보는 권리제한적 법률유보

자유권에 대한 법률유보(법률에 의한 제한)는 자유권의 내용을 제한해가는(깎아가는) 법률유보이므로 권리제한적 법률유보이다. 이에 비해 사회권에 대한 법률유보는 사회권의 내용을 법률이 형성해가는 '권리형성적 법률유보'이다.

III. 종류

자유권은 인간의 신체에 관한 '인신의 자유권', 인간의 내심작용에 관한 '정신적 자유권', 인간의 사생활 영역에 관한 '사생활 자유권', 경제활동과 관련된 재산권, 직업선택의 자유와 같은 '경제적 자유권'으로 나누어진다.

제2절 ▌인신의 안전과 자유

제1항 | 생명권

I. 의의

생명권이란 살아있을 권리 즉 '생명에의 권리'를 말한다. 이 때 '생명'이란 '죽음에 대칭되는 개념으로서의 생존'을 의미하는데, 통설은 생명권의 '생명'을 자연현상으로서의 생명을 바탕으로 하여 법적 관점에서 그 내용이 정해지는 법적 개념(예를 들어, 생명의 시기(始期)와 종기(終期)를 정함)으로 이해한다. 원칙적으로 모든 생명은 등가적(等價的)이나 예외적으로 사회적·법적 평가가 허용될 수 있다. 예를 들어, 타인의 생명을 부정하는 경우, 둘 이상의 생명이 양립할 수 없는 경우, 한 생명에 못지않은 중대한 공공의 이익을 보호하기 위해 불가피한 경우에는 예외적으로 한 생명에 대한 사회적·법적 평가가 허용될 수 있는 것이다.

대법원은 "한 사람의 생명은 전 지구보다 무겁고 귀중하고 엄숙한 것이며 존엄한 인간 존재의 근원"이라고 판시한 바 있다(大判 1967. 9. 19. 67도988).

II. 헌법적 근거, 법적 성격과 내용

1. 헌법적 근거

독일헌법 2조2항은 "누구든지 생명과 신체를 훼손당하지 않을 권리를 가진다."고 규정하여 생명권에 관한 명문규정이 있지만, 이러한 독일헌법과는 달리 우리 헌법에는 생명권에 관한 명문규정이 없다. 따라서 국내에서는 학설의 대립이 있다. 생명은 신체에 깃드는 것이므로 생명권은 신체의 자유를 당연한 전제로 한다는 점에서 12조1항 신체의 자유조항을 헌법적 근거로 보는 설, '인간존엄성'을 가치적인 핵으로 하는 우리나라 기본권질서의 논리적 기초라는 점에서 헌법 10조의 인간의 존엄과 가치 및 행복추구권조항을 헌법적 근거로 보는 설, 생명권을 헌법에 열거되지 않은 기본권으로 보아 헌법 37조1항을 헌법적 근거로 보는 설 등이 있으나, 인간의 존엄성 존중을 규정한 헌법 10조와 신체의 자유를 규정한 헌법 12조1항 모두를 헌법적 근거로 한다고 보아야 할 것이다.

헌법재판소는 생명권이 비록 헌법에 명문의 규정이 없다고 하더라도 '선험적이고 자연법적인 권리'라고 판시하였다(헌재 1996 .11. 28. 95헌바1).

2. 법적 성격과 내용

생명권은 소극적 생명권과 적극적 생명권의 양 측면을 가진다. 우선 생명권은 개인의 생명에 대한 국가적 침해로부터는 대(對)국가적 방어권으로서의 성격을 가진다. 독일 히틀러 정부에 의한 유대인 학살 시의 유태인의 생명권이 한 예가 될 수 있다. **'소극적 생명권'**의 측면이다. 아울러 생명권은 사인인 제3자의 생명권 침해로부터 국가의 보호를 요구할 수 있는 보호청구권의 성격도 가진다. 태아의 생명을 낙태를 통한 제3자의 침해로부터 보호하는 생명권이 그 예가 될 수 있다. **'적극적 생명권'**의 측면이다.

III. 주체

생명권은 자연권의 하나로서 '인간의 권리'로서의 성격을 가지므로 외국인도 주체가 될 수 있다. 헌법학에서는 인간의 시기(始期)를 **수태(受胎) 시**, 즉 '정자와 난자가 만난 수정란이 자궁벽에 착상한 시점'으로 보기 때문에 태아도 생명권의 주체가 될 수 있다. 태아의 생명까지도 보호하려는 것이 세계 각국의 일반적 경향이기도 하다.

반면에 생명권은 자연인의 권리이므로 법인은 주체가 될 수 없다.

Ⅳ. 효력

생명권은 기본권으로서 대국가적 효력을 가지며, 국가는 인간의 생명을 최대한으로 보장할 의무를 지므로 사인 사이에도 사법상의 일반조항을 통해 대사인적 효력을 미친다.

Ⅴ. 제한과 한계

자유나 재산 보호를 위해 생명권을 제한할 수는 없다. 그러나 타인의 생명을 부정하는 경우, 둘 이상의 생명이 양립할 수 없는 경우, 한 생명에 못지않은 중대한 공공의 이익을 보호하기 위해 불가피한 경우에는 예외적으로 한 생명에 대한 사회적·법적 평가가 허용될 수 있고 생명권에 대한 제한이 가능하다.

1. 사형제도(생명권의 제한 문제로서의)

독일헌법 102조는 "사형은 폐지한다"고 규정하고 있다. 그러나 사형제를 인정하는지 폐지하는지에 관한 직접적인 헌법상 근거규정이 없는 우리나라에서는 사형제에 대해 위헌 여부에 대한 학설의 대립이 있다.

(1) 학설 대립

1) 위헌설(소수설)

소수설인 위헌설은 생명권이 헌법 37조2항에 따라 법률에 의해서도 제한할 수 없는 절대적 기본권이므로 제한이 불가능하기 때문에, 사형제를 규정하고 있는 형법 및 행형법 등의 조항들은 생명권의 본질적 내용을 침해하는 것으로서 위헌이라고 주장한다. 또한 사형제는 사형당하는 사형수의 생명권뿐만 아니라, 사형집행인(검사 등), 사형선고인(판사), 사형집행확인인 등의 인간의 존엄성도 침해하기 때문에 위헌이라고 주장한다.

2) 합헌설(다수설, 헌법재판소, 대법원)

학설의 다수설이자 헌법재판소와 대법원의 입장인 합헌설은 생명권을 헌법 37조 2항에 따라 법률로써 제한할 수 있는 상대적 기본권으로 보기 때문에 형법 및 행형법 등의 법률로써 사형제를 규정한 것은 합헌이라고 주장한다. 다만, 사형은 비례의 원칙에 따라 최소한 동등한 가치가 있는 다른 생명 또는 그에 못지 않은 공공의 이익을 보호하기 위해 불가피성이 충족되는 예외적인 경우에만 적용되어야 한다고 그 범위를 제한한다(헌재 1996. 11. 28. 95헌바1). 또한 사형제가 현행헌법에 이를 인정하는 직접적인 명문규정은 없지만 간접적인 명문규정으로서 헌법 110조4항(비상계엄하의 군사재판의 단심제의 예외)이 있다는 점도 합헌설의 근거로 주장한다.

2. 낙태(태아의 생명권과)

낙태는 태아의 생명권(태아도 생명권의 주체, 왜냐하면 생명은 受胎로써 시작되는 것)과 임산부의 출산 여부에 대한 자기결정권(미국 privacy권, 한국 자기결정권)의 기본권충돌의 문제이다. 그 국가의 종교적 전통이나 사회·문화적 환경에 따라 낙태의 허용 여부와 허용의 정도에 대해 국가별로 다양한 입장이 존재한다.

미국 연방대법원은 1973년 Roe v. Wade(410 U.S. 113) 판결에서[27] 삼분기설을 제시하였다. 즉 임신 후 초기 3개월은 임산부의 privacy권을 우선하여 자유롭게 낙태할 수 있으며, 4~6개월은 각 주의 주의회가 자율적으로 주법으로 정할 수 있고, 마지막 3개월은 태아의 생명권을 우선시켜 임산부의 생명과 건강을 위해 필요한

27 이 사건의 사실관계는 다음과 같다. 1969년 Texas주 순회서커스단의 매표원인 21세의 미혼녀가 3명의 치한에게 윤간을 당하고 임신하였다. 그녀는 윤리적·경제적 이유로 낙태를 원했으나, 당시 Texas주 주(州)법은 산모의 생명이 위태로운 경우를 제외하고는 낙태를 금지하고 있었다. 따라서 의사는 낙태수술 거부하고 그 임산부를 2명의 여성변호사에게 소개시켜 주었고, 익명성을 보장하기 위해 Jane Roe(여성의 가명. 남성은 'Doe')라는 이름으로 Texas주 Dallas의 연방지방검사 H. Wade를 상대로 하는 연방집단소송(federal class action)을 제기하였다. 연방대법원에 계류되기 전에 그녀는 여자 아이를 분만하였으나 장래의 심사기준을 확립하기 위해 연방대법원은 이 사건의 심리를 허가하여 사건이송명령장(writ of certiorari)을 발부하고 이 사건을 본격적으로 심리하였다.

경우 이외에는 낙태를 전반적으로 금지할 수 있다고 판시하였다. 그러면서 임신기간에 상관없이 임산부의 생명이 위태로운 경우에만 낙태를 허용하는 Texas주법은 임산부의 privacy권을 침해해 위헌이라고 판시하였다.

독일에서는 낙태죄와 관련해 두 개의 중요한 연방헌법재판소 결정이 있었다. 1975년의 낙태죄결정1(39 BVerfGE1)에서는 임신 후 12주 내의 낙태를 허용하는 형법조항에 대해 독일 연방헌법재판소는 임신 기간에 따라 낙태를 허용할 수 있게 하는 것이 태아의 생명권을 침해한다고 보아 위헌결정을 내렸다. 그후 1990년에 동·서독 간의 통일이 있었고 통일 이후인 1993년에 독일 연방헌법재판소는 낙태죄결정2(88 BVerfGE 203)에서 임신 후 3개월 이내의 의사에 의한 동의 낙태를 처벌할 수 없도록 규정한 통일 독일의 형법조항에 대해서도 위헌결정을 내리는 보수적인 입장을 견지하였다.

우리나라에서는 형법 269조와[28] 270조를[29] 통해 낙태를 범죄로 처벌하면서도 모자보건법 14조1항에서[30] 낙태를 허용하는 5가지 정당화사유를 규정하여 낙태죄의 범위를 좁히고 있었다.

---

28 형법 269조는 "낙태"라는 제하에 "①부녀가 약물 기타 방법으로 낙태한 때에는 1년 이하의 징역 또는 200만원 이하의 벌금에 처한다. ②부녀의 촉탁 또는 승낙을 받어 낙태하게 한 자도 제1항의 형과 같다. ③제2항의 죄를 범하여 부녀를 상해에 이르게 한 때에는 3년 이하의 징역에 처한다. 사망에 이르게 한때에는 7년 이하의 징역에 처한다."고 규정하였다.

29 형법 270조는 "의사 등의 낙태, 부동의낙태"라는 제하에 "①의사, 한의사, 조산사, 약제사 또는 약종상이 부녀의 촉탁 또는 승낙을 받어 낙태하게 한 때에는 2년 이하의 징역에 처한다. ②부녀의 촉탁 또는 승낙없이 낙태하게 한 자는 3년 이하의 징역에 처한다. ③제1항 또는 제2항의 죄를 범하여 부녀를 상해에 이르게 한때에는 5년 이하의 징역에 처한다. 사망에 이르게 한때에는 10년 이하의 징역에 처한다. ④전 3항의 경우에는 7년 이하의 자격정지를 병과한다."고 규정하였다.

30 모자보건법 14조(인공임신중절수술의 허용한계) ①의사는 다음 각 호의 어느 하나에 해당되는 경우에만 본인과 배우자(사실상의 혼인관계에 있는 사람을 포함한다. 이하 같다)의 동의를 받아 인공임신중절수술을 할 수 있다.

1. 본인이나 배우자가 대통령령으로 정하는 우생학적(優生學的) 또는 유전학적 정신장애나 신체질환이 있는 경우
2. 본인이나 배우자가 대통령령으로 정하는 전염성 질환이 있는 경우
3. 강간 또는 준강간(準强姦)에 의하여 임신된 경우
4. 법률상 혼인할 수 없는 혈족 또는 인척 간에 임신된 경우
5. 임신의 지속이 보건의학적 이유로 모체의 건강을 심각하게 해치고 있거나 해칠 우려가 있는 경우

3. 안락사와 생명권

안락사도 불치의 환자의 생명권 혹은 생명에 대한 자기결정권이 문제되는 사안이다. 안락사에는 첫째, 회생가능성이 없는 환자의 생명을 의료인이 고통이 없는 방법으로 단절하는 '협의의 안락사'가 있는데 이것은 환자의 생명권을 침해하는 것으로 위헌이라는 위헌설이 다수설이고, 환자를 위한 조치이므로 합헌이라는 합헌설이 있으나 소수설이다. 둘째, 사회적으로 생존할 가치가 없다고 인정되는 자에 대한 인위적인 생명단절행위인 도태적 안락사는 사실상 살인행위이므로 인정될 수 없다. 셋째, 회생의 가망이 없는 불치의 질병으로 빈사상태에 빠진 환자에 대하여 그 뜻에 따르거나 의식이 없는 경우에는 보호자의 뜻에 따라 인간다운 죽음을 맞이할 수 있도록 인위적으로 생명을 단축시키는 행위인 '존엄사'가 있다. 존엄사에 대해 자살방조(형법 252조[31]2항)를 처벌하는 법이론에서 볼 때 허용되지 않는다고 보는 위헌설이 소수설이고, 인간은 존엄성을 가지며 죽음에 임해서도 존엄성을 유지할 수 있어야 하므로(인격권) 존엄사는 환자의 생명에 대한 자기결정권의 행사이므로 합헌이라는 합헌설이 통설이고 헌법재판소와 대법원의 입장이다.

네덜란드가 2000년 11월 28일에 안락사(존엄사)를 허용하는 법안을 통과시켰고 2001년부터 발효되었다. 우리나라는 안락사를 인정하지 않고 의사를 살인죄로 처벌하다가 2009년 5월 21일에 대법원이 안락사(존엄사)를 인정하였다(선고2009다17417, 전합). 또한 국회는 2016년 1월에 '호스피스·완화의료 및 임종과정에 있는 환자의 연명의료결정에 관한 법률'을 제정하여 안락사(존엄사)를 합법화하였다.

4. 생명권 제한의 한계

죄 없는 생명을 구하기 위해 죄 있는 생명을 무시할 수는 있으나 다른 방법이 있는 경우에는 중죄인이라도 함부로 살해할 수 없다.

---

31 第252조(촉탁, 승낙에 의한 살인 등) ①사람의 촉탁이나 승낙을 받아 그를 살해한 자는 1년 이상 10년 이하의 징역에 처한다.
②사람을 교사하거나 방조하여 자살하게 한 자도 제1항의 형에 처한다.

제2항 | 신체의 자유

I. 의의와 연혁

1. 의의

헌법재판소는 신체의 자유를 '신체의 안전성이 외부로부터의 물리적인 힘이나 정신적인 위협으로부터 침해당하지 아니할 자유(신체의 완전성)와 신체활동을 임의적이고 자율적으로 할 수 있는 자유(신체활동의 임의성)'를 의미한다고 정의내렸다.

2. 연혁

신체의 자유는 역사가 오래된 기본권이다. 영국의 마그나카르타(Magna Carta), 인신보호율(Habeas Corpus Act)을 거쳐 미국의 버지니아 권리장전, 프랑스 인권선언 이후 세계 거의 모든 국가의 헌법에 규정되었다.

II. 헌법적 근거와 법적 성격

1. 헌법적 근거

신체의 자유의 헌법적 근거는 헌법 12조와[32] 13조1항 및 3항이다.[33]

---

32 헌법 제12조 ①모든 국민은 신체의 자유를 가진다. 누구든지 법률에 의하지 아니하고는 체포·구속·압수·수색 또는 심문을 받지 아니하며, 법률과 적법한 절차에 의하지 아니하고는 처벌·보안처분 또는 강제노역을 받지 아니한다.
②모든 국민은 고문을 받지 아니하며, 형사상 자기에게 불리한 진술을 강요당하지 아니한다.
③체포·구속·압수 또는 수색을 할 때에는 적법한 절차에 따라 검사의 신청에 의하여 법관이 발부한 영장을 제시하여야 한다. 다만, 현행범인인 경우와 장기 3년 이상의 형에 해당하는 죄를 범하고 도피 또는 증거인멸의 염려가 있을 때에는 사후에 영장을 청구할 수 있다.
④누구든지 체포 또는 구속을 당한 때에는 즉시 변호인의 조력을 받을 권리를 가진다. 다만, 형사피고인이 스스로 변호인을 구할 수 없을 때에는 법률이 정하는 바에 의하여 국가가 변호인을 붙인다.
⑤누구든지 체포 또는 구속의 이유와 변호인의 조력을 받을 권리가 있음을 고지받지 아니하고는 체포 또는 구속을 당하지 아니한다. 체포 또는 구속을 당한 자의 가족등 법률이 정하는 자에게는 그 이유와 일시·장소가 지체없이 통지되어야 한다.
⑥누구든지 체포 또는 구속을 당한 때에는 적부의 심사를 법원에 청구할 권리를 가진다.
⑦피고인의 자백이 고문·폭행·협박·구속의 부당한 장기화 또는 기망 기타의 방법에 의하여 자의로 진술된 것이 아니라고 인정될 때 또는 정식재판에 있어서 피고인의 자백이 그에게 불리한 유일

2. 법적 성격

신체의 자유는 자유권 중의 하나이다.

III. 주체

신체의 자유는 신체를 가진 인간의 권리로서의 성격을 가지므로 외국인도 그 주체가 될 수 있고, 법인은 그 주체가 될 수 없다.

IV. 내용

1. 신체의 자유의 실체적 보장

(1) 죄형법정주의

1) 의의

"법률 없으면 범죄 없고 형벌 없다."(nullum crimen, nulla poena sine lege)로 표현되는 죄형법정주의란 '법률에 범죄가 되는 행위를 미리 규정해 두고 그 행위에 대한 형벌도 미리 규정해두어야만 처벌할 수 있다는 원칙'을 말한다. 헌법재판소는 죄형법정주의를 무엇이 처벌될 행위인가를 국민이 **예측가능**한 형식으로 미리 법에 정하도록 하여 개인생활의 **법적 안전성**을 보호하고 **국가형벌권의 자의적 행사**로부터 **개인의 자유와 권리**를 보장하려는 근대형법의 기본원리라고 보았다.

2) 파생원칙들

a. 관습형법금지의 원칙

성문법률에 의해 범죄구성요건과 처벌을 규정해야 한다는 원칙이 '관습형법금지의 원칙'이다. '형벌법규 법률주의원칙'이라고도 부른다. "누구든지 **법률에 의하지** 아니하고는 체포·구속·압수·수색을 받지 아니하며, **법률**과 적법한 절차에 의하지 아니하고는 처벌·보안처분 또는 강제노역을 받지 아니한다."고 규정한 헌법 12

한 증거일 때에는 이를 유죄의 증거로 삼거나 이를 이유로 처벌할 수 없다.

33 제13조 ①모든 국민은 행위시의 법률에 의하여 범죄를 구성하지 아니하는 행위로 소추되지 아니하며, 동일한 범죄에 대하여 거듭 처벌받지 아니한다.
③모든 국민은 자기의 행위가 아닌 친족의 행위로 인하여 불이익한 처우를 받지 아니한다.

조1항2문이 그 헌법적 근거이다.

b. 형벌불소급원칙

형벌불소급원칙이란 '행위시에 법률에서 범죄행위로 규정되지 않은 행위에 대해 사후입법으로 처벌할 수 없다는 원칙'을 말한다. "모든 국민은 행위시의 법률에 의하여 범죄를 구성하지 아니하는 행위로 소추되지 아니하며"라고 규정한 헌법 13조1항 전단이 헌법적 근거이며, 형법 1조1항에도[34] '행위시법주의'로 표현되어 있다. 그러나 형법 1조2항에[35] 규정된 대로 형벌불소급원칙의 예외로서 형이 구법보다 가벼워진 신법의 소급적용은 허용된다.

c. 절대적 부정기형의 금지

'절대적 부정기형'이란 '자유형 선고형의 기간을 판결선고 시에 확정하지 않고 행형의 경과에 따라 사후에 결정하게 하는 형벌제도'를 말한다. 예를 들어 형법 250조1항이 살인죄의 법정형으로 "무기 또는 5년 이상의 징역에 처한다"고 규정하고 있는데, 행형의 경과를 보아가며 사후에 무기 또는 5년 이상의 징역의 범위 내에서 행형을 종료한다고 하는 식이 '절대적 부정기형'의 선고이다. 우리나라에서 성인범죄는 부정기형이 안 되고 정기형만 가능하며, 소년범에 대해서는 구 소년법 54조에서 보는 바와 같이 형의 상한이나 하한 중 어느 한 쪽이 열려있는 '상대적 부정기형'의 선고가 가능하다.

d. 명확성원칙

명확성원칙이란 '범죄와 형벌을 가능한 한 법률에서 명확하게 규정함으로써 수범자로 하여금 어떠한 행위가 금지되고, 그 행위에 대하여 어떠한 형벌이 부과되는지 예측할 수 있게 하여, 법관의 자의적인 법적용을 배제하기 위한 원칙'이다. 법치국가원리의 한 표현인 명확성원칙은 모든 기본권 제한법률에 대해 요구되지만 죄형법정주의의 적용영역에서는 그 요청이 강화된다. 죄형법정주의에서는 치벌법규의 구성요건과 형벌이 보다 더 명확해야 하는 것이다.

---

34 형법 제1조(범죄의 성립과 처벌) ①범죄의 성립과 처벌은 행위 시의 법률에 의한다.

35 형법 제1조(범죄의 성립과 처벌) ②범죄 후 법률의 변경에 의하여 그 행위가 범죄를 구성하지 아니하거나 형이 구법보다 가벼워진 경우에는 신법에 따른다.

처벌법규의 구성요건이 다소 불명확하고 광범위하더라도 법관의 통상적인 해석방법을 통해 그 규범의 의미·내용이 보충될 수 있다면 죄형법정주의의 명확성원칙에 위배되지 않는다. 헌법재판소는 불량만화사건(헌재 2002. 2. 28. 99헌가8)에서 "죄형법정주의는 범죄와 형벌이 법률로 정해져야 함을 의미하는 것이고, 이러한 죄형법정주의에서 파생되는 명확성의 원칙은 누구나 법률이 처벌하고자 하는 행위가 무엇이며 그에 대한 형벌이 어떠한 것인지를 예견할 수 있고 그에 따라 자신의 행위를 결정할 수 있도록 구성요건이 명확할 것을 의미하는 것으로서, 처벌법규의 구성요건의 내용이 모호하거나 추상적이어서 불명확하면 무엇이 금지된 행위인지를 국민이 알 수 없고 범죄의 성립 여부가 법관의 자의적인 해석에 맡겨져 죄형법정주의에 의하여 국민의 자유와 권리를 보장하려는 법치주의의 이념은 실현될 수 없게 된다."고 하면서도 "미성년자에게 음란성 또는 잔인성을 조장할 우려가 있거나 기타 미성년자로 하여금 범죄의 충동을 일으킬 수 있게 하는 만화의 반포 등 행위를 금지하고 이를 위반하는 자를 처벌하는 이 사건 미성년자보호법 조항은 법관의 보충적인 해석을 통하여도 그 규범내용이 확정될 수 없는 모호하고 막연한 개념을 사용함으로써 그 적용범위를 법집행기관의 자의적인 판단에 맡기고 있으므로, 죄형법정주의에서 파생된 명확성의 원칙에 위배된다."고 판시하였다.

e. 유추해석금지원칙

'유추해석'이란 '규정이 없는 사항에 대해 그것과 유사한 성질을 가지는 사항에 관한 법률조항을 적용하는 것'을 말한다. 유추해석은 앞의 '명확성의 원칙'을 무의미하게 만드는 것이므로 유추해석금지원칙은 명확성원칙에서 요구되는 것이다.

f. 책임과 형벌 사이의 비례원칙

'책임과 형벌 사이의 비례원칙'이란 '죄질, 즉 범죄행위의 경중에 상응하는 적절한 형벌이 주어져야 한다는 원칙'을 말한다. '책임 없는 자에게 형벌을 부과할 수 없다'는 책임주의는 형사법의 기본원리로서 헌법상 법치국가원리로부터 도출되는 원리이다.

헌법재판소는 '군형법상의 상관살해죄 사건'(헌재 2007. 11. 29. 2006헌가13)에서 상관을 살해한 경우 사형만을 유일한 법정형으로 규정하고 있던 군형법 53조1

항에 대해 "법정형의 종류와 범위를 정하는 것이 기본적으로 입법자의 권한에 속하는 것이라고 하더라도, 형벌은 **죄질과 책임에 상응하도록 적절한 비례성**이 지켜져야 하는바, 군대 내 명령체계유지 및 국가방위라는 이유만으로 가해자와 상관 사이에 명령복종관계가 있는지 여부를 불문하고 전시와 평시를 구분하지 아니한 채 다양한 동기와 행위태양의 범죄를 동일하게 평가하여 사형만을 유일한 법정형으로 규정하고 있는 이 사건 법률조항은, 범죄의 중대성 정도에 비하여 심각하게 불균형적인 과중한 형벌을 규정함으로써 죄질과 그에 따른 행위자의 책임 사이에 비례관계가 준수되지 않아 인간의 존엄과 가치를 존중하고 보호하려는 실질적 법치국가의 이념에 어긋나고, 형벌체계상 정당성을 상실한 것"이라며 위헌결정을 내렸다.

그러나 형법 129조1항의 수뢰죄를 범한 사람에게 수뢰액의 2배 이상 5배 이하의 벌금을 병과하도록 규정한 '특정범죄 가중처벌 등에 관한 법률' 2조2항 중 '형법 129조1항'에 관한 부분에 대해 이러한 벌금형의 필요적 병과가 "수뢰액의 다과를 불문하고 수뢰행위의 반사회성, 반윤리성에 터잡아 수뢰범에 대하여 경제적인 불이익을 가함으로써 공무원 등의 청렴성, 공직 등의 불가매수성 및 순수성을 확보하고, 이에 대한 사회적 신뢰를 회복하기 위한 입법목적에서 비롯되었으므로 심판대상조항이 특가법 적용을 받는 수뢰죄뿐 아니라 형법 적용을 받는 수뢰죄에도 벌금형을 필요적으로 병과하도록 하였다 하더라도 형벌과 책임 사이의 비례관계를 벗어난 것이라고 할 수 없다."고 판시하였다.

(2) 이중처벌금지원칙

이중처벌금지원칙이란 "동일한 범죄에 대하여 거듭 처벌받지 아니한다"고 규정한 헌법 13조1항 후단을 헌법적 근거로 하는 원칙으로서, '하나의 범죄행위에 대해 처벌이 있었으면 그 행위에 대해 다시 처벌할 수 없다는 원칙'을 말한다. '거듭처벌금지원칙' 혹은 '일사부재리의 원칙'으로도[36][37] 불린다.

36 '일사부재**리**(一事不再理)의 원칙'이란 '실체판결이 확정되어 판결의 실체적 확정력인 기판력(旣判力)이 발생하면 동일한 사건을 거듭 **심리**할 수 없다는 원칙'을 말하는데, 이에 비해 '일사부재**의**(一事不再議)의 원칙'이란 국회 운영상의 원칙으로서 '본회의에서 부결된 의안은 동일 회기 중에 다시 발의하거나 **심의**하지 못한다는 원칙'을 말한다.

37 '일사부재리의 원칙'은 실체판결의 실체적 확정력, 즉 기판력의 문제이지만 영미법상의 '이중위험

이 때 이중금지의 대상이 되는 것은 '처벌'이며, 이 처벌은 형사처벌, 즉 형벌을 뜻한다. 따라서 국가가 행하는 일체의 제재나 불이익처분을 모두 '처벌'에 포함시킬 수는 없기 때문에 형벌과 형벌이 아닌 과징금의 병과, 형벌과 보안처분의 병과는 '이중처벌'이 아니다. 예를 들어 헌법재판소는 '구 건축법 제56조의2 제1항 사건'에서 무허가건축행위로 구 건축법 54조1항에 의하여 형벌을 받은 자가 그 위법건축물에 대한 시정명령을 위반한 경우 그에 대하여 과태료를 부과할 수 있도록 한 동법 56조의2 1항의 규정은 이중처벌금지원칙에 위배되지 않는다고 판시하였다. 왜냐하면 앞의 형벌은 무허가 건축행위를 한 건축주의 행위 자체를 처벌하려는 것이고 뒤의 과태료 부과처분은 위법건축물을 막고 행정명령(시정조치)의 실효성을 확보하기 위해 제재를 가하는 것이기 때문이다.

(3) 연좌제 금지

1980년의 제8차 개정헌법에서 "모든 국민은 자기의 행위가 아닌 친족의 행위로 인하여 불이익한 처우를 받지 아니한다."는 현행헌법 13조3항이 신설되었다. '연좌제 금지'는 이 헌법조항을 근거로 하며, 자신이 아닌 타인의 범죄행위로 인한 형사책임을 자신이지지 않는다는 근대형법의 '자기책임의 원칙'의 헌법적 표현이다. 그러므로 친족행위가 본인과의 관련성이 있다면 자기책임이 되므로 처벌되지만, 본인과의 관련성이 없을 때에는 이 원칙이 적용되어 처벌되지 않는다. 헌법재판소는 '공직선거및선거부정방지법 제265조 사건'에서 배우자의 중대 선거범죄(매수 및 이해유도죄, 기부행위 금지 위반죄)로 300만 원 이상의 벌금형을 선고받은 것을 이유로 후보자의 당선을 무효로 하는 선거법 규정에 대해, 배우자와 후보자는 선거에 임하여 분리하기 어려운 운명공동체라고 보아 배우자의 행위를 곧 후보자의 행위로 의제할 수 있다는 이유로 '연좌제 금지' 위반이 아니라고 보아 기각결정(합헌결정)을 내렸다.

금지원칙'(Double Jeopardy)은 절차가 일정단계에 이르면 동일절차를 반복할 수 없다는 순전한 절차법상의 원칙(예를 들어 일정단계에 이르면 검사의 상소도 이중위험이 됨)이다.

2. 신체의 자유의 절차적 보장

(1) 적법절차의 원칙

1) 의의와 헌법적 근거

헌법 12조1항2문, 12조3항을 헌법적 근거로 하는 적법절차원칙은 헌법재판소에 의하면 "모든 공권력의 행사는 **절차상의 적법성**을 갖추어야 할 뿐 아니라 그 공권력 행사의 근거가 되는 **법률의 실체적 내용**도 **합리성**과 **정당성**을 갖추어야 한다는 법리"로 정의된다.[38] 헌법재판소는 적법절차원칙을 헌법의 기본원리로 명시하고 있고, 적용대상이 **형사소송절차, 사법절차**에 국한되지 않고 **행정절차, 입법절차**까지도 포함하는 모든 국가작용 전반을 적용대상으로 한다고 본다.

헌법재판소는 '무죄판결 등으로 인한 구속영장 실효사건'(헌재 1992. 12. 24. 92헌가8)에서 "무죄, 면소, 형의 면제, 형의 선고유예, 형의 집행유예, 공소기각 또는 벌금이나 과료를 과하는 판결이 선고된 때에는 구속영장은 효력을 잃는다. 단, 검사로부터 사형, 무기 또는 10년 이상의 징역이나 금고의 형에 해당한다는 취지의 의견진술이 있는 사건에 대하여는 예외로 한다."고 규정하고 있던 구 형사소송법 331조 중 그 단서(목적: 하급심의 오판 가능성 방지)에 대해 적법절차원칙의 한 내용으로서 "헌법 제12조 제3항에 규정된 영장주의는 구속의 개시시점에 한하지 않고 구속영장의 효력을 계속 유지할 것인지 아니면 실효시킬 것인지의 여부도 사법권 독립의 원칙에 의하여 신분이 보장되고 있는 법관의 판단에 의하여 결정되어야 한다는 것을 의미하고, 따라서 형사소송법 제331조 단서 규정과 같이 구속영장의 실효 여부를 검사의 의견에 좌우되도록 하는 것은 헌법상의 적법절차원칙에 위배된다"고 판시하였다.

2) 연혁

적법절차원칙은 영국의 Magna Carta(1215년)에서 기원하였고, 영국의 권리청

38 이러한 헌법재판소의 적법절차원리에 대한 정의는 '실질적 법치국가원리'의 정의와 비슷하다.

원(1628년)을 거쳐 [미국 수정헌법 5조(1791년)와[39] 14조에[40] 규정되었다.] 그리고 일본헌법(1946년) 31조를[41] 거쳐 우리나라 헌법에는 현행헌법(1987년)부터 신체의 자유에 관한 12조1항과 12조3항에 규정되었다.

우리나라 헌법에 적법절차조항이 처음 들어온 1987년 직후에는 적법절차원칙이 신체의 자유에 관한 12조에 규정되어 있다는 이유로 학계에서 잠시 형사절차상의 적정만을 의미하는 것으로 이해 되었으나, 그 후 헌법재판소에 의해 국민의 자유와 권리에 관련된 모든 공권력 행사, 즉 **입법, 사법, 행정 등 절차 일반의 적정**을 의미하는 개념으로 확대되었고, 다시 모든 공권력 행사의 근거가 되는 **실체법의 적정**까지 의미하는 우리 헌법의 기본원리로 격상되었다.

3) 적법절차조항의 내용

첫째, 적법절차조항의 '적'(due)은 적정한(정당한)이라는 의미이다. 이 때의 적법한 절차는 절차의 적법(適法)성만을 의미하는 것이 아니라 절차의 적정(適正)성 내지 정당성까지 요구하는 것이다. 우리 헌법재판소도 "적법절차를 절차의 적법성뿐만 아니라 절차의 적정성까지 보장하는 것"(헌재 1993. 7. 29. 90헌바35)으로 풀이하고 있다.

둘째, 적법절차에 있어 '법'(law)은 형식적 의미의 법률뿐만 아니라 명령, 조례, 규칙 등 다른 규범들도 포함하며 정의 등 법의 이념까지 포함하는 넓은 개념이다.

셋째, 적법절차에서 '절차'(process)란 실질적 권리의 실현 방법을 말하며, 특히 집행절차에서 고지(告知)·청문(聽聞)·변명(辨明) 등 방어기회의 제공절차를 뜻한다.

39 미국 수정헌법 5조는 "…어떤 사람도 적법절차에 의하지 않고는 생명, 자유, 재산을 박탈당하지 않고…(No person…nor be deprived of life, liberty or property without due process of law)"라고 규정하고 있다.

40 미국 수정헌법 14조는 "어떤 주도 적법절차에 의하지 않고는 주민의 생명, 자유, 재산을 박탈할 수 없고…(nor shall any state deprived of any person of life, liberty or property without due process of law)"라고 규정하고 있다.

41 일본헌법 제31조는 적법절차와 관련하여 "누구든지 법률이 정하는 절차에 의하지 아니하고는 그 생명 혹은 자유를 빼앗기거나 그 외 형벌을 받지 아니한다."고 규정하고 있다.

4) 적용대상

헌법 12조1항2문은 적법절차원칙의 적용대상으로 "처벌·보안처분 또는 강제노역"을 규정하고 있는데, 이에 대해서는 적법절차원칙이 이 세 가지 경우에만 적용된다고 보는 열거설도 있으나 소수설이고, 적법절차원칙이 그 외에도 다른 모든 불리한 국가의 조치에 적용된다는 예시설이 통설과 헌법재판소 판례의 입장이다. 즉 적법절차원칙은 그것이 기본권 제한과 관련되건 관련되지 않건 간에 개인에게 불이익이 되는 일체의 제재(예를 들어 질서벌, 징계벌도 포함)에 적용된다.

5) 적용범위

a. 형사절차

헌법 12조1항2문 후단은 "법률과 적법한 절차에 의하지 아니하고는……처벌·보안처분 또는 강제노역을 받지 아니한다."고 규정하여 형사절차상의 적정을 보장하기 위한 일반적·총칙적 규정을 두고 있다. 헌법 12조2항 이하에서는 형사절차의 내용적 적정을 요구하는 개별적 적법절차조항들까지 규정하고 있다.

b. 행정절차

적법절차원리가 형사절차 이외에 행정절차에도 적용되는가에 대해서는 적용설과 부적용설(不適用說)이 갈리고 있다. 생각건대 첫째, 헌법 12조1항2문의 '처벌'이란 형사처벌뿐만 아니라 불이익이 되는 일체의 제재를 의미하고, 둘째, 오늘날의 행정국가화 경향으로 인해 행정권이 국민의 자유와 권리를 침해할 위험성이 높아지고 있는 현실을 감안할 때, 적법절차원칙은 국민의 자유와 권리를 절차상 보장함이 목적이므로 행정처분 등 행정절차에서 국민의 자유와 권리가 제한되는 경우에도 적법절차원칙은 적용되어야 할 것이다. 예를 들어 전염병예방법상의 강제수용과 같은 행정절차에도 적법절차원칙은 적용되어야 하는 것이다.

헌법재판소도 행정절차와 관련된 법무부장관의 변호사업무정지명령제도 사건(헌재 1990. 11. 19. 90헌가48)에서 "법무부장관은 형사사건으로 공소가 제기된 변호사에 대하여 그 판결이 확정될 때까지 업무정지를 명할 수 있다..."고 규정하고 있던 변호사법 15조에 대해 "변호사 자신에게 변명의 기회를 주지 않은 채 법무부장관의 일방적 명령에 의해 변호사업무를 정지시키는 것은 청문의 기회가 보장되지 않아 적법절차원칙에 위반"된다면서 위헌결정을 내렸다.

c. 입법절차

입법절차에도 적법절차원칙이 적용된다. 국회는 법률제정과정에서 일련의 적법절차(제정과정의 공개, 다수결 원리 등)를 지켜야 한다. 헌법재판소는 '법안 변칙처리사건'(일명 날치기사건)들에서 "법치주의의 원리상 모든 국가기관은 헌법과 법률에 의하여 기속을 받는 것이므로 국회의 자율권도 헌법이나 법률을 위반하지 않는 범위 내에서 허용되어야 하고 따라서 국회의 의사절차나 입법절차에 헌법이나 법률의 규정을 명백히 위반한 흠이 있는 경우에도 국회가 자율권을 가진다고 할 수 없다."(2003. 10. 30. 2002헌라1)라는 판시를 통해 국회의 입법절차에도 적법절차원칙이 적용된다는 것을 간접적으로 밝히고 있다.

6) 구제

적법절차를 위반한 공권력에 대해서는 헌법재판소에 헌법소원을 제기하고, 적법절차를 위반한 법률이 재판의 전제가 되었을 때에는 위헌법률심판을 제기하여 법적 구제를 받을 수 있다.

(2) 영장주의

헌법 12조3항은 "체포·구속·압수 또는 수색을 할 때에는 적법한 절차에 따라 검사의 신청에 의하여 법관이 발부한 영장을 제시하여야 한다. 다만, 현행범인인 경우와 장기 3년 이상의 형에 해당하는 죄를 범하고 도피 또는 증거인멸의 염려가 있을 때에는 사후에 영장을 청구할 수 있다."고 하여 영장주의를 규정하고 있다. 영장주의는 수사과정의 부당한 인권침해를 방지하기 위한 것이다. 여기서 "적법한 절차에 따라"는 개별적 적법절차조항이며, 헌법은 영장의 신청자를 검사에 한정하고 발부 여부를 법관의 권한으로 했으며 영장을 사전에 제시하는 것을 원칙으로 함으로써 인신보호에 만전을 기하고자 하였다.

영장의 종류에는 체포영장, 구속영장, 압수영장, 수색영장이 있다. 체포영장이나 구속영장에서 체포·구속할 대상, 압수영장에서 압수의 목적물, 수색영장에서 수색의 장소 등은 구체적으로 명시되어 있어야 하고 이러한 사항이 명시되지 못한 일반영장은 금지된다.

체포의 경우의 영장주의의 예외(즉 사전영장 없이 체포할 수 있는 경우)로 첫째, 현행범인(준현행범인 포함)일 때이다. 현행범인은 "범죄의 실행 중에 있거나 실행의 직후인 자"(형사소송법 211조1항)를 말하고 준현행범인에 대해서는 형사소송법 211조2항이[42] 규정하고 있다. 현행범이라도 경미한 죄(50만 원 이하의 벌금, 구류, 과료)에 해당하는 경우에는 "주소불명"일 때에만(형소법 214조[43]) 영장없이 체포할 수 있다.

둘째, 긴급체포가 있다. 헌법 12조3항 단서와 형소법 200조의3에[44] 긴급체포에 관한 규정이 있다. 긴급체포·(준)현행범인으로 체포된 경우라고 하더라도 검사는 구속할 필요가 있다고 인정하면 관할지방법원 판사에게 48시간 이내에 구속영장을 청구해야 하고, 검사가 구속영장을 청구하지 않거나 법원의 구속영장을 발부받지 못했을 때에는 피의자를 즉시 석방해야 한다.

셋째, 비상계엄하에서는 영장제도에 대해 특별한 조치를 할 수 있다.(헌법 77조

---

42 제211조(현행범인과 준현행범인)
②다음 각 호의 어느 하나에 해당하는 사람은 현행범인으로 본다.
1. 범인으로 불리며 추적되고 있을 때
2. 장물이나 범죄에 사용되었다고 인정하기에 충분한 흉기나 그 밖의 물건을 소지하고 있을 때
3. 신체나 의복류에 증거가 될 만한 뚜렷한 흔적이 있을 때
4. 누구냐고 묻자 도망하려고 할 때

43 제214조(경미사건과 현행범인의 체포) 다액 50만원이하의 벌금, 구류 또는 과료에 해당하는 죄의 현행범인에 대하여는 범인의 주거가 분명하지 아니한 때에 한하여 제212조 내지 제213조의 규정을 적용한다

44 200조의3(긴급체포) ①검사 또는 사법경찰관은 피의자가 사형·무기 또는 장기 3년이상의 징역이나 금고에 해당하는 죄를 범하였다고 의심할 만한 상당한 이유가 있고, 다음 각 호의 어느 하나에 해당하는 사유가 있는 경우에 긴급을 요하여 지방법원판사의 체포영장을 받을 수 없는 때에는 그 사유를 알리고 영장없이 피의자를 체포할 수 있다. 이 경우 긴급을 요한다 함은 피의자를 우연히 발견한 경우등과 같이 체포영장을 받을 시간적 여유가 없는 때를 말한다.
1. 피의자가 증거를 인멸할 염려가 있는 때
2. 피의자가 도망하거나 도망할 우려가 있는 때
②사법경찰관이 제1항의 규정에 의하여 피의자를 체포한 경우에는 즉시 검사의 승인을 얻어야 한다.
③검사 또는 사법경찰관은 제1항의 규정에 의하여 피의자를 체포한 경우에는 즉시 긴급체포서를 작성하여야 한다.
④제3항의 규정에 의한 긴급체포서에는 범죄사실의 요지, 긴급체포의 사유등을 기재하여야 한다.

3항[45]) 이 경우는 사후영장도 필요없는데 비해 위의 (준)현행범인·긴급체포로 체포된 경우에는 사전영장주의의 예외일 뿐 사후에 반드시 영장을 발부받아야 한다.

1997년 12월 13일 형사소송법 개정으로 형사소송법 201조의2 1, 2, 3, 4항의[46] 영장실질심사제가 도입되었다. 영장실질심사제하에서 체포된 피의자에 대해 구속영장을 청구받은 판사는 구속 전에 피의자 또는 그 변호인, 법정대리인, 배우자, 직계친족, 가족, 고용주 등의 신청이 있을 때 피의자를 심문할 수 있고(이전에는 판사의 판단에 따라), 그 외의 피의자에 대해서는 피의자가 죄를 범하였다고 의심할만한 사유가 있는 경우에 구속의 사유를 판단하기 위해 필요하다고 인정되면 구인장 발부 후 심문한다. 검사와 변호인은 심문기일에 출석하여 의견 진술을 할 수 있다.

'별건체포·구속'이란 '중대한 사건(본건)을 수사하기 위해 이미 증거가 확보된 경미한 사건(별건)으로 체포·구속하여 그 중대한 사건의 조사를 하는 수사방법을 말한다. '별건체포·구속'에 대해서는 위헌설이 다수설이다. 본건에 대한 법관의 사전심사 기회를 회피함으로써 영장주의의 존재의의를 상실하게 했고(헌법 12조3항), 본건에 대한 고지가 없어 구속이유등 고지제도(헌법 12조5항)에 위배되고, '별건체포·구속'도 자백을 얻기 위한 부당한 수단이어서 고문금지조항(헌법 12조2항)에 위배되며, 전체적으로 적법절차원칙(헌법 12조1항2문과 3항)에 위배된다는 점을 근거로 든다.

---

45 헌법 제77조 ③비상계엄이 선포된 때에는 법률이 정하는 바에 의하여 영장제도, 언론·출판·회·결사의 자유, 정부나 법원의 권한에 관하여 특별한 조치를 할 수 있다.

46 제201조의2(구속영장 청구와 피의자 심문) ①제200조의2·제200조의3 또는 제212조에 따라 체포된 피의자에 대하여 구속영장을 청구받은 판사는 지체 없이 피의자를 심문하여야 한다. 이 경우 특별한 사정이 없는 한 구속영장이 청구된 날의 다음날까지 심문하여야 한다.
②제1항 외의 피의자에 대하여 구속영장을 청구받은 판사는 피의자가 죄를 범하였다고 의심할 만한 이유가 있는 경우에 구인을 위한 구속영장을 발부하여 피의자를 구인한 후 심문하여야 한다. 다만, 피의자가 도망하는 등의 사유로 심문할 수 없는 경우에는 그러하지 아니하다.
③판사는 제1항의 경우에는 즉시, 제2항의 경우에는 피의자를 인치한 후 즉시 검사, 피의자 및 변호인에게 심문기일과 장소를 통지하여야 한다. 이 경우 검사는 피의자가 체포되어 있는 때에는 심문기일에 피의자를 출석시켜야 한다.
④검사와 변호인은 제3항에 따른 심문기일에 출석하여 의견을 진술할 수 있다.

(3) 체포·구속적부심사제

1) 의의와 연혁

헌법 12조6항은 “누구든지 체포 또는 구속을 당한 때에는 적부의 심사를 법원에 청구할 권리를 가진다.”고 하여 체포·구속적부심사제를 규정하고 있다. 그 기능은 체포·구속 영장 발부에 대한 재심사 기회를 법원에 줌으로써 인신보호에 만전을 기하려는 것이다. 영국의 인신보호법(Habeas Corpus Act, 1679년)에서 유래하며, 우리 헌법에는 제헌헌법에서부터 규정되었고 유신헌법에서만 삭제되었다.

2) 내용

체포·구속적부심사 청구의 주체는 “체포되거나 구속된 피의자 또는 그 변호인, 법정대리인, 배우자, 직계친족, 형제자매나 가족, 동거인 또는 고용주”[47] 이다. “체포되거나 구속된 피의자”이므로 영장에 의해 체포 또는 구속된 자뿐만 아니라 긴급체포, 현행범으로 체포된 자도 그 적부심사를 법원에 청구할 수 있다. 적부심의 청구 주체를 “피고인”이 아닌 “피의자”로 한정한 규정은 무죄추정원칙에 반하고 체포·구속적부심사의 부당한 제약이어서 위헌의 소지가 있다는 헌법재판소의 결정(헌재 2004. 3. 25. 2002헌바104)에 따라 개정 형사소송법에서는 체포·구속적부심사 청구 후 피의자에 대해 공소제기가 있는 경우에도 법원에 의한 기각 또는 석방결정과 함께 보증금납입조건부 석방결정이[48] 가능하도록 규정한다.

적부심의 심사기관은 법원이며 법원은 청구서가 접수된 때부터 48시간 이내에 체포되거나 구속된 피의자를 심문하고 수사 관계서류와 증거물을 조사하여 결정을

47 형사소송법 제214조의2 제1항은 “체포되거나 구속된 피의자 또는 그 변호인, 법정대리인, 배우자, 직계친족, 형제자매나 가족, 동거인 또는 고용주는 관할법원에 체포 또는 구속의 적부심사를 청구할 수 있다.”고 규정한다.

48 형사소송법 제214조의2 제5항은 “법원은 구속된 피의자(심사청구 후 공소제기된 사람을 포함한다)에 대하여 피의자의 출석을 보증할 만한 보증금의 납입을 조건으로 하여 결정으로 제4항의 석방을 명할 수 있다. 다만, 다음 각 호에 해당하는 경우에는 그러하지 아니하다. 1. 범죄의 증거를 인멸할 염려가 있다고 믿을 만한 충분한 이유가 있는 때 2. 피해자, 당해 사건의 재판에 필요한 사실을 알고 있다고 인정되는 사람 또는 그 친족의 생명·신체나 재산에 해를 가하거나 가할 염려가 있다고 믿을 만한 충분한 이유가 있는 때”라고 규정한다.

내린다. 심사 청구 후 피의자에 대해 공소제기가 있는 경우에도 또한 같다.[49] 이 때 체포·구속영장을 발부했던 그 법관은 원칙적으로 적부심에 관여할 수 없다.[50] 왜냐하면 체포·구속적부심사는 영장발부에 대한 재심절차의 성격을 가지기 때문이다. 단, 판사가 1인 밖에 없는 법원의 경우에는 예외이다.

법원의 체포·구속적부심사의 결정에 대해서는 기각결정이든 인용결정이든 검사, 피의자 모두 **항고할 수 없다.**[51] 다만, 위에서 본 보증금납입 조건부 석방결정에 대해서는 항고가 가능하다.

(4) 체포·구속이유 등을 고지받을 권리

헌법 12조5항은 "누구든지 체포 또는 구속의 이유와 변호인의 조력을 받을 권리가 있음을 고지받지 아니하고는 체포 또는 구속을 당하지 아니한다. 체포 또는 구속을 당한 자의 가족 등 법률이 정하는 자에게는 그 이유와 일시·장소가 지체없이 통지되어야 한다."고 하여 체포·구속이유 등을 고지받을 권리를 신체의 자유의 하나로 규정한다. 체포·구속이유 등을 고지받을 권리는 피의자(피고인)나 그의 가족들에게 **적절한 방어수단을 강구**하게 하는 것이므로 중대한 의미를 가진다. 1966년 미국 연방대법원의 Miranda v. Arizona 386 US 436(1966) 판결에서[52] 나온 미란

---

49 형사소송법 제214조의2 제4항은 "제1항의 청구를 받은 법원은 청구서가 접수된 때부터 48시간 이내에 체포되거나 구속된 피의자를 심문하고 수사 관계 서류와 증거물을 조사하여 그 청구가 이유 없다고 인정한 경우에는 결정으로 기각하고, 이유 있다고 인정한 경우에는 결정으로 체포되거나 구속된 피의자의 석방을 명하여야 한다. 심사 청구 후 피의자에 대하여 공소제기가 있는 경우에도 또한 같다."고 규정한다.

50 형사소송법 제214조의2 제12항은 "체포영장이나 구속영장을 발부한 법관은 제4항부터 제6항까지의 심문·조사·결정에 관여할 수 없다. 다만, 체포영장이나 구속영장을 발부한 법관 외에는 심문·조사·결정을 할 판사가 없는 경우에는 그러하지 아니하다."고 규정한다.

51 형사소송법 제214조의2 제8항은 "제3항과 제4항의 결정에 대해서는 항고할 수 없다."고 규정한다.

52 Miranda v. Arizona 386 US 436 (1966). 애리조나(Arizona)주의 트럭운전사인 미란다(Ernesto Miranda)는 약취강간으로 기소되었다. 그는 집에서 아무런 고지 없이 경찰서로 연행되어 2명의 수사관에게 심문을 당하고 2시간만에 서면으로 범행을 자백하였다. 수사관이 피고를 구금한 후에 자백을 얻기 위하여 심문한 것이었고 체포시에 피고인에게 진술거부권이나 변호인의 도움을 받을 권리를 고지하지 않았다. New York주(1급 강도), California주(강도와 1급 살인), 연방하급법원(은행강도)에서 올라온 동종사건과 병합되어 심리되었다. 워렌(Earl Warren) 대법원장은 위헌판결문을 손수 집필하였고 그 주요내용은 다음과 같다. 미국 수정헌법 제5조에서 규정한 '자기부죄

다원칙 중 넓은 의미의 미란다원칙에 해당하는 내용이다.

고지(告知)의 대상은 체포·구속을 당하는 피의자(피고인)이고, 고지사항은 체포·구속의 이유와 변호인조력청구권이 있다는 사실(진술거부권에 의해 진술거부권이 있다는 사실도)이다. 통지(通知)의 대상은 그의 가족 등 법률이 정한 자(변호인, 형사소송법 30조2항에 따라 법정대리인, 배우자, 직계친족과 형제자매)이며 통지사항은 체포·구속의 이유, 일시, 장소이다.

체포·구속의 이유와 변호인조력청구권이 있다는 사실(진술거부권에 의해 진술거부권이 있다는 사실도)을 고지하지 않고 체포·구속한 경우에는 위법한 행위가 되고, 고지하지 않은 채 수집된 증거는 증거능력을 가지지 못한다. 대법원은 고지를 하지 않는 불법적 체포에 대해 거부하더라도 정당방위로서 공무집행방해죄가 성립되지 않는다고 판시하였다(大判 99도4341, 2006도2732).

3. 형사피의자·형사피고인의 형사절차상의 권리

(1) 무죄추정의 원칙

신체의 자유에 관한 헌법 12조가 아니라 재판청구권에 관한 헌법 27조4항은 "형사피고인은 유죄의 판결이 확정될 때까지는 무죄로 추정된다."고 하여 무죄추정의 원칙을 규정하고 있다. 비록 헌법 27조4항은 "형사피고인"만을 규정하고 있으나, 무죄추정의 원칙은 수사, 공소 및 형사절차에서 준수되어야 할 헌법상의 기본원리로서 형사피고인뿐 아니라 형사피의자에게도 적용된다. 즉 무죄추정의 원칙이란 '피의자나 피고인도 유죄의 판단(실형선고판결은 물론이고 형의 면제·집행유예·선고유예 판결 등)이 확정될 때까지는 원칙적으로 죄가 없는 자에 준하여 대우해

거부의 특권'(privilege against self-incrimination)을 보장하기 위한 절차적인 권리들(procedural safeguards)을 부여하지 않은 상황에서 피고인을 구금한 채 심문하여 얻은 진술은 증거능력이 없다. 피의자를 심문하기 전에 다음과 같은 사실들을 고지하여야 한다. 첫째, 피의자가 진술거부권을 가지고 있다는 사실, 둘째, 피의자의 진술이 그에게 불리한 증거로서 사용될 수 있다는 사실, 셋째, 피의자가 변호인의 도움을 받을 수 있다는 사실이 그것이다. 이러한 권리들을 피의자는 자발적으로 포기할 수 있으나 항상 다시 그 포기를 번복할 수 있다. 이 미란다 판결의 의의는 미국 수정헌법 제5조의 자기부죄거부의 특권을 첫째, 피의자에게 변호인의 도움을 받을 권리를 보장, 둘째, 강요에 의한 자백 금지의 두 가지 면에서 구체화하고 있다는 것이다. 즉 이 판결은 이 양자를 결합시키는 이론구성을 한 것이다.

야 한다는 원칙'을 말한다. 무죄추정의 원칙으로부터 불구속수사의 원칙과 미결구금일수의 본형산입원칙이 나온다. 헌법재판소도 판결선고 전 구금일수의 산입을 규정한 형법 57조1항 중 "또는 일부" 부분에 대해 헌법상 무죄추정의 원칙 및 적법절차의 원칙 등을 위배하여 합리성과 정당성 없이 신체의 자유를 침해한다고 판시하였다(헌재 2009. 6. 25. 2007헌바25).

헌법재판소는 '관세법 위반 범칙물품의 국고귀속사건'(헌재 1997. 5. 29. 96헌가17)에서 관세법상 몰수할 것으로 인정되는 물품을 압수한 경우에 있어서 범인이 당해 관서에 출두하지 아니하거나 또는 범인이 도주하여 그 물품을 압수한 날로부터 4월을 경과한 때에는 당해 물품은 별도의 재판이나 처분 없이 국고에 귀속한다고 규정하고 있는 관세법 조항은 재판이나 청문의 절차도 밟지 아니하고 압수한 물건에 대한 피의자의 재산권을 박탈하여 국고귀속시킴으로써 그 실질은 몰수형을 집행한 것과 같은 효과를 발생하게 하는 것이므로 헌법상의 적법절차의 원칙과 무죄추정의 원칙에 위배된다."고 판시하였다.

(2) 고문을 받지 아니할 권리

'고문'이란 '자백을 강제하기 위하여 가해지는 일체의 폭력'으로 정의된다. 헌법 12조2항 전단은 "모든 국민은 고문을 받지 아니하며"라고 규정하여 '고문을 받지 아니할 권리'를 신체의 자유의 하나로 보장하고 있다.

첫째, 헌법 12조7항에[53] 의해 고문에 의한 자백의 증거능력이 제한되므로, 피고인의 자백이 고문에 의하여 자의로 진술된 것이 아니라고 인정될 때에는 이를 유죄의 증거로 삼거나 이를 이유로 처벌할 수 없다. 이것은 '불법(不法)의 과실(果實)은 불법'이라는 **'독수독과이론'**(毒樹毒果理論, Poisonous Fruit from the Poisonous Tree)에 따른 '위법수집증거배제의 법칙'에 의한 것이다. 위법수집증거배제의 법칙에 의하면, **고문**에 의한 **자백**뿐만 아니라 고문에 의한 **자백으로 수집된 증거**에 대

53 헌법 12조7항은 "피고인의 자백이 고문·폭행·협박·구속의 부당한 장기화 또는 기망 기타의 방법에 의하여 자의로 진술된 것이 아니라고 인정될 때 또는 정식재판에 있어서 피고인의 자백이 그에게 불리한 유일한 증거일 때에는 이를 유죄의 증거로 삼거나 이를 이유로 처벌할 수 없다."고 규정한다.

해서도 증거의 가치가 부정 또는 제한된다.

둘째, 고문행위를 한 공무원은 형법 125조에[54] 따라 폭행·가혹행위로 처벌된다.

셋째, 고문으로 인하여 발생한 손해에 대해, 고문을 당한 사람은 공무원의 직무상 불법행위를 이유로 하는 국가배상책임청구가 가능하다(大判 93다41587).

(3) 자백의 증거능력 및 증명력의 제한

'증거능력'은 '재판에서 유효한 증거가 될 수 있는 자격'을 말하고, '증명력'은 '요증사실(要證事實)을 증명할 수 있는 증거의 실질적 가치'를 말한다. 헌법 12조7항은 자백 강요를 통한 인신침해를 방지하기 위해 "피고인의 자백이 고문·폭행·협박·구속의 부당한 장기화 또는 기망 기타의 방법에 의하여 자의로 진술된 것이 아니라고 인정될 때 또는 정식재판에 있어서 피고인의 자백이 그에게 불리한 유일한 증거일 때에는 이를 유죄의 증거로 삼거나 이를 이유로 처벌할 수 없다."고 규정하여 자백의 증거능력 및 증명력을 제한하고 있다.

1) 자백의 능거능력 제한(자백배제법칙)

형사소송법 309조에 따르면,[55] 자백이 불법(고문, 폭행, 협박, 구속의 부당한 장기화), 부당한 방법(기망)에 의해 '자의로 진술된 것'(자백의 임의성)이 아닌 경우 자백의 증거능력이 제한되어 이를 유죄의 증거도 하지 못한다.

2) 자백의 증명력(법관의 자유심증주의)의 제한(자백보강법칙)

자백의 임의성은 인정되나 다른 보강증거 없이 그것이 유일한 증거일 때, 자백의 증명력을 제한함으로써 법관의 자유심증주의(형사소송법 308조[56])를 제한하게 된

---

54 형법 제125조는 '폭행, 가혹행위'라는 제하에 "재판, 검찰, 경찰 기타 인신구속에 관한 직무를 행하는 자 또는 이를 보조하는 자가 그 직무를 행함에 당하여 형사피의자 또는 기타 사람에 대하여 폭행 또는 가혹한 행위를 가한 때에는 5년 이하의 징역과 10년 이하의 자격정지에 처한다."고 규정한다. 벌금형이 없는 중죄이다.

55 형사소송법 제309조는 '강제등 자백의 증거능력'의 제하에 "피고인의 자백이 고문, 폭행, 협박, 신체구속의 부당한 장기화 또는 기망 기타의 방법으로 임의로 진술한 것이 아니라고 의심할 만한 이유가 있는 때에는 이를 유죄의 증거로 하지 못한다."고 규정한다.

56 형사소송법 제308조는 '자유심증주의'라는 제하에 "증거의 증명력은 법관의 자유판단에 의한다." 고 규정한다.

다. 다만 자백보강법칙은 정식재판에서만 적용되고, 간이공판절차에서는 원칙적으로 적용되지 않는다. 즉 예외적으로 즉결심판과 같은 약식재판에서는 자백만으로도 유죄의 선고를 할 수 있다.

(4) 진술거부권(묵비권)

1) 의의, 연혁과 헌법적 근거

헌법 12조2항 후단은 "모든 국민은……**형사상** 자기에게 불리한 진술을 강요당하지 아니한다."고 하여 진술거부권을 규정하고 있다. 이처럼 진술거부권이란 "형사상 자신에게 불리한 진술이나 증언을 거부할 수 있는 권리"로 정의된다. 미국 수정헌법 5조의[57] 자기부죄금지(自己負罪禁止)의 특권에서 유래되었다. '실체적 진실발견'이라는 국가이익보다 인권을 우선시(인권 〉 실체적 진실발견이라는 국가이익)하는 기본권이다.

2) 내용

진술거부권은 형사피의자나 형사피고인에게 인정되며, 수사기관인 검사 또는 사법경찰관이 피의자로부터 진술을 듣는 경우에는 미리 형사피의자나 형사피고인에게 진술거부권이 있음을 진술전에 **사전고지**(事前告知)해야 한다. 만약 사전고지하지 않으면 그 진술은 위헌무효(違憲無效)이어서 유죄의 증거로 삼을 수 없다.

진술거부권은 형사절차(형사피의자나 형사피고인 이외에 證人이나 鑑定人도)뿐만 아니라 행정절차나 국회에서의 조사절차 등에서도 보장된다. 그러나 **'형사상'** 자기에게 불이익이 될 수 있는 경우에만 진술거부권이 적용되므로 민사·행정상(ex. 행정상 처분을 받을 우려가 있는 세무관리의 질문) 불이익이 되는 경우는 제외된다.

헌법재판소는 음주측정거부사건(헌재 1997. 3. 27. 96헌가11)에서 음주측정거부를 처벌하는 도로교통법 조항들에 대해 합헌결정을 내리면서, 호흡측정기에 의한 측정에 응하는 것이 '형사상 불리한 것'이 되는 것은 의문의 여지가 없지만, "진술거부권에서 **'진술'**이라 함은 언어적 표출, 즉 **생각이나 지식, 경험사실을 정신작용**

57 미국 수정헌법 제5조는 "…nor shall be compelled in any criminal case to be a witness against himself(누구라도…어떠한 형사사건에 있어서도 자기에게 불리한 증언을 강요당하지 아니하며)"라고 규정한다.

의 일환인 언어를 통해 표출하는 것인데 반해 '호흡측정'은 진술서와 같은 진술의 등가물로도 평가될 수 없는 것이고 신체의 상태를 객관적으로 밝히는데 초점이 있을 뿐 신체의 상태에 관한 당사자의 의식, 사고, 지식 등과는 아무런 관련이 없는 것이므로 진술거부권을 침해하지 않는다."고 판시하였다.

(5) 변호인조력(도움)권

1) 의의, 취지와 헌법적 근거

헌법 12조4항은 "누구든지 체포 또는 구속을 당한 때에는 즉시 변호인의 조력을 받을 권리를 가진다. 다만, 형사피고인이 스스로 변호인을 구할 수 없을 때에는 법률이 정하는 바에 의하여 국가가 변호인을 붙인다."고 하여 변호인조력권을 규정하고 있다. **무기대등원칙(武器對等原則)**을 형사절차에서도 실현시킴으로써 **인신보호에 만전**을 기하고자 하는 것이 그 취지이다.

2) 종류

변호인조력권은 다시 변호인접견교통권, 국선변호인조력권, 형사기록의 열람·복사청구권으로 나누어진다.

a. 변호인접견교통권(辯護人接見交通權)

변호인접견교통권은 신체의 구속을 당한 피의자나 피고인의 인권보장과 방어준비를 위해 필요불가결한 권리이다. 따라서 변호인조력권 중 가장 중요한 내용이며, 헌법재판소는 변호인접견교통권에 대해 국가안전보장·질서유지 또는 공공복리 등 어떠한 명분으로도 제한될 수 있는 성질의 것이 아니라고 판시(헌재 1992. 1. 28. 91헌마111)하다가, 그 후 판례 입장을 변경하여 구속된 자와 변호인 간의 접견이 실제로 이루어지는 경우에 있어서의 '자유로운 접견', 즉 '대화내용에 대하여 비밀이 완전히 보장되고 어떠한 제한, 영향, 압력 또는 부당한 간섭 없이 자유롭게 대화할 수 있는 접견'을 제한할 수 없다는 것이지, 변호인과의 접견 자체에 대해 아무런 제한도 가할 수 없다는 것을 의미하는 것은 아니고(헌재 2011. 5. 26. 2009헌마341 참조), 따라서 변호인의 조력을 받을 권리 역시 다른 모든 헌법상 기본권과 마찬가지로 국가안전보장·질서유지 또는 공공복리를 위하여 필요한 경우에는 법률로써 제한할 수 있는 것이며, 변호인의 조력을 받을 권리의 내용 중 하나인 변호인과의 접견교통권 역시 국가안전보장·질서유지 또는 공공복리를 위해 필요한 경우에는 법률로써 제한될 수 있다고 판시하였다.

헌법재판소는 '미결수용자의 변호인조력권 범위 사건'(헌재 1992. 1. 28. 91헌마111)에서 국가보안법 등을 위반한 피의자가 국가안전기획부 면회실에서 심문을 받으면서 국가안전기획부 수사관들이 대화내용을 듣고 기록하고 사진촬영까지 하면서 "무슨 말이든지 마음놓고 하라"고 한 것과 관련해 위헌결정을 내리면서 **변호인 접견**시에 변호인과의 대담은 **법집행공무원의 가시거리(可視距離)** 내에서 행해질 수는 있으나, **가청거리(可聽距離)** 내에서 행해져서는 안 된다고 판시하여 변호인조력권의 보호범위를 제시하였다. 또한 미결수용자 서신검열 사건(헌재 1995. 7. 21. 92헌마144)에서 미결수용자와 변호인과의 사이에 오고가는 서신을 교도소장이 검열하는 것은 위헌이며, 다만 변호인 이외의 다른 사람과 미결수용자 사이에 오고가는 서신의 검열은 증거의 인멸이나 도망을 예방하고 교도소 내의 질서를 유지하기 위해 인정된다고 판시하였다.

b. 국선변호인(國選辯護人)조력권

'국선변호인'이란 '피고인·피의자의 이익을 위하여 법원이 직권으로 선정하는 변호인'으로 정의된다. 헌법 12조4항 단서는 "다만, 형사피고인이 스스로 변호인을 구할 수 없을 때에는 법률이 정하는 바에 의하여 국가가 변호인을 붙인다"고 규정하여 국선변호인조력권을 규정하고 있다. 이를 구체화하여 형사소송법은 33조에서[58] 법원이 직권으로 반드시 국선변호인을 선정하여야 할 필요적 국선변호인제도를 규정하고 있다.

헌법은 문언상 국선변호인조력권을 '피고인'에게만 인정하고 있다. 그러나 '피

58 형사소송법 33조는 '국선변호인'이라는 제하에 "①다음 각 호의 어느 하나에 해당하는 경우에 변호인이 없는 때에는 법원은 직권으로 변호인을 선정하여야 한다. 1. 피고인이 구속된 때 2. 피고인이 미성년자인 때 3. 피고인이 70세 이상인 때 4. 피고인이 듣거나 말하는 데 모두 장애가 있는 사람인 때 5. 피고인이 심신장애가 있는 것으로 의심되는 때 6. 피고인이 사형, 무기 또는 단기 3년 이상의 징역이나 금고에 해당하는 사건으로 기소된 때 ②법원은 피고인이 빈곤이나 그 밖의 사유로 변호인을 선임할 수 없는 경우에 피고인이 청구하면 변호인을 선정하여야 한다. ③법원은 피고인의 나이·지능 및 교육 정도 등을 참작하여 권리보호를 위하여 필요하다고 인정하면 피고인의 명시적 의사에 반하지 아니하는 범위에서 변호인을 선정하여야 한다."고 규정한다.

의자'의 경우에도 형사소송법 201조의2 8항(구속영장 발부에 관한 피의자 심문시)과[59] 214조의2 10항(체포·구속 적부심사시)[60] 등에 해당할 때에는 법원은 피의자에게도 국선변호인을 선정해야 한다고 규정하고 있다.

c. 형사기록의 열람·등사청구권

형사 피고인이나 피의자가 변호인의 충분한 조력을 받기 위해서는 변호인을 통해 수사기록을 포함한 소송관계서류를 열람·등사하고 이에 대한 검토 결과를 토대로 공격과 방어의 준비를 할 수 있는 권리인 '형사기록의 열람·등사청구권'도 변호인조력권이라는 헌법상 기본권의 중요한 내용이자 구성요소이며 이를 실현하는 구체적인 수단이 된다. 이것은 형사피의자나 피고인의 알권리의 한 형태이기도 하다.

이에 따라 형사소송법 266조의3은[61] 공소제기 후 검사가 보관하고 있는 서류

---

59 형사소송법 201조의2는 '구속영장 청구와 피의자 심문'이라는 제하에 제8항에서 "심문할 피의자에게 변호인이 없는 때에는 지방법원판사는 직권으로 변호인을 선정하여야 한다. 이 경우 변호인의 선정은 피의자에 대한 구속영장 청구가 기각되어 효력이 소멸한 경우를 제외하고는 제1심까지 효력이 있다."고 규정한다.

60 제214조의2는 '체포와 구속의 적부심사'라는 제하에 제10항에서 "체포 또는 구속된 피의자에게 변호인이 없는 때에는 제33조의 규정을 준용한다."고 규정한다.

61 형사소송법 제266조의3은 '공소제기 후 검사가 보관하고 있는 서류 등의 열람·등사'라는 제하에 "①피고인 또는 변호인은 검사에게 공소제기된 사건에 관한 서류 또는 물건의 목록과 공소사실의 인정 또는 양형에 영향을 미칠 수 있는 다음 서류등의 열람·등사 또는 서면의 교부를 신청할 수 있다. 다만, 피고인에게 변호인이 있는 경우에는 피고인은 열람만을 신청할 수 있다. 1. 검사가 증거로 신청할 서류등 2. 검사가 증인으로 신청할 사람의 성명·사건과의 관계 등을 기재한 서면 또는 그 사람이 공판기일 전에 행한 진술을 기재한 서류등 3. 제1호 또는 제2호의 서면 또는 서류등의 증명력과 관련된 서류등 4. 피고인 또는 변호인이 행한 법률상·사실상 주장과 관련된 서류등 ②검사는 국가안보, 증인보호의 필요성, 증거인멸의 염려, 관련 사건의 수사에 장애를 가져올 것으로 예상되는 구체적인 사유 등 열람·등사 또는 서면의 교부를 허용하지 아니할 상당한 이유가 있다고 인정하는 때에는 열람·등사 또는 서면의 교부를 거부하거나 그 범위를 제한할 수 있다. ③검사는 열람·등사 또는 서면의 교부를 거부하거나 그 범위를 제한하는 때에는 지체 없이 그 이유를 서면으로 통지하여야 한다. ④피고인 또는 변호인은 검사가 제1항의 신청을 받은 때부터 48시간 이내에 제3항의 통지를 하지 아니하는 때에는 제266조의4제1항의 신청을 할 수 있다. ⑤검사는 제2항에도 불구하고 서류등의 목록에 대하여는 열람 또는 등사를 거부할 수 없다. ⑥제1항의 서류등은 도면·사진·녹음테이프·비디오테이프·컴퓨터용 디스크, 그 밖에 정보를 담기 위하여 만들어진 물건으로서 문서가 아닌 특수매체를 포함한다. 이 경우 특수매체에 대한 등사는 필요 최소한의 범위에 한한다."고 규정한다.

등의 열람·등사청구권을, 형사소송법 266조의4 1항은[62] 열람·등사에 관한 법원의 결정에 대해 상세히 규정하고 있다.

(6) 신속한 공개재판을 받을 권리

헌법 27조3항은 "모든 국민은 신속한 재판을 받을 권리를 가진다. 형사피고인은 상당한 이유가 없는 한 지체없이 공개재판을 받을 권리를 가진다."고 하여 형사피고인의 신속한 공개재판을 받을 권리를 보장한다. '신속한 재판을 받을 권리'는 심리 지연과 이에 따른 재판의 장기화를 배제하기 위한 기본권이다. 공개재판이란 심리와 판결의 선고에서 원고와 피고 이외에 제3자의 방청을 허용하는 재판을 말한다.

(7) 형사보상청구권

헌법 28조는 "형사피의자 또는 형사피고인으로서 구금되었던 자가 법률이 정하는 불기소처분을 받거나 무죄판결을 받은 때에는 법률이 정하는 바에 의하여 국가에 정당한 보상을 청구할 수 있다."고 하여 형사보상청구권을 규정하고 있다. 형사피고인뿐만 아니라 형사피의자에게도 보장되는 기본권이다.

제3절 ▎정신적 자유권

제1항 | 정신적 자유권 일반이론

I. 헌법규정과 체계

헌법은 19조에서 22조에 걸쳐 '정신적 자유권'을 규정하고 있다. 인간의 내심영역에 관한 내심의 자유인 양심의 자유, 종교의 자유, 학문·예술의 자유와 이를

62 형사소송법 제266조의4는 '법원의 열람·등사에 관한 결정'이라는 제하에 제1항에서 "피고인 또는 변호인은 검사가 서류등의 열람·등사 또는 서면의 교부를 거부하거나 그 범위를 제한한 때에는 법원에 그 서류등의 열람·등사 또는 서면의 교부를 허용하도록 할 것을 신청할 수 있다."고 규정한다.

외부로 표출하는 표현의 자유인 언론·출판의 자유(개별적 표현의 자유)와 집회·결사의 자유(집단적 표현의 자유)가 그것이다.

II. 연혁

정신적 자유권은 기독교적 교리가 지배하던 중세 유럽에서는 용납될 수 없었고, 근대초에 등장하기 시작한 기본권으로서 자유권 중에서도 가장 역사가 오래된 자유권이다. 종교개혁 이후에 종교의 자유와 양심의 자유가 보장되고, 뒤이어 정치적 신조의 자유가 보장되면서 정치적 신조에 따른 자유로운 정치적 활동이 보장되었다.

근대초 이후 '국가중립론'과 '자유주의적 사상관'이 등장하면서 정신적 자유권을 확립하는 데 결정적인 기여를 하였다. 특히 '자유주의적 사상관'을 대표하는 것이 19세기의 '사상·표현의 자유시장론'과 '진리생존설'이다. 무엇이 진리인가는 국가의 관여없이 공개된 장소에서 자유로운 논쟁을 통해 판명된다는 이론이 '사상·표현의 자유시장론'이고, 자유로운 논쟁의 결과 진리는 살아남고 허위는 자연도태된다는 가설이 '진리생존설'이다.

그러나 국가중립론이나 자유주의적 사상관도 현대에 이르자 수정되지 않을 수 없었다. 이데올로기와 체제 대립의 상황, 언론의 대기업화와 독과점화현상으로 인해 국가중립론이나 자유주의적 사상관도 수정되어, 국가 존립을 위해 '국가중립성' 대신 '방어적 민주주의'원리가 도입되어 '상대주의적 가치중립성'(반대는 가치절대성)에서 '가치지향성'을 추구하게 되었다.

III. 적용원칙

정신적 자유권은 인간의 존엄성을 유지하기 위한 기본조건이고 민주주의체제의 존립을 위해 필수적인 기본권이므로 그 밖의 기본권에 비해 고도로 보장되어야 한다는 이론이 '정신적 자유의 우월적 지위론'이다. '정신적 자유의 우월적 지위론'에서 합헌성판단의 '이중기준론'과 '막연하므로 무효의 이론' 및 명백·현존하는 위험의 원칙이 파생된다.

1. 합헌성판단의 이중기준론

정신적 자유권을 규제하는 법률은 경제적 기본권을 규제하는 법률보다 합헌성 판단에 있어서 더 엄격한 기준에 따라 판단되어야 한다는 이론이다. 따라서 합헌성판단의 이중기준론은 정신적 자유를 규제하는 법률에 대해서는 합헌성추정원칙이 배제된다는 '합헌성추정배제의 원칙'과 연결된다.

2. 막연하므로 무효의 이론(명확성원칙)

국민의 기본권을 제한하는 법률이 막연하거나 불명확한 경우에는 무효라는 '막연하므로 무효의 이론'은 특히 정신적 자유를 규제하는 법률에서 더더욱 강조된다. 미국 연방대법원의 판례법상의 이론인 '막연하므로 무효의 이론'은 독일 등의 명확성원칙과 유사한 개념이다.

3. 명백·현존하는 위험의 원칙

정신적 자유권 중 특히 표현의 자유를 제한하는 법률은 해악 발생의 확실성과 제한의 필요성이 인정될 때에만 정당화될 수 있다는 원칙이 명백·현존하는 위험의 원칙이다.(이에 대해서는 '언론·출판의 자유의 제한'에서 상세히 설명한다.)

제2항 | 양심의 자유

I. 의의와 연혁

1. 의의

양심의 자유에서 양심의 개념에 대해서는 좁게 윤리적 가치판단만을 양심의 내용으로 보는 '윤리적 양심설'과 윤리적 가치판단뿐만이 아니라 사회적 양심으로서 사상의 자유를 포함하여 양심의 개념을 넓게 보는 '사회적 양심설'의 대립이 있다. 학설의 통설과 헌법재판소의 입장은 '사회적 양심설'이다. 즉 윤리적·도덕적 양심뿐만 아니라 논리적 사상(어떠한 세계관을 기초로 하는 체계적인 사고 내지 신념)도 양심의 개념에 포함시킨다.

그러면 '양심의 자유'란 '내심의 윤리의식과 사상을 자유로이 형성하고 또 그것을 외부에 표명하도록 강제당하지 아니할 자유'와 '내심의 윤리의식과 사상에 반하는 행위를 강요당하지 아니할 자유'를 의미하게 된다.

2. 연혁

양심의 자유는 버지니아 권리장전 16조, 프로이센헌법 등에서 볼 수 있는 바와 같이 처음에는 종교의 자유의 한 내용으로 규정되었다. 근대 초에 국가가 국교(國敎)결정권을 가질 때 국가로부터 종교를 강요받지 않는 개인의 자유를 보장하려고 했던 것이 양심의 자유의 출발점이었기 때문이다. 그 후 20세기 초 독일의 바이마르헌법에서부터 양심의 자유가 종교의 자유로부터 독립되어 헌법에 규정되게 된다. 우리나라에서는 제헌헌법에서 신앙의 자유와 양심의 자유를 하나의 조문에서 다루었으나, 1962년 제5차 개정헌법부터 양심의 자유가 신앙의 자유와 분리되어 따로 규정된다.

II. 헌법적 근거와 법적 성격

헌법 19조는 "모든 국민은 양심의 자유를 가진다."고 하여 양심의 자유를 보장한다. 양심의 자유는 내심의 자유이므로 인간의 자유 중 가장 기본적인 자유이므로, 양심의 자유의 본질적 내용인 내심의 자유는 법률로도 제한할 수 없는 절대적 기본권이다. 독일에서는 양심의 자유를 '최상급기본권'(Supergrundrecht)이라고 부른다.

다수설에 의하면 헌법 19조의 양심의 자유의 "양심"은 국회의원(헌법 46조2항), 법관(헌법 103조)의 직업적 양심과는 구별된다.

III. 주체

양심의 자유는 '인간의 권리'로서의 성격을 가지므로 내국인은 물론이고 외국인도 양심의 자유의 주체가 된다. 그러나 양심의 자유의 성질상 자연인만이 양심의 자유의 주체가 되며 법인은 그 주체가 될 수 없다.

Ⅳ. 내용

양심의 자유의 내용과 관련해 학설의 다수설과 헌법재판소 판례의 입장이 상당히 다르다. 다음에서는 헌법재판소 판례를 중심으로 양심의 자유의 내용을 정리해본다.

1. 양심형성의 자유

양심의 자유 중 내심의 자유로서, 외부로부터 부당한 간섭이나 강제를 받지 않고 개인의 내심영역에서 양심을 형성하고 양심상의 결정을 내리는 자유이다. 국가나 거대화된 사인이 특정한 윤리적 양심이나 논리적 사상을 강요해서는 안 된다. 즉 양심형성의 자유에 의해 "널리 사물의 시시비비나 선악과 같은 윤리적 판단에 국가가 개입할 수 없게" 된다(헌재 1991. 4. 1. 89헌마160, 사죄광고 사건). 어떠한 생각이건 양심형성의 단계에 머물러 있는 한 규제의 대상이 되지 않는다. 입증의 문제 때문이다. 따라서 양심형성의 자유는 내심에 머무르는 한, 절대적으로 보호되는 기본권이라 할 수 있다.

2. 양심실현의 자유

양심적 결정을 외부로 표현하고 실현하는 자유로서, 형성된 양심을 외부로 표명하고 양심에 따라 삶을 형성할 자유이다. 양심실현의 자유에는 다시 양심표명의 자유, 부작위에 의한 양심실현의 자유, 작위에 의한 양심실현의 자유가 있다. 양심실현의 자유는 법질서에 위배되거나 타인의 권리를 침해할 수 있기 때문에 법률에 의하여 제한될 수 있는 상대적 자유이다.

(1) 양심표명의 자유

양심표명의 자유는 '양심을 표명하거나 또는 양심을 표명하도록 강요받지 않을 자유'이다. 양심을 표명하도록 강요받지 않을 자유에는 침묵의 자유와 양심추지의 금지가 포함된다.

첫째, 침묵의 자유란 '자신이 형성한 양심·사상, 그 양심·사상과 결부된 사실을 외부에 발표하도록 강제받지 않을 자유'를 말한다. 침묵의 자유는 '사실'에 관해서는 '양심·사상과 결부된 사실'을 외부에 발표하도록 강제받지 않을 자유이기 때문에 알고 있는 객관적 사실·기술적 지식에 대한 진술거부에 해당하는 헌법 12조2항의 진술거부나 재판절차에서 단순한 사실에 대한 증인의 증언 거부는 침묵의 자유에 의해 보호되지 않는다. 또한 기자가 취재원에 대해 침묵할 취재원비닉권(取才源秘匿權)도[63] 같은 이유로 침묵의 자유에 포함될 수 없다.

둘째, '양심추지(良心推知)'란 내부에 형성된 양심·사상을 일정한 행동을 통하여 표현하도록 강제하고 그 행동을 가지고 내면의 양심을 추정하는 것을 말하는데, 이러한 양심추지의 금지도 양심을 표명하도록 강요받지 않을 자유에 포함된다. 예를 들어, 2차 세계대전 때 기독교인을 가리기 위해 일제가 강요한 십자가 밟기나 공직자의 임용요건으로 **현정부나 여당**에 대한 **충성을 선서**시키고 그 선서를 **임용요건**으로 삼는 충성선서는 양심추지에 해당해서 금지된다. 그러나 공무원의 임용요건으로 헌법·국가에 대한 충성선서를 시키는 것은 양심의 자유를 침해하지 않는다. 공무원은 헌법 7조1항에[64] 의해 국민전체에 대한 봉사자이기 때문이다.

(2) 부작위에 의한 양심실현의 자유

부작위에 의한 양심실현의 자유는 '양심에 반하는 행동을 강요받지 않을 자유'이다.

1) 사죄광고

민법 764조는 '타인의 명예를 훼손한 자에 대하여는 법원은 피해자의 청구에 의하여 손해배상에 갈음하거나 손해배상과 함께 명예회복에 적당한 처분을 명할 수 있다'고 규정하고 있다. 그리고 과거에 법원은 이 "명예회복에 적당한 처분"에 사죄광고가 포함된다고 보고 민사상의 명예훼손사건에서 금전적인 손해배상 대신

---

63 취재원비닉권을 직접 다룬 미국 연방대법원 판례로는 Branzburg v. Hayes 408 US 665 (1972) 판결이 있다. 신문기자가 기밀유지를 전제로 마약복용자들을 취재하여 기사를 작성했는데, 기소자인 대배심(Grand Jury)측은 이 사건을 심문하기 위해 그 기자에게 증언을 요구했고 기자는 취재원의 보호는 미국 수정헌법 제1조 언론의 자유가 보장하는 권리라고 주장했다. 이러한 주장에 대해 이 판결에서 미국 연방대법원은 기자의 취재원 보호는 불법적인 마약거래의 단속이라는 국가의 중요한 이익(compelling governmental interest)과 충돌하는 경우에는 헌법상 보장되지 않는다고 판시하였다.

64 헌법 7조1항은 "공무원은 국민전체에 대한 봉사자이며, 국민에 대하여 책임을 진다"고 규정한다.

에 혹은 금전적인 손해배상과 함께 사죄광고를 명해 왔다. 즉 사죄광고란 '타인의 명예를 훼손하여 비행을 저질렀다고 스스로 믿지 않는 자에게도 본심에 반하여 사과하면서 죄악을 자인하는 의미의 사죄의 의사표시를 강요하는 것'을 의미했다.

헌법재판소는 사죄광고 사건에서 다음과 같은 위헌결정을 내렸다(헌재 1991. 4. 1. 89헌마160). 연예인 김 모씨는 여성동아 1988년 6월호에 게재된 기사가 자신의 명예를 훼손했다는 이유로 동아일보사 대표이사, 여성동아 주간, 동아일보사 등을 상대로 서울민사지방법원에 손해배상 및 민법 764조에 의한 사죄광고를 청구하는 관련 소송을 제기하였다. 그러자 동아일보사 등은 민법 764조가 명예훼손의 경우에 사죄광고를 명할 수 있도록 한 것이라면 위헌이라는 이유로 위헌제청을 했으나 법원이 기각하였고, 이에 헌법재판소법 68조2항형 헌법소원을 제기하였다. 헌법재판소는 민법 764조의 "명예회복에 적당한 처분"에 사죄광고를 포함시키는 것은 위헌이라는 적용위헌(질적 일부위헌) 결정을 내렸다. 사죄광고는 양심도 아닌 것이 양심인 것처럼 표현할 것의 강제로서, 인간양심의 왜곡·굴절이며 겉과 속이 다른 이중인격 형성의 강요라고 보았고, 따라서 민법 764조의 "명예회복에 적당한 처분"에 사죄광고를 포함시키는 것은 자연인(법인인 주식회사 동아일보사는 양심의 자유의 주체가 될 수 없으므로 제외)인 청구인들의 '양심에 반하는 행동을 강요받지 않을 자유'를 침해해 위헌이라고 판시하였다.

2) 양심적 병역거부

개인이 양심상의 결정을 이유로 집총(병역)을 거부할 수 있는가와 관련해 독일은 헌법에서[65] 양심적 병역거부권을 양심의 자유의 하나로 인정하고 있으며 다만 양심적 병역거부자들을 민간대체업무에 종사하게 하고 있다.

미국은 연방법률과 연방 대법원 판례에 의해 종교적 교육이나 신념에 의한 양심적 병역거부를 인정하고 있지만, 전쟁일반이 아니라 특정전쟁(예를 들어, 록가수 Gillette는[66] 월남전 참전만 거부)만을 반대하는 등 '상황조건부 병역거부'는 불허하고 있다.

---

65 독일헌법 4조3항은 "누구든지 양심에 반하여 집총병역을 강제받지 않는다"고 규정한다.

66 Gillette v. U.S., 401 U.S. 437 (1971)

과거에 우리 헌법재판소는 양심적 병역거부자들의 집총거부를 수용하지 않는 병역법 88조의 합헌성을 인정해왔다. 그러면서 "양심상의 이유로 법적 의무의 이행을 거부하거나 법적 의무를 대신하는 대체의무의 제공을 요구할 수 있는 권리가 아니라"라고 판시하였다(헌재 2004. 8. 26. 2002헌가1). 그러다가 헌법재판소는 판례를 변경하여 병역의 종류에 양심적 병역거부자의 대체복무제를 규정하지 않은 병역종류조항에 대해 헌법불합치결정을 내렸다(헌재 2018. 6. 28. 2011헌바379등). 이로 인해 대체복무제가 입법화되었고, 양심적 병역거부자들은 병역의무 이행 대신 대체복무를 이행함으로써 형사처벌을 피할 수 있게 되었다.

(3) 작위에 의한 양심실현의 자유

작위에 의한 양심실현의 자유는 '양심에 따른 행동을 할 자유'이다. 양심상의 결정을 외부에 표현하고 그에 따라 행동할 자유를 말한다. 이에 대해 학설의 다수설은 작위에 의한 양심실현의 자유는 양심의 자유가 아니라 표현의 자유에 해당한다고 본다.

제3항 | 종교의 자유

I. 의의와 연혁

종교의 자유에서 '종교'란 '신과 같은 초월적 존재를 신봉하고 그것에 귀의하는 것'으로 정의된다. 그리고 '종교의 자유'란 '자신이 선호하는 종교를 자신이 원하는 방법으로 신봉하는 자유'를 의미한다. 종교의 자유는 연혁이 가장 오래된 기본권 중의 하나이며, 세계 각국 헌법이 종교의 자유를 기본권으로 예외없이 채택하고 있다.

II. 헌법적 근거와 법적 성격

1. 헌법적 근거

헌법 20조는 "①모든 국민은 종교의 자유를 가진다. ②국교는 인정되지 아니하며, 종교와 정치는 분리된다."고 하여 종교의 자유를 보장한다.

2. 법적 성격

헌법 20조1항의 종교의 자유는 개인을 위한 주관적 공권이고 20조2항의 국교부인과 정교분리의 원칙은 (국가와 종교단체의 상호관계에 대한) 제도적 보장의 법적 성격을 가진다.

III. 주체

종교의 자유는 '인간의 권리'로서의 성격을 가지기 때문에 내국인뿐만 아니라 외국인도 그 주체가 된다. 따라서 외국인 선교사도 우리나라에서 종교의 자유를 누린다. 법인도 종교의 자유의 주체가 된다.

IV. 내용

종교의 자유는 크게 '신앙의 자유'와 '종교적 행위의 자유'로 나누어진다.

1. 신앙의 자유

'신앙'은 '신과 피안에 대한 인간의 내적 확신'을 말한다. 신앙의 자유에는 종교를 가지지 않을 무신앙의 자유, 어느 종교를 선택하고 그 종교를 믿을 자유인 신앙선택의 자유, 다른 종교로 변경할 신앙변경의 자유와 함께 '신앙고백의 자유'의 자유가 있는데, 신앙고백의 자유에는 다시 자기가 믿는 종교를 외부에 자유롭게 표명할 **'적극적 신앙고백의 자유'**와 자기가 믿는 종교를 외부에 강제적으로 표명하지 당하지 않을 자유인 **'소극적 신앙고백의 자유'**가 있다. 예를 들어 국가나 공공단체가 행정상의 필요에서 국민의 종교실태를 조사하는 경우에도 이를 강요하는 것은 '소극적 신앙고백의 자유'를 침해한다.

신앙의 자유는 종교의 자유 중 내심의 자유로서 헌법 37조2항에 의해서도 제한할 수 없는 **절대적 기본권**이다.

2. 종교적 행위의 자유

신앙을 외부에 나타내는 자유가 '종교적 행위의 자유'이며, '종교적 행위의 자유'는 신앙의 자유와는 달리 헌법 37조2항에 의한 제한이 가능한 **상대적 기본권**이다. '종교적 행위의 자유'에는 다음과 같이 종교적 행사의 자유, 종교적 교육의 자유, 종교적 집회·결사의 자유가 있다.

(1) 종교적 행사의 자유

신앙을 외부로 표현하는 미사, 예배, 기도, 독경 등 일체의 종교적 의식에 있어 간섭받지 않을 자유와 자기 종교의 선전과 타종교에 대한 비판까지 포함하는 '포교의 자유'가 포함된다.

(2) 종교적 교육의 자유

특정 종교를 건학이념으로 하는 사립학교(종립학교)는 종교적 교육의 자유를 누린다. 이에 비해 국·공립학교는 헌법 20조2항의 국교부인과 정교분리원칙에 의해 종교적 교육의 자유를 누리지 못하며 따라서 국·공립학교에서의 특정종교에 대한 종교교육은 금지된다.

(3) 종교적 집회·결사의 자유

'종교적 행위의 자유'의 하나로서의 '종교적 집회·결사'의 자유는 종교적 목적의 회합과 단체를 형성할 자유를 말한다. 종교적 집회·결사의 자유는 일반적 집회·결사의 자유(헌법 21조)에[67] 대한 특별관계에 있으므로 종교적 집회나 결사는 일반 집회나 결사에 비해 더 강한 보호를 받는다.

V. 제한과 한계

위에서 이미 살펴본 바와 같이 '신앙의 자유'를 제외한 '종교적 행위의 자유'는 헌법 제37조 제2항에 의한 제한이 가능한 상대적 기본권이다. 즉 '종교적 행위의

---

67 헌법 제21조 ①모든 국민은 언론·출판의 자유와 집회·결사의 자유를 가진다.
②언론·출판에 대한 허가나 검열과 집회·결사에 대한 허가는 인정되지 아니한다.
③통신·방송의 시설기준과 신문의 기능을 보장하기 위하여 필요한 사항은 법률로 정한다.
④언론·출판은 타인의 명예나 권리 또는 공중도덕이나 사회윤리를 침해하여서는 아니된다. 언론·출판이 타인의 명예나 권리를 침해한 때에는 피해자는 이에 대한 피해의 배상을 청구할 수 있다.

자유'가 형사법의 적용을 면하게 해주지는 않는다.

예를 들어 대법원은 "피고인이 믿는 여호와의 증인에 대한 종교적 신념 때문에 의사가 당시 권유한 국내 최신의 치료방법인 수혈을 완강하게 거부하고 방해하였다면, 이는 결과적으로 요부조자(要扶助者)를 위험한 장소에 두고 떠나는 것이나 다름없다고 할 것이므로, 이를 유기치사죄에 해당한다고 판시한 원심판결은 옳다."고 판시하여 종교상의 이유로 자식의 수혈(輸血)을 거부한 어머니에게 형법 275조의[68] 유기치사죄를 인정하였다.

또한 대법원은 "성경의 교리상 국기에 절을 하여서는 아니되나 국가를 존중하는 의미에서 가슴에 손을 얹고 주목하는 경의를 표할 수 있다고 말한 것은 국기배기(國旗排旗)에 해당하지 아니한다"고 하면서 행정소송에서 국기에 대한 경례를 종교상의 우상숭배라 하여 거부한 학생에 대한 퇴학처분은 정당하다고 판시하였다.

대법원은 소위 '강의석군 사건'(대판 2010. 4. 22. 선고 2008다38288 전원합의체판결(공2010상, 897))에서 "종립(宗立)학교가 고등학교 평준화정책에 따라 학생 자신의 신앙과 무관하게 입학하게 된 학생들을 상대로 종교적 중립성이 유지된 보편적인 교양으로서의 종교교육의 범위를 넘어서서 학교의 설립이념이 된 특정의 종교교리를 전파하는 종파교육 형태의 종교교육을 실시하는 경우에는 그 종교교육의 구체적인 내용과 정도, 종교교육이 일시적인 것인지 아니면 계속적인 것인지 여부, 학생들에게 그러한 종교교육에 관하여 사전에 충분한 설명을 하고 동의를 구하였는지 여부, 종교교육에 대한 학생들의 태도나 학생들이 불이익이 있을 것을 염려하지 아니하고 자유롭게 대체과목을 선택하거나 종교교육에 참여를 거부할 수 있었는지 여부 등의 구체적인 사정을 종합적으로 고려하여 사회공동체의 건전한 상식과 법감정에 비추어 볼 때 용인될 수 있는 한계를 초과한 종교교육이라고 보이는 경우에느 위법성을 인정할 수 있다."고 하여 자의가 아닌 추첨으로 종립고등

68 제275조(유기등 치사상) ①제271조 내지 제273조의 죄를 범하여 사람을 상해에 이르게 한 때에는 7년 이하의 징역에 처한다. 사망에 이르게 한 때에는 3년 이상의 유기징역에 처한다.
②자기 또는 배우자의 직계존속에 대하여 제271조 또는 제273조의 죄를 범하여 상해에 이르게 한 때에는 3년 이상의 유기징역에 처한다. 사망에 이르게 한 때에는 무기 또는 5년이상의 징역에 처한다.

학교에 입학한 학생의 신앙의 자유가 종립 사립고등학교의 종교적 교육의 자유보다 우선한다고 판시하였다.

헌법재판소도 '사법시험 제1차 시험 시행일자 사건'(헌재 2001. 9. 27. 2000헌마159)에서 "사법시험 일자를 일요일로 한 행정자치부장관의 행정자치부 공고는 과잉금지원칙을 위반하여 청구인의 종교의 자유 등 기본권을 침해하지 않는다"고 판시하였다.

VI. 국교부인과 정교분리의 원칙

1. 헌법 20조1항과 2항의 관계

헌법 20조1항에서는 주관적 공권으로서의 종교의 자유를 규정하고 있고, 20조2항에서는 제도적 보장으로서의 정교분리의 원칙을 선언하고 있다.

2. 내용

(1) 정치의 종교관여금지 및 종교의 정치간여금지

정치가 종교에 간여할 수 없고, 종교도 정치에 간여할 수 없다. 그러나 기독민주당 등이 존재하는 독일의 경우처럼 종교적 정당의 구성을 통한 정치 간여는 허용된다.

(2) 國教의 부인

국가가 하나의 종교만을 국교로 정해 국민들에게 강요하는 것도 금지된다.

(3) 국가에 의한 특정한 종교의 우대금지

타종교와 무신앙에 대한 차별이 되기 때문에 국가에 의한 특정한 종교의 우대는 금지된다. 특정종교에 대한 재정적 우대도 안 되지만, 국가가 모든 종교단체에 대해 동일한 재정적 지원을 하는 것도 금지된다. 무신앙의 자유에 대한 침해가 되기 때문이다.

3. 관련 미국 연방대법원 판례

(1) 국·공립학교에서의 특정의 종교교육 금지

국·공립의 초등학교에서 일과 개시 전 비교파적 기도문을 암송하게 한 것이나, 국·공립학교에서 일과개시 전 성서의 특정구절을 암송하게 한 것에 대해서 국교부인과 정교분리의 원칙 위반을 이유로 위헌판결(1963년의 Engel Vitale 370 US 203, 1963년의 School District of Abington Township Pennsylvania v. Schemp 374 US 203)을 내렸다.

(2) 종교적 행사의 자유 관련

일요일휴업법에 대해서는 일요일 휴업은 세속적인 휴식을 의미하는 것으로서 더 이상 종교적 목적이 존재하지 않는다는 이유로 합헌판결을 내렸고, 크리스마스의 휴일 지정에 대해서도 합헌판결을 내렸으며, 시청 건물에 시청이 크리스마스 트리 장식을 하는 것에 대해서도 크리스마스 트리 장식이 종교적 의미는 사라지고 '세속적' 의미를 가지게 되었다는 이유로 합헌판결을 내렸다.

제4항 | 학문·예술의 자유

헌법 22조는 "①모든 국민은 학문과 예술의 자유를 가진다. ②저작자·발명가·과학기술자와 예술가의 권리는 법률로써 보호한다."고 하여 학문·예술의 자유를 규정하고 있다. 학문활동은 세 가지 가치인 진(眞), 선(善), 미(美) 중에서 '진(眞)'을 추구하는 것이고, 예술은 '미(美)'를 추구하는 것이라고 할 수 있다.

I. 학문의 자유

1. 의의

학문의 자유란 '학문적 활동에 대한 어떠한 간섭이나 방해를 받지 않을 자유'를 말한다.

2. 법적 성격

학문의 자유는 학문연구에 관한 개인의 자유권으로서의 성격(헌법 22조, 영·미의 입장)과 함께 대학자치의 제도적 보장으로서의 성격(헌법 31조4항, 독일의 입장)을 모두 가진다.

3. 주체

학문의 자유는 대학의 교수나 연구소의 연구원뿐만 아니라 모든 국민이 주체가 되는 '만인의 기본권'(Jedermannsgrundrecht)이다. 학문의 자유는 인간의 권리이므로 외국인도 주체가 될 수 있다. 대학이나 그 밖의 연구단체 등 법인도 학문의 자유의 주체가 된다.

4. 내용

학문의 자유의 내용으로는 연구의 자유, 연구결과발표의 자유, 강학의 자유, 대학자치제가 있다.

(1) 연구의 자유

연구의 자유란 학문의 자유의 본체인 '진리를 추구하는 자유'를 말한다. 연구의 자유는 어떠한 제한도 가할 수 없는 **절대적 기본권이다.** 연구의 자유에 의해 연구대상, 연구방법, 연구시기, 연구장소의 선택에 공권력이 개입할 수 없다.

(2) 연구결과발표의 자유

연구결과발표의 자유는 '연구를 통해 얻어진 연구결과를 학회나 학술지·저서 등으로 외부에 발표하는 자유'를 말한다. 연구결과를 대학의 강의실에서 발표하는 것은 연구결과발표의 자유가 아니라 다음에서 살펴볼 '강학의 자유'로 보호된다.

(3) 강학의 자유(교수의 자유)

대학이나 이에 준하는 고등교육기관의 교육자가 자유로이 교수(敎授)할 수 있는 권리를 말한다. 강학의 자유에 의해 강학의 내용·방법·학술적 견해의 자유로운 표명이 보장된다. 강학의 자유는 앞의 '연구의 자유'의 연장선상에서 인정된다. 헌법재판소는 대학등 고등교육기관과 달리 중·고등학교의 교사에게는 학문의 자유의 하나인 '강학의 자유'가 아니라 '교육의 자유'(헌재 1992. 11. 12. 89헌마88. 교과서 검정제도 사건)가 보장된다고 판시하였다.

(4) 대학자치제

1) 의의

학문의 자유가 실효성을 갖기 위해서는 학문연구기관의 독립성과 자율성이 절대적으로 필요하다. 학문의 자유의 하나로서 '대학자치제'(혹은 대학의 자유)란 주로 이 학문의 연구가 행해지는 대학에 대해 공권력 등의 외부적 세력의 침해를 배제하고 대학의 문제를 **대학구성원 자신**(**교수회**(敎授會))이 자주적으로 결정·운영하는 것을 말한다. 영국의 옥스퍼드, 케임브리지, 이탈리아의 볼로냐, 프랑스의 파리대학 등 유럽 여러나라들에서 대학의 탄생과 대학도시의 발전 연혁을 생각해 보면 대학자치제를 쉽게 이해할 수 있다.

2) 내용

대학자치제는 교수회의 자치와 학생의 자치로 이루어진다.

a. 교수회의 자치

'교수회의 자치'란 대학의 **인사·학사·질서·재정** 등 대학운영의 모든 분야를 교수회가 자율적으로 결정하는 것을 말한다. 대학 캠퍼스 내의 경찰권의 개입 시 경찰권 개입의 필요성 여부에 대해 대학이 우선적인 판단권을 가진다. 과거의 우리 '집회 및 시위에 관한 법률' 17조는 대학 총·학장의 요청 없이도 경찰이 대학교정 내에 진입할 수 있다고 규정하고 있어서 학문의 자유 침해 논란이 있었다.

b. 학생의 자치

'학생의 자치'란 학생회 운영의 자치를 말한다. 다만, 앞의 '교수회의 자치'와 대등한 관계에서의 학생의 자치를 의미하는 것은 아니다.

5. 제한과 한계

학문의 자유는 연구의 자유 이외에는 상대적 기본권으로서 헌법 37조2항에 의한 제한할 수 있지만, 가능한 한 학문 내의 자체통제력에 맡겨두는 것이 바람직하다.

II. 예술의 자유

1. 의의

예술의 자유란 '미(美)를 추구하는 자유'로 정의된다. 예술의 자유는 강한 **자기 목적적** 성질을 가지며, 그 주안점이 **창작**에 있지 전달에 있지 않다. 따라서 전달에 주안점이 있는 표현의 자유와 구별된다.

2. 법적 성격

예술의 자유는 '간섭 배제'를 핵심내용으로 하는 자유권의 하나이다.

3. 주체

예술의 자유는 예술가 개개인의 기본권이면서, 극단 운영자도(헌재 2004. 5. 27. 2003헌가1) 예술의 자유의 주체가 될 수 있다. 예술의 자유는 인간의 권리이므로 외국인도 그 주체가 될 수 있고, 법인인 예술단체도(예를 들어, 교향악단) 주체가 될 수 있다. 그러나 법인이 아닌 예술단체의 경우에는 단체의 구성원인 예술가 개개인이 그 주체가 된다.

4. 내용

예술의 자유의 내용으로는 예술창작의 자유, 예술표현의 자유, 예술적 집회·결사의 자유가 있다.

(1) 예술창작의 자유

예술창작의 자유는 "예술창작활동을 할 수 있는 자유"로서 "창작소재, 창작형태 및 창작과정 등에 대한 임의로운 결정권을 포함한 모든 예술창작활동의 자유를 그 내용으로 한다."(헌재 1993. 5. 13. 91헌바17, 음반에 관한 법률 제3조 사건). 이 예술창작의 자유는 헌법 37조2항에 의해서도 제한할 수 없는 절대적 기본권이다. 예술의 강한 자기 목적성 때문에 상업광고물은 예술의 자유에 의한 보호받지 못한다.

(2) 예술표현의 자유 상대적 기본권

예술표현의 자유는 "창작한 예술품을 일반대중에게 전시·공연·보급할 수 있는 자유"를 말한다. 헌법재판소는 "예술품보급의 자유와 관련해서 예술품보급을 목적으로 하는 예술출판사 등도 이러한 의미에서의 예술의 자유의 보호를 받는다."고 하면서 비디오물을 포함하는 음반제작자도 예술표현의 자유를 향유(헌재 1993. 5. 13. 91헌바17, 음반에 관한 법률 제3조 사건)한다고 판시하였다. 예술표현의 자유는 예술창작의 자유와는 달리 헌법 37조2항에 의해 제한될 수 있는 상대적 기본권이다.

(3) 예술적 집회·결사의 자유: 상대적 기본권

예술적 활동을 위한 집회·결사는 일반적 집회·결사보다 더 강한 보호를 받아서, 그 규제가 완화된다. 따라서 집시법 15조는 "학문, **예술**, 체육, 종교, 의식, 친목, 오락, 관혼상제(冠婚喪祭) 및 국경행사(國慶行事)에 관한 집회에는 제6조부터 제12조까지의 규정을 적용하지 아니한다."고 하면서 예술적 활동을 위한 집회·결사에 대해서는 그 규제를 완화한다.

5. 제한과 한계

예술 중에서 영화·연극 등에 대해서는 그 대중성·직접성 때문에 질서유지를 위해 더 강한 규제를 받는다. 예술작품 중 음란물에 대해서는 언론·출판의 자유에서 자세히 살펴본다.

제5항 | 언론·출판의 자유

I. 의의

언론·출판의 자유는 '자기의 사상이나 지식을 불특정 다수인에게(개인 간의 회화나 연애편지는 안 됨) 언어나(토론, 담화, 연설, 방송 등) 문자 등으로(문서, 그림, 사진, 조각 등) 외부에 표현하는 자유'라고 정의된다.

II. 헌법적 근거와 법적 성격

언론·출판의 자유의 헌법적 근거는 헌법 21조[69·70]이다. 통설에 의하면 언론·출판의 자유의 법적 성격은 자유권, 청구권, 제도보장으로서의 복합적 성격을 가진다.

III. 주체

언론·출판의 자유는 인간으로서의 권리이므로 외국인도 주체가 된다. 또한 언론·출판의 자유는 언론기관의 자유도 포함하기 때문에 법인도(신문사, 방송사, 통신사의 경우) 보도의 자유의 주체가 될 수 있고, 따라서 법인도 언론·출판의 자유의 주체가 된다.

IV. 내용

1. 의사의 표명·전파의 자유[71]

헌법재판소는 의사의 표명·전파의 자유를 '자기의 사상이나 의견의 자유로운 **표명**과 그것을 **전파**할 자유'라고 정의한다. 여기서의 '의사'는 주관이 개입된 합리적이고 평가적인 사고의 과정을 거친 '**평가적 의사**'만을 말하며, 단순한 **사실**의 전달은 언론·출판의 자유 중 이 의사의 표명·전파의 자유가 아니라 **보도의 자유**로 보호 받는다. 이러한 의사의 표명·전파의 자유는 언론·출판의 자유의 기본적 내용이다. 따라서 의사의 표명·전파의 자유를 억제하기 위한 인신구속, 사전검열, 도

---

69 제21조 ①모든 국민은 언론·출판의 자유와 집회·결사의 자유를 가진다.
②언론·출판에 대한 허가나 검열과 집회·결사에 대한 허가는 인정되지 아니한다.
③통신·방송의 시설기준과 신문의 기능을 보장하기 위하여 필요한 사항은 법률로 정한다.
④언론·출판은 타인의 명예나 권리 또는 공중도덕이나 사회윤리를 침해하여서는 아니된다. 언론·출판이 타인의 명예나 권리를 침해한 때에는 피해자는 이에 대한 피해의 배상을 청구할 수 있다.

70 미국에서 1791년의 개헌으로 미국 수정헌법 제1조에 규정된 언론·출판의 자유는 "Congress shall make no law...abridging the freedom of speech or of the press..."(연방의회는 언론·출판의 자유를 제한하는 연방법률을 제정할 수 없고...)라고 규정하고 있다.

71 학자에 따라 이 의사의 표명·전파의 자유는 고전적 의미의 언론·출판의 자유(권영성), 의사의 표명 및 전달의 자유(김철수), 의사표현의 자유(허영) 등 다양하게 불리고 있다.

청, 입법 등은 할 수 없다.

2. 알권리(Right to Know)

(1) 의의

헌법재판소는 알권리를 "의사형성을 위해 필요한 정보에 **접근·수집·처리**할 수 있는 권리"라고 정의한다. 위에서 살펴본 의견의 자유로운 표명은 자유로운 의사의 형성을 전제로 하고 자유로운 의사의 형성은 정보에의 접근이 보장됨으로써 가능하다. 따라서 헌법재판소는 알권리를 **다른 표현의 자유의 전제가 되는 표현의 자유**로 파악한다. 알권리가 정보를 받는 쪽의 자유인 반면에 알권리 이외의 언론·출판의 자유는 정보를 주는 쪽의 자유라는 면에서 다르다.

(2) 헌법적 근거와 법적 성격

1) 헌법적 근거

헌법재판소와 학설의 다수설은 헌법 21조(보충적으로 10조에서도)를 알권리의 헌법적 근거로 본다.

2) 법적 성격

알권리의 법적 성격에 대해 헌법재판소와 학설의 통설은 알권리를 자유권(정보수집·취재활동에 대한 침해배제 요구), 청구권(정보공개청구), 생활권(현대사회가 고도의 정보사회로 이행해 감에 따라. 헌재 1991. 5. 13. 90 헌마133)의 복합적 성격의 권리로 본다. 헌법재판소는 특히 자유권으로서의 알권리는 구체적 법률이 제정되어 있지 않더라도 헌법 21조에 의해 직접 보장될 수 있다고 본다.

알권리와 관련하여, 공공기관이 보유하는 정보의 공개에 대해 1996년에 「공공기관의 정보공개에 관한 법률」이 제정되어 중요한 일반법으로서 그 절차 등에 관한 규정을 두었고, 그 후 개정을 통해 15조에서[72] 정보의 전자적 공개의 근거를 마

72 제15조(정보의 전자적 공개) ①공공기관은 전자적 형태로 보유·관리하는 정보에 대하여 청구인이 전자적 형태로 공개하여 줄 것을 요청하는 경우에는 그 정보의 성질상 현저히 곤란한 경우를 제외하고는 청구인의 요청에 따라야 한다.
②공공기관은 전자적 형태로 보유·관리하지 아니하는 정보에 대하여 청구인이 전자적 형태로 공개하여 줄 것을 요청한 경우에는 정상적인 업무수행에 현저한 지장을 초래하거나 그 정보의 성질

련하기도 하였다. 2011년에는 「개인정보 보호법」이 제정되어 알권리 제한 성격의 법률이 마련되었다. 이 법은 개인정보의 보호와 관련하여 개인정보 보호원칙(3조), 정보주체의 권리(4조), 민감정보의 처리 제한(23조), 개인정보파일의 등록 및 공개(32조), 안전조치의무(29조), 개인정보의 파기(21조) 등의 원칙과 권리를 규정하고 있다. 또한, 2017년에는 「교육관련기관의 정보공개에 관한 특례법」이 제정되어 교육정보의 공개가 확대되었으며, 「공공기록물 관리에 관한 법률」과 「대통령기록물 관리에 관한 법률」도 제정되어 알권리의 구체적 구현을 위한 제도적 기반들이 마련되었다.

(3) 내용

알권리는 읽을 권리, 들을 권리, 볼 권리를 그 내용으로 한다.

(4) 제한과 한계

알권리도 언론·출판의 자유의 하나이므로 알권리에 대한 제한은 개별적 헌법유보(헌법 21조4항)와 일반적 법률유보(헌법 37조2항)에 따라 가능하다. 이때 이익형량의 원칙이 고려된다. 특히 알권리는 그 정보가 '국가기밀'일 경우 제한될 수 있는데, '국가기밀'은 추상적·불확정적 개념으로서 그에 관한 일차적 판단권은 정부에 있다.

우리나라에서 대법원은 국가기밀을 "그것이 국내에서의 적법한 절차 등을 거쳐 널리 알려진 공지의 사항이라도 반국가단체인 북한에게는 유리한 자료가 되고 대한민국에는 불이익을 초래할 수 있는 것"이라고 정의 내렸다. 이러한 국가기밀에 대한 정의에 대해 헌법재판소는 '죄형법정주의에 위배'된다며 반대했고, 헌법재판소는 군사기밀보호법상의 '군사기밀'에 대해 "비공지의 사실로서, 적법한 절차에 따라 군사기밀로서의 표지를 갖추고 그 누설이 국가의 안전보장에 명백한 위험을 초래한다고 볼 만큼의 실질가치를 지닌 것"(헌재 1992. 2. 25. 89헌가104)이라고 정의내렸다

이 훼손될 우려가 없으면 그 정보를 전자적 형태로 변환하여 공개할 수 있다.
③정보의 전자적 형태의 공개 등에 필요한 사항은 국회규칙·대법원규칙·헌법재판소규칙·중앙선거관리위원회규칙 및 대통령령으로 정한다.

알권리와 국가기밀에 대한 미국 연방대법원 판결로는 1971년에 선고된 New York Times v. U.S.(403 U.S. 713) 판결이 유명하다.

1971년 6월 13일에 New York Times지는 "월남 전사(戰史): 국방성 기밀문서를 통하여 미국개입의 30년을 추적하다."라는 표제하에 국방성의 극비연구문서에 기초해 월남전에 대한 미국의 정책결정과정을 신문에 연재하고 3회분을 연재하려는 6월 14일에 미국 연방 법무부는 그 보도가 간첩법(Espionage Act)을 위반한다는 이유로 보도의 중지를 요구했으나 거절당하자 미국 연방 법무부장관이 일심법원인 뉴욕 소재 연방지방법원에 유지명령(留止命令, injunction)을 신청했다. 그러나 연방 일심법원이 이를 기각했으며 이심법원인 연방항소법원에서는 정부 측이 승소하였다. 그리고 미국 연방대법원은 이 판결을 통해 최종적으로 New York Times지에 승소판결을 내렸다. 근거는 이익형량의 원칙(국가기밀 유지로 인한 공익과 월남전에 대한 미국정부의 정책결정과정에 대한 국민의 알권리라는 이익을 형량했을 때 알권리가 더 우선한다.)과 사전억제금지의 원칙(표현의 자유에 대한 사전적 제한은 강력한 위헌의 추정을 받는다. 따라서 제한을 부과하려는 경우에 정부는 그 정당성에 대해 무거운 입증책임을 부담한다. 이 사안의 경우에 정부측이 그러한 입증을 다하지 못했다는 연방지방법원의 판결을 인용한다.)이었다.

3. 액세스권(Right of Access to Mass Media)

액세스권은 '일반국민이 자신의 사상이나 의견을 발표하기 위하여 언론매체에 접근하여 그것을 이용할 수 있는 권리'를 말한다. 언론기관이 독점화되고 있는 현실에서 액세스권의 헌법적 보장이 절실히 요구된다. 예를 들어 신문의 독자투고란이나 오피니언(opinion)란이 액세스권의 구현에 해당한다.

액세스권은 국민 대 국가 사이에서 발생하는 문제가 아니라 국민 대 언론기관 사이에서 발생하는 문제이다. 따라서 액세스권은 기본권의 제3자적 효력을 전제로 하는 기본권이다.

4. 반론권(Right of Reply)

「언론중재 및 피해구제 등에 관한 법률」(약칭 '언론중재법', 2005. 7. 28. 제정)에서는 반론권으로서 정정보도청구권, 반론보도청구권, 추후보도청구권 세 가지를 규정한다. 반론권은 언론보도에 대한 사실적 주장에만 관련된다.

(1) 정정보도청구권

1) 의의와 요건 및 절차

정정보도란은 '언론보도 내용의 전부 또는 일부가 진실하지 아니한 경우에 이를 진실에 부합되게 고쳐서 보도하는 것'(언론중재법 2조16호)을 말한다. 정정보도청구권에 대해 규정하고 있는 언론중재법 14조1항은 "사실적 주장에 관한 언론보도 등이 진실하지 아니함으로 인하여 피해를 입은 자는 해당 언론보도 등이 있음을 안 날로부터 3개월 이내에 언론사, 인터넷뉴스사업자 및 인터넷 멀티미디어방송 사업자에게 그 언론보도 등의 내용에 관한 정정보도를 청구할 수 있다. 다만, 해당 언론보도 등이 있은 후 6개월이 지났을 때에는 그러하지 아니하다."고 규정한다.

주목할 점은 같은 그 요건으로 14조2항에서 "정정보도의 청구에는 언론사 등의 고의·과실이나 위법성을 요하지 않는다"고 규정하고 있다는 점이다. 정정보도청구의 절차와 내용은 언론중재법 15조에[73] 상세히 규정되어 있다.

---

73 제15조(정정보도청구권의 행사) ①정정보도 청구는 언론사등의 대표자에게 서면으로 하여야 하며, 청구서에는 피해자의 성명·주소·전화번호 등의 연락처를 적고, 정정의 대상인 언론보도등의 내용 및 정정을 청구하는 이유와 청구하는 정정보도문을 명시하여야 한다. 다만, 인터넷신문 및 인터넷뉴스서비스의 언론보도등의 내용이 해당 인터넷 홈페이지를 통하여 계속 보도 중이거나 매개 중인 경우에는 그 내용의 정정을 함께 청구할 수 있다.

②제1항의 청구를 받은 언론사등의 대표자는 3일 이내에 그 수용 여부에 대한 통지를 청구인에게 발송하여야 한다. 이 경우 정정의 대상인 언론보도등의 내용이 방송이나 인터넷신문, 인터넷뉴스서비스 및 인터넷 멀티미디어 방송의 보도과정에서 성립한 경우에는 해당 언론사등이 그러한 사실이 없었음을 입증하지 아니하면 그 사실의 존재를 부인하지 못한다.

③언론사등이 제1항의 청구를 수용할 때에는 지체 없이 피해자 또는 그 대리인과 정정보도의 내용·크기 등에 관하여 협의한 후, 그 청구를 받은 날부터 7일 내에 정정보도문을 방송하거나 게재(인터넷신문 및 인터넷뉴스서비스의 경우 제1항 단서에 따른 해당 언론보도등 내용의 정정을 포함한다)하여야 한다. 다만, 신문 및 잡지 등 정기간행물의 경우 이미 편집 및 제작이 완료되어 부득이할 때에는 다음 발행 호에 이를 게재하여야 한다.

④다음 각 호의 어느 하나에 해당하는 사유가 있는 경우에는 언론사등은 정정보도 청구를 거부할 수 있다.

1. 피해자가 정정보도청구권을 행사할 정당한 이익이 없는 경우
2. 청구된 정정보도의 내용이 명백히 사실과 다른 경우

2) 불복절차

이 법에 따른 정정보도청구 등과 관련해 분쟁이 있는 경우 피해자 또는 언론사등은 언론중재위원회에 조정(→이 경우 언론중재위원회는 조정결정, 조정불성립결정, 직권조정결정) 혹은 중재를 신청할 수 있다. 언론중재위원회의 직권조정결정에 대해 당사자는 이의신청을 하고 법원의 소송을 제기할 수 있다(언론중재법 26조 등). 그 외에 언론중재법은 반론보도청구, 추후보도청구와 관련해 법에 특별한 규정이 없으면 정정보도청구에 관한 이 법의 규정을 준용한다고 규정하고 있다(16조3항, 17조3항).

3) 정정보도청구제도에 대한 헌재의 합헌결정

헌법재판소는 언론중재법에 규정된 정정보도청구제도에 대해 합헌결정(헌재 2006. 6. 29. 2005헌마165등)을 내렸다. 그 근거로는 첫째, 언론사의 고의, 과실이나 위법성을 요하지 않고, 둘째, 정정보도청구의 소 제기로 인해 민법 764조의 규정에 의한 권리의 행사에 영향을 미치지 않으며, 셋째, 민법상의 불법행위로 인한 손해배상청구권의 소멸시효에 비해 현저히 짧은 제소기간을 두고 있다는 점을 들었다.

---

3. 청구된 정정보도의 내용이 명백히 위법한 내용인 경우
4. 정정보도의 청구가 상업적인 광고만을 목적으로 하는 경우
5. 청구된 정정보도의 내용이 국가·지방자치단체 또는 공공단체의 공개회의와 법원의 공개재판절차의 사실보도에 관한 것인 경우

⑤언론사등이 하는 정정보도에는 원래의 보도 내용을 정정하는 사실적 진술, 그 진술의 내용을 대표할 수 있는 제목과 이를 충분히 전달하는 데에 필요한 설명 또는 해명을 포함하되, 위법한 내용은 제외한다.

⑥언론사등이 하는 정정보도는 공정한 여론형성이 이루어지도록 그 사실공표 또는 보도가 이루어진 같은 채널, 지면(紙面) 또는 장소에서 같은 효과를 발생시킬 수 있는 방법으로 하여야 하며, 방송의 정정보도문은 자막(라디오방송은 제외한다)과 함께 통상적인 속도로 읽을 수 있게 하여야 한다.

⑦방송사업자, 신문사업자, 잡지 등 정기간행물사업자 및 뉴스통신사업자는 공표된 방송보도(재송신은 제외한다) 및 방송프로그램, 신문, 잡지 등 정기간행물, 뉴스통신 보도의 원본 또는 사본을 공표 후 6개월간 보관하여야 한다.

⑧인터넷신문사업자 및 인터넷뉴스서비스사업자는 대통령령으로 정하는 바에 따라 인터넷신문 및 인터넷뉴스서비스 보도의 원본이나 사본 및 그 보도의 배열에 관한 전자기록을 6개월간 보관하여야 한다.

4) 정정보도청구권의 존재 의의

언론중재법상 정정보도청구권의 존재 의의는 **허위의** 신문보도로 피해를 입었으나 **신문사 측에 고의, 과실이 없거나 이를 입증하기 곤란한 경우, 위법성조각사유가 인정될 때**에는 피해자가 기존의 민사상 불법행위책임이나 형사책임 추궁이 불가하고 이런 경우 피해자가 그러한 피해상황으로부터 벗어날 수 있도록 하는 구제책이라는 점에 있다.

5) 정정보도청구권의 제도화와 강화의 의미

정정보도청구제도는 반론보도청구권과의 혼동을 피하고 개인의 기본권 침해를 신속하게 구제하기 위한 제도라는 점에 제도화의 의미가 있기는 하지만, 이로 인해 언론의 위축효과를 초래할 우려가 있으므로 그 운용에 신중을 기해야 한다.

(2) 반론보도청구권

"반론보도"란 "언론의 **보도 내용의 진실 여부와 관계없이** 그와 대립되는 반박적 주장을 보도하는 것"을 말한다(언론중재법 2조17호). 따라서 "반론보도청구권이란 '언론기관의 사실에 관한 보도로 인하여 (보도내용의 진위 여부는 불문하고) 피해를 입은 자가 반박의 게재를 요구할 수 있는 반박권'으로 정의할 수 있다. 반론보도에 의하여 상대방의 반대주장을 들을 수 있으므로 진실발견과 올바른 여론형성에 기여할 수 있다는 것이 반론보도청구권의 인정 취지이다. 대법원은 "반론보도청구에는 원보도의 내용이 허위임을 요건으로 하지 아니하고, 나아가 반론보도의 내용도 반드시 진실임을 증명할 필요가 없으며 이에 따라 반론보도의 내용이 허위일 위험성은 불가피하게 뒤따르게 되지만 이는 반론보도청구권을 인정하는 취지에 비추어 감수하여야 하는 위험"(대판 2009. 1. 15. 2008그193)이라고 판시하였다. **진실 여부를 불문**하는 점이 **정정보도청구와 다르다**.

반론보도는 **사실적 주장**에 대해서만 가능하며, 언론기관의 논평, 비판 등의 의견이나 가치판단은 대상이 되지 않는다. 대법원도 "반론보도청구사건에 있어서 반론의 대상으로 삼는 언론보도의 내용에 언론사의 단순한 의견은 포함되지 않는다"(대판 2006. 2. 10. 2002다49040)고 판시하였다.

언론중재법 16조는 사실적 주장에 관한 언론보도등으로 인하여 피해를 입은 자는 그 보도내용에 관한 반론보도를 언론사등에 청구할 수 있고, 그 청구에는 언론사등의 고의·과실이나 위법성을 필요로 하지 않으며 보도 내용의 진실 여부와 상관없이 그 청구를 할 수 있다고 규정한다. 다만 반론보도청구인이 스스로 허위임을 알면서도 반론보도를 청구하는 것은 허용되지 않는다. 언론기관의 이름으로 하는 '정정보도'가 아니라 피해자의 이름으로 하는 해명이므로 '정정보도청구권' 대신에 '반론보도청구권'으로 명명하게 되었다(헌재 1991. 9. 16, 89헌마165, 정정보도청구제도 사건).

(3) 추후보도청구권

언론에 의해 범죄혐의가 있다거나 형사상 조치를 받았다고 보도된 자는 **형사절차**가 무죄판결 혹은 이와 동등한 형태로 종결되었을 때 추후보도청구권에 의해 추후보도의 게재를 청구할 수 있다. 언론중재법도 "언론등에 의하여 범죄혐의가 있거나 형사상의 조치를 받았다고 보도 또는 공표된 자는 그에 대한 형사절차가 무죄판결 또는 이와 동등한 형태로 종결되었을 때에는 그 사실을 안 날부터 3개월 이내에 언론사등에 이 사실에 관한 추후보도의 게재를 청구할 수 있다"고(17조1항) 규정한다. 이 때 추후보도에는 청구인의 명예나 권리 회복에 필요한 설명 또는 해명이 포함되어야 한다(17조2항).

5. 언론기관설립의 자유

언론기관설립의 자유가 언론·출판의 자유의 하나로 보장된다. 그런데 이러한 언론기관설립의 자유에도 제한이 따른다. 헌법 21조3항은 "통신·방송의 시설기준과 신문의 기능을 보장하기 위하여 필요한 사항은 법률로 정한다"고 하여 '언론기관의 시설기준법정주의'를 규정하고 있다. 언론기관설립의 자유를 제한함과 동시에 언론기관의 남설을 방지하기 위한 것이다. '신문 등의 진흥에 관한 법률', '방송법', '잡지 등 정기간행물의 진흥에 관한 법률', '뉴스통신 진흥에 관한 법률'은 '방송의 허가제, 뉴스통신의 허가제, 정기간행물의 등록제'를 통해 언론기관의 설립에 있어서 일정한 제한규정을 둔다. 그런데 헌법학계에서는 현행법제가 요구하는 언론기관의 시설기준이 너무 과중하다고 보는 견해가 지배적이다. 더욱이 디지털시대에서 인터넷 언론매체가 보편화되고 있는 현시대에 언론기관에 대한 과중한 시설기준은 시대에 맞지 않는 불필요한 규제하고 할 수 있다.

'신문 등의 진흥에 관한 법률'은 종래 신문법에서 규정했던 신문방송뉴스통신 상호간의 겸영금지를 폐지하는 대신에, 18조1항·2항에서처럼[74] 대기업의 일반일간신문 소유는 제한하는 규정들을 두고 있다.

'방송법'도 대기업과 그 계열회사 또는 '신문 등의 진흥에 관한 법률'에 따른 일간신문이나 '뉴스통신 진흥에 관한 법률'의 규정에 따라 뉴스통신을 경영하는 법인에 대해 방송법 8조3항·4항에[75] 따라 소유 제한을 규정하고 있다.

6. 언론기관의 자유

(1) 헌법적 근거와 인정 취지

헌법 21조3항의 "신문의 기능을 보장하기 위하여"에서 신문의 기능을 특별히 강조하면서 '언론기관의 자유'를 보장하고 있다. 언론기관은 현대 민주국가에서 여

74 제18조(대기업의 일반일간신문 소유제한 등) ①「독점규제 및 공정거래에 관한 법률」 제2조제11호에 따른 기업집단 중 자산총액 등 대통령령으로 정하는 기준에 해당하는 기업집단에 속하는 회사(이하 "대기업"이라 한다)와 그 계열회사(대통령령으로 정하는 특수한 관계에 있는 자를 포함한다)는 일반일간신문을 경영하는 법인이 발행한 주식 또는 지분의 2분의 1을 초과하여 취득 또는 소유할 수 없다. ②일반일간신문을 경영하는 법인의 이사(합명회사의 경우에는 업무집행사원, 합자회사의 경우에는 무한책임사원을 말한다) 중 그 상호 간에 「민법」 제777조에 따른 친족관계에 있는 자가 그 총수의 3분의 1을 넘지 못한다.

75 제8조(소유제한 등) ③제2항에도 불구하고 「독점규제 및 공정거래에 관한 법률」 제2조제11호에 따른 기업집단중 자산총액 등 대통령령으로 정하는 기준에 해당하는 기업집단에 속하는 회사(이하 "대기업"이라 한다)와 그 계열회사(특수관계자를 포함한다) 또는 「신문 등의 진흥에 관한 법률」에 따른 일간신문(이하 "일간신문"이라 한다)이나 「뉴스통신 진흥에 관한 법률」에 따른 뉴스통신(이하 "뉴스통신"이라 한다)을 경영하는 법인(特殊關係者를 포함한다)은 지상파방송사업자의 주식 또는 지분 총수의 100분의 10을 초과하여 소유할 수 없으며, 종합편성 또는 보도에 관한 전문편성을 행하는 방송채널사용사업자의 주식 또는 지분 총수의 100분의 30을 초과하여 소유할 수 없다. ④지상파방송사업자, 종합편성 또는 보도에 관한 전문편성을 행하는 방송채널사용사업자의 주식 또는 지분을 소유하고자 하는 일간신문을 경영하는 법인(특수관계자를 포함한다)은 경영의 투명성을 위하여 대통령령으로 정하는 바에 따라 전체 발행부수, 유가 판매부수 등의 자료를 방송통신위원회에 제출하여 공개하여야 하며, 제3항에도 불구하고 일간신문의 구독률(대통령령으로 정하는 바에 따라 전체 가구 중 일정 기간 동안 특정 일간신문을 유료로 구독하는 가구가 차지하는 비율을 말한다. 이하 같다)이 100분의 20 이상인 경우에는 지상파방송사업 및 종합편성 또는 보도에 관한 전문편성을 행하는 방송채널사용사업을 겸영하거나 주식 또는 지분을 소유할 수 없다.

론형성이라는 공공적 기능을 수행한다. 따라서 언론기관은 국가기관에 대해 언론기관의 특권으로서 정보청구권을 가진다.

(2) 내용

1) 언론기관의 대외적 자유

언론기관은 객관적 사실을 신속·정확하게 알림으로써 국민의 알권리를 충족시켜주고 여론형성에 기여하게 되며(**보도의 자유**), 자신의 의사를 표현할 수 있고(**논평의 자유**), 주는 뉴스만 보도한다면 더 이상 '권력의 감시'라는 언론기관의 기능을 수행할 수 없으므로 언론기관은 무엇이든 스스로 취재를 할 수 있는 자유(**취재의 자유**)를 가지며 신문 등을 독자들에게 보급할 수 있는 자유(**보급의 자유**)도 가진다.

또한 취재원비닉권이 보도의 자유에 포함되느냐와 관련해서는 학설의 대립이 있다. 다수설인 제1설은 취재의 자유에 취재원비닉권이 포함되지 않는다는 견해를 취하고, 소수설인 제2설은 신문의 진실보도, 사실보도, 공정보도를 위해 당연히 인정되어야 한다는 견해를 취하며 또다른 소수설인 제3설은 언론기관의 입장, 공정한 재판 진행, 취재원을 알아야 할 공공이익을 사건별로 형량하여 결정해야 한다는 입장을 취한다.

2) 언론기관의 내부적 자유

언론기관의 사용자와 피용자(경영자 편집국장), 기자 중 상관과 부하 간에 **편집·편성의 자유**를 가진다. 언론의 자유의 제3자적 효력(통설인 기본권삼분설 중 간접적용가능한 기본권)이 인정되는 부분이다.

(3) 책임과 의무

언론기관의 책임은 **'민주적 여론형성'**에 기여하는 것이며 이러한 언론의 책임을 다하기 위해 언론기관은 **진실보도의무**를 부담한다. 따라서 허위사실보도는 언론기관의 자유에 포함되지 않는다. 공적(公的) 인물에 대한 보도 시 언론기관이 보도내용의 진실 여부를 검토하는 과정에서 경미한 과실을 범한 정도이면 형사상의 책임이 면제된다. 공적 인물에 대해서는 언론기관의 고의·중과실(reckless disregard)에 의한 허위의 사실보도에 대해서만 형사책임이 인정된다. 이 때 중과실(reckless disregard)을 미국 연방대법원은 New York Times v. Sullivan 376US254(1964) 판결에서[76] '진실이라고 믿을 수 있는 정당한 이유가 없는데도 그 진위를 알아보지 않는 것'이라고 보았고, 우리 헌법재판소는 "진실이라고 믿을 수 있는 정당한 이유가 없는데도 진위를 알아보지 않고 허위보도를 하는 것"을 의미한다고 보면서, "허위라는 것을 알거나 진실이라고 믿을 수 있는 정당한 이유가 없는데도 진위를 알아보지 않고 게재한 허위보도," 즉 고의·중과실에 의한 공적 인물에 대한 언론기관의 허위보도에 대해서는 언론기관이 면책을 주장할 수 없다고 판시하였다.

V. 효력

언론·출판의 자유는 대국가적 효력뿐만 아니라 대사인적 효력도 가진다. 특히 대사인적 효력과 관련해 언론출판의 자유는 헌법 21조4항2문에 의해 공법인 헌법의 기본권조항이 사적 법률관계에 직접적용되는 기본권이다.

VI. 언론·출판의 자유의 헌법적 한계: 헌법 21조4항의[77] 개별적 헌법유보

헌법 21조4항은 "언론·출판은 타인의 명예나 권리 또는 공중도덕이나 사회윤리를 침해하여서는 아니된다."고 규정한다. 언론·출판의 자유의 헌법적 한계로서

76 New York Times v. Sullivan 376US254 (1964)판결의 사실관계는 다음과 같다. Sullivan은 Alabama주 Montgomery시의 시 경찰서장이었다. 1960년 경찰의 시위진압에 대한 New York Times의 기사가 몇 가지 허위사실을 보도하였다. 하급심 법원은 New York Times의 Sullivan에 대한 명예훼손 유죄판결을 내렸다. 미국 연방대법원은 이 유죄판결을 뒤집었다. 왜냐하면 미국 수정헌법 제1조가 보장하는 언론·출판의 자유에 의해 공직자는 그에 대한 명예훼손이 actual malice(with knowledge that it was false or with reckless disregard of whether it was false or not)에 의한 것임을 입증해야 한다고 보았기 때문이다. 그 후 Rosenblatt v. Baer 383 US 75(1966) 판결 등에서 공무수탁자도 공무원에 포함되어 '공적 인물'에 포함되는 등 '공적 인물'의 범위가 확대되고 Cultis Publishing V. Butts 388 US 130(1967) 판결에서는 유명 연예인, 스포츠 선수 등도 '공적 인물'로 인정하는 등 공적 인물의 범위가 다른 '공적 인물'(public figure)로 까지 확대되었다.

77 헌법 제21조 ④(생략) 언론·출판이 타인의 명예나 권리를 침해한 때에는 피해자는 이에 대한 피해의 배상을 청구할 수 있다.

타인의 명예, 타인의 권리, 공중도덕과 사회윤리를 규정하고 있는 것이다. 이것은 언론·출판의 자유에 대한 개별적 헌법유보조항으로서의 성격도 가진다.

1. "타인의 명예": 명예훼손

타인의 명예를 훼손하는 언론·출판은 언론·출판의 자유의 헌법적 한계를 넘어섰기 때문에 언론·출판의 자유로 보호받지 못하고, 형법 307조(명예훼손),[78] 309조(출판물 등에 의한 명예훼손) 등 형법상의 명예훼손죄에 의해 처벌될 수 있다. 또한 고의 또는 과실로 타인의 명예를 훼손한 언론·출판은 민사상의 불법행위(민법 751조[79])에 해당될 수 있다.

2. "타인의 권리": 사생활의 비밀과 자유의 침해

헌법 21조4항의 "타인의 권리"는 '사생활의 비밀과 자유'를 의미한다. 사생활의 비밀과 자유를 침해하는 민법 751조의 민사상 불법행위가 되려면 '첫째, 일반인에게 알려지지 않은 사생활상의 사실, 둘째, 그 사람의 입장에서라면 공개를 원치 않을 것으로 인정되는 사항'이라는 두 가지 요건의 충족이 필요하다.

3. "공중도덕이나 사회윤리" 위배: 음란

공중도덕이나 사회윤리에 의한 언론·출판의 자유의 제한은 음란물과 관련된다. 형법상의 음란죄는 음란물을 공중도덕이나 사회윤리에 위배되는 음란물에 대해 형법 244조(음화제조등)와[80] 243조(음화반포등)의[81] 음란죄로 규율한다.

---

78 제307조(명예훼손) ①공연히 사실을 적시하여 사람의 명예를 훼손한 자는 2년 이하의 징역이나 금고 또는 500만원 이하의 벌금에 처한다. ②공연히 허위의 사실을 적시하여 사람의 명예를 훼손한 자는 5년 이하의 징역, 10년 이하의 자격정지 또는 1천만원 이하의 벌금에 처한다.

79 제751조(재산 이외의 손해의 배상) ①타인의 신체, 자유 또는 명예를 해하거나 기타 정신상 고통을 가한 자는 재산 이외의 손해에 대하여도 배상할 책임이 있다. ②법원은 전항의 손해배상을 정기금채무로 지급할 것을 명할 수 있고 그 이행을 확보하기 위하여 상당한 담보의 제공을 명할 수 있다.

80 제244조(음화제조 등) 제243조의 행위에 공할 목적으로 음란한 물건을 제조, 소지, 수입 또는 수출한 자는 1년 이하의 징역 또는 500만원 이하의 벌금에 처한다.

81 제243조(음화반포등) 음란한 문서, 도화, 필름 기타 물건을 반포, 판매 또는 임대하거나 공연히 전시 또는 상영한 자는 1년 이하의 징역 또는 500만원 이하의 벌금에 처한다.

헌법재판소는 음란표현도 표현의 자유(언론·출판의 자유)의 보호범위 내에 있다고 판시하면서, 음란을 '인간존엄 내지 인간성을 왜곡하는 노골적이고 적나라한 성표현으로서 오로지 성적 흥미에만 호소할 뿐 전체적으로 보아 하등의 문학적, 예술적, 과학적 또는 정치적 가치를 지니지 않은 것'(헌재 1998. 4. 30. 95헌가16: 음란·저속한 간행물 사건)으로 정의내렸다. 이러한 헌법재판소의 음란개념은 1973년 Miller판결 이후의 미국 연방대법원의 음란개념에 영향을 받은 것으로 보인다. 1973년의 Miller v. California(413U.S.15)판결에서 미국 연방대법원은 원치않는 사람들에게 성인잡지(adult book)를 광고하는 음란한 브로셔를 반포한 밀러(Miller)에게 음란죄의 유죄판결을 내리면서 음란성 판단의 세 가지 기준을 제시했는데, 첫째, 호색적 흥미에 호소할 것(appeal to prurient interest), 둘째, 명백히 노골적인 하드코어 포르노물일 것(patently offensive hard-core pornography), 셋째, 중대한 문학적, 예술적, 정치적 혹은 과학적 가치를 결할 것(lack of serious literary, artistic, political or scientific value)이 그것이다. 그러면서 첫 번째와 두 번째 기준은 지역공동체 기준(local community standard)이라서 배심원들이 충족 여부를 판단할 수 있고, 세 번째 기준은 전국공동체 기준(national community standard)이어서 법률전문가인 판사가 충족 여부를 판단할 수 있다고 판시하였다.

헌법재판소는 음란 또는 저속한 간행물을 출판한 출판사나 인쇄소의 등록을 취소할 수 있게 한 '출판사 및 인쇄소의 등록 등에 관한 법률' 제5조의2 제5호의 위헌 여부를 다툰 음란·저속한 간행물 사건에서 '음란'과는 달리 '저속'은 명확성원칙 등에 위반하여 위헌이라고 판시하였다(헌재 1998. 4. 30. 95헌가16).

VII. 언론·출판의 자유의 제한

언론·출판의 자유는 위에서 이미 살펴본 헌법 21조4항이나 일반적 법률유보조항인 헌법 37조2항에 따라 제한될 수 있다. 그런데 그 제한이 사전통제냐 사후통제냐에 따라 상이한 기준이 적용된다. 특히 언론·출판의 자유에 대한 사전통제는 '사전억제금지의 원칙'(Principle of Prior Restraint)에 의해 강한 위헌의 추정을 받아 웬만하면 위헌이다. 왜냐하면 언론·출판의 자유에 대한 사전억제 내지 사전통제는 언론·출판의 자유뿐만이 아니라 그 보도로 인한 국민의 알권리까지도 침해할 수 있기 때문이다.

1. 사전통제

(1) 허가제의 금지

헌법 21조2항은 "언론·출판에 대한 허가는... 인정되지 아니한다"고 하여 언론·출판에 대한 사전허가제 금지를 헌법에 명문화하고 있다. 행정법학에서 '허가'란 '원래 자연적 자유에 속하는 자유를 일단 일반적으로 금지한 후에, 특정한 경우에 한하여 그 금지를 해제하여 주는 행정처분'으로 정의된다. 이러한 허가의 정의에 따르더라도 언론·출판의 자유에 대한 사전허가제는 '허가'의 개념본질상 맞지 않다. 자연적 자유인 언론·출판의 자유는 전면적·일반적으로 금지할 수 없고, 행정당국이 특정한 경우에 한하여 그 금지를 해제하여 주면 당국의 자의적 판단에 의해 어용언론만 허가를 얻게 될 수 있기 때문이다. 언론·출판에 대한 허가제는 헌법 37조2항의 기본권의 '본질적 내용 침해금지의 원칙'에도 위반된다.

(2) 검열제의 금지

헌법 21조2항은 "언론·출판에 대한 검열은... 인정되지 아니한다"고 하여 언론·출판에 대한 사전검열제 금지를 헌법에 명문화하고 있다. 이 때 '검열'은 '국가기관이 주체가 되어 사상이나 의견이 발표되기 이전에 그 **'내용'**을 심사·선별하여 발표를 **사전에 억제**하는 제도'로 정의된다. 헌법재판소는 '옥외광고물 등 관리법 사건'에서 옥외광고물등관리법 3조에 대해 광고물 등의 종류, 모양, 크기, 색깔, 표시 또는 설치방법, 기간 등을 규제하고 있을 뿐 광고물의 **내용**을 심사선별하여 사전통제하려는 것이 아니므로 검열에 해당하지 않아 합헌이라고 결정하였다(헌재 1998. 2. 27. 96헌바2).

헌법재판소는 여러 결정들(예를 들어, 헌재 1996. 10. 2. 93헌가13, 공연윤리위원회의 영화 사전심의제 사건)을 통해 일관되게 네 가지 검열의 요건을 제시하고 있다. 첫째, **허가를 받기 위한 표현물의 제출의무**, 둘째, **행정권이 주체가 된 사전심사절차**, 셋째, **허가를 받지 않은 의사표시의 금지**, 넷째, **심사절차를 관철할 수 있는 강제수단**이 그것이다. 헌법재판소는 이 네 가지 요건을 갖추면 명칭 유무에 관계없이 그것을 '검열'로 본다. 예를 들어, 헌법재판소는 '교과서 검정제도 사건'(헌재 1992. 11. 12. 89헌마88)에서 대학을 제외한 각 학교의 교과용도서에 대한 검·인정제도를 규정한 교육법 157조와 '교과용도서에 관한 규정' 5조에 대해 "검열이라 함은 개인이 정보와 사상을 발표하기 이전에 국가기관이 미리 그 내용을 심사·선별하여 일정한 범위 내에서 발표를 저지하는 것을 의미하므로 자신이 연구한 결과를 얼마든지 책자로서 발표할 수 있는 이 사건 교과서 문제와는 직접 관련이 없는 것"이라고 하면서 "교과서 검·인정제도의 법적 성질은 인간의 자연적 자유의 제한에 대한 해제인 허가의 성질을 갖는다기보다는 어떠한 책자에 대하여 교과서라는 특수한 지위를 부여하거나 인정하는 제도이기 때문에 가치창설적인 형성적 행위로서 특허의 성질을 갖는 것으로 보아야 할 것"이라고 판시하였다.

1) 영화 등에 대한 검열

제3공화국 헌법은 18조2항에서 "언론·출판에 대한 허가나 검열과 집회·결사에 대한 허가는 인정되지 아니한다. 다만, 공중도덕과 사회윤리를 위하여는 **영화**나 **연예**에 대한 검열을 할 수 있다."라고 규정하여 **영화·연예**에 대해서는 검열이 가능하다고 규정했었지만, 1972년 제7차 개헌으로 삭제되었다.

a. 공연윤리위원회의 영화 사전심의제 사건(헌재 1996. 10. 2. 93헌가13)

영화법 12조는 영화 상영에 앞서 공연윤리위원회의 사전심의 받도록 하고 심의를 받지 않은 영화의 상영을 금지하고 있었으며 영화법 13조는 심의필을 주지 않는 경우로 "1.헌법의 기본질서에 위배되거나 국가의 권위를 손상할 우려가 있을 때, 2.공서양속을 해하거나 사회질서를 문란하게 할 우려가 있을 때, 3.국제간의 우의를 훼손할 우려가 있을 때, 4.국민정신을 해이하게 할 우려가 있을 때"를 규정하고 있었다. 이 기준은 **'내용심사'**에 해당하는 것이었고 심의필증 없이 영화를 상영하면 형사처벌까지 가능하도록 하고 있었다.

헌법재판소는 이 영화법 규정들에 대해 위헌결정을 내렸다. 이것은 검열의 4가지 요건을 모두 충족시켜서 '검열'에 해당하기 때문에 언론·출판에 대한 검열을 금지하는 헌법 21조2항에 정면으로 위배된다는 점을 위헌의 근거로 들었다. 그러나 헌법재판소는 이 사건에서 "심의기관에서 허가절차를 통하여 영화의 상영 여부를 종국적으로 결정할 수 있도록 하는 것은 검열에 해당하나, 예컨대, 영화의 상영으로 인한 실정법 위반의 가능성을 사전에 막고 청소년 등에 대한 상영이 부적절할 경우 이를 유통단계에서 효과적으로 관리할 수 있도록 미리 등급을 심사하는 것은 사전검열이 아니"라고 판시하였다.

행정당국이 아니라 영화인과 연예인들 자신에 의한 자율적, 임의적, 권고적 사전심의제도 검열에 해당하지 않는다고 보아야 할 것이다.

b. 공연윤리위원회의 음반·비디오물에 대한 사전심의제 사건(헌재 1996. 10. 31. 94헌가6)

영화 이외에 음반, 비디오물에 대한 사전심의제도 신설되어 있었다. '구 음반 및 비디오물에 관한 법률' 16조는 공연윤리위원회의 **'음반'**에 대한 사전심의제를 규정하고 있었고, 24조는 심의없이 음반을 판매할 경우 형사처벌까지 규정하고 있었다.

헌법재판소는 이 조항들에 대해, **음반**에 대한 **공연윤리위원회의** 사전심의제는 검열로서 헌법 21조2항에 정면으로 위배된다고 하면서 위헌결정을 내렸다. 헌법재판소는 특히 검열의 4가지 요건들 중 "행정권이 주체가 된 사전심사절차"와 관련하여 "행정권이 공연윤리위원회의 구성에 지속적인 영향을 미칠 수 있도록 한 이상 공연윤리위원회가 민간인들로 구성되었다고 하여도 검열기관으로서의 법적 성격이 바뀌는 것은 아니"라고 판시하였다.

이 결정으로 인해 공연윤리위원회는 사라졌고, 1999년 2월 8일에 제정된 '음반·비디오물 및 게임물에 관한 법률'에 따라 위원회의 구성·심의결과의 보고 등에 공연윤리위원회와 약간의 차이가 있는 한국공연예술진흥협의회가 음반, 비디오물, 게임물에 대해 사전심의를 맡게 되었다.

c. 공연예술진흥협의회의 음반 등 사전심의제 사건(헌재 1999. 9. 16. 99헌가1)

'구 음반 및 비디오물에 관한 법률' 17조는 한국공연예술진흥협의회의 **'비디오물'**에 대한 사전심의제를 규정하였고, 심의 없이 비디오물을 제작·판매할 경우 25조는 형사처벌까지 할 수 있게 하였다.

헌법재판소는 **비디오물**에 대한 **한국공연예술진흥협의회의** 사전심의제는 '검열'로서 헌법 21조2항에 정면으로 위배된다며 위헌결정을 내렸다. 한국공연예술진흥협의회와 공연윤리위원회에 관한 규정을 비교해 보면, 한국공연예술진흥협의회에도 행정권이 심의기관의 구성에 지속적 영향을 미칠 수 있고 행정권이 주체가 되어 검열절차를 형성하고 있는 점에 있어서 큰 차이가 없다"는 점을 근거로 들었다. 이 결정으로 공연윤리위원회에 이어 한국공연예술진흥협의회도 사라졌다.

d. 영상물등급위원회의 등급분류보류제도 사건(헌재 2001. 8. 30. 2000헌가9)

영화진흥법 21조4항은 영상물등급위원회가 3월 이내의 기간을 정하여 영상물 상영등급의 분류를 보류할 수 있게 한 등급분류보류제도를 규정하고 있었는데, 헌법재판소는 영상물등급위원회의 등급분류보류제도는 '검열'로서 헌법 21조2항에 정면으로 위배된다면서 위헌결정을 내렸다. 유념할 것은 이 결정에서 헌법재판소가 **영상물등급위원회**의 '상영등급부여제도'(사전등급제) 자체를 '검열'에 해당해 위헌이라고 판시한 것이 아니라, **등급분류보류제도에 횟수 제한이 없어서**, 실질적으로 영상물등급위원회의 허가를 받지 않는 한 영화를 통한 의사표현이 무한정 금지되는 '등급분류보류제도'만을 위헌이라고 판시했다는 점이다.

e. 영화진흥법상의 제한상영가 사건(헌재 2008. 7. 31. 2007헌가4)

'영화 및 비디오물 진흥에 관한 법률' 29조(상영등급분류)의 상영등급 중 **'제한상영가**: 상영 및 광고선전에 있어서 일정한 제한이 필요한 영화'라고 규정한 부분에 대해 헌법재판소는 이 제한상영가 등급분류의 기준에 관한 부분이 포괄위임입법금지원칙에 위반된다는 이유로 헌법불합치, 입법촉구결정 및 계속 적용결정을 내렸다.

2) 국가비상사태하에서의 사전통제

헌법 77조3항은 "비상계엄이 선포된 때에는... 법률이 정하는 바에 의하여... 언론·출판...의 자유...에 관하여 특별한 조치를 할 수 있다"고 규정하고 있다. 따라서 비상계엄 하에서는 언론·출판의 자유에 대한 특별조치로서 '검열' 등의 사전통제가 가능하다.

2. 사후통제

사전통제보다는 넓게 인정되나 정신적 자유권에 속하는 언론·출판의 자유에 대한 사후통제의 합헌성 판단에는 헌법 37조2항 등 헌법규정과 특별적용원칙으로서 이중기준의 원칙, 명확성원칙(막연하므로 무효의 이론), 명백·현존하는 위험의 원칙이 적용된다.

(1) 헌법규정

언론·출판의 자유는 첫째, 헌법 76조2항의[82] 법률의 효력을 가지는 대통령의 긴급명령에 의해 사후적으로 제한될 수 있다. 둘째, 헌법 77조3항의[83] 비상계엄하의 특별조치에 의해 제한될 수 있다. 즉 계엄사령관의 포고령으로 언론·출판의 자유에 대해 특별한 조치를 할 수 있다(계엄법 9조의 계엄사령관의 특별조치권[84]). 셋째, 헌법 37조2항에 의해 필요부득이한 경우 최소한의 범위 내에서 언론·출판의 자유를 "법률로써" 제한할 수 있다.

(2) 법률규정

방송법과 '방송통신위원회의 설치 및 운영에 관한 법률'에 의해, 방송통신위원회와 방송통신심의위원회는 방송 내용을 사후에 심의할 수 있고, 방송통신위원회는 각종 제재조치나 과징금을 부과할 수 있으며, 방송법 18조에[85] 따라 허가, 승인,

---

82 헌법 제76조 ②대통령은 국가의 안위에 관계되는 중대한 교전상태에 있어서 국가를 보위하기 위하여 긴급한 조치가 필요하고 국회의 집회가 불가능한 때에 한하여 법률의 효력을 가지는 명령을 발할 수 있다.

83 헌법 제77조 ③비상계엄이 선포된 때에는 법률이 정하는 바에 의하여 영장제도, 언론·출판·집회·결사의 자유, 정부나 법원의 권한에 관하여 특별한 조치를 할 수 있다.

84 계엄법 제9조(계엄사령관의 특별조치권) ①비상계엄지역에서 계엄사령관은 군사상 필요할 때에는 체포·구금·압수·수색·거주·이전·언론·출판·집회·결사 또는 단체행동에 대하여 특별한 조치를 할 수 있다. 이 경우 계엄사령관은 그 조치 내용을 미리 공고하여야 한다.

85 제18조(허가·승인·등록의 취소 등) ①방송사업자·중계유선방송사업자·음악유선방송사업자·전광판방송사업자 또는 전송망사업자가 다음 각 호의 어느 하나에 해당하는 때에는 과학기술정보통신부장관 또는 방송통신위원회가 소관 업무에 따라 허가·승인 또는 등록을 취소하거나 6개월 이내의 기간을 정하여 그 업무의 전부 또는 일부를 정지하거나 광고의 중단 또는 제16조에 따른 허가·승인의 유효기간 단축을 명할 수 있다. 다만, 제13조제3항의 각 호의 어느 하나에 해당하는 자가 법인의 대표자 또는 방송편성책임자가 된 경우로서 3개월 이내에 그 임원을 변경하는 때에는

등록의 취소를 할 수 있다. 둘째, '신문 등의 진흥에 관한 법률'(약칭: 신문법) 22조[86] 에 따라 등록관청인 시·도지사가 신문 및 인터넷신문의 발행정지(정간처분)를 명할 수 있고 등록취소(폐간처분)의 심판을 법원에 청구할 수 있다. 그런데 신문법 23조

그러하지 아니하다.

1. 거짓이나 그 밖의 부정한 방법으로 허가·변경허가·재허가를 받거나 승인·변경승인·재승인을 얻거나 등록·변경등록을 한 때
2. 제8조의 규정에 위반하여 주식 또는 지분을 소유한 때
3. 제13조의 결격사유에 해당하게 된 때
4. 제14조의 규정에 위반하여 재산상의 출자 또는 출연을 받은 때
5. 이 법에 의한 허가를 받거나 승인을 얻거나 등록한 날부터 2년 이내에 방송 또는 사업을 개시하지 이니한 때
6. 제15조제1항을 위반하여 변경허가 또는 변경승인을 받지 아니하거나 변경등록을 하지 아니한 때
7. 제77조제3항에 따른 약관변경명령 또는 재통지명령 등을 이행하지 아니한 때
8. 삭제 〈2016. 1. 27.〉

8의2. 제91조의7제1항에 따른 방송의 유지·재개 명령을 이행하지 아니한 때

9. 제99조제1항에 따른 시정명령을 이행하지 아니하거나 같은 조 제2항에 따른 시설개선명령을 이행하지 아니한 때
10. 제100조제1항에 따른 제재조치명령을 이행하지 아니한 때
11. 제69조의2제5항에 따른 명령을 이행하지 아니한 때
12. 방송사업자가 내부·외부의 부당한 간섭으로 불공정하게 채널을 구성한 때
13. 제85조의2제1항제7호를 위반하여 같은 조 제2항의 시정조치 명령을 받은 때

86 제22조(신문등의 발행정지 및 등록취소의 심판청구) ①시·도지사는 제9조제1항에 따라 신문·인터넷신문 또는 인터넷뉴스서비스의 등록을 한 자가 다음 각 호의 어느 하나에 해당하는 경우 3개월 이내의 기간을 정하여 해당 신문등의 발행정지를 명할 수 있다.

1. 제9조제1항에 따라 등록된 사항을 변경등록하지 아니하고 임의로 변경하여 그 신문등을 발행한 경우
2. 발행인·편집인 또는 기사배열책임자가 제13조에 따른 결격사유에 해당된 경우

②시·도지사는 제9조제1항에 따라 신문등을 등록한 자가 다음 각 호의 어느 하나에 해당하는 경우 6개월 이내의 기간을 정하여 해당 신문등의 발행정지를 명하거나 법원에 신문등의 등록취소의 심판을 청구할 수 있다.

1. 거짓이나 그 밖의 부정한 방법으로 등록한 사실이 있는 경우
2. 신문등의 내용이 등록된 발행목적이나 발행내용을 현저하게 반복하여 위반한 경우
3. 음란한 내용의 신문등을 발행하여 공중도덕이나 사회윤리를 현저하게 침해한 경우

③제2항에 따른 심판청구에 대한 제1심 재판은 신문사업자·인터넷신문사업자 또는 인터넷뉴스서비스사업자의 보통재판적 소재지를 관할하는 지방법원합의부의 관할로 한다. 법원은 심판청구를 접수한 날부터 3개월 이내에 재판하여야 한다. 등록취소심판사건의 청구·심리·재판, 그 밖에 필요한 사항은 대법원규칙으로 정한다.

는[87] 이와 더불어 폐간처분에 해당하는 등록취소를 행정기관에 의한 직권으로도 할 수 있게 하고 있어 논란이 되고 있다. 셋째, '잡지 등 정기간행물의 진흥에 관한 법률' 24조, 26조, 27조는 등록·신고취소심의위원회에 의한 정기간행물의 발행정지와 등록취소에 관해 규정하고 있으며 특히 등록취소의 경우에는 청문을 실시하게 하고 있다.

법률에 의해 언론·출판의 자유를 제한하는 경우에도 본질적 내용은 침해할 수 없다. 사후적으로라도 폐간처분은 법원의 심판에 의해서만 가능하다. 언론·출판에 대한 공적 규제는 남용이 위험성이 크기 때문에 가급적 사상의 자유시장에서 걸러질 수 있게 해야 하며, 이것이 불가능할 경우에도 가급적 언론기관의 자율적인 규제에 맡겨야 할 것이다.

(3) 언론·출판의 자유 제한 법률의 합헌성 판단에 관한 특별적용원칙

1) 이중기준의 원칙 : 정신적 자유권 〉경제적 기본권

'이중기준의 원칙'(Double Standard Principle)이란 언론출판의 자유를 포함한 **'정신적 자유권(양심, 종교, 학문, 예술, 언론, 출판, 집회, 결사의 자유)**은 원칙적으로 제한되지 않으며 예외적으로 제한되는 경우에도 그 제한입법의 합헌성 여부에 대한 판단은 **경제적 기본권(재산권, 직업의 자유인)**에 대한 제한입법의 합헌성 여부에 대한 판단보다 엄격해야 한다는 원칙'을 말한다. 즉 정신적 자유권 제한법률은 사전억제금지의 원칙, 제한의 사유와 정도에 관한 명확성, 명백하고 현존하는 위험성, 합리성 등의 엄격한 요건을 모두 충족시켜야 합헌지만, 경제적 기본권 제한법률은 제한의 합리적 사유만 있으면 합헌이라는 것이다.

1930년대 미국의 공황 타계를 위한 루즈벨트 대통령의 경제개혁법률들(New Deal Acts)이 초기에 미국 연방대법원에 의해 계속 위헌판결을 받아 무효화 되자, 국민의 재산권 등 경제적 기본권을 제한하는 루즈벨트 대통령의 경제개혁법률들

---

87 제23조(직권등록취소) 시·도지사는 제9조제1항에 따라 신문등을 등록한 자가 다음 각 호의 어느 하나에 해당하는 경우에는 해당 신문등의 등록을 취소할 수 있다.
1. 정당한 사유 없이 등록 후 6개월 이내에 해당 신문등을 발행하지 아니한 경우
2. 정당한 사유 없이 1년 이상 해당 신문 등의 발행을 중단한 경우

(New Deal Acts)에 대해 미국 연방대법원이 위헌판결을 자제하게 되었고, 이러한 미국 연방대법원의 사법심사의 경향을 이론화한 판례이론이 '이중기준의 원칙'이다. 즉 '이중기준의 원칙'은 원래 정신적 자유권을 덜 제한하려는 데에 초점이 맞추어진 것이 아니라 재산권 등 경제적 기본권 제한을 용이하게 하려는데 초점이 맞춰진 것이었다. 그러나 이것이 그 후에는 정신적 자유권을 제한하는 법률에 대한 합헌성추정의 배제, 입증책임의 전환, 기관소송에서 당사자적격 요건의 완화 등을 통해, 정신적 자유권을 제한하는 법률은 웬만하면 위헌이고 이에 대한 합헌성 판단은 엄격한 심사기준에 의해야 한다는 이론으로 발전하였다.

2) 명확성원칙

명확성원칙은 앞에서 본 바와 같이 모든 기본권 제한법률에 적용되는 원칙이지만 특히 언론·출판의 자유 등 표현의 자유 제한법률의 합헌성 판단에서 강조되는 특별적용원칙이다. 헌법재판소도 미네르바사건에서 "공익을 해할 목적으로 전기통신설비에 의하여 공연히 허위의 통신을 한 자는 5년 이하의 징역 또는 5천만원 이하의 벌금에 처한다."고 규정한 전기통신기본법 47조1항에 대해 위헌결정을 내리면서, "막연한 '공익'개념을 구성요건 요소로 삼아서 표현행위를 규제하고, 나아가 형벌을 부과하는 이 사건 법률조항은 표현의 자유에서 요구하는 명확성의 요청 및 죄형법정주의의 명확성원칙에 부응하지 못하는 것이라 할 것이다. 따라서, 이 사건 법률조항은 명확성원칙에 위배하여 헌법에 위반된다"고 판시하였다.

3) 명백·현존하는 위험의 원칙

'명백·현존하는 위험의 원칙'(Clear and Present Rule)은 미국 연방대법원의 판례를 통해 탄생하고 발전된 법리로서, '표현의 자유의 한계'이자 '표현의 자유 규제입법의 합헌성 판단기준'이 된다.

이 원칙은 1919년 미국 연방대법원이 내린 Schenck v. U.S.(249 U.S. 47)판결에서 판결문을 집필한 홈즈(Oliver Wendell Holmes Jr.) 대법관에 의해 처음으로 개진되었다. 미국 사회당 총비서인 쉥크(Schenck)는 징집대상인 청년들에게 징병제도의 거부를 촉구하는 전단을 배포하여 당시의 연방법인 간첩법(Espionage Act) 위반으로 기소되어 하급심에서 유죄판결을 받았고, 최종적으로 이 사건은 미국 연방대법원에 상고되었다. 홈즈 대법관은 명백·현존하는 위험의 원칙을 개진했지만 피고인 쉥크에게 간첩법 유죄판결을 내렸다.

홈즈 대법관은 판결문에서 **모든 표현행위**가 **어떤 '상황'**(circumstance)에서 행해졌는가에 따라 **성격이 규정**된다고 보았다. 예를 들어 극장 안에서 거짓으로 "불이야"라고 외친 것은 언론의 자유로 보호받지 못하고, 공개된 도로에서 불난 집을 보고 "불이야"라고 외친 것은 언론의 자유로 보호될 수 있다는 것이다. 즉 어떤 표현이 법률상 금지된 실질적 해악을 초래할 명백하고 현존하는 위험을 야기시킬 상황에서 행해졌을 때에만 표현의 자유는 제한 가능하다. 단순히 '위험의 경향'이 있다는 이유만으로 표현을 규제해서는 안 된다. 이때 **'명백'**(clear)은 **'표현과 해악 발생 사이의 인과관계의 존재'**를, **'현존'**(present)은 **'해악 발생의 시간적 근접'**을, **'위험'**(danger)은 **'해악 발생의 개연성'**을 의미한다.

'명백·현존하는 위험의 원칙'을 적용했을 때 쉥크의 표현행위는 전시상황에서 행해졌고 전쟁수행에 방해가 되므로 허용되어서는 안 된다고 보았고, 따라서 명백·현존하는 위험이 존재한다고 하면서 하급심의 유죄판결을 확정하였다. 이 원칙에 대해서도 '명백·현존하는 위험'이란 '접근성과 정도'(proximity and degree)의 문제이며, 주관적 기준으로서 결국은 이익형량의 문제로 귀결된다는 비판이 뒤따른다.

그 후의 미국 연방대법원 판결에서 명백·현존하는 위험의 원칙은 전시상황이냐의 여부에 따라 후퇴와 복귀를 반복하고 있다. 쉥크 판결이 내려진 6년 후인 1925년의 Gitlow v. New York(268 U.S. 652)판결에서 미국 연방대법원은 명백·현존하는 위험의 원칙을 적용하지 않고 후퇴하였다. 이 사건에서 극단적 좌익운동가인 Gitlow는 그의 책에서 정부 타도와 전복을 주장하여 뉴욕주의 무정부주의규제법 위반으로 기소되어 하급심에서 유죄판결을 받았고, 미국 연방대법원은 이러한 하급심의 유죄판결을 확정하였다. 그의 주장이 뉴욕주에 명백·현존하는 위험을 주지는 않았지만 선동을 통해 공공안녕을 해치는 '유해한 경향'(***Bad Tendency Rule*, 위험경향의 원칙**)을 구성했다는 점을 유죄의 근거로 들었다. 1940년의 Thornhill v. Alabama(310US88)판결에서 미국 연방대법원은 다시 명백·현존하는 위험의 원칙을 적용했고 이 원칙을 복귀시켰다. 그러나 1951년의 Dennis v. U.S.(341US494)판결에서 미국 연방대법원은 다시 명백·현존하는 위험의 원칙을 적용하지 않고 후퇴시켰다. 이 사건에서 공산당 간부인 데니스(Dennis)는 폭력에 의한 정부 전복을 주장하다가 이를 금지한 스미스법(Smith Act) 위반으로 기소되어 하급심에서 유죄판결을 받았고, 미국 연방대법원은 유죄판결을 확정했는데, **'해악이 중대할 경우'**에는 위험이 절박하지 않아도 처벌할 수 있다는 점을 근거로 들었다. 우리 헌법재판소는 명백·현존하는 위험의 원칙을 부분적 도입해 표현의 자유 제한법률의 합헌성 판단과 관련해 **"명백한 위험"**을 결정문에서 언급한 바 있다. 즉 헌법재판소는 찬양·고무죄사건(헌재 1990. 4. 2. 89헌가113)에서 "국가보안법 제7조 제1항 및 제5항의 규정은 문언 그대로 해석·운영된다면 위헌의 소지가 있지만, 각 소정의 행위가 국가의 존립·안전을 위태롭게 하거나 자유민주적 기본질서에 위해를 줄 **명백한 위험**이 있을 경우에만 축소적용 되는 것으로 해석한다면 헌법에 위반되지 않는다"고 하면서 한정합헌결정을 내렸다.

VIII. 언론·출판의 자유의 침해와 구제

1. 국가기관에 의한 침해와 구제

국가기관에 의해 개인 또는 언론기관의 언론출판의 자유가 침해되었을 때에는 기본권일반의 경우와 같은 구제방법에 따라 구제받을 수 있다.

2. 언론기관 또는 사인에 의한 침해와 구제

(1) 언론기관 또는 사인이 개인의 언론·출판의 자유를 침해

언론기관이나 사인에 의해 개인의 언론·출판의 자유가 침해된 경우에는 기본권의 제3자적 효력에 관한 간접적용설에 따라 구제받을 수 있다.

(2) 언론기관이 개인의 명예나 권리를 침해한 경우

언론기관이 개인의 명예나 권리를 침해한 때에는 헌법 21조4항2문의[88] "피해의

88 헌법 제21조 ④언론·출판은 타인의 명예나 권리 또는 공중도덕이나 사회윤리를 침해하여서는 아니된다. 언론·출판이 타인의 명예나 권리를 침해한 때에는 피해자는 이에 대한 피해의 배상을 청구할 수 있다.

배상"을 청구할 수 있고, 언론중재법에 따라 정정보도청구권, 반론보도청구권 및 추후보도청구권을 행사할 수 있다.

제6항 | 집회·결사의 자유

집회·결사의 자유는 표현의 자유 중 집단적 표현의 자유이다.

I. 집회의 자유

집회의 자유를 구체화한 하위법률로 '집회 및 시위에 관한 법률'(이하에서는 '집시법')이 있다.

1. 의의와 기능

집회의 자유에서 '집회'란 "다수인이 일정한 장소에서 공동목적을 가지고 평화적으로 회합하는 일시적 결합체"라고 정의된다. 헌법재판소는 "공동의 목적은 '내적인 유대관계'로 족하다"(헌재 2009. 5. 28. 2007헌바22 집회 사전신고제 사건)고 판시하였다. 또한 이 때 "다수인"을 대법원은 2인 이상으로 본다. 따라서 1인 시위는 집시법의 적용을 받는 '집회'가 아니어서 집회 신고의무가 없으며, 형법상의 업무방해의 구성요건을 갖추면 '업무방해죄'로 의율될 수 있을 뿐이다. 시위행진은 "움직이는 집회"(통설) 혹은 "이동하는 집회"(헌재 1992. 1. 28. 89헌가8)로 볼 수 있기 때문에 집시법은 집회의 자유와 시위의 자유를 모두 보장한다.

집회의 자유는 민주정치의 불가결한 조건이 된다. 헌법재판소도 "집회 및 시위의 자유는 사회의 다양한 구성원들이 그들의 의사와 주장을 집단적으로 표명함으로써 국민전체의 여론을 형성한다는 점에서 언론·출판의 자유와 더불어 민주정치의 불가결한 조건이 된다"고 판시했으며, 특히 "오늘날 우리 사회처럼 언론·출판의 수단인 신문·방송 등의 매스미디어가 국가권력과 소수의 대자본에 독점됨으로써 사회의 여러 이해관계 집단이 자신들의 의사를 충분히 표출할 수 없는 상황에서 집회 및 시위의 자유가 가지는 역할과 기능은 더욱 중요하지 않을 수 없다."고 하면서 "기존 지배체제 내지 집권 정치세력에 대하여 비판적인 입장을 취하는 소수자의 표현행위가 국가공권력의 부당한 간섭이나 제약으로부터 벗어나 보호받기 위하여는 집회 및 시위의 자유의 충분한 보장이 전제되어야 한다는 점에서 집회 및 시위의 자유는 **소수자의 보호**를 목적으로 하는 **민주정치의 기본원리**에 부합하는 것"(헌재 1992. 1. 28. 89헌가8)이라고 판시하였다.

2. 헌법적 근거

집회의 자유의 헌법적 근거는 헌법 21조1항이며 2항은 집회에 대한 허가제를 금지하는 명문규정을 두고 있다.

3. 주체

외국인이나 법인도 집회의 자유의 주체가 될 수 있다.

4. 내용

집회의 자유는 '적극적 집회의 자유'와 '소극적 집회의 자유'로 나누어 볼 수 있다.

'적극적 집회의 자유'에는 집회를 개최하는 데 간섭받지 않을 '집회를 개최하는 자유', 집회를 사회 및 진행하는데 간섭받지 않을 '집회를 사회 또는 진행하는 자유', 그리고 집회 참가를 간섭받지 않을 '집회에 참가하는 자유'가 있다. 집회에서 연설이나 토론을 하는 것은 언론의 자유로서 보장되는 것이 아니라 집회의 자유의 일환으로 보장된다.

'소극적 집회의 자유'에는 집회 개최를 강제받지 않을 '집회를 개최하지 않을 자유'와 집회 참가를 강제받지 않을 '집회에 참가하지 않을 자유'가 있다.

5. 효력

사인에 의해 개인의 집회의 자유가 침해된 경우에는 기본권의 제3자적 효력에 관한 간접적용설에 따라 구제받을 수 있다. 특히 집시법 3조에[89] 의해 집회 및 시위를 방해할 수 없고 위반의 경우 벌칙조항인 22조에[90] 의해 '집회 및 시위 방해죄'가

---

89 제3조(집회 및 시위에 대한 방해 금지) ①누구든지 폭행, 협박, 그 밖의 방법으로 평화적인 집회 또는 시위를 방해하거나 질서를 문란하게 하여서는 아니 된다.

90 제22조(벌칙) ①제3조제1항 또는 제2항을 위반한 자는 3년 이하의 징역 또는 300만원 이하의 벌

적용되는데, 이 '집회 및 시위 방해죄'조항은 집회의 자유의 제3자적 효력을 명문화한 법률조항이다.

6. 한계

집회의 자유로 보호되는 집회는 평화적인 비무장·비폭력 집회이다. 이 때 '폭력적 집회'에 대해 심리적 폭력으로 족하다는 '심리적 폭력설'과 사람이나 물건에 대한 물리적 폭력이 있을 때 비로소 폭력적 집회가 될 수 있다는 '물리적 폭력설'이 있는데, '물리적 폭력설'이 다수설이고 집회의 자유의 최대 보장이라는 측면에서 '폭력적 집회'의 범위를 좁게 보아 상대적으로 집회의 자유를 넓게 보장하는 '물리적 폭력설'이 타당하다. 또한 집시법 5조1항은[91] 절대로 금지되는 집회 및 시위에 대해 규정하고 있어서 집회의 자유의 한계를 이룬다.

7. 제한

(1) 사전통제

헌법 21조2항에 의해 허가제는 금지되지만, 행정상 참고를 위한 신고제는 무방하다. 왜냐하면 신고제란 신고만 하면 집회·시위를 할 수 있는 자유를 전제로 하기 때문이다. 헌법재판소도 "신고절차만 밟으면 일반적·원칙적으로 옥외집회 및 시위를 할 수 있도록 보장하고 있으므로, 집회에 대한 사전신고제도는 헌법 제21조 제2항의 사전허가금지에 반하지 않는다."(헌재 2009. 5. 28. 2007헌바22 집회 사전신고제 사건)고 판시하였다.

(2) 신고절차

옥외집회 및 시위를 하려면 다음의 절차를 밟아 신고하여야 한다.

금에 처한다. 다만, 군인·검사 또는 경찰관이 제3조제1항 또는 제2항을 위반한 경우에는 5년 이하의 징역에 처한다.

91 제5조(집회 및 시위의 금지) ①누구든지 다음 각 호의 어느 하나에 해당하는 집회나 시위를 주최하여서는 아니 된다.

1. 헌법재판소의 결정에 따라 해산된 정당의 목적을 달성하기 위한 집회 또는 시위
2. 집단적인 폭행, 협박, 손괴(損壞), 방화 등으로 공공의 안녕질서에 직접적인 위협을 끼칠 것이 명백한 집회 또는 시위

1) 신고서 제출

옥외집회나 시위를 시작하기 720시간(30일)에서 48시간(2일) 전에 신고서를 관할 경찰서장에게 제출하며 신고서에는 목적, 일시, 장소, 주최자, 연락책임자, 질서유지인, 연사의 주소·성명·직업, 연제, 참가예정단체, 참가예정인원, 시위방법을 모두 적어야 한다(집시법 6조).

2) 관할 경찰서장의 금지통고(집시법 8조)

관할 경찰서장은 신고서 접수 후 48시간(2일) 이내에 집시법 5조1항 등 집시법상의 집회 및 시위 제한규정에 해당할 경우 집회 및 시위의 금지를 통고할 수 있다. 같은 시간, 같은 장소에 복수의 집회 및 시위 신고될 경우에는 시간을 나누거나 장소를 분할하여 개최하도록 권유하는 등의 노력을 한 후에 금지 통고가 가능하다.(집시법 8조2항[92])

3) 직근 상급경찰관서장에게 이의신청(집시법 9조)

금지통고를 받을 때로부터 10일 이내에 직근 상급경찰관서의 장에게 이의를 신청"**할 수 있다.**"(**임의적 사항**으로)

4) 고등법원에 행정소송 제기

24시간 내에 재결하지 않으면 재결서 송달 후 10일 이내에 재결청의 소재지를 관할하는 고등법원에 행정소송을 제기할 수 있다.

(3) 각종 제한

헌법재판소는 "집회의 자유는 그 내용에 있어 집회의 시간, 장소, 방법과 목

---

92 제8조(집회 및 시위의 금지 또는 제한 통고) ②관할경찰관서장은 집회 또는 시위의 시간과 장소가 중복되는 2개 이상의 신고가 있는 경우 그 목적으로 보아 서로 상반되거나 방해가 된다고 인정되면 각 옥외집회 또는 시위 간에 시간을 나누거나 장소를 분할하여 개최하도록 권유하는 등 각 옥외집회 또는 시위가 서로 방해되지 아니하고 평화적으로 개최·진행될 수 있도록 노력하여야 한다.
③관할경찰관서장은 제2항에 따른 권유가 받아들여지지 아니하면 뒤에 접수된 옥외집회 또는 시위에 대하여 제1항에 준하여 그 집회 또는 시위의 금지를 통고할 수 있다.
④제3항에 따라 뒤에 접수된 옥외집회 또는 시위가 금지 통고된 경우 먼저 신고를 접수하여 옥외집회 또는 시위를 개최할 수 있는 자는 집회 시작 1시간 전에 관할경찰관서장에게 집회 개최 사실을 통지하여야 한다.

적을 스스로 결정할 권리를 보장한다."(헌재 2003. 10. 30. 2000헌바67)고 판시한 바 있다. 집시법은 집회와 시위에 대한 시간적·장소적 제한 등을 규정하고 있다.

1) 시간적 제한

집시법 10조에[93] 의해 원칙적으로 야간의 옥외 집회와 시위는 금지되고 있었다. 야간 '옥외집회'와 야간 '시위'부분이 별도로 헌법재판소의 심판대상이 되었다. 헌법재판소는 야간 '옥외집회' 부분에 대해서는 2010년 6월 30일을 시한으로 입법자가 법 개정을 할 때까지 계속적용된다는 헌법불합치결정 및 입법촉구결정(헌재 2009. 9. 24. 2008헌가25)을 내렸는데 개정시한까지 법 개정이 이루어지지 않아 야간 '옥외 집회'부분은 효력을 상실하였다. '시위' 부분에 대해서는 한정위헌결정(헌재 2014. 3. 27. 2010헌가2)이 내려져 '해가 진 후부터 같은 날 24시까지의 시위'는 금지할 수 없게 되었고, 같은 날 24시부터 그 다음 날 해가 뜰 때까지만 야간 '시위'가 금지되게 되었다.

2) 장소적 제한

헌법재판소는 "특히 집회장소는 특별한 상징적 의미를 가진다. 특정 장소가 시위의 목적과 특별한 연관성이 있기 때문에 시위장소로서 선택되는 경우가 빈번하다...따라서 집회의 자유는 다른 법익의 보호를 위하여 정당화되지 않는 한, **집회장소**를 **항의의 대상으로부터 분리시키는 것을 금지**한다."(헌재 2003. 10. 30. 2000헌바67)고 판시하였다.

그러나 집시법 11조는 집회 및 시위에 대한 장소적 제한규정으로서, 입법, 사법, 행정부 주요기관이나 공관, 국내 주재 외국의 외교기관이나 외교사절의 숙소 경계지점 100미터 이내의 집회 및 시위를 광범위하게 제한하거나 금지하고 있었다. 이에 집시법 11조의 장소적 제한규정에 대해 헌법재판소는 다음과 같이 수차례 위헌결정이나 헌법불합치결정을 내렸고, 이에 따라 집시법 11조는 여러 차례

93 제10조(옥외집회와 시위의 금지 시간) 누구든지 해가 뜨기 전이나 해가 진 후에는 옥외집회 또는 시위를 하여서는 아니 된다. 다만, 집회의 성격상 부득이하여 주최자가 질서유지인을 두고 미리 신고한 경우에는 관할경찰관서장은 질서 유지를 위한 조건을 붙여 해가 뜨기 전이나 해가 진 후에도 옥외집회를 허용할 수 있다.

개정되어 현 조항에[94] 이른다. 집시법 11조 중 "국내 주재 외국의 외교기관" 부분은 위헌결정(헌재 2003. 10. 30. 2000헌바67)을 받고 효력 상실 후 개정되었고, "국회의사당" 부분도 헌법불합치 및 입법촉구결정(헌재 2018. 5. 31. 2013헌바322)을 받고 개정되었다. "국무총리 공관" 부분도 헌법불합치 및 입법촉구결정(헌재 2018. 6. 28. 2015헌가28)을 받고 개정되었으며, "각급 법원" 부분도 헌법불합치 및 입법촉구결정(헌재 2018. 7. 26. 2018헌바137) 받고 개정되었다.

3) 교통소통을 위한 제한

집시법 12조는[95] 관할 경찰관서장의 교통소통을 위한 집회 또는 시위 금지에

---

94 제11조(옥외집회와 시위의 금지 장소) 누구든지 다음 각 호의 어느 하나에 해당하는 청사 또는 저택의 경계 지점으로부터 100 미터 이내의 장소에서는 옥외집회 또는 시위를 하여서는 아니 된다.

1. 국회의사당. 다만, 다음 각 목의 어느 하나에 해당하는 경우로서 국회의 기능이나 안녕을 침해할 우려가 없다고 인정되는 때에는 그러하지 아니하다.
   가. 국회의 활동을 방해할 우려가 없는 경우
   나. 대규모 집회 또는 시위로 확산될 우려가 없는 경우
2. 각급 법원, 헌법재판소. 다만, 다음 각 목의 어느 하나에 해당하는 경우로서 각급 법원, 헌법재판소의 기능이나 안녕을 침해할 우려가 없다고 인정되는 때에는 그러하지 아니하다.
   가. 법관이나 재판관의 직무상 독립이나 구체적 사건의 재판에 영향을 미칠 우려가 없는 경우
   나. 대규모 집회 또는 시위로 확산될 우려가 없는 경우
3. 대통령 관저(官邸), 국회의장 공관, 대법원장 공관, 헌법재판소장 공관
4. 국무총리 공관. 다만, 다음 각 목의 어느 하나에 해당하는 경우로서 국무총리 공관의 기능이나 안녕을 침해할 우려가 없다고 인정되는 때에는 그러하지 아니하다.
   가. 국무총리를 대상으로 하지 아니하는 경우
   나. 대규모 집회 또는 시위로 확산될 우려가 없는 경우
5. 국내 주재 외국의 외교기관이나 외교사절의 숙소. 다만, 다음 각 목의 어느 하나에 해당하는 경우로서 외교기관 또는 외교사절 숙소의 기능이나 안녕을 침해할 우려가 없다고 인정되는 때에는 그러하지 아니하다.
   가. 해당 외교기관 또는 외교사절의 숙소를 대상으로 하지 아니하는 경우
   나. 대규모 집회 또는 시위로 확산될 우려가 없는 경우
   다. 외교기관의 업무가 없는 휴일에 개최하는 경우

95 제12조(교통 소통을 위한 제한) ①관할경찰관서장은 대통령령으로 정하는 주요 도시의 주요 도로에서의 집회 또는 시위에 대하여 교통 소통을 위하여 필요하다고 인정하면 이를 금지하거나 교통질서 유지를 위한 조건을 붙여 제한할 수 있다.
②집회 또는 시위의 주최자가 질서유지인을 두고 도로를 행진하는 경우에는 제1항에 따른 금지를 할 수 없다. 다만, 해당 도로와 주변 도로의 교통소통에 장애를 발생시켜 심각한 교통 불편을 줄 우려가 있으면 제1항에 따른 금지를 할 수 있다.

대해 규정하고 있다.

4) 소음 제한

집시법 14조는[96] 집회 시 사용하는 확성기 등의 소음을 제한하고 있다. 소음 기준은 대상지역과 시간대(주간, 야간, 심야)를 구분하여 대통령령으로 정한다.

5) 학문, 예술, 체육, 종교, 의식, 친목, 오락, 관혼상제, 국경행사 집회의 예외

집시법 15조는[97] 학문, 예술, 체육, 종교, 의식, 친목, 오락, 관혼상제, 국경행사 집회는 집시법상의 주요 집회자유 제한조항들을 적용하지 않고 있다.

II. 결사의 자유

1. 의의

'결사'란 '다수의 자연인 또는 법인이 공동의 목적을 위해 단체를 결성하는 것'을 말한다. 따라서 '결사의 자유'란 '다수의 자연인 또는 법인이 공동의 목적을 위하여 단체를 결성할 수 있는 자유'로 정의된다.

2. 내용

헌법재판소는 복수조합 설립 금지 사건(헌재 1996. 4. 25. 92헌바47)에서 결사의 자유는 "적극적으로는 ①단체결성의 자유, ②단체존속의 자유, ③단체활동의 자유, ④결사에의 가입·잔류의 자유를, 소극적으로는 '기존단체로부터 탈퇴할 자유'와 '결사에 가입하지 아니할 자유'를 내용으로 한다"고 하면서 결사의 사유의 결사에 의사회, 변호사회, 상공회의소 등 **"공법상의 결사는 이에 포함되지 않는다"**고 판시하였다.

96 제14조(확성기등 사용의 제한) ①집회 또는 시위의 주최자는 확성기, 북, 징, 꽹과리 등의 기계·기구를 사용하여 타인에게 심각한 피해를 주는 소음으로서 대통령령으로 정하는 기준을 위반하는 소음을 발생시켜서는 아니 된다.
②관할경찰관서장은 집회 또는 시위의 주최자가 제1항에 따른 기준을 초과하는 소음을 발생시켜 타인에게 피해를 주는 경우에는 그 기준 이하의 소음 유지 또는 확성기등의 사용 중지를 명하거나 확성기 등의 일시보관 등 필요한 조치를 할 수 있다.

97 제15조(적용의 배제) 학문, 예술, 체육, 종교, 의식, 친목, 오락, 관혼상제 및 국경행사에 관한 집회에는 제6조부터 제12조까지의 규정을 적용하지 아니한다.

제4절 ❙ 사생활 자유권

사생활 영역에서 개인이 간섭받지 않을 권리를 의미하는 '사생활자유권'에는 사생활의 비밀과 자유, 주거의 자유, 거주·이전의 자유, 통신의 자유가 있다.

제1항 | 사생활의 비밀과 자유

I. 의의와 연혁

1. 의의

'사생활의 비밀과 자유'란 '사회생활과 구별되는 개인생활의 내용을 부당히 공개당하지 않고 개인생활의 자유로운 형성과 전개를 방해받지 않을 권리'를 말한다.

2. 연혁

원래 사생활보호는 형법상 명예훼손죄나 민법상 불법행위책임의 문제로 인식되었으나, 1890년 하버드로스쿨의 법학논문집(Harvard Law Review)에 실린 워렌(Warren)과 브랜다이스(Brandeis)의 '프라이버시권'(The Right to Privacy)라는 논문이 나오면서 그 중요성이 인식되어 오다가, 1965년 미국 연방대법원의 Griswold v. Connecticut(381US479)판결을 통해 미국 연방 수정헌법 14조에서 도출되는 기본권의 하나로서 프라이버시권이 인정되었다. 따라서 역사가 짧은 기본권이다. 우리 헌법에는 1980년 개정헌법에서 신설되었다.

II. 헌법적 근거와 법적 성격

1. 헌법적 근거

헌법 17조의 "모든 국민은 사생활의 비밀과 자유를 침해 받지 아니한다"가 사생활의 비밀과 자유의 헌법적 근거이다.

2. 법적 성격

사생활자유권의 가장 기본이 되는 권리이다. 소극적으로 '사생활의 평온을 침해받지 않고 사생활의 비밀을 함부로 공개 당하지 않을 권리'에 머무르지 않고 적극적으로 '자신에 관한 정보를 관리·통제할 수 있는 권리'를 포함한다.

III. 주체

사생활의 비밀과 자유는 인간의 존엄성에 기초한 인간의 권리이기 때문에 외국인도 주체가 되지만, 사자(死者)는 주체가 될 수 없다. 개인정보보호법 2조도 개인정보를 "살아있는 개인에 관한 정보"로 규정하고 있다. 개인정보보호법도 보호대상에서 법인을 제외하고 있으므로 법인은 사생활의 비밀과 자유의 주체가 될 수 없다.

IV. 내용

사생활의 비밀과 자유의 내용은 크게 '사생활 비밀의 불가침' '사생활 자유의 불가침' '개인정보자기결정권'의 세 가지로 나누어 볼 수 있다.

1. 사생활 비밀의 불가침

'사생활 비밀의 불가침'이란 자신만이 간직하고자 하는 난처한 사적 사항이나 그 사람의 인격적 징표(성명, 초상, 경력, 명예)가 본인의 의사에 반해 조사되거나(촬영, 비밀녹음) 그 조사된 내용이 부당하게 공개되지 않을 권리를 말한다.

2. 사생활 자유의 불가침

'사생활 자유의 불가침'은 그 침해행위의 유형에 따라 '사생활 평온의 불가침'과 '자유로운 사생활의 형성과 유지의 불가침'으로 나누어 진다.

(1) 사생활 평온의 불가침

개인의 평온한 사생활을 적극적으로 방해 또는 침해하거나 소극적으로 감시, 도청, 도촬 등으로 교란해 통상인의 수인의 한계를 넘는 불쾌감을 유발하는 행위를 배제할 수 있는 권리이다. 은행예금을 부당하게 조사하는 행위, 불법적인 도청이나 서신검열, 감시, 수색 등이 사생활 평온의 침해이다. 불법적인 도청을 통해 수집된 개인의 사적 내용을 공표하는 것은 위에서 본 '사생활 비밀의 침해'이다. 주거 내에 설치된 도청기를 사용하여 내부의 회화를 도청하고 녹음하는 것은 주거의 불가침을 침해하므로 헌법 16조의 주거의 자유 침해이기도 하다.

헌법재판소는 "흡연을 하는 행위는 사생활의 영역에 포함되므로 흡연권은 인간의 존엄과 가치 및 행복추구권을 규정한 헌법 제10조와 사생활의 자유를 규정한 헌법 제17조에서 헌법적 근거를 찾을 수 있다"고 판시하였다(헌재 2004. 8. 26. 2003헌마457).

(2) 자유로운 사생활의 형성과 유지의 불가침

개인은 자기가 원하는 바에 따라 자유로이 사생활을 형성하고 영위하는 것에 간섭받지 않을 권리를 가진다. 예를 들어, 모발형태를 일정한 것으로 강요하는 것, 의복형태를 일정한 것으로 강요하는 것, 일반 주거지역에서 가옥형태를 일정한 규격으로 강제하는 것, 개인의 취미생활(산책, 등산, 낚시 등)에 부당하게 간섭하는 것 등은 '자유로운 사생활의 형성과 유지의 불가침'에 위배된다.

3. 개인정보자기결정권

(1) 의의

'개인정보자기결정권'이란 '자기에 관한 개인정보를 열람·정정·사용중지·삭제 등을 요구할 수 있는 권리'로 정의된다. 헌법재판소에 의하면 이 때 '개인정보'란 "개인의 신체, 신념, 사회적 지위, 신분 등과 같이 개인의 인격주체성을 특정짓는 사항으로서 그 개인의 동일성을 식별할 수 있게 하는 일체의 정보라고 할 수 있고, 반드시 개인의 내밀한 영역이나 사사(私事)의 영역에 속하는 정보에 국한되지 않고 공적 생활에서 형성되었거나 이미 공개된 개인정보까지 포함한다."(헌재 2005. 7. 21. 2003헌마282)

(2) 헌법적 근거

헌법재판소와 대법원은 개인정보자기결정권의 헌법적 근거를 헌법 10조와 17조로 보고있다.

(3) 주체

사자(死者)나 법인은 개인정보자기결정권의 주체가 될 수 없다. 왜냐하면 2011

년에 제정된 개인정보보호법 2조1호에서 "개인정보"는 "살아있는 개인에 대한 정보"라고 규정하고 있기 때문이다.

(4) 내용

개인정보자기결정권은 개인정보열람청구권, 개인정보처리정지청구권, 개인정보정정·삭제청구권을 내용으로 한다.

1) 개인정보열람청구권

개인정보보호법 35조[98]에 따라 정보주체는 자신의 정보의 열람을 청구할 수 있다. 이 개인정보열람청구권은 알권리로 인한 정보공개청구권과 경합할 수 있다.

---

98 제35조(개인정보의 열람) ①정보주체는 개인정보처리자가 처리하는 자신의 개인정보에 대한 열람을 해당 개인정보처리자에게 요구할 수 있다.

②제1항에도 불구하고 정보주체가 자신의 개인정보에 대한 열람을 공공기관에 요구하고자 할 때에는 공공기관에 직접 열람을 요구하거나 대통령령으로 정하는 바에 따라 보호위원회를 통하여 열람을 요구할 수 있다.

③개인정보처리자는 제1항 및 제2항에 따른 열람을 요구받았을 때에는 대통령령으로 정하는 기간 내에 정보주체가 해당 개인정보를 열람할 수 있도록 하여야 한다. 이 경우 해당 기간 내에 열람할 수 없는 정당한 사유가 있을 때에는 정보주체에게 그 사유를 알리고 열람을 연기할 수 있으며, 그 사유가 소멸하면 지체 없이 열람하게 하여야 한다.

④개인정보처리자는 다음 각 호의 어느 하나에 해당하는 경우에는 정보주체에게 그 사유를 알리고 열람을 제한하거나 거절할 수 있다.

1. 법률에 따라 열람이 금지되거나 제한되는 경우
2. 다른 사람의 생명·신체를 해할 우려가 있거나 다른 사람의 재산과 그 밖의 이익을 부당하게 침해할 우려가 있는 경우
3. 공공기관이 다음 각 목의 어느 하나에 해당하는 업무를 수행할 때 중대한 지장을 초래하는 경우
   가. 조세의 부과·징수 또는 환급에 관한 업무
   나. 「초·중등교육법」 및 「고등교육법」에 따른 각급 학교, 「평생교육법」에 따른 평생교육시설, 그 밖의 다른 법률에 따라 설치된 고등교육기관에서의 성적 평가 또는 입학자 선발에 관한 업무
   다. 학력·기능 및 채용에 관한 시험, 자격 심사에 관한 업무
   라. 보상금·급부금 산정 등에 대하여 진행 중인 평가 또는 판단에 관한 업무
   마. 다른 법률에 따라 진행 중인 감사 및 조사에 관한 업무

⑤제1항부터 제4항까지의 규정에 따른 열람 요구, 열람 제한, 통지 등의 방법 및 절차에 관하여 필요한 사항은 대통령령으로 정한다.

2) 개인정보처리정지청구권

개인정보보호법 37조에[99] 따라 정보주체는 자기정보의 무단공표·이용의 금지 내지 사용중지 또는 삭제 등 자기정보의 처리정지를 요구할 수 있다.

3) 개인정보정정·삭제청구권

개인정보보호법 36조에[100] 따라 정보주체는 자기정보의 정정이나 삭제를 요구

---

99 제37조(개인정보의 처리정지 등) ①정보주체는 개인정보처리자에 대하여 자신의 개인정보 처리의 정지를 요구할 수 있다. 이 경우 공공기관에 대하여는 제32조에 따라 등록 대상이 되는 개인정보파일 중 자신의 개인정보에 대한 처리의 정지를 요구할 수 있다.
②개인정보처리자는 제1항에 따른 요구를 받았을 때에는 지체 없이 정보주체의 요구에 따라 개인정보 처리의 전부를 정지하거나 일부를 정지하여야 한다. 다만, 다음 각 호의 어느 하나에 해당하는 경우에는 정보주체의 처리정지 요구를 거절할 수 있다.
1. 법률에 특별한 규정이 있거나 법령상 의무를 준수하기 위하여 불가피한 경우
2. 다른 사람의 생명·신체를 해할 우려가 있거나 다른 사람의 재산과 그 밖의 이익을 부당하게 침해할 우려가 있는 경우
3. 공공기관이 개인정보를 처리하지 아니하면 다른 법률에서 정하는 소관 업무를 수행할 수 없는 경우
4. 개인정보를 처리하지 아니하면 정보주체와 약정한 서비스를 제공하지 못하는 등 계약의 이행이 곤란한 경우로서 정보주체가 그 계약의 해지 의사를 명확하게 밝히지 아니한 경우
③개인정보처리자는 제2항 단서에 따라 처리정지 요구를 거절하였을 때에는 정보주체에게 지체 없이 그 사유를 알려야 한다.
④개인정보처리자는 정보주체의 요구에 따라 처리가 정지된 개인정보에 대하여 지체 없이 해당 개인정보의 파기 등 필요한 조치를 하여야 한다.
⑤제1항부터 제3항까지의 규정에 따른 처리정지의 요구, 처리정지의 거절, 통지 등의 방법 및 절차에 필요한 사항은 대통령령으로 정한다.

100 제36조(개인정보의 정정·삭제) ① 제35조에 따라 자신의 개인정보를 열람한 정보주체는 개인정보처리자에게 그 개인정보의 정정 또는 삭제를 요구할 수 있다. 다만, 다른 법령에서 그 개인정보가 수집 대상으로 명시되어 있는 경우에는 그 삭제를 요구할 수 없다.
②개인정보처리자는 제1항에 따른 정보주체의 요구를 받았을 때에는 개인정보의 정정 또는 삭제에 관하여 다른 법령에 특별한 절차가 규정되어 있는 경우를 제외하고는 지체 없이 그 개인정보를 조사하여 정보주체의 요구에 따라 정정·삭제 등 필요한 조치를 한 후 그 결과를 정보주체에게 알려야 한다.
③개인정보처리자가 제2항에 따라 개인정보를 삭제할 때에는 복구 또는 재생되지 아니하도록 조치하여야 한다.
④개인정보처리자는 정보주체의 요구가 제1항 단서에 해당될 때에는 지체 없이 그 내용을 정보주체에게 알려야 한다.
⑤개인정보처리자는 제2항에 따른 조사를 할 때 필요하면 해당 정보주체에게 정정·삭제 요구사항

할 수 있다.

(5) 관련 법률

2011년에 '공공기관의 개인정보보호에 관한 법률'을 폐지하고 공공부문과 민간부문 모두에 국제 수준에 부합하는 개인정보처리의 원칙 등을 규정하고 국민의 사생활의 비밀과 자유를 보호하기 위해 '개인정보보호법'을 신설하였다. 이 개인정보보호법에서 개인정보보호위원회, 개인정보분쟁조정위원회 설치를 규정하였다. 특히 개인정보처리자는 개인정보보호법 23조에[101] 따라 사상, 신념, 정치적 견해 등 정보주체의 사생활을 현저히 침해할 우려가 있는 개인정보로서 대통령령으로 정하는 정보를 처리해서는 안 된다.

(6) 헌법재판소 결정례

1) 개인정보자기결정권 침해로 본 위헌결정례나 헌법불합치결정례

헌법재판소는 첫째, **인터넷게시판 실명제**에 대해서는 과잉금지원칙에 반하여 개인정보자기결정권을 침해하여 위헌결정을 내렸다(2012. 8. 23. 2010헌마47). 둘째, 주민등록번호 변경에 관한 규정을 두지 않은 주민등록법 7조에 대해서는 개인정보자기결정권에 대한 과도한 침해로 보고 헌법불합치 및 입법촉구결정을 내렸다(헌재 2015. 12. 23. 2013헌바68).

의 확인에 필요한 증거자료를 제출하게 할 수 있다.

⑥제1항·제2항 및 제4항에 따른 정정 또는 삭제 요구, 통지 방법 및 절차 등에 필요한 사항은 대통령령으로 정한다.

101 제23조(민감정보의 처리 제한) ①개인정보처리자는 사상·신념, 노동조합·정당의 가입·탈퇴, 정치적 견해, 건강, 성생활 등에 관한 정보, 그 밖에 정보주체의 사생활을 현저히 침해할 우려가 있는 개인정보로서 대통령령으로 정하는 정보(이하 "민감정보"라 한다)를 처리하여서는 아니 된다. 다만, 다음 각 호의 어느 하나에 해당하는 경우에는 그러하지 아니하다.

1. 정보주체에게 제15조제2항 각 호 또는 제17조제2항 각 호의 사항을 알리고 다른 개인정보의 처리에 대한 동의와 별도로 동의를 받은 경우
2. 법령에서 민감정보의 처리를 요구하거나 허용하는 경우

②개인정보처리자가 제1항 각 호에 따라 민감정보를 처리하는 경우에는 그 민감정보가 분실·도난·유출·위조·변조 또는 훼손되지 아니하도록 제29조에 따른 안전성 확보에 필요한 조치를 하여야 한다.

2) 개인정보자기결정권 침해로 보지 않은 합헌결정례

반면에 헌법재판소는 첫째, 인터넷게시판 실명제와는 달리 **인터넷 선거운동의 실명제**에 대해서는 개인정보자기결정권의 제한이지만 과잉금지원칙을 준수하여 합헌이라고 판시하였다(헌재 2015. 7. 30. 2012헌마734등). 둘째, '교육관련기관의 정보공개에 관한 특별법시행령' 조항이 교원의 '교원단체 및 노동조합 가입자 수'만을 공시할 뿐 개별 교원의 가입명단은 공시하지 않도록 한 것은 학부모 등의 알권리와 교원의 개인정보자기결정권이라는 두 기본권을 합리적으로 조화시킨 것으로 합헌이라고 판시하였다. 교원의 교원단체 및 노동조합 가입에 관한 정보는 '개인정보보호법'상의 민감정보에 해당한다는 점을 근거로 들었다(헌재 2011. 12. 29. 2010헌마293). 셋째, 정보통신망을 통해 청소년유해매체물을 제공하는 자에게 공인인증서 등을 통한 이용자의 본인확인의무를 부과하고 있는 청소년보호법 및 동법 시행령 규정은 개인정보결정권을 제한하지만 과잉금지원칙을 준수하여 합헌이라고 판시하였다(헌재 2015. 3. 26. 2013헌마354). 넷째, 변호사시험 합격자 명단 공개는 개인정보자기결정권의 제한으로서 과잉금지원칙 위반이 아니하고 보고 합헌이라고 판시하였다(헌재 2020. 3. 26. 2018헌마77 등).

V. '사생활의 비밀과 자유'와 언론기관의 '보도의 자유'(국민의 입장에서는 알권리)의 충돌

개인의 사생활의 비밀과 자유가 언론보도로 인해 침해된 경우에, 사생활의 비밀과 자유와 언론기관의 보도의 자유(국민의 입장에서는 알권리)의 충돌문제가 발생한다. 이때 기본권충돌의 해결이론인 법익형량의 원칙과 규범조화적 해석의 원칙을 통해 해결할 수 있다. 그런데 사생활의 비밀과 자유와 언론기관의 '보도의 자유' 충돌문제의 중요성과 특수성에 비추어 국내외적으로 여러 판례이론들이 발전되어 왔다.

1. 권리포기의 이론

자살자처럼 일정한 사정하에서는 개인이 자신의 사생활의 비밀과 자유를 포기한 것으로 간주한다는 이론이며, 이 권리포기의 이론에 따를 경우에는 사생활을 공개하더라도 침해행위가 되지 않는다. 이 권리포기의 이론에 대해서는 본인의 진의와는 관계없이 권리를 포기한 것으로 의제하는 지나친 의제이론이라는 비판이 따른다.

2. 공익의 이론

보도적·교육적·계몽적 가치가 있는 사실을 국민에게 알리는 것은 국민의 중요한 알권리의 충족으로서 **공익**이 되어 개인의 사생활의 비밀과 자유에 우선하므로 그 공개는 면책된다는 이론이다. 이 공익의 이론에 대해서는 명예훼손도 정당화할 수 있다는 비판이 따른다.

3. 공적(公的) 인물의 이론(Theory)

사생활의 비밀과 자유의 한계는 침해를 주장하는 자의 사회적 지위에 따라 결정되어야 하므로, **'공적 인물'**(Public Figure)은 **그 사생활이 공개되더라도 일반인에 비해 수인해야할 경우가 많다는 이론**이다. 이때 **'공적 인물'**은 그 **'직업·재능·명성·생활양식 때문에 공적(公的) 인사가 된 자'**를 말하는데, 연예인, 스포츠 선수, 정치인 등 자의로 유명인이 된 자와 피의자, 범인과 그 가족 등 타의로 유명인이 된 자가 포함된다. 이 공적 인물의 이론에 대해서도 유명인도 공적 생활 이외에는 사생활의 비밀과 자유를 보장받아야 한다는 점을 간과했다는 비판이 따른다.

제2항 | 주거의 자유

I. 의의

주거의 자유에서 '주거'란 '개인이 거주하는 설비로서 사생활을 영위하는 장소'를 말하며, '주거의 자유'란 '자신의 주거(住居)를 공권력이나 제3자로부터 침해당하지 않을 권리'를 뜻한다. 주거의 자유는 가장 고전적인 사생활 보호의 영역이어서 사생활자유권들 중 가장 먼저 헌법에 기본권으로 도입되었다. 또한 주거의 자유는 공간적 영역에서의 '사생활 보호'를 위한 것이므로 사생활의 비밀과 자유(헌법 17조)와 중복되나 사생활의 비밀과 자유가 더 넓은 개념이라고 할 수 있다.

II. 헌법적 근거와 법적 성격

주거의 자유의 헌법적 근거는 "모든 국민은 주거의 자유를 침해받지 아니한다. 주거에 대한 압수나 수색을 할 때에는 검사의 신청에 의하여 법관이 발부한 영장을 제시하여야 한다"고 규정한 헌법 16조이다. 이때 헌법 16조의 "침해받지 아니한다"는 표현에서 알 수 있듯이 주거의 자유는 자유권적 기본권으로서의 법적 성격을 가진다.

III. 주체

내국인뿐만 아니라 외국인도 주거의 자유의 주체가 된다. 법인도 고유한 사적(私的)인 생활공간을 확보할 수 있으므로 주거의 자유의 주체가 된다.

학교나 공장 등 복합시설물에서 주거의 자유의 주체는 그 생활공간의 장(長)인 교장과 공장장이다. 또한 주거의 자유의 주체는 현실적인 거주자이어야 하며 일정한 주거 점유권리자뿐만 아니라 점유할 권리없는 자의 주거 시에도 그 주거에 대한 주거침입이 인정된다(1985. 3. 26. 大判 85도122). 주택의 경우 입주자의 동의가 필요하며 임대인의 동의만으로는 안 된다. 호텔이나 여관 객실의 경우에도 투숙객의 동의가 필요하며 여관주인의 승낙만으로는 안 된다.

IV. 내용

1. 주거의 불가침

(1) 주거

'주거'란 인간이 머물면서 활동하거나 생활하기 위한 물적 공간과 시설로서 개방되어 있지 않은 곳을 말한다. 가옥 이외에 기거용 이동차량과 같은 동산도 주거에 포함된다. 누구에게든 출입이 허용된 사업장이나 영업소(예를 들어 상점)에 대해서도 노동이나 영업이 인간 자아실현을 위해 가지는 의미를 고려해 주거성을 인정한다. 영업시간 중인 경우는 주거라고 보기 어렵지만 관리자의 명시적인 출입금지 의사가 있으면 주거에 해당한다. 영업시간 이외에는 주거에 해당한다.

(2) 불가침

주거의 자유에서 '불가침'이 핵심적인 요소이다. 주거의 침해한 주거의 자유의 주체의 승낙이나 동의 없이 또는 그의 의사에 반하여 주거에 진입하는 것을 말한다. 의사에 반하여 들어간 경우에 형법 319조의[102] 주거침입죄를 구성하여 처벌된다. 거주자의 동의 없이 혹은 그 의사에 반하여 침입하거나 주거 내에 설치된 도청기를 사용하여 내부의 회화를 엿듣는 것과 같이 기술적 보조수단을 통해 주거에 들어가는 것도 주거의 불가침에 위배된다.

대법원은 대학강의실도 주거로 인정한 바 있고(1992. 9. 25. 大判 92도1520), 시험장도 주거로 보아 대리시험자의 시험장 입장에 대해 승낙이 있어도 불법행위를 목적으로 들어간 경우이므로 주거침입죄를 인정하였다. 공동의 거주자는 각각 주거권을 주장할 수 있다. 대법원은 남편 부재중에 남편의 동의 없이 처의 동의하에 간통할 목적으로 주거에 들어간 경우에 주거침입죄를 인정하였다가(1984. 6. 26. 大判 83도685), 부재중인 다른 거주자의 추정적 의사에 반하는 경우에도 주거침입죄가 성립되지 않는다고 판시하여(大判 2021. 9. 9. 2020도12630) 전원합의체 판결 판례를 변경하였다.

2. 영장주의

헌법 16조2문은 "주거에 대한 압수나 수색을 할 때에는 검사의 신청에 의하여 법관이 발부한 영장을 제시하여야 한다"고 하여 주거에 대한 압수나 수색에 영장주의를 규정하고 있다. 따라서 원칙적으로 헌법 12조3항의 영장주의가 적용되어 주거에 대한 압수·수색도 '적법절차'에 따라야 하며, 압수할 물건과 수색할 장소가 영장에 명시되어야(형소법 114조1항[103]) 하고 일반영장은 금지된다. 다만 예외적으

---

102 제319조(주거침입, 퇴거불응) ①사람의 주거, 관리하는 건조물, 선박이나 항공기 또는 점유하는 방실에 침입한 자는 3년 이하의 징역 또는 500만원 이하의 벌금에 처한다.
②전항의 장소에서 퇴거요구를 받고 응하지 아니한 자도 전항의 형과 같다.

103 제114조(영장의 방식) ①압수·수색영장에는 피고인의 성명, 죄명, 압수할 물건, 수색할 장소, 신체, 물건, 발부년월일, 유효기간과 그 기간을 경과하면 집행에 착수하지 못하며 영장을 반환하여야 한다는 취지 기타 대법원규칙으로 정한 사항을 기재하고 재판장 또는 수명법관이 서명날인하여야 한다. 다만, 압수·수색할 물건이 전기통신에 관한 것인 경우에는 작성기간을 기재하여야 한다.

로 구속영장 집행, 현행범인 체포, 긴급체포는 피구속자가 현존하는 장소와 점유하고 있는 물건에 대해 영장없이 압수수색이 가능하다(형소법 216조[104]).

영장주의가 형사절차 이외에 행정절차(행정상 즉시강제)에도 적용되는가와 관련해 영장주의가 적용되지 않아서 영장이 필요없다는 '영장불요설', 적법절차원칙을 따르는 영장주의는 행정절차에도 예외없이 적용되어야 한다는 '영장필요설'이 있지만, 행정절차에도 영장주의가 적용되지만 가택수색에 해당되지 않는 단순한 주거제한으로서 소방, 위생, 세무 등 순수한 행정목적을 위한 경우(즉, 형사상 목적과 경합하지 않는 경우)나 긴급을 요하는 경우에는 영장주의가 적용되지 적용되지 않는다고 보는 '절충설'이 다수설이고 타당하다. 그러나 이 경우에도 법치국가적 요청(법률에 근거가 있고 꼭 필요한 합리적 범위 내)은 충족되어야 한다.

V. 제한과 한계

대인적·대물적 강제처분에 관한 형사소송법 106조와[105] 현장검증에 관한 형사

---

104 제216조(영장에 의하지 아니한 강제처분) ①검사 또는 사법경찰관은 제200조의2·제200조의3·제201조 또는 제212조의 규정에 의하여 피의자를 체포 또는 구속하는 경우에 필요한 때에는 영장없이 다음 처분을 할 수 있다.

1. 타인의 주거나 타인이 간수하는 가옥, 건조물, 항공기, 선차 내에서의 피의자 수색. 다만, 제200조의2 또는 제201조에 따라 피의자를 체포 또는 구속하는 경우의 피의자 수색은 미리 수색영장을 발부받기 어려운 긴급한 사정이 있는 때에 한정한다.
2. 체포현장에서의 압수, 수색, 검증

②전항 제2호의 규정은 검사 또는 사법경찰관이 피고인에 대한 구속영장의 집행의 경우에 준용한다.

③범행 중 또는 범행직후의 범죄 장소에서 긴급을 요하여 법원판사의 영장을 받을 수 없는 때에는 영장없이 압수, 수색 또는 검증을 할 수 있다. 이 경우에는 사후에 지체없이 영장을 받아야 한다.

105 제106조(압수) ①법원은 필요한 때에는 피고사건과 관계가 있다고 인정할 수 있는 것에 한정하여 증거물 또는 몰수할 것으로 사료하는 물건을 압수할 수 있다. 단, 법률에 다른 규정이 있는 때에는 예외로 한다.

②법원은 압수할 물건을 지정하여 소유자, 소지자 또는 보관자에게 제출을 명할 수 있다.

③법원은 압수의 목적물이 컴퓨터용디스크, 그 밖에 이와 비슷한 정보저장매체(이하 이 항에서 "정보저장매체등"이라 한다)인 경우에는 기억된 정보의 범위를 정하여 출력하거나 복제하여 제출받아야 한다. 다만, 범위를 정하여 출력 또는 복제하는 방법이 불가능하거나 압수의 목적을 달성하기에 현저히 곤란하다고 인정되는 때에는 정보저장매체등을 압수할 수 있다.

④법원은 제3항에 따라 정보를 제공받은 경우 「개인정보 보호법」 제2조제3호에 따른 정보주체에

소송법 119조[106] 등 여러 법에서 거주자의 동의 없이 개인의 주거에 출입하는 것을 허용한다. 그 외에도 전염병 위험, 화재위험, 폭발위험 등 생명과 신체에 대한 위해가 급박한 때, 공권력이 그 위해를 방지하기 위해 사적 주거를 포함하여 타인의 주거에 침입하는 경우에 그 주거의 침해가 정당화된다.

제3항 | 거주·이전의 자유

I. 의의와 연혁

거주·이전의 자유란 '자신이 원하는 곳에 주소·거소를 정하거나 이전하거나 이전하지 않을 자유'를 말한다. 신체의 자유 중 '신체활동의 자유'가 거주·이전의 자유와 유사하지만, '신체활동의 자유'는 국가의 수사권으로부터의 자유라는 면에서 거주·이전의 자유와 다르다.

II. 헌법적 근거와 법적 성격

거주·이전의 자유의 헌법적 근거는 "모든 국민은 거주·이전의 자유를 가진다"고 규정한 헌법 14조이며 거주·이전의 자유는 자유권 중에서도 사생활자유권에 속한다. 또한 거주·이전의 자유는 인간의 경제적 활동을 개시하기 위하여 필요한 요소이고, 자본주의사회에서 경제적 활동과 직접적으로 관련되므로 재산권이나 직업선택의 자유와 같은 '경제적 기본권'으로서의 성격도 가진다.

III. 주체

외국인도 거주·이전의 자유의 주체가 되지만 출입국관리법 등을 통해 특별한 제한이 가해지는 등 입국의 자유는 제한되고 출국의 자유는 보장된다. 법인도 주

게 해당 사실을 지체 없이 알려야 한다.

106 제119조(집행 중의 출입금지) ①압수·수색영장의 집행 중에는 타인의 출입을 금지할 수 있다. ②전항의 규정에 위배한 자에게는 퇴거하게 하거나 집행종료시까지 간수자를 붙일 수 있다.

체가 된다.

Ⅳ. 내용

거주·이전의 자유는 크게 '국내 거주·이전의 자유'와 '국외 거주·이전의 자유'로 나누어진다.

1. 국내 거주·이전의 자유

국내 거주·이전의 자유는 '국내에서 주소나 거소를 정하고 그 주소나 거소에 머물면서 생활을 영위하고 주소와 거소를 이동하는데 방해받지 않을 권리'이다. 헌법 3조는 "대한민국의 영토는 한반도와 그 부속도서로 한다"고 규정하고 있으므로 북한지역에도 대한민국의 주권이 미친다고 보지만 실질적으로는 군사분계선 이남에만 대한민국의 주권이 실질적 효력을 가지므로 북한지역으로의 거주·이전의 자유는 인정되지 않으며 북한지역으로의 잠입·탈출은 국가보안법 6조[107] 위반으로 처벌된다. 그러나 남북교류협력에 관한 법률 9조에[108] 의해 통일부장관의 승인을 얻

---

107 제6조(잠입·탈출) ①국가의 존립·안전이나 자유민주적 기본질서를 위태롭게 한다는 정을 알면서 반국가단체의 지배하에 있는 지역으로부터 잠입하거나 그 지역으로 탈출한 자는 10년 이하의 징역에 처한다.
②반국가단체나 그 구성원의 지령을 받거나 받기 위하여 또는 그 목적수행을 협의하거나 협의하기 위하여 잠입하거나 탈출한 자는 사형·무기 또는 5년 이상의 징역에 처한다.
③〈삭제〉
④제1항 및 제2항의 미수범은 처벌한다.
⑤제1항의 죄를 범할 목적으로 예비 또는 음모한 자는 7년 이하의 징역에 처한다.
⑥제2항의 죄를 범할 목적으로 예비 또는 음모한 자는 2년 이상의 유기징역에 처한다.

108 제9조(남북한 방문) ① 남한의 주민이 북한을 방문하거나 북한의 주민이 남한을 방문하려면 대통령령으로 정하는 바에 따라 통일부장관의 방문승인을 받아야 하며, 통일부장관이 발급한 증명서(이하 "방문증명서"라 한다)를 소지하여야 한다.
②방문증명서는 유효기간을 정하여 북한방문증명서와 남한방문증명서로 나누어 발급하며, 다음 각 호와 같이 구분한다.
1. 한 차례만 사용할 수 있는 방문증명서
2. 유효기간이 끝날 때까지 여러 차례 사용할 수 있는 방문증명서(이하 "복수방문증명서"라 한다)
③복수방문증명서의 유효기간은 5년 이내로 하며, 5년의 범위에서 연장할 수 있다.
④통일부장관은 방문승인을 하는 경우 대통령령으로 정하는 범위에서 북한 또는 남한에 머무를 수 있는 방문기간(이하 "방문기간"이라 한다)을 부여하여야 하고, 남북교류·협력의 원활한 추진을

으면 북한지역으로의 내왕이 가능하다.

2. 국외 거주·이전의 자유

거주·이전의 자유에는 국내에서의 거주·이전의 자유뿐만 아니라 국외에서의 거주·이전의 자유도 포함되며, 국외 거주·이전의 자유는 다시 해외여행의 자유, 국외이주의 자유, 국적이탈의 자유로 나누어진다.

(1) 해외여행의 자유

해외여행은 국민이 대한민국으로부터 대한민국 밖의 지역으로 출국하는 것을 뜻하며, 해외여행허가는 이러한 외국으로의 출국에 대해 허가를 받을 것을 뜻한다. 해외여행의 자유는 필연적으로 외국에서 체류 또는 거주하기 위해서 대한민국을 떠날 수 있는 '출국의 자유'와 외국체류 또는 거주를 중단하고 다시 대한민국으로 돌아올 수 있는 '입국의 자유'를 포함한다.

누구든지 여권을 소지해야 출국이 가능하다(출입국관리법 3조1항[109]). 병역의무

위하여 대통령령으로 정하는 바에 따라 북한방문결과보고서 제출 등 조건을 붙일 수 있다.
⑤방문승인을 받은 사람은 방문기간 내에 한 차례에 한하여 북한 또는 남한을 방문할 수 있다.
⑥복수방문증명서를 발급받은 사람 중 외국을 거치지 아니하고 북한 또는 남한을 직접 방문하는 사람 등 대통령령으로 정하는 사람은 제5항에도 불구하고 방문기간 내에 횟수에 제한없이 북한 또는 남한을 방문할 수 있다. 다만, 방문기간 내에라도 방문 목적이나 경로를 달리하여 방문할 경우에는 통일부장관의 방문승인을 별도로 받아야 한다.
⑦통일부장관은 제1항 및 제6항 단서에 따라 방문승인을 받은 사람이 다음 각 호의 어느 하나에 해당하는 경우에는 그 승인을 취소할 수 있다. 다만 제1호의 경우에는 그 승인을 취소하여야 한다.
1. 거짓이나 그 밖의 부정한 방법으로 방문승인을 받은 경우
2. 제4항에 따른 조건을 위반한 경우
3. 남북교류·협력을 해칠 명백한 우려가 있는 경우
4. 국가안전보장, 질서유지 또는 공공복리를 해칠 명백한 우려가 있는 경우
⑧다음 각 호의 어느 하나에 해당하는 사람(이하 "재외국민"이라 한다)이 외국에서 북한을 왕래할 때에는 통일부장관이나 재외공관(在外公館)의 장에게 신고하여야 한다. 다만, 외국을 거치지 아니하고 남한과 북한을 직접 왕래할 때에는 제1항에 따라 발급된 방문증명서를 소지하여야 한다.
1. 외국정부로부터 영주권을 취득하였거나 이에 준하는 장기체류허가를 받은 사람
2. 외국에 소재하는 외국법인 등에 취업하여 업무수행의 목적으로 북한을 방문하는 사람
⑨제8항에 따른 신고절차 등에 관하여 필요한 사항은 대통령령으로 정한다.

109 출입국관리법 제3조(국민의 출국) ①대한민국에서 대한민국 밖의 지역으로 출국(이하 "출국"이라 한다)하려는 국민은 유효한 여권을 가지고 출국하는 출입국항에서 출입국관리공무원의 출국심사

의 이행과 관련해 해외여행의 자유가 제한될 수 있다. 헌법재판소도 "병역법상 28세가 된 사람은 대부분 더 이상 입영의무를 연기할 사유가 없어 곧 징·소집의무를 이행하여야 할 경우에 해당하고, 국외여행을 하여야 할 부득이한 사유가 있는 사람은 병역의무부과에 지장이 없는 한 특별한 연령제한 없이 국외여행을 허가받을 수 있는 규정이 마련되어 있으므로, 병역의무 회피방지와 병역자원의 원활한 수급 필요성에 비추어 볼 때 제1국민역의 단기 국외여행을 '1년 범위 내에서 27세까지'로 제한하고 있는 병역법 시행령 146조2항은 거주·이전의 자유를 침해하지 않는다고 판시하였다(헌재 2013. 6. 27. 2011헌마475).

(2) 국외이주의 자유

'국외이주의 자유'는 영주 또는 장기간의 해외거주를 함에 있어 간섭받지 않을 자유를 말한다. 또한 '소극적 국외이주의 자유'에 의해 누구도 자기 나라를 떠나도록 강제받지 않을 자유를 누린다. 해외이주법은 4조에서[110] 해외이주를 연고이주, 무연고이주, 현지이주로 구분하고, 6조에서[111] 해외이주를 허가사항이 아니라 외교부장관에게 신고해야 하는 신고사항으로 규정하고 있다.

(3) 국적변경의 자유

국적을 바꿀 자유인 '국적변경의 자유'도 거주·이전의 자유에 포함된다. 국적

를 받아야 한다. 다만, 부득이한 사유로 출입국항으로 출국할 수 없을 때에는 관할 지방출입국·외국인관서의 장의 허가를 받아 출입국항이 아닌 장소에서 출입국관리공무원의 출국심사를 받은 후 출국할 수 있다.

110 해외이주법 제4조(해외이주의 종류) 이 법에 따른 해외이주의 종류는 다음 각 호와 같이 구분한다.

1. 연고이주: 혼인·약혼 또는 친족 관계를 기초로 하여 이주하는 것
2. 무연고이주: 외국기업과의 고용계약에 따른 취업이주, 제10조제3항에 따른 해외이주알선업자가 이주대상국의 정부기관·이주알선기관 또는 사업주와의 계약에 따르거나 이주대상국 정부기관의 허가를 받아 행하는 사업이주 등 제1호 및 제3호 외의 사유로 이주하는 것
3. 현지이주: 해외이주 외의 목적으로 출국하여 영주권 또는 그에 준하는 장기체류 자격을 취득한 사람의 이주

111 해외이주법 제6조(해외이주신고) 다음 각 호의 어느 하나에 해당하는 사람은 대통령령으로 정하는 바에 따라 외교부장관에게 신고하여야 한다.

1. 연고이주 또는 무연고이주를 하려는 사람
2. 현지이주를 한 사람

변경의 자유는 우리나라 입장에서 보면 '국적이탈의 자유'이다. 헌법재판소도 국적변경의 자유를 거주·이전의 자유의 하나로 인정하고 있다. 또한 헌법재판소는 병역의무의 기피를 막기 위해 이중국적자의 한국 국적 이탈을 제한하는 국적법 12조3항(이른바 홍준표법)[112] 등이 과잉규제가 아니라고 보아 합헌성을 인정해 기각결정을 내린 바 있다(헌재 2006. 11. 30. 2005헌마739). 그러나 국적변경의 자유가 인정된다고 해서 무국적의 자유가 인정되는 것은 아니다. 무국적자의 발생방지가 국제사회에서 국적입법의 기본원칙이기 때문이다.

V. 제한과 한계

거주·이전의 자유도 헌법 37조2항에 따른 제한을 받기 때문에 국가안전보장, 질서유지, 공공복리를 위해 필요최소한의 범위 내에서 제한 가능하다. '국가안전보장'을 위해 거주·이전의 자유를 제한하는 예로는 북한영역의 여행을 제한하는 국가보안법 6조의 잠입·탈출죄를[113] 들 수 있다. '공공복리'를 위해 거주·이전의 자유를 제한하는 예로는 부모의 자녀에 대한 거소지정권을 규정한 민법 914조나[114] 부부의 동거의무를 규정한 민법 826조1항을[115] 들 수 있다. 그 이외에 군인, 군무원, 재소자, 파산자 등의 거주지도 법률로 제한될 수 있으며, 이 가운데 재소자, 파산

112 국적법 제12조 ③직계존속이 외국에서 영주할 목적 없이 체류한 상태에서 출생한 자는 병역의무의 이행과 관련하여 다음 각 호의 어느 하나에 해당하는 경우에만 제14조에 따른 국적이탈신고를 할 수 있다.

1. 현역·상근예비역·보충역 또는 대체역으로 복무를 마치거나 마친 것으로 보게 되는 경우
2. 전시근로역에 편입된 경우
3. 병역면제처분을 받은 경우

113 국가보안법 제6조(잠입·탈출) ①국가의 존립·안전이나 자유민주적 기본질서를 위태롭게 한다는 정을 알면서 반국가단체의 지배하에 있는 지역으로부터 잠입하거나 그 지역으로 탈출한 자는 10년 이하의 징역에 처한다.

②반국가단체나 그 구성원의 지령을 받거나 받기 위하여 또는 그 목적수행을 협의하거나 협의하기 위하여 잠입하거나 탈출한 자는 사형·무기 또는 5년 이상의 징역에 처한다.

114 제914조(거소지정권) 자는 친권자의 지정한 장소에 거주하여야 한다.

115 제826조(부부간의 의무) ①부부는 동거하며 서로 부양하고 협조하여야 한다. 그러나 정당한 이유로 일시적으로 동거하지 아니하는 경우에는 서로 인용하여야 한다.

자 등은 출국금지 통해 국내외 도주 등을 막기 위한 것이다.

거주·이전의 자유 중 해외여행의 자유의 제한과 관련해 여권법은 "외교부장관은 천재지변·전쟁·내란·폭동·테러 등 대통령령으로 정하는 국외 위난상황으로 인하여 국민의 생명·신체나 재산을 보호하기 위하여 국민이 특정 국가나 지역을 방문하거나 체류하는 것을 중지시키는 것이 필요하다고 인정하는 때에는 기간을 정하여 해당 국가나 지역에서의 여권의 사용을 제한하거나 방문·체류를 금지할 수 있"도록 규정하고 있다. 헌법재판소는 "아프가니스탄 등 전쟁 또는 테러위험이 있는 해외 위난지역에서 여권사용을 제한하거나 방문 또는 체류를 금지한 외교통상부 고시가 청구인들의 거주·이전의 자유를 침해하지 않는다"(헌재 2008. 6. 26. 2007헌마1366)고 판시하였다.

제4항 | 통신의 자유

I. 의의

통신의 자유란 '개인이 그 의사나 정보를 대화, 우편물이나 전기통신(전화, 전자우편, 모사전송, 무선호출, 회원제정보서비스) 등의 수단으로 전달하는 경우에 그 내용이 본인의 의사에 반하여 공개되지 않을 자유'를 말한다. 사생활의 비밀과 개인의 인격을 보호하고 사회구성원 사이의 의사소통을 원활하게 하기 위해서 보장되는 기본권이다. 통신의 자유는 특히 전기통신기술의 비약적 발전 이후에 그 중요성이 더해가고 있다.

II. 헌법적 근거와 법적 성격

"모든 국민은 통신의 비밀을 침해받지 아니한다."고 규정한 헌법 18조를 헌법적 근거로 한다. 표현의 자유가 대외적이며 개방적인 표현행위의 자유를 보장하는 것이라면 통신의 자유와 비밀보장은 특정인들간의 대내적 의사전달의 자유와 비밀을 보장하는 것이다.

III. 주체

통신의 자유는 외국인과 법인도 그 주체가 될 수 있다.

IV. 내용

1. '통신의 비밀'의 의미

'통신의 비밀'에서 '통신'의 개념은 매우 넓게 해석하여야 한다. 통신비밀보호법 2조1호에서 3호는 "통신이라 함은 우편물 및 전기통신을 말한다"고 하고 "우편물이라 함은 전화·전자우편·회원제정보서비스·모사전송·무선호출 등과 같이 유선·무선·광선 및 기타의 전자적 방식에 의하여 모든 종류의 음향문언부호 또는 영상을 송신하거나 수신하는 것을 말한다"고 규정한다. '통신'은 격지자간뿐만 아니라 개인 간에 대면하여 행하는 대화도 포함한다. 통신의 비밀은 통신의 내용, 형태, 당사자, 배달방법에 대한 비밀을 의미한다. 통신 내용의 비밀성 여부는 불문한다.

2. '불가침'의 의미

통신의 비밀의 '불가침'에 의해서 통신의 내용을 알기 위해 통신물을 열어서(엽서는 열 필요도 없음) 읽는 행위가 금지(열람금지)되고, 직무상 알게 된 사실을 남에게 알리는 것도 금지(누설금지)되며, 통신업무 내용을 정보활동의 목적에 제공하거나 제공받으려는 행위(예를 들어 자동적인 Forward 전송)도 금지(정보금지)된다.

V. 효력

통신의 자유는 대(對)국가적 효력을 가지므로 국가기관, 특히 수사기관이나 정보기관에 의해 통신의 비밀이 침해될 때 주장된다. 통신의 자유는 국가에 대한 자유인 동시에 제3자에 대한 자유를 의미하므로 대(對)사인적 효력에 의해 사인 사이에도 보장되어야 한다. 사인에 의한 위법부당한 통신의 비밀 침해에 대해 법률로는 형법상 비밀침해죄(형법 316조[116])와 민법상 불법행위(민법 750조[117])로 규율된다.

VI. 제한과 한계

통신의 자유도 헌법 37조2항에 따라 법률로써 제한할 수 있으며, 통신의 자유의 보장 및 제한에 관한 대표적인 법률이 통신비밀보호법이다.

1. 통신비밀보호법상의 감청(監聽)

(1) 의의

""감청"이라 함은 전기통신에 대하여 당사자의 동의 없이 전자장치·기계장치등을 사용하여 통신의 음향·문언·부호·영상을 청취·공독하여 그 내용을 지득 또는 채록하거나 전기통신의 송·수신을 방해하는 것을 말한다."(통신비밀보호법 2조7호) 감청은 원칙으로 금지된다. 통신비밀보호법 3조1항1문은 "누구든지 이 법과 형사소송법 또는 군사법원법의 규정에 의하지 아니하고는 우편물의 검열·전기통신의 감청 또는 통신사실확인자료의 제공을 하거나 공개되지 아니한 타인간의 대화를 녹음 또는 청취하지 못한다."고 규정한다. 이 때 "공개되지 아니한 타인간의 대화를 녹음 또는 청취하지 못한다"의 의미는 대화에 원래부터 참여하지 않는 제3자가 그 대화를 하는 타인들 간의 발언을 녹음해서는 안 된다는 취지이다(대판 2006. 10. 12. 2006도4981).

(2) 예외적으로 감청 등과 같은 통신제한조치가 허용

범죄수사를 위한 통신제한조치는 통신비밀보호법 5조1항 각화의 "범죄를 계획 또는 실행하고 있거나 실행하였다고 의심할만한 충분한 이유가 있고 다른 방법으로는 그 범죄의 실행을 저지하거나 범인의 체포 또는 증거의 수집이 어려운 경우

116 형법 제316조(비밀침해) ①봉함 기타 비밀장치한 사람의 편지, 문서 또는 도화를 개봉한 자는 3년 이하의 징역이나 금고 또는 500만원 이하의 벌금에 처한다.
②봉함 기타 비밀장치한 사람의 편지, 문서, 도화 또는 전자기록등 특수매체기록을 기술적 수단을 이용하여 그 내용을 알아낸 자도 제1항의 형과 같다.

117 민법 제750조(불법행위의 내용) 고의 또는 과실로 인한 위법행위로 타인에게 손해를 가한 자는 그 손해를 배상할 책임이 있다.

에 한하여" 검사의 청구에 의해 법원이 허가할 수 있다. 그 주요내용으로는 범죄수사를 위한 통신사실 확인자료제공의 절차(13조2항[118]), 범죄수사를 위한 통신사실확인자료제공의 통지(13조의3[119]) 국가안보를 위한 통신사실 확인자료제공의 절차(13

118 제13조(범죄수사를 위한 통신사실 확인자료제공의 절차)②검사 또는 사법경찰관은 제1항에도 불구하고 수사를 위하여 통신사실확인자료 중 다음 각 호의 어느 하나에 해당하는 자료가 필요한 경우에는 다른 방법으로는 범죄의 실행을 저지하기 어렵거나 범인의 발견·확보 또는 증거의 수집·보전이 어려운 경우에만 전기통신사업자에게 해당 자료의 열람이나 제출을 요청할 수 있다. 다만, 제5조제1항 각 호의 어느 하나에 해당하는 범죄 또는 전기통신을 수단으로 하는 범죄에 대한 통신사실확인자료가 필요한 경우에는 제1항에 따라 열람이나 제출을 요청할 수 있다.

1. 제2조제11호바목·사목 중 실시간 추적자료
2. 특정한 기지국에 대한 통신사실확인자료

119 제13조의3(범죄수사를 위한 통신사실 확인자료제공의 통지) ①검사 또는 사법경찰관은 제13조에 따라 통신사실 확인자료제공을 받은 사건에 관하여 다음 각 호의 구분에 따라 정한 기간 내에 통신사실 확인자료제공을 받은 사실과 제공요청기관 및 그 기간 등을 통신사실 확인자료제공의 대상이 된 당사자에게 서면으로 통지하여야 한다.

1. 공소를 제기하거나, 공소제기·검찰송치를 하지 아니하는 처분(기소중지·참고인중지 또는 수사중지 결정은 제외한다) 또는 입건을 하지 아니하는 처분을 한 경우: 그 처분을 한 날부터 30일 이내. 다만, 다음 각 목의 어느 하나에 해당하는 경우 그 통보를 받은 날부터 30일 이내
   가. 수사처검사가 「고위공직자범죄수사처 설치 및 운영에 관한 법률」 제26조제1항에 따라 서울중앙지방검찰청 소속 검사에게 관계 서류와 증거물을 송부한 사건에 관하여 이를 처리하는 검사로부터 공소를 제기하거나 제기하지 아니하는 처분(기소중지 또는 참고인중지 결정은 제외한다)의 통보를 받은 경우
   나. 사법경찰관이 「형사소송법」 제245조의5제1호에 따라 검사에게 송치한 사건으로서 검사로부터 공소를 제기하거나 제기하지 아니하는 처분(기소중지 또는 참고인중지 결정은 제외한다)의 통보를 받은 경우
2. 기소중지·참고인중지 또는 수사중지 결정을 한 경우: 그 결정을 한 날부터 1년(제6조제8항 각 호의 어느 하나에 해당하는 범죄인 경우에는 3년)이 경과한 때부터 30일 이내. 다만, 다음 각 목의 어느 하나에 해당하는 경우 그 통보를 받은 날로부터 1년(제6조제8항 각 호의 어느 하나에 해당하는 범죄인 경우에는 3년)이 경과한 때부터 30일 이내
   가. 수사처검사가 「고위공직자범죄수사처 설치 및 운영에 관한 법률」 제26조제1항에 따라 서울중앙지방검찰청 소속 검사에게 관계 서류와 증거물을 송부한 사건에 관하여 이를 처리하는 검사로부터 기소중지 또는 참고인중지 결정의 통보를 받은 경우
   나. 사법경찰관이 「형사소송법」 제245조의5제1호에 따라 검사에게 송치한 사건으로서 검사로부터 기소중지 또는 참고인중지 결정의 통보를 받은 경우
3. 수사가 진행 중인 경우: 통신사실 확인자료제공을 받은 날부터 1년(제6조제8항 각 호의 어느 하나에 해당하는 범죄인 경우에는 3년)이 경과한 때부터 30일 이내

조의4[120])가 있다.

통신비밀보호법 8조는 긴급통신제한조치에 관해 규정하고 있다. "국가안보를 위협하는 음모행위, 직접적인 사망이나 심각한 상해의 위험을 야기할 수 있는 범죄 또는 조직범죄등 중대한 범죄의 계획이나 실행 등 긴박한 상황"에서 검사, 사법경찰관, 정보수사기관의 장(長)은 긴급한 사유가 있는 때에 법원의 허가없이 통신제한조치를 할 수 있다(통신비밀보호법 8조1항). 그 긴급통신제한조치를 한 때부터 36시간 이내에 법원의 허가를 받지 못한 때에는 즉시 이를 중지하여야 한다(통신비밀보호법 8조2항).

(3) 수사기관의 위치정보 추적자료 제공과 기지국 수사

헌법재판소는 범죄예방과 사건의 조기 해결을 위한 수사기관의 위치정보 추적자료 제공 필요성을 인정하면서도 통신비밀보호법상의 요건인 '수사의 필요성'을 보다 강화하고 적법절차원칙 준수를 위한 사후통지 절차를 보완하여 범죄수사라는 공익과 정보추제의 기본권 보호라는 사익이 조화되어야 한다고 판시하였다(헌재 2018. 6. 28. 2012헌마191등).

'기지국 수사'란 특정 시간대 특정 기지국에서 발신된 모든 전화번호 등을 통신사실 확인자료로 제공받는 수사방식이다. 헌법재판소는 기지국 수사의 필요성도 인정하면서 통신비밀보호법상의 요건인 '수사의 필요성'을 보다 강화하고 적법절차원칙 준수를 위한 사후통지 절차 보완을 요구하였다(헌재 2018. 6. 28. 2012헌마538등).

헌법재판소는 수사기관이 정보주체에게 통신사실 확인자료제공 사실을 통지하는 경우에도 그 사유에 대해서는 통지하지 않는 규정에 대해 헌법불합치결정을

120 제13조의4(국가안보를 위한 통신사실 확인자료제공의 절차 등) ①정보수사기관의 장은 국가안전보장에 대한 위해를 방지하기 위하여 정보수집이 필요한 경우 전기통신사업자에게 통신사실 확인자료제공을 요청할 수 있다.
②제7조 내지 제9조 및 제9조의2제3항·제4항·제6항의 규정은 제1항의 규정에 의한 통신사실 확인자료제공의 절차 등에 관하여 이를 준용한다. 이 경우 "통신제한조치"는 "통신사실 확인자료제공 요청"으로 본다.
③통신사실확인자료의 폐기 및 관련 자료의 비치에 관하여는 제13조제4항 및 제5항을 준용한다.

내렸다. 이에 통신비밀보호법이 개정되어, 통신사실 확인자료제공 사실을 통지받은 당사자는 그 통신사실 확인자료제공 요청 사유를 알려주도록 수사기관에 신청할 수 있게 하고, 수사기관은 국가안전보장을 해칠 우려가 있는 등의 사유가 있는 경우 외에는 30일 이내에 그 사유를 통지하도록 하였다(통신비밀보호법 13조의3의 5항과[121] 6항[122]).

(4) 패킷(packet)감청

'패킷감청'이란 인터넷 회선을 통해 오가는 정보를 중간에서 실시간으로 가로채는 감청 방식을 말한다. 국가정보원이 국가보안법 위반 혐의 등을 입증한다며 이 패킷감청을 벌여왔었는데, 패킷감청은 수상 대상 외에도 같은 인터넷 회선을 사용하는 모든 이의 인터넷 검색 기록과 로그인 이력 등 모든 정보를 중간에서 빼낼 수 있어 통신의 비밀을 침해한다는 지적이 계속되어 왔었다. 헌법재판소는 패킷감청이 그 기술적 특정으로 수사기관이 허가받은 범위 이상의 매우 광범위한 범위의 통신자료를 취득하게 되는데도 현행법상 집행과정이나 그 이후에 객관적인 감독통제수단이나 감청자료의 처리 등을 확인할 수 있는 법적 장치가 제대로 마련되어 있지 않으므로 이러한 상태에서 패킷감청의 허용은 과잉금지원칙을 위반해 통신의 자유와 사생활의 비밀과 자유를 침해한다는 헌법불합치결정 및 입법촉구결정을 내렸다(헌재 2018. 8. 30. 2016헌마263).

(5) 불법감청된 전기통신 내용의 효력

불법감청에 의해 지득 또는 채록된 전기통신의 내용은 재판 또는 징계절차에서 증거로 사용할 수 없다(통신비밀보호법 4조[123]).

---

121 ⑤제1항 또는 제4항에 따라 검사 또는 사법경찰관으로부터 통신사실 확인자료제공을 받은 사실 등을 통지받은 당사자는 해당 통신사실 확인자료제공을 요청한 사유를 알려주도록 서면으로 신청할 수 있다.

122 ⑥제5항에 따른 신청을 받은 검사 또는 사법경찰관은 제2항 각 호의 어느 하나에 해당하는 경우를 제외하고는 그 신청을 받은 날부터 30일 이내에 해당 통신사실 확인자료제공 요청의 사유를 서면으로 통지하여야 한다.

123 통신비밀보호법 제4조(불법검열에 의한 우편물의 내용과 불법감청에 의한 전기통신내용의 증거사용 금지) 제3조의 규정에 위반하여, 불법검열에 의하여 취득한 우편물이나 그 내용 및 불법감청

2. '형의 집행 및 수용자의 처우에 관한 법률'상의 제한과 한계

통신의 중요한 수단인 서신의 당사자나 내용은 본인의 의사에 반해 공개될 수 없으므로 서신의 검열은 원칙적으로 금지된다. 다만 '형의 집행 및 수용자의 처우에 관한 법률'은 행형목적을 달성하기 위해 일정한 경우에는 수용자의 서신수수를 금지할 수 있고 서신의 검열을 행할 수 있다고 규정하고 있다(43조1항과[124] 4항[125]). 단, 미결수용자와 변호인 사이의 서신은 교정시설에서 상대방이 변호인임을 확인할 수 없는 경우를 제외하고는 검열할 수 없다(84조3항[126]). 다만, 헌법재판소는 형사절차가 종료되어 교정시설에 수용 중인 수형자는 재심 등의 경우를 제외하고는 원칙적으로 변호인의 조력을 받을 권리의 주체가 될 수 없다고 판시하였다(헌재 1998. 8. 27. 96헌마398).

'형의 집행 및 수용자의 처우에 관한 법률' 49조에[127] 의해 수용자들의 집필활동

에 의하여 지득 또는 채록된 전기통신의 내용은 재판 또는 징계절차에서 증거로 사용할 수 없다.

124 제43조(편지수수) ①수용자는 다른 사람과 편지를 주고받을 수 있다. 다만, 다음 각 호의 어느 하나에 해당하는 사유가 있으면 그러하지 아니하다.
1. 「형사소송법」이나 그 밖의 법률에 따른 편지의 수수금지 및 압수의 결정이 있는 때
2. 수형자의 교화 또는 건전한 사회복귀를 해칠 우려가 있는 때
3. 시설의 안전 또는 질서를 해칠 우려가 있는 때

125 제43조(편지수수) ④수용자가 주고받는 편지의 내용은 검열받지 아니한다. 다만, 다음 각 호의 어느 하나에 해당하는 사유가 있으면 그러하지 아니하다.
1. 편지의 상대방이 누구인지 확인할 수 없는 때
2. 「형사소송법」이나 그 밖의 법률에 따른 편지검열의 결정이 있는 때
3. 제1항제2호 또는 제3호에 해당하는 내용이나 형사 법령에 저촉되는 내용이 기재되어 있다고 의심할 만한 상당한 이유가 있는 때
4. 대통령령으로 정하는 수용자 간의 편지인 때

126 제84조(변호인과의 접견 및 편지수수) ③제43조제4항 단서에도 불구하고 미결수용자와 변호인 간의 편지는 교정시설에서 상대방이 변호인임을 확인할 수 없는 경우를 제외하고는 검열할 수 없다.

127 제49조(집필) ①수용자는 문서 또는 도화(圖畫)를 작성하거나 문예·학술, 그 밖의 사항에 관하여 집필할 수 있다. 다만, 소장이 시설의 안전 또는 질서를 해칠 명백한 위험이 있다고 인정하는 경우는 예외로 한다.
②제1항에 따라 작성 또는 집필한 문서나 도화를 지니거나 처리하는 것에 관하여는 제26조를 준용한다.
③제1항에 따라 작성 또는 집필한 문서나 도화가 제43조제5항 각 호의 어느 하나에 해당하면 제43조제7항을 준용한다.

은 특별한 사정이 없는 한 자유롭게 허용되고 작성된 집필문의 외부 반출도 원칙적으로 허용되며, 예외적으로 금지되는 사유도 구체적으로 한정되어 있다.

3. '정보통신망 이용촉진 및 정보보호 등에 관한 법률'상의 제한과 한계

누구든지 청소년 유해매체물을 광고하는 내용을 전송하거나 공개적으로 전시할 수 없으며(42조의2[128]), 수신자의 사전동의 없는 전화모사전송을 이용한 광고성 정보 전송행위를 금지하고(50조), 인터넷에 영리목적을 광고성 정보 게시를 삭제할 수 있도록 규정하고 있다(50조의7[129]).

4. 기타

그 이외에도 국가보안법 8조1항은 "국가의 존립·안전이나 자유민주적 기본질서를 위태롭게 한다는 정을 알면서 반국가단체의 구성원 또는 그 지령을 받은 자와 회합·통신 기타의 방법으로 연락을 한 자는 10년 이하의 징역에 처한다."고 규정한다. 또한 '남북교류협력에 관한 법률' 9조의2의 1항은 "남한의 주민이 북한의 주민과 회합·통신, 그 밖의 방법으로 접촉하려면 통일부장관에게 미리 신고하여야 한다. 다만, 대통령령으로 정하는 부득이한 사유에 해당하는 경우에는 접촉한 후

---

④집필용구의 관리, 집필의 시간·장소, 집필한 문서 또는 도화의 외부반출 등에 관하여 필요한 사항은 대통령령으로 정한다.

128 제42조의2(청소년유해매체물의 광고금지) 누구든지 「청소년 보호법」 제2조제2호마목에 따른 매체물로서 같은 법 제2조제3호에 따른 청소년유해매체물을 광고하는 내용의 정보를 정보통신망을 이용하여 부호·문자·음성·음향·화상 또는 영상 등의 형태로 같은 법 제2조제1호에 따른 청소년에게 전송하거나 청소년 접근을 제한하는 조치 없이 공개적으로 전시하여서는 아니 된다.

129 제50조의7(영리목적의 광고성 정보 게시의 제한) ①누구든지 영리목적의 광고성 정보를 인터넷 홈페이지에 게시하려면 인터넷 홈페이지 운영자 또는 관리자의 사전 동의를 받아야 한다. 다만, 별도의 권한 없이 누구든지 쉽게 접근하여 글을 게시할 수 있는 게시판의 경우에는 사전 동의를 받지 아니한다.
②영리목적의 광고성 정보를 게시하려는 자는 제1항에도 불구하고 인터넷 홈페이지 운영자 또는 관리자가 명시적으로 게시 거부의사를 표시하거나 사전 동의를 철회한 경우에는 영리목적의 광고성 정보를 게시하여서는 아니 된다.
③인터넷 홈페이지 운영자 또는 관리자는 제1항 또는 제2항을 위반하여 게시된 영리목적의 광고성 정보를 삭제하는 등의 조치를 할 수 있다.

에 신고할 수 있다."고 규정한다. 그리고 전파법 80조는[130] 헌법 또는 헌법에 의해 설치된 국가기관을 폭력으로 파괴할 것을 주장하는 통신을 금지한다.

제5절 ▎경제적 자유권

인간의 경제적 활동과 관련된 경제적 자유권에는 재산권(헌법 23조)과 직업선택의 자유(헌법 15조)가 있다.

제1항 | 재산권

'재산권의 제한'에 대해 상세히는 행정법이나 토지공법에서 다루고 여기서는 재산권에 관한 헌법상의 기본원칙에 대해서만 살펴본다.

I. 의의와 연혁

1. 연혁

근대 초기에 재산권은 프랑스 인권선언에서 나타나듯이 신성불가침적 권리였다. 재산권은계약자유의 원칙과[131] 함께 근대 자본주의경제질서의 원동력이자 근대 시민사회의 법률적 지주였다. 그러나 이러한 재산권의 절대성은 현대에 와서 수정된다. 재산권은 자연권에서 실정권으로 격하되고, 세계 각국은 헌법에서 재산권의 사회적 제약성을 선언한 것이다.

---

130 제80조(벌칙) ①무선설비나 전선로에 주파수가 9킬로헤르츠 이상인 전류가 흐르는 통신설비(케이블전송설비 및 평형2선식 나선전송설비를 제외한 통신설비를 말한다)를 이용하여 「대한민국헌법」 또는 「대한민국헌법」에 따라 설치된 국가기관을 폭력으로 파괴할 것을 주장하는 통신을 한 자는 1년 이상 15년 이하의 징역에 처한다.
②제1항의 미수범은 처벌한다.
③제1항의 죄를 저지를 목적으로 예비하거나 음모한 자는 10년 이하의 징역에 처한다.

131 우리 헌법재판소는 계약의 자유를 행복추구권 속의 일반적 행동자유권에서 도출한다.

2. 의의

재산권은 "경제적 가치가 있는 모든 공법상 및 사법상의 권리"로 정의된다.

II. 헌법적 근거와 법적 성격

1. 헌법적 근거

재산권의 직접적인 헌법적 근거로는 재산권 보장에 관한 기본조항인 헌법 23조, 소급입법에 의한 재산권 박탈의 금지를 규정한 헌법 13조2항, 무체재산권(지적재산권)의 보장에 관한 헌법 22조2항이 있다. 그리고 재산권에 관한 간접적인 헌법적 근거조항으로는 헌법 '제9장. 경제'편에 규정된 조항들을 들 수 있다.

2. 법적 성격

재산권의 법적 성격과 관련해서는 사유재산에 대한 임의적 처분권과 그 침해에 대한 방어권 보장으로 보는 자유권설, 개인의 재산을 사유할 수 있다는 법제도, 즉 사유재산제 보장으로 보는 제도보장설, 양자 모두로 보는 권리·제도동시보장설이 있다. 다수설은 권리·제도동시보장설이다.

III. 주체와 범위

재산권은 '재산권의 주체'와 함께 '재산권의 객체' 즉 '재산권의 범위'도 중요하다.

1. 주체

내국인뿐만 아니라 외국인도 재산권의 주체가 된다. 외국인의 경우 토지재산권 등 물권은 국제법과 국제조약상의 상호주의원칙에 의한 제한을 받는다. 예를 들어 2016년에 폐지되기 전의 '외국인토지법'은 외국인을 토지재산권의 주체로 인정한다. 법인, 국가와 지방자치단체도 재산권의 주체가 된다.

2. 범위

재산권이란 '공·사법상 경제적 가치가 있는 모든 권리'를 의미하므로 재산권의 범위는 고정된 것이 아니라 가변적이다. 오늘날 생활양식과 사회경제적 구조가 급

속히 변화·발전함에 따라 재산권의 범위도 점차 확대되어 가고 있다.

그러나, 단순한 기대이익, 반사적 이익, 단순한 경제적 기회, 우연히 발생한 법적 지위는 재산권이 될 수 없다. 예를 들어 약사면허는 재산권이나 약사의 한약 조제권은 권리가 아니라 법률에 의해 약사의 지위에서 인정되는 하나의 권능에 불과하다.

1994년 1월 7일의 약사법 개정으로 한약사가 아닌 약사의 한약 조제를 금지하면서도 약사법 부칙 4조2항에서[132] 개정법률 시행 당시 1년 이상 한약을 조제해 온 약사는 2년간만 한약조제를 가능하게 하였다. 이에 대해 헌법재판소는 약사의 한약조제권이 권능에 불과하지 권리가 아니므로 재산권도 아니고 소급입법에 의한 재산권 침해금지(헌법 13조2항)의 대상도 아니라고 보았다. 또한 약사가 한약의 조제권을 상실한다고 하더라도 약사라는 직업을 포기하는 것은 아니므로 직업의 자유(헌법 15조)의 본질적 내용 침해도 아니라고 보면서 합헌결정을 내렸다(헌재 1997. 11. 27. 97헌바10).

재산권의 구체적 범위는 다음과 같다.

(1) 일반재산권

일반재산권에는 모든 종류의 물권(소유권, 용익물권, 담보물권), 채권(급료청구권, 주주권), 그리고 특별법상의 권리(광업권, 어업권 등)들이 포함된다. 그 이외에 공법상의 권리(수리권, 하천점유권, 공무원의 연금청구권)와 상속권도 일반재산권에 포함된다.

(2) 지적 재산권

문학·예술·과학·기술 등 인간의 정신적 창작활동의 결과 얻어지는 무형의 산물에 대한 배타적 권리를 의미하는 '지적 재산권'도 재산권에 속한다. 그런데 지적 재산권은 재산권에 관한 헌법 23조가 아니라 학문·예술의 자유에 관한 헌법 22조2

---

132 약사법(1994. 1. 7. 법률 제4731호) 부칙 제4조(약사의 한약조제에 관한 경과조치) ①생략
②이 법 시행당시 1년 이상 한약을 조제해 온 약사로서 시장·군수 또는 구청장의 확인을 받은 자는 제21조 제1항의 규정에 불구하고 이 법 시행일부터 2년간 제21조 제7항의 규정에 준하여 한약을 조제할 수 있다.

항에[133] 규정되어 있다. 지적 재산권은 예술적·인문과학적 창작의 산물인 저작물에 대해 저작자가 가지는 일신전속적 권리인 '저작권', 특허권, 실용신안권, 의장권, 상표권 등 산업적 무체재산권을 총칭하는 '산업소유권', 컴퓨터소프트웨어, 반도체 칩, 데이터베이스, 영업비밀 등 현대 정보화사회의 진전에 따라 새로이 생성되는 '제3의 지적 재산권'으로 분류된다. 특히 '제3의 지적 재산권'은 요즘 급격히 부상하고 있는 지적 재산권이다.

(3) 토지재산권

토지재산권은 가장 중요한 재산권의 객체이다. 토지는 공급의 비탄력성, 수요의 중대성, 인간 생존을 위한 불가결한 기초로서의 공익성 등 토지의 고유한 특성을 가지기 때문에 '토지공개념'이 등장하고 가중된 사회적·공공적 구속성 하에 놓이게 된다. 토지재산권에 대한 가중적 규제의 법제와 이 법제들에 대한 헌법재판소 판례 중 대표적인 판례는 다음과 같다.

1) 토지거래허가제(헌재 1989. 12. 22. 88헌가13)

국토이용관리법 21조의3 1항 및 벌칙규정인 31조의2가 심판대상이다. 국토이용관리법 21조의3 1항에 대해서는 합헌결정(합헌 5 : 위헌 4)을 내렸다. 토지소유권의 상대성, 토지소유권행사의 공공복리적합의무, 우리의 토지의 투기적 거래 실태 등을 고려했을 때 이는 재산권의 본질적 내용을 침해하거나 재산권을 과잉금지원칙에 위배되게 침해하는 것이 아니라 합헌적 제한을 가하는 것임을 근거로 들었다. 벌칙규정인 31조의2에 대해서도 합헌결정의 하나인 위헌불선언결정(합헌4 : 위헌5)을 내렸다. 과잉금지원칙이나 명확성의 원칙에 위배되지 않음을 그 근거로 들었다.

2) 토지초과이득세(헌재 1994. 7. 29. 92헌바49·52)

토지초과이득세법 8조(유휴토지), 10조와 11조(토초세의 산정), 12조(세율은 100분의 50), 16조(세액공제조항, 토초세액을 양도세약에서 전액공제하지 않도록 함)가 심

133 헌법 제22조는 "①모든 국민은 학문과 예술의 자유를 가진다. ②저작자·발명가·과학기술자와 예술가의 권리는 법률로써 보호한다."고 규정한다.

판대상이다. 헌법재판소는 이 심판대상 조항들이 토지소유자들의 재산권, 평등권(100분의 50의 단일세율을 적용)을 침해하고 헌법상의 위임원칙(헌법 75조의 "법률에 구체적으로 범위를 정하여 위임받은 사항") 및 조세법률주의(지가산정의 기준·방법 등을 전적으로 대통령령에 위임)를 위반하기 때문에 전원일치의 헌법불합치결정을 적용중지 결정과 함께 내렸다.

3) 개발제한구역(Green Belt, 헌재 1998. 12. 24. 89헌마214등)

도시계획법 21조1항(건설교통부장관 도시의 무질서한 확산방지 등을 위해 개발제한구역 도시계획으로), 2항(개발제한구역 안에서의 건축물 건축, 토지의 형질변경 등 금지)이 심판대상이다. 헌법재판소는 이 심판대상 자체는 헌법 23조3항, 헌법 37조2항에 위반되지 않으나 개발제한구역 지정으로 기존의 용도대로 토지를 사용할 수 없는 경우에까지 보상규정을 두지 않은 것은 헌법에 합치되지 않는다면서 헌법불합치결정을 내렸다.

4) 택지소유상한제도(헌재 1999. 4. 29. 94헌바37 외 66건)

택지소유상한에관한법률은 일률적으로 200평으로 택지소유상한을 정하고, 처분이나 이용·개발의무기간을 정하면서 200평을 초과하면 초과소유부담금을 징수하였으며 법 24조1항은 연 4%에서 11%에 이르는 높은 부과율을 규정하면서 부과기간의 제한도 두지 않았기 때문에, 연 11%의 부과율이 적용되는 경우에 약 10년이 지나면 사실상 토지가액 전부를 부담금의 명목으로 징수당하는 셈이 되었다.

헌법재판소는 이들 법 규정이 기본권 행사의 '방법'에 대한 규제가 아니라 기본권행사의 '가부'에 대한 규제가 되므로 침해최소성원칙를 충족하지 못하고 과잉금지원칙에 위배되어 재산권을 침해하고 있으며, 법 시행 이전부터 소유하고 있는 택지에 일정기간을 더 부여해야 하는데 법 시행 이전부터 소유하고 있는 택지나 법 시행 이후부터 소유하고 있는 택지나 동일하게 취급하고 있으므로 평등권도 침해하여 위헌이라고 보았고, 심판대상 조항들과 여타의 택지소유상한에관한법률 조항들이 불가분적 관련성을 가지므로 택지소유상한에관한법률 전체에 대해 위헌결정을 내렸다.

Ⅳ. 내용

재산권의 내용은 크게 '사유재산제의 보장'과 '사유재산권의 보장'으로 나누어진다.

1. 사유재산제의 보장

헌법 23조1항2문의 "재산권의 내용과 한계는 법률로 정한다"는 규정 속에서 재산권은 제도보장의 성격도 가지기 때문에 법률로써 사유재산제도 자체를 부인할 수는 없다. 즉 재산권은 '생산수단의 사유'를 인정하는 제도의 보장을 의미하며, 원칙적으로는 자본주의 시장경제질서를 보장해야 함을 의미한다. 따라서 생산수단의 전면적인 국유화·공유화, 상속 부인, 전면적인 계획경제체제의 도입은 사유재산제의 보장을 위반하여 재산권을 침해한다.

2. 사유재산권의 보장

국민 개인은 재산권에 의해 사유재산제의 기초 위에서 소유·상속하며 그것을 사용·수익·처분할 수 있는 자유를 보장받는다.

Ⅴ. 한계: 헌법 23조2항 재산권 행사의 공공복리적합의무

헌법 23조2항 재산권 행사의 공공복리적합의무는 재산권의 헌법적 한계(개별적 헌법유보)에 해당하며, 재산권의 '사회적 구속성'을 의미한다.

1. 의의와 기능

(1) 의의

근대 초에는 사유재산에 관한 무제한의 자율적 권리성과 무제한의 계약의 자유가 인정되었으나, 제2차 세계대전 이후의 현대에는 재산권에 대한 '사회적 구속성'의 요구가 생겨났다. 헌법재판소에 의하면, 이러한 재산권 행사의 공공복리적합의무는 사유재산제도의 유지·존속을 위한 사유재산제도의 최소한의 자기 희생으로서의 기능을 한다.

(2) 법적 성격

헌법 23조2항의 공공복리적합의무의 법적 성격과 관련해서는 윤리적 의무로 보는 견해와 법적 의무로 보는 견해가 대립하고 있다. '법적 의무설'이 다수설이고 헌재 판례의 입장으로서 타당하다. "재산권 행사의 공공복리적합의무는 헌법상의 의무로서 입법형성권의 행사에 의해 현실적인 의무로 구체화되고"(헌재 1989. 12. 22. 88헌가13) 있기 때문이다.

(3) 헌법 37조2항 "공공복리"와의 관계

재산권조항인 헌법 23조2항의 "공공복리"는 재산권에 대한 법률유보로서 재산권의 사회성을 전제로 하는 '정책적 제약'까지도 인정하는 개념이므로 넓게 해석하여야 하는 반면에, 헌법 37조2항의 "공공복리"는 기본권 전반에 대한 제한 사유로서 상대적으로 엄격하고 좁게 해석하여야 한다.

VI. 제한: 헌법 23조3항

재산권의 제한에 있어 헌법 23조3항에 의한 제한은 명문규정상 보상을 전제로 하지만, 헌법 37조2항에 의한 제한은 보상을 전제로 하지 않는다는 차이점이 있다.

1. 재산권 제한의 목적: "공공필요"

헌법 23조3항의 "공공필요"는 불확정개념이지만, 일반적으로 '공익사업을 실현시키기 위해 재산권 제한이 불가피한 경우'를 말한다. 수용 등의 헌법상 정당화 사유로서 사익과 비교형량되는 개념이다. 헌법재판소는 소멸 시 발생하는 환매권도 재산권의 하나로 본다.

2. 재산권 제한의 형식: "법률"

재산권 제한은 법률과 법률의 효력을 가지는 헌법 76조의 대통령의 긴급명령, 긴급재정·경제명령, 국회의 동의를 얻어 체결된 조약 등으로 할 수 있다. 명령이나 조례로 재산권을 제한해서는 안 된다.

'결부조항'(Junktim-Klausel)이란 헌법이 입법부에 입법을 위임하면서 동시에 그 법률이 일정한 요건을 충족해야 한다거나 일정한 내용을 규정해야 한다는 취지로, 서로 뗄 수 없는 사항들을 함께 다뤄야 된다고 규정한 조항을 말한다. 결부조항의 예로 "공용수용은 법률로써 하되 당해 법률은 보상의 방법과 보상의 정도를 규정해야 한다"고 규정한 독일헌법 14조3항2문을 들 수 있다. 이 조항은 재산권을 제한하는 법률은 반드시 보상규정을 함께 두지 않으면 안 된다는 의미이다. 따라서 입법자가 기본권 제한 법률을 제정함에 있어 보상규정이 없다면 그 자체로 위헌이 된다. 결부조항인 독일헌법 14조3항2문은 입법자에 의한 졸속한 재산권 침해행위의 저지조항으로서의 기능을 가진다. 우리 헌법 23조3항도 동일한 법률에서 재산권의 수용·사용·제한과 보상의 방법과 기준을 하나로 결합하여 규정해야 한다는 결부조항으로 해석된다.

3. 재산권 제한의 유형

헌법 23조3항은 재산권 제한의 유형으로 재산권의 소유권을 강제적으로 취득하는 "수용"(收用), 일시적으로 사용하는 "사용"(使用), 재산권에 일정한 제한(ex.사용제한, 사업제한)을 가하는 "제한"(制限)을 규정하고 있다. 토지에 대한 공용제한을 '공용지역'(公用地役)이라고도 부른다.

4. 재산권 제한의 조건으로서의 보장: "정당한 보상"

(1) "정당한 보상" 규정과 특별희생설

우리 헌법 23조3항은 공공필요에 의한 재산권의 수용·사용 또는 제한 및 그에 대한 보상은 법률로써 하되 정당한 보상을 지급하여야 한다고 규정한다. 미국 수정헌법 5조도 "...nor shall private property be taken for public use without just compensation(사유재산은 정당한 보상 없이 공공사용을 위해 수용될 수 없으며...)"라고 규정하고 있다. 우리나라의 통설인 '특별희생설'은 이러한 재산권 제한은 특별한 희생이므로 공평의 견지에서 전체의 부담으로 해야 한다고 보기 때문에 '정당한 보상'이 지급되어야 한다고 본다.

(2) 손실보상의 기준

손실보상의 기준과 관련해 연혁적으로 살펴봤을 때, 우리 제1·2공화국 헌법은 상당보상, 제3공화국 헌법은 완전보상, 제4공화국 헌법은 입법보상, 제5공화국 헌법은 이익형량보상을 규정했으나, 현행헌법은 완전보상을 의미하는 "정당한 보상"을 규정하였다. 외국의 경우 독일헌법 14조는 이익형량보상을 규정하고 있고, 미국헌법은 우리 헌법처럼 "정당한 보상"을 규정하고 있다. 이에 손실보상의 기준으로서 "정당한 보상"의 의미와 관련하여 다음과 같은 학설의 대립이 있다.

첫째, 완전보상설은 "정당한 보상"이란 '침해된 재산의 객관적 가치를 충분하고 완전하게 보상하는 것'을 의미한다고 본다. 여기서 '객관적 가치'란 그 물건의 성질에 정통한 사람들의 자유로운 거래에 의해 도달할 수 있는 합리적 매매가격, 즉, 시가(時價)를 말한다.

둘째, 상당보상설은 "정당한 보상"이란 '사회관념에 비추어 합리적이고 적절한(appropriate) 보상'을 의미한다고 본다.

셋째, 절충설은 "정당한 보상"이란 '원칙적으로 완정보상을 의미한다고 보아야 하지만 특별한 경우에는 상당보상도 예외적으로 가능하다'고 본다.

살피건대, "정당한 보상"이란 원칙적으로 피수용재산의 객관적인 재산가치를 완전하게 보상하여야 한다는 완전보상을 뜻한다고 보는 완전보상설이 타당하며, 보상금액뿐만 아니라 보상의 지시나 방법 등에 있어서도 어떠한 제한을 두어서는 안 된다는 의미로 보아야 한다.

(3) 손실보상의 방법

손실보상의 방법은 금전보상과 현물보상, 선급·분할급·일시금지급 등이 있으며, 구체적인 방법은 개별법률에서 정한다. '공익사업을 위한 토지 등의 취득 및 보상에 관한 법률'은 금전보상과 사전보상의 원칙에 입각하며, 재권보상제를 도입하고 있다.

제2항 | 직업선택의 자유

I. 의의

헌법재판소는 직업선택의 자유를 '자신이 원하는 직업을 자유로이 선택(결정)하고 이를 영위(수행)하며 언제든지 임의로 전환할 수 있는 자유'라고 정의내렸다. 여기서 '직업'이란 '정신적·물질적 생활의 기본적 수요를 충족시키기 위하여 행하는 계속적인 경제적 소득활동'을 말한다. 따라서 직업의 개념적 요소(권영성, 허영, Maunz, Dürig)에는 생활수단성(복수도 가능하나 취미활동은 안 됨), 계속성(일정기간 계속, 종신적일 필요는 없음), 공공무해성(公共無害性)이 있다. 공공무해성과 관련해 소수설은 공공무해성을 직업의 개념에는 포함시키지 말고 헌법 37조2항으로 규제해야 한다고 주장한다.

II. 헌법적 근거와 연혁

직업선택의 자유의 헌법적 근거는 헌법 15조로 동조항은 "모든 국민은 직업선택의 자유를 가진다."고 규정한다. 제헌헌법 때부터 우리 헌법에 "직업선택의 자유"라고 규정되어 있지만, 원래는 독일헌법에서처럼 "직업의 자유"라고 규정했어야 했다. 직업선택의 자유는 아래에서 보겠지만 '직업의 자유'의 한 세부적 기본권에 불과하기 때문이다.

III. 내용

직업의 자유의 내용으로는 크게 '직업결정의 자유'와 '직업수행의 자유'가 있다.

1. 직업결정의 자유(직업선택의 자유)

직업결정의 자유는 '어떤 직업을 자신의 직업으로 삼을 자유'를 말한다. 직업결정의 자유에는 '직업전환의 자유'와 '겸직의 자유'도 포함된다. 따라서 '직업이탈과 전직의 자유'도 '직업전환의 자유'와 동의어로서 직업결정의 자유에 포함된다.

직업을 가지지 않을 '무직업의 자유'와 관련해 다수설은 '무직업의 자유'도 '직업결정의 자유'에 포함된다고 본다. 왜냐하면 헌법 32조2항이 규정하고 있는 근로의 의무는 모든 국민에게 강제노동을 법적으로 의무화시킨 것은 아니므로 법적 의무가 아니라 윤리적 의무에 불과하다고 보기 때문이다.

2. 직업수행의 자유

'직업수행의 자유'란 자신의 직업으로 삼은 직업을 수행함에 있어 간섭받지 않을 권리를 말한다. 대표적으로 '영업의 자유'가 직업수행의 자유에 포함된다. 직장선택의 자유(직업수행을 위한 직장을 임의로 결정할 수 있는)도 직업수행의 자유에 속한다. 직업수행의 자유는 직업수행의 장소, 시기, 방법 등에 관해 헌법 37조2항에 의해 상당한 규제를 받을 수 있다.

IV. 제한

1. 제한의 정도와 단계이론(Stufentheorie)

1958년 6월 11일에 선고된 독일연방헌법재판소의 약국판결(Apotheken Urteil)에서 제시된 이론이다. 청구인은 약사로 약국개설을 위해 영업허가를 신청했으나, 행정당국이 거리 제한을 두고 있는 약사법 규정을 근거로 거절하였다. 독일 연방헌법재판소는 단계이론을 제시하면서 약사법 거리 제한 규정을 위헌무효화시켰다. 직업의 자유 내의 직업결정의 자유와 직업수행의 자유는 그 제한의 정도와 한계에 차이를 두어야 한다고 판시하였다.

단계이론에서 **제1단계**는 직업의 자유에 대한 제한이 불가피하더라도 기본권에 대한 침해가 상대적으로 경미한 **직업수행의 자유의 제한**이다. 직업수행의 장소(노점상), 시기(유흥업소의 심야영업 제한), 방법(택시의 10부제 운행)에 대한 제한이 이에 해당한다. 우리 헌법재판소는 학교정화구역 내 PC방 금지사건(헌재 2008. 4. 24. 2004헌바92)에서 학교경계선으로부터 200미터 이내의 학교정화구역 내에서 PC방 설치 및 운영을 금지한 학교보건법 조항들(직업수행의 자유에 대한 장소적 제한)에 대해 합헌결정을 내렸다.

제2단계는 제1단계 직업수행의 자유에 대한 제한으로 그 제한목적(공익목적)을 달성할 수 없을 경우 **주관적 사유**에 의해 **직업결정의 자유를 제한**하는 경우이다. 그 **성질상 일정한 기술성 · 전문성이 요구되는 직업**에서 그 **사람의 능력이나 노력**

과 유관한 **주관적 사유**(일정한 **교육과정의 이수**나 시험합격 등)에 의해 직업결정의 자유를 제한하는 것이며, 이 때 '주관적 사유'는 **직업수행에 필요한 요건**이어야 한다. 예를 들어 병원개설자는 의사시험 합격자(의사자격증, 의사면허 소지자)이어야 하고, 약국개설자는 약사시험 합격자(약사 자격증·면허증 소지자)이어야 하며, 변호사는 법학전문대학원을 졸업하고 변호사시험에 합격한 변호사 자격 소지자이어야 하고, 회계사는 회계사시험에 합격한 회계사자격 소지자이어야 한다.

3단계는 **객관적 사유**에 의해 **직업결정의 자유를 제한**하는 경우이다. 제1단계나 제2단계 제한으로도 목적을 달성할 수 없고 직업의 자유를 제한하지 않을 때 발생하는 공공에 대한 해악이 명백·현존하는 위험이 될 때에만 이러한 제3단계 제한이 가능하다. 이때 **'객관적 사유'**란 그 **기본권 주체(직업의 자유의 주체)의 능력이나 노력과는 무관**한 것이기 때문에 제3단계 제한은 직업의 자유를 침해할 가능성이 크다. 예를 들어 화약류의 제조·판매·운송업은 공공에 대한 위험 방지를 완벽하게 기대할 수 없을 경우에만 제한이 가능하다. 기존업체 보호의 관점이나 특정직종의 보호를 위한 적정분포의 관점에서 그 업종의 수를 제한하는 경우가 이 제3단계 제한에 해당한다. 우리 헌법재판소도 '경비업법 제7조 제8항 사건'에서 "경비업을 경영하고 있는 자들이나 다른 업종을 경영하면서 새로이 경비업에 진출하고자 하는 자들로 하여금 경비업 외 업종영업을 제한하는 경우"가 이 제3단계 제한에 해당한다고 하면서, "이와 같이 당자사의 능력이나 자격과 상관없는 **객관적 사유에 의한 제한**은 **월등하게 중요한 공익을 위하여 명백하고 확실한 위험을 방지하기 위한 경우에만 정당화**될 수 있다"고 판시하였다(헌재 2002. 4. 25. 2001헌마614).

독일 연방헌법재판소는 약국간의 거리제한을 규정한 약사법조항이 이 제3단계 제한에 해당하며, 이 경우가 직업의 자유를 제한하지 않을 때 발생하는 공공에 대한 해악이 명백·현존하는 위험이 될 때에 해당하지 않는다는 이유로 위헌결정을 내렸다. 미국 연방대법원은 성인영화관(Adult Theater) 간의 거리제한조항에 대해 합헌결정을 내렸고, 일본 최고재판소도 공중목욕탕 간의 거리제한조항에 대해 합헌결정을 내린 바 있다.

우리 헌법재판소도 독일 연방대법원의 이 단계이론을 수용하였다. 헌법재판소는 “직업수행의 자유는 직업결정의 자유에 비하여 상대적으로 그 침해의 정도가 작다고 할 것이므로 이에 대하여는 공공복리 등 공익상의 이유로 비교적 넓은 법률상의 규제가 가능하다”고 판시하여 단계별로 그 제한의 정도에 차이가 있음을 인정한다(헌재 1995. 4. 20. 92헌마264). 헌법재판소는 또한 주관적 사유에 의한 제한 문제로 심사한 판례도 있고, 객관적 사유에 의한 제한이라고 하여 ‘엄격한 심사’를 한 판례도 있다. 헌법재판소는 이 경우 ‘엄격한 심사’란 헌법 37조2항이 요구하는 과잉금지원칙, 즉 엄격한 비례의 원칙을 말한다고 판시하고 있다(헌재 2002. 4. 25. 2001헌마614).

2. 제한의 한계

직업의 자유를 제한하더라도 과잉금지원칙이 존중되어야 하고, 헌법 37조2항 후단에 따라 그 기본권의 본질적 내용의 침해는 금지된다. 또한 직업의 자유는 자유경쟁의 원칙을 전제로 하므로 특정인·특정기업에 의한 특정 직종영업의 독점은 직업의 자유를 침해한다. 그러나 사회적 시장경제질서하의 정부 개입과 조정을 위한 자유경쟁의 부분적 제한은 가능하다.

제3장 참정권

넓은 의미의 ‘정치적 기본권’은 선거권·피선거권·공무담임권·국민표결권 등의 ‘참정권’, 정치적 언론·출판·집회·결사의 자유를 의미하는 ‘정치적 자유’, 자유로운 정당활동에 관한 권리(헌법 8조), 투표·선거과정에서 이에 영향을 미치는 활동을 할 수 있는 권리(헌법 116조1항), 시민운동권(37조1항), 저항권 등의 ‘정치적 활동권’이 포함된다.

이 중 참정권은 주권자로서의 국민이 국가권력의 창설과 국가의 권력행사 과정에 참여함으로써 자신의 정치적 견해를 국정에 반영할 수 있는 권리를 말하는

데, 참정권은 국민이 국가 의사형성에 직접 참여하는지 간접적으로 참여하는지에 따라 직접민주제적인 '직접참정권'과 간접민주제적인 '간접참정권'으로 나누어진다. 헌법재판소는 참정권이 "국민주권의 상징적 표현으로서 국민의 가장 중요한 기본적 권리의 하나이며 다른 기본권에 대하여 우월적 지위를 가진다"고 판시하였다(헌재 1989. 9. 8. 88헌가6). 이러한 참정권은 크게 '선거권'과 '공무담임권'으로 나누어지며, 공무담임권은 다시 선출직 공무원이 될 수 있는 '피선거권'과 임명직 공무원이 될 수 있는 '공직취임권'으로 나누어진다.

제1항 | 선거권

I. 의의와 연혁

'선거권'이란 선거인단의 구성원으로서 국민이 각종 공무원을 선출하는 권리로 정의된다. 1781년 프랑스 헌법이 세계 최초로 선거권을 기본권으로 규정하였다. 다만 당시 프랑스의 선거는 보통선거가 아니라 제한선거였다.

II. 헌법적 근거와 법적 성격

선거권의 헌법적 근거는 "모든 국민은 법률이 정하는 바에 의하여 선거권을 가진다"고 규정한 헌법 24조이다. 따라서 선거 연령을 포함해 선거와 관련한 중요사항들이 법률에 위임되어 있다.

선거권의 법적 성격으로는 개인을 위한 주관적 공권으로 보는 '주관적 공권설', 국가목적을 위해 국가가 부과한 공무수행으로 보는 '공의무설', 선거인으로서의 권한·자격을 인정받은 것으로 보는 '권한·자격설', 주관적 공권이자 공의무로 보는 이원설이 있다. 이원설이 다수설이다.

III. 주체

선거권의 주체의 문제는 선거권의 제한과 한계의 문제로 볼 수도 있다.

1. '일정 연령'에 달한 '내국인'

공직선거법에 의해 '일정 연령'은 처음에는 20세였으나 2005년 공직선거법 개정으로 19세로 하향되었고 2020년 공직선거법 개정에서는 다시 18세로 하향되었다. 헌법재판소는 선거권 연령에 관한 사항은 순수한 입법재량사항으로 보고 선거권 연령을 만19세로 정하고 있는 공직선거법 15조에 대해 다음과 같이 합헌결정을 내린 바 있다(헌재 2013. 7. 25. 2012헌마174).

헌법 24조는 "모든 국민은 '법률이 정하는 바'에 의하여 선거권을 가진다."라고 규정함으로써, 선거권 연령을 어떻게 정할 것인지는 입법자에게 위임하고 있다. 입법자는 우리의 현실상 19세 미만의 미성년자의 경우, 아직 정치적·사회적 시각을 형성하는 과정에 있거나, 일상생활에 있어서도 현실적으로 부모나 교사 등 보호자에게 의존할 수밖에 없는 상황이므로 독자적인 정치적 판단을 할 수 있을 정도로 정신적·신체적 자율성을 충분히 갖추었다고 보기 어렵다고 보고, 선거권 연령을 19세 이상으로 정한 것이다. 또한 많은 국가에서 선거권 연령을 18세 이상으로 정하고 있으나, 선거권 연령은 국가마다 특수한 상황 등을 고려하여 결정할 사항이고, 다른 법령에서 18세 이상의 사람에게 근로능력이나 군복무능력 등을 인정한다고 하여 선거권 행사능력과 반드시 동일한 기준에 따라 정하여야 하는 것은 아니므로 선거권 연령을 19세 이상으로 정한 것이 불합리하다고 볼 수 없다. 따라서 선거권 연령을 19세 이상으로 정한 것이 입법자의 합리적인 입법재량의 범위를 벗어난 것으로 볼 수 없으므로, 19세 미만인 사람의 선거권 및 평등권을 침해하였다고 볼 수 없다.

'내국인' 이어야 하는 점과 관련해, 외국인은 원칙적으로 국민주권원리에 의해 선거권이 없으나 공직선거법 15조2항3호는[134] 일정한 요건을 갖춘 '장기체류외국인'에게 예외적으로 지방자치단체의 의회의원 및 장의 선거권을 인정하고 있다.

134 공직선거법 제15조 제2항 제3호는 "「출입국관리법」 제10조에 따른 영주의 체류자격 취득일 후 3년이 경과한 외국인으로서 같은 법 제34조에 따라 해당 지방자치단체의 외국인등록대장에 올라 있는 사람"

Ⅳ. 내용

각종 선거에 참여할 수 있는 선거권에는 대통령 선거권(헌법 67조1항), 국회의원 선거권(헌법 41조1항), 지방자치단체방 및 지방의회의원 선거권(헌법 118조2항)이 있다.

선거권의 적극적 요건에 대해, 공직선거법 15조1항은[135] 대통령 및 국회의원의 선거에서 선거연령으로 만 18세를 규정하고 있다. 또한 공직선거법 15조2항은[136] 지방선거에서 선거인명부작성기준일 현재 당해 지방자치단체의 관할구역 안에 주민등록이 되어있는 자를 규정하고 있다.

Ⅴ. 제한과 한계

이러한 선거권의 제한에 해당하는 선거권의 소극적 요건은 공직선거법 18조에 규정이 되어 있다. 헌법재판소는 구 공직선거법 2호 "금고 이상의 형의 선고를 받고 그 집행이 종료되지 아니하거나 그 집행을 받지 아니하기로 확정되지 아니한 사람"의 선거권 제한에 대해 합헌결정을 내렸다(헌재 2004. 3. 25. 2002헌마411). 그러나 집행유예기간 중인 자와 수형자의 선거권 제한은 과잉금지원칙을 적용했을

135 공직선거법 제15조(선거권) ①18세 이상의 국민은 대통령 및 국회의원의 선거권이 있다. 다만, 지역구국회의원의 선거권은 18세 이상의 국민으로서 제37조제1항에 따른 선거인명부작성기준일 현재 다음 각 호의 어느 하나에 해당하는 사람에 한하여 인정된다.

1. 「주민등록법」 제6조제1항제1호 또는 제2호에 해당하는 사람으로서 해당 국회의원지역선거구 안에 주민등록이 되어 있는 사람
2. 「주민등록법」 제6조제1항제3호에 해당하는 사람으로서 주민등록표에 3개월 이상 계속하여 올라 있고 해당 국회의원지역선거구 안에 주민등록이 되어 있는 사람

136 공직선거법 제15조(선거권) ②18세 이상으로서 제37조제1항에 따른 선거인명부작성기준일 현재 다음 각 호의 어느 하나에 해당하는 사람은 그 구역에서 선거하는 지방자치단체의 의회의원 및 장의 선거권이 있다.

1. 「주민등록법」 제6조제1항제1호 또는 제2호에 해당하는 사람으로서 해당 지방자치단체의 관할구역에 주민등록이 되어 있는 사람
2. 「주민등록법」 제6조제1항제3호에 해당하는 사람으로서 주민등록표에 3개월 이상 계속하여 올라 있고 해당 지방자치단체의 관할구역에 주민등록이 되어 있는 사람
3. 「출입국관리법」 제10조에 따른 영주의 체류자격 취득일 후 3년이 경과한 외국인으로서 같은 법 제34조에 따라 해당 지방자치단체의 외국인등록대장에 올라 있는 사람

때 목적의 정당성과 수단의 적합성은 인정하지만, 지나치게 전면적·획일적으로 수형자의 선거권을 제한하는 위헌성이 있음을 지적하면서 침해의 최소성과 법익의 균형성이 인정되지 않으므로 "집행유예기간 중인 자"에 관해서는 위헌결정을 내렸고, "수형자"에 관한 부분도 헌법불합치결정을 내렸다(헌재 2014. 1. 28. 2012헌마409등). 그 결과 현행 공직선거법 18조는[137] 선거권이 제한되는 소극적 요건으로 선거일 현재 금치산선고를 받은 자(1호), 1년 이상의 징역 또는 금고의 형의 선고를 받고 그 집행이 종료되지 않거나 그 집행을 받지 않기로 확정되지 않은 사람(다만, 그 형의 집행유예를 선고받고 유예기간 중에 있는 사람은 제외)(2호), 선거범죄자, 법원의 판결 또는 다른 법률에 의해 선거권이 정지 또는 상실된 자(4호) 등을 규정하고 있다.

---

137 공직선거법 제18조(선거권이 없는 자) ①선거일 현재 다음 각 호의 어느 하나에 해당하는 사람은 선거권이 없다.
1. 금치산선고를 받은 자
2. 1년 이상의 징역 또는 금고의 형의 선고를 받고 그 집행이 종료되지 아니하거나 그 집행을 받지 아니하기로 확정되지 아니한 사람. 다만, 그 형의 집행유예를 선고받고 유예기간 중에 있는 사람은 제외한다.
3. 선거범, 「정치자금법」 제45조(정치자금부정수수죄) 및 제49조(선거비용관련 위반행위에 관한 벌칙)에 규정된 죄를 범한 자 또는 대통령·국회의원·지방의회의원·지방자치단체의 장으로서 그 재임중의 직무와 관련하여 「형법」(「특정범죄가중처벌 등에 관한 법률」 제2조에 의하여 가중처벌되는 경우를 포함한다) 제129조(수뢰, 사전수뢰) 내지 제132조(알선수뢰)·「특정범죄가중처벌 등에 관한 법률」 제3조(알선수재)에 규정된 죄를 범한 자로서, 100만원이상의 벌금형의 선고를 받고 그 형이 확정된 후 5년 또는 형의 집행유예의 선고를 받고 그 형이 확정된 후 10년을 경과하지 아니하거나 징역형의 선고를 받고 그 집행을 받지 아니하기로 확정된 후 또는 그 형의 집행이 종료되거나 면제된 후 10년을 경과하지 아니한 자(刑이 失效된 者도 포함한다)
4. 법원의 판결 또는 다른 법률에 의하여 선거권이 정지 또는 상실된 자

②제1항제3호에서 "선거범"이라 함은 제16장 벌칙에 규정된 죄와 「국민투표법」 위반의 죄를 범한 자를 말한다.

③「형법」 제38조에도 불구하고 제1항제3호에 규정된 죄와 다른 죄의 경합범에 대하여는 이를 분리 선고하고, 선거사무장·선거사무소의 회계책임자(선거사무소의 회계책임자로 선임·신고되지 아니한 사람으로서 후보자와 통모(通謀)하여 해당 후보자의 선거비용으로 지출한 금액이 선거비용제한액의 3분의 1 이상에 해당하는 사람을 포함한다) 또는 후보자(후보자가 되려는 사람을 포함한다)의 직계존비속 및 배우자에게 제263조 및 제265조에 규정된 죄와 이 조 제1항제3호에 규정된 죄의 경합범으로 징역형 또는 300만원 이상의 벌금형을 선고하는 때(선거사무장, 선거사무소의 회계책임자에 대하여는 선임·신고되기 전의 행위로 인한 경우를 포함한다)에는 이를 분리 선고하여야 한다.

VI. 효력

선거권은 주관적 공권으로서 대(對)국가적 효력을 가지며, 사법상의 일반조항을 통해 간접적으로 대(對)사인적 효력도 인정되는 기본권이다.

제2항 | 공무담임권

I. 의의

공무담임권이란 '국가기관(입법부·사법부·행정부), 지방자치단체, 기타 공공단체의 직무를 담당할 수 있는 권리'로 정의된다.

II. 헌법적 근거와 법적 성격

공무담임권은 "모든 국민은 법률이 정하는 바에 의하여 공무담임권을 가진다"고 규정하고 있는 헌법 25조를 그 헌법적 근거로 한다. 공무담임권은 권리이지 의무는 아니므로, 병역에 복무하는 경우를 제외하고는 공무를 담임할 의무는 없다.

III. 주체

공무담임권의 주체는 내국이다. 외국인은 대한민국의 이익과 그 외국인의 본국의 이익충돌(conflicts of interests)이 문제될 수 있기 때문에 원칙적으로 공무담임권의 주체가 될 수 없다.

IV. 내용

공무담임권에는 선출직 공무원, 즉 대통령, 국회의원, 지방자치단체장, 지방의회의원에 피선될 수 있는 권리인 **'피선거권'**, 임명직 공무원이 되기 위한 공직취임의 균등한 기회를 보장하는 **'공직취임권'**과 선출·임명된 공직에서의 '활동이나 수행의 자유' 보장까지 포함하는 것은 아니지만, '공직을 유지할 자유' 보장을 의미하는 **'신분보유권'**이 포함된다.

V. 효력

공무담임권은 주관적 공권으로서 대(對)국가적 효력을 가지며, 사법상의 일반조항을 통해 간접적으로 대(對)사인적 효력도 인정되는 기본권이다.

VI. 제한과 한계

1. 피선거권

피선거권을 가지기 위한 요건은 선출직 공무원으로서의 수행능력을 감안하여 선거권보다 그 요건이 더 엄격하다. 우선 연령 및 거주요건과 연결되어 대통령의 경우 만40세, 5년 이상 국내 거주하여야 하고 이 경우 공무로 외국에 파견된 기간과 국내에 주소를 두고 일정기간 외국에 체류한 기간은 국내거주기간으로 보며(공직선거법 16조1항[138]), 국회의원의 경우는 만18세 이상의 국민이어야 하고(공직선거법 16조2항[139]) 지역구의 거주요건은 없다. 지방의회의원 및 지방자치단체의 장의 경우는 만18세 이상의 국민이어야 하고 60일 이상(공무로 외국에 파견되어 선거일전 60일후에 귀국한 자는 선거인명부작성기준일부터 계속하여 선거일까지) 해당 관할구역에 거주(공직선거법 16조3항[140])하여야 한다.

그런데 이러한 피선거권의 제한에 해당하는 소극적 요건은 공직선거법 19조에[141] 규정되어 있는데, 18조의 1호·3호·4호에 해당하는 자(1호)에 금고 이상의 형의

138 공직선거법 제16조(피선거권) ①선거일 현재 5년 이상 국내에 거주하고 있는 40세 이상의 국민은 대통령의 피선거권이 있다. 이 경우 공무로 외국에 파견된 기간과 국내에 주소를 두고 일정기간 외국에 체류한 기간은 국내거주기간으로 본다.

139 공직선거법 제16조(피선거권) ②18세 이상의 국민은 국회의원의 피선거권이 있다.

140 공직선거법 제16조(피선거권) ③선거일 현재 계속하여 60일 이상(公務로 外國에 派遣되어 選擧日전 60日후에 귀국한 者는 選擧人名簿作成基準日부터 계속하여 選擧日까지) 해당 지방자치단체의 관할구역에 주민등록이 되어 있는 주민으로서 18세 이상의 국민은 그 지방의회의원 및 지방자치단체의 장의 피선거권이 있다. 이 경우 60일의 기간은 그 지방자치단체의 설치·폐지·분할·합병 또는 구역변경(제28조 각 호의 어느 하나에 따른 구역변경을 포함한다)에 의하여 중단되지 아니한다.

141 공직선거법 제19조(피선거권이 없는 자) 선거일 현재 다음 각 호의 어느 하나에 해당하는 자는 피선거권이 없다.

1. 제18조(選擧權이 없는 者)제1항제1호·제3호 또는 제4호에 해당하는 자
2. 금고 이상의 형의 선고를 받고 그 형이 실효되지 아니한 자

선고를 받고 그 형이 **실효**되지 아니한 자(2호)(선거권의 경우는 **실효**가 아니라 **집행 종료**), 국회법 166조(국회 회의 방해죄)[142] 공직선거법 230조(매수 및 이해유도죄) 6항[143] 공직선거법 47조의2(정당의 후보자추천 관련 금품수수금지)[144]의 죄를 범한 자로서 일정형 이상의 선고를 받고 일정기간이 경과하지 않는 자 등이 추가되어 있다.

---

3. 법원의 판결 또는 다른 법률에 의하여 피선거권이 정지되거나 상실된 자
4. 「국회법」 제166조(국회 회의 방해죄)의 죄를 범한 자로서 다음 각 목의 어느 하나에 해당하는 자(형이 실효된 자를 포함한다)
   가. 500만원 이상의 벌금형의 선고를 받고 그 형이 확정된 후 5년이 경과되지 아니한 자
   나. 형의 집행유예의 선고를 받고 그 형이 확정된 후 10년이 경과되지 아니한 자
   다. 징역형의 선고를 받고 그 집행을 받지 아니하기로 확정된 후 또는 그 형의 집행이 종료되거나 면제된 후 10년이 경과되지 아니한 자
5. 제230조제6항의 죄를 범한 자로서 벌금형의 선고를 받고 그 형이 확정된 후 10년을 경과하지 아니한 자(형이 실효된 자도 포함한다)

142 국회법 제166조(국회 회의 방해죄) ①제165조를 위반하여 국회의 회의를 방해할 목적으로 회의장이나 그 부근에서 폭행, 체포·감금, 협박, 주거침입·퇴거불응, 재물손괴의 폭력행위를 하거나 이러한 행위로 의원의 회의장 출입 또는 공무 집행을 방해한 사람은 5년 이하의 징역 또는 1천만원 이하의 벌금에 처한다.
②제165조를 위반하여 국회의 회의를 방해할 목적으로 회의장 또는 그 부근에서 사람을 상해하거나, 폭행으로 상해에 이르게 하거나, 단체 또는 다중의 위력을 보이거나 위험한 물건을 휴대하여 사람을 폭행 또는 재물을 손괴하거나, 공무소에서 사용하는 서류, 그 밖의 물건 또는 전자기록 등 특수매체기록을 손상·은닉하거나 그 밖의 방법으로 그 효용을 해한 사람은 7년 이하의 징역 또는 2천만원 이하의 벌금에 처한다.

143 공직선거법 제230조(매수 및 이해유도죄) ⑥제47조의2제1항 또는 제2항을 위반한 자는 5년 이하의 징역 또는 500만원 이상 3천만원 이하의 벌금에 처한다.

144 공직선거법 제47조의2(정당의 후보자추천 관련 금품수수금지) ①누구든지 정당이 특정인을 후보자로 추천하는 일과 관련하여 금품이나 그 밖의 재산상의 이익 또는 공사의 직을 제공하거나 그 제공의 의사를 표시하거나 그 제공을 약속하는 행위를 하거나, 그 제공을 받거나 그 제공의 의사표시를 승낙할 수 없다. 이 경우 후보자(후보자가 되려는 사람을 포함한다)와 그 배우자(이하 이 항에서 "후보자등"이라 한다), 후보자등의 직계존비속과 형제자매가 선거일 전 150일부터 선거일 후 60일까지 「정치자금법」에 따라 후원금을 기부하거나 당비를 납부하는 외에 정당 또는 국회의원[「정당법」 제37조(활동의 자유)제3항에 따른 국회의원지역구 또는 자치구·시·군의 당원협의회 대표자를 포함하며, 이하 이 항에서 "국회의원등"이라 한다], 국회의원등의 배우자, 국회의원등 또는 그 배우자의 직계존비속과 형제자매에게 채무의 변제, 대여 등 명목여하를 불문하고 금품이나 그 밖의 재산상의 이익을 제공한 때에는 정당이 특정인을 후보자로 추천하는 일과 관련하여 제공한 것으로 본다.
②누구든지 제1항에 규정된 행위에 관하여 지시·권유 또는 요구하거나 알선하여서는 아니된다.

2. 공직취임권

임명직 공무원이 되기 위한 공직취임의 균등한 기회를 보장하는 '공직취임권'을 보장받기 위해서는 각종 공무원시험에 합격하거나 기타 임명에 필요한 제 자격을 구비해야 한다. 공직취임권의 제한에 해당하는 소극적 요건으로는 각종 선거범(100만원이상 벌금형 확정후 5년, 집행유예 선고 후·징역형 집행종료 후 10년)(공직선거법 266조)[145] 등이 있다.

145 제266조(선거범죄로 인한 공무담임 등의 제한) ①다른 법률의 규정에도 불구하고 제230조부터 제234조까지, 제237조부터 제255조까지, 제256조제1항부터 제3항까지, 제257조부터 제259조까지의 죄(당내경선과 관련한 죄는 제외한다) 또는 「정치자금법」 제49조의 죄를 범함으로 인하여 징역형의 선고를 받은 자는 그 집행을 받지 아니하기로 확정된 후 또는 그 형의 집행이 종료되거나 면제된 후 10년간, 형의 집행유예의 선고를 받은 자는 그 형이 확정된 후 10년간, 100만원이상의 벌금형의 선고를 받은 자는 그 형이 확정된 후 5년간 다음 각 호의 어느 하나에 해당하는 직에 취임하거나 임용될 수 없으며, 이미 취임 또는 임용된 자의 경우에는 그 직에서 퇴직된다.

1. 제53조제1항 각 호의 어느 하나에 해당하는 직(제53조제1항제1호의 경우 「고등교육법」 제14조제1항·제2항에 따른 교원을, 같은 항 제5호의 경우 각 조합의 조합장 및 상근직원을 포함한다)
2. 제60조(選擧運動을 할 수 없는 者)제1항제6호 내지 제8호에 해당하는 직
3. 「공직자윤리법」 제3조제1항제12호 또는 제13호에 해당하는 기관·단체의 임·직원
4. 「사립학교법」 제53조(學校의 長의 任免) 또는 같은 법 제53조의2(學校의 長이 아닌 敎員의 任免)의 규정에 의한 교원
5. 방송통신심의위원회의 위원

②다음 각 호의 어느 하나에 해당하는 사람은 당선인의 당선무효로 실시사유가 확정된 재선거(당선인이 그 기소 후 확정판결 전에 사직함으로 인하여 실시사유가 확정된 보궐선거를 포함한다)의 후보자가 될 수 없다.

1. 제263조 또는 제265조에 따라 당선이 무효로 된 사람(그 기소 후 확정판결 전에 사직한 사람을 포함한다)
2. 당선되지 아니한 사람(후보자가 되려던 사람을 포함한다)으로서 제263조 또는 제265조에 규정된 선거사무장 등의 죄로 당선무효에 해당하는 형이 확정된 사람

③다른 공직선거(교육의원선거 및 교육감선거를 포함한다)에 입후보하기 위하여 임기 중 그 직을 그만 둔 국회의원·지방의회의원 및 지방자치단체의 장은 그 사직으로 인하여 실시사유가 확정된 보궐선거의 후보자가 될 수 없다.

제3항 | 국민표결권

국민표결은 직접민주제의 한 방법으로서, 이러한 국민표결을 행할 수 있는 국민투표권이 국민표결권이다.

제4장 청구권

청구권은 국민이 국가에 대해 일정한 행위를 적극적으로 청구할 수 있는 주관적 공권이다. 청구권은 청구권이라는 기본권 자체가 권리의 목적이 아닌 수단적 권리라는 점에 특징이 있다. 즉 청구권은 기본권 보장을 위한 기본권이다. 청구권에는 청원권, 재판청구권, 국가배상청구권, 국가보상청구권, 범죄피해자구조청구권이 있다.

제1항 | 청원권

I. 의의와 연혁

청원권이란 국가기관에 대해 의견이나 희망을 진술할 권리를 말한다. 연혁을 보면, 1689년 영국의 권리장전에서 최초로 성문화되었는데, 사법제도가 완비되지 않고 언론의 자유가 확립되지 않은 과거에는 권리구제수단으로서 국민의 의사를 위정자에게 전달하는 중요한 수단이었으나, 지금은 비정규적 권리구제수단으로만 기능하고 있다.

II. 헌법적 근거와 법적 성격

1. 헌법적 근거

청원권은 "①모든 국민은 법률이 정하는 바에 의하여 국가기관에 문서로 청원할 권리를 가진다. ②국가는 청원에 대하여 심사할 의무를 진다."고 규정한 헌법 26조가 헌법적 근거이다. 헌법 89조15호는 국무회의의 필요적 심의사항 중의 하나로 "정부에 제출 또는 회부된 정부의 정책에 관계되는 청원의 심사"를 규정하고 있다.

2. 법적 성격

청원권의 법적 성격과 관련해서는 국가기관에 자유로이 진술할 수 있는 권리라는 '자유권설'과 국가의 일정한 행위를 적극적으로 청구할 수 있는 청구권이라는 '청구권설' 및 자유권이면서 청구권이기도 하다는 '복합적 권리설'의 대립이 있으나 '청구권설'이 학설의 다수설이고 헌법재판소의 입장이다.

III. 주체

청원권의 주체에는 내국인뿐만 아니라 외국인, 법인도 포함된다. 공무원과 군인의 경우에는 직무와 관련된 청원과 집단적 청원은 금지된다.

IV. 내용

1. 청원사항

청원법 5조는[146] 청원사항으로 피해의 구제, 공무원의 비위 시정, 공무원에 대

---

146 청원법 제5조(청원사항) 국민은 다음 각 호의 어느 하나에 해당하는 사항에 대하여 청원기관에 청원할 수 있다.

1. 피해의 구제
2. 공무원의 위법·부당한 행위에 대한 시정이나 징계의 요구
3. 법률·명령·조례·규칙 등의 제정·개정 또는 폐지
4. 공공의 제도 또는 시설의 운영
5. 그 밖에 청원기관의 권한에 속하는 사항

한 징계나 처벌의 요구 등을 규정하고 있다. 이러한 청원사항에 관한 규정은 예시적이다. 왜냐하면 5호가 "그 밖에 청원기관의 권한에 속하는 사항"이라고 규정하고 있기 때문이다. 청원기관의 장은 청원이 재판 간섭, 국가기관 명예 실추, 타인 모해 목적으로 허위사실 적시(청원법 6조[147]) 등에 해당하면 이를 처리하지 않을 수 있고, 이 경우 그 사유를 청원인에게 알려야 한다.

2. 청원할 기관

국민이 청원을 제출할 수 있는 기관은 청원법 4조에[148] 따라 국가기관, 지방자치단체(지방자치법 67조[149]), 공공단체이다.

3. 청원의 방식과 절차

청원은 **"문서로"** 하여야 한다(헌법 26조1항, 청원법 9조[150]). 특히 국회에 대한

---

147 제6조(청원 처리의 예외) 청원기관의 장은 청원이 다음 각 호의 어느 하나에 해당하는 경우에는 처리를 하지 아니할 수 있다. 이 경우 사유를 청원인(제11조제3항에 따른 공동청원의 경우에는 대표자를 말한다)에게 알려야 한다.
1. 국가기밀 또는 공무상 비밀에 관한 사항
2. 감사·수사·재판·행정심판·조정·중재 등 다른 법령에 의한 조사·불복 또는 구제절차가 진행 중인 사항
3. 허위의 사실로 타인으로 하여금 형사처분 또는 징계처분을 받게 하는 사항
4. 허위의 사실로 국가기관 등의 명예를 실추시키는 사항
5. 사인간의 권리관계 또는 개인의 사생활에 관한 사항
6. 청원인의 성명, 주소 등이 불분명하거나 청원내용이 불명확한 사항

148 제4조(청원기관) 이 법에 따라 국민이 청원을 제출할 수 있는 기관(이하 "청원기관"이라 한다)은 다음 각 호와 같다.
1. 국회·법원·헌법재판소·중앙선거관리위원회, 중앙행정기관(대통령 소속 기관과 국무총리 소속 기관을 포함한다)과 그 소속 기관
2. 지방자치단체와 그 소속 기관
3. 법령에 따라 행정권한을 가지고 있거나 행정권한을 위임 또는 위탁받은 법인·단체 또는 그 기관이나 개인

149 지방자치법 제67조(위원회의 권한) 위원회는 그 소관에 속하는 의안과 청원 등 또는 지방의회가 위임한 특정한 안건을 심사한다.

150 제9조(청원방법) ①청원은 청원서에 청원인의 성명(법인인 경우에는 명칭 및 대표자의 성명을 말한다)과 주소 또는 거소를 적고 서명한 문서(「전자문서 및 전자거래 기본법」에 따른 전자문서를 포함한다)로 하여야 한다.

청원은 '의원의 소개'나 '국회규칙으로 정하는 일정 수 이상의 국민의 동의'(국회법 123조1항[151])가 필요하다. 헌법재판소는 국회에 청원할 때 의원의 소개를 얻어 청원서를 제출하도록 한 국회법 123조1항이 국회에 청원을 하려는 자의 청원권을 침해하지는 않는다고 판시하면서 그 이유로 "의원의 소개가 없는 민원의 경우에는 진정으로 접수하여 처리하고 있으며, 청원의 소개의원은 1인으로 족한 점 등을 감안할 때 이 사건 법률조항이 국회에 청원을 하려는 자의 청원권을 침해한다고 볼 수 없다"는 점을 들었다(헌재 2006. 6. 29. 2005헌마604).

4. 효과

(1) 헌법 26조2항

청원은 수리 후, 이를 "심사"하여야 한다.

(2) 청원법상의 적극적 효과

1) 통지 및 공개

청원기관의 장은 청원의 접수 및 처리 상황을 청원인에게 알려야 한다. 공개청원의 경우에는 온라인청원시스템에 접수 및 처리 상황을 공개하여야 한다(청원법 14조1항[152]).

2) 공개청원의 공개 여부 결정 통지

접수일부터 15일 이내에 청원심의회의 심의를 거쳐 공개 여부를 결정 후 통지하여야 하고, 공개결정일부터 30일간 청원사항에 관하여 국민의 의견을 수렴하여

---

②제1항에 따라 전자문서로 제출하는 청원(이하 "온라인청원"이라 한다)은 본인임을 확인할 수 있는 전자적 방법을 통해 제출하여야 한다. 이 경우 서명이 대체된 것으로 본다.
③제2항에 따른 본인임을 확인할 수 있는 전자적 방법은 대법원규칙, 헌법재판소규칙, 중앙선거관리위원회규칙 및 대통령령으로 정한다.

151 국회법 123조(청원서의 제출) ①국회에 청원을 하려는 자는 의원의 소개를 받거나 국회규칙으로 정하는 기간 동안 국회규칙으로 정하는 일정한 수 이상의 국민의 동의를 받아 청원서를 제출하여야 한다.

152 청원법 제14조(접수·처리 상황의 통지 및 공개) ①청원기관의 장은 청원의 접수 및 처리 상황을 청원인(공동청원의 경우 대표자를 말한다)에게 알려야 한다. 공개청원의 경우에는 온라인청원시스템에 접수 및 처리 상황을 공개하여야 한다.

야 한다(청원법 13조1항 및 2항[153]).

3) 청원사항의 조사

청원사항이 별도의 조사를 필요로 하는 경우 청원기관의 장은 청원을 접수한 경우에는 지체 없이 청원사항을 성실하고 공정하게 조사하여야 한다(청원법 18조[154]).

(3) 청원법상의 소극적 효과

청원했다는 이유로 차별대우와 불이익을 강요해서는 안된다(청원법 26조[155]).

V. 효력

청원권은 다른 청구권적 기본권들과 같이 대국가적 효력만 가진다.

VI. 제한과 한계

헌법 37조2항에 따라 청원권 제한도 가능하나 청원권의 본질적 내용 침해는 금지된다. 예를 들어 청원서의 수리 및 심사를 원칙적으로 거부하는 법률은 위헌이다. 헌법재판소는 지방의회에 청원을 하고자 할 때에 반드시 지방의회 의원의 소개를 얻도록 한 지방자치법 65조1항에 대해 청원 남발 방지를 통해 청원의 효율적 심사·처리를 제고할 목적으로 소개의원 1인을 두도록 한 것은 청원권에 대한 합헌적 제한이라고 판시하였다(헌재 1999. 11. 25. 97헌마54).

153 제13조(공개청원의 공개 여부 결정 통지 등) ①공개청원을 접수한 청원기관의 장은 접수일부터 15일 이내에 청원심의회의 심의를 거쳐 공개 여부를 결정하고 결과를 청원인(공동청원의 경우 대표자를 말한다)에게 알려야 한다.
②청원기관의 장은 공개청원의 공개결정일부터 30일간 청원사항에 관하여 국민의 의견을 들어야 한다.

154 청원법 제18조(청원의 조사) 청원기관의 장은 청원을 접수한 경우에는 지체 없이 청원사항을 성실하고 공정하게 조사하여야 한다. 다만, 청원사항이 별도의 조사를 필요로 하지 아니하는 경우에는 조사 없이 신속하게 처리할 수 있다.

155 청원법 제26조(차별대우의 금지) 누구든지 청원을 하였다는 이유로 청원인을 차별대우하거나 불이익을 강요해서는 아니 된다.

제2항 | 재판청구권

I. 의의와 연혁

재판청구권은 영국의 마르나카르타(Magna Carta)에서 탄생하였고, 그 이후 전제군주로부터 독립된 법원에 의해 공정한 재판을 받을 권리를 의미하는 기본권으로 인식되었다. 우리 헌법에는 1948년의 제헌헌법부터 재판청구권에 관한 독립된 규정이 있었고, 1980년의 제5공화국 헌법에 형사피고인의 무죄추정권이 재판청구권조항에 신설되었으며, 1987년의 현행헌법에는 형사피해자의 재판절차진술권이 신설되었다.

재판청구권은 "독립된 법원에 의해 적정·공평·신속·경제의 재판을 받을 권리"로 정의된다.

II. 헌법적 근거와 법적 성격

재판청구권의 헌법적 근거는 헌법 27조이다. 그 법적 성격과 관련해서는 국가적 행위를 청구하는 청구권이면서 헌법과 법률이 정한 법관이 아닌 자에 의한 재판 및 법률에 의하지 않은 재판 배제를 요구할 수 있는 자유권이기도 하다는 '이중적 성격설'과 청구권 중의 하나라는 청구권설이 있는데, 청구권설이 다수설이다.

III. 주체

다른 기본권이 침해된 경우에 그 회복 또는 구제를 위한 권리이므로 기본권의 주체가 될 수 있는 자는 누구나 주체가 될 수 있다. 따라서 내국인뿐만 아니라 외국인과 법인도 청구권의 주체가 될 수 있다.

IV. 내용

1. '헌법과 법률이 정한 법관'의 재판을 받을 권리

'헌법과 법률이 정한 법관' 이란 법관의 자격·임명절차가 헌법·법률에 따라 이루어지고 신분보장과 직무상 독립이 보장된 법관을 말한다. 따라서 헌법재판소는

"법관에 의한 재판을 받을 권리를 보장하다고 하는 것은 결국 법관이 사실을 확정하고 법률을 해석적용하는 재판을 받을 권리를 보장한다"는 의미라고 판시하였다(헌재 1993. 11. 25. 91헌바8). 이에 따라 법무부변호사징계위원회 결정이 법률 위반에 관한 것인 경우에만 대법원에 즉시항고할 수 있게 했던 구 변호사법 100조4항·5항·6항에 대해 징계위원 중 일부만 법관이므로 '법관에 의한 재판을 받을 권리' 침해한다는 이유로 위헌결정이 내려졌다(헌재 2002. 2. 28. 2001헌가18).

(1) 군사재판

군인·군무원은 군법무관인 군판사에 의한 재판을 받는다. 그런데 군판사는 헌법·법률이 정한 법관이 아니라 군사법원법이라는 '법률'이 정한 법관에 불과하다. 그러나 헌법재판소는 군판사에 의한 재판에 대해 헌법 110조에 군사법원에 대한 헌법적 근거가 명시되어 있고 군사법원법이 군판사의 독립을 규정하고 있으므로 헌법 27조에 위배되지 않는다면서 합헌결정을 내렸다.

(2) 배심재판

통설에 의하면 배심원들이 사실인정에만 참여하고 법률판단에는 참여하지 않는다면 그러한 배심제는 현행헌법상의 법관에 의한 재판을 받을 권리를 침해하지 않아서 합헌이나, 참심원이 사실심뿐만 아니라 법률심까지 참여하는 참심제는 개헌 없이는 위헌이다.

(3) 기타

공판 전 간이소송절차인 약식절차는 통설에 의하면 합헌이다. 공판 전의 간이소송절차일 뿐, 불복 시 정식재판 청구가 가능하기 때문이다.

공판 전 간이소송절차인 행정직 공무원에 의한 통고처분(예를 들어 국세청장세무서장 등의 벌금과료몰수 등의 통고처분과 경찰서장의 교통범칙금 통고처분)도 통설에 의하면 합헌이다. 처분을 받은 당사자의 임의의 승복을 발효요건으로 하고, 불복 시 정식재판 청구가 가능하기 때문이다.

국가배상청구 시 법관이 아닌 행정공무원에 의한 재결·결정을 허용하는 행정심판전치(前置)주의는 합헌이다. 헌법 107조3항은 "…행정심판을 할 수 있다."라고 규정하고 행정심판의 절차에는 사법(司法)절차가 준용되며, 불복 시 정식재판으로 갈 수 있기 때문이다.

2. '재판'을 받을 권리

(1) 대법원의 재판을 받을 권리(상고심 재판을 받을 권리)

우리 헌법에는 대법원의 재판을 받을 권리 즉, 상고심 재판을 받을 권리에 관한 명문규정이 없다. 이에 학설의 대립이 있다. 첫째, '재판'을 받을 권리에 대법원의 재판을 받을 권리가 포함된다는 견해가 있다. '모든 사건'에 대해 '대법원의 재판을 받을 권리'가 있으며, 다만 헌법 37조2항에 의한 제한은 가능하다고 주장한다. 둘째, '재판'을 받을 권리에 대법원의 재판을 받을 권리가 포함되지 않는다는 견해가 있다. 이에 관해서는 헌법상의 명문규정이 없어서 입법정책의 문제라고 보며, 다만 대법원에의 상소권을 전면 불허하는 것은 상소권을 본질적으로 박탈하는 것으로서 위헌이라고 본다. 헌법재판소의 입장이기도 하다.

(2) 군사재판을 받지 않을 권리

군인이나 군무원이 아닌 일반 국민은 원칙적으로 군사재판을 받지 않을 권리를 가진다. 그러나 헌법 27조2항에 규정된대로 "대한민국 영역 안에서 중대한 군사상 기밀, 초병, 초소, 유독음식물 공급·포로·군용물에 관한 죄 중 법률이 정한 경우와 비상계엄이 선포된 경우에는 군인이나 군무원이 아닌 일반 국민도 예외적으로 군사법원의 군사재판을 받는다.

3. '법률에 의한' 재판을 받을 권리

'법률에 의한' 재판을 받을 권리란 절차법이 정한 절차에 따라 실체법이 정한 내용대로 법대로의 재판을 받을 권리를 말한다. 이 때 절차법은 원칙적으로 국회를 통과한 법률, 즉 형식적 의미의 법률을 말하며 예외적으로는 대법원규칙(헌법 108조), 헌법재판소규칙(헌법 113조2항)도 포함된다. 또한 실체법이란 형사재판에서는 죄형법정주의 때문에 형식적 의미의 법률을 말하지만, 민사재판·행정재판에

서는 민법 1조에서[156] 보는 바와 같이 관습법·조리도 포함된다. *

4. '신속한 공개재판'을 받을 권리

(1) 신속한 재판

"지체된 정의는 정의가 아니다"라는 법언에서 알 수 있듯이, 지체된 재판은 아무리 공정·정확하다고 하더라도 당사자에게 무의미할 수 있다. 따라서 모든 국민은 신속한 재판을 받을 권리를 가진다. 이 때 재판의 지체 여부는 사건의 내용, 심리의 곤란 여부, 지연의 원인과 정도, 피고인에 불리한 영향 등을 종합하여 판단한다. 예를 들어 재판부 구성원의 변경으로 인한 것으로 인한 재판 지체는 신속한 재판을 받을 권리를 침해하지 않지만, 형사재판에 있어서 구속기간의 지나친 연장은 신속한 재판을 받을 권리를 침해한다(헌재 1997. 6. 26. 96헌가8등).

(2) 공개재판

재판의 심리와 판결을 소송당사자 이외의 제3자에게 공개함으로써 재판의 공정성을 제고하기 위한 권리가 공개재판을 받을 권리이다. 이 때 법원의 심리는 헌법 109조 단서에 의해 국가의 안전보장 또는 안녕질서를 방해하거나 선량한 풍속(예를 들어 아동 성폭력사건)을 해할 염려가 있을 때 법원의 결정으로 비공개할 수 있다.

대법원 판례에 따르면, 법정의 규모, 질서의 유지, 심리의 원활한 진행 등을 고려하여 미리 방청권을 발행하고 방청권 소지자에게만 방청을 허용하는 것은 재판공개주의 위반이 아니다(1990. 6. 8. 대판 90도646).

5. '공정한 재판'을 받을 권리

현행헌법에 '공정한 재판'에 관한 명문규정은 없지만, '공정한 재판을 받을 권리'는 헌법 27조의 재판청구권의 하나로 보장된다. 공정한 재판을 받을 권리의 '공정한 재판이란 '정당한 재판을 말한다. 주로 그 실체적 보장보다는 절차적 보장이 문제된다. '공정한 재판을 받을 권리'에 의해 재판에서는 당사자주의와 구두변론주

---

156 민법 제1조(법원) 민사에 관하여 법률에 규정이 없으면 관습법에 의하고 관습법이 없으면 조리에 의한다.

의에 입각한 대심구조가 원칙적으로 요구되고 적법한 관할도 요구된다. 공정한 재판을 받을 권리는 헌법재판소 판례에 의해 일반조항화하는 추세에 있다. 헌법재판소는 형사재판에 피고인으로 출석하는 수형자에 대해 사복착용을 불허하는 것(헌재 2015. 12. 23. 2013헌마712), 획일적인 궐석재판의 허용(헌재 1998. 7. 16. 97헌바22) 등에 대해 공정한 재판을 받을 권리를 침해한다고 판시하였다.

6. 형사피해자의 재판절차진술권(헌법 27조5항)

헌법 27조5항은 "형사피해자는 법률이 정하는 바에 의하여 당해 사건의 재판절차에서 진술할 수 있다"고 규정하여 형사피해자의 재판절차진술권을 기본권으로 보장한다. 모든 범죄행위로 인한 피해자가 당해 사건의 재판절차에 증인으로 출석하여 자신이 입은 피해의 내용과 사건에 관해 의견을 진술할 수 있는 권리를 말한다. 현행헌법에서 신설된 기본권이며, 헌법 30조의 범죄피해자구조청구권이 생명·신체에 피해를 입은 범죄피해자에게만 적용되는 것과 구분된다.

형사피해자 재판절차진술권의 인정 취지는 형사재판에서의 실체적 진실발견과 유무죄 판정 및 양형에 형사피해자의 진술은 참고할 수 있게 하자는 데 있다. 형소법 294조의2 1항[157]은 수사절차나 공판절차에서 형사피해자가 이미 충분히 진술하였거나 진술로 공판절차가 현저히 지연될 우려 있는 경우에는 예외적으로 형사피해자의 재판절차진술권은 인정하지 않고 있다.

V. 효력

재판청구권은 주관적 공권으로서 대(對)국가적 효력을 가지지만, 청구권의 하

157 형사소송법 제294조의2(피해자등의 진술권) ①법원은 범죄로 인한 피해자 또는 그 법정대리인(피해자가 사망한 경우에는 배우자·직계친족·형제자매를 포함한다. 이하 이 조에서 "피해자등"이라 한다)의 신청이 있는 때에는 그 피해자등을 증인으로 신문하여야 한다. 다만, 다음 각 호의 어느 하나에 해당하는 경우에는 그러하지 아니하다.

1. 삭제
2. 피해자등 이미 당해 사건에 관하여 공판절차에서 충분히 진술하여 다시 진술할 필요가 없다고 인정되는 경우
3. 피해자등의 진술로 인하여 공판절차가 현저하게 지연될 우려가 있는 경우

나로서 사적 법률관계에 적용되지 않는 기본권이므로 대(對)사인적 효력은 원칙적으로 부정된다. 다만 예외적으로 사인 상호간에 재판청구권을 부인하는 법률관계는 간접적용설에 의해 사법상의 일반조항을 통해 법적으로 무효가 된다.

VI. 제한과 한계

1. 헌법상의 제한

헌법 64조4항은 국회의원에 대한 국회의 자격심사, 징계, 제명처분에 대해서는 "법원에 제소할 수 없다"고 규정하여 재판청구권에 대한 헌법상의 제한을 규정하고 있다. 또한 헌법 77조3항은 비상계엄하에서 '법원의 권한'에 관해 특별한 조치를 할 수 있다고 하여 재판청구권에 대한 제한을 규정하고 있다.

2. 법률

헌법 37조2항에 따라 재판청구권도 법률에 의해 제한될 수 있다. 첫째, 제소기간의 한정이다. 행정소송법 20조는[158] 취소소송은 처분이 있음을 안 날로부터 90일 이내, 처분이 있은 날로부터 1년 이내에 제기해야 한다고 규정하고, 헌법재판소법 69조는 헌법소원은 사유임을 안 날로부터 90일 이내, 사유있은 날로부터 1년 이내에 제기해야 한다고 제소기간을 한정하여 재판청구권을 제한한다. 헌법적·행정법적 관계는 이를 조속히 확정할 필요가 있기 때문이다. 이 때 제소기간은 불변기간 명확성의 원칙에 의해 명확해야 한다.

158 행정소소법 제20조(제소기간) ①취소소송은 처분등이 있음을 안 날부터 90일 이내에 제기하여야 한다. 다만, 제18조제1항 단서에 규정한 경우와 그 밖에 행정심판청구를 할 수 있는 경우 또는 행정청이 행정심판청구를 할 수 있다고 잘못 알린 경우에 행정심판청구가 있은 때의 기간은 재결서의 정본을 송달받은 날부터 기산한다.
②취소소송은 처분등이 있은 날부터 1년(第1項 但書의 경우는 裁決이 있은 날부터 1年)을 경과하면 이를 제기하지 못한다. 다만, 정당한 사유가 있는 때에는 그러하지 아니하다.
③제1항의 규정에 의한 기간은 불변기간으로 한다.

제5장 사회적 기본권

제1항 | 사회적 기본권 총론

I. 의의와 종류

사회적 기본권이란 '현대 사회국가(복지국가)에서 국민이 인간다운 생활을 확보하기 위하여 국가로부터 미리 정한 급부와 배려를 요구할 수 있는 권리'를 말한다. 현행헌법상의 사회적 기본권에는 인간다운 생활권과 사회보장수급권(34조), 교육을 받을 권리(31조), 근로의 권리(32조), 노동3권(33조), 환경권(35조), 보건권(36조 3항)이 있다.

II. 법적 성격

1. 학설 대립

(1) 프로그램규정설(입법방침규정설)

프로그램규정설에 따르면 **사회적 기본권**은 구체적·현실적 권리가 아니라 **국가의 사회정책적 목표를 선언한 입법방침(프로그램)에 불과**하다. 따라서 국가에 법적 의무가 아니라 정치적·도덕적 의무 발생하는 데 불과하므로 사회적 기본권에 관한 헌법규정이 재판규범이 될 수는 없다고 본다. 즉 사회적 기본권에 관한 헌법규정만으로 국가에 대해 그 의무이행을 재판상 청구할 수는 없게 된다. 독일 바이마르 공화국 헌법에서 세계 최초로 사회적 기본권에 관한 규정들이 헌법에 등장했을 때 당시 독일 헌법학계에서 제기된 학설이다.

프로그램규정설의 주장근거로는 첫째, 사회적 기본권은 그 실현이 국가의 재정적 능력에 크게 의존하므로 국가의 재정적 능력이 충분하지 못하면, 사회적 기본권에 관한 헌법규정은 이것이 충분해지는 장래에 대한 사회정책의 기본방침과 정치적 공약을 선언한 것에 불과하다는 점, 둘째, 사회적 기본권에 대한 헌법규정은 그것이 법적 권리가 되게 하는데 필요한 구체적 사항(누가 어떤 조건하에서 어떤 내용을 어떤 경우에 어떤 절차와 방법으로 요구할 수 있는가)이 명문으로 규정되어 있지 않다는 점을 든다.

이 프로그램규정설과 다음의 법적 권리설의 차이는 사회적 기본권이 **법적 권리가 아닌 장래에 대한 사회정책의 기본방침과 정치적 공약에 불과한가, 아니면 법적 권리인가 여부**에 있다.

(2) 법적 권리설

프로그램규정설과는 달리 법적 권리설은 **사회적 기본권**에 관한 헌법규정을 재판상 소구가능성이 있는 **법적 권리**에 관한 규정으로 이해한다. 즉, 프로그램규정설과 법적 권리설의 차이점은 사회적 기본권이 **재판상 소구가능성을 가지는지 여부**이다.

1) 추상적 권리설(헌재 판례, 소수설)

학설의 다수설이면서 헌법재판소의 입장인 추상적 권리설에 의하면 **사회적 기본권**은 비록 **추상적인 것일지라도 법적 권리**이며, 국가의 의무이행이 사법적 절차에 의하여 강제될 수 없을지라도 사회적 기본권 보장을 위한 국가적 의무는 헌법에 의거한 비록 추상적일지라도 법적 의무라고 주장한다.

주장의 근거로는 첫째, 정비된 법체계를 가지지 않은 기본권이 그에 관한 헌법규정만으로 구체적 권리가 될 수 없음은 당연하지만 그렇다고 프로그램규정에 불과한 것도 아니라는 점, 둘째, 재판청구권·공무담임권 등 그 실현을 위해 국가의 행위를 필요로 하는 그 밖의 기본권도 보장방법이 애매하기는 마찬가지이기 때문에 사회적 기본권의 보장방법이 애매하다고 하여 그것이 권리성을 부인할 근거가 되지는 않는다는 점을 든다.

이 추상적 권리설과 다음의 구체적 권리설의 차이점은 **사회적 기본권에 관한 헌법규정에 의하여 직접 소구할 수 있는지** 여부이다. 추상적 권리설은 헌법규정에 의하여 직접 소구할 수는 없다고 보는 반면에, 구체적 권리설은 헌법규정에 근거해 직접 소구할 수 있다고 본다.

2) 구체적 권리설(다수설)

학설의 소수설로서, **사회적 기본권에 관한 헌법규정**은 그것을 **구체화하는 법률이 존재하지 않는 경우**에도 **직접 효력을 가지는 재판규범이기** 때문에 **사회적 기본권**은 **구체적 권리**이며 국가는 이에 적극적으로 응할 법적 의무를 진다고 주장한다. 이 학설은 사회적 기본권에 관한 헌법규정도 일정한 범위 내에서 재판규범으로서의 효력을 가진다는 것을 전제로 한다.

사회적 기본권의 실현에 관한 국가의 부작위에 대해 과거에는 첫째, 이러한 종류의 권리구제소송이 현행법상의 소송유형에는 존재하지 않으므로 위헌이지만 위헌심사의 대상이 되지 않는다는 학설과 둘째, 권리침해가 되므로 부작위위헌확인소송을 제기할 수 있다는 학설의 대립이 있었으나 요즈음은 헌법재판소법 68조1항의 "공권력의 불행사"에 해당한다고 보고 헌법소원으로 다툴 수 있게 되었다.

구체적 권리설의 주장 근거로는 첫째, 모든 헌법규정은 재판규범이며 어떤 헌법규정은 재판규범이고 어떤 헌법규범은 프로그램규정이나 추상적 권리에 불과하다는 것은 독단적·자의적 구별일 수 있고, 둘째, 빈곤층에게는 다른 기본권보다 사회적 기본권의 실질적 보장이 더욱 절실하며, 셋째, 국가적 성격을 **사회국가**로 규정하고, 국가목적을 사회국가원리의 구현이라고 규정하면서 사회적 기본권을 프로그램 규정이나 추상적 권리로 이해하는 것은 논리적 모순이고, 넷째, 헌법재판제도의 확립으로 이제 **입법부작위에 대한 헌법소원**이 가능해졌다는 점을 든다.

2. 사회적 기본권의 헌법소송적 실현: 입법부작위

헌법재판소는 그 실현이 국가의 재정적 능력에 크게 의존하는 추상적 권리인 사회적 기본권 분야에서 입법부가 광범위한 입법재량권을 가지기 때문에, 사회적 기본권을 실현하는 법률의 위헌 여부를 판단함에 있어 '과소보호금지원칙'을 적용한다.

단순입법부작위와 위헌적 입법부작위 중 위헌적 입법부작위는 진정입법부작위와 부진정 입법부작위로 나누어진다. 첫째, 입법의 부존재를 의미하는 진정입법부작위의 경우 "공권력의 불행사"에 해당하는 입법부작위로 인해 기본권이 침해되었으므로 권리구제형 헌법소원이 가능하고, 헌법해석상 특정인에게 구체적인 기본권이 생겨 이를 보장하기 위한 국가의 행위의무 내지 보호의무가 발생하였음이 명백함에도 불구하고 입법자가 아무런 입법조치를 취하지 않은 경우 **인용결정**을 받을 수도 있다. **그러나 추상적 권리설을 유지하고 있는 헌법재판소**의 입장을 따를 경우 헌법재판소가 인용결정을 내리더라도 예를 들어 직접 헌법규정에 의거하여 실직자는 현실적으로 직장알선을 보장받을 권리(근로의 권리)를 가진다거나 생계비 지급을 청구할 권리를 가진다는 결정을 내릴 수는 없다.

둘째, 입법이 존재하기는 하지만 사회적 기본권 실현을 위해 그 내용이 불완전·불충분한 부진정입법부작위의 경우에도 헌법소원심판을 제기할 수 있고 권리구제형 헌법소원으로서 법령 자체에 대한 헌법소원이나 위헌법률심사형 헌법소원을 통해 인용결정을 받아낼 수 있다. 특히 위헌법률심사형 헌법소원(헌법재판소법 68조2항형 헌법소원)의 경우에는 헌법재판소가 헌법불합치결정과 입법(법률개정) 촉구결정을 내릴 수 있다.

III. 사회적 기본권과 자유권적 기본권의 비교(차이)

	자유권적 기본권	사회적 기본권
이념	개인주의·자유주의 시민국가를 전제	단체주의 사회국가·복지국가를 전제
법적 성격	개인의 자유 보장을 위해 국가권력 침해 배제 구하는 소극적·방어적 권리임 천부적·전(前)국가적인 자연권임	생존배려를 위해 국가에 일정한 급부를 요구하는 적극적 권리임. (국가내적인) 실정권(實定權)임
주체	천부적·전(前)국가적 자연권이므로 인간의 권리 → 자연인 + 법인과 외국인도	국가내적인 국법상의 권리로서 국민의 권리 → 자연인 중 국민만이
효력(헌재의 추상적 권리설의 입장에서)	모든 국가권력을 직접 구속 → 헌법규정은 재판규범으로서의 성격이 강함 원칙적으로 기본권의 제3자적 효력을 가짐	주로 입법권을 구속 → 헌법규정은 재판규범으로서의 성격이 약함 예외적으로 제3자적 효력을 가짐
법률유보의 성격	권리제한적 법률유보	권리형성적(권리구체화적) 법률유보

자유권적 기본권과 사회적 기본권은 각각 자유와 실질적 평등을 추구하므로 대립관계에 있지만 진정한 의미의 자유는 생존에 대한 위협과 공포로부터 완전히 해방될 때 비로소 가능하므로, 사회적 기본권은 자유권적 기본권을 뒷받침하고 실효적인 것이 되게 하기 위한 수단이며 자유권적 기본권을 보완하는 것이다. 즉 자유권적 기본권과 사회적 기본권은 '조화와 보완'의 관계에 있다.

제2항 | 인간다운 생활을 할 권리

I. 연혁과 의의

인간다운 생활을 할 권리는 1919년 바이마르헌법에서 세계 최초로 규정되었고, 우리 헌법에서는 제헌헌법부터 규정되었으며 현행헌법에서는 34조에서 이를 규정한다.

'인간다운 생활'의 의미는 물질적인 최저생활을 의미한다는 견해도 있으나 '인간의 존엄성에 상응하는 최저한도의 건강하고 문화적인 최저생활'을 의미한다고 보아야 한다. 즉 문화적 최저생활을 위한 최저생계수준 이상의 생활을 의미하는 것이다. 왜냐하면 첫째, 국민기초생활보장법(2000년 10월 1일에 제정) 4조1항은[159] 급여의 기준을 '건강하고 문화적인 최저생활을 유지할 수 있는 것'으로 규정하고 있고, 둘째, 우리 헌법은 문화국가원리를 기본원리로 하고 있기 때문이다.

II. 헌법적 근거와 법적 성격

1. 헌법적 근거

인간다운 생활을 할 권리는 6개의 항으로 이루어진 헌법 34조를 헌법적 근거로 한다. 인간다운 생활을 할 권리에 관한 헌법 34조는 사회적 기본권 중에서 가장 핵심적인 규정으로서 사회적 기본권의 이념적 기초이자 일반조항이다.

159 국민기초생활보장법 제4조(급여의 기준 등) ①이 법에 따른 급여는 건강하고 문화적인 최저생활을 유지할 수 있는 것이어야 한다.

2. 법적 성격

인간다운 생활을 할 권리에 관한 헌법 34조는 사회적 기본권에 관한 이념적·총칙적·목적적 규정이며 그 밖의 사회적 기본권은 '인간다운 생활권'을 실현하기 위한 수단적 권리들이다.

인간다운 생활을 할 권리의 법적 성격과 관련해서는 사회적 기본권의 법적 성격에 관해서와 똑같이 프로그램규정설, 법적 권리로서 추상적 권리설, 법적 권리로서 구체적 권리설의 대립이 있다. 헌법재판소는 추상적 권리설에 입각해, 헌법상의 인간다운 생활을 할 권리 자체는 하위법률에 의한 구체화를 필요로 하는 추상적 권리라고 보며 국가가 재정형편 등 여러 상황들을 종합적으로 감안하여 법률을 통해 구체화할 때 비로소 인정되는 법률적 차원의 권리로 이해하고, 입법자에게 광범위한 입법재량권이 인정된다고 본다. 인간다운 생활을 할 권리를 구체적 권리로 보는 구체적 권리설에 의하면 입법자의 입법재량권이 축소된다.

III. 주체

인간다운 생활을 할 권리는 사회권의 본질에 따라 국가 내적인 국민의 권리로 보아야 한다. 따라서 외국인은 원칙적으로 주체가 될 수 없다. 또한 법인은 인간이 아니므로 인간다운 생활권의 주체가 될 수 없다.

IV. 내용

인간다운 생활을 할 권리는 다시 사회보장수급권, 생활보호를 받을 권리, 재해로부터 보호받을 권리의 세부적 기본권들로 나누어진다. '인간다운 생활을 할 권리'와 이 세부적 기본권들을 분리해서 보는 견해도 있으나, 이렇게 보면 '인간다운 생활을 할 권리'가 공허해진다.

1. 사회보장수급권

"국가는 사회보장·사회복지의 증진에 노력할 의무를 진다"고 규정한 헌법 34조2항으로부터 사회보장수급권이 도출된다. 사회보장수급권은 '국민이 생활보장을 위해 국가에 사회보장과 사회복지를 요구할 수 있는 권리'를 말한다. 사회보장의 방법에는 '사회보험'과 '사회부조'가 있다.

'사회보험'은 국민의 자기 기여에 기초해 생활의 여러 위험에 대비하는 사회보장을 말한다. 예를 들어 의료보험, 연금보험, 재해보장보험, 실업보험 등이 '사회보험'에 속한다. 사회보험에 관한 법률에는 각종 연금법, 보험법, 직업안정법 등이 있다. 헌법재판소는 공무원연금법상의 연금수급권을 재산권과 함께 사회보장수급권으로서의 성격도 가지는 권리로 보기 때문에 연금수급은 순수히 민법상의 상속의 법리에 따를 필요는 없다고 본다.

'사회부조'란 국민의 자기 기여에 기초하지 않고 국가가 순수히 사회정책적 목적에서 지급하는 사회보장을 말한다. 양로원, 소아원, 각종 보육시설을 위한 국가의 지원이 사회부조에 속한다. 사회부조에 관한 법률에는 아동, 모자, 노인, 장애인 등의 복지를 위한 각종 복지법들이 있다.

2. 생활보호를 받을 권리

"신체장애자 및 질병·노령 기타의 사유로 생활능력이 없는 국민은 법률이 정하는 바에 의하여 국가의 보호를 받는다"고 규정한 헌법 34조5항에 의해 신체장애·질병·노령 기타의 사유로 생활능력이 없는 국민은 '생활보호를 받을 권리'를 가진다. 구체적·개별적 권리이다. 관련한 대표적 입법으로는 장애인복지법, 노인복지법 등이 있다.

3. 재해로부터 보호받을 권리

"국가는 재해를 예방하고 그 위험으로부터 국민을 보호하기 위하여 노력하여야 한다."고 규정한 헌법 34조6항에 의해 국민은 '재해로부터 보호받을 권리'를 가진다. 국가가 재해로부터 국민을 보호하기 위해 노력할 의무를 진다는 것은 재해를 개인적 문제가 아닌 사회전체의 문제로 인식하기 때문이다. 헌법재판소는 재해로부터 국민을 보호하기 위한 국가의 개입을 통해 다른 국민의 재산권 제한도 가능하다고 보았다.

Ⅴ. 효력

인간다운 생활을 할 권리는 법적 권리로서의 성격이 인정되기 때문에 이에 대한 침해배제를 요구할 수 있는 대국가적 효력을 가진다. 또한 인간다운 생활을 할 권리는 대부분의 기본권들이 그렇듯이 사법상의 일반조항을 통해 사인간의 관계에 간접 적용된다. 예를 들어 장애인을 부당하게 차별하는 사기업에 대해 인간다운 생활을 할 권리가 사법상의 일반조항을 통해 적용될 수 있는 것이다.

Ⅵ. 제한과 한계

인간다운 생활을 할 권리도 다른 기본권과 마찬가지로 헌법 37조2항에 따른 제한이 가능하지만, 거의 절대적 기본권에 가깝다. 왜냐하면 첫째, 기본권의 '제한'은 원래 자유권적 기본권에 가해지는 것인데, 사회적 기본권에 대한 법률유보는 '기본권형성적' 혹은 '기본권구체화적' 법률유보이기 때문이고, 둘째, 헌법 37조2항의 기본권 제한의 목적 중 "공공복리"는 인간다운 생활을 할 권리 자체가 공공복리의 실현을 위한 것이므로 적용되기 어렵고 "국가안전보장"과 "질서유지"도 이를 위해 인간다운 생활을 할 권리를 제한해야 할 부득이한 필요가 있는 경우를 거의 상정할 수 없기 때문이다.

인간다운 생활을 할 권리와 같은 사회적 기본권에 대한 법률유보는 '기본권형성적' 혹은 '기본권구체화적' 법률유보이기 때문에 헌법 10조 '인간의 존엄과 가치 및 행복추구'의 한계 내에서 입법부가 입법형성권을 가진다. 따라서 이 헌법 10조의 기준을 벗어난 사회보장 입법만 위헌이 된다.

제3항 | 교육을 받을 권리

Ⅰ. 연혁과 의의

교육을 받을 권리는 1848년 프랑스 헌법에서 교육의 자유·평등 및 무상교육에 관한 자유권적 규정을 둠으로써 세계 최초로 헌법에 규정되었고, 1919년 독일 바이마르 헌법에서 생존권으로서의 교육을 받을 권리가 규정되었다.

교육을 받을 권리는 복합적 성격을 가지는데, 자유권적 측면에서는 교육받는 것을 국가로부터 방해받지 않을 권리(수학(修學)권)이고, 사회권적 측면에서는 교육을 받을 수 있도록 국가의 적극적인 배려를 청구할 수 있는 권리(교육기회제공청구권)이다.

II. 헌법적 근거와 법적 성격

교육받을 권리의 헌법적 근거는 자그마치 6개의 항으로 이루어진 헌법 31조이다.[160]

교육을 받을 권리는 모든 기본권이 그렇듯이 주관적 공권이자 객관적 가치질서로서의 성격을 가지는데, 첫째, 주관적 공권으로는 국가의 간섭 배제를 주장하는 자유권으로서의 성격을 가지면서 국가에 교육을 시켜줄 것을 적극적으로 요구하는 사회권으로서의 성격을 가진다. 둘째, 객관적 가치질서로서의 교육받을 권리는 국가에 의한 교육조건의 개선·정비로 나타난다.

III. 주체

교육받을 권리의 주체는 자연인으로서의 내국인이다. 법인과 외국인은 교육받을 권리의 주체에서 제외된다. 교육받을 권리의 주체로서 내국인이란 어린이와 대학생 등 정규교육 받는 자뿐만이 아니라 평생교육의 향유자로서 일반시민도 포함된다.

160 헌법 제31조는 "①모든 국민은 능력에 따라 균등하게 교육을 받을 권리를 가진다. ②모든 국민은 그 보호하는 자녀에게 적어도 초등교육과 법률이 정하는 교육을 받게 할 의무를 진다. ③의무교육은 무상으로 한다. ④교육의 자주성·전문성·정치적 중립성 및 대학의 자율성은 법률이 정하는 바에 의하여 보장된다. ⑤국가는 평생교육을 진흥하여야 한다. ⑥학교교육 및 평생교육을 포함한 교육제도와 그 운영, 교육재정 및 교원의 지위에 관한 기본적인 사항은 법률로 정한다.고 규정한다.

Ⅳ. 내용

1. “능력에 따라” 교육을 받을 권리

“능력에 따라” 교육을 받을 권리의 “능력”은 ‘정신적·육체적인 일신전속적 능력’을 말한다. 재력이나 가정환경 등 비일신전속적 능력은 제외된다. 공개경쟁을 통한 입학시험제도는 합헌이다. 그러나 이것이 능력이 부족한 국민의 교육을 경시해도 된다는 뜻은 아니며, 국가는 능력이 부족한 국민을 교육하기 위한 특별한 교육조건을 확보해야 할 책임이 있다.

대법원은 대학입학지원자가 모집정원에 미달한 경우라도 대학이 정한 수학능력이 없는 자에 대해 대학 당국이 불합격처분을 내린 것은 능력에 따라 교육을 받을 권리를 침해하지 않고, 학문의 자유 내의 대학의 자치(헌법 31조4항[161])에 해당한다고 보았다(1983. 6. 28. 대판83누193).

2. “균등하게” 교육을 받을 권리

“균등하게” 교육을 받을 권리는 첫째, 교육영역에 있어서의 소극적 차별금지를 의미한다. 교육영역에서의 개별적 평등권이다. 교육기본법 4조1항은 “모든 국민은 성별, 종교, 신념, 인종, 사회적 신분, 경제적 지위 또는 신체적 조건 등을 이유로 교육에서 차별을 받지 아니한다”고 규정한다. 헌법재판소는 대학입시 내신제(헌재 1996. 4. 15. 94헌마119), 서울대학교 신입생선발입시안 제2외국어 과목에서 일본어 제외(1992. 10. 1. 92헌마68등), 초·중등학교의 학구제(헌재 2009. 4. 30. 2005헌마514) 등을 합헌으로 판시하였다.

둘째, 국가가 적극적으로 교육여건을 확보할 것을 의미한다. 예를 들어 국가는 장애인들을 위한 특수교육시설의 확장에 노력해야 한다.

셋째, 모든 교육시설의 이용에 균등하게 참여할 것을 요구할 수 있는 권리인 교육참여청구권이 균등하게 교육을 받을 권리에 포함되느냐와 관련해 견해의 대립이 있다. 부정설이 국내의 소수설이고 독일 학계에서의 다수설이다. 왜냐하면 독

---

161 헌법 제31조 ④교육의 자주성·전문성·정치적 중립성 및 대학의 자율성은 법률이 정하는 바에 의하여 보장된다.

일헌법은 교육을 받을 권리를 자유권으로 규정하고 있기 때문에 참여권으로 확대 해석할 수는 없다는 점을 근거로 내세운다. 이에 비해 국내의 다수설인 긍정설은 독일 연방헌법재판소는 대학입학 정원제한제도에 관한 판결에서 '참여권'의 이름으로 교육참여청구권을 인정했고, 우리 헌법은 교육을 받을 권리를 자유권이 아니라 사회적 기본권으로 규정하고 있음을 그 근거로 든다.

3. "교육"을 받을 권리

(1) "교육"을 받을 권리의 "교육"의 의미

교육을 받을 권리의 "교육"은 주로 학교교육을 의미하지만 사회교육(평생교육 포함), 가정교육, 공민교육을 포함하는 '광의의 교육'을 말한다. 특히 사회교육의 하나인 평생교육은 헌법 31조5항이 "국가는 평생교육을 진흥하여야 한다"고 하여 국가의 '평생교육진흥의무'를 명시적으로 규정하고 있다. 평생교육은 교육적령기에 교육의 기회를 놓친 사람에게 나중에 교육의 기회를 부여하고, 학문의 부단한 발전에 따라 누구나 최신의 지식을 배울 수 있는 기회를 보장하기 위한 것이다.

(2) 교육의 의무

헌법 31조2항은 "모든 국민은 그 보호하는 자녀에게 적어도 초등교육과 법률이 정하는 교육을 받게 할 의무를 진다."고 하여 '교육의 의무'를 규정하고 있다. 의무교육제도의 제도보장이다. 이 때 '교육의 의무'의 주체는 학령아동의 친권자 또는 후견인이다. 물론 교육을 받을 권리의 주체는 취학연령의 미성년자이다.

헌법 31조2항의 "초등교육과 법률이 정하는 교육"에 대해서는 의무교육이 행해져야 한다. "법률이 정하는 교육"이라는 규정에 따라 교육기본법이 제정되었다. 교육기본법 8조1항은 "의무교육은 6년의 초등교육과 3년의 중등교육으로 한다'고 규정한다.

헌법 31조3항은 "의무교육은 무상으로 한다"고 규정한다. 무상의 범위에 관해서는 법률이 정하는 바에 따른다는 '무상범위법정설', 수업료만 면제된다는 '수업료면제설', 수업료뿐만이 아니라 교재, 학용품, 급식까지 무상이어야 한다는 '취학필수비 무상설'이 있다. '취학필수비 무상설'이 다수설이고 의무교육의 취지를 실질화한다는 측면에서 타당하다.

제4항 | 근로의 권리

근로의 권리에 관한 헌법 32조와 노동삼권에 관한 헌법 33조를 '노동헌법'이라고 부른다. 이 노동헌법조항들을 구체화한 법률이 노동관계법들이다. 다음에서는 노동헌법에 대해 헌법적으로 중요한 측면을 중심으로 서술하겠다.

I. 의의와 연혁

근로의 권리는 1919년 독일 바이마르헌법에서 최초로 규정되었고, 제2차 세계대전 이후에는 프랑스 제4공화국 헌법 등 세계 각국의 헌법에 기본권으로 규정되었다.

근로의 권리란 '노동자가 자신의 의사·능력에 따라 근로관계를 형성·유지하고 근로의 기회를 얻지 못한 경우에는 근로기회의 제공을 국가에 청구할 수 있는 권리'를 말한다. 독일 바이마르헌법 163조2항은 "...적정한 근로의 기회가 부여되지 않은 자에 대해서는 필요한 생계비를 지급한다"고 규정하고 있었지만, 이런 규정이 없는 우리는 근로의 권리를 생계비지급청구권으로까지 보기는 어렵다.

II. 헌법적 근거와 법적 성격

1. 헌법적 근거

근로의 권리의 헌법적 근거는 헌법 32조이며[162] 6개의 조항으로 되어있는 비교적 긴 조항이다.

162 제32조 ①모든 국민은 근로의 권리를 가진다. 국가는 사회적·경제적 방법으로 근로자의 고용의 증진과 적정임금의 보장에 노력하여야 하며, 법률이 정하는 바에 의하여 최저임금제를 시행하여야 한다.
②모든 국민은 근로의 의무를 진다. 국가는 근로의 의무의 내용과 조건을 민주주의원칙에 따라 법률로 정한다.
③근로조건의 기준은 인간의 존엄성을 보장하도록 법률로 정한다.
④여자의 근로는 특별한 보호를 받으며, 고용·임금 및 근로조건에 있어서 부당한 차별을 받지 아니한다.
⑤연소자의 근로는 특별한 보호를 받는다.
⑥국가유공자·상이군경 및 전몰군경의 유가족은 법률이 정하는 바에 의하여 우선적으로 근로의 기회를 부여받는다.

2. 법적 성격

근로의 권리의 법적 성격과 관련하여 사회적 기본권이라는 견해가 있으나 소수설이고, 자유권적 기본권과 사회적 기본권으로서의 성질을 다 가지나 본질은 사회적 기본권이라는 견해가 다수설이자 헌법재판소 판례의 입장이다. 즉 근로의 권리는 개인의 일할 권리를 국가로부터 침해받지 않을 자유권적 성격과 경제적 약자인 노동자의 인간다운 생활을 영위하기 위한 생존권적 성격을 동시에 가지지만, 생존권적 성격이 더 강한 것이다(헌재 1991. 7. 22. 89헌가106).

III. 주체

내국인, 특히 실업상태에 있는 미취업근로자인 내국인이 근로의 권리의 주체이다. 법인이나 노동조합은 근로의 권리의 주체가 될 수 없다. 헌법 제32조의 근로의 권리는 노동자를 개인의 차원에서 보호하기 위한 권리이므로 개인인 노동자가 그 주체이기 때문이다.

IV. 내용

1. 근로의 기회제공

헌법 32조1항 후문은 "국가는 사회적·경제적 방법으로 근로자의 고용의 증진에 노력하여야 하며"라고 규정하고 있다. 이러한 근로의 권리의 내용과 관련하여 근로기회제공청구권설과 생계비지급청구권설의 대립이 있다. 생계비지급청구권설은 근로의 권리란 근로기회 제공이 안 될때 생계비 지급 청구권을 의미한다고 주장하지만 소수설이다. 통설은 근로의 권리란 근로기회제공을 의미한다는 근로기회제공청구권설이다. 첫째, 근로의 권리와 관련해 생계비 지급 청구를 규정한 바이마르헌법과 우리 헌법 규정내용이 다르고, 둘째, 우리나라의 경우 생계비 지급은 헌법 34조의 인간다운 생활을 할 권리로 청구할 수 있다는 점을 든다. 근로기회청구권설이 우리 헌법에 대한 해석론으로서 타당하다.

2. 국가의 고용증진의무

국가의 고용증진의무에 관한 법률로는 고용정책기본법, 직업안정및고용촉진에관한법률, 직업훈련기본법 등이 있다. 그리고 국가의 고용증진의무는 노당자의 '해고의 제한'을 포함하므로 '정당한 사유' 없는 부당한 해고는 위헌·무효가 된다. 이 때 해고의 정당한 사유로는 첫째, 사회통념상 귀책사유가 근로자에게 있거나, 둘째, 부득이한 경영상의 필요에 의한 정리해고의 경우이다. 정리해고시에도 첫째, 긴박한 경영상의 필요, 둘째, 노동조합과 성실하게 협의, 셋째, 적어도 30일 전에 해고 예고(근로기준법 30조,[163] 31조[164])가 있어야 한다.

3. "적정임금(適正賃金)"의 보장과 최저임금제의 실시

헌법 32조1항 후문은 "국가는 사회적경제적 방법으로...적정임금의 보장에 노력하여야 하며, 법률이 정하는 바에 의하여 최저임금제를 시행하여야 한다."고 규정하고 있으므로 적정임금의 보장과 최저임금제의 실시는 헌법적 요청이다.

---

163 근로기준법 제30조(구제명령 등) ①노동위원회는 제29조에 따른 심문을 끝내고 부당해고등이 성립한다고 판정하면 사용자에게 구제명령을 하여야 하며, 부당해고등이 성립하지 아니한다고 판정하면 구제신청을 기각하는 결정을 하여야 한다.
②제1항에 따른 판정, 구제명령 및 기각결정은 사용자와 근로자에게 각각 서면으로 통지하여야 한다.
③노동위원회는 제1항에 따른 구제명령(해고에 대한 구제명령만을 말한다)을 할 때에 근로자가 원직복직(原職復職)을 원하지 아니하면 원직복직을 명하는 대신 근로자가 해고기간 동안 근로를 제공하였더라면 받을 수 있었던 임금 상당액 이상의 금품을 근로자에게 지급하도록 명할 수 있다.
④노동위원회는 근로계약기간의 만료, 정년의 도래 등으로 근로자가 원직복직(해고 이외의 경우는 원상회복을 말한다)이 불가능한 경우에도 제1항에 따른 구제명령이나 기각결정을 하여야 한다. 이 경우 노동위원회는 부당해고등이 성립한다고 판정하면 근로자가 해고기간 동안 근로를 제공하였더라면 받을 수 있었던 임금 상당액에 해당하는 금품(해고 이외의 경우에는 원상회복에 준하는 금품을 말한다)을 사업주가 근로자에게 지급하도록 명할 수 있다.

164 근로기준법 제31조(구제명령 등의 확정) ①「노동위원회법」에 따른 지방노동위원회의 구제명령이나 기각결정에 불복하는 사용자나 근로자는 구제명령서나 기각결정서를 통지받은 날부터 10일 이내에 중앙노동위원회에 재심을 신청할 수 있다.
②제1항에 따른 중앙노동위원회의 재심판정에 대하여 사용자나 근로자는 재심판정서를 송달받은 날부터 15일 이내에 「행정소송법」의 규정에 따라 소(訴)를 제기할 수 있다.
③제1항과 제2항에 따른 기간 이내에 재심을 신청하지 아니하거나 행정소송을 제기하지 아니하면 그 구제명령, 기각결정 또는 재심판정은 확정된다.

(1) 적정임금의 의미

여기서 '적정임금'이란 "근로자와 그 가족이 인간의 존엄성에 상응하는 건강하고 문화적인 생활을 영위하는데 필요한 정도의 임금 수준"을 말한다. 임금은 단순한 근로대가성 이상의 의미를 지니며, 국민소득의 또 다른 분배방식이기 때문에 중요하다.

(2) 최저임금제의 실시

최저임금제는 근로자에게 최소한의 생활급을 헌법적 수준에서 보장하려는 제도이다. 최저임금제에 관한 법률로는 '최저임금법'이 있다. 최저임금법 4조1항은[165] 최저임금의 결정기준으로 근로자의 생계비, 유사 근로자의 임금, 노동생산성 및 소득분배율 등을 고려하여 사업의 종류별로 구분하여 정하게 하고 있다.

4. 여자와 연소자의 근로의 특별보호와 국가유공자 등의 근로기회의 우선 보장

헌법 32조4항과 5항의[166] 규정에 따라 여자에게도 동일노동·동일임금의 원칙이 적용된다. 또한 "국가유공자·상이군경 및 전몰군경의 유가족은 법률이 정하는 바에 의하여 우선적으로 근로의 기회를 부여받는다."고 규정한 헌법 32조6항에 따라 국가유공자 등의 근로기회는 우선적으로 보장된다. 국가와 민족을 위해 헌신한 공로에 대한 국가적 보상 때문이다. 이에 관해 자세히는 '국가유공자 등 예우 및 지원에 관한 법률'이 정하고 있다.

---

165 제4조(최저임금의 결정기준과 구분) ①최저임금은 근로자의 생계비, 유사 근로자의 임금, 노동생산성 및 소득분배율 등을 고려하여 정한다. 이 경우 사업의 종류별로 구분하여 정할 수 있다.
②제1항에 따른 사업의 종류별 구분은 제12조에 따른 최저임금위원회의 심의를 거쳐 고용노동부장관이 정한다.

166 헌법 제32조 ④여자의 근로는 특별한 보호를 받으며, 고용·임금 및 근로조건에 있어서 부당한 차별을 받지 아니한다.
⑤연소자의 근로는 특별한 보호를 받는다.

5. 근로조건기준의 법정주의

헌법 32조3항은 "근로조건의 기준은 인간의 존엄성을 보장하도록 법률로 정한다."고 규정한다. 여기서 "근로조건"이란 임금과 그 지불방법, 취업시간과 휴식시간, 안전시설과 재해보상 등 근로계약에 의해 노동자가 노동을 제공하고 임금을 수령하는 데 관련된 모든 조건들을 의미한다. "법률"은 '근로기준법'을 말하는데, 근로기준법의 기준에 미달하는 근로조건을 근로계약에 규정해서는 안 되며, 만약에 이것이 규정되면 기준미달의 계약부분은 무효가 된다.

V. 효력

근로의 권리는 주관적 공권으로서 당연히 대(對)국가적 효력을 가지며 사법상의 일반조항을 통해 대사인적 효력도 가지지만, 특히 헌법 32조4항의 여자의 근로특별보호와 32조5항의 연소자의 근로 특별보호는 사인간의 관계에 직접적 효력을 가진다.

VI. 제한과 한계

근로의 권리는 법적 성격에서 이미 자세히 살펴본 바와 같이 다수설과 헌법재판소 판례의 입장에 의하며 자유권적 기본권과 사회적 기본권으로서의 성질을 모두 가진다. 자유권으로서의 근로의 권리는 헌법 37조2항의 국가안전보장, 질서유지, 공공복리를 위해 필요부득이한 경우 법률로 제한되며, 사회권으로서의 근로의 권리는 헌법 37조2항의 국가안전보장, 질서유지를 위해 필요부득이한 경우 법률로 제한할 수 있으나 '공공복리'를 이유로 제한할 수는 없다. 근로의 권리에 의한 근로보호 자체가 공공복리이기 때문이다.

제5항 | 노동삼권

I. 의의와 연혁

노동삼권이란 '근로조건의 향상을 위해 노동자가 가지는 단결권, 단체교섭권, 단체행동권'을 말한다. 헌법적 차원에서는 바이마르헌법이 세계최초로 노동삼권을 기본권으로 규정하였다. 우리 헌법에는 제헌헌법부터 존재하였고 현행헌법은 1980년 제8차 개정헌법(제5공화국 헌법)부터 있던 단체행동권에 대한 법률유보조항("다만, 단체행동권의 행사는 법률이 정하는 바에 의한다.")을 삭제하였다.

II. 헌법적 근거와 법적 성격

노동삼권의 헌법적 근거는 헌법 33조이다.[167] 법적 성격과 관련해서는 학설의 대립이 있다. 첫째, 자유권설은 노동삼권을 국가로부터 부당하게 방해받지 않을 권리라고 주장한다. 둘째, 사회적 기본권설은 국가에 대해 노동삼권의 보장을 적극적으로 요구할 수 있는 권리라고 주장한다. 통설과 헌법재판소 판례의 입장은 노동삼권이 자유권이면서 사회권으로서의 성격을 아울러 가진다는 복합적 권리설을 취하고 있으나 오늘날에는 둘 중 사회권으로서의 측면이 더 중시된다고 주장한다.

III. 주체

1. 노동자

노동삼권에서 노동자란 '직업의 종류를 불문하고 임금·급료 기타 이에 준하는 수입에 의하여 생활하는 자'를 말한다.(노동조합 및 노동관계조정법 2조1호) 다수설은 여기에 외국인도 포함된다고 본다. 그러나 자영업자(자영 농어민, 개인택시 사업자 등)는 노동자가 아니다. 노동력 제공은 '잠재적으로 가능'하면 된다. 노동삼권의

167 헌법 제33조 ①근로자는 근로조건의 향상을 위하여 자주적인 단결권·단체교섭권 및 단체행동권을 가진다.
②공무원인 근로자는 법률이 정하는 자에 한하여 단결권·단체교섭권 및 단체행동권을 가진다.
③법률이 정하는 주요방위산업체에 종사하는 근로자의 단체행동권은 법률이 정하는 바에 의하여 이를 제한하거나 인정하지 아니할 수 있다.

주체에 실업자도 포함되는가와 관련해 통설과 대법원 판례(대판 1992. 3. 31. 91다14413)는 실업 중인 자도 노동삼권을 가진다고 본다. 왜냐하면 실업 중인 자를 제외시키면 사용자의 부당해고에 대항할 수 있는 노동활동에 많은 제약이 따르기 때문이다. 예를 들어, 해고의 효력을 다투고 있는 자도 노동조합원으로서의 지위를 가진다.

2. 사용자

사용자란 '사업주, 사업의 경영담당자 또는 그 사업의 근로자에 관한 사항에 대하여 사업주를 위하여 행동하는 자'를 말한다(노동조합 및 노동관계조정법 2조2호). 사용자는 사용자단체를 통해 단결권 및 단체교섭권을 행사할 수 있다. 사용자의 단체행동권에 의한 쟁의행위로는 직장폐쇄, 임금공제, 책임추궁이 있다.

사용자의 직장폐쇄가 헌법상 인정되는가와 관련해 학설 대립이 있다. 소수설인 부정설은 사용자의 직장폐쇄는 위헌이라고 주장한다. 헌법 33조는 근로자의 단체행동권만을 보장하고 있다는 점을 근거로 든다. 그러나 다수설인 긍정설은 노동자의 단체행동권에 대해 최후의 불가피한 경우 직장폐쇄로 맞서는 것은 합헌이라고 본다. 노사간의 실질적 균형, 사용자의 재산관(헌법 23조)과 기업경영의 자유(헌법 119조1항)를 근거로 든다. 노동조합및노동관계조정법 46조는[168] 쟁의행위의 하나로 "직장폐쇄"를 예시하고 있다.

Ⅳ. 내용

1. 단결권

(1) 의의

'노동조합'이란 '근로자가 주체가 되어 자주적으로 단결하여 근로조건의 유지·개선 기타 근로자의 경제적·사회적 지위의 향상을 도모함을 목적으로 조직하

---

168 노동조합 및 노동관계조정법 제46조(직장폐쇄의 요건) ①사용자는 노동조합이 쟁의행위를 개시한 이후에만 직장폐쇄를 할 수 있다.
②사용자는 제1항의 규정에 의한 직장폐쇄를 할 경우에는 미리 행정관청 및 노동위원회에 각각 신고하여야 한다.

는 단체 또는 그 연합단체'라고 정의된다(노동조합 및 노동관계조정법 2조4호). 따라서 '단결권'이란 '근로자가 주체가 되어 자주적으로 단결하여 근로조건의 유지·개선 기타 근로자의 경제적·사회적 지위의 향상을 위하여 사용자와 대등한 교섭주체로서의 단체인 노동조합을 자주적으로 구성하고 이에 가입하여 활동할 수 있는 권리'를 말한다. 단결권은 결사의 자유에 대해 특별법적 지위에 있다.

(2) 유형 및 내용

1) 개인적 단결권과 집단적 단결권

단결권의 유형에는 '개인적 단결권'과 '집단적 단결권'이 있다. '개인적 단결권'은 각 근로자가 가지는 단결권이다. 예를 들어 노조 불가입·탈퇴를 조건으로 고용하는 황견계약은 부당노동행위로 '개인적 단결권'을 침해하여 위헌·위법하다. '집단적 단결권'은 근로자 집단이 단결체(노동조합연합회)를 구성할 수 있는 권리를 말한다.

2) 적극적 단결권과 소극적 단결권

또한 단결권의 유형에는 노조에 가입할 권리인 '적극적 단결권'과 노조에 가입하지 않을 권리인 '소극적 단결권'이 있다.

그런데 '소극적 단결권'의 인정 여부와 관련하여 학설의 대립이 있다. 제1설은 다수설과 헌법재판소 판례의 입장으로서, 헌법 33조1항에 의해 소극적 단결권도 보장하면서 어느 정도의 가입강제는 허용해야 하며, 다만 노조의 힘을 약화시키지 않으면서 '적극적 단결권'이 변질되지 않는 범위 내에서 인정해야 한다고 주장한다. 제2설은 소극적 단결권을 헌법 33조1항이 아니라 헌법 10조의 행복추구권에서 파생되는 일반적 행동자유권의 하나라고 본다. 따라서 제1설과 제2설은 '소극적 단결권'을 긍정한다. 그러나 제3설은 부정설로서 소극적 단결권을 부인한다. 헌법재판소는 소극적 단결권이 적극적 단결권을 전제로 한 권리이므로 적극적 단결권이 소극적 단결권보다 중시된다고 판시하였다(헌재 2005. 11. 24. 2003헌바9등).

노동자의 단결을 강제하는 유형에는 노동자가 고용되면 일정기간 내에 노동조합에 가입하여야 하는 Union Shop, 기존조합원 중에서만 노동자를 고용해야 하는 Closed Shop, 노동자가 노조를 탈퇴할 수 없고 노조 탈퇴 시 해고하도록 하는

Maintenance of Membership이 있다.

대법원은 노동조합이 당해 사업장에 종사하는 노동자의 3분의 2 이상을 대표하고 있을 때에는 노동자가 그 노동조합의 조합원이 될 것을 고용조건으로 하는 노동조합및노동관계조정법 81조의 Union Shop조항에 대해 사용자는 이를 위반한 노동자를 해고할 의무가 있다고 판시하였다(대결 2002. 10. 25. 2000카기183).

2. 단체교섭권

(1) 의의

단체교섭권이란 '근로조건의 향상을 위하여 노동조합이 사용자와 단체협약의 체결 및 기타사항에 관해 자주적으로 교섭할 수 있는 권리'를 말한다. 노동조합및노동관계조정법 29조1항도 '노동조합의 대표자는 그 노동조합 또는 조합원을 위하여 사용자나 사용자단체와 교섭하고 단체협약을 체결할 권한을 가진다'고 규정한다.

(2) 주체

단체교섭권의 주체는 노동자측에서는 노동조합이고 사용자측에서는 사용자이다. 하나의 노조만 단체교섭을 할 수 있게 하는 유일단체교섭조항이나 단체협약체결능력 제한조항은 따라서 단체교섭권을 침해하여 위헌이다.

(3) 내용

단체교섭권은 근로조건의 유지 및 향상을 목적으로 하므로 근로조건과 무관한 사항은 단체교섭의 대상에서 제외된다. 따라서 원칙적으로 사용자의 권한인 경영권·인사권, 이윤취득권에 관한 사항은 단체교섭의 대상이 아니다. 그러나 근로조건의 향상에 직접 관련되거나 그것에 중대한 영향을 미치는 사항은 사용자의 경영권·인사권, 이윤취득권에 속하는 사항이라고 하더라도 단체교섭의 대상이 된다.

사용자에게는 단체교섭에 응할 의무가 있다. 따라서 정당한 이유없이 단체교섭에 불응하면 노동조합및노동관계조정법 81조의 부당노동행위가 되어 노동자 쟁의행위의 근거가 될 수 있고 손해배상책임을 부담하게 된다. 단체협약은 일반사법상 계약보다 우선하는 강력한 국법상의 보호를 받는다.

3. 단체행동권

(1) 의의

단체행동권이란 '노동쟁의가 발생한 경우 쟁의행위를 할 수 있는 권리'를 말한다. 이 때 노동쟁의란 '여러 노동조건에 관해 노사 간에 발생한 분쟁상태'를 의미한다. 헌법재판소는 단체행동권을 노동관계 당사자가 단체협약을 체결함에 있어 자신에게 유리한 결과를 가져오기 위해 행사하는 최후의 강제수단이라고 보았다.

(2) 주체

단체행동권의 노동자 측 주체는 제1차적으로는 노동자 개개인이고 궁극적으로는 노동조합이며, 사용자 측 주체는 사용자이다.

(3) 내용

단체행동권은 쟁의행위권으로도 불린다. 노동자의 쟁의행위의 유형으로는 파업(strike), 태업(Sabotage), 불매운동(boycott), 생산관리(사용자가 아니라 노조 간부의 지휘하에 노무 제공), 피켓팅(Picketing, 파업 협력 구하는 것) 등의 방법이 널리 인정된다. 또한 노동조합및노동관계조정법은 쟁의행위의 유형으로서 사용자측의 직장폐쇄를 규정한다.

정당한 쟁의행위에 대해서는 형사상 책임이 없다. 왜냐하면 노동조합및노동관계조정법 4조에[169] 따라 위법성이 조각되는 형법상의 '정당행위'에 해당하기 때문이다. 정당한 쟁의행위에 대해서는 노동조합및노동관계조정법 3조에[170] 의해 민사상 책임도 없다. 징계책임과 관련해 단체행동 참가를 이유로 해고 등의 불이익이 금지된다.

---

169 '노동조합 및 노동관계조정법' 제4조(정당행위) 형법 제20조의 규정은 노동조합이 단체교섭·쟁의행위 기타의 행위로서 제1조의 목적을 달성하기 위하여 한 정당한 행위에 대하여 적용된다. 다만, 어떠한 경우에도 폭력이나 파괴행위는 정당한 행위로 해석되어서는 아니된다.

170 '노동조합 및 노동관계조정법' 제3조(손해배상 청구의 제한) 사용자는 이 법에 의한 단체교섭 또는 쟁의행위로 인하여 손해를 입은 경우에 노동조합 또는 근로자에 대하여 그 배상을 청구할 수 없다.

(4) 한계

1) 목적상 한계: 정치파업의 금지

정권 타도, 체제 타도 등과 같은 순수한 정치파업은 위헌이지만, 노동관계법의 개폐가 쟁점인 파업 등과 같이 노동자의 지위에 직접 관련되는 사항에 관한 산업적 정치파업은 합헌이다.

2) 수단상 한계: 생산관리

통설에 의하면 생산관리 즉 노동조합이 사용자의 의사에 반해 생산수단을 자기 지배하에 두고 경영까지 장악하는 것은 허용되지 않는다.

3) 방법상 한계: 비폭력적·비파괴적

노동조합및노동관계조정법 37조는 "쟁의행위는 그 목적·방법 및 절차에 있어서 법령 기타 사회질서에 위반되어서는 아니된다."고 규정한다. 즉 단체행동권의 행사는 비폭력·비파괴적이어야 한다.

V. 효력

노동삼권은 기본권으로서 주관적 공권성을 가지므로 당연히 대(對)국가적 효력을 가진다. 노동삼권은 대(對)사인적 효력과 관련해서는 공법인 헌법상의 기본권이지만 사적 법률관계에 직접 적용가능한 기본권이다. 왜냐하면 노동삼권의 성질상 노동삼권은 사용자라는 사인에 대해서도 주장될 수 있고, 따라서 사인에 대해서도 노동삼권은 사법상의 일반조항을 거치지 않고 직접 효력을 가진다.

VI. 제한과 한계

1. 공무원

헌법 33조2항은 "공무원인 근로자는 법률이 정하는 자에 한하여 단결권·단체교섭권 및 단체행동권을 가진다."고 규정하여 공무원인 노동자의 노동삼권을 제한하고 있다. 이렇듯 헌법이 노동삼권의 행사에 있어 일반 노동자와 공무원인 노동자를 차별하고 있으나, 그 차별에는 공무원의 국민전체에 대한 봉사자성(헌법 7조1

항)과 직무의 공공적 성격 등 합리적 이유가 있다.

공무원인 교원의 노동운동 금지(헌재 합헌결정도)되다가 '교원의 노동조합 설립 및 운영 등에 관한 법률'에 따라 초·중등교원에 한해 단결권·단체교섭권이 인정되게 되었으나, 다만 단체행동권과 정치활동은 금지된다.

2. 주요방위산업체 종사자

헌법 33조3항은 "법률이 정하는 주요방위산업체에 종사하는 근로자의 단체행동권은 법률이 정하는 바에 의하여 이를 제한하거나 인정하지 아니할 수 있다."고 규정하여 법률이 정하는 주요방위산업체 노동자의 '단체행동권'을 제한하고 있다.

제6항 | 환경권

I. 의의와 연혁

환경권이란 '건강하고 쾌적한 환경에서 인간다운 생활을 영위할 권리'를 말한다. 헌법재판소는 환경권의 보호대상이 되는 '환경'이란 자연환경뿐만이 아니라 인공적 환경과 같은 생활환경도 포함된다고 판시하였다(헌재 1008. 7. 31. 2006헌마711).

연혁적으로 환경권은 비교적 새로운 기본권이다. 미국과 독일은 1970년대초에 헌법이나 법률에 환경권을 규정하였다. 우리나라에서는 1980년 제8차 개정헌법(제5공화국 헌법)에서 헌법상의 기본권으로 신설된 이후 현행헌법에 이르고 있다. 환경권의 기본방향 정한 법률로는 1990년에 제정된 '환경정책기본법'이 있다.

II. 헌법적 근거와 법적 성격

환경권의 헌법적 근거는 3개의 항으로 이루어진 헌법 35조이다.[171] 법적 성격과 관련해, 환경권은 소극적으로는 오염되거나 불결한 환경의 예방 또는 배제의 권

171 헌법 제35조 ①모든 국민은 건강하고 쾌적한 환경에서 생활할 권리를 가지며, 국가와 국민은 환경보전을 위하여 노력하여야 한다. ②환경권의 내용과 행사에 관하여는 법률로 정한다. ③국가는 주택개발정책등을 통하여 모든 국민이 쾌적한 주거생활을 할 수 있도록 노력하여야 한다.

리를 뜻하는 자유권적 측면과, 적극적으로는 청정한 환경을 보전하고 조성하여 줄 것을 국가에 요구할 수 있는 청구권적·사회권적 측면을 동시에 가지는 '종합적 기본권'이다.

헌법재판소는 사회권으로서의 환경권을 하위법률에 의한 구체화를 필요로 하는 '추상적 권리'로 이해한다. 헌법재판소는 "청구인들이 개별법령에 의하여 구체화된 환경권에 터잡지 아니하고 직접 헌법상의 환경권 규정에 근거하여 이 사건 행위가 청구인들의 환경권을 침해하는 위헌적인 공권력의 행사라고 주장함은 타당성이 없다"고 판시하였다(헌재 2003. 1. 30. 2001헌마579). 또한 환경권의 법률을 통한 구체화의 위헌 여부와 관련해 과소보호금지원칙을 적용하여 "일정한 요건이 충족될 때 환경권 보호를 위한 입법이 없거나 현저히 불충분하여 국민의 환경권을 과도하게 침해하고 있다면 헌법재판소에 그 구제를 구할 수 있다고 해야 할 것"이라고 판시하였다(헌재 2008. 7. 31. 2006헌마711).

III. 주체

환경권은 "건강하고 쾌적한 환경에서 생활할" 자연인의 권리이므로 법인은 환경권의 주체가 될 수 없다. 환경소송의 원고적격은 오염된 환경과 관련이 있는 모든 자연인으로 확대하는 것이 바람직하므로 내국인뿐만 아니라 외국인에게도 제한적으로 인정되어야 한다. 헌법 35조1항에 명시된대로 환경보호의무의 주체는 "국가와 국민"이다.

IV. 내용

1. 공해예방청구권

환경권의 내용 중 하나인 공해예방청구권은 환경영향평가·환경훼손행위규제 등과 같은 충분한 예방적 조치를 강구하여 주도록 요구할 수 있는 권리를 말한다.

2. 공해배제청구권

환경권의 내용 중 하나인 공해배제청구권은 환경오염이 수인(受認)의 한도를 초과하는 경우에 환경오염을 배제해 주도록 요구할 수 있는 권리를 말한다.

3. 쾌적한 주거생활권

환경권의 내용 중 쾌적한 주거생활권은 인간다운 생활에 필수적인 쾌적한 주거생활의 확보를 위해 국가에 대해 일정한 배려와 급부를 요구할 수 있는 권리를 말한다. 쾌적한 주거생활권은 사회적 기본권으로서의 성격을 가지지만 적극적인 주택정책을 통해 쾌적한 주거생활의 보장을 요구하는 청구권적 기본권으로서의 성격도 가진다. 쾌적한 주거생활권에 의해 국가는 적절한 공공임대주택·영구임대주택 등을 제공할 의무가 있다.

V. 제한과 한계

환경침해는 회복에 많은 시간과 경비가 소요되므로 제한에 신중을 기할 필요가 있다. 합리적인 이유있고 경미한 환경권 침해는 수인(受認)하고 감수(甘受)해야 한다.

VI. 효력

1. 대국가적 효력

환경권은 주관적 공권으로서 당연히 대국가적 효력을 가진다. 환경권의 대국가적 효력의 예가 행정관청의 환경영향평가제이다.

2. 대사인적 효력

환경권은 헌법의 기본권 규정이 사인간의 법률관계에 직접적용가능한 기본권이다. 왜냐하면 헌법 35조1항 후단은 "…국가와 국민은 환경보전을 위하여 노력하여야 한다"라고 규정하고 있기 때문에 사인인 다른 국민에 대해서도 환경권은 주장될 수 있는 기본권이기 때문이다.

VII. 침해와 구제

1. 사인에 의한 침해와 구제

환경분쟁의 특수성에 비추어 위법성 판단과 관련해 학설의 다수설과 대법원 판례는 수인한도론을 취한다. 즉 환경권 침해가 있어도 통상적으로 피해자가 수인할 수 없는 정도라야 위법성이 인정된다는 것이다.

2. 공해소송에서의 원고적격과 입증책임의 전환

공해소송에서는 직접피해자는 물론이고 널리 오염된 환경과 관련된 자에게까지 원고적격을 확대해야 한다. 그리고 피해자와 가해자, 손해발생과 인과관계, 손해 정도의 입증이 매우 어려우므로 입증책임의 전환이론이 제기된다. 즉 피해자의 인과관계 입증에 있어서 과학적인 엄밀한 증명을 요하지 않고 인과관계가 존재한다는 상당한 정도의 가능성(개연성)의 입증으로 족하다는 개연성이론이 다수설과 대법원 판례의 입장이고 개연성이론에 의해 피해자의 입증책임부담을 덜어준다.

제7항 | 모성보호권

I. 의의와 연혁

모성보호권이란 자녀를 가진 여성이 보호받을 권리를 말한다. 세계적으로는 바이마르 헌법에 세계 최초로 규정되었고 우리나라에서는 현행헌법에서 신설되었다.

II. 헌법적 근거와 법적 성격

모성보호권의 헌법적 근거는 "국가는 모성의 보호를 위하여 노력하여야 한다"고 규정한 헌법 36조2항이다. 헌법 36조2항에서 국가의 모성보호의무를 규정하고 있기 때문에 이 조항으로부터 '모성보호권'이라는 사회적 기본권이 나온다.

III. 주체

모성보호권의 주체는 모든 여성은 아니고 자녀를 가진 여성이다.

IV. 내용

모성보호권의 내용은 첫째, 모성의 건강, 둘째, 모성으로 인한 차별 금지, 셋째, 자녀 출산·양육의 사회적·경제적 여건에 대한 국가보호를 내용으로 하는 '모성에 대한 적극적인 보호와 지원'이다. 관련 법률로는 모자보건법, 근로기준법 등이 있다.

제8항 | 보건권

I. 의의와 연혁

보건권이란 '국민이 건강한 삶을 유지하는데 필요한 국가적 급부와 배려를 요구할 수 있는 권리'를 말한다. 독일 바이마르헌법에서 세계 최초로 등장했고, 우리나라에서는 제헌헌법상의 가족의 건강조항 이래로 헌법에 있었다.

II. 헌법적 근거와 법적 성격

보건권의 헌법적 근거는 "모든 국민은 보건에 관하여 국가의 보호를 받는다" 고 규정한 헌법 36조3항이다. 법적 성격에 있어 보건권은 국가에 의한 건강 침해의 배제를 요구하는 자유권 성격과 보건을 유지하도록 국가에 적극적으로 요구하는 사회권적 성격을 동시에 가진다.

III. 주체

보건권은 원칙적으로 자연인인 내국인에 한한다. 다만 질병으로부터 인간생존에 필요한 보호를 받아야 한다는 측면에서 외국인에게도 제한적으로 인정하도록 노력하여야 한다.

Ⅳ. 내용

보건권은 첫째, 소극적으로는 강제적 불임시술·의학실험 같은 국가의 건강 침해로부터의 방어권이다. 헌법재판소는 미국산 쇠고기 수입위생조건 사건에서 "이 사건 고시상의 보호조치가 완벽한 것은 아니라 할지라도, 쇠고기 소비자인 국민의 생명·신체의 안전을 보호하기에 전적으로 부적합하거나 매우 부족하여 그 보호의무를 명백히 위반한 것이라고 단정하기는 어렵다"고 판시하였다.

보건권은 둘째, 적극적으로는 전염병에 대한 예방·관리, 식품유통과정에 대한 관리·감독, 건강보험제도와 같은 의료정책의 실시 등의 적극적 시행 등, 모든 국민의 위생과 건강을 유지하는데 필요한 시설·환경을 국가에 요구할 수 있는 권리이다. 따라서 국가는 예방접종, 건강진단, 소독, 깨끗한 상수도 유지 등에 힘써야 한다. 관련 법률로는 국민건강증진법, 국민건강보험법, 국민의료보험법, 감염병의 예방 및 관리에 관한 법률 등이 있다.

Ⅴ. 침해와 구제

국가에 의해 국민의 건강이 침해(예를 들어 국립의료원에서 수혈로 에이즈에 감염)되었을 때, 보건권에 근거해 국민은 피해배제청구, 손해배상청구를 할 수 있다.

제6장 국민의 기본적 의무

국민의 기본적 의무란 국민이 국가구성원으로서 부담하는 각종 의무 중에서 특히 헌법이 규정하고 있는 의무를 말한다. 현행헌법은 납세의무(38조), 국방의 의무(39조1항), 교육을 받게할 의무(31조2항), 근로의 의무(32조2항), 환경보전의 의무(35조1항)를 규정하고 있다. 이 가운데 국방의 의무에 대해 자세히 알아보자.

제1항 | 국방의 의무

I. 의의

국방의 의무란 '외국 또는 외적의 침핵으로부터 국가의 독립과 영토의 보전을 위해 부담하는 국가방위의무'를 말한다.

II. 헌법적 근거와 법적 성격

국방의 의무의 헌법적 근거는 "①모든 국민은 법률이 정하는 바에 의하여 국방의 의무를 진다. ②누구든지 병역의무의 이행으로 인하여 불이익한 처우를 받지 아니한다."고 규정한 헌법 39조이다. 국방의무는 타인에 의한 대체적 이행이 불가능한 일신전속적 성격을 가진다.

III. 주체

국방의무의 주체는 대한민국의 구성원인 '국민'이다. 다만 국방의무 중 병역의무는 병역법상 징집대상자인 대한민국 남성에 한한다. 헌법재판소는 대한민국 국민인 남자에 한정하여 병역의무를 부과하는 구 병역법 3조1항 전문이 성별을 기준으로 병역의무자의 범위를 정한 것은 자의금지원칙 위반이 아니므로 평등권을 침해하지 않는다고 판시하였다(헌재 2010. 11. 25. 2006헌마328).

IV. 내용

1. 국방의무의 범위

국방의무는 직접적인 병력형성의 의무뿐만 아니라 병역법, 예비군법, 민방위기본법, 비상대비에관한법률 등에 의한 간접적인 병력형성의무 및 병력형성 이후 군작전명령에 복종하고 협력하여야 할 의무를 포함한다. 따라서 병역법에 의한 병역제공의무뿐만 아니라 예비군법에 의한 예비군복무의무, 민방위기본법에 의한 민방위응소의무, 전투경찰대설치법에 따른 대간첩작전의 수행 및 시위진압, 비상대비에관한법률에 의한 훈련에 응할 의무 등도 이에 해당한다.

양심적 병역거부를 인정하면서 대체복무제도를 마련하지 않은 병역종류조항에 대해 헌법재판소는 헌법불합치결정을 내렸다(헌재 2021. 2. 25. 2013헌가13등). 이 결정에 따라 병역법에 대체복무요원 및 대체역을 신설하고, 대체역의편입및복무등에관한법률이 제정되었다.

2. 병역의무의 이행으로 인한 불이익한 처우 금지

헌법 39조2항은 "누구든지 병역의무의 이행으로 인하여 불이익한 처우를 받지 아니한다"고 규정한다. 이 조항에서 금지하는 "불이익한 처우"란 단순한 사실상, 경제상의 불이익을 모두 포함하는 것이 아니라 법적 불이익을 말한다. "그렇지 않으면 병역의무의 이행과 자연적 인과관계를 가지는 모든 불이익 – 그 범위는 헤아릴 수도 예측할 수도 없을 만큼 넓다고 할 것인데 – 으로부터 보호하여야 할 의무를 국가에 부과하는 것이 되어 이 또한 국민에게 국방의무를 부과하고 있는 헌법 39조1항과 조화될 수 없기 때문이다."(헌재 1999. 12. 23. 98헌마369)

헌법재판소는 6급 이하 공무원 또는 공·사기업체 채용 필기시험에서 과목별 만점의 3% 또는 5%의 가산점을 부여하는 제대군인가산점제도는 "헌법 제39조 제2항의 범위를 넘어 제대군인에게 일종의 적극적 보상조치를 취하는 제도라고 할 것이므로 이를 헌법 제39조 제2항에 근거한 제도라고 할 수 없다"고 판시하였다(헌재 1999. 12. 23. 98헌마369). 반면에 군법무관의 개업지 제한과 관련해서는 "군법무관으로의 복무 여부가 자신의 선택에 의하여 정해지는 경우와는 달리 병역의무의 이행으로 이루어지는 경우, 이는 병역의무의 이행으로 말미암아 불이익한 처우를 받게 되는 것이라 아니할 수 없어 이의 금지를 규정한 헌법 제39조 제2항에 위반된다"고 판시하였다(헌재 1989. 11. 20. 89헌가102).

제 3 부

통치구조론

통치구조론은 크게 통치구조원리론, 정부형태(통치구조의 형태)선택론, 통치기능(작용)론, 통치기구구성론으로 구성된다.

제1편

통치구조의 구성원리

제1장 대의제(Representative System)의 원리

I. 대의제의 의의

대의제란 '주권자인 국민이 직접 국가의사나 국가정책을 결정하지 않고 대표를 뽑아 그 대표로 하여금 대신 국가의사나 국가정책을 의논해서 결정하게 하는 원리'를 말한다. 간접민주제를 그 제도적·이념적 기초로 한다.

대의제의 개념적 요소로는 첫째, 치자와 피치자의 분리가 있다. 반면에 루소의 직접민주제에는 치자와 피치자의 자동성(自同性)의 원리, 동일성의 원리가 적용된다. 둘째, 국가의사결정권(치자)과 국가기관구성권(피치자)의 분리가 있다. 국가기관 구성은 민주적 정당성 확보를 위해 국민에 의한 직접선거로 이루어진다. 치자(국가기관, 대표)의 의사를 주권자인 '국민의 의사'로 간주하며 국민의 의사로서의 효과가 발생한다. 이 때 '국민의 의사'는 현실적·가시적 의사가 아니라 국민 전체의 이익을 지향한다는 의미에서의 이념적·추정적 의사이다. 셋째, 이 때 대표는 법적으로 선거구민의 대표가 아니라 국민전체의 대표이기 때문에 국민과 대표의 관계는 명령적 위임(기속위임)이 아니라 자유위임(무기속위임)이다. 따라서 대표는 지역주민, 즉 자기를 뽑아준 국민의 지시·명령에 구속되지 않고 양심에 따라 독립하여 국가이익을 우선하여 직무를 수행한다(헌법 46조2항). 이런 점에서 부분을 위한 의사전달을 의미하는 대리(代理)와 구별된다. 넷째, 대표는 국민에 대해 법적 책임이 아니라 정치적 책임(차기선거에서 평가 받음)을 진다.

II. 대의제의 기능

대의제의 기본적인 기능으로는 대표자가 국민을 대신하여 국가의사를 결정하는 '대의기능'과 대표자가 합의의 과정을 거쳐 국가의사를 결정하는 '합의기능'이 있다. '대의기능'은 대표선출을 위한 선거를 필수적인 제도로 하기 때문에, 민주적인 선거제도의 발전에 기여하고 책임정치를 구현하는 데 기여한다. 그리고 '합의기능'은 합의과정의 민주화를 요구하기 때문에, 합의과정에 있어서 공개정치의 실현에 기여하고 이성적 토론이 전제된 다수결원리를 존중하는 정치문화의 신장에 기여한다.

III. 대표관계(대의관계)의 법적 성격

1. 법정(法定)대표설(법적 효과설)

옐리네크(G. Jellinek)에 의하면 국민은 선거를 통해 의회를 조직하는 '제1차 국가기관'이고 의회는 국민의 의사를 대신해 표시하는 '제2차 국가기관'이다. 따라서 제2차 국가기관은 제1차 국가기관의 법정대표(법정대리인)이며, 제2차 국가기관의 의사는 제1차 국가기관의 의사로 간주되는 법적 효과가 발생한다.

2. 정치적 대표설(법적 대표관계부인설)

다수설인 정치적 대표설은 대표관계의 개념이 법적 개념이 될 수 없고 정치적·이데올로기적 개념에 불과하다고 하면서 법적 대표관계를 부인한다. 대표기관과 국민 간에는 명령적 위임관계가 존재하지 않으며 법적 대리관계도 없고, 대표는 선거구민의 의사에 반하는 활동을 하더라도 법적 책임을 지지 않으므로 정치적(사실적) 대표관계에 불과하다고 본다. 그 근거로는 헌법 1조2항(국민주권원리와 대의제)와 헌법 7조1항("공무원은 국민전체에 대한 봉사자")을 든다. 대표기관은 헌법

46조2항에 따라 국민전체의 이익을 위하여 성실히 청렴하게 직무를 수행해야 할 정치적·도의적 의무를 지는 데 불과하다고 본다.

Ⅳ. 대의제의 변질: 현대형대의제

1. 현대사회와 고전적 대의제의 위기

오늘날에 와서는 집단이기주의의 팽배현상, 이익·압력단체들의 등장, 정당정치의 왜곡된 발달로 인해 고전적 대의제가 위기상황에 직면하고 있다. 이러한 위기 발생의 원인으로는 첫째, 정당정치의 왜곡된 발달로 인한 대표기관의 국민대표성 약화, 둘째, 시민운동단체들에 의한 참여민주주의가 강조되는 데에서 알 수 있듯 국민의 직접참정욕구의 증대, 셋째, 자신의 이익만을 추구하려는 엘리트정치의 타락현상, 넷째, 정당정치의 발달과 이익단체의 정치자금으로 인한 무기속위임의 위협, 다섯째, 정당정치의 발달로 인한 공개적 토론의 경시현상으로 인한 대의제 합의기능의 쇠퇴가 있다.

현대사회에서는 정당국가적 경향이 강화됨으로 인해서 첫째, 선거의 성격이 인물본위의 대표자 선출에서 어느 정당에게 정권을 맡길 것인가를 선택하는 정당 선출의 국민투표적 성격으로 변화하였다. 둘째, 국민의 경험적 의사나 정당의 선거공약에 의한 제약이 생겨났다. 셋째, 의원의 정당 기속이 강화됨으로써 무기속위임에서 기속위임의 성격을 지닌 현대형대의제로 변화되었다.

2. 현대형대의제

고전적 대의제의 위기 발생으로 인해 고전적 대의제적 요소에 직접민주제적 요소가 결합된 현대형대의제(반(半)직접민주제)를 세계 각국에서 채택하고 있다.

(1) 고전적 대의제의 보완책으로서 직접민주제의 가미

위의 대의제의 위기 상황을 극복하기 위해 적어도 최종적으로는 주권자인 국민이 직접 정치과정에 개입하여 여야 정당 간의 대립을 조정하고 부패공직자의 비위를 시정하며 정책적 대안을 제시함으로써 직접민주제가 보완적 기능을 하게 하고 있다.

(2) 직접민주제의 장·단점

직접민주제의 장점으로는 국민자치의 원칙이 고도로 실현되고, 대의기관의 부패와 무능력을 시정·보완하며, 국가기관 충돌 시 국민이 개입하여 신속히 해결할 수 있다는 점을 들 수 있다. 직접민주제의 단점으로는 심의·설득·타협의 기회가 없으므로 다수결이 불합리한 것이 될 수도 있고, 선동과 여론조작 등으로 독재정치를 합리화하는 수단이 될 수도 있으며, 유권자의 기권율이 높을 경우 투표결과를 가지고 국민전체의 의사를 추정하는 것은 위험할 수 있다는 점을 들 수 있다.

(3) 직접민주제의 방법

1) 국민투표제

국민투표제란 중요한 헌법안, 법률안, 정책을 국민이 국민투표로 직접 결정하는 것을 말한다. 국민투표제의 종류에는 레퍼랜덤(Referendum)과 플레비시트(Plebiszit)가 있다. 레퍼랜덤은 '협의의 국민투표'라고도 불리는데 현행헌법에는 헌법개정안에 대한 국민투표(헌법 130조2항과 3항)와 국가안위에 관한 중요정책에 대한 국민투표(헌법 72조)의 두 가지 레퍼랜덤이 규정되어 있다. 헌법이 아닌 지방자치 단계의 법률 수준의 레퍼랜덤으로는 지방자치법 18조의[1] 주민투표제가 있다. 플레비시트는 정권의 신임 여부를 묻는 신임투표를 말한다. 우리 헌정사에서도 1975년 2월 12일에 당시 박정희 대통령은 유신헌법에 대한 찬반과 정부 신임을 묻는 국민투표를 실시한 바 있다.

2) 국민발안제

국민발안제란 국민이 직접 아이디어를 내어 헌법개정안이나 법률안을 제안할 수 있는 제도를 말한다. 현행헌법에 국민발안제는 없다. 그러나 1954년 제2차 헌법개정에서 국회의원 선거권자 50만 명 이상이 헌법개정안을 발의할 수 있게 해 국민발안제를 채택한 바 있고 1972년의 유신헌법에서 삭제될 때까지 유지되었다.

1 제18조(주민투표) ①지방자치단체의 장은 주민에게 과도한 부담을 주거나 중대한 영향을 미치는 지방자치단체의 주요 결정사항 등에 대하여 주민투표에 부칠 수 있다.
②주민투표의 대상·발의자·발의요건, 그 밖에 투표절차 등에 관한 사항은 따로 법률로 정한다.

3) 국민소환제(Recall제)

국민소환제란 국민이 임기 만료 전에 공직자를 해직시키는 제도를 말한다. 일본의 대법관에 대한 국민소환제가 한 예이다. 헌법이 아닌 지방자치 단계의 법률 수준의 국민소환제로 주민소환제가 '주민소환에 관한 법률'에서 채택되어 있다. 헌법재판소는 '주민소환에 관한 법률' 7조 등에 대해 합헌결정을 내린 바 있다(헌재 2009. 3.26. 2007헌마843).

V. 현행헌법

현행헌법은 고전적 대의제에 직접민주제적 요소를 가미한 현대형대의제를 취하고 있다.

(1) 고전적 대의제

헌법 1조2항의 국민주권원리, 41조1항(국회의원 선거의 기본원칙), 67조1항(대통령선거의 기본원칙), 24조(선거권)가 고전적 대의제에 관한 규정이다. 또한 자유위임을 전제로, 45조(국회의원의 면책특권), 46조1항, 2항 및 3항(국회의원의 의무), 64조(국회의원 징계)가 규정되어 있다. 공개정치의 실현과 관련해서 헌법 50조(의사공개원칙), 61조(국정감사·조사권), 62조(국무총리·국무위원·정부위원 출석·답변요구권)이 규정되어 있다. 책임정치의 실현과 관련해서는 헌법 63조(국무총리·국무위원 해임건의권), 65조(탄핵소추권)이 있고, 공정한 선거관리의 확립과 관련해서는 114조(중앙선거관리위원회)가 있다.

(2) 직접민주제적 요소 가미

현행헌법상의 직접민주제적 요소로는 130조2항과 3항(헌법개정안에 대한 국민투표), 72조(국가안위에 관한 중요정책에 관한 국민투표)가 있다.

제2장 권력분립의 원리

I. 의의

권력분립의 원리란 '국민의 자유와 권리를 보장하기 위해(목적) 국가권력을 집행권, 입법권, 사법권으로 분리하고 이 분리된 국가권력을 독립된 기관들에 분산시킴으로써 국가권력의 집중과 남용을 방지하고 '견제와 균형'(checks and balances)을 유지하려는 통치구조의 조직원리'를 말한다.

II. 특성

권력분립의 원리는 다음과 같은 특성을 가진다.

1. 자유주의적 원리

영국의 역사학자인 액톤(Acton)경이 "절대권력은 절대적으로 부패한다"라고 경고한 바 있듯이, 전제군주국가의 군주에게서 볼 수 있는 것처럼 집중된 권력은 절대권력이 되고 절대권력은 반드시 부패하여 국민의 자유와 권리를 짓밟는다. 권력분립의 원리는 권력을 장악하고 행사하는 인간에 대한 불신에서 출발하여, 권력을 분산시키고 권력상호 간에 견제를 통한 균형을 이룸으로써, 궁극적으로는 권력으로부터 개인의 자유와 권리를 확보하려는 자유주의적 원리이다.

2. 소극적 원리

권력분립원리는 적극적으로 국가권력의 능력을 증진시키기 위한 제도가 아니라 소극적으로 권력의 남용을 방지하기 위한 소극적 원리이다. 따라서 권력분립의 원리는 국가 각 기관의 분리라는 조직상의 요청 이외에 겸직금지와 장기집권의 배제도 그 내용으로 한다.

3. 중립적 원리

권력분립의 원리는 어떤 국가권력을 두둔하는 것이 아니라, 권력 그 자체를 순화하고 중화시키는 중립적 원리를 의미한다.

4. 권력균형의 원리

권력분립의 원리는 권력 간의 세력균형을 유지하기 위한 권력균형의 원리이다.

III. 고전적 권력분립론

고전적 권력분립론은 플라톤·아리스토텔레스 등이 그들의 국가철학에서 주장한 국가권력제한론에서 기원하지만, 근대적 의미의 권력분립론은 로크와 몽테스키외에 의해 이론적으로 체계화되었다.

1. 로크의 이권분립론(二權分立論)

로크는 1688년의 명예혁명 직후에 영국의 정치체제를 정당화하고 변호한 '시민정부이론'(Two Treaties on Civil Government, 1690)에서 국가의 최고권력은 국민에게 있으며 그 최고권력 아래에 입법부의 **입법권**이 있고 입법권 아래에 집행부의 **집행권과 동맹권(연합권)**이 있다고 주장하였다. 집행권과 동맹권은 이론적으로는 구분가능하지만 실제적으로는 구분될 수 없고 동일인의 수중에 두어야 한다고 보았다. 그는 입법권과 집행권의 관계에 관하여 입법권의 우월성을 강조하였다. 사법권에 관해서는 언급하지 않았다.

로크는 권력의 분리는 강조하였어도 권력의 균형에까지 생각이 미치지는 못하였다. 로크의 이권분립론은 이후 영국에 크게 영향을 주었고, **의원내각제로 발전**해 나갔다.

2. 몽테스키외의 삼권분립론

몽테스키외(Montesquieu)는 로크가 제시한 권력분립의 도식을 프랑스의 정치상황에 적용하여 삼권분립론을 체계화하였다. 고위법관에서 퇴임 후 낙향하여 쓴 그의 책 '법의 정신'(1748)에서 몽테스키외는 국가권력을 입법권, 사법권, 행정권으로 나누고 입법권은 국민을 대표하는 의회가, 행정권은 신속한 처리를 요하므로 한 사람에게 부여하는 것이 합리적이며, 사법권은 비상설의 법정에서 국민에 의하여 선발된 자가 행사하는 것이 바람직하다고 보았다. 또한 그는 시민의 생명과 자유를 확보하기 위해서 '권력의 분리'뿐만이 아니라 권력상호 간의 '견제와 균형'에까지 생각이 미쳤다. 몽테스키외의 삼권분립론은 미국에 큰 영향을 주었고, 미국의 **대통령제로 발전**해 나갔다.

Ⅳ. 현대적 권력분립이론

1. 권력분립의 위기

(1) 국민주권사상과 충돌

국민주권이론은 권력과 자유를 대립적인 것이 아니라 동일한 것으로 보아 권력의 제한보다는 권력을 국민의 것으로 하는 데 중점을 두게 되었고, 따라서 권력에 대한 자유 확보보다는 권력에 의한 자유 확보를 강조하게 되어 권력분립론이 국민주권사상과 충돌하게 되었다.

(2) 국가구조의 변화와 권력융합현상

행정입법(대통령령, 국무총리령, 부령 등 행정부안의 입법)의 발달이나 처분적 법률의 출현에서 보듯이 입법과 집행은 그 기능이나 권력 담당자에 있어서 실질적 구별이 점차 불가능해졌다. 이러한 권력융합현상과 국가구조의 변화가 고전적 권력분립이론에 위기를 불러왔다.

(3) 정당정치의 발달과 권력통합

정당정치의 왜곡된 발달로 인해, 국가권력을 입법·행정으로 분리하더라도 정당을 통한 권력통합현상 때문에 국가작용의 실질적 결정권이 집권당의 수뇌부에 귀속하게 되는 권력통합현상이 나타나 고전적 권력분립론을 위협하게 되었다.

(4) 사회국가의 출현

현대에 와서 사회국가(복지국가)의 출현으로 의회에 대한 집행권의 우위현상을 야기시켰고 이것은 고전적 권력분립론에 위기를 초래하였다.

2. 현대의 기능적 권력분립론

현대적 상황에 대응하기 위해서는 권력의 집중과 통합이 불가피하다는 인식에 입각하면서도 권력분립의 전면적 폐지가 아니라 권력분립을 합리적으로 재구성하는 현대의 기능적 권력분립론이 등장하였다. 현대의 기능적 권력분립론은 권력분립을 '기능분리'로 이해하며, 권력 간의 대립적인 제한관계를 '기관 간의 협동적인 통제관계'로 이해한다.

(1) 뢰벤슈타인(Löwenstein)의 동태적 권력분립론

뢰벤슈타인은 동태적 권력분립론을 통해 '국가권력의 분립'이 아니라 '국가기능의 분할'이라는 개념을 사용해야 한다고 주장하면서 국가기능을 정책결정, 정책집행, 정책통제로 3분 하였다. 이 가운데 정책결정이란 국가적 공동체가 당면하고 있는 기본적인 정치적 선택, 즉 정치체제나 정부형태의 결정, 다양한 이해관계와 이데올로기의 조정, 대외관계에 관한 기본적 사항의 결정 등을 말한다. 정책집행이란 결정된 정치적 기본사항을 구체적으로 집행하는 기능을 말한다. 정책통제란 집행부를 포함한 모든 권력담당자의 공권력을 억제하고 한정하는 기능을 말한다. 뢰벤슈타인에 의하면 정책통제에는 '수직적 통제'(연방과 주간의 권력통제, 이익집단·여론의 정부통제)와 '수평적 통제'가 있고 수평적 통제에는 다시 법률안거부권, 의회해산권, 위헌심사권과 같은 '기관 간 통제'와 양원제, 부서제도와 같은 '기관내 통제'가 있다.

(2) 케기(Kägi)의 포괄적 권력분립이론

케기도 권력분립론은 '국가기능'에 따른 권력분립을 전제로 해야 한다고 하면서, 첫째, 헌법제정권·헌법개정권과 일반입법권의 이원화, 둘째, 양원제, 셋째, 국가기관의 임기제, 넷째, 여야의 권력통제, 다섯째, 연방과 주(州)의 수직적 권력분립, 여섯째, 집행부 내부의 권력분립 등 '포괄적 권력분립론'을 주장하였다.

V. 현행헌법과 권력분립원리

현대의 기능적 권력분립론의 관점에서 현행헌법이 규정하고 있는 권력분립제의 내용을 분석해 보면 다음과 같다.

1. 권력의 분할

(1) 수평적 권력분할

수평적 권력분할은 입법권은 국회에(40조), 행정권은 정부에(66조4항), 사법권은 법원에(101조1항) 속한다는 규정과 헌법기관의 임기에 차등을 두는 규정(시간적 측면, 국회의원 4년, 대통령 5년, 대법원장·대법관·헌법재판관 6년 등) 등에 의해 실현되고 있다.

(2) 수직적 권력분할

현행헌법상 구조적인 측면에서의 수직적 권력분할은 기간 내부에서나 지방자치제에서 중앙정부와 지방정부 사이의 권한분배를 통해 보장된다.

2. 권력상호 간의 견제와 균형

(1) 입법부의 행정부 견제장치

65조 탄핵소추권, 헌법 61조의 국정감사·조사권, 62조2항 국무총리·국무위원에 대한 국회출석·답변요구 및 질문권, 63조의 국무총리·국무위원 해임건의권, 76조3항 대통령의 긴급명령·긴급재정경제처분 및 명령에 대한 국회 승인권, 77조5항 국회의 계엄해제요구권, 국무총리·감사원장의 임명에 국회의 동의권, 54조 행정부의 예산심의확정권 등이 있다.

(2) 입법부의 사법부 견제장치

54조 사법부의 예산심의확정권, 대법원장(104조1항)·대법관(104조2항)·헌법재판소장(111조4항)의 임명에 국회 동의권, 헌법 65조1항의 대법원장·대법관을 포함한 모든 법관과 헌법재판소 재판관에 대한 탄핵소추권 등이 있다.

(3) 행정부의 입법부 견제장치

헌법 53조 대통령의 법률안공포권(1항)과 법률안거부권(2항), 54조2항의 예산안편성권, 72조 국가안위에 관한 중요정책에 대한 국민투표부의권, 47조 대통령의 임시국회소집요구권, 대통령령(75조)과 총리령 및 부령(95조) 등 행정입법권, 52조 정부의 법률안제출권 등이 있다.

(4) 행정부의 사법부 견제장치

헌법 54조2항 사법부 예산안편성권, 79조1항 대통령의 사면·감형·복권의 권한, 104조 대법원장(1항)과 대법관(2항) 임명권, 111조의 헌법재판소장(4항)·헌법재판관(2항) 임명권 등이 있다. 다만 현행헌법은 헌법재판소(111조3항)와 중앙선거관리위원회(114조2항)의 구성을 국회·대통령·대법원장의 합동행위에 의하게 하고 있으며 중앙선거관리위원장은 호선(114조2항)하게 하고 있다.

(5) 사법부의 입법부 견제장치

헌법 111조1항 헌법재판소의 위헌법률심사권(1호), 권한쟁의심판권(4호) 등이 있다.

(6) 사법부의 행정부 견제장치

헌법 107조2항 법원의 명령·규칙·처분의 위헌심사권, 111조1항4호의 권한쟁의심판권, 65조의 탄핵심판권 등이 있다. 또한 헌법재판소는 대법원장·대법관 등 모든 법관에 대해 65조의 탄핵심판권을 가진다.

제3장 책임정치의 원리

책임정치의 원리도 통치구조를 지배하는 구성원리 중의 하나이다. '책임정치'란 권력담당자가 실정(失政)을 한 경우에 책임을 지고 그 지위에서 물러나게 하는 정치방식을 말한다. 책임정치의 원리는 의회의 내각불신임권과 내각의 의회해산권을 골간으로 하는 의원내각제의 경우에 가장 이상적으로 실현된다. 현행헌법은 대통령제를 근간으로 하는 정부형태를 취하면서도 책임정치를 확보하기 위한 최소한의 수단으로서 국무총리·국무위원에 대한 국회의 해임건의, 국무총리·국무위원에 대한 국회의 국회출석·답변 요구권, 국회에 의한 대통령·국무총리·국무위원·법관 등에 대한 탄핵소추권 등을 규정하고 있다.

제2편

정부형태론

정부형태란 광의로는 국가 권력구조에 있어서 권력분립의 원리가 어떻게 반영되고 있느냐 하는 권력분립의 구조적 실현형태를 말하며, 협의로는 입법부와 집행부의 관계가 어떤가 하는 것을 의미하여, 최협의로는 집행부의 구조형태를 말한다. 세계 각국의 헌법이 취하고 있는 정부형태로는 의원내각제, 대통령제, 의원내각제나 대통령제 어디에도 속하지 않는 제3유형의 정부형태가 있다.

제1장 의원내각제(parliamentary government)

I. 본질

1. 집행부의 이원적 구조

의원내각제의 집행부는 **명목상의 국가원수**로서 의례적·언출적 권한만 가지는 대통령(혹은 국왕)과 **실질적 권한을 가지는 내각**으로 이루어지는 이원적 구조를 가진다.

2. 의회는 내각의 모태

의원내각제에서는 다수당의 총재가 수상이 되고 수상이 의원 중에서 각료를 임명하여 내각을 구성한다. 따라서 의회가 내각의 모태가 되기 때문에 각료와 의원의 겸직이 가능하고 집행부도 법률안제출권을 가지며, 각료가 의회에 출석·발언할 수 있다.

3. 의회의 내각불신임권과 내각의 의회해산권

의원내각제에서는 의회의 내각불신임권과 내각의 의회해산권을 통해 입법부와 집행부 간에 '권력적 균형'이 유지된다. 의원내각제의 **가장 중요한 개념적 징표이다. 레즈로브**(R. Redslob)는 영국처럼 내각이 의회해산권을 가지는 경우를 '진정의원내각제'라 하고, 프랑스 3·4공화국처럼 내각이 의회해산권을 가지고 있지 않거나 유명무실한 경우를 부진정의원내각제라고 하였다.

4. 의회와 내각(입법부와 집행부)의 공화와 협조

의원내각제의 경우에는 법적으로는 입법부와 집행부가 분리·독립되어 있지만, 정치적으로는 두 기관이 밀접한 공화와 협조관계를 유지한다.

II. 각국의 의원내각제

1. 영국

영국은 의원내각제의 모국이다. 의원내각제(議院內閣制)는 다시 내각이 의회해산권을 가지고 있지 않거나 유명무실한 부진정의원내각제이면서 각료들 간에 동료로서의 수상이 존재하는 의원내각제(議員內閣制), 일본이나 독일처럼 내각이 의회해산권을 가지고 있는 진정의원내각제이면서 수당이 각료에 대해 상대적 우위에 있는 의원내각제(議院內閣制), 의회의 내각불신임권이 유명무실하고 수상이 대통령제의 대통령에 버금가는 절대적 우위에 있는 수상내각제(首相內閣制)로 분류할 수 있다. 영국의 의원내각제는 이 중에서 수상내각제에 해당한다.

2. 프랑스

프랑스의 제3·4공화국 헌법하의 의원내각제는 '의회우위형 의원내각제'였다. 그러자 제5공화국 헌법은 강력한 집행부를 구성하여 국가적 안정을 확보하려 한 드골(De Gaulle) 대통령의 정치철학에 의해 만들어졌고 '집행부우위형 의원내각제'의 모습을 보였다.

3. 독일

독일 의원내각제의 특색으로는 연방수상을 중심으로 하는 '집행부우위형 의원내각제'를 들 수 있다. 연방 수상은 각료 임명에 있어서 제청권을 가지며 대통령도 이 제청에 구속되는 등 강력한 권한을 가진다. 또한 수상에 대한 의회의 불신임은 연방의회가 재적과반수로 후임 수상을 선출하고 연방대통령에게 현직 수상의 해임을 건의함으로써만 가능하도록 하는 **'건설적 불신임제'**를 채택하여 수상의 잦은 교체를 막고 정국 안정을 도모하고 있다.

4. 일본

일본헌법은 영국형의 전통적 의원내각제를 채택하고 있다. 여당의 당수이자 내각의 수장으로서 의회와 내각에 강력한 영향력을 행사할 수 있는 수상은 '내각총리대신(內閣總理大臣)'이라 불리며 국회에서 선출된다. 내각을 구성하는 국무대신들은 내각총리대신에 의해 임면되고, 그 과반수는 국회의원이어야 한다. 중의원의 내각불신임권과 내각의 중의원해산권이 인정된다.

III. 장·단점

1. 장점

첫째, 정부(내각)의 존속을 국민의 대표기관인 의회에 의존하게 함으로써 민주주의적 요청을 만족시킨다. 둘째, 내각이 의회에 연대책임을 지므로 책임정치를 최대한 구현할 수 있다. 셋째, 의회와 내각이 대립하는 경우에 내각불신임과 의회해산으로 정치적 대립을 신속히 해결할 수 있다. 넷째, 내각은 의회의 신임을 위해 유능한 정치적 인재를 등용한다.

2. 단점

첫째, 빈번한 내각불신임 결의 등으로 정국의 불안정이 초래될 가능성이 많다. 둘째, 정부가 의회의 다수당과 결합하면 다수결에 의한 횡포를 자행할 수 있다. 셋째, 내각이 의회의 눈치를 보게 되어 강력한 정치를 추진할 수 없다. 넷째, 의회가 정권 획득을 위한 정쟁(政爭)의 장소가 될 우려가 있다.

제2장 대통령제(Presidential System)

I. 본질

1. 집행부의 일원적 구조

대통령제에서는 집행부의 구조가 일원화되어 있어 **대통령**이 **국가원수**와 **집행부 수반**의 지위를 겸한다. 부통령은 대통령 궐위 시 국정의 계속성을 확보하기 위해 대통령의 지위를 승계하는 지위에 있다. 미국은 부통령이 상원의장을 겸한다. 집행부의 각료회의는 의결기관이 아니며 대통령의 자문기관에 불과하다.

2. 대통령의 직선제

대통령제에서는 대통령이 국민에 의해 직선되고 임기 내에는 책임을 지지 않는 것을 본질적 요소로 한다.

3. 집행부와 의회의 상호분리와 독립

대통령제에서는 집행부와 의회가 완전히 분리 독립되어 있다. 따라서 집행부 구성원과 의원의 겸직이 불가하며 정부의 법률안제출권이 없다. 집행부 구성원이 의회에 출석해 발언할 수도 없다. 미국에서는 연초에 관행상 대통령이 연방의회에 대통령 교서(message)를 내린다. 의회의 대통령·집행부 불신임권이 없으며, 대통령의 의회해산권도 없다.

4. 집행부와 입법부의 상호 견제와 균형

대통령제에서는 집행부와 입법부가 상호견제함으로써 권력적 균형이 유지된다. 대통령(집행부) 측에서는 법률안거부권 등을 통해 입법부를 견제하며, 입법부 측에서는 탄핵소추, 국정감사·조사권 등을 통해 집행부를 견제한다.

II. 각국의 대통령제

1. 미국의 대통령제

대통령제는 미국 헌법의 발명품이다. 미국 헌법의 아버지들은 미국 연방헌법을 제정할 때 '세습되지 않는 왕'으로 대통령을 고안해냈다. 대통령제는 중남미의 나라들과 우리나라를 비롯한 아시아의 몇몇 국가에서 도입하였지만, 현재까지 미국에서 가장 성공하였다.

2. 신(新)대통령제

뢰벤슈타인은 대통령이 입법부나 사법부에 대해 절대적 우위에 있는 권위주의적 정부형태를 신대통령제(Neopresidential System)라고 불렀다. 신대통령제하에서는 대통령의 권한행사에 대한 통제와 권력 남용을 방지하기 위한 제도적 장치가 없다. 예를 들어 우리나라의 이승만 통치가 신대통령제에 해당한다.

3. 반(半)대통령제

(1) 폰 바이메(Von Beyme)

폰 바이메에 의하면 반대통령제(Das Semi-präsidentielle System)란 전제주의적 공화국에서의 대통령을 말하며 뢰벤슈타인의 신대통령제와 유사한 개념이다.

(2) 뒤베르제(Duverger)

뒤베르제는 반대통령제를 대통령을 국민직선으로 뽑고 평화 시에는 의원내각제로 비상시에는 대통령제로 운영되는 이원집행부제를 의미한다고 보았다.

III. 대통령제의 장·단점

1. 장점

대통령제의 장점으로는 첫째, 대통령이 의회의 신임 여부에 관계없이 임기 내에는 계속 재직하므로 집행부의 안정과 권위가 유지될 수 있어 국가정책을 신속하고 강력하게 추진할 수 있다. 둘째, 의회다수파의 횡포를 대통령이 법률안 거부권을 행사하여 견제할 수 있다.

2. 단점

대통령제의 단점으로는 첫째, 대통령이 임기 내 의회에 책임을 지지 않으므로 독재화로 흐를 가능성이 있다. 둘째, 의회와 행정부가 대립하면 조정이 어려워 오히려 정국의 불안정을 초래할 수 있다. 따라서 상원의 조정 역할이 기대되는 정부형태다. 셋째, 의원내각제에 비해 국민이 정치적 훈련을 축적할 기회가 드물다.

제3장 제3유형의 정부형태

I. 이원집행부제

이원집행부제(이원정부제, Die Zweigereilte Exekutive)라 함은 집행부가 **국민의 직접선거로 뽑힌 대통령**과 수상이 이끄는 **내각**의 두 기구로 구성되고 대통령과 내각이 각기 집행에 관한 실질적 권한을 나누어 가지는 정부제도를 말한다. 즉 대통령제의 요소와 의원내각제의 요소가 혼합되어 있는 **혼합형 정부형태**라 할 수 있다.

위기 시에는 국민의 직접선거로 뽑힌 대통령이 전적으로 행정권을 행사하고 국가긴급권도 발동하며 의회해산권도 가진다. 평상시에는 의원내각제적으로 운영되기 때문에 수상이 행정권을 행사하고 의회에 대해 책임을 지며, 대통령은 외교·군사에 관한 권한과 수상의 임명권 등 의례적 권한만 가진다. 과거 독일의 바이마르공화국, 프랑스 제5공화국, 현재의 오스트리아, 핀란드, 포르투갈 등이 이원 집행부제에 해당한다.

II. 의회정부제

의회정부제(회의제, Conventional Government)란 의회가 국가권력의 정점에 있고 **의회가 모든 국가기관을 지배**함으로써 **권력체계가 일원화**되어 있는 정부형태를 말한다. 의회가 집행부에 대해 절대적 우위를 가지기 때문에, 집행부의 성립과 존속은 의회에 의존하지만 집행부는 의회에 종속되어 있어 의회해산권이 없다. 중화인민공화국이나 북한의 헌법에서 볼 수 있는 '인민회의제'가 그 대표적인 예이다. 중화인민공화국은 의회인 전국인민대표대회가 모든 국가기관을 지배하며 그에 소속된 상무위원회가 행정부의 역할을 한다. 북한도 의회인 최고인민회의 내에 집행부 역할을 하는 상임위원회와 국방위원회(위원장 김정은)가 있다.

의회정부제의 특색으로는 첫째, 집행부의 구성원은 의회에 의해 선임되고 의회에 대해 연대책임을 진다. 집행부의 존립은 의회의 존립을 전제로 하기 때문에 의회가 해산하면 집행부도 자동으로 퇴진한다. 따라서 의회와 집행부의 관계는 위임자와 수임자의 관계에 서게 되며 의회가 모든 국가기관을 지배함으로써 권력체계가 일원화되는 것이다. 둘째, 실질적인 국가원수가 없고 형식적·의례적 국가원수만 있다. 예를 들어 스위스는 200인 이상으로 구성되는 국민의회와 44인으로 구성되는 참의원이 있는데, 이들의 합동회의를 의미하는 연방의회가 선출한 7인의 집정관으로 집행부인 연방평의회가 구성된다. 연방의회는 매년 연방평의회의 구성원 중 1인을 선출하여 연방평의회의 의장으로 하고, 그에게 임기 1년의 스위스 연방대통령의 칭호를 부여한다. 셋째, 의회는 상시 개회한다.

제4장 대한민국 헌법과 정부형태

우리의 헌법개정은 주로 정부형태에 초점이 맞추어지거나 대통령제일 경우 대통령의 선출방법이나 임기에 초점이 맞추어졌다.

I. 제헌헌법의 정부형태

1948년 제헌헌법의 정부형태는 대통령제에 의원내각제적 요소가 일부 가미된 '변형된 대통령제'였다.

II. 1960년 헌법의 정부형태

1960년 제2공화국 헌법의 정부형태는 영국형 의원내각제에 해당하는 것이었다.

III. 1962년 헌법의 정부형태

1962년 제3공화국 헌법의 정부형태는 기본적으로는 대통령제에 해당하지만 의원내각제적 요소가 가미되고 철저한 정당국가적 경향(예를 들어 무소속 입후보 금지)을 반영한 '변형된 대통령제'였다.

IV. 1972년 헌법의 정부형태

1972년의 제4공화국 헌법(유신헌법)의 정부형태는 대통령에게 긴급조치권과 국회해산권 등 비상적 대권이 부여됨으로써 권력분립원리가 단지 부분적으로 채택되었다는 점, 대통령의 권한행사에 대한 통제와 그 권력남용을 방지하기 위한 제도적 장치가 거의 마련되어 있지 않았다는 점 등에 비추어 볼 때 '권위주의적 대통령제'였다고 할 수 있다.

V. 1980년 헌법의 정부형태

1980년 제5공화국 헌법의 정부형태는 대통령제를 기본으로 했으나 의원내각제의 요소가 가미되었으며 뢰벤슈타인의 신대통령제의 범주에 포함시킬 수 있는 것이었다.

VI. 현행헌법의 정부형태

1987년의 제9차 개헌으로 탄생한 현행헌법의 정부형태는 대통령제를 근간으로 하면서 일부 의원내각제의 요소가 가미된 **'변형된 대통령제'**라고 할 수 있다. 대통령제를 근간으로 하지만 대통령제에서 볼 수 있는 부통령제는 없다. 현행헌법상의 **의원내각제의 요소**로는 첫째, 의원내각제의 내각에 유사한 **국무회의**(헌법 88조 1항), 둘째, 의원내각제의 수상에 유사하면서 그 임명에 국회의 동의(86조1항)를 요하는 **국무총리**, 셋째, **대통령의 국법상 행위**에는 국무총리와 관계 국무위원의 **부서**가 있어야 하는 점(82조), 넷째, **정부도 법률안제출권**을 가진다는 점(52조), 다섯째, 고위 행정부 구성원인 국무총리·국무위원·정부위원의 **국회출석 · 발언권**(62조 1항)을 들 수 있다.

현재의 한국실정에는 대통령제 정부형태가 적합하다고 할 수 있다. 왜냐하면 첫째, 정당정치의 폐해, 둘째, 선거제도의 불합리, 셋째, 정치권의 부정부패가 만연한 상태에서 의원내각제로 바꾸면 더 많은 헛된 정치적 비용이 들 것이기 때문이다.

제3편

입법부

제1장 입법권

제1절 ▎입법권의 의의와 범위 및 한계

I. 입법의 의의

헌법 40조는 “입법권은 국회에 속한다”고 규정함으로써 ‘국회독점입법의 원칙’이 아니라 ‘국회(중심)입법의 원칙’을 규정하고 있다. 입법의 본질과 관련해 실질설과 형식설의 대립이 있다.

1. 실질설(다수설)

다수설인 실질설은 입법의 ‘**내용**’에 중점을 두면서 입법작용은 “국가기관이 일반적이고 추상적인 성문의 ‘법규범’을 정립하는 작용”이라고 말한다. 이 때 ‘법규범’은 법규(국민의 권리·의무에 직접 관련 있는 것)일 필요는 없고 어떤 기관의 내규라도 상관없다고 본다. 실질설의 근거로는, 형식설에 따를 경우 헌법이나 규칙은 법률이 아니어서 입법의 대상이 아니게 되나 국회의 헌법개정에 관한 권한, 국회규칙 제정권도 입법권에 포함된다는 점을 든다. 실질설이 타당하다.

2. 형식설

소수설인 형식설은 입법의 '형식'(명칭이 '법'으로 끝나는 것)에 중점을 두면서 입법은 '국회가 특수한 법형식인 형식적 의미의 법률을 제정하는 작용'이라고 말한다. 근거로는 헌법 등이 법률로 규정할 것을 요구한 데 대해서는 하위규범인 명령 등으로 규정할 수 없음을 든다. 입법의 본질을 너무 좁게 본다는 비판이 뒤따른다.

II. 입법권의 범위

다수설인 실질설의 입장에서 봤을 때 입법권의 범위에는 첫째, 국회가 행사하는 헌법개정의 발의·의결권, 법률안의 제출·심의·의결권, 조약 체결·비준에 대한 동의권, 국회규칙제정권이 있다. 그리고 둘째 법규범정립권을 다른 기관에 위임한 것으로는 대통령·국무총리·행정각부의 장의 행정입법권(헌법 75조, 95조), 대통령의 긴급명령권, 긴급재정·경제처분 및 명령권, 조약체결권(73조, 76조), 지방자치단체의 자치입법권(117조1항), 대법원의 대법원규칙제정권(108조), 헌법재판소의 헌법재판소규칙제정권(113조2항), 중앙선거관리위원회의 선거·정당사무에 관한 중앙선거관리위원회 규칙제정권(114조6항)도 입법권의 범위에 포함된다.

III. 입법권의 한계

국회의 입법권도 다음과 같이 합헌성의 원칙에 의한 한계, 국제법상의 일반원칙에 의한 한계, 입법재량권남용금지의 원칙에 의한 한계를 가진다. 입법권의 한계를 벗어난 법률의 효력은 헌법 위반으로 무효가 된다. 구체적으로 어떤 법률이 입법권의 한계를 벗어난 것이고 무효가 되는가는 법원의 위헌법률심판 제청과 기본권을 침해당한 국민의 위헌심사형 헌법소원심판 청구에 따라 헌법재판소가 하는 위헌법률심판에 의해 결정된다.

1. 합헌성의 원칙에 의한 한계

국회의 입법권은 헌법의 명문규정에 위배될 수 없는 한계를 가진다. 예를 들어 소급입법으로 형사 처벌하거나 참정권을 제한하는 것은 헌법 13조의 명문규정에 위배되므로 그러한 입법권 행사를 할 수는 없다. 그 이외에도 국회의 입법권은 헌법의 기본원리·기본질서·기본제도를 부성하는 것이어서는 안 되고, 헌법 37조2항의 기본권 제한에 관한 일반원칙에 위배되어서도 안 된다.

2. 국제법상의 일반원칙에 의한 한계

법률은 평화국가의 원리나 평화주의적 국제질서와 같은 국제법상의 일반원칙에 정면으로 위배되어서는 안된다.

3. 입법재량권남용금지의 원칙에 의한 한계

국회는 헌법에 위배되지 않는 범위 안에서 입법형성의 자유를 가진다. 그러나 법률을 제정함에 있어 입법상의 재량권을 남용해서는 안 된다. 국회의 입법상 재량(입법형성의 자유)은 헌법에 기속되는 기속재량이므로 그 재량권의 행사는 적법절차의 원칙, 비례(헌법 37조2항, 법익의 균형성)와 공평의 원칙(헌법 11조), 과잉금지의 원칙(헌법 37조2항), 자의금지의 원칙(헌법 11조), 신뢰보호의 원칙, 명확성의 원칙 등에 위배되어서는 안 된다.

제2절 ▌의회주의

I. 의의

의회주의란 '민주적 정당성을 기초로 설립된(국민이 선출한 의원들로 구성되는) 국가기관인 의회가 국정심의나 국가정책 결정의 중심이 되어야 한다는 정치원리'를 말한다. 정부형태들 중 의원내각제가 의회주의의 가장 직접적인 표현형태이다.

II. 의회주의의 기본원리

의회주의의 두 가지 기능은 '대표기능성'과 '합의기능성'이다. 또한 의회주의는 국민대표의 원리, 공개와 이성적 토론의 원리, 다수결의 원리, 정권교체의 원리 등 네 가지 원리를 기본원리로 한다.

1. 국민대표의 원리

의회주의에 있어서는 주권자인 국민의 의사가 '선거'를 통해 대표기관인 의회에 전달되고, 의회가 국민의 의사에 따라 입법 또는 중요한 국가정책을 결정하므로, 의회주의는 '국민대표의 원리'를 기본원리로 한다.

2. 공개와 이성적 토론의 원리

의회주의에서는 첫째, 토론과 심의가 공개적이어야 한다. 공개성은 의사결정의 공정성을 담보하고 정치 야합과 부패를 방지한다. 국회에서의 심의나 의사결정 과정을 국회방송 등 방송을 통해 중계하는 것도 공개성을 제고하기 위한 것이다. 둘째, 토론은 이성적이어야 한다. 이성적 토론은 소수의견의 존중과 반대의견에 대한 설득이 전제될 때에만 가능하다. 의회주의의 가치는 국민의 다원적 이해관계와 대립된 이데올로기를 토론의 장으로 유도하여 그곳에서 '조정과 통합'을 도모하는 데 있다. 오늘날 우리 국회에서의 의사결정에서 이성적 토론은 생략되고 정당·교섭단체·위원회 등이 중심이 되어 밀실에서 결정되고 있는 실정이다.

3. 다수결의 원리

다수결의 원리란 '구성원의 다수가 찬성한 의사를 전체 구성원을 구속하는 집단의사로 간주하는 의사결정방식'을 말한다. 다수결의 원리는 의회의 합의체 성격에서 당연히 도출된다.

4. 정권교체의 원리

의회주의의 구현을 위해서는 의회 내 세력분포에 있어서 다수의 교체가능성(principle of rotation)이 있어야 한다. 즉 의회 내 오늘의 소수의견이 다음의 다수의견이 될 수 있어야 한다. 다수의 교체가능성이 없으면 의회주의는 고정된 일당독재제와 다를 바 없게 된다. 선거가 독재제를 정당화하는 의식이 아니라, 가변적인 여론을 반영해 평화적인 방법으로 정권을 교체할 수 있는 계기가 된다는 점이 의회주의가 성공하기 위한 조건이 된다.

III. 의회주의의 위기의 원인과 극복방안

오늘날 의회주의가 위기를 맞고 있다. 의회주의 위기의 원인은 합의체기관의 성격, 정당국가적 경향, 사회국가화·행정국가화 경향에서 찾을 수 있다. 각각에 대해 의회주의 위기의 극복방안에 대해 함께 살펴보자.

(1) 합의체기관의 성격

첫째, 국민적 동질성의 상실과 이로 인한 계층 간 갈등으로 의회에 있어서도 대화와 타협이 실종되고 의회가 국정운영의 중심이 아니라 정치투쟁의 장(場)이 되었다. 이를 극복하기 위해 사회국가원리의 실질적 구현으로 국민적·사회적 동질성을 회복해야 한다.

둘째, 의회의 운영방식이 본회의 중심주의이고 의사방해까지 가능한 무제한의 자유토론이 허용되어 의회의 운영방식과 의사절차의 비효율성이 증대되고 있다. 이를 극복하기 위해 국회 운영을 본회의 중심에서 상임위원회(pigeon hole 가짐) 중심으로 바꿀 필요가 있다.

셋째, 다수결의 원리가 소수에게 의견표시의 기회를 주지 않고 토론의 기회가 생략되어 다수의 횡포가 자행되고 있다. 이를 극복하기 위해 의회 내에서 야당의 지위를 격상시킬 필요가 있다.

(2) 정당국가적 경향

첫째, 정당제민주주의의 왜곡된 발달로 의원들의 정당에의 기속이 강화되어 '자유위임'의 내용이 변질되고, 모든 국가권력이 집권당의 수뇌부에 있게 되어 의회는 정책의 추인기관으로 전락하고 의회의 통법부화(通法府化) 경향이 심화되었다. 이를 극복하기 위해 의회 내부의 민주화를 위한 당내민주주의 확보가 절실하다.

둘째, 의원의 전문성·자질 저하가 나타나고 있다. 정당제민주주의의 발달로 선거의 성격이 인물본위에서 정당본위로 바뀌면서 유능하고 전문성을 구비한 인사보다는 소속정당에 맹목적으로 충성하는 직업정치인들의 의회 진출이 가능하게 되었기 때문이다. 이를 극복하기 위해 정당후보자 공천이 정당 수뇌부가 아니라 당원들의 뜻부터 반영되면서 상향식으로 이루어질 필요가 있다. 이를 위해 선거인들이 주관하는 청문회·후보자토론회에서 후보자 능력·자질 검증의 기회가 마련되어야 한다. 또한 직능대표제, 비례대표제 확대를 통해 선거제도를 개편하고 보완할 필요가 있다.

(3) 사회국가화·행정국가화 경향

사회국가화·행정국가화의 경향에 따라 의회가 행정부와 비교했을 때 조직과 기능면에서 전문성·능률성을 결여하고 있고, 이로 인해 의회의 대정부 통제가 효과적이지 못해 집행부의 비대화를 초래하고 있다. 이를 극복하기 위해 의원 개개인에게 전문성이 뛰어난 보좌관을 배정하고 국회 법제관실, 입법조사처 등 국회 내 입법자문부서를 확충할 필요가 있다.

제2장 국회

제1절 ▌국회의 헌법상 지위

국가형태가 연방제국가보다는 단일제국가에서, 헌법유형이 경성헌법인 경우보다 연성헌법인 경우에, 정부형태가 대통령제인 경우보다 의원내각제인 경우에 국회의 지위가 더 높고 권한이 더 강력하다.

I. 국민대표기관

대의제민주주의에서 의회 또는 의원은 국민을 대표한다. 이 때 국민과 대표의 관계(대표의 성격)와 관련해서는 법정대표설, 헌법적 대표설 등의 소수설도 있지만 다수설은 정치적 대표설이다. 의원은 선거인의 지시나 명령에 따르지 않으며 사후 보고의 의무도 없는 무기속위임이기 때문이다. 현행헌법 46조2항도 "국회의원은 국가이익을 우선하여 양심에 따라 직무를 행한다"고 규정함으로써 무기속위임을 천명하고 있다. 따라서 국민의 추정적 의사나 명시적 의사에 반하는 국회의원의 의결·행동도 법적 효력에는 영향이 없다.

II. 입법기관

1. 의회중심입법의 원칙

오늘날에는 국가기능의 확대와 입법대상의 증가로 말미암아 입법에 고도의 전문성과 기술성이 요구되어 입법과정에 있어서 집행부의 역할이 증대되고 있고, 의원의 정당기속과 위임입법의 증대 등으로 말미암아 입법기관으로서의 의회의 지위와 역할은 점차 저하되어 의회의 통법부화(通法府化)현상이 초래되고 있다.

그러나 "입법권은 국회에 속한다"고 규정하고 있는 헌법 40조에 의해 입법권은 '원칙적으로' 의회의 권한이다. 하지만 의회가 입법권을 독점한다는 의미의 의회 유일입법기관성을 의미하는 것은 아니다. 즉 헌법 40조는 '의회독점입법원칙'이 아니라 '의회중심입법원칙'을 선언하고 있다. 따라서 의회입법의 원칙에 대해서는 헌법 자체가 헌법정책상 여러가지 예외를 규정하고 있다.

2. 의회중심입법원칙의 예외

우리 헌법은 국회입법의 원칙에 대한 예외로서 다른 국가기관들에게 실질적 입법권의 일부를 부여하고 있다. 대통령의 긴급명령권과 긴급재정경제명령권, 행정입법권(대통령령, 총리령, 부령), 대법원·헌법재판소·중앙선거관리위원회의 규칙제정권, 지방자치단체의 자치입법권이 그것이다. 또한 헌법은 국회의 입법과정에 다른 국가기관의 관여나 개입을 규정하고 있는데, 정부의 법률안제출권, 대통령의 법률안거부권, 법률안공포권 등이 그것이다.

III. 국정통제기관(대(對)행정부 견제기관)

현대에 와서 의회의 국민대표기관으로서의 지위와 입법기관으로서의 지위는 점차 약화되고 있지만, 행정부와 사법부를 감시·비판·견제하는 국정통제기관으로서의 지위는 상대적으로 강화되고 있다. 국정통제기관으로서의 의회의 지위는 의원내각제든 대통령제든 어떤 정부형태를 취하든 상관 없이 중요해지고 있다.

제2절 | 국회의 구성원리와 조직, 의사절차의 원칙과 정족수

I. 국회의 구성원리: 양원제와 단원제

의회가 양원제인지 단원제인지는 각국의 정치적·역사적 상황에 따른 실천적 이유에 의해 결정된다.

1. 양원제

(1) 의의

양원제란 '의회가 두 개의 합의체로 구성되고 두 합의체가 각각 독립해 결정한 의사가 일치하면 의회의 의사로 간주하는 의회제도'를 말한다. 의사 불일치 시에는 양원 합동회의에서 최종적으로 결정한다. 프랑스의 몽테스키외(Montesquieu) 등이 주장했다.

(2) 유형

양원제에서 하원은 반드시 국민의 직접선거로 구성된다. 상원의 구성과 관련하여 귀족원형, 연방형, 참의원형, 직능대표형으로 나뉜다.

첫째, 귀족원형(신분제형)에서 상원의원은 귀족들이 세습한다. 영국이 대표적인 예이다. 그러나 영국 상원은 금전지출법안 이외의 모든 법안을 심의하지만 명목적 구실밖에 하지 못한다. 둘째, 연방형(지역대표형)에서 상원은 주(州)의 대표로 구성된다. 미국이 대표적인 예이다. 미국 연방헌법에 의하면 상원만이 공무원임명동의권, 조약비준동의권, 탄핵심판권 등을 가지므로 하원보다 상원의 권한이 더 강력하다. 셋째, 참의원형에서는 상원도 국민의 직접선거로 구성된다. 우리나라 제2공화국과 일본이 예이다. 넷째, 직능대표형에서는 상원이 각 직능의 대표들로 구성된다. 아일랜드가 대표적인 예이다.

(3) 상·난섬

양원제의 장점으로는 첫째, 심의의 신중을 기해 단원제의 경솔과 졸속을 피할 수 있고, 둘째, 양원의 조직을 달리해 단원제의 파쟁과 부패를 방지할 수 있으며, 셋째, 상원을 직능대표제나 주(州)대표제로 운영하여 특수이익을 대변하게 할 수 있고, 넷째, 하원이 정부와 충돌할 때 상원이 충돌을 완화시키는 역할을 할 수 있으며, 다섯째, 의회 구성에 권력분립원리를 도입함으로써 일원(一院) 원내다수파의 횡포를 방지할 수 있다.

반면에 양원제의 단점으로는 첫째, 중복된 절차로 의안의 심의와 의결이 지연될 수 있고, 둘째, 양원의 구성으로 비용이 증대되며, 셋째, 양원의 책임 전가로 의회의 책임소재가 불분명해 질 수 있고, 넷째, 입법부가 양원으로 분열되므로 (행)정부에 대한 의회의 지위가 상대적으로 약화될 수 있으며, 다섯째, 양원 구성기반이 동일하면 상원이 무용지물이 되고 양원의 구성기반이 상이하면 상원이 보수화·반동화할 위험이 있다.

(4) 양원제하에서 양원의 관계

의안을 처리할 경우에 양원의 의견이 일치하는 경우에만 의회의 의결로 하고(의사일치의 원칙), 양원은 동시에 집회하고 개회하며, 동시에 휴회하고 폐회한다(동시활동의 원칙). 일반적으로 하원이 상원보다 우월한 지위에 있다.

(5) 양원제 채택비율 감소

정당정치의 발달로 상원에도 정당소속 의원들이 많아져 양원이 동질화되고, 행정권 강화·안정의 요청으로 단원제의 요청이 커지면서 세계 각국에서 양원제를 채택하는 나라의 비율이 감소하고 있다.

2. 단원제

(1) 의의와 주창자들

단원제란 '의회가 민선의 하나의 합의체로 구성되는 의회제도'를 말한다. 루소(Rousseau)와 시에예스(Siéyès) 등이 주창하였다. 특히 시에예스는 "제2원이 제1원과 의사가 다르면 제2원은 유해하고 같으면 무용한 존재"라며 양원제에 반대하였다.

(2) 이론적 근거

동일사항에 관해 국민의 총의가 둘이 있을 수 없으므로 국민의 대의기관은 하나여야 한다는 점을 이론적 근거로 한다. 신생국가나 우리나라, 이스라엘 등 위기관리정부하에서 선호된다. 왜냐하면 이런 나라들에서는 첫째, 국정의 신속·능률적인 처리, 둘째, 행정국가화로 인해 국회의 대집행견제기능의 강화 필요성이 있기 때문이다.

(3) 장·단점

단원제의 장점은 양원제의 단점이고, 단원제의 단점은 양원제의 장점이 된다.

3. 각국의 의회제도

(1) 영국

영국은 상원의원의 수가 1,000명에 이르지만 투표할 수 있는 의원수는 상원의 의석수를 놓고 보면 120명 정도이다. 영국의 상원의원은 종신이다. 하원의원은 국민의 직접선거로 선출되고 임기는 5년이다.

(2) 미국

미국은 연방상원 의원을 모든 주(州)에서 2명씩 주민의 직접선거로 뽑으며 임기가 6년이고 2년마다 상원의원의 1/3씩 개선한다. 연방하원 의원은 주(州)에 관계없이 인구수에 따라 국민의 직접선거로 뽑으며 임기는 2년이다.

(3) 우리나라

1948년 제헌헌법은 단원제를 채택하였고, 그 후 1952년의 제1차 개정헌법은 민의원과 참의원의 양원제를 규정했지만 실제로 구성되지는 않았다. 그 후 1954년의 제2차 개정헌법과 1960년의 제2공화국 헌법에도 양원제는 이어졌지만 참의원 선거는 한 번도 실시한 적이 없다. 그 후 1962년의 제5차 개정헌법에서 단원제를 부활시켰고 현행헌법에 이르기까지 단원제가 유지되고 있다.

현행헌법 41조2항은 "국회의원의 수는 법률로 정하되, 200인 이상으로 한다"고 하여 국회의원 정수의 하한선을 200인으로 규정하고 있으며, 41조3항은 "국회의원의 선거구와 비례대표제 기타 선거에 관한 사항은 법률로 정한다"고 하여 기타 선거에 대한 사항은 법률로 정하도록 규정하고 있다.

II. 국회의 조직

1. 의장단

헌법 48조는 "국회는 의장 1인과 부의장 2인을 선출한다"고 규정한다. 국회의장과 부의장 선출을 위한 투표는 인사에 관한 것이어서 무기명 투표이며 재적의원 과반수의 득표로 당선된다. 국회의장과 부의장의 임기는 2년이다.

(1) 국회의장

헌법과 국회법에 규정된 국회의장의 권한으로는 국회대표권, 의사정리권, 질서유지권, 사무감독권(국회법 10조[2])과 기타의 권한을 들 수 있다. 기타의 권한으로는 원내 각 위원회출석발언권(위원회 표결참여권은 없음)(국회법 11조[3])과 의장의 경호권 등이 있다. 특히 의장의 경호권은 "국회의 질서를 유지하기 위하여"(국회법 143조[4]) 회기 중 국회 안에서 의장이 행사할 수 있는 권한이다. 따라서 국회 안에서 현행범인 체포 시 국회 경위나 경찰공무원은 체포 후 의장의 지시를 받아야 하지만 회의장 안의 의원은 의장의 명령없이 체포할 수 없다(국회법 150조[5]). 2002년 국회법 개정으로 20조의2[6]가 신설되어 국회의장으로 당선된 다음 날부터 국회의장은 당적을 보유할 수 없게 되었다.

---

2 국회법 제10조(의장의 직무) 의장은 국회를 대표하고 의사를 정리하며, 질서를 유지하고 사무를 감독한다.

3 국회법 제11조(의장의 위원회 출석과 발언) 의장은 위원회에 출석하여 발언할 수 있다. 다만, 표결에는 참가할 수 없다.

4 국회법 제143조(의장의 경호권) 의장은 회기 중 국회의 질서를 유지하기 위하여 국회 안에서 경호권을 행사한다.

5 국회법 제150조(현행범인의 체포) 경위나 경찰공무원은 국회 안에 현행범인이 있을 때에는 체포한 후 의장의 지시를 받아야 한다. 다만, 회의장 안에서는 의장의 명령 없이 의원을 체포할 수 없다.

6 제20조의2(의장의 당적 보유 금지) ①의원이 의장으로 당선된 때에는 당선된 다음 날부터 의장으로 재직하는 동안은 당적(黨籍)을 가질 수 없다. 다만, 국회의원 총선거에서 「공직선거법」 제47조에 따른 정당추천후보자로 추천을 받으려는 경우에는 의원 임기만료일 90일 전부터 당적을 가질 수 있다.
②제1항 본문에 따라 당적을 이탈한 의장의 임기가 만료된 때에는 당적을 이탈할 당시의 소속 정당으로 복귀한다.

(2) 부의장

국회 부의장은 2인이며 국회의장 유고 시 국회의장이 지명하는 부의장이 그 직무를 대리한다.

2. 위원회

(1) 의의

국회의 위원회란 '본회의 의사심의를 원활하게 할 목적으로 전문적 지식을 가진 소수의원들로 하여금 의안을 예비적으로 심사케 하는 소회의체'를 말한다. 입법대상이 확대되고 입법의 전문성과 기술성이 요구되는 현대국가에서 산적한 입법과 의안을 처음부터 모두 본회의에서 심의하고 처리하게 하는 것은 부적절하기 때문에, 그 대응책으로 고안된 것이 위원회 제도이다. 우리 국회법은 상임위원회중심주의를 채택하고 있다.

(2) 장점과 단점

위원회는 의안처리가 효율적(시간 절약, 심도있는 토의)이고 전문적이 된다는 장점도 있지만, 위원회가 소관 행정관청·압력단체와 연계되기 쉽고 모든 의원에게 모든 국정현안 심의의 기회는 박탈된다는 단점도 있다.

(3) 종류

1) 상임위원회

국회의 상임위원회란 국회운영위원회, 법제사법위원회, 정무위원회, 국토교통위원회 등 '국회법상 17개 분야별로 상설된 위원회'를 말한다. 상임위원회는 하나 이상의 정부조직과 연계되기 때문에 모든 국가기관은 원칙적으로 특정 상임위원회와 연계된다. 국회법 37조2항은 "의장은 어느 상임위원회에도 속하지 아니하는 사항은 국회운영위원회와 협의하여 소관 상임위원회를 정한다"고 규정한다.

상임위원은 각 교섭단체대표의원의 요청으로 의장이 선임하거나 개선하며 임기는 2년이다. 위원을 개선할 때 임시회는 회기 중 개선이 안 되고 정기회는 선임 또는 개선 후 30일 이내에 개선될 수 없다(국회법 48조6항). 헌법재판소는 이 조항에서 "위원을 개선할 때 임시회의 경우에는 회기 중에 개선될 수 없고" 부분은 개선의 대상이 되는 해당 위원이 '위원이 된(선임 또는 보임된) 임시회의 회기 중'에 개선되는 것을 금지하는 것이라고 판시하였다(헌재 2020. 5. 27. 2019헌라1). 보임되거나 개선된 상임위원의 임기는 전임자 임기의 남은 기간이다. 의원은 둘 이상의 상임위원회 위원이 될 수 있다. 현재 국회에서 겸임 상임위원회로 운영되는 곳은 17개 상임위원회중 운영위원회, 정보위원회, 여성가족위원회 3곳이다. 예결특위는 상설특위라서 통상 18개 위원회라고 표현하기도 하며, 특별위원회도 당연히 겸임 상임위원회이다. 특히 교섭단체 대표의원은 국회운영위원회와 정보위원회 위원을 겸한다. 상임위원은 소관 상임위원회의 직무와 관련된 영리행위를 해서는 안 된다(국회법 40조의2[7]).

정보위원회를 제외한 나머지 상임위원회 내 소관 법률안의 심사를 분담하는 둘 이상의 소위원회를 둘 수 있다(국회법 57조2항). 소위원회의 회의는 공개가 원칙이며 소위원회의 의결로 공개하지 않을 수 있다(국회법 57조5항). 소위원회는 축조심사를 생략해서는 안 된다(국회법 57조8항).

2) 특별위원회

특별위원회란 '특별한 사항에 대해 법률의 규정(예를 들어 인사청문특별위원회)이나 본회의 의결(예를 들어 최순실 국정농단 국정감사 특별위원회)로 설치되는 한시적 위원회'를 말한다. 그러나 50인 위원으로 구성되는 임기 1년의 '예산결산특별위원회'는 한시적이 아니라 상설 특별위원회이다.

3) 전원위원회[8]

전원위원회란 '위원회에서 올라온 주요한 의안(정부조직, 조세, 국민에게 부담을 지우는 법률안)을 본회의에서 의결되기 전에 의원 전원이 다시 한번 심의할 수 있도록 한 기구'을 말한다. 상임위원회중심주의의 역기능을 보완하기 위해 2000년 국회법 개정에서 63조의2로 신설되었다.

전원위원회는 재적의원 1/4 이상의 요구가 있을 때 소집되며, 전원위원장을

7 제40조의2(상임위원의 직무 관련 영리행위 금지) 상임위원은 소관 상임위원회의 직무와 관련한 영리행위를 하여서는 아니 된다.

8 한자로는 '전원(全員)위원회'가 아니라 '전원(全院)위원회'이다.

제출자로 한 수정안을 제출할 수 있으나, 심사안건을 본회의에 부의하지 않거나 폐기할 수는 없다. 의사정족수는 재적위원 1/5 이상, 의결정족수는 일반의결정족수보다 완화되어 재적위원 1/4 이상 출석에 출석위원 과반수 찬성이다.

4) 연석회의 둘 이상의 위원회가 연석하여 개최하는 회의

연석회의는 '위원회 간의 협의로 열리는 회의'를 말한다. 연석회의는 독립위원회가 아니며, 연석회의에서 토론은 할 수 있으나 표결은 할 수 없다(국회법 63조1항).

(4) 위원회의 운영

위원회중심주의 때문에 모든 의안은 위원회의 심사를 거쳐야 한다. 보류함(Pigeonhole) 제도에 의해 소관 상임위원회에서 심사한 결과 본회의에 부의할 필요가 없다고 판단되면 본회의에 부의하지 않고 그 법안은 폐기된다(국회법 87조[9]). 본회의 중에는 위원회를 개회할 수 없다.

소위원회를 포함하여 국회의 위원회는 공청회와 청문회를 열 수 있다. 공청회는 전문가 의견 청취 및 여론 수렴이 목적이며, 이해관계자 또는 학식·경험이 있는 사람(진술인)의 의견 청취(국회법 64조[10]). 또한 청문회는 특정사안에 대한 조사가 목적이며, 증인·감정인 등에 대해 출석선서, 증언강제, 위증고발이 가능하다(국회법

9 제87조(위원회에서 폐기된 의안) ①위원회에서 본회의에 부의할 필요가 없다고 결정된 의안은 본회의에 부의하지 아니한다. 다만, 위원회의 결정이 본회의에 보고된 날부터 폐회 또는 휴회 중의 기간을 제외한 7일 이내에 의원 30명 이상의 요구가 있을 때에는 그 의안을 본회의에 부의하여야 한다.
②제1항 단서의 요구가 없을 때에는 그 의안은 폐기된다.

10 제64조(공청회) ①위원회(소위원회를 포함한다. 이하 이 조에서 같다)는 중요한 안건 또는 전문지식이 필요한 안건을 심사하기 위하여 그 의결 또는 재적위원 3분의 1 이상의 요구로 공청회를 열고 이해관계자 또는 학식·경험이 있는 사람 등(이하 "진술인"이라 한다)으로부터 의견을 들을 수 있다. 다만, 제정법률안과 전부개정법률안의 경우에는 제58조제6항에 따른다.
②위원회에서 공청회를 열 때에는 안건·일시·장소·진술인·경비, 그 밖의 참고사항을 적은 문서로 의장에게 보고하여야 한다.
③진술인의 선정, 진술인과 위원의 발언시간은 위원회에서 정하며, 진술인의 발언은 그 의견을 듣고자 하는 안건의 범위를 벗어나서는 아니 된다.
④위원회가 주관하는 공청회는 그 위원회의 회의로 한다.
⑤그 밖에 공청회 운영에 필요한 사항은 국회규칙으로 정한다.

65조[11]).

3. 교섭단체

교섭단체란 '20인 이상의 소속의원들로 구성된 원내정당'을 말한다. 교섭단체는 의원총회와 대표의원(혹은 원내대표. 과거에는 원내총무로 불림)을 둔다. 대표의원은 소속의원의 의견을 종합하여 국회의 의사진행과 의안에 관한 입장을 대변한다.

III. 국회의 운영

국회의 운영에 관한 문제는 헌법·법률에 별도의 규정이 없는 한 국회가 자율적으로 결정할 수 있다. 국회법은 국회의 연중상시개원체제를 규정하고 있다.

1. 정기회와 임시회

국회의원 총선거에 의해 구성된 국회의 의원 임기개시 후 임기만료까지의 기간을 '입법기'라고 한다. '회기'란 입법기 안에서 국회가 활동할 수 있는 일정한 기간을 말한다. 국회의 회기에는 다음의 정기회와 임시회가 있다. 1980년 제9차 개정헌법까지는 정기회·임시회 통합 개최일수가 150일을 초과할 수 없다는 제한이 있었으나 현행헌법에서는 국회의 상설화를 위해 이러한 제한을 없앴다.

---

11 제65조(청문회) ①위원회(소위원회를 포함한다. 이하 이 조에서 같다)는 중요한 안건의 심사와 국정감사 및 국정조사에 필요한 경우 증인·감정인·참고인으로부터 증언·진술을 청취하고 증거를 채택하기 위하여 위원회 의결로 청문회를 열 수 있다.
②제1항에도 불구하고 법률안 심사를 위한 청문회는 재적위원 3분의 1 이상의 요구로 개회할 수 있다. 다만, 제정법률안과 전부개정법률안의 경우에는 제58조제6항에 따른다.
③위원회는 청문회 개회 5일 전에 안건·일시·장소·증인 등 필요한 사항을 공고하여야 한다.
④청문회는 공개한다. 다만, 위원회의 의결로 청문회의 전부 또는 일부를 공개하지 아니할 수 있다.
⑤위원회는 필요한 경우 국회사무처, 국회예산정책처 또는 국회입법조사처 소속 공무원이나 교섭단체의 정책연구위원을 지정하거나 전문가를 위촉하여 청문회에 필요한 사전조사를 실시하게 할 수 있다.
⑥청문회에서의 발언·감정 등에 대하여 이 법에서 정한 것을 제외하고는 「국회에서의 증언·감정 등에 관한 법률」에 따른다.
⑦청문회에 대해서는 제64조제2항부터 제4항까지를 준용한다.
⑧그 밖에 청문회 운영에 필요한 사항은 국회규칙으로 정한다.

(1) 정기회

헌법 47조1항은 "정기회는 법률이 정하는 바에 의하여 매년 1회 집회"된다고 규정하고 2항은 정기회의 회기를 100일 이내로 제한하고 있다. 국회법 4조는 "정기회는 매년 9월 1일에 집회한다. 다만, 그 날이 공휴일인 때에는 그 다음 날에 집회한다"고 규정한다.

(2) 임시회

헌법 47조1항 후단은 "임시회는 대통령 또는 국회재적의원 4분의 1 이상의 요구에 의하여 집회된다"고 규정하고 3항은 "대통령이 임시회의 집회를 요구할 때에는 기간과 집회요구의 이유를 명시하여야 한다"고 규정한다. 연간 국회 운영 기본일정으로 임시회는 2월·3월·4월·5월·6월 1일과 8월 16일에 집회한다(국회법 5조의 2[12] 2항1호). 임시회의 회기는 30일을 초과할 수 없다(헌법 47조2항).

2. 국회의 의사절차

국회의 의사는 민주적 정당성에 기초한 절차적 정당성이 지켜져야 하며, 동시에 능률성도 제고되어야 한다. 국회의사절차의 기본원칙으로 의사공개의 원칙, 회기계속의 원칙, 다수결원칙, 일사부재의의 원칙이 있다.

(1) 의사공개의 원칙

의사공개의 원칙이란 '국회의 의안심의 과정을 일반인에게 공개하여 국민의 감시와 비판을 받게 하고 책임정치를 실현하기 위한 원칙'을 말한다. 의회주의의 기

---

12 제5조의2(연간 국회 운영 기본일정 등) ①의장은 국회의 연중 상시 운영을 위하여 각 교섭단체 대표의원과의 협의를 거쳐 매년 12월 31일까지 다음 연도의 국회 운영 기본일정(국정감사를 포함한다)을 정하여야 한다. 다만, 국회의원 총선거 후 처음 구성되는 국회의 해당 연도 국회 운영 기본일정은 6월 30일까지 정하여야 한다.

②제1항의 연간 국회 운영 기본일정은 다음 각 호의 기준에 따라 작성한다.

1. 2월·3월·4월·5월 및 6월 1일과 8월 16일에 임시회를 집회한다. 다만, 국회의원 총선거가 있는 경우 임시회를 집회하지 아니하며, 집회일이 공휴일인 경우에는 그 다음 날에 집회한다.
2. 정기회의 회기는 100일로, 제1호에 따른 임시회의 회기는 해당 월의 말일까지로 한다. 다만, 임시회의 회기가 30일을 초과하는 경우에는 30일로 한다.
3. 2월, 4월 및 6월에 집회하는 임시회의 회기 중 한 주(週)는 제122조의2에 따라 정부에 대한 질문을 한다.

본원리 중 하나인 '공개와 이성적 토론'을 실현하기 위한 원칙이다. 본회의의 경우 국회의장이나 출석의원 과반수가 국가안정보장을 위해 필요하다고 인정할 때에는 비공개할 수 있다(헌법 50조1항 단서). 의사공개의 원칙은 본회의뿐만이 아니라 위원회에도 적용된다. 다만 소위원회는 의결로 비공개할 수 있으며 계수조정소위원회는 관례상 비공개가 원칙이다.

(2) 회기계속의 원칙

회기계속의 원칙이란 '회기 중에 의결되지 못한 의안도 폐기되지 않고 다음 회기에서 계속 심의할 수 있다는 원칙'을 말하며, 우리 헌법 51조에[13] 규정되어 있다. 우리나라와 함께 독일, 프랑스 등은 회기계속의 원칙을 채택하고 있다. 왜냐하면 하나의 입법기(의회기, 즉 국회의원 임기) 내에는 일체성과 동질성이 인정되기 때문이다. 다만 헌법 51조 단서에 규정된 대로 국회의원의 임기가 만료된 경우에는 회기가 계속되지 않는다. 미국은 회기불계속의 원칙을 채택하고 있다.

(3) 다수결원칙

헌법 49조는 "국회는 헌법 또는 법률에 특별한 규정이 없는 한 재적의원 과반수의 출석과 출석의원 과반수의 찬성으로 의결한다. 가부동수인 때에는 부결된 것으로 본다"고 하여 일반의결정족수를 규정함으로써 다수결원칙을 채택하고 있다. 일반의결정족수는 다수결원리를 실현하는 국회의 의결방식 중 하나로서 국회의 의사결정시 합의에 도달하기 위한 최소한의 기준일 뿐 이를 헌법상 절대적 원칙이라고 보기는 어렵다(헌재 2016. 5. 26. 2015헌라1).

'정족수'란 회의진행·의사결정에 소요되는 출석자의 수를 말한다. 정족수가 결여되면 그러한 회의진행·의사결정은 위헌·위법으로 무효가 된다. 그러한 정족수 결여 여부 판단은 원칙적으로 국회의 자율권에 속한다. 정족수에는 일반적으로 회의진행을 위한 '의사정족수'와 의사결정을 위한 '의결정족수'가 있다. 첫째, 회의진행을 위한 의사정족수에는 '일반의사정족수'와 '특별의사정족수'가 있는데, 일반의

13 헌법 제51조 국회에 제출된 법률안 기타의 의안은 회기 중에 의결되지 못한 이유로 폐기되지 아니한다. 다만, 국회의원의 임기가 만료된 때에는 그러하지 아니하다.

사정족수는 국회 본회의는 재적의원 1/5(국회법 73조1항[14])이고, 위원회는 재적위원 1/5(국회법 54조)이다. 둘째, 의사결정을 위한 의결정족수에도 '일반의사정족수'와 '특별의사정족수'가 있는데, 일반의결정족수는 위에서 본 바와 같이 헌법 49조에 따라 재적의원 과반수 출석과 출석의원 과반수 찬성이다. 특별의결정족수로는 국회법을 제외하고 헌법에 규정된 특별의결정족수만 하더라도 가장 높은 특별의결정족수인 재적의원 2/3 이상 찬성을 요하는 3가지는 헌법개정안의 의결(헌법 130조1항), 국회의원 제명처분(헌법 64조3항), 대통령에 대한 탄핵소추의결(헌법 65조2항)이다. 참고로 대통령 거부권 행사시 국회 재의결을 위한 정족수는 재적의원과반수의 출석과 '출석의원'('재적의원'이 아니라) 2/3 이상의 찬성(헌법 53조4항[15])으로 다르다. 그 외에도 재적의원 과반수의 찬성을 요하는 것으로는 국무총리 및 국무위원의 해임건의(헌법 63조2항), 계엄의 해제 요구(헌법 77조5항), 대통령 이외 고위공직자의 탄핵소추의결(헌법 65조2항)이 있다.

(4) 일사부재의의 원칙

일사부재의(一事不再議)의 원칙이란 '본회의에서 부결된 의안은 동일 회기 중에 다시 발의하거나 심의하지 못한다는 원칙'을 말한다. 의회 내 다수파의 법안 표결을 막기 위해 소수파가 본회의에서 부결된 소수파의 의안을 같은 회기에 계속해서 재발의함으로써 필리버스터(Filibuster, 소수파에 의한 의사방해)를 시도하는 것을 차단하기 위한 원칙이다. 우리나라에서는 헌법이 아니라 국회법 92조에[16] 규정되어 있다.

그러나 동일한 의안일지라도 사정변경으로 목적·방법·수단이 변경되면 '동일 사안'이 아니므로 일사부재의원칙의 예외가 인정된다. 예를 들어, 의결 전 철회된 의안, 전(前)회기에 의결된 의안, 위원회의 의결을 본회의에서 번복한 경우 등에는 일사부재의의원칙이 적용되지 않으며, 새로운 사유에 의한 동일한 국무총리·국무위원의 국회 해임 건의에도 일사부재의의 원칙이 적용되지 않는다.

---

14 국회법 제73조(의사정족수) ①본회의는 재적의원 5분의 1 이상의 출석으로 개의한다.

15 헌법 53조 ④재의의 요구가 있을 때에는 국회는 재의에 붙이고, 재적의원과반수의 출석과 출석의원 3분의 2 이상의 찬성으로 전과 같은 의결을 하면 그 법률안은 법률로서 확정된다.

16 국회법 제92조(일사부재의) 부결된 안건은 같은 회기 중에 다시 발의하거나 제출할 수 없다.

제3절 ▌국회의 권한

국회의 권한은 그 성질이나 내용을 기준으로 할 때, 입법에 관한 권한, 재정에 관한 권한, 헌법기관구성에 관한 권한, 국정통제에 관한 권한, 국회내부사항에 관한 권한 등으로 분류할 수 있다. 다음에서는 이러한 국회 권한의 각각에 대해 자세히 살펴본다.

제1항 | 입법에 관한 권한

I. 헌법개정에 관한 권한

국회는 헌법개정과 관련해 발의권과 의결권을 가진다. 국회 헌법개정안 발의권은 헌법 128조1항에 따라 '국회재적의원 과반수'가 행사한다. 헌법개정안 국회 의결권은 헌법 130조1항에 따라 국회재적의원 2/3 이상의 찬성을 요한다.

II. 법률제정에 관한 권한

법률제정에 관한 권한은 국회가 가지는 입법에 관한 권한 중에서 가장 본질적인 권한이다. 법률안 제출권(헌법 52조[17]), 법률안 심의·표결권(헌법 49조), 법률안 재의결권(대통령의 거부권 행사시 재적의원 과반수 출석에 출석의원 2/3 이상의 재의결)이 있다. 법률안 재의결권의 경우 국회의 재의결이 있으면 바로 법률로 확정된다.

III. 조약 체결·비준에 관한 동의권

헌법에 의하여 체결·공포된 조약은 국내법과 같은 효력을 가지므로 국회의 조약 체결·비준에 관한 동의권도 입법에 관한 권한에 속한다. 국회는 헌법 60조에 따라 "상호원조 또는 안전보장에 관한 조약, 중요한 국제조직에 관한 조약, 우호통상항해조약, 주권의 제약에 관한 조약, 강화조약, 국가나 국민에게 중대한 재정적

17 헌법 제52조 국회의원과 정부는 법률안을 제출할 수 있다.

부담을 지우는 조약 또는 입법사항에 관한 조약"의 7가지 조약의 체결·비준에 대한 사전동의권을 가진다.

Ⅳ. 국회규칙 제정에 관한 권한

헌법 64조1항은 "국회는 법률에 저촉되지 아니하는 범위 안에서 의사와 내부규율에 관한 규칙을 제정할 수 있다"고 규정하여 국회에 국회규칙제정권을 부여하고 있다. 권력분립의 결과 국회의 자주성과 독립성을 존중하기 위한 것이다. 국회규칙은 "법률에 저촉되지 아니하는 범위 안에서" 제정되어야 하므로 국회규칙의 형식적 효력은 명령 또는 규칙과 동일하다. 이 가운데 '명령'에 해당하는 국회규칙은 국회 구성원뿐만 아니라 국회의사당이나 원내에 입장하는 제3자에게도 적용되지만, 기관내부사항을 규율하는 '규칙'은 국회의 구성원에게만 적용된다.

제2항 | 재정에 관한 권한

국회는 재정에 관해서도 여러 가지 권한을 가지고 재정고권을 행사한다.

Ⅰ. 조세법률주의

헌법 59조는 "조세의 종목과 세율은 법률로 정한다"고 하여 조세법률주의를 선언하고 있다.

1. 조세법률주의의 의의

헌법재판소는 조세법률주의를 '법률의 근거없이 국가는 조세를 부과징수할 수 없고(←'법률에 의한 행정의 원칙'을 재정행정의 영역에 적용한 것) 국민은 조세의 납부를 요구받지 않는다는 원칙'으로 정의 내린다. 이 때 '조세'란 국가나 지방자치단체가 재원조달의 목적(벌금 및 과태료와 구별)으로 반대급부 없이(사용료 및 수수료와 구별. 수수료의 예로는 면허장 교부요금) 일반국민으로부터(생수업자의 먹는샘물에 대한 수질개선부담금과 같이 특정공익사업과 이해관계 있는 자가 내는 부담금과 구별) 강제적으로 부과·징수하는 과징금을 말한다.

2. 내용

(1) 과세요건법정주의

과세요건법정주의라 함은 조세는 국민의 재산권을 침해하는 것이 되기 때문에, 과세종목·세율뿐만 아니라 납세의무를 발생하게 하는 납세의무자, 과세물건, 과세표준, 과세절차까지 모두 국민의 대표기관인 국회가 만든 법률로써 규정해야지 행정명령 등 행정입법으로 규정해서는 안 된다는 원칙을 말한다.

(2) 과세요건명확주의

과세요건명확주의라 함은 과세요건을 법률로 규정하였더라도 그 규정내용이 지나치게 추상적이고 불명확하면 과세관청의 자의적인 해석과 집행을 초래할 우려가 있으므로, 규정내용이 명확하고 일의적(一義的)이어야 한다는 원칙을 말한다. '엄격한 해석의 원칙'을 전제로 하면서 행정부에 의한 과세 집행에 있어 행정편의적인 확장해석이나 유추해석을 방지하자는 것이 그 취지이다.

(3) 조세평등주의

조세평등주의는 조세법률주의와 함께 조세법의 기본원칙으로서, 헌법 11조 평등원칙의 조세법적 표현이라 할 수 있다. 따라서 국가는 조세입법을 함에 있어서 조세의 부담이 공평하게 국민들 사이에 배분되도록 법을 제정해야 할 뿐만 아니라, 조세법의 해석·적용에 있어서도 모든 국민을 평등하게 취급하여야 할 의무를 진다(헌재 1989. 7. 21. 89헌마38). 이 조세평등주의의 구체적 실현을 위해서는 실질과세의 원칙과 응능부담의 원칙이 적용되어야 한다.

첫째, 실질과세의 원칙은 헌법상의 기본이념인 평등의 원칙을 조세법률관계에 구현하기 위한 실천적 원리로서, 조세의 부담을 회피할 목적으로 과세요건사실에 관하여 실질과 괴리되는 비합리적인 형식이나 외관을 취할 때에 그 형식이나 외관에도 불구하고 실질에 따라 담세력이 있는 곳에 과세함으로써 부당한 조세회피행위를 규제하고 과세의 형평을 제고하여 조세정의를 실현하는 데 있다. 즉 경제적 실질에 따라 능력에 맞는 공평한 조세부담을 부과하려는 과세입법의 원칙이다. 국세기본법 14조와 지방세기본법 17조에 규정되어 있다.

둘째, 응능부담(應能課稅)의 원칙은 개인의 능력에 상응하는 공정하고 평등한 과세를 하여야 한다는 원칙이다. 이익에 상응하는 과세를 의미하는 응익과세(應益課稅)와 구분된다. 따라서 특정인·특정계층에 대해 정당한 이유없이 면세·감세·과중과세를 할 수 없다. 헌법재판소는 골프장 취득 시 취득세율을 스키장 및 승마장보다 중과세한 구 지방세법 112조에 대해 시설이용의 대중성, 녹지와 환경에 대한 훼손의 정도, 일반 국민의 인식 등을 종합하여 볼 때 정책형성권의 한계를 일탈한 자의적인 조치라고 보기 어려우므로 조세평등주의에 위배되지 않아 합헌이라고 판시하였다(헌재 1999. 2. 25. 96헌바64).

조세법률주의의 예외로서, 첫째, 지방세 과세·징수에 관해서는 조례로 정하고(지방세법 3조), 둘째, 관세는 외국과의 협정세율로 정할 수 있으며(관세법 3조1항[18]), 셋째, 국회 법률이 아니라 대통령의 긴급재정경제처분·명령에 의해서도 조세를 부과할 수 있다.

(4) 소급과세금지의 원칙

소급과세금지의 원칙이란 '그 조세법령의 효력발생 이전에 완성된 과세요건사실에 대해 해당 법률을 적용할 수 없다는 원칙'이다(헌재 2008. 5. 29. 2006헌바99). 헌법상 신뢰보호원칙과 직접적으로 연계되는 원칙이다.

II. 예산심의·확정권

국회는 국가 재정과 관련하여 헌법 54조1항에[19] 따라 예산심의·확정권을 가진다. 헌법 54조2항은[20] 회계연도 30일 전까지 국회가 예산을 의결하도록 규정하고 있다.

18 제3조(관세징수의 우선) ①관세를 납부하여야 하는 물품에 대하여는 다른 조세, 그 밖의 공과금 및 채권에 우선하여 그 관세를 징수한다.

19 헌법 제54조 ①국회는 국가의 예산안을 심의·확정한다.

20 헌법 제54조 ②정부는 회계연도마다 예산안을 편성하여 회계연도 개시 90일전까지 국회에 제출하고, 국회는 회계연도 개시 30일전까지 이를 의결하여야 한다.

1. 예산의 개념과 형식

예산이란 '1회계연도에 있어서 국가의 세입·세출의 예산준칙을 정한 것으로 국회의 의결로 성립되는 법규범의 일종'이다. 예산의 형식과 관련해서는 첫째, 예산을 법률의 형식으로 규율하는 '예산법률주의'가 있다. 영국, 미국, 독일, 프랑스 등이 예산법률주의를 채택하고 있다. 둘째, 예산을 법률과는 다른 특수한 형식으로 의결하는 '특수의결주의'가 있다. 우리 헌법은 입법권(헌법 40조)과 별도로 국회의 예산심의권(헌법 54조)을 규정함으로써 '특수의결주의'를 채택하고 있다. 우리나라 이외에 일본, 스위스 등도 '특수의결주의'를 채택한 국가에 속한다.

2. 예산의 법적 성질

예산의 법적 성질과 관련하여 세출승인설과 법규범설의 대립이 있다. 첫째, 세출승인설(법규범부인설)은 예산이 법규범의 일종이 아니라 정부의 세출에 대해 국회가 의결로써 행하는 세출승인행위라고 주장한다. 헌법이 인정하는 법규범은 법률·명령·조례·규칙·조약뿐이라는 점을 근거로 든다. 그러나 이 가운데 조례와 규칙은 헌법에 명문규정이 없다는 비판이 따른다.

둘째, 법규범설은 예산이 단순한 세입·세출의 견적표는 아니며 법규범의 일종이라고 주장한다. 예산이 국가기관을 구속한다는 점을 근거로 든다. 통설의 입장이며 타당하다.

3. 예산과 법률의 관계

(1) 예산과 법률의 구별

예산과 법률의 차이점을 표로 정리해 보면 다음과 같다.

	예산	법률
1. 형식	예산 의결(헌법 54조)	법률 의결(헌법 53조)
2. 절차		
제출권자	정부(헌법 54조2항)	정부·국회(헌법 52조)

의사절차	소극적 수정만 (폐지·삭감은 가능하지만 정부 동의없이 증액·신항목 신설은 안됨)	제한 없음
효력 발생	예산안 의결(관보에 공고)	공포
대통령거부권 인정 여부	인정 안 됨	인정됨
국회의 심의거부권 인정 여부	전면 거부는 안 됨. 헌법 54조2항에 따라 회계연도 개시 30일전까지 의결	인정됨
3. 효력		
유효기간	1회계연도만	개폐될 때까지 유효
구속대상	관계 국가기관	국가기관은 물론 국민도

(2) 예산과 법률의 불일치 조정

예산과 법률은 형식·절차·효력이 다르므로 예산으로써 법률 변경은 안 되고, 법률로써 예산 변경도 안 된다. 따라서 예산에는 지출 계상이 되어 있으나 근거 법률이 없는 경우, 혹은 법률에서는 경비 지출을 인정하나 예산이 없는 경우에는 예산과 법률의 불일치가 발생한다.

이 경우 예산과 법률의 불일치를 어떻게 조정할 것인가 하는 문제가 발생한다. 우선 예산과 법률 간에 불일치가 발생하지 않도록 정부와 국회가 사전에 예방하는 것이 바람직하다. 그럼에도 불구하고 끝내 양자의 불일치가 발생한다면, **예비비제도(헌법 55조)**, **추가경정예산제도(헌법 56조)** 등을 활용하면 된다. 이 예비비나 추가경정예산과 구분되는 것으로, 한 회계연도를 넘어 예산을 계속해서 지출할 필요가 있을 때 국회의 의결을 얻어 집행하는 **계속비(헌법 55조)**나 전년도 예산에 준하여 집행하는 **임시예산(헌법 54조3항)**이 있다.

III. 국회의 결산심사권

1. 결산심사권의 의의와 과정

국회는 헌법 99조에 따라[21] 관계국가기관의 예산 집행결과의 적부에 대한 사후심사권으로서 결산심사권을 가진다. 결산심사의 과정은 각 부처 장(長)의 결산보고서 제출 → 재정경제부장관의 세입·세출결산서 작성 → 국무회의 심의와 대통령의 승인 → 감사원에 제출(헌법 97조에[22] 따른 세입·세출 결산 등 감사원의 회계검사권) → 국회의 결산심사(차년도 국회에 제출하고 국회는 정기국회 개회 이전에 결산 심의·의결)로 이루어진다.

2. 내용

국회의 결산심사는 소관상임위원회 → 예산결산특별위원회 → 본회의 순으로 부의하여 정기국회 전에 의결한다. 해당 기관의 위법·부당한 행위가 발견되면 국회는 변상·징계조치 등 시정을 그 기관에게 요구하고 처리결과 보고하게 할 수 있다. 국회의원들에 대한 효율적인 지원을 통해 국회 결산심사권의 전문성을 제고하기 위해 '국회예산정책처'가 설치되어 있다(국회법 22조의2).

IV. 그 밖의 정부재정행위에 대한 권한

국회는 그 밖에도 정부재정행위에 관해 여러 권한들을 가진다.

1. 긴급재정경제처분·명령에 대한 승인권(헌법 76조3항)

대통령은 긴급재정경제처분·명령을 발한 때에는 지체 없이 국회에 보고해 '승인'을 얻어야 한다.

---

21 제99조 감사원은 세입·세출의 결산을 매년 검사하여 대통령과 차년도국회에 그 결과를 보고하여야 한다.

22 제97조 국가의 세입·세출의 결산, 국가 및 법률이 정한 단체의 회계검사와 행정기관 및 공무원의 직무에 관한 감찰을 하기 위하여 대통령 소속하에 감사원을 둔다.

2. 예비비지출에 대한 승인권(헌법 55조2항2문)

정부는 예비비의 구체적·개별적 지출에 대해 차기 국회의 승인을 얻어야 한다.

3. 기채(起債)동의권(헌법 58조 전단)

국채를 모집하고자 할 때에 정부는 미리 국회의 의결을 얻어야 한다. 이 때 정부는 국채의 예정총액에 대해 일시에 국회 의결을 얻어도 된다.

4. 예산 외에 국가의 부담이 될 계약체결에 대한 동의권(헌법 58조 후단)

정부는 예산 외에 국가의 부담이 될 계약을 체결하려 할 때에 미리 국회의 의결을 얻어야 한다. 여기서 '예산 외에 국가의 부담이 될 계약'이란 장기대차계약과 같이 두 회계연도 이상에 걸쳐 채무를 부담하는 사법(私法)상의 계약을 말한다.

제3항 | 헌법기관 구성에 관한 권한

국회는 헌법기관의 구성에 관해서도 다음과 같이 여러 가지 권한을 가진다.

I. 대통령선출권(헌법 67조2항)

대통령은 헌법 67조1항에 의해 국민의 직접선거로 선출된다. 그러나 거의 불가능에 가까운 경우이기는 하지만 대통령선거에서 최고득표자가 2인 이상인 경우에는 국회 재적의원 과반수가 출석한 공개회의에서 대통령을 간접선거로 국회에서 선출한다.

II. 헌법기관선출권

국회는 헌법기관선출권도 가진다. 첫째, 국회는 헌법재판소 재판관 3인에 대한 선출권(헌법 111조3항)을 가지며, 둘째, 중앙선거관리위원회 위원 3인에 대한 선출권(헌법 114조2항)을 가진다.

III. 헌법기관 구성에 관한 동의권

국회는 헌법기관 구성에 관한 동의권도 가진다. 첫째, 국무총리 임명에 대한 동의권(헌법 86조1항), 둘째, 대법원장과 대법관의 임명에 대한 동의권(헌법 104조1항·2항), 셋째, 헌법재판소장의 임명에 대한 동의권, 넷째, 감사원장 임명에 대한 동의권(헌법 98조2항 전단)을 가진다. 참고로 5인 내지 11인의 감사위원은 감사원장의 제청으로 대통령이 임명하고 국회의 동의를 요하지 않으며, 중앙선거관리위원장도 위원 중에서 호선하므로(중앙선관위원 국회:대통령:대법원장 3:3:3) 중앙선거관리위원장의 선출에 국회의 동의를 요하지 않는다.

제4항 | 국정통제에 관한 권한

국회의 국정통제에 관한 권한이란 국회가 그 밖의 국가기관들을 감시·비판하고 견제할 수 있는 권한을 말한다. 국회의 국정통제에 관한 권한은 정부형태에 따라 그 내용이 상이할 수 있다.

I. 탄핵소추권

탄핵절차는 크게 탄핵소추와 탄핵심판의 두 절차로 구성되며, 우리 헌법은 국회에 탄핵소추권을 헌법재판소에 탄핵심판권을 부여하고 있다. 그러면서 헌법 65조1항은[23] "대통령·국무총리·국무위원·행정각부의 장·헌법재판소 재판관·법관·중앙선거관리위원회 위원·감사원장·감사위원"과 "기타 법률이 정한 공무원"을 탄핵대상자로 규정하고 있다. 즉 집행부와 사법부 구성원들이 탄핵대상자인 것이다. 따라서 탄핵소추권은 집행부와 사법부에 대한 국회의 중요한 통제수단으로 인식되고 있다.

---

23 제65조 ①대통령·국무총리·국무위원·행정각부의 장·헌법재판소 재판관·법관·중앙선거관리위원회 위원·감사원장·감사위원 기타 법률이 정한 공무원이 그 직무집행에 있어서 헌법이나 법률을 위배한 때에는 국회는 탄핵의 소추를 의결할 수 있다.

II. 국정감사·조사권

현행헌법 61조는 "①국회는 국정을 감사하거나 특정한 국정사안에 대하여 조사할 수 있으며, 이에 필요한 서류의 제출 또는 증인의 출석과 증언이나 의견의 진술을 요구할 수 있다.

②국정감사 및 조사에 관한 절차 기타 필요한 사항은 법률로 정한다."고 하여 국정감사권과 함께 국정조사권을 규정하고 있다. 또한 국정감사 및 조사에 관한 절차 기타 필요한 사항에 관한 법률로서 '국정감사 및 조사에 관한 법률'(이하에서는 '국감법')과 '국회에서의 증언·감정 등에 관한 법률'(이하에서는 '국증법')을 제정하였다.

1. 의의와 연혁

(1) 연혁

국정조사권 발동은 1689년 영국의 의회가 특별위원회를 구성하여 아일랜드전쟁 패전 원인을 조사하고 책임소재를 규명한 것이 효시이다. 우리 헌법에는 제1공화국 헌법부터 제3공화국 헌법까지 국회의 국정감사권을 규정했으나, 제4공화국 헌법인 1972년의 유신헌법에서 국회의 권한을 약화시키면서 국정감사권을 삭제하였다. 1980년의 제5공화국 헌법은 국회의 국정조사권을 신설했으며, 현행헌법인 1987년의 제6공화국 헌법은 국정감사권까지 부활시켜서 현행헌법에서는 국회가 국정조사권과 국정감사권을 모두 가지게 되었다.

(2) 의의

국정감사권은 국회가 자신의 권한을 유효적절하게 행사하기 위해 국정 전반을 조사할 수 있는 권한이고, 국정조사권은 국회가 특정사안에 대해 조사할 수 있는 권한이다. 양자의 관계를 보면 본질, 주체, 방법과 절차, 권한 효과에서 같고 사법(司法)적 통제가 아니라 대의적이고 정치적인 통제가 원래 기능이라는 점에서는 같으나 다음 표에서와 같은 차이점도 있다.

국정감사	국정조사
정기적 일반국정조사	부정기적 특정국정조사
국정 전반을 조사	특정 현안에 대해 조사
포괄적 통제기능	제한적 통제기능

2. 법적 성격

국정감사·조사권의 법적 성격과 관련해 독립적 권한설과 보조적 권한설의 대립이 있다. 첫째, 고전적 이론인 독립적 권한설은 국정감사·조사권이 의회의 최고기관성에서 유래하는 독립된 권한으로서 국정전반에 걸친 조사권을 의미하며 입법권, 국정통제권, 예산심의권과 함께 의회의 4대 독립적 권한 중의 하나라고 주장한다. 둘째, 다수설인 보조적 권한설은 국정감사·조사권의 당위성을 국회의 기능과 결부시켜 이해하는 기능적 이론으로서, 국정감사·조사권은 독자적인 기능을 수행하는 권한이 아니라 의회가 보유하는 헌법상의 권한들을 수행하는데 필요한 보조적 권한이라고 주장한다. 생각건대, 독립적 권한설에 따르면 국정감사권과 국정조사권이 둘 다 없었던 우리 제4공화국 때에는 국회의 독립적 권한 중 하나가 없었던 것이 되므로 보조적 권한으로 보는 보조적 권한설이 타당하다.

3. 주체와 대상

국정감사·조사권의 주체는 국회(본회의 및 위원회)이다. 국정감사의 대상은 국감법 7조에[24] 규정되어 있는데, 이 규정에 비추어 보면 국정감사의 대상은 사실상 제한이 없으며, 국회의 의결이 있으면 사립학교 등에 대한 국정감사도 가능하다.

24 제7조(감사의 대상) 감사의 대상기관은 다음 각 호와 같다.

1. 「정부조직법」, 그 밖의 법률에 따라 설치된 국가기관
2. 지방자치단체 중 특별시·광역시·도. 다만, 그 감사범위는 국가위임사무와 국가가 보조금 등 예산을 지원하는 사업으로 한다.
3. 「공공기관의 운영에 관한 법률」 제4조에 따른 공공기관, 한국은행, 농업협동조합중앙회, 수산업협동조합중앙회
4. 제1호부터 제3호까지 외의 지방행정기관, 지방자치단체, 「감사원법」에 따른 감사원의 감사대상기관. 이 경우 본회의가 특히 필요하다고 의결한 경우로 한정한다.

국정조사의 대상은 국회 본회의가 의결로써 승인한 조사계획서에 기재된 기관에 한정된다(국정감사 및 조사에 관한 법률 3조4항).

4. 시기, 기간, 방법과 절차

(1) 시기, 기간

국정감사와 관련해서는 국감법 2조1항에 따라 "국회는 국정전반에 관하여 소관 상임위원회별로 매년 정기회 집회일 이전에 국정감사 시작일부터 30일 이내의 기간을 정하여 감사를 실시한다. 다만, 본회의 의결로 정기회 기간 중에 감사를 실시할 수 있다." 국정조사와 관련해서는 '국정감사 및 조사에 관한 법률' 3조에 따라 "국회는 재적의원 4분의 1 이상의 요구가 있는 때에는 특별위원회 또는 상임위원회로 하여금 국정의 특정사안에 관하여 국정조사를 하게 한다." 국정감사 및 조사의 장소는 국감법 11조에 따라 "위원회에서 정하는 바에 따라 국회 또는 감사·조사 대상 현장이나 그 밖의 장소에서 할 수 있다."

(2) 방법과 절차

위원회는 국감법 9조에[25] 따라 조사대상 기관 소속이 아닌 전문가로 하여금 '예비조사'를 하게 할 수 있다. 또한 상임위원회 재적위원 1/3 이상의 요구가 있으면, 국정감사·국정조사를 함에 있어 판단의 기초가 되는 정보·자료를 입수하기 위해 증인 등을 출석시켜 증언을 청취하는 '청문회'를 개최할 수 있다. 청문회는 공개를 원칙으로 하며, 다만 위원회의 의결로 비공개할 수 있다(국감법 12조). 위원회 위원장은 증인이 정당한 이유없이 출석하지 않을 때 위원회 의결로 지정한 장소까지 동행할 것을 명할 수 있는 제도 '동행명령장'을 발부할 수 있고, 동행명령장의 집행은 국회사무처 공무원이 한다. 증인이 정당한 이유 없이 출석하지 않거나, 고의로 출석요구서의 수령을 회피하거나, 보고 또는 서류 제출 요구를 거절하거나, 선서 또는 증언을 거부하면 '불출석 등의 죄'(국증법 12조)로, 모욕적인 언행으로 국회의 권위를 훼손하거나 동행명령을 거부하면 '국회모욕죄'(국증법 13조)로, 선서한 증인

25 국감법 9조(예비조사) 위원회는 조사를 하기 전에 전문위원이나 그 밖의 국회사무처 소속 직원 또는 조사대상기관의 소속이 아닌 전문가 등으로 하여금 예비조사를 하게 할 수 있다.

이 허위의 진술로 위증한 때에는 '위증죄'(국증법 14조)로 고발·처벌될 수 있다.

5. 한계

국회는 국정 전반에 대해 정기적으로 국정감사를 할 수 있고, 특정 사안에 대해 비정기적으로 국정조사를 할 수 있지만, 국정감사 및 조사에도 다음과 같은 일정한 한계가 있다.

(1) 권력분립상의 한계

첫째, 행정작용에 대한 간섭 방지를 위한 한계이다. 국회 스스로가 국정감사나 국정조사를 통해 구체적 행정처분을 하거나 행정처분의 취소를 명하는 것은 금지된다.

둘째, 사법권 독립의 보장을 위한 한계이다. 법관이 헌법 103조에 따라 오직 헌법·법률·양심에 따라 독립하여 재판할 수 있도록, 법원에 계속 중인 재판에 간여할 목적으로 국정감사 및 조사권을 행사할 수 없다(국감법 8조[26] 후단). 판결의 내용이나 소송절차의 당·부당을 감사·조사할 수는 없지만 법원과 병행하여 동일사건을 다른 목적을 위해 독자적으로 조사·감사하는 것은 무방하다(통설).

셋째, 검찰권의 행사도 행정작용의 일종이기 때문에 국정감사 및 조사의 대상이 될 수 있지만, 국정감사권이나 국정조사권이 "수사 중인 사건의 소추에 관여할 목적으로 행사되어서는 아니 된다."(국감법 8조) 1980년 헌법에서는 "재판과 진행 중인 범죄수사·소추에 간섭할 수 없다."는 명문규정을 두고 있었으나, 현행헌법에서 삭제되었다. 따라서 수사나 소추의 대상이 된 범죄사건일지라도 "소추에 관여할 목적"이 없으면 국정감사나 조사가 가능하다.

넷째, 지방자치보장을 위한 한계이다. 지방자치단체의 고유사무와 위임사무를 구분했을 때, 고유사무에 대한 국정감사 및 조사는 배제되어야 한다. 국감법 7조2호도 "다만, 그 감사범위는 국가위임사무와 국가가 보조금 등 예산을 지원하는 사업으로 한다."는 단서를 두고 있다. 지방자치단체의 고유사무는 지방의회가 감사

---

26 국감법 8조(감사 또는 조사의 한계) 계속 중인 재판 또는 수사 중인 사건의 소추(訴追)에 관여할 목적으로 행사되어서는 아니 된다.

및 조사권을 행사한다.

(2) 기본권 보장상의 한계

국정감사 및 조사는 기본권 보장상의 한계로서 사생활보호를 위한 한계와 진술거부권을 위한 한계, 양심의 자유를 위한 한계를 그 한계로 한다.

첫째, 헌법 17조는 '사생활의 비밀과 자유'를 국민의 기본권으로 보장하기 때문에 '사생활 보호를 위한 한계'가 존재한다. 따라서 국정과 관계없는 사생활에 대한 감·조사는 금지된다. 국감법 8조도 "감사 또는 조사는 개인의 사생활을 침해하"여서는 안 된다고 규정하고 있다.

둘째, 헌법 12조2항 후단이 "형사상 자기에게 불리한 진술을 강요당하지 아니한다."고 규정하고 있기 때문에 '진술거부권을 위한 한계'이다. 증인·참고인에게 불리한 진술을 강요해서도 안 된다.

셋째, 헌법 19조는 "모든 국민은 양심의 자유를 가진다"고 규정하고 있기 때문에 '양심의 자유를 위한 한계'가 존재한다. 이에 따라 국정감사 및 조사를 통한 정치적 신조에 관한 증언 강제도 금지된다.

(3) 국익상의 한계

국가기밀 등과 같이 국익에 관련된 중요한 사항에 대해서는 국정감사 및 조사권 발동이 자제되어야 하므로, 국익상의 한계가 존재한다. 국증법 4조는 군사·외교·대북관계 등의 국가기밀에 관한 사항으로서 증언 요구를 받은 날로부터 5일 이내에 그 발표가 국가 안위에 중대한 영향을 미친다는 주무장관(혹은 관서의 長)의 소명이 있고, 국회가 그 소명을 수락하지 않으면 본회의 의결로(폐회 중에는 해당 위원회의 의결로) 국회가 요구한 증언 또는 서류등의 제출이 국가의 중대한 이익을 해친다는 취지의 국무총리 성명을 요구할 수 있으며, 성명 요구 후 7일 이내에 국무총리가 성명을 발표하지 않으면 증언이나 서류제출을 거부할 수 없다고 규정하고 있다.

6. 국정·감사조사의 효과

국정감사·조사를 마치면 위원회는 보고서를 작성해 의장에게 제출하고 국회의

장은 이를 지체 없이 본회의에 보고하여여 한다(국감법 15조[27]). 국회는 감사 및 조사 결과 위법·부당한 사항이 있을 때에는 그 정도에 따라 정부 또는 해당 기관에 변상, 징계조치, 제도개선, 예산조정 등 시정을 요구하고, 정부 또는 해당 기관에서 처리함이 타당하다고 인정되는 사항은 정부 또는 해당 기관에 이송하며, 정부 또는 해당 기관은 이를 지체 없이 처리하고 그 결과를 국회에 보고하여야 한다(국감법 16조[28]).

III. 긴급명령 등에 대한 승인권(헌법 76조3항)

국회의 국정통제에 관한 권한으로 대통령의 긴급명령이나 긴급재정·경제처분 및 명령에 대해 국회는 사후 승인권을 가진다. 헌법 76조3항은 대통령이 긴급명령이나 긴급재정·경제처분 및 명령을 발한 후 지체없이 국회에 보고하여 그 승인을 얻을 것을 요구하고 있다.

IV. 계엄해제요구권(헌법 77조4항·5항)

대통령이 계엄을 선포한 때에 대통령은 지체 없이 국회에 통고하여야 하고(헌

27 제15조(감사 또는 조사 결과의 보고) ①감사 또는 조사를 마쳤을 때에는 위원회는 지체 없이 그 감사 또는 조사 보고서를 작성하여 의장에게 제출하여야 한다.
②제1항의 보고서에는 증인 채택 현황 및 증인신문 결과를 포함한 감사 또는 조사의 경과와 결과 및 처리의견을 기재하고 그 중요근거서류를 첨부하여야 한다.
③제1항의 보고서를 제출받은 의장은 이를 지체 없이 본회의에 보고하여야 한다.
④의장은 위원회로 하여금 중간보고를 하게 할 수 있다.

28 제16조(감사 또는 조사 결과에 대한 처리) ①국회는 본회의 의결로 감사 또는 조사 결과를 처리한다.
②국회는 감사 또는 조사 결과 위법하거나 부당한 사항이 있을 때에는 그 정도에 따라 정부 또는 해당 기관에 변상, 징계조치, 제도개선, 예산조정 등 시정을 요구하고, 정부 또는 해당 기관에서 처리함이 타당하다고 인정되는 사항은 정부 또는 해당 기관에 이송한다.
③정부 또는 해당 기관은 제2항에 따른 시정요구를 받거나 이송받은 사항을 지체없이 처리하고 그 결과를 국회에 보고하여야 한다.
④국회는 제3항에 따른 처리결과보고에 대하여 적절한 조치를 취할 수 있다.
⑤국회는 소관 위원회의 활동기한 종료 등의 사유로 제3항에 따른 처리결과보고에 대하여 조치할 위원회가 불분명할 경우 의장이 각 교섭단체 대표의원과 협의하여 지정하는 위원회로 하여금 이를 대신하게 하여야 한다.

법 77조4항), 국회 재적 과반수의 찬성으로 계엄의 해제를 요구한 때에는 대통령은 이를 해제하여야 한다. 즉 국회의 계엄해제의결정족수인 재적 과반수의 찬성을 충족한 계엄해제 요구가 있으면 대통령은 계엄을 해제하여야 한다(헌법 77조5항).

V. 일반사면에 대한 동의권(헌법 79조2항)

국가원수인 대통령이 일반사면을 명하려면 국회의 동의를 얻어야 한다. 그러나 특별사면은 국회의 동의를 요하지 않는다.

VI. 외교·국방정책에 대한 동의권

외교와 관련해 국회는 헌법 60조1항에 열거된 7가지 조약을 대통령이 체결·비준할 때 이에 대한 동의권을 가진다. 국방과 관련해서는 대통령의 국군통수권 행사를 통제하기 위해 국회는 헌법 60조2항에 따라 선전포고, 국군의 외국에의 파견, 외국군대의 대한민국 영역 안에서의 주류에 대한 동의권을 가진다.

VII. 국무총리·국무위원의 해임건의권

1. 의의

헌법 63조는[29] 국회가 재적의원 과반수의 찬성으로 국무총리나 국무위원의 해임을 건의할 수 있게 하고 있다. 이 권한은 의원내각제적 요소로서 대통령제하에서는 대통령에게 직접 책임추궁이 안 되므로 국무총리·국무위원에 대한 정치적 책임추궁으로 대통령을 간접 견제하는 의미를 가진다.

현행헌법은 제5공화국 헌법에 비해 국회의 권한을 강화시키고 대통령의 권한을 약화시킨 것이 특징인데 국무총리·국무위원의 해임과 관련해서는 반대로 제5공화국 헌법에서는 '해임의결권'이었으나 현행헌법에서는 '해임건의권'으로 약화되었다. '건의'는 법적 구속력이 없으므로 법적 제도로서는 의미가 크지 않다.

---

29 제63조 ①국회는 국무총리 또는 국무위원의 해임을 대통령에게 건의할 수 있다.
②제1항의 해임건의는 국회 재적의원 3분의 1 이상의 발의에 의하여 국회재적의원 과반수의 찬성이 있어야 한다.

2. 해임건의의 사유

해임건의의 사유에 대해서는 헌법에 아무런 규정이나 제약이 없다. 따라서 해임건의의 사유는 '직무집행에 있어 위헌 혹은 위법'(헌법 65조1항)이라는 탄핵사유보다 넓은 개념으로서 정책의 과오나 무능력, 실정(失政)도 포함한다.

3. 해임건의의 절차

해임건의는 국무총리나 국무위원에 대해 개별적으로 이루어진다. 대신에 해임건의안의 정족수를 "국회재적의원 1/3 이상의 발의"와 해임건의안이 본회의에 보고된 때로부터 24시간 이후 72시간 이내에 무기명투표로 표결하며, 이 기간 내에 표결하지 않으면 해임건의안이 폐기된 것으로 보며(해임건의안의 장기화로 인한 정국불안정을 해소하기 위한 장치), 해임건의안 표결정족수는 해임건의에 신중을 기하고 정국혼란을 방지하기 위해 "국회재적의원 과반수의 찬성"으로 가중하였다.

4. 해임건의의 효과

해임건의가 대통령을 법적으로 구속하는지와 관련하여 구속설과 비구속설의 대립이 있다. 구속설은 대통령에의 해임건의는 법적 구속력이 있으나, 특별한 사유가 있으면 대통령은 이에 응하지 않을 수 있다고 주장한다. 그러나 통설과 헌법재판소의 입장은 비구속설이다. 헌법재판소는 국무총리나 국무위원에 대한 국회의 해임건의권은 대통령을 기속하는 해임결의권이 아니라, 아무런 법적 구속력이 없는 단순한 해임건의에 불과하다"고 보면서 "헌법 제63조의 해임건의권을 법적 구속력 있는 해임결의권으로 해석하는 것은 법문과 부합할 수 없을 뿐만 아니라, 대통령에게 국회해산권을 부여하고 있지 않는 현행헌법상의 권력분립질서와도 조화될 수 없다"고 판시하였다(헌재 2004. 5. 14. 2005헌나1).

생각건대 첫째, 우리 헌법은 기본적으로 대통령제 정부형태를 취하고 있어서 국무총리나 국무위원에 대한 해임권은 대통령의 권한이라는 점, 둘째, 해임'의결'이 아니라 해임'건의'라고 규정하고 있다는 점, 셋째, 현행헌법으로 개정하면서 제5공화국 헌법의 "해임의결이 있을 때에는 대통령은 해임하여야 한다"는 조항을 삭제한 점에 비추어 볼 때 비구속설이 타당하다.

VIII. 국무총리·국무위원 등의 국회출석요구권 및 질문권

1. 의의

헌법 62조2항은 "국회나 그 위원회의 요구가 있을 때에는 국무총리·국무위원 또는 정부위원은 출석·답변하여야 하며"라고 하여 국무총리·국무위원 등의 국회출석요구권 및 질문권을 국회의 권한으로 규정하고 있다. 국회측에게는 이것이 국무총리·국무위원 등의 출석요구 및 질문의 권한이지만, 반면에 국무총리·국무위원·정부위원에게는 국회출석·답변의 의무에 해당하기 때문에 국무총리·국무위원·정부위원이 이에 응하지 않으면 위헌적 행위가 되기 때문에 탄핵사유에 해당한다.

2. 국회출석요구권

헌법 62조2항에 따르면 국회출석요구의 대상은 국무총리, 국무위원, 정부위원이다. 이 때 정부위원은 정부조직법 10조에 따라 국무조정실의 실장 및 차장, 부·처·청의 처장·차관·청장·차장·실장·국장 및 차관보, 과학기술정보통신부·행정안전부·산업통상부 및 고용노동부에 두는 본부장을 말한다. 따라서 검찰총장도 정부위원에 포함된다. 국회가 국무총리 등에 대한 출석요구를 발의하기 위해서는 국회의원 20인 이상이 이유를 명시한 서면으로 하거나, 위원회 의결로써 할 수 있다(국회법 121조).

또한 본회의나 위원회는 특정한 사안에 대하여 질문하기 위하여 대법원장, 헌법재판소장, 중앙선거관리위원회 위원장, 감사원장 또는 그 대리인의 출석을 요구할 수 있다. 이 경우 위원장은 국회의장에게 그 사실을 보고하여야 한다(국회법 121조5항).

3. 질문권

(1) 대(對)정부질문권

대정부 질문은 국회 본회의 중 일문일답 방식으로 하되 질문시간이 20분을 초과할 수 없고 질문시간은 답변시간에 포함되지 않는다(국회법 122조의2 2항). 대정부 질문을 원하는 의원은 미리 질문의 요지를 적은 질문요지서를 구체적으로 작성하여 의장에게 제출하여야 하며, 의장은 늦어도 질문시간 48시간 전까지 질문요지서가 정부에 도달되도록 송부하여야 한다(국회법 122조의2 7항).

(2) 긴급현안질문권

대정부질문시 제기되지 않은 사안으로서 긴급히 발생한 사안에 대해 질문요구서를 본회의 개의 24시간 전까지 국회의장에게 제출하여 질문할 수 있다(국회법 122조의3[30]). 국회의장은 질문요구서를 접수하였을 때에는 긴급현안질문 실시 여부와 의사일정을 국회운영위원회와 협의하여 정한다. 다만, 국회의장은 필요한 경우 본회의에서 긴급현안질문 실시 여부를 표결에 부쳐 정할 수도 있다(국회법 122조의3 3항). 긴급현안질문을 할 때 의원의 질문시간은 10분을 초과할 수 없다. 다만, 보충질문은 5분을 초과할 수 없다(국회법 122조의3 6항).

제5항 | 국회의 자율권(국회내부사항에 관한 권한)

국회는 다른 기관의 간섭을 받지 않고 국회 의사(議事)와 내부문제에 대해 헌법·법률과 국회규칙에 따라 자율적으로 결정할 수 있다. 이러한 국회의 자율권은 권력분립의 요청, 국회 기능독립의 요청 및 기능자치의 요청에 따른 것이다.

I. 집회 등에 관한 자율권

국회는 휴회 중이라도 대통령의 요구가 있을 때, 의장이 긴급한 필요가 있다고 인정할 때 또는 재적의원 4분의1 이상의 요구가 있을 때에는 국회의 회의를 재개한다(국회법 8조2항). 그러나 회기에 있어 정기회는 100일, 임시회는 30일을 초과할 수 없다(헌법 47조2항).

---

30 제122조의3(긴급현안질문) ①의원은 20명 이상의 찬성으로 회기 중 현안이 되고 있는 중요한 사항을 대상으로 정부에 대하여 질문을 할 것을 의장에게 요구할 수 있다.
②제1항에 따라 긴급현안질문을 요구하는 의원은 그 이유와 질문 요지 및 출석을 요구하는 국무총리 또는 국무위원을 적은 질문요구서를 본회의 개의 24시간 전까지 의장에게 제출하여야 한다.

II. 내부조직권

국회는 내부조직에 관한 자율권을 가진다. 사무총장과 직원의 임면도 국회가 스스로 한다.

III. 의사에 관한 자율권

국회는 의사일정의 작성, 의안의 발의동의수정 등 의사에 관해서는 헌법과 국회법 및 국회규칙의 구속을 받는 외에는 이를 스스로 행한다. 따라서 의사절차의 적법성이 문제되는 경우에도 국회는 스스로 판단하고 해석하는 것이 원칙이다.

IV. 질서유지에 관한 자율권

국회는 국회법에 따라 내부경찰권과 의원가택권을 가진다. 내부경찰권은 국회 내에서의 질서유지를 위해 의원·방청객은 물론이고 원내에 있는 모든 자에 명령을 강제할 수 있는 권한을 말한다. 의원가택권(議院家宅權)이란 국회의 의사에 반(反)하는 국회 내 침입을 금지하고 국회 내에 들어오는 모든 자를 국회의 질서에 따르게 할 수 있는 권한을 말한다.

V. 국회규칙제정권

1. 의의와 법적 성격

국회규칙이란 헌법과 법률에 저촉되지 않는 범위 내에서 국회가 의사와 내부사항에 관하여 정하는 규칙을 말한다(헌법 64조1항). 국회규칙의 법적 성격과 관련해서는 국회의 자주적 결정에 의한 법규범으로 보는 '자주법설'과 국회규칙을 국회법의 시행령으로 보는 명령설이 있다. 명령설에 의하면 국회규칙의 형식적 효력은 명령에 순(準)하는 것과 행정규칙에 준하는 것이 있다. 명령설이 다수설이고 타당하다.

2. 내용과 범위

국회규칙의 내용과 범위로 헌법 64조1항은 "의사와 내부 규율"을 규정하고 있다. 의회 내부의 조직과 운영에 관하여 헌법이 규정하고 있는 것 외에는 원칙적으로 의회규칙에 위임하고 있는 영국, 미국, 독일 등과는 달리, 우리나라에서는 헌법과 국회법에서 의사와 내부 규율에 대해 상세한 조항을 두고 있기 때문에 국회규칙에서는 비교적 기술적·절차적 사항만하고 규정하고 있다.

3. 제정절차

국회규칙 중 국회 자체의 활동이라든가 국회의원과 직접 관련되는 사항은 국회 본회의 의결을 거쳐 제정하고, 국회사무처·국회도서관 등 운영이나 그 소속직원에 관한 사항은 국회의장이 국회 운영위원회의 동의를 얻어 제정하는 것이 일반적이다.

4. 효력

국회규칙의 형식적 효력은 국회의 하위에 있으면서, 국회의 의사에 관한규칙은 국회법의 시행령으로서 명령에 준하는 것이기 때문에 방청인, 국무위원 등 제3자에 대해서도 구속력을 가진다. 반면에 국회규칙 중 국회 내부문제에 관한 것은 국회의 내규로서 행정규칙에 준하는 것이기 때문에 의원과 직원 등 국회구성원에 대해서만 구속력을 가진다. 또한 국회규칙은 의원의 개선에 효력이 영향받지 않는다(시간적 효력).

VI. 의원의 신분에 관한 자율권

1. 의원의 사직허가권(국회법 135조1항·3항)

국회는 의원의 사직을 허가하며, 폐회 중에는 의장이 이를 허가한다. 사직의 허가 여부는 토론을 거치지 않고 표결한다(국회법 135조1항과 3항).

2. 의원의 자격심사권

국회는 의원의 자격을 심사할 수 있다(헌법 64조2항 전단). 이 때 "의원의 자격"이란 헌법과 법률이 규정한 의원으로서의 신분을 유지하는 데 필요한 적격성을 말한다. 의원의 자격심사는 윤리특별위원회의 예심을 거치며, 의원의 자격이 없음을 의결할 때에는 본회의에서 국회 재적의원 2/3 이상의 찬성이 있어야 한다. 국회가 행한 자격심사의 결과에 대해서는 국회 자율권 존중의 견지에서 법원에 제소할 수 없다(헌법 64조4항).

3. 의원에 대한 징계권

국회는 의원을 징계할 수 있다(헌법 64조2항 후단). 징계사유는 국회법 155조에 규정된 청렴의무 위반 등이다. 회기 중 이외에 전(前)회기나 폐회 중의 행위에 대해서도 징계가 가능하다.

징계의 종류로는 공개회의에서의 경고, 공개회의에서의 사과, 30일 이내의 출석정지, 제명의 네 가지가 있다. 제명을 의결하려면 국회 본회의에서 국회 재적의원 2/3 이상의 찬성을 요하며, 의원에 대한 국회의 징계처분에 대해서는 법원에 제소할 수 없다.

제4절 ▌국회의원의 특권

의원이 국민의 대표로서 그 책무를 완수하고 헌법상의 권한들을 적절하게 행사할 수 있도록 하기 위해 헌법은 의원들에게 면책특권 및 불체포특권과 같은 국회의원의 특권을 부여하고 있다.

I. 면책특권

면책특권은 집행부에 협조하는 여당의원들에 대해서는 특별한 의미가 없고, 집행부를 비판하거나 반대하는 야당의원들에게 보다 현실적 의미가 있다.

1. 의의와 요건

헌법 45조는 "국회의원은 국회에서 직무상 행한 발언과 표결에 관하여 국회 외에서 책임을지지 아니한다"라고 하여, 면책특권을 규정하고 있다. 이 때 "국회에서"란 의사당내뿐만 아니라 국회의 본회의나 위원회가 개최되고 있는 모든 장소를 말한다. 또한 "직무상 행한 발언과 표결"이란 의제(議題)와 관련있는 직무집행 그 자체는 물론이고, 직무행위와 관련있는 선후의 행위와 직무집행에 부수된 행위를 포함한다. 대법원은 유성환 의원 사건 판결(대판 1992. 9. 22. 91도3317)에서 국회의원이 본회의·위원회에서 발언한 내용뿐만 아니라 사전에 원내기자실에서 기자들에게 배포한 행위도 "국회에서 직무상 행한 발언"에 포함된다고 판시하였다.

그러나 국회의원이 원내에서 발언한 내용을 원외에서 공표하거나 출판한 때에는 면책특권이 인정되지 않는다. 의원의 임기 중에 발생한 면책특권은 의원의 임기가 끝난 후에도 그 효력이 지속된다.

II. 불체포특권

국회의원은 헌법 44조의 불체포특권에 의해 원칙적으로 회기 중 국회의 동의 없이 체포 또는 구금되지 않으며, 회기전에 체포 또는 구금된 때에는 국회의 요구가 있으면 회기 중 석방되는 것이 원칙이다. 다만, 예외적으로 현행범인(준(準)현행범인은 포함되지 않는다)인 경우에는 불체포특권이 적용되지 않는다. 불체포특권의 인정 취지는 의원의 신체의 자유를 보장함으로써, 의원의 자유로운 의정활동을 보장하여 행정부로부터 자유로운 국회 기능을 보장하려는 데 있다.

의원을 체포하거나 구금하기 위하여 국회의 동의를 받으려고 할 때에는 관할 법원의 판사는 영장을 발부하기 전에 체포동의 요구서를 정부에 제출하여야 하며, 정부는 이를 수리한 후 지체 없이 그 사본을 첨부하여 국회에 체포동의를 요청하여야 한다. 국회의장은 체포동의를 요청받은 후 처음 개의하는 본회의에 이를 보고하고, 본회의에 보고된 때부터 24시간 이후 72시간 이내에 표결한다. 다만, 체포동의안이 72시간 이내에 표결되지 않은 경우에는 그 이후에 최초로 개의하는 본회의에 상정하여 표결한다(국회법 26조).

또한 회기 중 국회의 '동의'가 있는 경우에는 불체포특권이 인정되지 않는다. 이 때 국회의 동의는 일반의결정족수인 재적의원과반수의 출석과 출석의원 과반수의 찬성으로 한다. 국회의 동의와 관련해, 체포 또는 구금에 명백하고 정당한 이유가 있을 때에는 국회가 반드시 동의하여야 한다는 기속설도 있지만 소수설이고, 다수설은 동의 여부를 국회의 재량사항으로 이해하는 재량설이다. 조작된 혐의일 수도 있고 이 때 체포나 구금이 국회 운영에 지장을 줄 수도 있으므로 국회의 동의 여부를 국회의 재량사항으로 이해하는 재량설이 타당하다. 회기 전에 체포·구금되고 현행범인이 아니지만 국회의 석방요구(일반정족수)가 없으면 석방되지 않는다.

회기 전에 체포·구금되었다가 국회의 요구로 석방된 경우에 회기가 끝나면 다시 그 의원은 체포·구금된다. 즉 이 경우 석방은 국회 회기 중에만 인정되는 한시적 효력을 가진다.

제3장 정부

제1절 ▌행정작용

I. 개념

'행정'의 개념과 관련해서는 학설의 대립이 있다.

1. 실질설

실질설은 행정을 실질적 의미로 이해하는 입장으로서, 행정을 그 실질적 성질을 기준으로 하여 입법이나 사법과 구별하고, 행정의 독자적인 개념을 정의하려고 한다. 실질설은 다시 크게 소극설과 적극설로 나누어진다.

(1) 소극설

소극설은 국가작용 중 입법·사법을 제외한 나머지를 행정으로 보는 입장으로서 '공제설'이라고도 한다.

(2) 적극설

적극설은 행정을 입법이나 사법과 구별하는 것이 이론적으로 가능하다고 보고 행정의 실질적 특성을 적극적으로 규정하려는 입장이다. 그런데 이 적극설도 다시 무엇을 그 식별기준으로 하느냐에 따라 목적설과 양태설로 나누어진다.

첫째, 목적설은 행정을 국가목적 내지 공익의 실현을 목적으로 하는 국가작용이라고 한다. 둘째, 통설인 양태설은 행정을 법에 따라 구체적으로 국가목적이나 공익의 실현을 위해 행해지는 능동적·적극적인 형성적 국가작용이라고 한다. 적극적이고 비교적 구체적으로 행정의 개념을 설명하고 있다는 점에서 양태설이 타당하다.

2. 형식설

형식설은 행정을 형식적 의미로 이해하려는 입장으로서 행정을 형식적 특징, 즉 행정을 '행정부에 속하는 기관에 의해 행해지는 모든 작용'으로 이해한다. 행정을 담당하고 있는 국가기관을 기준으로 해서 정립된 형식적인 행정 개념이다. 형식설은 행정부에 의해 행해지는 국가작용이면 그것이 성질상 입법에 속하는 것(행정입법)이든 사법에 속하는 것(재결)이든 그 모두를 행정이라고 본다.

제2절 ┃ 집행부의 조직

제1항 | 대통령

I. 대통령의 권한

1. 국가긴급권

현행헌법은 1980년 헌법에 규정되어 있었던 대통령의 비상조치권과 국회해산권 등을 삭제하고 긴급사태에 대처하기 위한 국가긴급권으로 긴급명령권, 긴급재정경제처분 및 명령권, 계엄선포권을 규정하고 있다.

2. 사면권

대통령의 권한 중 사면권에 관한 헌법 79조는 "①대통령은 법률이 정하는 바에 의하여 사면·감형 또는 복권을 명할 수 있다. ②일반사면을 명하려면 국회의 동의를 얻어야 한다. ③사면·감형 및 복권에 관한 사항은 법률로 정한다."고 규정하고 있다. 여기서 '사면'이란 형사소송법이나 그 밖의 형사법규의 절차에 의하지 않고 형의 선고의 효과 또는 공소권을 소멸시키거나 형집행을 면제시키는 대통령의 특권을 말한다. 대통령의 사면권은 사법부의 판단을 변경하는 권한으로 권력분립원리에 대한 예외가 되기 때문에 신중히 행사되어야 한다. 헌법 79조3항에 규정된 "사면·감형 및 복권에 관한 사항"을 정한 법률이 사면법이다.

사면의 종류에는 일반사면과 특별사면이 있는데, 일반사면이란 범죄를 특정하여 이루어지는 사면을 말하는데, 헌법 79조2항에 의해 국회의 동의가 필요하다. 특별사면이란 범죄인을 특정하여 이루어지는 사면으로서 국회의 동의 없이 대통령의 명(命)으로써 한다. 사면, 감형, 복권을 위해서는 국무회의의 사전심의를 반드시 거쳐야 한다(헌법 89조9호).

헌법이나 사면법에 '사면 사유'에 관한 명문규정은 없다. 그러나 대통령의 사면권 행사에는 다음과 같은 헌법내재적인 한계가 존재한다. 첫째, 사면권은 국가이익과 국민화합의 차원에서 행사하여야 하며 당리당략적 차원에서 행사할 수 없다. 둘째, 사면권 행사는 권력분립원리에 비추어 사법권의 본질적 내용을 침해하는 결과가 될 정도로 행사되어서는 안 된다.

3. 법률안거부권

(1) 의의와 이론적 근거

대통령의 법률안거부권이란 '국회가 의결하여 정부에 이송한 법률안에 대해 대통령이 이의를 가질 경우에, 법률안의 확정을 저지하기 위해 이 법률안을 국회의 재의에 붙일 수 있는 권한'을 말한다. 법률안재의요구권이라고도 한다. 헌법 53조는 "①국회에서 의결된 법률안은 정부에 이송되어 15일 이내에 대통령이 공포한다. ②법률안에 이의가 있을 때에는 대통령은 제1항의 기간 내에 이의서를 붙여 국회로 환부하고, 그 재의를 요구할 수 있다. 국회의 폐회 중에도 또한 같다."고 규정하고 있다. 미국 연방헌법 7조2항에서 유래하는 제도이며, 오늘날 대통령제 헌법을 가진 대부분의 나라에서 채택하고 있다.

대통령 법률안거부권의 제도적 의미를 살펴보면 법률안거부권은 첫째, 국회의 가장 전통적이고 고전적 권한인 법률제정권에 대한 대통령의 직접적인 개입권이다. 국회의 법률 제정에 관한 독점권을 방지하는 제도적 역할을 하며 행정권을 형해화하는 법률 제정으로 말미암아 행정마비현상이 초래되는 것을 방지한다. 둘째, 더욱이 단원제 국회를 채택하고 있는 우리나라에서 경솔한 국회입법에 대한 통제 수단으로 기능할 수 있다. 셋째, 국회 의석수에서 수적인 우위만을 앞세우면서 헌법질서에 따른 정당한 내용과 절차를 담보하지 않은 채로 국회 본회의를 통과한 법률안의 효력 발생을 저지함으로써 국회에서 소수를 보호할 수 있다. 넷째, 위헌의 소지가 있는 법률안이 법률로서 시행되는 것을 막음으로써 헌법질서를 수호하고 국민의 기본권을 보호하는 기능을 수행할 수 있다.

(2) 법적 성격과 유형

법률안거부권이 법률의 완성에 어떤 법적 성격을 가지는가와 관련해서는 논란이 있다. 전통적으로 법률안거부권을 재의요구의 법적 효과를 가지는 조건으로 보는 입장은 이를 법률의 완성에 대한 정지조건으로 보는 설과 법률안의 폐기를 전제로 하는 해제조건으로 보는 설로 갈린다. 또한 대통령의 재의 요구로 인해 가중된 정족수를 필요로 하는 재의절차가 예정되어 있어서 법률안의 확정 여부가 불확정적이므로 재의요구 자체가 법률안의 확정 여부에 대해 일정한 법적 효력을 발생시키는 것은 아니어서 법률로서의 확정을 일정기간 동안 제지하는 공법상의 특유제도라고 보는 견해도 있다. 국회의 재의결 전까지 대통령이 언제든 재의요구를 철회할 수 있고, 실제로 우리 헌정사에 그런 사례도 있었으므로[31] 국회가 재의결할 때까지 법률로서의 확정을 정지시키는 소극적인 정지조건으로 이해하는 것이 타당하다.

법률안거부권의 유형에는 환부거부와 보류거부가 있다. '환부거부'란 헌법 53조2항이 규정한 대로 국회를 통과해 정부에 이송한 법률안이 이송된 후 15일 이내에 대통령이 이의서를 첨부하여 국회에 환부하고 재의를 요구하는 것이다. 물론 환부거부에 있어 헌법 53조3항에 따라 일부거부나 수정거부는 인정되지 않는다. 이에 비해 미국헌법은 대통령에게 법률안이 이송된 후 이를 환부하지 않고 지

31 1956년 귀속재산처리특별회계법과 1964년 탄핵심판법에 대해 대통령이 재의요구를 철회한 사례가 그 예가 될 수 있을 것이다.

정된 기일 내에 의회 회기가 종료해 폐회된 때에는 법률안이 폐기되는 '보류거부'를 규정하고 있다. 대통령의 환부거부 권한은 의회의 재의결을 통해 극복될 수 있는 '제한된 거부권'(Qualified Veto Power)인 반면에 보류거부의 권한은 의회의 재의결을 거칠 수 없는 '절대적 거부권'(Absolute Veto Power)의 성격을 갖는다. 미국에서 보류거부는 상원과 하원이 모두 휴회하고 그 휴회가 문제된 법률안이 환부되는 것을 방지하는 것일 때에만 유효하며, 만약 둘 중 하나가 결여된 경우 대통령은 환부거부를 해야 한다. 미국은 회기불계속의 원칙을 채택하고 있기 때문에 보류거부가 가능하지만, 우리 헌법은 51조에서 회기계속의 원칙을 채택하고 있으면서 53조2항2문에서 대통령이 국회 폐회 중에도 환부할 수 있다고 규정한다. 따라서 우리 헌법상으로는 보류거부가 인정되지 않는다. 국회의원의 임기만료로 국회의 입법기 자체가 끝난 경우에는 대통령이 법률안을 환부하려 해도 환부할 대상이 없으므로 법률안이 폐기될 수밖에 없는데, 이것을 '보류거부'라고 보기 보다는 새 국회가 지난 국회의 의안을 승계하지 않음에 따른 반사적 효과에 불과한 것으로 보아야 하므로, 우리 헌법이 예외적으로 '보류거부'를 인정하고 있다고 보기는 어렵다.

(3) 법률안거부권의 행사요건

대통령의 법률안거부권이 어떤 경우에 어떻게 행사될 수 있는지에 관한 행사요건은 크게 '절차적 요건'과 '실질적 요건'으로 나누어진다. 즉 법률안거부권은 국회 본회의를 통과한 법률안에 대해 헌법에 규정된 입법절차가 준수되었는지에 관한 절차적 요건뿐만 아니라 법률안의 내용이 헌법에 합치하는지에 관한 실체적 심사권도 포함한다.

첫째, 절차적 요건은 헌법 89조에 따라 국무회의의 심의를 거치고, 헌법 53조2항에 따라 국회에서 이송된 법률안이 정부에 이송된 후 15일 이내에 이의서를 첨부하여 국회로 환부해 재의를 요구하여야 한다는 것이다. 둘째, 법률안거부권 행사의 실질적 요건에 관해서는 헌법 53조2항이 "법률안에 이의가 있을 때"라고만 규정하고 있을 뿐, 어떠한 경우에 법률안거부권을 행사할 수 있는지 구체적 사유를 밝히고 있지 않다. 따라서 법률안거부권 행사의 실질적 요건은 법률안거부권의 제도적 의미와 목적에 비추어 판단될 수밖에 없다. 헌법학자들은 헌법에 위반되는 법률안, 집행불능의 법률안, 국익에 어긋나는 법률안, 정부에 부당한 정치적 압력을 가하는 내용을 담고 있는 법률안의 경우로 보거나, 대통령이 법률안에 대해 위헌으로 판단하는 경우뿐만 아니라 법률안이 공익에 현저히 반한다고 판단되는 경우 혹은 법률의 집행이 현실적으로 불가능하거나 현저하게 불합리하다고 판단되는 경우로 보거나, 법률안이 위헌적 요소를 내포하고 있거나 예산상의 뒷받침이 없는 것이라든지 집행이 불가능한 경우 등으로 보거나, 헌법 위반, 기본권 침해의 법률안, 집행 불가능한 법률안, 국익에 위배되는 법률안의 경우로 보거나, 대통령이 헌법에 위반된다고 생각하거나 국가이익에 명백하게 반하거나 법률안의 집행이 불가능하거나 예산상의 뒷받침이 없는 경우 등을 법률안거부권 행사를 위한 실질적 요건으로 본다. 이러한 견해들은 크게 보아 정책적으로 부당하다는 이유로 대통령이 법률안거부권을 행사하는 것은 적절치 않다는 견해들이다.

이에 비해 법률안의 내용이 헌법에 위반된다는 의심 혹은 확신이 있거나 집행의 책임을 지고 있는 행정부의 수반으로서 대통령이 해당 법률의 집행에 필요한 재정적 부담을 감당할 수 없다고 판단하거나 법률안에 나타난 정책의 내용이 대통령의 구상과 같지 않는 경우로 보거나, 대통령이 법률안을 헌법 위반이라고 판단하거나 법률안이 정책적으로 합당하지 않다고 판단하거나 법률안을 집행할 수 없다고 판단하는 등의 경우로 보거나, 법률의 위헌성을 전제로 하지 않고 정치적 판단에 의해서도 대통령이 법률안거부권을 행사할 수 있다고 보거나, 우리 헌법 스스로가 분점정부의 출현가능성을 열어둔 상황에서 대통령의 법률안거부권은 대통령과 국회의 대립을 해소하는 역할을 하면서 분점정부의 입법조정자로서의 대통령 역할을 확대할 수 있는 거의 유일한 평상시의 헌법적 방안이므로 대통령이 정치적 입장의 차이 혹은 정책의 차이에서 법률안거부권을 행사할 수 있다고 보는 입장도 있다. 이러한 입장들은 대통령의 법률안거부권 행사의 실질적 요건을 상당히 넓게 보는 입장들이다.

제2항 | 국무회의

I. 국무회의의 헌법상 지위

국무회의는 헌법이 명문으로 그 설치에 관해 규정하고 있는 헌법상 필수기관이다. 헌법 88조1항은 "국무회의는 정부의 권한에 속하는 중요한 정책을 심의한다"고 규정하고 있다. 국무회의는 대통령과의 관계에서 의결기관도 아니고 그렇다고 자문기관도 아니며, 정책을 심의하는 '심의기관'이다.

II. 국무회의의 구성

국무회의는 대통령·국무총리와 15인 이상 30인 이하의 국무위원으로 구성하며(헌법 88조2항), 대통령이 국무회의의 의장이 되고, 국무총리는 부의장이 된다(헌법 88조3항). 헌법 89조는 1호에서 17호에 걸쳐 국무회의의 사전 심의를 반드시 거쳐야 할 사항들을 열거하고 있다.

제4장 법원

제1절 | 사법(司法)의 의의와 특성

I. 사법의 의의

1. 형식설

형식설은 사법을 형식적 의미로 이해하여 법원의 관할사항이면 그 실질적 성질이나 내용 여하를 불문하고 모두 사법(司法)이라고 본다. 그러나 형식설에 대해서는 다음과 같은 비판이 따른다. 첫째, 헌법 101조1항은 "사법권은 법관으로 구성된 법원에 속한다."고 규정하고 있는데, 형식설을 이 헌법 101조1항에 대입하면

'법원의 권한에 속하는 것은 법관으로 구성된 법원에 속한다'는 의미가 되어 순환논법이 된다. 둘째, 형식설에 의하면 사법권의 한계가 설명될 수 없다.

2. 실질설: 법의 '적용' 작용

사법을 실질적 의미로 이해하는 실질설에는 다시 기관설과 성질설이 있다. 첫째, 기관설은 사법을 담당하는 '국가기관의 성격'을 기준으로 하여 사법이란 '독립적 지위를 가진 기관이 쟁송절차에 따라서 행하는 국가작용'이라고 본다. 둘째, 성질설은 '국가작용의 실질적 성질 여하'를 기준으로 입법·행정·사법을 구별하려는 입장으로서, 사법이란 '법을 판단하고 선언함으로써 법질서를 유지하기 위한 작용'이라고 본다. 성질설이 다수설이고 타당하다.

II. 사법의 특성

'사법'은 법의 적용 즉, 제정된 법을 다루는 법집행작용인 면에서 '입법'과 구별되며, '행정'과도 다음과 같은 점에서 구별된다.

첫째, 소극성(수동성)이다. 행정은 국가목적의 실현을 위하여 필요한 경우에는 능동적으로 발동되지만, 사법은 구체적인 법적 분쟁이 발생한 경우 당사자로부터의 소 제기가 있어야 비로소 발동되므로 소극적·수동적 작용이다.

둘째, 독립성(중립성)이다. 사법은 독립적 지위를 가진 기관이 제3자적 입장에서 수행하는 작용이다. 신분이 보장된 법관이 누구의 명령이나 지시에도 따르지 않고 오로지 헌법, 법률, 양심에 따라 사법을 행한다.

셋째, 보수성이다. 사법은 분쟁해결을 통해 법질서를 유지하려는 현상유지적·보수적 국가작용이다.

제2절 ▌사법권의 범위

헌법 101조1항의 "사법권은 법관으로 구성된 법원에 속한다."의 사법은 위에서 자세히 살펴본 바와 같이 이를 실질적 의미로 이해하여야 하며, 따라서 헌법 101조1

항은 헌법에 별도의 규정이 없는 한 실질적 의미의 사법에 관한 권한은 원칙적으로 법원의 권한에 속한다는 '법원사법의 원칙'을 규정한 것으로 보아야 한다. 왜냐하면 대통령의 사면·복권(헌법 79조), 정부의 행정심판재결권·징계권(헌법 107조1항), 국회의 의원징계권(헌법 64조2항·3항)과 같이 실질적 의미의 사법에 관한 권한 중 일부는 법원이 아닌 행정부나 입법부가 행사하기 때문에 실질적 의미의 사법에 관한 권한의 전부를 법원에게 독점시키고 있는 것이 아닐뿐더러, 호적·등기·경매·공탁·신탁 등 사법행정에 관한 권한에서 알 수 있듯이 법원이 현실적으로 행사하는 권한의 전부가 실질적 의미의 사법에 관한 것도 아니기 때문이다.

I. 민사재판권

민사재판권이라 함은 민사소송을 처리함에 필요한 권한을 말한다. 민사 판결절차와 강제집행절차가 있다.

II. 형사재판권

형사재판권이라 함을 형사소송을 처리함에 필요한 권한을 말한다. 수사절차, 형사 공판절차, 형 집행절차를 포함한다.

III. 행정재판권

행정재판권이라 함은 행정법규의 적용에 관한 분쟁을 해결하기 위한 소송절차 처리에 필요한 권한을 말한다.

행정재판권의 유형은 사법국가형과 행정국가형으로 나누어진다. 첫째, 사법(司法)국가형이다. 공·사법의 구분이 불명확한 영미법계 국가들이 사법국가형에 속하며, 일반법원에서 행정소송을 관할한다. 둘째, 행정국가형이다. 공·사법의 구분이 명확한 대륙법계 국가들이 행정국가형에 속하며, 사법절차를 준용하지 않고 일반법원으로부터 분리·독립된 별개의 행정법원에서 행정소송을 관할한다.

이러한 사법국가형과 행정국가형은 최근에 상호 접근하여 두 유형이 실질적인 차이를 좁혀가고 있다. 예를 들어 사법국가형에서 각종 행정위원회를 설치한다든가, 행정국가형에서 행정법원도 사법절차를 준용하는 등의 상호 접근이 일어나고 있다.

우리나라는 기본적으로 대륙법계에 속하지만 사법국가형을 채택하면서 행정국가형도 가미하고 있다. 그 근거로는 첫째, 1994년의 법원조직법 개정으로 행정법원을 제1심 법원으로 하고 있으며, 둘째, 헌법 107조3항이 행정심판에 대한 임의적 선택주의를 원칙으로 하며 개별법에서 명시적인 행정심판전치주의를 채택하는 경우에만 예외를 인정하고 있다. 국가공무원법 16조, 지방공무원법 20조의2, 국세기본법 56조 등이 그 예이다. 셋째, 행정소송에 제소기간을 한정하고 있으며, 넷째, 행정소송은 당사자주의가 아니라 직권심리주의을 취하고 있다.

Ⅳ. 헌법재판권

헌법재판권이라 함은 헌법소송을 처리함에 필요한 권한을 말한다. 협의의 헌법재판권이란 위헌법률심사권을 의미한다. 반면에 광의의 헌법재판권이란 위헌법률심사권뿐만 아니라 헌법소원심판권, 권한쟁의심판권, 정당해산심판권, 탄핵심판권 등 우리 헌법재판소의 권한들 이외에 명령규칙심사권과 선거소송심판권을 포함한다. 명령규칙심사권과 선거소송심판권은 광의의 헌법재판권에 속하지만 우리나라에서는 헌법재판소가 아니라 일반법원이 이를 관할한다.

제3절 ▮ 사법권의 한계

실질적 의미의 사법(司法)에 해당하는 것들 중 사법권(司法權)이 미치지 못하는 '사법권의 한계'는 다음과 같다.

Ⅰ. 실정법상의 한계

1. 국회의원의 자격심사·징계·제명

국회의원의 자격심사·징계·제명에 대해 헌법은 국회의 독립성과 자율권을 존중한다는 입장에서 이를 국회의 권한으로 하고 있다. 그 중에서 국회의원의 '제명'을 위해서는 재적의원 2/3 이상의 찬성을 요한다. 헌법 64조4항은 국회의 국회의원에 대한 자격심사·징계·제명 결정에 대해 법원 제소 불가를 명시하고 있다. 반면에 지방의회의원의 제명은 사법심사 대상이 된다(1993. 2. 18. 서울고법 92구3672).

2. 비상계엄하의 군사재판 단심제(110조4항)

헌법 110조4항에 따르면, 비상계엄하의 군사재판은 군인군무원의 범죄나 군사에 관한 간첩죄와 초병초소유독음식물공급포로에 관한 죄 중 법률에 정한 것은 사형선고의 경우를 제외하고는 대법원의 상고심이 배제되어 단심으로 할 수 있다.

II. 국제법상의 한계

다음과 같은 경우에는 국제법상의 이유로 우리나라 사법기관의 사법권 행사가 제한된다.

1. 치외법권자

치외법권이란 외국인이 체류국법이 아니라 본국법의 적용을 받는 특권을 말한다. 이러한 특권을 누리는 치외법권자로는 외국 원수, 외교사절과 가족 및 수행원, 국제기구 직원, 외국 군인 등이 있고 이들에 대해서는 우리나라 사법기관의 사법권 행사가 제한된다.

2. 조약

조약이 사법심사의 대상이 되느냐와 관련하여 긍정설과 부정설로 나뉜다. 부정설은 조약의 체결을 통치행위로 보고 조약을 사법심사의 대상에서 제외해야 한다고 주장한다. 이에 비해 다수설은 헌법우위설에 따라 조약의 내용이 헌법에 위반되는가의 여부는 사법적 심사의 대상이 된다고 본다. 긍정설이 다수설이고 타당하다. 따라서 국회의 동의를 얻어 체결·비준된 조약은 법률의 효력을 가지므로 위헌법률심사권을 가지는 헌법재판소가 위헌심사를 하며, 고시류조약 등 국회 동의를 요하지 않는 조약은 명령의 효력을 가지므로 그 조약의 위헌·위법 여부가 재판의 전제가 되었을 때 법원이 위헌·위법심사를 할 수 있다.

3. 국제사법재판소의 관할에 속하는 사항

우리나라의 유엔 가입 이후부터 이제 우리나라는 국제사법재판에서 당사자능력을 가지게 되었다. 이로써 우리나라와 다른 나라 간의 국제분쟁에 대해 어느 일방의 제소가 있는 경우, 국제사법재판소는 그 분쟁에 대한 관할권을 가지게 된다. 따라서 국제사법재판소의 관할권에 속하는 사항에 대해서는 우리나라의 사법부가 사법권을 행사할 수 없게 되었다.

III. 권력분립상의 한계(헌법정책적 한계)

권력분립원리에 따라 사법권이 미치지 않을 것으로 논의될 수 있는 것은 통치행위, 국회의 자율권에 속하는 사항, 특별권력관계에서의 처분, 행정소송상 이행판결 등이 있다.

1. 통치행위(統治行爲)

(1) 의의와 연혁

통치행위란 '국정의 기본방향이나 국가적 차원의 정책결정을 대상으로 하는 고도의 정치적 성격을 띤 집행부(수반)의 행위로서 사법적 심사의 대상으로 하기 곤란하고 사법적 판결 후에 집행도 곤란한 행위'를 말한다.

통치행위이론의 연혁을 살펴보면, 국왕의 무오류성·소추불가성을 의미하는 '국왕은 소추될 수 없다'는 원칙을 전제로 하여 전제군주국가에서 전제군주의 자의적 권력행사를 합리화 하기 위해 탄생한 전근대적 이론이며, 오늘날에는 제3세계 국가의 독재정권을 합리화하는 도구로서 악용되고 있는 이론이다.

1) 미국: 정치적 문제 원칙(Political Question Doctrine)

미국에서는 정치적 문제가 동시에 법적 문제로서의 성격을 띠고 있을지라도 법원이 이를 심리하고 판단하지 않는다는 원칙이 연방대법원 판례를 통해 확립되었다. 정치적 문제를 사법심사의 대상에서 제외하는 이론적 근거는 권력분립원리라고 보았다.

1962년에 미국 연방대법원은 Baker v. Carr (369U.S.186) 판결에서 '정치적 문

제'의 6가지 기준을 제시했다.[32] 첫째, 그 문제에 관해서는 입법부나 행정부에서 다룬다고 헌법에서 명시하고 있거나, 둘째, 법원에 의해 발견되고 다루어질 수 있는 기준들이 결여되어 있거나, 셋째, 비사법(非司法)적 자유재량에 의한 최초의 정책적 결정 없이는 판단을 내릴 수 없는 경우이거나, 넷째, 입법부나 행정부에 대한 불경(不敬)을 범하지 않고서는 법원이 독립적인 결정을 내릴 수 없는 경우이거나, 다섯째, 이미 내려진 정치적 결정에 대한 절대적인 추종이 특히 필요한 경우이거나, 여섯째, 한 가지 문제에 관해 여러 기관이 각기 다른 결정을 내릴 가능성이 있는 경우가 그것이다.

2) 독일

독일에서는 통치행위개념을 인정하는 것이 다수설이다. 독일 연방헌법재판소는 동서독 기본조약에 관한 위헌심사에서 통치행위의 개념을 인정하면서도 조약체결행위는 통치행위가 아니라고 판시하였다(BverfGE 36, 1).

(2) 통치행위 인정 여부

우리나라에서는 통치행위개념의 인정 여부와 관련해, 통치행위부정설과 통치행위긍정설의 대립이 있다.

1) 통치행위부정설

통치행위부정설은 법치주의가 지배하는 현대에는 모든 행정작용이 사법심사의 대상이 되어야 하고, 따라서 이제 통치행위개념을 버려야 한다고 주장한다. 그 근거로는 첫째, 통치행위이론은 전제군주시대의 어용이론이고, 둘째, 통치행위개념은 법치주의, 행정의 합(合)법률성, 행정소송의 개괄주의, 헌법 107조2항이 규정하고 있는 행정행위(명령·규칙·처분)에 대한 법원의 위헌·위법심사권, 국민의 재판청구권(헌법27조1항)을 부인하는 것이 되며, 셋째, 사법심사의 포기나 회피 자체가

32 Baker v. Carr(369US186, 1962년) 판결의 요지는 다음과 같다. 앞선 선거구사건들(Colegrove v. Green 328 U.S. 549 (1946))에서는 Political Question원칙을 적용했으나, 이 사건에서는 불평등한 인구비례의 선거구 획정은 수정헌법 제14조의 평등보호조항에 위배된다. 이 문제는 사법적 심사의 대상이 되며, '정치적 문제'(Political Question)와 '정치적 사건'(Political Case)은 구분되어야 한다.

어느 한쪽의 정치적 입장을 지지하는 것이고, 넷째, 헌법해석론과 헌법정책론을 구분하여 헌법해석론으로는 통치행위를 긍정할 수 없으나 헌법정책론으로 긍정될 수 있다는 견해는 법이론으로는 문제가 많다는 점을 든다. 헌법해석론으로 다수설의 입장이다.

2) 통치행위긍정설

통치행위긍정설은 통치행위개념을 인정할 뿐만 아니라 통치행위를 사법적 심사대상에서 제외한다. 통치행위긍정설은 통치행위개념을 인정하는 근거를 중심으로 다시 내재적 한계설, 권력분립설, 자유재량행위설, 사법부자제설로 나뉘어진다.

첫째, 내재적 한계설에 의하면, 사법부는 정치적으로 책임지지 않는 부(府)이므로 정치적 문제에 개입하지 않는 것이 사법부의 내재적 한계라고 주장한다.

둘째, 권력분립설에 의하면, 헌법상 입법권, 집행권, 사법권이 분립되어 있고 통치행위는 집행부의 전속적 권한에 속하는 사항이지 사법적 판단의 대상이 아니라고 주장한다.

셋째, 자유재량행위설에 의하면, 통치행위는 정치적 문제이고 정치적 문제는 집행부의 자유재량행위에 속하는 사항이므로 사법적 심사대상에서 제외된다고 주장한다. 이러한 자유재량행위설에 대해서는, 자유재량행위도 사법심사의 대상에 포함시키는 것이 오늘날의 일반적 경향이고, 자유재량행위도 사법심사의 결과 재량권의 한계를 벗어났거나 재량권을 남용한 경우에는 위법한 것으로 판단해야 한다는 비판이 따른다.

넷째, 사법부자제설은 통치행위도 집행작용으로 법적 문제로서의 성격을 가지는 이상 사법부가 심사할 수 있으나, '사법심사로 말미암은 손실'이 '사법심사를 사법부가 스스로 포기하는 해악'보다 큰 경우에는 사법부가 자제하는 것이 바람직하다는 입장이다. 즉 통치행위의 개념을 인정하는 것은 정치의 사법화를 피하고 사법의 정치화를 막기 위한 수단이라고 본다. 이에 대해서는 헌법상 사법심사의 대상을 법원이 스스로 자제하는 것 자체가 사법심사권의 포기라는 비판이 제기된다.

3) 헌법재판소 판례의 입장

헌법재판소는 대통령의 긴급재정경제명령에 관한 결정(헌재 1996. 2. 29. 93헌마186) 등에서 보듯이, '고도의 정치적 결단에 의하여 발동되는 행위'라는 통치행위의 개념은 인정하면서도, **국민의 기본권 침해와 직접 관련되는 경우에는** 헌법재판소의 심판대상이 된다고 본다.

4) 검토

종합적으로 보면, 통치행위긍정설 중에 내재적 한계설, 권력분립설, 자유재량행위설은 법리적 논거이고, 사법부 자제설은 헌법정책적 논거라고 할 수 있다. 종래의 통치행위개념이 법치주의의 사각지대를 인정하는 것이라는 점에서 통치행위부정설이 타당하다. 특히 헌법재판소의 입장과 같이, 그 집행부의 행위가 **국민의 기본권 침해와 직접 관련되는 경우에는** 이를 사법심사의 대상으로 삼지 않을 수 없다.

2. 국회의 자율권에 속하는 사항

국회의 내부적 규율, 의결정족수, 투표의 계산, 의원의 자격심사 및 징계 등 국회의 자율에 속하는 사항은 사법적 심사의 대상이 되지 않는다는 것이 통설과 대법원 판례(예를 들어, 1972. 1. 18. 大判 71 도 1845)의 입장이다. 그러나 국회의 자율권이라 하더라도, 명백하고 현저한 의사절차적 잘못이 있고 그것이 국회의 의사결정에 직접적인 영향을 준 경우에는 헌법소원이나 권한쟁의심판 등의 형태로 헌법재판에 의한 심사가 가능하다.

3. 특별권력관계(공법상 특수신분관계)에서의 처분

명령·강제·징계 등 특별권력관계에서의 처분이 사법적 심사의 대상이 될 수 있는가에 대해 학설의 대립이 있다. 첫째, 전면적 긍정설은 현대 법치국가에서는 특별권력관계에도 법치주의가 전면적으로 적용되기 때문에 특별권력관계에서의 처분도 사법적 심사의 대상이 될 수 있다고 본다. 둘째, 부정설은 일반권력관계가 아닌 특별권력관계에서의 처분은 사법적 심사의 대상이 될 수 없다고 본다. 셋째, 제한적 긍정설은 외부관계(신분의 설정·변경·존속에 직접적 영향을 미치는 기본관계)와 내부관계를 구분하여 외부관계에 대해서는 사법적 심사의 대상이 되는 것으로 본다. 제한적 긍정설이 통설이며 헌법재판소와 대법원 판례의 입장이다.

4. 행정소송상 이행판결

이행판결이란 행정소송에서 원고가 주장하는 피고의 의무이행을 명하는 판결을 말한다. 이행판결은 확인판결이나 형성판결과는 달리 기판력 이외에 집행력을 발생한다. 행정소송상 법원이 행정사건을 심리·판결함에 있어 이행판결을 할 수 있는가와 관련해 경우에 따라 이행판결도 가능하다고 보는 긍정설이 있지만, 다수설과 판례의 입장은 부정설이다. 부정설은 법원이 행정기관이나 행정감독기관이 아니므로 행정처분의 취소나 무효확인의 판결만 할 수 있을 뿐, 행정청을 대신해 스스로 구체적 처분을 하거나 처분을 명할 수는 없다고 본다. 행정소송법 4조3호는 항고소송의 하나로 부작위위법확인소송을 인정하고 있는데, 이것은 공권력의 불행사를 위법이라 확인함으로써 결과적으로 공권력 행사를 강제하는 것이라 볼 수 있다. 따라서 부작위위법확인소송을 통해서 실질적으로 의무이행소송의 효과를 기대할 수 있다.

IV. 사법본질상 한계

사법권의 본질상 법원과 헌법재판소가 사법권을 행사할 수 없는 경우가 있다. 사법권 행사의 대상이 되려면 첫째, 구체적이고 현실적인 법적 분쟁이 있어야 한다(**구체적 사건성**). 따라서 학리적인 법률논쟁은 사법권 행사의 대상이 될 수 없다. 둘째, 쟁송사건에 관해 법적 이해관계를 가진 자가 소 제기를 하여야 한다(**당사자적격**). 환경소송이나 소비자소송 등 집단적 분쟁에서는 당사자적격이 완화된다. 셋째, 그 청구와 관련하여 소송을 수행할 실질적 이익이 있어야 한다(**소의 이익**). 헌법소송이나 환경소송에서는 소의 이익을 지나치게 엄격히 해석해서는 안 된다. 넷째, 현재의 문제 또는 급박한 문제만을 심사해야지 먼 장래의 문제를 심사해서는 안 된다(**사건의 성숙성**).

제4절 ❙ 법원의 헌법상 지위, 사법권의 독립, 특별법원

제1항 | 법원의 헌법상 지위

헌법 101조1항은 "사법권은 법관으로 구성된 법원에 속한다."고 하여 '법원사법(法院司法)의 원칙'을 규정하고 있다.

1. 사법기관으로서의 지위

실질적 의미의 사법에 관한 권한을 의미하는 사법권은 헌법 101조1항에 따라 헌법에 다른 규정이 없는 한 원칙적으로 법원이 행사한다. 따라서 법원은 사법기관으로서의 지위를 가진다.

2. 중립적 권력으로서의 지위

법원은 의회·집행부와 같은 정치적 권력으로부터 분리·독립된 제3의 권력으로서 중립적 권력으로서의 지위를 가진다.

3. 헌법의 수호자로서의 지위

법원은 명령·규칙·처분의 위헌·위법심사(헌법107조2항), 헌법재판소에의 위헌법률심판 제청(헌법107조1항), 선거소송심판을 통하여 헌법수호기능을 담당하고 있다.

4. 기본권보장자로서의 지위

현행헌법에서 국민의 기본권보장은 주로 법원의 기능으로 하고 있다. 특히 행정부에 의하여 국민의 기본권이 침해되는 경우에는, 법원이 명령·규칙·처분의 위헌·위법심사를 통해 국민의 권익을 보호하는 역할을 수행하고 있다.

5. 국가의 최고기관성 여부

사법부는 원래 중립적 권력을 의미하는 것이지, 국가의 최고기관이라고 할 수는 없다. 현행헌법에 있어 사법부우위론은 입법권과 행정권에 대한 사법적 통제라는 논리적 우위를 의미할 뿐이고, 법리적 혹은 현실적 의미에서의 우위를 의미하는 것은 아니다. 왜냐하면 사법권도 법치주의의 요청에 따라 의회가 제정한 법률에 기속되며, 특히 우리나라에서는 위헌법률심사권도 일반법원이 아니라 헌법재판소가 담당하고 있기 때문이다.

제2항 | 사법권의 독립(헌법 103조)

I. 의의와 취지

사법권의 독립이란 '법관이 재판을 함에 있어 누구의 지시나 명령에도 구속받지 않고 독자적으로 심판한다는 원리'를 말한다. 따라서 사법권의 독립은 궁극적으로 재판독립의 원칙, 판결의 자유를 목표로 하는 것이다. 이렇듯 재판독립의 원칙을 핵심내용으로 하는 사법권의 독립은 전제군주에 의한 자의적인 '관방사법'(官房司法)이나 행정기관에 의한 행정재판에서 탈피함으로써 '민주사법'(民主司法)을 실현하려는 취지에서 비롯되었다. 따라서 사법권의 독립은 그 자체가 '목적'이 아니라, 공정하고 정당한 재판을 통해 국민의 인권을 보장하고 헌법을 수호하려는 목적을 달성하기 위한 '수단'이라고 할 수 있다.

II. 내용

사법권 독립은 크게 '법원의 독립'과 '법관의 독립'으로 나누어 볼 수 있다.

1. 법원의 독립

사법권 독립에 있어 법원의 독립은 권력분립의 원리에 따라 공정한 재판을 사명으로 하는 법원이 그 조직·기능 및 운영면에서 입법부와 집행부 등으로부터 독립해야 한다는 것을 말한다.

(1) 입법부로부터의 독립

법원의 독립은 입법부로부터의 독립을 의미한다. 따라서 법원과 의회는 구성과 조직에 있어 상호독립적이어야 한다. 따라서 의원은 법관을 겸직할 수 없고 의회는 법률에 의해서만 법원을 조직하고 법률에 의해서만 법원의 기능을 규제할 수 있다.

법원은 법률제정권이 없다. 다만 대법원은 법률에 저촉되지 않는 범위 내에서 소송절차, 법원의 내부규율 및 사무처리에 관한 규칙제정권을 가지고 있다. 하지만 법원 예산안의 심의·확정권은 입법부에 있는 것처럼 법원의 입법부로부터의 독립은 일정한 한계를 가진다.

(2) 집행부로부터의 독립

또한 법원의 독립은 집행부로부터의 독립을 의미한다. 법원의 독립은 전제군주국가에서의 관방사법(官房司法)에 대한 투쟁과정에서 쟁취한 것이기 때문에, 집행부로부터의 법원의 독립은 종래 사법권독립의 본질적 요소였다.

집행부와 법원은 그 조직·구성 및 인사에 있어서 상호독립적이어야 한다. 따라서 법관인사에 집행부가 관여할 수 없고, 집행부 구성원의 법관 겸직은 금지된다. 그러나 법원의 집행부로부터의 독립은 법원예산안 편성권을 정부가 가진다거나 대법원장과 대법관을 대통령이 임명하는 등 일정한 한계를 가진다.

(3) 대법원의 규칙제정권

법원의 내부사항을 스스로 규율할 수 있는 사법자치제(司法自治制)가 확립되어야 진정한 사법권 독립이 이루어질 수 있다. 이에 따라 헌법 108조는 “대법원은 법률에서 저촉되지 아니하는 범위안에서 소송에 관한 절차, 법원의 내부규율과 사무처리에 관한 규칙을 제정할 수 있다”고 규정하여 법원의 자율성을 보장하기 위해 대법원에 규칙제정권을 부여하고 있다.

2. 법관의 독립

(1) 법관의 재판상 독립

헌법 103조는 “법관은 헌법과 법률에 의하여 그 양심에 따라 독립하여 심판한다”고 하여 법관의 ‘재판상 독립’을 규정하고 있다. 이것은 법관이 재판을 함에 있어 내(상급법원, 소속법원장)·외부(입법부, 집행부, 소송담당자, 사회적·정치적 세력)의 영향을 받지 않고, 오직 헌법과 법률, 양심에 따라서만 재판하여야 함을 의미한다. 그리고 이 때 “양심”이란 공정성과 합리성에 바탕한 법 해석을 직무로 하는 법관으로서의 ‘법조적 양심’을 의미하기 때문에 객관적·법리적·논리적 양심을 말한다. 이에 비해 헌법 19조의 양심의 자유의 "양심"이란 앞에서 자세히 살펴본 바와 같이 도덕적·사상적 양심을 말한다.

이에 따라 법관은 재판에 있어 타국가기관인 정부나 국회의 지시·감독·간섭을 받지 않을 뿐만 아니라 법원 내부의 상급법원이나 소속법원장의 구체적 사건에 대한 지시·명령도 받지 않는다. '상급심 재판의 기속력'에 관한 법원조직법 8조는 "상급법원 재판에서의 판단은 해당 사건에 관하여 하급심(下級審)을 기속(羈束)한다"고 규정한다. 이것은 계층적 상소제도하에서 상급법원과 하급법원 간에 사건이 무한히 왕복되는 것을 막기 위해 파기환송 사건의 판결에서 상급법원의 법적 판단에 하급법원이 기속됨을 의미한다.

법관은 재판에 있어서 법원 외부로부터도 독립된다. 첫째, 소송당사자로부터 독립해야 한다. 행정재판에서 소송당사자가 되는 행정관청이나 형사재판에서 소추권을 행사하는 검찰은 소송절차를 통하지 않은 어떠한 간섭도 법관에게 할 수 없다. 소송당사자로부터의 법관의 재판상 독립을 위해 각종 소송법에서는 법관의 제척·기피·회피제도가 규정되어 있다.

둘째, 법관은 사회적·정치적 세력으로부터 독립해야 한다. 그러나 재판에 대한 정당한 비판은 적극적으로 수용되어야 한다. 국민주권원리에 따라 주권자로서의 국민은 모든 국가기관의 모든 행위를 비판의 대상으로 할 수 있기 때문이다.

(2) 법관의 신분상 독립

헌법 106조는 "①법관은 탄핵 또는 금고 이상의 형의 선고에 의하지 아니하고는 파면되지 아니하며, 징계처분에 의하지 아니하고는 정직·감봉 기타 불리한 처분을 받지 아니한다. ②법관이 중대한 심신상의 장해로 직무를 수행할 수 없을 때에는 법률이 정하는 바에 의하여 퇴직하게 할 수 있다"고 하여 법관의 '신분상 독립'을 규정하고 있다. 법관의 재판상 독립은 결국 재판을 담당하는 법관의 독립을 그 본질로 하고 법관의 독립은 법관의 신분이 보장될 때에만 가능하기 때문에, 법관의 신분상 독립은 법관의 재판상 독립의 필수적 전제가 된다.

1) 법관인사의 독립

법관의 독립성을 확보하려면 법관의 임용·임기·보직 등 법관인사가 객관적이고 공정하게 이루어져야 한다. 현행헌법 104조3항은 “대법원장과 대법관이 아닌 법관은 대법관회의의 동의를 얻어 대법원장이 임명한다”고 하여 일반법관은 대법관회의의 동의를 얻어 대법원장이 임명하게 하고 있다. 법관의 보직권과 관련해서는 헌법에는 규정이 없고 법원조직법 44조1항이 “판사의 보직은 대법원장이 행한다”고 규정하고 있다.

2) 법관자격의 법정

집행권 등으로부터 법관의 신분상 독립을 유지하기 위해 헌법 101조3항은 “법관의 자격은 법률로 정한다”고 규정하고 있다. 이때 법관의 자격을 정한 법률이 ‘법원조직법’이다. 법원조직법에 의하면 대법원장과 대법관은 20년 이상의 법조경력을 가진 45세 이상의 자 중에서 임명한다(법원조직법 42조1항[33]). 판사 신규 임용 시 법조경력 5년 이상인 자를 판사로 임명한다(법원조직법 42조2항[34]).

3) 법관의 임기제·정년제

a. 임기제

사법권 독립이 약화될 수 있다는 부정적 측면도 있지만, 법관의 지위가 고정되는 데에서 오는 법관의 보수화·관료화를 방지하기 위해 법관 임기제를 실시하고 있다. 일반법관의 임기는 10년이고 법률이 정하는 바에 의해 연임 가능하다(헌법 105조[35]3항). 그러나 법원조직법에 연임에 관한 구체적 인사기준과 원칙이 법정되

33 제42조(임용자격) ①대법원장과 대법관은 20년 이상 다음 각 호의 직(職)에 있던 45세 이상의 사람 중에서 임용한다.

1. 판사·검사·변호사
2. 변호사 자격이 있는 사람으로서 국가기관, 지방자치단체, 「공공기관의 운영에 관한 법률」 제4조에 따른 공공기관, 그 밖의 법인에서 법률에 관한 사무에 종사한 사람
3. 변호사 자격이 있는 사람으로서 공인된 대학의 법률학 조교수 이상으로 재직한 사람

34 제42조(임용자격) ②판사는 5년 이상 제1항 각 호의 직에 있던 사람 중에서 임용한다(제2문 생략).

35 제105조 ①대법원장의 임기는 6년으로 하며, 중임할 수 없다.
②대법관의 임기는 6년으로 하며, 법률이 정하는 바에 의하여 연임할 수 있다.
③대법원장과 대법관이 아닌 법관의 임기는 10년으로 하며, 법률이 정하는 바에 의하여 연임할 수 있다.
④법관의 정년은 법률로 정한다.

어 있지 않아 문제이다. 대법원장과 대법관의 임기는 6년이며, 대법원장은 연임이 불가능하지만(헌법 105조1항), 대법관은 법률이 정하는 바에 의하여 연임할 수 있다(105조2항).

b. 정년제

사법부의 노쇠화를 방지하기 위하여 법관의 정년제를 둔다. 법원조직법 45조4항은 "대법원장과 대법관의 정년은 각각 70세, 판사의 정년은 65세로 한다"고 규정한다.

c. 법관의 신분보장

사법권 독립을 위해 법관의 신분을 보장하는 것은 세계 각국에 공통된 현상이다. 우리 헌법 106조는 "①법관은 탄핵 또는 금고 이상의 형의 선고에 의하지 아니하고는 파면되지 아니하며, 징계처분에 의하지 아니하고는 정직·감봉 기타 불리한 처분을 받지 아니한다. ②법관이 중대한 심신상의 장해로 직무를 수행할 수 없을 때에는 법률이 정하는 바에 의하여 퇴직하게 할 수 있다"고 하여 법관의 신분보장을 위하여 다음과 같이 파면·불리한 처분·강제퇴직의 제한을 규정하고 있다.

첫째, 파면의 제한이다. 헌법 106조1항 전단은 "탄핵 또는 금고 이상의 형의 선고"가 아니면 법관을 파면할 수 없게 하고 있다. 둘째, 불리한 처분의 제한이다. 헌법 106조1항 후단은 징계처분의 효력도 제한하여 법관징계위원회의 "징계처분에 의하지 아니하고는 정직·감봉 기타 불리한 처분을 받지 아니한다"고 규정한다. 여기서 "불리한 처분"이란 '견책'을 의미한다. 셋째, 강제퇴직의 제한이다. 헌법 106조2항은 "법관이 중대한 심신상의 장해로 직무를 수행할 수 없을 때에는 법률이 정하는 바에 의하여 퇴직하게 할 수 있다"고 규정하여 강제퇴직사유를 중대한 심신상의 장해로 직무를 수행할 수 없을 때로 제한하고 있다. 법원조직법 47조는 강제퇴직의 절차에 관해 규정하고 있는데 "대법관인 경우에는 대법원장의 제청으로 대통령이 퇴직을 명할 수 있고, 판사인 경우에는 인사위원회의 심의를 거쳐 대법원장이 퇴직을 명할 수 있다"고 규정하고 있다.

제3항 | 특별법원

헌법 101조는 "①사법권은 법관으로 구성된 법원에 속한다. ②법원은 최고법원인 대법원과 각급법원으로 조직된다." 규정한다. 따라서 모든 재판은 법관에 의한 것이라야 하며, 대법원을 최종심으로 하는 것이라야 한다.

I. 특별법원의 의의

특별법원의 의의가 무엇이냐와 관련하여 특수법원설과 예외법원설의 대립이 있다.

1. 특수법원설

특수법원설은 특별법원이란 법관의 자격이 있는 자가 담당하고 대법원에 상고가 인정되더라도 그 관할이나 대상이 한정된 사건만 담당하는 특수법원을 말한다고 본다.

2. 예외법원설(다수설)

예외법원설은 특별법원이란 **법관의 자격이 없는 자**가 재판하거나 **대법원에 상고가 인정되지 않는** 예외법원을 말한다고 본다.

3. 검토

예외법원설이 다수설이고 타당하다. 예외법원설에 따라 특별법원을 '법관의 자격을 가진 자가 재판을 담당하는 경우에도 그 재판에 대한 대법원에의 상고가 인정되지 않는 법원' 혹은 '그 재판에 대한 대법원에의 상고는 인정될지라도 법관의 자격이 없는 자가 재판을 담당하는 법원'으로 이해하면, 예외법원설치금지의원칙에 따라 군사법원처럼 헌법이 직접 규정하고 있는 경우(헌법 110조)를 제외하고는 법률로써도 특별법원을 설치할 수 없게 된다. 헌법 101조1항이 사법권을 법관으로 구성된 법원의 권한이라고 규정하고, 헌법 27조가 국민에게 헌법과 법률에 정한 법관에 의한 재판을 받을 권리를 보장하고 있기 때문이다. 그러나 현행 법원조직법 등에 의한 특수법원인 가정법원, 행정법원, 특허법원이나, 법에 근거는 없지만 조세법원, 노동법원, 해난법원, 교통법원, 간이법원의 법률에 의한 설치는 가능하게 된다.

저자 약력

서울대학교 법과대학 졸업

서울대학교 대학원 법학석사과정 졸업(법학석사)

서울대학교 대학원 법학박사과정 수료

국비유학생 선발시험 합격

미국 UC 버클리 로스쿨 L.L.M. 및 J.S.D.과정 졸업(법학석사, 법학박사)

미국 UC 버클리 로스쿨 객원연구원

서울대학교 법과대학 강사

경희대학교 법과대학 강의전임강사

건국대학교 법과대학 조교수

서강대학교 법과대학 부교수

사법개혁위원회 전문위원

국회입법지원 위원

헌법재판소 헌법연구위원

대통령 직속 정책기획위원회 위원 및 국민헌법자문특별위원회 위원

국회의장 직속 '헌법개정 및 정치제도 개선 자문위원회' 위원

제10대 한국입법학회 회장

제27대 한국헌법학회 회장

사법시험, 행정고시, 외무고시, 입법고시, 7급 공무원시험, 서울시 지방공무원시험, 소방간부후보생 선발시험, 군무원 채용시험, 독학사시험 등 출제위원, 면접위원, 선정위원 역임

현재 서강대학교 법학전문대학원 교수

한국법학교수회 부회장

주요저서

사법적극주의와 사법권 독립

기본권 영역별 위헌심사의 기준과 방법 (공저)

헌법주석서 I, II, III, IV (공저)

로스쿨 기본권 (공저)

헌법판례정선

법과 인권 이야기

제1기 헌법재판소: 헌법재판의 황무지에 단단한 초석을 놓다

제2기 헌법재판소: 헌법재판의 기틀을 다지다

제3기 헌법재판소: 사법적극주의를 강화하다

당신이 헌법이다

Legal Reform in Korea (공저)

Litigation in Korea (공저)

헌법강의

초판발행 2026년 2월 26일

지은이 임지봉
펴낸이 안종만·안상준

편 집 나세현
기획/마케팅 조성호
표지디자인 BEN STORY
제 작 고철민·김원표

펴낸곳 (주) 박영사
서울특별시 금천구 가산디지털2로 53, 210호(가산동, 한라시그마밸리)
등록 1959.3.11. 제300-1959-1호(倫)
전 화 02)733-6771
f a x 02)736-4818
e-mail pys@pybook.co.kr
homepage www.pybook.co.kr
ISBN 979-11-303-9968-3 93360

정 가 34,000원